효과적인 작문 지도 방법

Best practices in Writing Instruction
(Second Edition)

언어교육 16

Best practices in Writing Instruction
Best practices in Writing Instruction
Best practices in Writing Instruction

효과적인 작문 지도 방법

Best practices in Writing Instruction
(Second Edition)

Steve Graham, Charles A. MacArthur, Jill Fitzgerald 엮음
박영민·최숙기 옮김

Best practices in Writing Instruction
Best practices in Writing Instruction
Best practices in Writing Instruction

글로벌콘텐츠

역자 서문

이 책의 편집자인 Steve Graham, Charles A. MacArthur, Jill Fitzgerald와 17장을 집필한 Gary A. Troia는 세계적으로 널리 알려진 작문교육 연구자들이다. 이들이 세계적으로 널리 알려진 데에는 이들이 연구 성과를 만국의 공통언어인 영어로 소통해 온 점도 없지는 않겠지만, 그보다는 작문 이론에 매몰되지 않고 작문교육의 실천적 방법을 탐구해 온 방법론적 실제성 때문일 것이다. 편집자 서문에서도 이 책이 '실제적'이라는 점을 강조하고 있거니와, 실제성이야말로 이들이 갖춘 제일 큰 미덕이라고 할 수 있다.

이들이 보여 왔던 이러한 방법론적 실제성은 우리나라의 작문교육에 여러 가지 시사점을 제공한다. 학교, 교실, 수업, 교사, 학생을 찾아가는 실제적인 연구보다는 연구실의 책상에서 마무리할 수 있는 이론적 논의가 여전히 주류를 이루고 있는 우리나라 작문교육의 상황에서 볼 때, 우리가 어떠한 변화를 모색해야 하는지를 잘 알려준다. 비유하자면 학생들은 자전거 타기를 배워야 하는데, 타이어의 마찰계수와 탄력성, 베어링의 효율적 개선 방안 등만을 탐구하는 것은 곤란하다는 뜻이다.

그러나 이들의 실제성이 학술적 성과를 바탕으로 하고 있다는 점도 주목할 만하다. 우리가 교사로서 어떤 교수법을 적용할 때 전문가들은 그것의 이론적 근거가 무엇인지를 묻곤 한다. 이러한 질문은 개인적 경험에 의존한, 객관적으로 신뢰할 수 없는 교수법을 사용한 것은 아닌가 하는 의문을 표명한 것이라고 할 수 있다. 사실 교육 실천가의 입장에서는 이러한 질문이 당황스러우면서도 두렵다.

논의의 실제성을 강조하는 이 책의 편집자들은 이러한 질문에 대한 답을 이를 과학적인 연구 결과에서 찾고 있다. 이들이 강조하는 것은 개인적인 경험에 의존한 작문 지도 방법이 아니라, 과학적인 절차에 따라 설계하고 시행한 연구 결과를 바탕으로 한, 따라서 객관적으로 믿을 만한 작문 지도 방법이다. 이러한 맥락에서 볼 때, 이제는 지도 방법의 '이론적 근거'가 무엇인가를 물어서는 안 된다. 물어야 할 것은, 제안하는 지도 방법의 '학술적 근거'가 무엇인지를 물어야 한다. 이제 우리나라의 작문교육도 증거 기반의 지도 방법을 적극적으로 도입할 필요가 있다.

이런 점에서 볼 때 이 책은 대단한 장점이 있다. 이것이 이 책을 우리말로 옮겨야겠다고 마음을 먹은 이유이기도 하다. 그러나 이 책이 장점만 있는 것은 아니다. 개별적 결함일 수도 있고 구조적 결함일 수도 있는데, 이 책은 내용의 중복이 많다. 집필자들이 객관적 성과를 보이는 특정 연구에 얽매이다 보니 벌어진 일로 보인다. 각 장을 각 장의 주제에 맞게 각각의 연구 성과로 입증하면 좋았을 텐데 하는 아쉬움이 들었다.

그리고 연구 결과를 기반으로 하여 작문 지도 방법을 논의하다 보니 작문 지도 방법을 제안하는 것인지, 참조한 연구 논문을 소개하는 것인지 구별하기 어려운 경우도 많았다. 수업 사례를 소개하는 부분은 이러한 심증을 더욱 강하게 했다. 물론 그러한 수업 사례는 그 연구에서만 볼 수 있는 내용이므로 인용을 피할 수는 없겠지만, 인용이 너무 길어 '광고성 기사'를 보는 것 같은 느낌이 드는 경우도 있었다.

이러한 단점에도 불구하고 이 책의 장점은 장점대로 인정을 받을 필요가 있다. 매년 독서교육 및 작문교육 분야에서 수십 권의 책이 쏟아지는 상황에서도 실제적인 작문 지도 방법을 다룬 책, 그러면서도 경험주의에 빠지지 않고 과학적 연구 결과를 바탕으로 삼은 책은 이 책이 거의 유일하다. 그래서 판을 거듭하며 (이 번역서를 마무리한 현재 이 책의 3판이 나와 있다.) 작문 지도 방법의 경계를 확장해 갈 수 있는 것이다.

이 번역서와 관련하여 독자들께 양해를 구할 것이 있다. 우선, 최적의 번역어를 찾아 우리말로 옮기고자 하였으나 여의치 않았다는 점이다. 미국과 우리나라의 교육 환경이나 교육 문화가 달라 정확하게 대응하는 단어를 찾기가 어려웠다. 예를 들어, 이 책에서 너무나도 많이 나오는 'English'도 어떤 단어로 옮기는 것이 좋은가 고민스러웠다. 독자들께서는 당연히 '영어'가 아닐까 생각하겠지만, 이 책의 내용 전개나 각 장의 맥락에 비추어 보면 '국어'가 더 적절하다. 미국에서는 글쓰기를 '영어'로 하듯, 우리나라에서는 작문을 '(한)국어'로 하기 때문이다. 그렇다 보니 영어의 음성과 철자의 대응을 다룬 장은 고민에 고민을 잇게 만들었다. 이 책에서 또 적잖이 나오는 'language arts'도 정확히 대응하는 단어를 발견하기 어려웠다.

다음으로, '작문, 쓰기, 글쓰기', '글, 학생 글, 텍스트', '자료, 자료 텍스트' 등을 혼용했다는 점이다. 독자들께서 혼란을 겪지 않을까 싶기도 한데 원서의 본의를 흐리지 않으면서 자연스럽게 읽히는 단어가 무엇일까를 찾다 보니 혼용의 길로 들어서지 않을 수 없었다. 번역자인 우리는 '작문'을 기본 단어로 삼고자 하였지만, 예를 들어 'informative writing instruction'에는 '작문'이라는 단어를 유지하기가 어려웠다. '설명적 작문 지도, 설명문 작문 지도, 설명적 글 작문 지도' 등등이 모두 성립할 수 없는 표현이어서 다른 단어를 들여오지 않을 수 없었다. 원저작도 여러 집필자들이 각자의 문체에 따라 서로 다른 표현을 사용하고 있어 하나씩 대응하여 맞추는 것도 불가능한 일이었다. 이 점 독자의 깊은 이해를 바란다.

역시나 번역하는 일은 어려운 일이 아닐 수 없다. 문화가 다르고 생각이 다른데 그것을 적확하게 옮긴다는 것은 어쩌면 애초에 불가능한 일인지도 모른다. 이 책이 실제성이 강함에도 불구하고 어려움이 컸던 것은 장마다 집필자들이 달랐다는 점이다. 한 장을 번역하면서 문체가 익숙해질 만하면 그 장이 끝나고, 다음 장에서 문체가 새롭게 바뀌어 어려움을 키웠다. 한 장 안에서도 집필자들이 분담해서 집필했는지 문체가 달라지는 경우가 있어 (이 책의 장 대부분이 공동 집필되었다!) 곤혹스러웠다. 이 책의 번역 작업을 하면서 집필자가 많은 책은 번역에 함부로 도전해서는 안 된다는 교훈을 얻었다.

게다가 잘못된 인용, 잘못된 지시도 많았고, 비문도 많아 번역에 어려움이 컸다. 내용의 비약은 말할 것도 없다. 사실 우리나라의 연구자들도 종종 범하는 실수이자 오류인데, 영어책, 이른바 원서에는 이런 것이 없을 것이라는 편향에 빠져 이러한 곳을 마주할 때마다 빠져나오지 못하고 허우적댔다. 내용 비약도 있는데 동사가 빠져 주술 관계가 맞지 않으니 영어가 제2 언어인 우리 번역자들에게는 고역이 아닐 수 없었다.

그렇다고 해도 이 책이 이렇게나 늦게 나오게 된 것에 대한 면피가 되지는 못할 것이다. 애초 했던 약속보다 번역이 많이 늦어졌다. 이로 인해 글로벌콘텐츠에 많은 손해를 끼쳤다. 이 책의 발행을 '근간'으로 표시해 온 회사의 공신력에 부정적인 영향을 끼친 것은 아닌지 걱정스럽기도 하다. 미안하고 죄송할 따름이다. 그래도 끝까지 믿음을 가지고 기다려주신 편집부 관계자들께 깊은 감사의 말씀을 올린다.

그리고 여기에 이름을 일일이 적지는 못하지만, 대학원에서 이 책으로 공부하면서 초벌 번역을 맡아주고 발표와 토론에 적극적으로 참여해 준 선생님들에게도 감사의 말씀을 드린다. 이 과정이 없었더라면 이 책을 우리말로 옮기는 일은 더욱더 늦어졌을 것이다.

야심차게 시작한 일이지만 이 일을 마치고 보니 너무 초라해진 것 같은 마음을 숨길 수 없다. 어떤 단어로 옮기는 것이 좋은가를 고민하며 작업하다 보니 애초에 품었던 원대한 뜻은 온데간데없고 혹시 오역이 있는 것은 아닌가, 지나치게 의역하여 본의를 해친 곳이 있는 것은 아닌가 하는 걱정이 앞선다. 꼭 비단 도포를 잃어버리고 남루에

폐립을 걸친 기분이다. 다시 보는 중에 오역을 발견한다면 기회가 닿는 대로 바로잡고자 한다.

아무쪼록 이 책이, 편집자들의 바람처럼 학교의 작문교육에 기여할 수 있기를 바란다. 좀 더 욕심을 부려보자면, 우리도 이제는 이러한 실제적인 작문교육 연구가 중흥을 이룰 수 있기를 기대한다.

박영민·최숙기

목차

제1부
작문 프로그램의 설계

1장
효과적인 작문 지도 방법의 설계

STEVE GRAHAM and KAREN R. HARRIS

    2007년에 〈효과적인 작문 지도 방법(Best Practices in Writing Instruction)〉 초판이 발행된 이후에도 학교에서 이루어지는 작문 지도는 거의 변하지 않았다. 교사들은 초등학교 3학년 이상의 학생들에게는 여전히 작문을 지도하지 않고 있으며, 그 결과 학생들은 학교 안에서든 학교 밖에서든 학습 작문(사회 교과나 과학 교과 내용의 학습을 목적으로 하는 작문)을 해 본 적이 거의 없다(Applebee & Langer, 2011; Gilbert & Graham, 2010; Kiuhara, Graham, & Hawkens, 2009). 기본 학습 요소에 속하는 읽기(독서)나 셈하기(수학)에 대해서는 상당한 노력을 기울이면서도 같은 기본 학습 요소 중의 하나인 작문(쓰기)에 대해서는 극명한 대조를 이룰 정도로 관심을 기울이지 않고 있다. 아예 관심이 없다고 해도 지나치지 않을 정도이다.

    지난 10년을 돌아 보건대 전국적으로 작문 지도를 활성화하려는 노력은 크게 부족했다. 물론 현재의 상황이 나아진 것도 아니다. 상황이 낙관적인 것은 아니지만 그렇다고 하더라도 현재 교사들이 학생들에게 작문을 지도할 때 무엇을 어떻게 하고 있는가를 차분하게 들여다볼 필요가 있다. 그래야 교사들이 효과적인 작문 지도를 위해서 무엇을 어떻게 하고 있는지를 파악할 수 있기 때문이다.

우리는 학생들이 능숙한 필자로 성장하게 할 수 있는 교육적 노하우를 가지고 있다. 뉴욕 카네기 협회(Carnegie Corporation of New York; Graham, Harris, & Hebert, 2011; Graham & Hebert, 2010: Graham & Perin, 2007a)와 과학 교육 협회(Institute of Education Sciences; Graham et al., 2012)에서 지원한 최근 연구에 따르면, 우리는 학생 작문의 질을 개선할 수 있는 도구를 충분히 가지고 있다. 작문은 읽기 발달에 기여할 뿐만 아니라, 교과 학습에도 기여한다는 점에서 매우 중요하다. 그러므로 우리는 학생들에게 작문을 효과적인 방법으로 지도할 필요가 있다. 이 시점에서 특히 더 중요한 것은 효과적인 작문 지도 방법을 모든 교실에 도입해 보겠다고 하는 큰 뜻을 세우는 일이다.

미국 학교에서 시행되어 온 작문 교육의 역사에서 볼 때 우리는 현재 특별한 순간에 서 있다. 미국 46개 주에서 미국 공통 교육 기준(CCSS, Common Core State Standard; National Governors Association & Council of Chief State School Officers, 2010)을 시행하는 데 동의했기 때문이다. 이 기준에 따르면, 작문과 작문 지도는 학교 개혁 운동의 핵심적인 요소라고 할 수 있다(Graham, 2013). 작문 기능이나 전략을 배우는 '작문 학습'과, 이렇게 익힌 작문을 학습 상황에 적용하는 '학습 작문'은 미국 공통 교육 기준에서 특별히 더 중요하다. 왜냐하면 학생들은 이 공통 기준에 따라 여러 가지 목적(예, 설득, 설명, 서사 등)의 텍스트를 어떻게 써야 하는지(작문 학습)를 배워야 하고, 더 나아가 배경 학문이 있는 교과에서 교과 내용이나 자료의 정보를 회상·조직·분석·해석·구성하는 데에 작문을 어떻게 활용할 것인지(학습 작문)를 배워야 하기 때문이다. 미국 공통 교육 기준의 기본 목표는 학교 및 교실에서 작문을 지도하는 방법에 혁신을 일으키는 데 있다.

미국 공통 교육 기준은 학생들이 유치원부터 12학년까지 작문의 무엇을 학습하고 작문을 어떻게 활용할 수 있어야 하는지에 대한 준거를 알려준다. 그런데 교사들은 이 교육 기준의 특성을 파악하여 공통 교육 기준의 중요성이나 가치를 훼손하는 요소가 무엇인지를 분석해 볼 필요가 있다(Graham, 2013). 가령 학교에서 지금까지 적용해 온 작문의 성취 기준을 생각해 보자. 그 성취 기준의 대부분은 학생이 특정 학년에서 성취해야 할 어떤 지점으로 추측한 것이었다. 교사는 이것을 기준으로 삼아 단순하게 작문을 지도를 해 왔다.

그런데 지금까지 학교에서 고수해 온 이러한 기준은 정밀성 내지 정확성이 부족할 뿐만 아니라, 각 학년의 모든 학생들에게 동일한 기준을 요구한다는 점에서 적절하지 못 하다. 이러한 태도는 각 학년의 모든 학생들에게 동일한 목표를 적용하더라도 문제가 없다는 잘 못된 신념을 조장한다. 이 장을 집필한 우리는 이것이 잘못된 작문 지도 사례에 속한다고 생각한다. 성취 기준을 하나만 제시하면 그 기준은 어떤 학생들에게 너무 쉬울 수도 있고 어떤 학생들에게는 너무 어려울 수도 있기 때문이다. 동일한 성취 기준을 제시해야 한다는 점을 지나치게 강조하면, 어떤 학생은 너무 쉬워서 학습을 이루기가 어렵고, 어떤 학생은 너무 어려워서 기준에 도달하지 못 한다. 결론적으로 교사들이 작문이 왜 중요한지, 작문이 어떻게 발달하는지, 작문을 어떻게 효과적으로 지도할지를 이해하지 못한다면, 지침으로서의 공통 교육 기준의 가치는 충분히 드러나지 않게 될 것이다.

이 장, 그리고 이 책 전체에서 우리는 다음과 같은 사항을 다루고자 한다. 우리는 교사가 작문의 중요성을 이해한다면 바람직한 작문 프로그램을 개발하기 위해 시간과 노력을 기꺼이 투자할 것이라고 생각한다(그래서 그 결과로 작문과 관련된 공통 기준을 달성할 수 있을 것이다). 그리고 교사들이 작문의 발달 과정을 이해한다면, 좀 유연하고 합리적인 태도로 작문 지도에 임하고 공통 교육 기준에 접근해 갈 것이라고 생각한다. 만약 교사들이 작문 지도를 위한 효과적인 도구를 가지고 있다면, 작문과 관련된 공통 교육 기준을 더 폭넓게 확장하고 더 적합하게 적용할 수 있을 것이다. 이 책에서는 이에 대한 내용을 다룰 예정이다.

작문이 중요한가?

이 질문에 대한 대답은 무조건 '그렇다'이다. 첫째, 작문은 여러 가지 목표의 성취를 위해 쓰이는 다재다능한 도구이다(Graham, 2006a). 작문은 가족이나 친구, 동료와 직접적으로 함께할 수 없을 때 인간적인 관계를 유지하는 효과적인 방법이다. 우리는 작문을 통해 정보를 공유하고 이야기를 전달하고 상상의 세계를 창조하며, 우리가 누구인지 탐색하고 외로움이나 괴로움과 맞서고 우리의 경험을 정리하곤 한다. 작문은 심지어 우리의 기분을 더 낫게 만들어 주기도 한다. 현재 느끼고 있는 감정 상태나 자신이 겪은 경험을 텍스트로 표현하면 정신적으로나 육체적으로나 매우 유익하다(Smyth, 1998).

둘째, 작문은 중요하고 가치가 있는 것들, 예를 들면 사고나 관점, 가치, 신념 등을 변화시키는 데 강력한 도구로 쓰일 수 있다. 〈톰 아저씨의 오두막(Uncle Tom's Cabin)〉과 같은 책은 19세기 미국에서 노예 제도에 반대하는 신념을 확산시키는 기폭제 역할을 했다. 〈정글(The Jungle)〉 같은 책은 식품 가공에 대한 우리의 믿음을 바꾸는 계기를 마련해 주었다. 작문의 설득적 효과는 너무나도 막강해서 '체제 전복적인' 내용을 담은 책은 정부에서 금서로 지정하여 사람들이 읽지 못 하게 했다. 그러한 내용을 쓴 작가나 필자는 감옥에 가두거나 처형하기도 했다.

셋째, 작문은 학습과 의사소통의 필수적 도구이다. 우리는 정보를 수집·유지·전달의 수단으로 작문이라는 방법을 이용한다. 공부하고 있는 내용에 대한 작문은 그 학습 내용을 더 잘 이해하고 기억도록 돕는다. 어떤 내용을 텍스트에 기록해 두면 그 내용을 영구 보존할 수 있는데, 이러한 작문의 영구성은 학습 내용의 기억과 인출을 용이

하게 해 준다. 작문이라는 방법으로 눈에 보이지 않는 머릿속의 아이디어를 외현화하면 아이디어 간의 관계를 좀 더 효과적으로 구축할 수 있다. 작문이 가지고 있는 이러한 특성은 아직 실험이 이루어지지 않은 어떤 가설을 탐색할 때에도 도움을 준다(Applebee, 1984).

작문이 학생들의 학습에도 기여한다는 점은 최근의 두 가지 메타분석에서도 확인된 바 있다(Bangert-Drowns, Hurley, & Wilkinson, 2004: Graham & Perin, 2007a). 이 메타분석에 따르면, 학습 내용과 관련된 작문 활동은 사회, 과학, 수학, 국어에서 학생들의 학습에 긍정적인 영향을 준다. 〈참고 1.1〉에는 이러한 학습 작문의 두 가지 사례를 제시하였다(좀 더 구체적인 내용은 이 책 3장, 5장, 6장, 7장을 참고).

넷째, 학생들은 어떤 읽기 자료를 읽은 후 그 자료에 대해 글을 쓰면 읽은 내용을 더 잘 이해한다. 사회나 과학 등 내용교과 수업에서의 학습 작문은 학생들이 읽기 자료의 내용을 시각적이면서도 영구적으로 기록·분석·연결·개인화·조절할 수 있도록 해 준다. 작문은 읽은 내용을 훨씬 더 잘 이해하고 기억하도록 돕는다(Graham & Herbert, 2010, 2011). 이러한 작문의 긍정적 영향은 일반적으로 모든 학생들에게서 확인할 수 있지만, 특히 읽기나 쓰기가 미숙한 학생들에게서 더욱 뚜렷하다. 그리고 이러한 긍정적인 영향은 서사문이나 설명문뿐만 아니라, 사회나 과학, 국어 시간에 읽는 모든 읽기 자료에서도 동일하게 나타난다. 〈참고 1.2〉에는 이러한 긍정적 영향을 보여주는 작문 활동의 예가 제시되어 있다(이 책의 14장 참고).

다섯째, 학생에게 작문을 지도하면 읽기 기능도 향상된다. 작문과 읽기의 기능이 동일하지는 않지만 둘 모두 공통적으로 지식, 과정, 기능의 축적에 의존하고 있다(Fitzgerald & Shanahan, 2000). 따라서 작문 기능과 작문 과정의 숙달을 돕는 지도는 읽기 기능과 읽기 과정의 향상에도 기여한다. 학생들은 작문을 배우면서 텍스트 구성 방법을 익히는데, 텍스트 구성 방법에 대한 학습은 읽기 기능 발달에도 도움을 준다. 학생들이 읽어야 할 그 텍스트가 바로 현재 배우고 있는 텍스트 구성 방법을 따르고 있기 때문이다(Tierney & Shanahan, 1991).

학생들은 예상 독자를 어떻게 설득할 것인가, 예상 독자에게 어떻게 효과적으로 정보를 전달할 것인가를 고민하면서 읽기에 관한 통찰을 얻는다. 학생들은 글을 쓸 때, 자신들이 읽었던 글이 그랬던 것처럼, 논리 규칙을 따라야 하며 가설이나 주장도 명료하게 표현해야 한다. 이러한 연관성으로 인해 작문 지도는 읽기 기능 향상에 기여한다. Graham & Hebert(2010, 2011)의 메타분석은 이를 잘 보여준다. Graham & Hebert(2010, 2011)에서 밝혀낸 결과를 정리하면 다음과 같다.

- 철자 쓰기 지도는 학생들의 단어 읽기 기능을 향상시켰다.
- 철자 쓰기 및 문장 구성 지도는 학생들의 읽기 유창성을 높였다.
- 과정 중심 작문 지도나 기능 중심 작문 지도 같은 프로그램을 적용 할 때, 학생들은 자신이 읽은 텍스트의 내용을 더 잘 이해했다.
- 학생들은 작문 활동을 많이 할수록 읽기 이해가 더 발달했다.

5학년: 5학년 교사인 Walt Longmire는 부력 실험을 했다. 교사는 학생들에게 실험하려는 물건(샐러리 줄기, 나무, 돌, 스티로폼, 고무공, 열쇠)을 관찰하도록 안내했다. 학생들은 교사의 안내에 따라 다른 학생과 짝을 이루어 각 물건을 수조에 넣었을 때 어떠한 일이 일어날지를 예측해 보았다. 그리고 그 물건이 수조의 바닥까지 가라앉을지, 수면에 떠있을지, 바닥과 수면 사이에 머물 지에 대해 글을 썼다. 학생들은 왜 그렇게 예측했는지를 근거를 들어 설명해야 했다. 학생들은 자신의 예측을 바탕으로 토의를 진행하였으며, 실험을 수행한 후 실제로 어떤 일이 일어났는지를 기록했다. 실험 결과를 토대로 학생들은 설명을 다시 했다. 그리고 필요하면 이미 작성했던 글을 수정했다. 학생들은 과학 노트에 이러한 내용을 기록했다(Graham, 2013).

11학년: 몬타나의 11학년 사회 과목 교사인 Beatrice Linwood는 학생들에게 영화 두 편을 보여주었다. 한 편은 유대인에게 붉은 별을 달게 한 나치의 행동에 대한 네덜란드 시민의 반응을 다룬 것이고, 다른 한 편은 동일한 상황에서의 독일인의 반응을 다룬 것이다. 교사는 학생들에게 각 나라 사람들이 이러한 나치의 행동에 대해 어떻게 반응하는지, 그들이 왜 그렇게 반응했다고 생각하는지를 쓰도록 안내하였다. 이를 바탕으로 학생들은 서로 토의했다. 교사는 학생들에게 만약 현재 몬타나에서 불법 이민자들에게 이와 유사하게 별을 달도록 강요한다면 어떤 일이 벌어질지 두 페이지 분량의 보고서를 쓰게 하였다. 다음 날 학생들은 각각 작성한 보고서를 돌려보고 토의했다.

〈참고 1.1〉 학습 작문 활동의 예

3학년: 3학년 교사인 Alfredo Coda는 학생들에게 수업 시간에 자신이 읽은 서사문에 관해 질문을 만드는 방법을 가르쳤다. 교사는 학생들에게 짧은 서사문을 읽게 한 다음, '누가, 무엇을, 언제, 어디서, 왜'의 질문을 만들고 대답하는 방법을 시범 보였다. 교사는 각 질문을 어떻게 쓰는지 시범을 보이면서, 그 질문이 중요한 이유를 설명했다. 학생들은 교사의 안내에 따라 다른 서사문을 읽고 질문을 만들고 답을 했다. 그 다음 학생들은 다른 학생과 짝을 지어 또 다른 서사문으로 이 활동을 반복했다. 학생들은 학급 친구들과 가장 잘 만든 질문을 공유했다. 마지막 활동은 다른 서사문을 더 읽은 후에 학생들이 질문을 만들면 다른 동료가 답하도록 하는 것이었다. 질문에 답한 학생들은 좋은 질문을 만들려면 어떻게 해야 하는지, 이 질문을 더 나아지게 하는 방법은 무엇인지를 제안했다. 이러한 제안은 다른 학생들이 만든 질문에 대한 피드백의 역할을 했다. 이러한 활동은 학생들이 이 기능을 완전히 익힐 때까지 몇 번 반복되었다.

10학년: 10학년의 사회 교사인 Sancho Saizarbitoria는 학생들에게 네 나라
의 정부 형태(두 나라는 공화국이고 두 나라는 대의 민주제이다.)에 대한 글을
읽고 2페이지 분량의 보고서를 쓰게 했다. 그 후 교사는 학생들과 함께 이러한
두 가지의 정부 형태를 정의했다. 구체적으로 이 수업은 다음과 같이 진행되었
다. 교사는 학생들에게 정부의 형태를 다룬 자료를 읽게 하고, 이 네 나라 중
어떤 나라가 공화국이고 어떤 나라가 대의 민주제인지를 구분하게 하였다. 교사
는 학생들에게 두 가지 형태의 정부에 대해 비교·대조하는 2페이지 분량의 보
고서를 쓰게 하였다. 교사는 학생들이 생각한 답이 가장 좋은 답인지, 그 이유는
무엇인지를 적도록 하였다. 교사는 저녁에 학생 보고서를 읽고 다음날 그것을
돌려주었다. 학생들은 보고서에 담긴 오개념에 대해 토론했다. 그리고 정부의
두 가지 형태의 장점과 단점에 관해 더 깊이 탐구했다.

〈참고 1.2〉 읽기를 위한 작문 활동의 예

이러한 활동에서 볼 수 있듯이 작문은 유연하고 다재다능하며 힘
있는 도구이다. 작문은 학생의 학습을 돕고, 학생들이 더 나은 독자
가 될 수 있도록 돕는다(선행 연구에 따르면, 읽기와 쓰기를 결합하
여 가르치든 따로따로 가르치든 상당한 정도의 지도를 요구한다는
점을 지적하고 있기는 하지만). 학생들은 자신을 더 잘 이해하는 데
에도 작문을 이용할 수 있다. 작문은 또한 다른 사람들과 소통하고
다른 사람을 즐겁게 하고 설득할 수 있도록 해 준다.

어떻게 작문이 발달하는가?

작문 발달의 경로를 완벽하게 이해하고 있는 것은 아니지만, 우리
는 초보자에서 능숙한 필자로 가는 과정에서 학생의 작문 기능과 전
략, 지식, 동기가 작문 맥락의 강한 영향력 아래에 놓여 있다는 점에

대해서는 잘 알고 있다(Graham, 2006a). 이에 관한 사항을 정리하면 다음과 같다.

첫째, 작문은 필자와 독자 사이의 암묵적 또는 명시적 대화를 포함한 사회적인 활동이다. 작문의 목적과 의미는 문화적, 사회적, 역사적 요소에 의해 형성되는, 좀 더 넓은 차원의 맥락에서 일어난다. 예를 들어, 친구들끼리 트위터에서 쓰는 텍스트와 학교에서 쓰는 학습 목적의 텍스트는 매우 다르다(Nystrand, 2006).

그러나 작문은 다양한 인지적 과정과 정서적 과정을 적용해야 하므로 단순한 사회적 활동 이상의 것이라고 할 수 있다. 작문은, 작문 환경(작문 주제에 따른 제약, 필자의 의도, 텍스트 구성과 관련된 기능, 과정, 지식)의 능숙한 관리를 요구하는 목표 지향적이고 자립적인 인지 활동이다(Zimmerman & Reisemberg, 1997). 필자는 장르와 주제에 관한 지식뿐만 아니라, 기능, 지식, 과정을 숙달해야 하며, 이와 관련된 여러 가지 요구를 적절하게 처리할 수 있어야 한다. 계획, 초고 작성, 수정, 편집, 출판을 위한 전략, 머릿속의 아이디어를 정확한 문장으로 구성해 내는 기능도 마찬가지이다. 현재 과학 기술의 발전에 따라 시각 정보와 음성 정보를 결합하여 텍스트를 만들어 낼 수 있는, 새로운 방식의 작문이 발전하고 있다. 이에 따라 필자들은 이전보다 더 복합적이고 더 어려운 작문 과정의 요구에 직면해 있다.

대체로 작문 발달에 대해서는 두 가지 기본적인 접근이 있다. 하나는 작문 발달에 영향을 미치는 맥락의 중요성이나 역할을 강조하는 접근이고(Russell, 1997), 다른 하나는 작문 발달에서 동기와 인지의 역할에 주로 집중하는 접근이다(Hays, 1996). 작문 연구자들은 스스로 자기 자신을 어느 한쪽의 접근법에 가두어 놓는 경향을 보이곤 한다. 그러나 우리는 이러한 태도는 잘못된 것이라고 생각한다. 왜냐하면 작문 발달(또는 작문 지도)은 이 두 관점을 모두 고려하지 않고는 충분히 이해할 수 없기 때문이다. 이는 학생들에게 작문을 지도하는 교사들을 인터뷰한 결과에서도 확인할 수 있다. 교사들은 학생들에게 작문을 지도할 때 이 두 가지 접근 방법 모두가 필수적이라고 믿고 있다(Cutler & Graham, 2008: Graham, Harris, Fink, & MacArthur, 2002). 작문 발달에서 맥락 중심 접근과 인지 및 동기 중심 접근 모두가 필요하다는 점은 학생들을 지도하는 실제적인 경험에 의해서도 뒷받침된다는 뜻이다.

작문 발달과 맥락

작문 발달에서 맥락을 강조하는 관점은 Russell(1997)의 모형에서 확인할 수 있다. 이 모형의 기본 구조 중 하나는 활동 체계(activity system)이다. 활동 체계에는 행위자, 즉 학생 한 명, 짝을 이룬 학생들, 학생과 교사, 학급 전체 학생들(사회적 관계를 인지하고 활동 체계에서 그들이 관여해 온 이력을 고려하는)이 작문을 수행하는 데 필요한 체계적인 원리 적용의 방법이 포함될 뿐만 아니라, 펜과 종이, 워드프로세서 같은 도구를 사용하는 방법도 포함한다. 행위자는 목표에 부합하는 결과를 산출하기 위해 다른 사람(동료나 교사)과 상호작용을 하는데, 활동의 결과는 이 상호작용 과정 중 쓰기 도구를 사용하는 '문제 공간'에서 이루어진다.

이 모형의 두 번째 기본 구조는 장르이다. 장르는 '몇 가지 활동 체계들 사이, 또는 각 활동 체계 내에서 목적에 따라 상호작용하는 전형적인 방식'으로 정의할 수 있다(Russell, 1997, p.513). 예를 들어 보자. 학교 교실에서 학생들이 규칙적으로 작문 활동을 수행하면서 전형적인 상호작용의 방식이 안정적으로 자리를 잡게 된다. 가령 학생들이 과정 중심으로 작문 활동을 해온 경우라면 이 교실에서는 주제 선정하기, 계획하기, 초고 쓰기, 고쳐 쓰기, 편집하기, 출판하기가 전형적인 상호작용의 형태로 자리를 잡기도 한다. 이렇게 안정적으로 자리를 잡은, 전형적인 상호작용의 방식이 바로 장르이다.

그러나 장르가 가진 안정성은 단지 임시적인 것이다. 왜냐하면 작문 맥락이 변하면 이에 따라 상호작용의 방식이 변하기 때문이다.

안정된 전형적 상호작용 방식이 확립되어 있는 학급에 어떤 새로운 학생이 들어온 상황을 예로 들어보자. 이 학생은 초고를 쓰기 전에 아이디어 조직의 방법으로 의미망을 활용하는, 이 학급에서 일상적으로 쓰이는 상호작용의 방식을 그대로 따를 수도 있을 것이다. 그러나 이 학생은 다른 학생들에게는 익숙하지 않은 방식, 가령 의미망이 아니라, 주제에 대한 '자유롭게 쓰기'를 적용할 수도 있다. 이 새로운 방식이 효과적이라는 사실을 다른 학생들에게 입증함으로써 다른 학생들이 오히려 이 방식을 따르도록 할 수도 있다. 이렇게 되면 이 교실의 전형적인 상호작용의 방식은 달라진다.

우리는 이 장에서 Russell(1997) 모형이 교실에서 어떻게 전개되는지 관심을 가지고 있지만, 이는 단일한 맥락에 제한되지 않는다. 문화, 기관, 가족, 사회를 포함한 거시적 차원의 활동 체계는 학교 교실에서 이루어지는 작문 활동이 어떻게 전개될지를 구체적으로 예측하는 데 도움을 주기도 한다. 이는 미국에서 시행되고 있는 작문 시험의 상황을 살펴보면 이를 쉽게 이해할 수 있다. 미국의 많은 주에서는 특정한 학년의 학생들에게 해마다 작문 시험을 시행하고 있다. 각 주의 교육부가 강제하는 이 정책은 적어도 시험이 있는 해 동안에는 작문 지도에 쏟는 시간을 증가시킨다(Graham et al., 2011). 물론 이러한 시험의 영향이 긍정적이라고 할 수는 없다. 작문 시험에서 요구하는 내용만을 지도할 가능성이 높기 때문이다. Hillocks(2002)은 이미 작문 시험에서 무엇을 평가하는가에 따라 작문 지도의 내용이 달라진다는 점을 지적한 바 있다. 예를 들어, 만약 4학년에서 서사문 쓰기를 작문 시험으로 지정한다면 아마도 4학년 학생들의 작문 지도는 서사문이라는 장르에 한정되었을 것이다. 학교에서 겪었던 우리의 경험은 이러한 우려를 입증한다.

작문 발달과 인지적/동기적 능력

작문 발달에 관한 인지적/동기적 관점은 주로 텍스트 구성과 관련된 필자의 인지적, 정서적 과정에 관심을 기울인다. Hayes(1996)의 작문 모형은 능숙한 필자가 텍스트를 구성할 때 이용하는 인지적 활동과 동기적 자원을 보여주는데, 여기에는 텍스트의 해석, 반성적 사고, 텍스트의 생산의 정신적 과정이 포함된다.

필자는 작문 과제의 표상을 만들고 이의 달성을 위해 계획을 수립하며 예상 독자를 고려하여 작문 내용을 판단하고 필요한 정보를 기억에서 인출해 낼 때 작문 계획이나 지금까지 작성한 텍스트를 단서로 사용한다. 그리고 아이디어와 정보를 문장으로 표현하고, 필요에 따라 지금까지 작성한 텍스트와 작문 계획을 평가하거나 수정한다. 필자가 수행하는 이러한 작문 과정이 바로 인지 과정이다. 작문의 인지 가정은 장기 기억(작문 과제를 수행할 때 작동하는 스키마, 어휘·언어학·형태학적 지식, 장르 지식, 작문 주제 및 독자에 대한 지식), 작업 기억(인지 과정, 동기, 필자의 의식적 주의를 요구하는 정신 작용의 수행, 작문을 위한 정보와 아이디어를 유지하기 위한 정신적 활동), 동기(필자와 작문 과정에 영향을 미치는 목표, 성향, 신념, 태도)를 포함한다.

Hayes(1996)의 모형은 능숙한 필자가 작문 기능에 대해 전략적이고 의욕적이며 유능하다는 것을 보여준다. Hayes(1996) 모형에서 필자가 손글씨 쓰기나 타이핑하기, 철자 쓰기를 써서 머릿속의 아이디어를 문장으로 표현할 때 어떤 기능이나 전략을 사용하는지는 명확하지 않다. 그러나 작문 지도의 목표는 마땅히 손글씨 쓰기, 타이핑하기, 철자 쓰기와 같은 전사 능력의 자동화를 포함해야 한다. 그리고 여기에서 더 나아가 의미를 분명하게 전달하고 필자의 의도를 반영하여 문장을 표현하며 유창하게 텍스트를 확장할 수 있는 수준까지를 지향해야 한다.

Russell(1997)과 Hayes(1996)의 모형은 유치원에서부터 12학년까지의 학생을 위한 효과적인 작문 프로그램을 설계할 때, 우리가 주의해야 할 사항에 대해서 다음과 같은 좋은 지침을 제공한다(CCSS를 보완하고 확장하는 데 도움을 준다). 무엇보다도 학생들의 성장을 돕는 작문 맥락을 만드는 것이 중요하다. 이 목표는 작문 과정과 관련된 동기와 정서를 포함하며, 작문 발달을 촉진하는 발전적이고 전형적인 일상적 활동도 포함한다. 다음으로, 학생들이 기능, 전략, 지식을 배우고 능숙한 필자가 되겠다는 의지를 갖도록 하는 것이 중요하다 (물론 필자가 어떻게 발달하는지에 대해서는 우리가 아직 충분히 알고 있지 못한 상황이지만). 다음 절에서 우리는 이런 목표를 성취하기 위한 최선의 실천적 방안과, 그 방안이 좀 더 세부적으로 기술된 이 책의 다른 장과의 관련성을 살펴보고자 한다.

작문 지도에서 최선의 방안이란 무엇인가?

1999년 알래스카 '올해 최고의 교사' 상을 수상한 Daniel Walker는 "가르치는 것은 피부를 절개하지 않는 뇌수술이다. 그러므로 이것은 가볍게 받아들여서는 안 된다."라고 말한 바 있다(Sennette, 2003). 이러한 비유는 특히 작문 지도의 상황에 딱 들어맞는다. 왜냐하면 작문은 뇌수술만큼이나 매우 복잡하고 어려운 활동이기 때문이다. 그렇다면 우리는 작문 지도에서 최선의 실천적 방안을 어떻게 마련할 수 있을까? 결론을 미리 말하자면 세 가지의 방법이 있다.

우선, 최선의 실천적 방안을 마련하는 좋은 방법 중 하나는 전문 필자의 지혜를 참고하는 것이다. 지금까지 많은 전문 필자들이 글을 쓰는 좋은 방법을 제안해 왔다. 가령 Mark Twain은 "당신이 글을 쓸 때 어떤 형용사가 적절할까 하고 고민하고 있다면 그냥 그 형용사를 삭제해 버리라."라는 조언으로, Winston Churchill은 "짧은 단어가 최상이며, 그 중에서도 친근한 단어가 최고다."라는 충고로 글을 쓰는 방법을 제안했다. 분명 전문 필자는 작문에 관한 많은 지혜를 소유하고 있다. 그러나 이들의 조언은 작문을 직업으로 삼은, 다른 능숙한 필자들을 위한 것일 때가 많다. 이제 작문을 배우고 있는 학생들에게는 적합하지 않은 경우가 매우 많다. 따라서 우리는 이 장에서 전문 필자들이 해 온 조언을 최선의 실천적 방안을 수립하기 위한 자료로 다루지는 않을 것이다.

작문 지도에서 최선의 실천적 방안을 마련하는 데 필요한 자료는 작문 지도 교사들에게서 구하는 것도 가능하다. 교사들은 직업 생활 내내 학생들에게 작문을 어떻게 지도할 것인가에 대해 고민해 왔고, 그 결과 이에 대해 놀랄 만한 통찰을 가지고 있기 때문이다(Atwell, 1987; Graves, 1983). 그러나 교사에게서 자료를 구하는 이 방법은 옥석을 가려내기가 어렵다는 점에서 단점이 있다(Graham, 2010). 그 이유는 교사들이 자신의 지도 경험을 문서로 기록하지 않은 채 대화하듯 음성 언어로만 공유하거나 제안되어 왔기 때문이다.

교사들이 사용하는 방법이 학생들의 작문에 긍정적 변화를 이끌어 낸다는 직접적인 증거는 없다. 증거를 구체적으로 제공하려면, 학생 글을 표본으로 선정하여 그러한 변화의 결과를 체계적으로 입증해야 한다. 그러나 이렇게 입증한 증거라 하더라도 그 방법이 일반적인 것인지, 특별한 것인지는 판단하기 어렵다. 만약 그 방법이 교사의 단독적인 경험을 바탕으로 삼았다면 (교사가 얼마나 효과적으로 지도했던 가와는 무관하게) 그것이 다른 교사들에게도 효과가 있을 것이라고 예단하기는 어렵다.

이러한 제한 사항을 극복하기 위해 이 장에서 우리는 대안적인 방법으로 접근하고자 한다. 그것은 바로 우수 국어교사들이 일반적으로 적용하는 실천적 작문 지도 방안을 조사하는 것이다(Graham & Perin, 2007b). 그런데 이때 앞에서 언급했었던, 두 가지의 문제에 주의를 기울여야 한다. 우수 국어교사들이 지도하는 학생들이 예외적으로 어떤 작문 발달을 보일 때 증거가 있는가 하는 것이 그 하나이고(증거의 문제), 어떤 우수 교사 한 명만이 시도하고 있는 예외적인 사례는 아닌가 하는 것이 다른 하나이다(단일 교사라는 예외성의 문제). 어떤 특별한 실천적 활동만이 학생들의 작문 발달을 도울 수 있다고 보기는 매우 어렵다. 오히려 우수한 국어교사들이 일반적으로 적용하는 실천적 방안이 색다른 어떤 활동보다 더 중요하다고 보는 것이 합리적이다.

이러한 교사 기반의 접근을 취할 때 우려되는 점이 있다. 우수교사들이 일반적으로 적용하는 사례를 접하다 보니 이를 접하는 교사들이 자신이 지금까지 실천해 온 지도 방안의 잠재력이나 효율성을 깎아내리거나 부정하는 일이 일어나곤 한다. 그러나 교사로서 당신은 이렇게 하지 않기를 바란다. 사실 이 장을 집필한 우리는 이 장, 더 나아가 이 책에서 확인된 최선의 작문 지도 방법을, 교사로서 당신이 지금까지 실천해 온 방법과 결합할 수 있기를 희망하고 있다.

작문 지도에서 최선의 작문 지도 방안을 수립할 때 참고할 수 있는 세 번째 자료는 그 효과를 실험한 과학적인 연구이다. 과학적인 연구는 적용한 작문 지도 활동이 학생의 작문 발달에 긍정적인 영향이 있었는지의 여부에 대한 증거를 보여줌으로써, 어떤 것이 최선의 실천적 활동인지를 결정하는 데 신뢰할 만한 근거를 제공한다. 이 장에서 제시하는 최선의 실천적 활동은 학생의 작문 발달을 평가하여 얻은 과학적인 연구에 기반을 두고 있다.

그러나 교육적 활동에 대한 과학적인 실험이 문제가 없지는 않다는 점에 유의해야 한다. 과학적으로 입증된 활동은 그것을 뒷받침하는 증거일 뿐, 연구에서 효과가 있다고 해서 그것이 다른 모든 상황에서도 동일한 효과가 있을 것이라고 기대할 수는 없다. 과학적인 연구에서 적용한 작문 지도 방안을 교사인 당신이 인용해 오더라도 그 실천적 방안이 실제로 교실에서 적용한 활동과 항상 완벽하게 동일한 것은 아니다(Graham, Mckeown, Kiuhara & Harris, 2012). 실천적 방안 적용을 위한 가장 안전한 방법은 이 장을 비롯하여 이 책에서 제시하는 실천적 활동의 효과를 관찰해 보는 것이다.

다음 절에서 우리는 교사 기반의 접근과 연구 기반의 접근을 바탕으로 효과적인 작문 프로그램을 구축하는 데 활용할 수 있는 최선의 실천적 활동들을 확인하고자 한다. 우리는 인지·정서·동기의 관점뿐만 아니라, 맥락의 관점을 반영하기 위해서 활동 제시 방식을 구조화할 것이다. 여기에는 학생들의 성장을 돕는 데 필요한 작문 환경의 조성이 포함되며, 학생들이 능숙한 필자가 되는 데 필요한 기능, 전략, 지식, 동기를 발전시킬 수 있다는 확신도 포함된다. 우리는 이러한 화제를 각각 다루되 동기는 제외하고자 한다. 동기는 협력적인 교실 환경 조성을 다루는 부분에서 주로 다룰 예정이다.

교사 기반의 작문 지도 방안은 Graham & Perin(2007b)에서 분석한 우수 작문 교사의 사례를 바탕으로 삼고 있으며, 연구 기반의 작문 지도 방안은 어떤 특정한 작문 지도 방안의 효과를 검증한 실험 연구를 광범위하게 조사한 결과에 바탕을 두고 있다(Bangert-Drown, 1993; Goldberg, Russell, & Cook, 2003; Graham, 2006b; Graham et al., 2012; Graham & Harris, 2003; Graham et al., 2011; Graham, Harris, & McKeown, 2013; Graham et al., inpress; Graham & Perin, 2007a, 2007c; Hillock, 1986; Morphy & Graham, 2012; Rogers & Graham, 2008; Sandmel & Graham, 2011).

작문을 발달시키는 협력적 교실 만들기

글을 잘 쓴다는 것은 어려운 일이다. 그러나 작문을 잘하기 위한 학습은 훨씬 더 어렵다. 만약 학생들이 교실을 비우호적이고 무질서하고 위험하고 가혹한 곳으로 여긴다면, 작문 활동을 하거나 작문 학습을 수행할 때 노력을 다할 가능성은 매우 적다. 학생들은 이런 교실에서는 생산적인 활동을 회피한다(Hansen, 1989). 따라서 재미있고 즐겁고 위협적이지 않으며, 교사와 학생, 학생과 학생이 서로 돕는 협력적 작문 환경을 만드는 것이 중요하다. 이는 유능한 국어교사의 교실에서 발견되는 주요 특징이기도 하다(Graham & Perin, 2007b). 그러므로 교사는 효과적인 작문 지도를 위해 다음과 같은 전략적인 행동을 하는 것이 바람직하다.

- 작문 활동을 스스로 즐기면서도 작문 지도에 대해 열정적이며, 작문을 지도하는 동안 학생들을 격려하는 분위기를 조성한다.
- 학생들이 자신의 글을 친구들과 공유하거나 게시판 전시, 문집과 같은 형태로 출판하게 하여 어떤 결과물의 형태로 가시화한다.
- 학생들로 하여금 자신들이 학습한 작문 기능과 전략이 작문을 더 잘 하게 만들어 줄 것이라고 믿고 더 열심히 참여하도록, 그리고 학습한 기능과 전략이 성공적인 작문 수행에 기여하도록 긍정적인 환경을 만든다(이 책의 12장 참고).
- 학생들을 위해 다소 높으면서도 현실적인 기대치를 설정하고, 학생들이 이전보다 더 많은 노력을 기울이고 더 나은 성과를 얻을 수 있도록 격려한다.
- 학생들에게 충분한 지원을 제공하는 것을 넘어서서 학생들이 스스로 자기조절의 방식으로 할 수 있는 만큼 수행하도록 격려한다.
- 학생의 흥미와 필요에 맞게 쓰기 과제와 쓰기 지도를 조절한다(이 책 16장, 17장 참고).
- 인지 부담이 큰 활동이든(예를 들어 글을 쓰는 데 필요한 정보의 수집) 인지 부담이 적은 활동이든(예를 들어 체계적으로 정리한 학습지) 학생을 포용하고 학생들이 지속적으로 열심히 참여하도록 만든다.
- 학생들 사이의 긍정적 상호작용을 촉진하는 교실을 만든다.

이와 같은 교사 기반의 실천적 활동들 대부분은 과정 중심의 작문 지도와 밀접하게 관련되어 있다. 그리고 이러한 실천적 활동은 동기와 지원적 활동, 가령 실제 독자를 대상으로 한 작문, 작문 과제의 독창성 격려, 학생들의 상호작용 촉진, 긍정적인 작문 환경 구축, 자기반성 및 자기평가의 격려 등도 포함하고 있다. 이러한 실천적 활동을 활용할 때에는 학생들이 계획, 초안 작성, 수정, 편집을 수행할 때 필요로 하는 다른 교육적 요소들도 포함해야 한다.

이러한 과정 중심 접근을 실험한 연구에 따르면, 그 효과의 증거는 뚜렷하지 않은 면이 있다. 그러나 이러한 접근법을 1학년부터 12학년까지 적용한 연구를 종합적으로 검토해 보면 작문 지도를 받는 내내 학생 작문의 질적 수준이 점차 개선되고 있음을 보여준다(Sandmell & Graham, 2011).

과학적 검증을 통해 효과가 명확하다고 알려진 세 가지 지도 활동은 '칭찬하기, 목표 정하기, 협력적 작문 맥락 창조하기'이다(Graham et al., 2011; Graham & Perin, 2007c; Rogers & Graham, 2008). 교사가 학생의 텍스트를 읽고 어휘 선택을 잘 했다거나 내용이 풍부하다는 등 텍스트의 긍정적인 특징을 칭찬하면 학생들의 텍스트는 더욱 더 좋아진다.

그리고 교사는 학생들이 더 발전시켜야 할 목표를 구체적으로 안내하는 것이 중요하다. 학생들에게 명확하고 구체적이고 타당하고 도전적인 목표를 제공한다면, 학생들이 쓴 텍스트의 질은 훨씬 더 좋아질 것이다. 구체적인 목표를 정하도록 안내하는 예는 다음과 같다.

- 초등학생들이 글을 고쳐 쓸 때, 새로운 아이디어 세 개를 더 추가하게 한다.
- 중학생들이 글을 쓸 때, 찬성의 관점을 뒷받침하는 세 개 이상의 이유를 추가하고, 반대의 관점을 뒷받침하는 두 개 이상의 이유를 추가하게 한다.

학생들이 협력적인 태도로 계획, 초안 작성, 수정, 편집 활동을 수행하면 학생들의 텍스트는 더욱 더 좋아진다(이 책의 8장, 9장 참고). 이는 초등학생이든 중·고등학생이든 동일하다. 그러면 어떻게 해야 학생들이 협력적인 태도로 작문 활동에 임하게 할 수 있을까? 그 비결은 학생들이 협력해서 작문 활동을 수행할 때 무엇을, 어떻게 해야 하는지를 구체적으로 안내하고, 그 실제적인 방법을 직접적으로 보여주는 것이다. 이러한 예는 다음 〈참고 1.3〉으로 제시하였다.

교사 Lonnie Bird는 3학년 학생들에게 계획, 초안 작성, 수정, 편집의 활동을 다른 동료와 함께 하는 방법을 가르쳤다. 학생들은 이러한 작문 과정을 통해서 '협력'을 배우게 된다. Lonnie Bird는 아이디어를 생성하고, 초안을 작성하고, 그 초안을 다시 읽고 수정하고, 그것을 편집하고, 가장 잘 쓴 텍스트를 선택하고, 최종 결과를 평가할 때 동료와 서로 협력하는 방법을 시범으로 보여 준 후, 학생들이 활동을 수행하도록 안내했다. Lonnie Bird는 학생들이 협력적으로 활동하는 동안 학생들을 관찰하고 격려하고 칭찬했다(Yarrow & Topping, 2001 참고)

〈참고 1.3〉 협력적 작문 활동의 예

우리는 학생들이 전문 필자로 성장하는 데 가장 중요한 요소는 바로 실제적인 수행, 즉 '직접 써 보는 것'이라고 생각한다. 실제로 글을 쓰되 작문이 편해질 수 있도록 자주, 규칙적으로 쓰면서, 전문 필자들처럼 아이디어를 발전시키고 작문 기능이나 전략을 연마하는 것이 중요하다. 그러나 현실은 이와 크게 다르다. 학생들은 학교에서 글을 쓰는 데 시간을 거의 투자하지 않는다. 학생들이 작문 지도를 받으면서 쓴 글은 한 문단을 넘기는 경우도 거의 없다(Applebee & Langer, 2011; Gillbert & Graham, 2010; Kiuhara et al., 2009). 그럼에도 불구하고 유능한 국어교사들은, 작문은 학생들이 숙달해야 할 필수적인 기능이라고 생각하고(Graham & Perin, 2007c) 다음과 같은 활동을 제안해 왔다.

- 설명, 설득, 흥미 등 다양한 이유로 학생들이 자주 글을 쓰도록 안내한다 (이 책의 4장, 5장, 6장 참고).
- 학생들에게 교육과정에 따른 수업의 틀에 가두지 않고 학생들이 자주 글을 쓰도록 안내한다.(이 책의 3장, 7장 참고).

이러한 교사 기반의 실천적 활동은, 작문 빈도의 증가가 초등학생들의 작문 능력 발달을 이끈다는 연구(Graham et al., 발간 중), 수업 시간에 제시된 자료나 읽기 자료에 대한 작문이 학업 성취도의 개선에 기여한다는 연구(Bangert-Drawns et al., 2004; Graham & Hebert, 2010, 2011; Graham & Perin, 2007a)의 지지를 받고 있다. 한편, 우리는 작문 지도에서 다음 사항도 중요하다고 생각한다.

- 실제적인 독자와 실제적인 목적으로 글을 쓰게 한다(〈참고 1.4〉 참고).
- 글의 주제나 내용을 학생들이 스스로 선택하게 한다. 이때 학생들이 개인적인 해석을 발전시킬 수 있도록 격려한다.
- 충분한 시간을 주고 글을 쓰게 한다.

버지니아의 교사인 Victoria Moretti는 2학년 학생들과 Chesapeake Bay를 구하고 돕기 위한 프로젝트를 계획했다(Graham, 2013). 학생들은 학교 뒤를 지나 만(bay)으로 흘러드는 개울을 깨끗하게 만들기 위해 나섰다. 학생들은 목적에 맞게 다음과 같은 작문 과제를 다양하게 수행했다.

- 시장과 시의회에 만을 깨끗하게 만드는 것이 왜 중요한지, 이를 무엇을 해야 하는지가 잘 드러나는 편지 쓰기
- 두 개의 지역 신문에 왜 이 지역의 개울이나 강, 하구를 깨끗하게 유지해야 하는지가 잘 나타나는 편지 쓰기
- 학교에서 학생이 실천할 수 있는 것을 글로 쓴 뒤 이를 실행하고, 개울이 오염될 때 물고기나 다른 야생동물에게 무슨 일이 일어날지 쓰기
- 지역 쇼핑몰에서 '만을 지키자'는 캠페인을 벌이기 위해 안내장이나 현수막에 쓸 주요 메시지를 쓰기
- (부모님을 인터뷰하거나 온라인에서 자료를 찾고 환경 전문가를 만난 후)깨끗한 만을 만들기 위한 활동의 목록을 작성하기

〈참고 1.4〉 실제적 목적으로 쓴 작문의 예시

학생을 지원하는 작문 환경을 구축할 때 학생들이 사용하는 작문의 도구에 대해서도 고려할 필요가 있다. 과학적인 연구에 따르면 초등학생이든 중·고등학생이든 손으로 글을 쓰는 것보다 워드프로세서를 사용할 때 작문의 질이 더 우수하다. 그러나 여전히 많은 학교에서 펜과 종이 같은 19세기의 작문 도구들을 사용하고 있다(Bangert-Drowns, 1993; Goldberg et al., 2003; Morphy & Graham, 2012).

워드프로세서로 쓰는 전자 텍스트는 글자가 또렷하고 수정하기도 쉬울 뿐만 아니라, 다른 사람에게 전달하거나 옮기기도 편리하다. 워드프로세서를 사용하면 작문을 돕는 맞춤법 검사기나 음성 합성 장치와 같은 소프트웨어도 손쉽게 결합하여 사용할 수 있다. 워드프로세서를 사용하면 학생들은 다른 사람들과 함께 글을 공유할 수도 있고, 인터넷에 연결하여 글을 쓰는 데 필요한 소재를 쉽게 모으는 것도 가능하다. 이처럼 워드프로세서는 손글씨 쓰기를 넘어서는 매우 강력한 이점을 가지고 있다.

그러나 이러한 이점에도 불구하고 학생들은 여전히 대부분의 글을 손으로 쓴다. (Cutler & Graham, 2008; Gilbert & Graham, 2010; Kiuhara et al., 2009). 학교에서 이루어지는 학생 작문 활동의 상황을 떠올려 보라. 물론 우리는 학생들이 워드프로세서나 작문을 돕는 소프트웨어의 이점을 활용할 수 있도록 21세기적 방법으로 작문을 지도할 필요가 있다(13장 참고).

마지막으로, 교사 평가는 협력적인 작문 환경을 만드는 데 필수적이다. 교사는 학생들의 작문 과정을 관찰하면서 학생들의 개별적 요구뿐만 아니라, 집단적 요구를 반영하여 교실 활동을 조정해야 한다. 그리고 교사는 학생들에게 피드백을 통해서 학생들이 과정을 평가하고 자신의 발전을 위해 더 노력하는 것이 필요하다는 것을 인식하도록 돕고, 작문의 기능이나 전략, 작문 지식을 배우도록 안내해 주어야 한다(Van Merrienboer & Van Gog, 2012). 과학적 연구에 따르면 이러한 두 개의 평가 활동은 학생들의 작문을 향상시키는 데 기여한다(Graham et al., 2011, 이 책의 15장 참고).

작문 전략의 지도

필자들은 자신이 쓰는 텍스트를 발전시키고 작문 과정을 조절하기 위해 전략을 활용한다(Zimmerman & Riesemberg, 1996). 이러한 작문 전략은 매우 다양하다. 목적 설정하기, 계획하기(예, 수사적 목적의 수립과 이의 성취를 위한 전략), 정보 탐색하기(예, 텍스트를 완성하는 데 필요한 정보 수집하기), 기록 보존하기(예, 노트 만들기), 조직하기(예, 노트나 텍스트 배열하기), 전사하기(예, 머릿속에 떠올린 아이디어를 문자로 쓰기), 자기 점검하기(예, 작문 목적에 부합하는지 확인하기), 자기 평가하기(예, 텍스트의 질이나 앞에서 수립했던 계획을 평가하기), 수정하기(예, 지금까지 작성한 텍스트나 작문 계획 수정하기), 자기 언어화하기(예, 해야 할 것이 무엇인지에 대해 소리 내어 말하기), 시연하기(예 쓰기 전에 한 장면을 몸으로 표현해 보기), 환경 만들기(예, 글을 쓰는 데 적합한 조용한 장소를 찾아보기), 시간 계획하기(예, 쓰기에 드는 시간을 어림잡고 배분하기), 그리고 자기 보상하기(예, 작문 과제를 마친 후 영화 보러 가기) 등을 예로 꼽을 수 있다.

유능한 국어교사들은 학생들에게 이러한 전략의 중요성을 강조하고 이러한 전략을 사용하여 글을 쓰도록 권장한다. 그리고 이러한 전략을 지도하기 위해 노력을 기울인다(Graham & Perin, 2007b). 이러한 지도 활동을 요약하면 다음과 같다.

- 과정 중심의 방법으로 작문을 수행하도록 학생들을 격려한다.
- 작문의 계획, 초고 작성, 수정, 편집을 위한 전략을 지도한다.

계획, 초고 작성, 수정 등의 작문 전략을 학생들에게 현시적으로 지도해야 한다는 점은 여러 선행 연구에 의해서도 뒷받침된다. 선행 연구에 따르면, 1~12학년 학생들에게 이러한 작문 전략을 지도했을 때 텍스트의 질이 매우 뚜렷하게 향상되었다(Graham, 2006b; Graham & Harris, 2003; Graham et al., 2011, 2013 참고). 학생들의 작문에 기여하는 전략에는 브레인스토밍이나 의미망 같은 일반적인 전략도 있고(장르에 무관하게 사용이 가능) 설명문이나 논설문처럼 특정한 장르의 작문에만 맞도록 설계된 전략도 있다(이 책의 8장, 9장 참고).

가장 기본적인 수준의 작문 전략 지도는 네 단계로 진행된다. 교사의 설명, 전략의 시범, 숙달을 돕는 도움 제공, 활용의 촉진이 그것이다. 우선, 교사는 지도하려는 작문 전략의 목적과 원리를 학생들에게 설명한다. 이때 그 전략을 언제, 어디에서 사용하는지도 설명해 준다. 설명을 마친 후, 교사는 그 전략을 어떻게 사용하는지 시범을 보인다. 때때로 여러 번 반복하기도 한다. 시범을 보인 후에는 학생들이 그 작문 전략을 효과적으로 활용할 수 있을 때까지 그 전략을 익히고 있는 학생들에게 도움을 제공한다. 그리고 (설명, 시범보이기, 안내된 연습을 다시 적용하면서) 그 전략을 지속적이면서도 적절하게 활용할 수 있도록 촉진한다. 이러한 작문 전략의 지도는 계획, 초고 작성, 수정, 편집의 전략을 어떻게 조절하는지를 학생들에게 가시적으로 보여줄 때 훨씬 더 효과적이다(Graham et al., 2013 참고). 여기에는 이는 학습 목표의 설정과 전략 활용 목표의 설정뿐만 아니라, 작문 과정에 미치는 전략 효과의 점검도 포함된다. 이러한 가시화의 장점은 학생들이 전략 사용에 대한 동기를 제공함으로써 장차 작문 수행에서 이를 활용할 확률도 높인다는 것이다.

다음 〈참고 1.5〉는 에세이의 계획하기와 초고 쓰기를 위한 전략의 지도 사례를 보여준다. 여기에는 전략 지도 절차에 대한 간략한 설명을 포함하고 있다(과학적 연구로 입증된 작문 전략은 여러 가지가 있다. 이러한 작문 전략과, 이를 지도하기 위한 '자기 조절적 전략 발달 모형'에 대해서 자세히 알고 싶다면 다음 연구를 참조하기 바란다. Graham & Harris, 2005와 Harris, Graham, Mason, & Freidlander, 2008).

10학년 교사인 Henry Bear는 에세이 쓰기 수업에서 계획하기 및 초고쓰기를 다음 전략에 따라 가르쳤다(이 지도는 De La Paz & Graham, 2002에 기반을 두었다).

- PLAN: 지시문에 주의집중하여(Pay attention to the prompt) 주요 아이디어를 목록화하고(List the main idea), 뒷받침하는 아이디어를 추가한 다음(Add supporting ideas), 나열한 아이디어에 번호를 매긴다(Number your ideas).
- WRITE: 계획을 바탕으로 작업하기(Work from your plan to develop your thesis statement), 목적 기억하기(Remember your goals), 각 문단에 연결어 넣기(Include transition words for each paragraph), 다양한 문장으로 표현하기(Try to use different kinds of sentences), 그리고 재미있고 흥미로운 단어 활용하기(Exciting, interesting, $10,000 words).

Henry Bear는 자기 조절적 전략 발달 모형을 활용하여 이 전략을 가르쳤다(Harris et al., 2008에 기반을 두었다). 자기 조절적 전략 발달 모형은 여섯 단계로 구성되어 있다.

- 배경: 지식 개발: 학생들이 이 전략을 활용하는 데 필요한 배경지식을 안내하였다.
- 설명: Hery Bear는 전략의 개념과 원리, 목적이나 이점에 대해 설명하였다.
- 시범: 전략을 활용하는 방법에 대해 시범을 보였다.
- 암기: 학생들에게 전략의 단계를 기억하고 암기하게 하였다.
- 지원: Henry Bear는 학생들에게 도움을 제공하면서 전략 사용을 지원하였다.
- 독립적 사용: Henry Bear는 학생들에게 도움을 거의 주지 않거나 전혀 주지 않은 채 전략을 사용하게 했다.

학생들은 작문 전략과 작문 과정을 배웠으며, 이를 조절하는 데 필요한 여러 가지 전략(목표 설정하기, 자기 점검하기, 자기 지도하기, 자기 강화하기 등)도 배웠다.

〈참고 1.5〉 에세이 계획하기와 초고쓰기를 위한 전략

학생들이 효과적으로 글을 쓰는 데 필요한 지식 습득을 돕기

필자들에게 특히 중요한 두 가지 지식은 화제에 대한 지식과 장르에 대한 지식이다. Olinghouse, Graham, & Gillespie(2012)에 따르면 이 두 가지 지식은 학생이 쓴 텍스트의 질을 예측하는 매우 강력한 도구이다. 이는 화제 지식을 수집하거나 조직하는 방법을 지도했을 때 텍스트의 질이 우수해진다는 실증적 연구, 좋은 글이 가지고 있는 특징, 즉 장르 지식을 지도했을 때 텍스트의 질이 우수해진다는 연구에 의해서도 뒷받침된다(Graham et al., 2013; Graham & Perin, 2007c).

연구 기반의 접근에서 볼 때, 화제 지식과 관련된 최선의 실천적 활동은 바로 쓰기 전 활동과 관련되어 있다. 여기에는 브레인스토밍이나 자료 읽기, 다른 정보 수집 방법들이 있는데, 학생들은 이러한 활동을 거쳐 글을 쓰는 데 필요한 정보를 얻는다. 학생들은 도해 조직자를 활용하여 이렇게 수집한 화제 지식을 구조화할 수 있다.

조사라는 방법을 활용하여 화제 지식을 모을 수도 있다. 이 방법에는 구체화적인 목적 설정하기(예, 사람 행동 서술하기), 데이터를 분석하여 필요한 정보 얻기(예, 어떤 활동을 하는 동료 1명 관찰하기), 분석을 위해 특정 전략 활용하기(예, 관찰한 행동의 원인을 피관찰자에게 질문하기), 알게 된 것을 적용하기(예, 이러한 과정을 거쳐 알게 된 정보를 바탕으로 에세이 작성하기)와 같은 하위 전략이 포함되어 있다.

장르 지식과 관련된 연구 기반의 실천적 활동은 두 가지가 있다. 하나는 특정 장르의 특징(예, 서사문에는 배경, 인물, 사건, 해결 등이 포함되어 있다.)을 학생들에게 가르치는 것이고, 다른 하나는 학생들에게 장르에 모범적인 모형을 제공하는 것(〈참고 1.6〉과 이 책의 4장 참고)이다. 이 두 가지 모두 학생 작문의 질에 긍정적 영향을 미친다(Graham et al., 2013; Graham & Perin, 2007c).

7학년 교사인 Dorothy Caldwell은 수업 시간에 논설문의 특징을 다루었다. 학생들이 아이디어를 생성해 내면 Dorothy Caldwell은 주장과 근거와 같은 일반적인 설득 요소로 구분하여 목록화하고 이름표를 붙였다. 그 후 학생들과 함께 모범적인 논설문을 읽고, 그 글을 설득력 있게 만드는 특징에 대해 대화했다. 그런 다음 학생들에게 다른 논설문을 읽게 하고 또 다른 설득적 요소를 찾아보게 하였다. Dorothy Caldwell은 학생들이 찾은 설득적 요소를 화이트보드에 목록화했다. Dorothy Caldwell은 이러한 설득적 요소에 이름표를 붙였다.

그 후 Dorothy Caldwell은 학생들에게 처음에 읽은 논설문을 모형으로 삼아 학교에서 학생의 휴대폰 사용을 허용해야 하는지에 대해 글을 쓰도록 안내했다. 학생들은 자신이 작성한 논설문을 개선할 수 있는 피드백을 받으면서 그 글을 동료들과 공유했다. Dorothy Caldwell은 학생들에게 다른 논설문을 더 쓰게 하면서 모형으로 삼았던 그 글을 넘어설 수 있도록 격려했다.

〈참고 1.6〉 설득적인 글의 특징에 대해 지도하기

기초적인 작문 기능의 지도

능숙한 필자들은 글을 쓸 때 손글씨 쓰기, 워드프로세서의 타이핑, 철자 쓰기를 거의 의식하지 않는다. 이러한 전사 기능을 무의식적으로 사용하면서도 올바르게 적용한다. 이러한 기능을 숙달한 결과이다. 그러나 이러한 기능을 숙달하기 전에는 효과적이지 못 한 상황을 초래하기도 한다.

우선, 오자나 알아보기 힘든 손글씨는 글을 더욱 읽기 어렵게 만든다. 독자들은 이러한 글을 접하면 내용에 대해서 부정적인 태도를 취하게 된다(Graham et al., 2011). 글자를 판독하는 데 많은 에너지를 쏟아야 하기 때문이다. 손글씨 쓰기, 타이핑, 철자 쓰기를 숙달하지 못 해 의식적인 주의를 쏟아야 한다면 다른 작문 과정이 방행을 받는다(Scardamailia & Bereiter, 1986). 예를 들어 어떤 단어의 철자가 어떻게 되는지를 고민하면 지금 작업 기억 내에 떠올린 중요한 아이디어를 놓치게 된다. 이는 작문의 질에 부정적인 영향을 미친다.

전사 기능에 어려움을 겪는 학생이나 자신은 작문 능력이 너무나 부족하다고 생각하는 학생에게는 이러한 전사 기능을 초기에 지도하는 것이 중요하다(Berninger, Mizokawa, & Bragg, 1991). Graham et al.(2013)에 따르면, 초등학생들에게 손글씨 쓰기, 타이핑, 철자 쓰기 같은 전사 기능을 지도하면 작문의 질이 개선된다. 전사 기능을 익히면 작업 기억의 간섭이 약화되어 좀 더 유창하고 적절하게 작문 활동을 수행할 수 있기 때문이다. 〈참고 1.7〉은 철자 쓰기 지도 방법의 예를 제시하고 있다(손글씨 쓰기 지도 방법 및 철자 쓰기 지도 방법은 이 책 11장을 참고).

초등학교 2학년 교사인 Cady Longmire는 2주마다 철자 패턴이 대조적인 단어를 학생들에게 제시했다(예, /a/ 단모음 단어와 /o/ 단모음 단어, /a:/ 장모음 단어와 /a/ 단모음 단어, /ay/ 장모음 단어와 /ai/ 장모음 단어 등). Cady Longmire는 대조적인 2개의 단어를 뒤섞어 놓은 다음, 학생들에게 이 단어를 찾아서 배열하는 활동을 하게 했다. Cady Longmire는 학생들에게 힌트를 주고(가령, 단어에서 학생들이 찾아야 하는 말소리를 강조) 그 패턴이 반영된 단어를 찾게 하였다. 학생들이 단어를 올바로 찾아내면 (적절히 학생들을 도와주면서) 그 철자 패턴의 원리를 말해 보게 했다. 그 후 2주 동안에는 학생들은 다음과 같은 활동을 했다.

- 글을 읽거나 쓸 때 학습했던 철자 패턴을 보이는 단어가 있는지 찾아본다.
- 학습한 철자 패턴을 가진 일상적인 단어를 게임(예, 빙고 게임)을 활용하여 익힌다.
- 학습한 철자 패턴을 가진 단어에 다른 자음이나 모음을 첨가해 보는 활동을 통해 그 철자 패턴을 반영하고 있는 단어를 학습한다.

〈참고 1.7〉 철자 쓰기 지도의 예

초고를 쓸 때 필자는 자신이 의도한 의미를 정확하게 표현하는 단어를 선택하고 이를 의미 구조로 발전시키는 데 많은 노력을 쏟는다. 그리고 적절한 문법의 적용, 구두점의 사용에도 노력을 기울이며, 문장 구성에도 노력을 기울인다. 선행 연구에 따르면 문장 구성 기능에 대한 지도는 학생들이 표현하는 문장의 정확성이나 적절성을 높여 줄 뿐만 아니라(Andrews et al., 2006), 결과적으로 작문의 질도 향상시킨다(Graham et al., 2013; Graham & Perin, 2007c). 문장 구성 기능 지도에서는 일반적으로 단순하나 문장을 좀 더 복합적이고 세련된 문장으로 조합하는 방법을 다룬다. 학생들은 교사가 구사하는 수준의 문장을 표현해 내기 위해 이와 유사한 문장을 조합하는 연습을 한다. 그런 다음, 학생들은 자신이 쓴 텍스트에 문장 조합 기능을 적용한다(이 책의 10장 참고).

문장 구성 기능에 대한 지도는 학생들에게 문단 구성 전략을 지도하는 데에도 유용하다(Rogers & Graham, 2008). 이러한 지도에서는 도입 문장이 있는 문단을 구성하는 방법, 도입 문장과 종결 문장, 또는 다음 단락으로 진행해 가는 연결 문장을 포함하여 문단을 구성하는 방법, 세부 내용을 포함하여 문단을 구성하는 방법 등을 같이 포함하여 다룬다.

모두를 하나로 만들기

이 장에서 살펴본 바와 같이 작문 지도는 단순한 과제도 아닐뿐더러 아마추어들이 덤빌 수 있는 직무도 아니다. 효과적인 작문 프로그램 설계의 출발점은 협력적인 작문 환경을 어떻게 구축할 것인가를 결정하는 것이다. 이를 위해서는 즐겁고 협력적인 작문 환경을 구축하는 방법, 학생의 작문 동기를 자극하는 방법, 학생들이 열린 태도로 다른 동료에게 기여할 수 있는 방법, 그리고 교사로서 당신의 수업에서 적용할 평가 및 피드백의 방식에 대한 고민이 뒤따른다.

한 가지 고려해야 할 비판적 쟁점은 학생들의 작문 능력을 발달시키는 데 필요한 장르가 무엇인가 하는 것이다. 초등학교 고학년 학생들은 중학교에서 요구하는 것을 준비해야 하고, 중학생들은 고등학교에서 요구하는 것을 준비해야 한다. 그러므로 학생들이 요구하는 장르가 무엇인지를 파악하여 교육과정을 채우는 일, 읽기와 학습에 작문이 어떻게 기여할 수 있는지를 정확하게 판단하는 일은 매우 중요하다.

우리는 장르에 대해 지도할 때 학생들의 요구가 무엇인지에 대해 생각해 볼 것을 제안한다. 그리고 학생들이 작문 전략(계획하기, 초고쓰기, 수정하기, 편집하기 등)을 숙달하여 효과적으로 활용할 수 있도록, 여전히 지도가 필요한 기초 기능(손글씨 쓰기, 타이핑, 철자 쓰기, 문장 구성, 문단 구성 등)을 숙달할 수 있도록 지도해 주기를 권고한다.

교사로서 당신이 어떤 장르를 강조할 것인지, 읽기와 학습을 촉진하기 위해 작문을 어떻게 활용할 것인지, 무엇을 가르칠 것인지를 결정했다면, 작문 프로그램의 각 단계에서 사용이 가능한 시간이 얼마인지를 고려하여 지도 계획을 수립해야 한다(작문과 지도에 쏟는 시간의 균형). 그리고 어떤 순서로 지도할 것인지, 구체적인 기능이나 전략, 지식을 어떻게 지도할 것인지에 대해서도 계획을 수립해야 한다. 이러한 계획을 통해서 학생들의 작문 능력의 신장이라는 결과를 효과적으로 얻을 수 있다.

우리는 앞으로 작문 지도에서 워드프로세서의 역할이나 다른 유형의 21세기 작문 도구의 역할, 당신의 작문 수업에서 채택할 수 있는 장르, 당신이 현재 시행하고 있는 작문 프로그램과 다른 교사들이 시행하고 있는 프로그램의 결합에 대해서 다루고자 한다. 작문이 회귀적이고 복합적인 과정인 것처럼, 작문 프로그램도 전개해 가는 단계에 따라 변화하는 회귀적이고 복합적인 과정이다. 완벽한 작문 프로그램은 존재하지 않는다. 그러나 이 장, 그리고 더 나아가 이 책은 작문 지도에 필요한 여러 가지 방안을 광범위하게 담고 있다. 이러한 실천적 활동을 바탕으로 학생들이 능숙한 필자로 성장해 갈 수 있기를 바란다.

참고문헌

Andrews, R., Torgerson, C., Beverton, S., Freeman, A., Locke, T., Low, G., et al. (2006). The effects of grammar teaching on writing development. *British Educational Research Journal,* 32, 39~55.

Applebee, A. (1984). Writing and reasoning. *Review of Educational Research,* 54, 577~596.

Applebee, A., & Langer, J. (2011). A snapshot of writing instruction in middle and high schools. *English Journal,* 100, 14~27.

Atwell, N. (1987). *In the middle: Reading, writing, and learning from adolescents.* Portsmouth, NH: Heinemann.

Bangert-Drowns, R. L. (1993). The word processor as an instructional tool: A meta-analysis of word processing in writing instruction. *Review of Educational Research,* 63, 69~93.

Bangert-Drowns, R. L., Hurley, M. M., & Wilkinson, B. (2004). The effects of school-based writing-to-learn interventions on academic achievement: A meta-analysis. *Review of Educational Research,* 74, 29~58.

Berninger, V., Mizokawa, D., & Bragg, R. (1991). Theory-based diagnosis and remediation of writing disabilities. *Journal of School Psychology,* 29, 57~79.

Cutler, L., & Graham, S. (2008). Primary grade writing instruction: A national survey. *Journal of Educational Psychology,* 100, 907~919.

De La Paz, S., & Graham, S. (2002). Explicitly teaching strategies, skills, and knowledge: Writing instruction in middle school classrooms. *Journal of Educational Psychology,* 94, 687698.

Fitzgerald, J., & Shanahan, T. (2000). Reading and writing relations and their development. *Educational Psychologist,* 35, 39~50.

Gilbert, J., & Graham, S. (2010). Teaching writing to elementary students in grades 4 to 6: A national survey. *Elementary School Journal*, 110, 494~518.

Goldberg, A., Russell, M., & Cook, A. (2003). The effect of computers on student writing: A meta-analysis of studies from 1992 to 2002. Journal of Technology, Learning, and Assessment, 2. Retrieved from http:Hescholarship.bc.eduljtla/VOI2/I.

Graham, S. (2006a). Writing. In R Alexander & R Winne (Eds.), *Handbook of educational psychology* (pp. 457~478). Mahwah, NJ: Erlbaum.

Graham, S. (2006b). Strategy instruction and the teaching of writing: A meta-analysis. In C. A. MacArthur, S. Graham, & J. Fitzgerald (Eds.), *Handbook of writing research* (pp. 187~207). New York: Guilford Press.

Graham, S. (2010). Teaching writing. In P. Hogan (Ed.), *Cambridge encyclopedia of language sciences* (pp. 848~851). Cambridge, UK: Cambridge University Press.

Graham, S. (2013). Writing standards. In L. M. Morrow, K. K. Wixson, & T. Shanahan (Eds.), *Teaching with the Common Core standards for English language arts*. Grades 3~5 (pp. 88~106). New York: Guilford Press.

Graham, S., Bollinger, A., Booth Olson, C., D'Aoust, C., MacArthur, C., McCutchen, D., et al. (2012). Teaching elementary school students to be effective writers: A practice guide. Washington, DC: National Center for Education Evaluation and Regional Assistance (NCEE), Institute of Education Sciences, U.S. Department of Education. Retrieved from http:llies.ed.govlnceelwwc/publications/practiceguides.

Graham, S., & Harris, K. R. (2003). Students with learning disabilities and the process of writing: A meta-analysis of SRSD studies. In H. L. Swanson, K. R. Harris, & S. Graham (Eds.), *Handbook of learning disabilities* (pp. 383~402). New York: Guilford Press.

Graham, S., & Harris, K. R. (2005). *Writing better: Teaching writing processes and self-regulation to students with learning problems.* Baltimore: Brookes.

Graham, S., Harris, K. R., Fink, B., & MacArthur, C. A. (2002). Primary grade teachers' theoretical orientations concerning writing instruction:

Construct validation and a nationwide survey. *Contemporary Educational Psychology*, 27, 147~166.

Graham, S., Harris, K. R., & Hebert, M. (2011). Informing writing: The benefits of formative assessment. Washington, DC: Alliance for Excellence in Education.

Graham, S., Harris, K. R. & McKeown, D. (2013). The writing of students with learning disabilities, meta-analysis of self-regulated strategy development writing intervention studies, and future directions: Redux. In L. Swanson, K. R. Harris, & S. Graham (Eds.), *Handbook of learning disabilities* (2nd ed. pp. 405~438). New York: Guilford Press.

Graham, S., & Hebert, M. (2010). *Writing to reading: Evidence for how writing can improve reading.* Washington, DC: Alliance for Excellence in Education.

Graham, S., & Hebert, M. (2011). Writing-to-read: A meta-analysis of the impact of writing and writing instruction on reading. *Harvard Educational Review*, 81, 710~744.

Graham, S., MacArthur, C., & Fitzgerald, J. (2007). *Best practices in writing instruction.* New York: Guilford Press.

Graham, S., McKeown, D., Kiuhara, S., & Harris, K. R. (2012). A meta-analysis of writing instruction for students in the elementary grades. *Journal of Educational Psychology*, 104(4), 879~896.

Graham, S., & Perrin, D. (2007a). *Writing next: Effective strategies to improve writing of adolescent middle and high school.* Washington, DC: Alliance for Excellence in Education.

Graham, S., & Perrin, D. (2007b). What we know, what we still need to know: Teaching adolescents to write. *Scientific Studies in Reading*, 11, 313~336.

Graham, S., & Perrin, D. (2007c). A meta-analysis of writing instruction for adolescent students. *Journal of Educational Psychology*, 99, 445~476.

Graves, D. (1983). *Writing: Teachers and children at work.* Exeter, NH: Heinemann.

Hansen, D. (1989). Lesson evading and lesson dissembling: Ego strategies in the classroom. *American Journal of Education*, 97, 184~208.

Harris, K. R., Graham, S., Mason, L., & Friedlander, B. (2008). *Powerful writing strategies for all students*. Baltimore: Brookes.

Hayes, J. (1996). A new framework for understanding cognition and affect in writing. In M. Levy & S. Ransdell (Eds.), *The science of writing: Theories, methods, individual differences, and applications* (pp. 1~27). Mahwah, NJ: Erbaum.

Hillocks, G. (1986). *Research on written composition: New directions for teaching*. Urbana, IL: National Council of Teachers of English.

Hillocks, G. (2002). *The testing trap: How state writing assessments control learning*. New York: Teachers College Press.

Kiuhara, S., Graham, S., & Hawken, L. (2009). Teaching writing to high school students: A national survey. *Journal of Educational Psychology*, 101, 136~160.

Morphy, P., & Graham, S. (2012). Word processing programs and weaker writers/readers: A meta-analysis of research findings. *Reading and Writing*: An Interdisciplinary Journal, 25, 641~678.

National Governors Association & Council of Chief State School Officers. (2010). Common Core State Standards for English language arts & literacy in his tory/social studies, science, and technical subjects. Washington, DC: Authors. Retrieved from www.corestandards.org.

Nystrand, M. (2006). The social and historical context for writing research. In C. A. MacArthur, S. Graham, & J. Fitzgerald (Eds.), *Handbook of writing research* (pp. 11~27). New York: Guilford Press.

Olinghouse, N., Graham, S., & Gillespie, A. (2012, February). The role of discourse and content knowledge in the narrative, persuasive, and informational writing of fourth grade students. A presentation at the Pacific Coast Research Conference, Coronado, CA.

Paas, F., Van Merrienboer, J., & Van Gog, T. (2012). Designing instruction for the contemporary learning landscape. In K. R. Harris, S. Graham, & T. Urdan (Eds.), *APA educational psychology handbook* (Vol. 3, pp. 335~358). Washington, DC: American Psychological Association.

Rogers, L., & Graham, S. (2008). A meta-analysis of single subject design writing intervention research. *Journal of Educational Psychology*, 100, 879~906.

Russell, D. (1997). Rethinking genre in school and society: An activity theory analysis. *Written Communication*, 14, 504~554.

Sandmel, K., & Graham, S. (2011). The process writing approach: A meta-analysis. *Journal of Educational Research*, 104, 396~407.

Scardamalia, M., & Bereiter, C. (1986). Written composition. In M. Wittrock (Ed.), *Handbook of research on teaching* (3rd ed., pp. 778~803). New York: Macmillan.

Sennett, F. (2003). *Teacher of the year*. Chicago: Contemporary Books.

Smyth, J. (1998). Written emotional expression: Effect sizes, outcome types, and moderating variables. *Journal of Consulting and Clinical Psychology*, 66, 174~184.

Tierney, R., & Shanahan, T. (1991). Research on the reading-writing relationship: Interactions, transactions, and outcomes. In R. Barr, M. Kamil, R Mosenthal, & D. Pearson (Eds.), *The handbook of reading research* (Vol. 2, pp. 246~280). New York: Longman.

Yarrow, F., & Topping, K. J. (2001). Collaborative writing: The effects of metacognitive prompting and structured peer interaction. *British Journal of Educational Psychology*, 71, 261~282.

Zimmerman, B., & Reisemberg, R. (1997). Becoming a self-regulated writer: A social cognitive perspective. *Contemporary Educational Psychology*, 22, 73~101.

2장
취학 전 및 유치원에서의 작문 지도

DAVID L. COKER, Jr.

작문은 학생들에게 가장 어려운 학업 과제 중 하나이다. 학생들로 하여금 능숙한 필자의 지식, 기능, 태도를 갖추게 하려면 다년간의 지도가 필수적이다. 그러나 취학 전 시기와 유치원 시기에 효과적인 작문 지도를 시행하면 학생들의 작문 성취를 강화할 수 있다. 유년 시기에 작문 발달과 작문 지도에 관심이 있는 독자를 위해 이 장은 두 가지 목적을 중심으로 조직되었다.

첫째, 나는 학생들이 겪는 작문의 큰 어려움을 독자들이 인정하기를 바란다. 특히 어린 학생들이 글을 잘 쓰려면 기능과 지식이 필수적이다. 이 장에서 논의된 작문의 주요 어려움은, 의사소통에서 작문을 어떻게 사용하는지 이해하는 것, 인쇄물의 개념이나 전통을 깨는 것, 문자가 말소리를 표현하는 데 사용되었음으로 밝히는 것, 언어 지식을 심화하는 것, 세계와 글의 장르에 대한 지식을 발달시키는 것, 생각을 유창하게 표현하기 위해서 충분히 손글씨로 잘 쓰거나 타이핑하는 것이다.

둘째, 나는 이 장에서 이러한 어려움에 대처하기 위한 교육적 방안을 보여주고 한다. 지도 방법은 취학 전과 유치원에 적합한 것을 선정하였고, 이 방법은 효과적인 것으로 입증되었다. 이 장의 마지막 부분에서 나는 교사 Nelson이 자신이 담당하는 유치원에서 작문을 지도하는 수업을 서술했다. Nelson은 학생들이 의견을 피력하는 글을 쓸 때 직면하는 작문의 어려움을 작문 지도에서 얼마나 매력적으로 다룰 수 있는지를 보여준다. 학생들이 직면하는 작문의 어려움이나 이러한 어려움을 다루기 위한 교육적인 방안들은 작문 발달이 복합적이어서 인지적, 사회적, 언어적, 문화적, 교육적 요인들과 상호작용하는 성취된다는 점을 잘 보여준다(Berninger & Chanquoy, 2012).

미국의 공통 핵심 성취기준과 작문

최근 미국의 작문 지도는 기념비적인 변화가 될 만한 일들이 일어나고 있는 모습을 보여주고 있다. 미국의 여러 주에서 공통 핵심 성취기준을 채택한 것이 이 변화의 기폭제가 되었다(National Governors Association & Council of Chief State School Officers, 2010). 미국의 5개 주를 제외한 다른 모든 주에서 공통 핵심 성취기준을 받아들이기로 결정했다. 공통 핵심 성취기준은 유치원에서 12학년까지 학생들에게 요구되는 기능, 과정, 결과를 교사와 학교에 제공함으로써 작문 지도의 변화를 이끌 수 있게 되었다. 그러나 나는 정말 유치원 교사들이 성취기준의 요구를 반영하기 위해서 작문 지도를 설계할 때 작문 지도의 바탕을 이루는 성취기준을 면밀히 검토할 것인지 의문스럽다.

공통 핵심 성취기준의 작문 기준은 세 가지 영역을 초점으로 삼고 있다.

우선, 글의 장르와 글의 목적이다. 그것들은 유치원에서 12학년에 이르기까지 서사문, 설명문, 논설문의 형태로 지속적으로 공통 핵심 성취기준에 반영되어 있다. 그러나 많은 유치원 교사가 인정하는 것처럼, 어린 학생들은 장르를 바탕으로 한 작문을 매우 어려워한다. 게다가 학생들은 서사문이나 설명문의 내용을 정교하게 다루는 데 필요한 장르 지식을 거의 가지고 있지도 않다.

유치원의 성취기준은 어린 학생들의 한계를 반영하고 있다. 어린 학생들이 겪는 어려움을 보상하기 위해 그림이나 받아쓰기를 포함한 여러 가지 방법을 인정하고 있다. 각 장르에 대한 요구 수준도 그리 높지 않다. 예를 들어, 서사문과 관련된 성취기준은 시간 순서에 따라 하나의 사건(이나 여러 사건)을 서술하는 정도만을 요구하고 있다. 인물의 발달, 갈등 해결 같은 좀 더 고차원적인 서사 요소는 유치원생들에게 요구하지 않는다.

유치원 성취기준의 두 번째 작문 영역은 작문의 생산과 전달이다. 이 영역에서 유치원 학생들은 세부 사항을 더하거나 여러 가지 방법으로 글을 쓰고 발표하는 요구를 충족해야 한다. 이러한 요구는 어른들의 도움을 전제로 만들어졌다.

성취기준의 마지막 영역은 설명문 쓰기와 관련이 있다. 이 영역에서 유치원 학생들은 정보를 탐구하는 활동에 참여해야 하고, 작문 과제를 해결하기 위해 자신의 경험이나 독서 자료에서 정보 선별하여 글을 쓰는 요구를 충족해야 한다. 이러한 요구 사항 역시 어른들의 도움을 전제로 만들어졌다.

교사는 이러한 성취기준을 연구하면서 다음과 같은 보완 사항을 인식하게 될 것이다.

첫째, 취학 전 학생을 위한 작문 성취기준이 없다(작문과 관련된 어떤 다른 어떤 기준도 없다)는 점이다. 여기에는 몇 가지 시사점 있다. 작문 성취기준이 유치원에서 시작한다는 것은, 공동 핵심 성취기준에서는 학생들에게 의미 있는 글쓰기는 유치원에 도달해야 시작된다고 보고 있음을 뜻한다. 그리고 유치원 시기에도 나타나는 작문의 어려움을 대비하려면 취학 전에 취해야 할 조치가 있음에도 불구하고 이를 무시하고 있음을 보여주는 것이기도 하다.

둘째, 작문 성취기준은 어린 학생들이 능숙한 필자가 되는 데 필요한 기능이나 지식을 소홀히 했다는 점이다. 이 중의 일부, 가령 어휘 발달, 알파벳이나 인쇄물과 관련된 기능이나 지식은 언어 성취기준에서 다루고 있다. 공동 핵심 성취기준에서는 언어 관련 성취기준과 작문 관련 성취기준을 분리함으로써 작문 성취기준의 효과적인 성취를 고려하지 못했다.

셋째, 유치원의 작문 성취기준은 작문 발달에 관해 밝혀진 많은 사항을 무시했다는 점이다. 작문 발달은 매우 복합적인 과정이다 (Berninger & Chanquoy, 2012). 장르의 초기적인 형태가 정교해지는 것만으로 작문 발달을 설명하기는 어렵다. 성취기준을 구성한 전문가들은 각 학년의 학생들이 성취해야 할 합리적인 기준을 결정하면서 학생들이 대학에 진학했을 때 대학에서 접하게 될 장르, 활동의 내용, 관습 등을 바탕으로 역방향 설계를 따랐다(Meisels, 2011). 작문 성취기준이 대학을 준비하게 한다는 점에서는 논리적인 접근처럼 보이지만 우리가 작문 발달 과정에 대해 알고 있는 사항을 희생시켰다.

이 장에서는 공동 핵심 성취기준이 소홀히 다루었다고 생각되는 작문 기능이나 작문 과정을 바탕으로 취학 전 및 유치원에서 교사들이 공통 핵심 작문 성취기준을 어떻게 다룰 수 있는지 논의할 것이다.

작문의 어려움

최근 과학박물관에 현장 학습을 다녀온 여자 유치원 학생이 자신이 배운 내용에 대해 설명하는 글을 쓰는 과제에 대해 생각해 보자. 이 과제를 잘 해결하려면 이 학생은 생각을 전달하는 도구로서 작문이 효과적이라는 점을 이해해야 한다. 이 학생은 사람들이 정보를 공유하기 위해 작문을 어떻게 사용하는지를 알아야 하고, 현장 학습에 참여하지 않은 다른 사람이 이해할 수 있을 정도로 자신이 배운 내용을 잘 설명해야 한다는 것을 교사가 기대하고 있다는 점도 알아야 한다.

이 학생은 현장 학습에 대한 자신의 기억을 분류할 것이다. 그 기억에는 과학박물관 해설사에게 들은 정전기에 대한 설명, 손의 움직임을 감지하여 물이 나오는 세면대에 대한, 친구들과의 대화까지 모두 포함된다. 이 학생은 현장 학습의 기억을 모두 모은 후 어떤 사건이 작문 과제와 관련 있는지를 결정해야 한다. 이를 결정 할 때 이 학생은 독자의 기대를 고려할지도 모른다. 독자는 아마도 이 학생의 교사일 것이다. 이 학생은 조직 방법도 선택해야 한다. 유치원의 학년말이라면 교사는 이 학생이 과제에 따라 세부 사항을 글로 적절하게 표현할 수 있어야 한다고 기대할 것이다. 만약 학년 초라면 이 학생이 자신의 생각을 어떻게 표현할지 확신하지 못할 수도 있다. 이 학생은 동화처럼 '옛날 옛적에'로 시작해야 할지, 아니면 흔히 보는 설명문처럼 시작할지 고민할 수도 있을 것이다. 이 결정은 글의 내용 제시 방법과 표현 방법에 대한 이 학생의 지식에 달려 있다.

이 학생이 글을 조직하는 방법을 결정하면, 기억을 표현하는 데 적절한 단어를 선택해야 한다. 그 선택은 단어 지식의 폭과 깊이에 달려있다. 특히 이 학생이 과학박물관을 설명하는 데 필요한 전문 단어에 대한 지식에 달려있다. 이 학생이 선택한 내용은 이 학생이 가지고 있는 문법 지식에 의해 서로 연결되며, 철자 지식에 따라 단어로 표현된다. 만약 이 학생이 단어 중 어느 한 철자에 어려움을 겪는다면 단어를 각각의 음성으로 분해하여 적절한 철자를 찾는 전략을 사용할 것이다. 이 방법은 각각의 음성이 문자와 대응한다는 알파벳 규칙에 대한 지식이 관련되어 있다.

만일 이 학생이 단어의 철자를 빠르게 처리한다 해도 이 글자를 쓸 수 있어야 한다. 만약 글자 모양에 대한 기억이 작동하지 않는다거나 글자를 쓰는 운동신경이 작동하지 않는다면 이 학생은 연필과 씨름만 하고 있을지도 모른다. 만일 글씨를 쓰는 데 많은 주의를 기울여야 한다면 이 학생은 단어나 문장 표현에 대한 계획을 잊어버릴

위험도 감수해야 한다. 이 학생은 글자는 왼쪽에서 오른쪽으로 써야 하고 단어와 단어는 공백으로 분리해서 써야 한다는 관습을 따라야 한다. 그리고 작문 활동에 주의를 기울이기 위해 이 학생은 연필을 깎으러 가는 친한 친구를 못 본 체해야 할 수도 있다.

작문은 사회적, 인지적, 언어적인 특성이 결합된 복합적인 활동이다. 그러므로 어린 학생들이 능숙한 필자로 발달하는 과정에서 직면하는 어려움은 상당하다. 그러나 면밀하게 계획한 작문 지도는 어린 학생들의 작문 활동을 효과적으로 지원할 수 있고, 능숙한 필자로 성장하는 데에도 올바로 기여할 수 있다.

어려움 1: 의사소통에서 작문이 어떻게 쓰이는지 이해하기

어린 학생들은 위한 매우 중요한 지도 내용 중 하나는 작문이 의사소통의 방법이라는 사실이다. 공통 핵심 성취기준에서는 이를 반영하고 있지는 않지만, 이에 대한 이해 없이 작문 성취기준을 충족하는 것은 불가능하다. 사실 이와 같은 작문의 특징은 작문 활동 경험이나 독서 경험을 통해 배우는 것이 좀 더 효과적이다(Tolchinsky, 2001). 유치원 이전의 좀 더 어린 아이들은 언어활동을 통해서 음성언어가 의사소통을 위한 상징 체계라는 것을 배운다.

말하기와 글쓰기의 중대한 차이 중 하나는 어린 학생들이 문어 형식보다 구어 형식과 관련된 경험을 상대적으로 더 많이 가지고 있다는 점이다. 작문과 독서 활동에 대한 어린 학생들의 노출 정도는 차이가 크다. 어린 학생들이 작문 활동에 노출되는 빈도, 어린 학생들이 경험하는 작문 활동의 특성은 이들이 작문이 작용하는 방법을 이해하는 데에도 영향을 미친다(Purcell-Gates, 1996). 사회·경제적 지위가 낮은 1학년 학생들을 연구한 결과에 따르면, 인쇄물이 가지고 있는 의사소통적 특성이나 사용에 대한 이들의 이해도는 다른 학생들과 차이가 있다(Purcell-Gates & Dahl, 1991). 인쇄물의 이해에 대한 차이는 문해 지도에서 어린 학생들이 경험하는 성공과도 관련이 있다. 의사소통을 위해 작문을 사용하는 어른을 본 어린이는 작문의 유용성을 더 빨리, 더 잘 이해한다.

우리는 작문이 사회적 의사소통의 방법으로 쓰인다는 점을 어린 학생들에게 알려줄 필요가 있다. 물론 어린 학생들은 의사소통의 방식으로 작문을 사용하는 경험을 얻을 필요가 있다. Wong & Berninger(2004)이 언급한 것처럼, 어린 학생들이 능숙한 필자로 성장하도록 하려면 글쓰기와 말하기가 모두 의사소통의 방법이라는 것을 이해하도록 지도해야 한다. 어린 학생들은 어른들이 작문을 사용하는 방법을 보고 작문이 의사소통의 방법이라는 점을 배운다. 그리고 이를 직접 활동하는 경험을 통해서 이에 대한 이해를 확립한다. 그러므로 교사들은 학생들이 이와 관련된 활동을 관찰하고 경험할 수 있도록 수업과 교실을 조직하는 것이 중요하다. 예를 들어, 교실에 우체국을 설치하면 학생들은 이곳을 이용하여 학급 친구들에게 쪽지를 써서 보낼 수 있고 교실 밖의 다른 사람들에게도 편지를 보낼 수 있다.

고객 주문을 기록하기 위해 노트를 마련해 둔 레스토랑처럼 교실을 꾸미는 것도 가능하다. 유치원 문해 환경을 연구한 Morrow(1990)는 교실을 동물 병원으로 꾸미면서 잡지와 책이 갖춰진 대기실을 만들었다. 학생들은 수의사, 간호사 등의 역할을 나누어 맡은 다음, 치료했던 동물(상상의 동물이다)의 상태나 처방을 기록했다. 이 연구에서 교사들은 이러한 환경에서 일반적으로 볼 수 있는 작문과 독서 행동을 시범 보였다. 이러한 활동을 통해 학생들은 작문과 독서에 대해 훨씬 더 친숙해졌다.

학생들의 작문 활동 참여와 노출 증가를 이끄는 다른 효과적인 방법은 교실에 다양한 작문 활동 자료를 공급하는 것이다. Morrow(1990)은 책, 책 만드는 재료, 여러 가지 종류의 종이와 펜을 교실에 비치하는 실험 조건을 통해 작문 활동 자료의 공급이 어린 학생들의 작문 활동을 자극한다는 사실을 보여주었다. Coker(2006)에 따르면, 작문 활동 자료를 제공해 준 1학년 학생들은 다른 학년의 학생들보다도 설명문을 가장 길게 썼다.

작문이 의사소통의 역할을 한다는 점을 이해하는 것은 유치원 학생들이 작문의 특성을 완전히 파악하는 데 필수적이다. 교실에서 학생들에게 작문 활동 참여의 기회를 제공하려는 교사의 노력은 사회에서 작문이 수행하는 중요한 역할에 대한 학생들의 의식을 향상시키는 데 기여한다.

어려움 2: 인쇄물의 관습을 이해하기

경험이 많은 필자는 인쇄물의 규칙을 이해하는 것을 당연하다고 생각한다. 나는 이 장을 집필할 때 글을 왼쪽에서 오른쪽으로 써야 한다거나 공백으로 단어를 구분해서 써야 한다거나 하는 규칙을 떠올리지 않았다. 그러나 어린이는 인쇄물의 이러한 관습을 이미 아고 있는 상태로 태어난 것이 아니다.

이러한 관습에 대한 이해는 작문과 독서 모두 기본적인 것이다. 단어는 직선의 모양으로 배열이 되어야 한다거나 단어의 글자가 직접적으로 그 지시 대상을 표현하지 않는다는 것 같은 관습은 작문의 보편적인 특성이다. 취학 전 어린이를 조사한 연구에 따르면, 이러한 작문의 보편적 특징에 대한 지식은 일반적으로 글자 모양과 같은 언어의 구체적인 특성과 관련된 기능을 익히기 전에 나타난다(Puranik & Lonigan, 2009). 취학 전 어린이의 인쇄물에 관한 지식은 글자, 문장 쓰기, 자기 이름 쓰기 기능과도 관련이 있다(Puranik, Lonigan, & Kim, 2011). 초기 문해 지도 전문가 협의회(National Early Literacy Panel)에 따르면 인쇄물 지식은 철자 기능과도 관련이 있다(Lonigan, Schatschneider, & Westberg, 2008).

인쇄물 지식이 중요하다는 점, 이의 학습에 순서가 있다는 인식이 강조되면서 학생들의 인쇄물 노출을 겨냥한 수업, 인쇄물 규칙의 학습을 의도한 수업의 중요성이 부각되었다. 글과의 상호작용을 통해서 어린이는 인쇄물의 관습을 배울 수 있다. 그러므로 독서 경험은 어린이의 작문 지식에도 도움을 준다(이에 대해서는 이 책의 14장 참고). 인쇄물의 관습을 어린이들에게 지도하는 효과적인 방법은 교실을 책으로 가득 채우고 상호작용적인 독서 활동에 참여시키는 것이다.

교사가 염두에 두어야 할 주요 교실 활동 중 하나는 어린이들이 다양한 종류의 책에 둘러싸이도록 하는 것이다. Neuman(1999)은 아이 돌봄 센터에 많은 책을 공급한 후 교사의 문해 지도 활동 강조하는 실험 조건을 통해서 어린 학생들이 인쇄물과 더 많이 연관되도록할 수 있다는 것을 입증했다. 교육적 중재를 받은 어린이들은 그렇지 않은 어린이들보다 더 빨리 인쇄물의 관습을 이해했다.

교사는 어린이들이 인쇄물과 상호작용할 수 있도록 돕는 문해 활동에도 직접 참여하는 것이 좋다. 특히 효과적인 활동은 상호작용적인 독서 활동이다. 이 독서 활동에서 교사는 어린이를 위한 안내자로 행동한다. 일대 일 상황에서, 교사는 어린이와 함께 책을 보면서 어린 학생들이 책의 내용과 인쇄물이 작동하는 방식에 주의를 기울이도록 지원해 주는 것이 중요하다.

독서 활동에는 인쇄물로서 글이 지닌 특성에 어린이들이 주의를 기울이도록 하는 것도 포함된다. 책을 읽으면서 손가락으로 단어를 가리키는 교사의 행동은 인쇄물의 방향성, 독립적 언어 단위로서 단어가 표현되는 방식을 학생들이 이해하도록 돕는다. 독서 수업에는 삽화가 글의 의미에 어떻게 기여하는지, 새로운 단어와 문법에 대한 관심을 어떻게 끄는지에 관한 논의도 포함한다. 부모와 어린 자녀가 함께 책을 읽는 활동은 이름 쓰기, 글자 확인, 소리 조합 같은 초기 문해 기능, 단어 지식과 같은 언어 기능에 도움을 주는 것으로 확인된 바 있다(Bus, Van IJzendoorn, & Pellegrini, 1995).

독서가 여러 유형의 문해 기능과 관련이 있지만, 모든 독서 활동이 어린이들에게 효과적인 것은 아니다. Bus(2001)에 따르면, 가장 좋은 독서 활동은 어린이의 흥미를 자극하고 경험과 이야기의 관련성을 만들어 내어 이 어린이들을 책으로 끌어들이는 것이다.

독서 활동을 교실에 적용한 성공적인 방법 중의 하나는 대화적 독서이다(Whitehurst et al., 1999). 대화적 독서의 목적은 학생들에게 이야기를 말하는 사람의 역할을 하게 하여 독서 과정에 참여시키는 데 있다. 교사가 사용하는 대화적 독서는 어린이가 말하는 이야기를 따라가면서 질문을 던짐으로써 어린이를 더욱 촉진한다는 특징이 있다. 좀 더 나이가 어린 어린이에게는 교사가 던지는 질문이 그 이야기와 직접적으로 관련되어 있다. 가령 교사는 등장인물이 무엇을 하고 있는지 설명하게 하거나 이야기의 내용과 관련된 그림이 무엇인지를 확인하게 하는 질문을 던진다.

취학 전 어린이들에게 던지는 질문 중에는 좀 더 복잡한, 전체 이야기에 대해 생각해 보도록 요구하는 것도 있다. 이러한 질문은 어린이들이 이야기를 자신의 생활과 관련을 지을 수 있는 기회를 만들어 준다. 예를 들어, 교사는 책에서 일어난 어떤 사건을 경험한 적이 있는지를 학생들에게 질문할 수 있다. 대화적 독서는 인쇄물의 정체성이나 방향성, 맞춤법 같은 관습에 대한 어린이의 지식에 긍정적인 영향을 미치는 것으로 밝혀졌다(Whitehurst et al., 1999).

교사가 교실의 독서 활동을 조직하는 다른 방법으로 '큰 책'(big books)을 활용할 수 있다. 큰 크기의 책은 보통 이젤 위에 올려 두거나 모든 어린이들이 쉽게 볼 수 있는 장소에 세워 둔다. 수업 시간에 교사는 글자가 배열되어 있는 방향, 단어 사이의 공백, 단어와 글 전체의 관련성 같은 인쇄물의 특성을 강조하면서 글을 읽는 시범을 보인다. 이때 큰 책을 활용할 수 있다. 교사의 안내에 따라 학생들이 큰 책을 따라서 읽는 것은 매우 효과적이다. 큰 책을 활용하여 교사가 시범을 보이면 학생들은 인쇄물의 특징이나 관습을 학습할 수 있는 기회를 얻을 수 있다.

나이가 어린 학생들에게 작문 과정을 시범보이는 것은 교사들에게 인쇄물의 중요한 관습을 강조할 수 있는 기회를 준다. 교사들이 큰 차트에 글을 쓰거나 칠판에 글을 쓰는 모습을 보여줌으로써 어린이들은 공백으로 단어를 분리한다는 관습, 글자는 왼쪽에서 오른쪽으로 쓴다는 관습을 관찰하고 익힐 수 있다. Wong & Berninger(2004)는 매일 교사가 작문 활동을 시범보일 것을 권했다. 이를 통해서 학생들은 소리와 단어의 관계, 의사소통 방법으로서의 작문의 특징, 단어의 철자 등을 배울 수 있다. 교사는 학생을 작문 활동에 참여시키고 작문 활동을 시범보임으로써 학생들에게 작문 관습을 효과적으로 지도할 수 있다.

어려움 3: 알파벳이 말소리의 표현에 사용된다는 것을 밝히기

어린이가 이해해야 하는 작문의 중요한 특징은 글이 말의 소리를 반영하고 있다는 점이다. 이는 어린이가 작문의 체계를 이해하도록 도울 뿐만 아니라 단어의 철자를 올바로 쓰는 데에도 기여한다(Lonigan et al., 2008). 이러한 특징과 관련된 알파벳 규칙의 이해는 공통 핵심 성취기준에 명쾌하게 규정되어 있지 않다. 그러나 유치원의 언어 성취기준에서는 학생들이 단어의 대부분을 올바로 쓸 수 있기를 기대한다.

Ferreiro & Teberosky(1979)에 따르면 아르헨티나의 취학 전 어린이들은 단어의 길이가 그 단어가 지칭하는 사물의 크기와 관련이 있다고 믿는 경향이 있다. 예를 들어, 이 어린이들은 '곰'(bear)은 몸집이 '오리'(duck)보다 더 크므로 단어의 길이도 더 길 것이라고 생각했다. 인쇄물에 대한 어린이들의 경험이 증가하여 글자가 소리를 표현한다는 사실을 깨달으면, 어린이들은 인쇄물이 작동하는 방식을 설명하지 못하는 이론을 믿지 않는다.

글자의 이름을 아는 것은 어린이에게 구어와 알파벳의 관계에 대한 지식의 원천을 제공한다. 4~5세 정도의 어린이들은 알파벳을 암송하고 알파벳 이름과 글자를 대응시킬 수 있다. Treiman, Tincoff, & Richmond-Welty(1996)은 어린이가 글자 이름 지식을 철자 쓰기에 시도하는지 실험했다. 이 연구에 따르면 글자 이름과 철자의 관련성은 같은 글자로 시작하는 단어의 철자법을 비교할 때 확인할 수 있다. 실험에 참여한 어린이들에게 한 쌍으로 이루어진 여러 개의 단어 목록을 제시했다. 각 쌍에서 한 단어는 글자 이름과 같은 소리로 시작하고, 다른 단어는 글자 이름과 다른 소리로 시작한다. 가령 글자 'b'에 'beaver'와 'bone'을 대응시키는 것이다. 'beaver'는 글자의 이름과 같은 소리로 시작하지만 'bone'은 그렇지 않다. 어린이들은 글자 이름과 같은 소리를 가진 단어는 좀 더 정확히 철자를 말했다. 이러한 결과는 글자 이름 지식은 어린 학생들에게 알파벳이 작동하는 원리에 대한 통찰을 제공한다는 점을 보여준다. 교사가 어린이들의 글자 지식을 강화하는 데 사용할 수 있는 효과적인 방법은 다양하다.

일반적으로 어린이들은 자신의 이름을 통해서 처음으로 글자를 배운다. 어린이들에게 자신의 이름은 글자를 인식하는 가장 초기의 단어이다. 이는 이름이 친숙하고 의미 있는 것이기 때문이다(Bloodgood, 1999; Clay, 1975). 아이들에게는 이름이 매우 중요하므로 다른 단어를 배우기 전에 자신의 이름을 쓸 수 있게 되고, 다른 글자를 배우기 전에 이름에 있는 글자를 배우게 된다. 어린이들이 이름을 쓰고 철자 말하기를 연습할 때 글자가 소리에 맞추어지는 경험을 얻는다. 이름의 시각적 형태와 음운적 형태를 연결 짓는 것은 어린이들에게 작문이 작동하는 방법에 대한 핵심적인 통찰을 제공한다.

작문 지도는 어린이들에게 자신의 이름을 쓸 수 있는 기회를 제공하여 이름에 대한 흥미를 불러일으킬 수 있다. 어린이가 자신의 이름을 잘 쓰고 철자를 잘 말할 수 있으면, 교사는 이름의 첫소리와 다른 단어 사이의 연관성을 맺는 활동을 할 수도 있다. 예를 들어, 교사는

3살인 Tobias에게 'table'의 철자를 물을 수 있다. Tobias가 자신 없어 하면 교사는 이 학생의 이름을 단서로 제시하면서 'table'과 'Tobias'의 첫소리를 비교하게 할 수 있다. Tobias가 자신의 이름이 't'로 시작한다는 것을 안다면 'table'에 주의를 기울이고 그것이 같은 소리로 시작한다는 것을 깨달을 수 있다.

어린이의 관심사와 자신의 이름에 관한 지식에 의지하는 것은 알파벳 규칙으로 알려져 있는 소리와 글자를 연결하려는 시도에 대해 교육적 접근을 제공한다. 많은 어린이들이 부모와 교사가 지원하는 이름의 소리 분석을 통해서 글자를 배운다. 그러나 어린 아이들이 알파벳의 모든 글자를 알게 하려면 현시적 지도를 적용하는 것이 중요하다.

많은 유치원 수업에서 교사들은 어린이에게 알파벳을 가르치기 위해 알파벳 노래 같은 다양한 활동에 참여하게 한다. 교사들은 교실에 글자를 게시해 두기도 하고 어떤 의미 있는 순간이 왔을 때 그것을 언급하기도 한다. 책을 읽는 동안 교사들은 글에서 눈에 잘 띄는 구체적인 글자에 학생의 주의를 기울이도록 할 수 있다.

알파벳을 어린이들에게 가르치는 다른 방법에는 연상 기호 단서의 사용이 있다. Ehrl & Robert(2006)은 여러 가지 지도 방법을 검토한 결과, 글자 소리와 그림으로 표현된 연상 기호를 연결하는 활동이 효과적이라는 사실을 발견했다. 이 방법에서는, 가령 글자 'p'에 '앵무새'(Polly Parrot)를 대응시키는 것처럼 각 글자에 한 가지 캐릭터를 연결한다. 글자를 가르칠 때, 어린이들에게 글자 모양이 그 캐릭터와 통합되어 있는 그림을 보여준다. 이러한 연결 방법은 글자의 소리에 대한 기억을 촉진하기 위해 설계되었다. 교사들은 이 활동을 위해 자신이 직접 캐릭터를 만들 수도 있다. 그러나 상업적으로 개발된 프로그램을 활용해도 무방하다(Ehri & Roberts, 2006).

소리와 글자의 관계를 지도하는 다른 방법으로는 단어의 개별적 소리(음소)와 글자 쓰기 연습에 학생들로 하여금 주의를 기울이게 하는 것도 있다(Berninger et al., 1998). 이 지도의 목적은 하나의 소리가 여러 글자로 표현되기도 한다는 점을 학생들에게 가르치는 데 있다. Berninger et al.(2002)에 따르면, 독서 수업에서 학생들에게 글자와 소리의 대응을 지도할 때 교사들은 하나의 글자가 하나의 소리와 어떻게 대응하는지를 찾는 데 집중하는 경향이 있다. 가령 두 개 이상의 글자가 하나의 소리를 나타내는 복합 철자1)에 대해서는 거의 주의를 기울이지 않는다. 어린이들은 반대로 음성 지식을 이용하여 단어의 철자를 쓰려고 시도하는 경향이 있다. 이때 소리 하나가 글자 하나에 대응하는 것처럼 생각한다.

학생들의 관점에서 보면, 모음2)이나 이중 글자로 단어를 표현하는 것은 혼란스러울 수 있다. 이의 극복을 도울 수 있는 지도 방법으로 Wong & Berninger(2004)는 음성과 기능적 철자의 관계에 대한 현시적 지도를 추천했다. 취학 전 어린이이든 유치원의 어린이이든 글자에 대응하는 소리가 무엇인지를 하나라도 알고 있다면, 이중 자음 글자와 소리의 대응('chat'의 'ch', 'flat'의 'fl' 등)을 공부할 준비가 되어있다고 볼 수 있다. 어린이들은 어떤 철자 단위가 단어의 소리를 표현한다는 것을 학습하면 철자 기능이 향상된다(Berninger et al., 1998). Wong & Berninger(2004)에 따르면 음성 지도는 철자 쓰기에서 직접적으로 전이가 가능하도록 음소에서 문자소로 진행하는 것이 바람직하다.

앞에서 설명한 지도 방법은 알파벳 규칙을 체계적으로 다룬다. 학생들은 철자 체계를 연습하면서 알파벳 규칙을 배운다(Tolchinsky, 2001). 관습적인 철자법에서는 어린이들의 철자 쓰기 시도를 '창안적 글자 쓰기'3)라고 불렀다. 창안적 글자 쓰기를 연습하는 것은 철자 발달을 촉진하는 면이 있다. 왜냐하면 창안적 글자 쓰기는 문자가

---

1) [역주] 영어의 'shine'에서 복합 철자 'sh'는 '[ʃ]' 소리를 나타낸다. 두 개 이상의 글자가 묶여 소리 하나를 표현하는 예이다.

2) [역주] 영어의 모음은 그 자체가 두 개의 소리를 나타는 경우가 많다. 'over'의 모음 'o'는 [əʊ] 소리를 나타낸다.

3) [역주] 창안적 글자 쓰기란 표준적인 글자를 배우기 이전에 어린이가 자기 나름의 음운 규칙을 만들어 내고 이에 따라 글자를 대응시켜 만들어낸 표기 방법을 말한다.

어떻게 소리와 대응하는지를 자신들의 이론으로 시험하고 확증하는 방법이기 때문이다(Tolchinsky, 2001).

창안적 글자 쓰기를 격려하는 것은 철자 지식의 발달에 효과적이다. 어린이의 창안적 글자 쓰기의 중요성을 처음으로 언급한 Read(1986)는 교사와 부모들이 어린이의 창안적 글자 쓰기를 긍정적으로 이해해야 한다는 점을 강조한 바 있다. 교사는 어린이들에게 철자 쓰기의 자기 발견을 계속 시도하게 함으로써 어린이들의 철자 지식의 수준을 파악하고 학생들의 수준에 부합하는 적절한 지도 방안을 마련할 수 있다. 물론 교사가 이러한 노력을 기울이기 이전에 창안적 글자 쓰기의 이면에 깔린 근원적인 논리를 이해해야 한다.

Read(1986)에 따르면 '어린이들이 최초로 시도하는 철자 쓰기는 근본적으로 표음주의에 바탕을 두고 있다.'(p.1) 어린 학생들은 소리를 글자로 나타내는 체계를 어느 정도 알 때 소리에 따른 철자 실수를 종종 범한다. 유치원생 Michelle이 'wrecking[rékiŋ]'을 'RIKING'으로 적는 데에서 이를 알 수 있다. 묵음인 'w'는 없어지고 짧은 소리인 'e'를 'i'로 적었다. 'wrecking'에서 모음 소리가 'e'보다는 'i'에 가까워 Michelle은 이렇게 적은 것이다. 그러니 Michelle의 실수는 이해할 만하다.

교사는 관습에 얽매이지 않는 철자 패턴이 알파벳 규칙에 대한 어린이의 지식이 폭발적으로 성장하게 한다는 점을 교사가 이해할 필요가 있다. 이는 교사 자신에게도 도움을 준다. 'wrecking'의 짧은 소리 'e'를 'i'로 적은 Michelle의 경우가 이러한 예에 해당한다. 어린이들이 범하는 철자 실수를 교사가 분석할 수 있다면, 교사는 특별히 이들이 혼란을 겪는 사항을 수업에 반영할 수 있을 것이다. 어린 학생들의 철자 발달은 자음 글자 → 모음 글자 → 자음과 모음 글자의 조합 → 단어 파생을 바탕으로 한 철자 패턴의 순으로 이루어진다 (Bear, Invernizzi, Templetion, & Johnston, 2003). 선행 연구에 따르면 학생들의 발달 단계를 고려하고 글자 바르게 쓰기의 기회를 제공하는 철자 지도는 효과적이다(Bear et al., 2003, 이 책의 11장 참고).

어려움 4: 생각의 유창한 표현을 위한 손글씨 또는 타이핑

유치원에서든 1학년 교실에서든 손글씨 쓰기 지도는 잘 이루어지지 않는다. 많은 교사들이 손글씨 쓰기 지도는 학생의 인쇄체 글씨나 필기체 글씨를 좋게 하는 것이 유일한 목표라고 믿는 경향이 있다. 컴퓨터가 폭넓게 쓰임에 따라 손글씨가 더 이상 중요하지 않게 된 것도 사실이기는 하지만, 그렇다고 어린이들에게도 타이핑을 적극적으로 지도하고 있는 것도 아니다. 손글씨 쓰기는 작문의 질에 영향을 미치지 않는다고 믿는 경향이 있었다. 그러나 최근 연구에 따르면 이는 잘못된 믿음이다. 학생들에게 손글씨 쓰기를 지도했을 때, 작문의 질이 더 나아지고 글의 길이가 더 길어졌으며 더 유창해졌다(Santangelo & Graham, 2012). Graham et al.(1996)에 따르면, 학령 초기 학생들의 손글씨 쓰기는 작문의 질 및 유창성과 관련 있었다.

어린 학생들은 글을 쓸 때 다중 과제의 상황에 놓이게 된다. 화제에 따라 내용을 발전시키고 글을 구조를 구성하는 높은 수준의 과제도 해결해야 하지만, 머릿속에 떠올린 내용을 글자를 종이 위에 옮겨내는 낮은 수준의 과제도 해결해야 한다. 어린 학생들에게 손글씨 쓰기는 상당한 노력을 필요로 하는 어려운 과제이다. 게다가 어린 학생들은 화제에 따라 내용을 발전시키는 일, 그 내용을 온전한 문장으로 구성해 내는 일, 그 문장을 적절한 구조로 구성하는 일을 처리는 데 필요한 인지 자원도 충분히 갖추고 있지 못하다. 그래서 손글씨 쓰기에 많은 노력을 기울이면 높은 수준의 과제는 전혀 처리를 하지 못하는 상황에 직면하게 된다. 이에 비해 손글씨 쓰기가 유창하고, 자동화된 어린 학생들은 머릿속에 떠올린 내용을 종이에 잘 옮겨 적을 수 있다. 이를 통해서 손글씨 쓰기는 더 높은 수준의 과제에 주의를 집중하기 위해서 반드시 자동화해야 하는 낮은 수준의 과제라는 것을 알 수 있다.

Berninger & Richards(2002)는 다음과 같은 손글씨 쓰기 지도 방법의 절차를 제안한 바 있다. 먼저, 교사는 현시적 교수법, 미니 레슨, 5~10분 동안 손글씨 쓰기 활동을 적용한다. 그 다음, 교사는 학생들에게 손글씨로 글을 쓰도록 안내한다. 손글씨 쓰기 지도 이후의 작문 활동은 학생이 손글씨 쓰기를 올바로 적용할 수 있도록 작문 과제를 설계해야 한다. 그리고 이 지도는 학생들로 하여금 글자 형태에 주의를 기울이도록 하는 것으로부터 시작해야 한다. 손글씨 쓰기에서 글자가 일정한 정도의 정확성이 있다면 지도의 초점은 자동적인 글자 쓰기에 초점을 맞추어야 한다(철자에 관한 논의는 이 책의 11장 참고).

Berninger(1998)는 손글씨 쓰기 지도는 글자에 대한 주의로부터 시작해야 하며 교육적 중재는 글자의 형태에 대한 주의와 더 높은 수준의 작문 과제를 결합한다고 주장하였다. 전통적으로 필기체는 3학년 학생들에게 지도했는데 Berninger & Richards (2002)는 타이핑 지도가 더 중요하므로 이에 대한 지도는 초등학교 1학년부터 이루어져야 한다고 강조했다. 그러나 초등학교 1학년 이전에 타이핑을 지도해야만 하는지는 아직 명백하게 밝혀지지 않았다.

어려움 5: 언어 지식 심화하기

어린이들은 유치원에 들어갈 때가 되면 음성 언어(말하기와 듣기)로 어떻게 의사소통을 해야 하는지를 폭넓게 이해하게 된다. 그러나 어린이들이 가지고 있는 언어 기능은 차이가 매우 크다. 어린이들이 가정에서 경험하는 언어가 큰 차이가 있기 때문이다. Hart & Risley(1995)에 따르면, 어린이들마다 언어 경험은 큰 차이가 있으며, 이러한 가정에서 비롯된 언어 경험의 차이는 어휘 지식의 발달과 매우 밀접한 관련이 있다. 작문과 관련된 공통 핵심 성취기준에서는 언어 기능을 다루고 있지 않으나, 언어 관련 핵심 성취기준에서는 문법적, 형태적, 어휘적 지식과 관련된 기능을 다루고 있다.

특히 어휘 지식과 같은 언어 기능은 능숙한 작문을 위해 이전부터 매우 중요하게 다루어왔다. 최근 이를 뒷받침하는 근거는 점점 더 많아지고 있다. 가령 NELP 보고서에서는 구어적 언어 기능이 단어의 철자 쓰기와 관련이 있다는 점을 조사한 바 있다(Lonigan et al., 2008). 다른 여러 가지 언어 기능과 작문의 질 사이의 관계를 조사한 연구 결과도 보고가 이루어지고 있다. 유치원 학생들의 핵심 언어 기능(어휘적, 통사적, 형태적 지식)은 3~5학년 학생들의 작문의 질을 예측하는 것으로 입증되었다(Hooper, Roberts ,Nelson, Zeisel, & Kasambira Fannin, 2010).

이와 유사한 관계는 유치원 학생의 어휘적, 문법적 기능이 작문의 질을 예측한다는 데에서도 알 수 있다(Kim et al., 2011). 나이가 어린 학생들의 언어 지식이 어떻게 작문에 영향을 미치는지에 대해서는 아직 충분히 알고 있는 것은 아니지만, 작문에서의 언어 지식이 중요하다는 점만은 명백히 확인할 수 있다. 이를 통해서 교사는 어린이들의 어휘 발달을 돕는 교실 활동을 조직해야 하고, 어린이들이 좀 더 복잡한 문법 형식을 사용하도록 교실 활동을 설계해야 한다는 점을 알 수 있다.

대화적 독서 활동과 같은 방법은 책(이나 글)에 대한 논의에 학생들을 참여하게 한다. 이 장 앞부분에서 살펴본 것처럼, 대화적 독서 활동은 인쇄물(책이나 글)에 대한 학생들의 지식을 강화한다. 이뿐만 아니라, 대화적 독서 활동은 어휘 지식과 같은 언어 기능에도 긍정적인 영향을 미친다(Whitehurst et al., 1999). 대화적 독서 활동처럼 어린이들이 책을 활용하게 하는 것은 어린이들의 언어 지식을 개발하는 데 매우 이상적인 방법이다. 책은 어린이들이 다른 방법으로는 접근할 수 없는 어휘를 제공한다. 예를 들어 바다에 사는 포유동물을 다룬 책은 어린이들에게 '바다, 서식지, 의사소통' 같은 단어를 제공한다. 책 읽기, 내용에 대한 토론 및 반응, 단어 게임 등은 학생들에게 새로운 단어를 읽고 쓰고 생각할 수 있는 기회를 제공한다.

유치원 교실에서의 책의 사용은 학생들에게 정교한 문법적 구조 모형을 제공한다. 비록 매우 간단한 아동용 책일지라도 수식을 위한 내포절, 내포문에 따른 복합 주어 및 복합 동사와 같은 통사적 형식을 포함하고 있다. 비록 고등교육을 받은 어른일지라도 말을 할 때 이러한 문법 구조를 사용하는 일은 드물다. 어린이들은 책을 읽는 독서 활동을 통해서 중요한 문법 형식을 접하고 익힐 수 있다. 이처럼 어린이들이 단어 지식뿐만 아니라 다른 언어 기능의 강화를 위해 설계된 상호작용적 교실 활동에 참여하는 것은 작문 교육과정 전체에서도 매우 중요하다.

어려움 6: 세계와 글 장르에 대한 지식 발달시키기

작문이 어린 학생들에게 의미 있는 활동이 되려면 표현할 무언가가 반드시 있어야 한다. 가령 박람회 관람부터 만화, 발레 제작자가 참석한 텔레비전 토크쇼 등등. 학생들의 개인적 경험은 폭이 매우 넓다. 그렇다 보니 교사가 작문 수업을 계획할 때 모든 학생들에게 공통적으로 적용할 수 있는 화제가 매우 적다. 이러한 문제를 해결하는 방법 중의 하나는 개인적인 이야기를 작문 수업에 도입하는 것이다. 많은 교사가 개인적 서사(종종 잠자리 '머리맡 이야기'로 불리기도 하는)에 초점을 두는 이유는 모든 어린이들이 이에 대해서 배경지식을 가지고 있기 때문이다. 교사는 대부분의 학생들이 자신의 삶에서 발생한 사건이나 사건의 순서(단지 그것이 매일 아침 교실에서 반복되는 일상 따위일지라도)를 쓸 수 있다는 것을 알고 있다.

개인적 서사가 어린 학생들에게 작문 활동의 기회를 제공하지만 다른 장르의 작문 연습도 필요하다. 공통 핵심 작문 성취기준은 학생들이 쓰는 글의 장르를 매우 강조한다. 전통적인 작문 수업에서는 개인적 서사와 같은 서사 장르에 초점을 두었다. 그러나 새로운 성취기준은 서사문뿐만 아니라, 논설문(의견을 담은 글)이나 설명문(정보를 전달하는 글) 모두를 강조한다.

교사들은 장르 조건을 부담스러워 하는 경향이 있다. 학생들을 인쇄물을 경험하게 하면 학생들은 자연스럽게 자신의 생각을 탐구하고 인쇄물의 방식을 활용하여 글을 쓴다(Bissex, 1980). 학생들이 장르 경험이 없더라도 학생들에게 다양한 내용, 다양한 장르를 접할 수 있는 기회를 제공함으로써 학생들의 배경지식을 향상시킬 수 있다. 가정에서 다양한 경험을 한 학생들의 경우에도 교사의 도움이 필요하다.

어린이들에게 책의 내용과 언어를 소개하는 전통적인 방법은 소리 내어 읽기이다. 앞에서 설명한 것처럼, 비록 학생들은 교육적 가능성 여부보다는 이야기 자체에 흥미를 더 느끼지만 소리 내어 읽는 활동은 인쇄물의 관습을 학습하는 좋은 수단이다. 소리 내어 책을 읽을 때 얻을 수 있는 매력은 새롭고 있음직하나 상상할 수 없던 세계로 들어가는 즐거움이다. 학생들이 즐거움을 느낄 때, 이야기의 맥락을 경험하고 새로운 단어를 배우고 세계에 대한 이해를 넓힐 수 있다.

유치원이나 초등학교에서는 허구적 서사를 주로 다룬다. 그러나 학생들은 다른 장르의 책도 경험할 필요가 있다. 예를 들어, 과학적 정보나 역사적 정보를 다루는 책은 배경지식을 심화하는 데 도움을 주고 학생들로 하여금 더 넓은 범위의 화제에 흥미를 느끼도록 하는 자극을 준다. 과학이나 역사처럼 수업 내용과 관련된 화제의 글을 선택함으로써 교사들은 학생들의 수업 참여를 더 적극적으로 이끌어 낼 수 있을 뿐만 아니라, 특별한 주제의 작문과 관련된 학생들의 배경지식을 확장하거나 심화하는 데 도움을 줄 수 있다.

교사는 학생들이 읽은 책에 대한 반응을 그림으로 그리고 그 내용을 글로 쓰게 하여 작문과 독서 활동을 연결할 수 있다. 먼저, 학생들에게 그림을 그리기 위한 공간과 글쓰기를 위한 넓은 선(중간에 점선이 있으면 더 도움이 된다)이 있는 활동지를 제공한다. 다음, 글을 읽고 토의하게 한 뒤, 학생들에게 책에서 가장 좋아하는 부분을 찾아보게 한다. 그 후, 학생들에게 그 부분을 그림으로 그리게 하고 그림 아래에 관련 내용으로 글로 쓰게 한다. 만약 교실에서 고래를 다룬 책을 읽었다면, 학생들은 자신이 가장 좋아하는 고래를 그림으로 그릴 수 있고, 그 고래에 대해 쓸 수 있는 만큼 글을 쓸 수 있다. 이러한 과제는 학생들에게 책의 내용에 대해 생각할 수 있는 기회와 책에 포함되어 있는 단어를 활용하여 글을 쓸 수 있는 기회를 제공한다. 이러한 활동은 책에 대한 반응을 문장으로 표현해 낼 수 있는 학생뿐만 아니라, 한 단어조차도 쓰지 못하는 학생들에게도 적용할 수 있다. 그림으로 표현하게 하는 활동을 담고 있기 때문이다.

어린이들은 장르 지식을 다양한 책을 접할 때에라야 얻을 수 있다. 그러나 이야기의 관습, 정보 전달이나 의견 표명의 관습에 대한 초기적인 이해는 음성 언어(듣기 및 말하기)에 의존하곤 한다. 유치원 학생들도 목적에 따라 글의 장르가 달라지는 것을 인식하고는 있지만 (Donovan & Smolkin, 2006) 학생들 대부분의 장르 지식은 초기 단계에 머물러 있는 실정이다. 학생들이 장르 관습을 적용하여 글을 쓰려면 쓰고자 하는 장르의 글을 많이 접해 보아야 한다. 비록 장르 지도 방법이나 효과를 분석한 연구는 매우 드물지만, 다양한 장르의 책이 학생의 주위를 둘러싸도록 만드는 것이 매우 효과적이라는 것은 명약관화하다. 선행 연구에 따르면, 3학년 학생들의 작문 발달은 이 학생들이 1학년이었을 때 교실의 학급문고에 비치되어 있었던 책의 장르의 범위와 긍정적인 관계가 있다(Coker, 2006).

학생들이 여러 가지 장르의 책을 접할 수 있도록 하는 것은 학생들의 장르 지식 발달에 매우 중요하다. 학교장은 핵심 성취기준이 요구하는 장르의 책을 학교 도서관에 비치할 수 있도록 노력해야 한다. 물론 교사는 교사대로 교실의 학급문고에 이러한 책을 비치할 수 있도록 노력해야 한다. 그리고 교사는 수업을 할 때 정보를 다루는 책을 자료로 활용하는 것이 좋다. 정보를 다루는 책은 학생들이 정보 전달의 글을 쓸 때 내용 조직을 어떻게 해야 하는지에 대한 좋은 본보기를 제공한다. 교사는 설득적 형식의 책(예를 들어, 재미있는 이야기인 〈비둘기가 버스를 몰게 하지 마세요(Williams, 2003).〉)도 수업 시간에 다루도록 노력해야 한다. 교사는 수업에 이러한 책을 포함함으로써 새로운 장르의 책을 탐구하고자 하는 학생들의 동기를 자극할 수 있다.

학생들의 다양한 장르의 책 읽기 활동은 장르 지식 획득에 도움을 준다(Donovan & Smolkin, 2006). 장르 지식이 늘어날수록 학생들이 작문에 장르 지식을 적용하는 능력도 같이 높아진다.

지도의 사례

작문 지도는 능숙한 글쓰기와 관련된 여러 가지 기능 및 수행을 다룬다. 교사들은 작문 수업의 설계와 진행에 작문 핵심 성취기준을 사용하고자 할 것이다. 모든 작문 수업이 작문의 중요한 요소 하나만을 목표로 삼지는 않을 것이다. 대부분은 여러 요소를 다루고자 할 것이다. 이러한 사례를 유치원 교사인 Nelson의 수업에서도 찾아볼 수 있다. 교사 Nelson은 유치원 학생들에게 논설문 쓰기 방법을 지도하고 있다. 작문 과제는 학생들이 조사한 내용을 활용하여 해결하도록 요구하였다. 이 수업은 작문 지도가 어떻게 유치원 학생이 직면하는 작문 과정에서의 어려움이 무엇인지, 이를 어떻게 해결해 가는지를 보여준다.

Nelson은 수업에서 거의 매일 45분 정도의 작문 워크숍을 진행하였다. 작문 수업 및 작문 활동의 주제로 다른 과목의 학습 내용을 가져왔다. Nelson은 멸종된 동물에 초점을 둔 과학 단원을 바탕으로 수업을 계획했다. Nelson은 작문의 여러 활동에 학생들이 참여하도록 하여 학생들이 자료에 흥미를 가지도록 했다.

Nelson은 학생들을 교실에 깔아놓은 카펫으로 불러 모은 후 수업을 시작했다. 학생들이 자리에 앉고 조용해지자 Nelson은 수업을 이어가기 시작했다.

Nelson: 오늘 여러분은 능숙한 필자처럼 글을 써 볼 거예요. 능숙한 필자는 세부 사항을 자세하게 쓰기도 하지만 때로는 요점만을 빠르게 쓰기도 해요. 맥도날드나 콜라 광고를 본 적이 있나요? 수많은 단어로 이루어진 광고를 본 친구 있어요? (많은 학생들이 손을 든다.) 나는 그런 광고를 한 번도 본 적이 없어요. 여러분은 걸어가면서 광고판에 있는 Junie B. Jones의 책을 읽을 수 있어요?

학생: (길을 걷는 행위는) 너무 빨라요. (그래서 읽을 수 없어요.)

Nelson: 그래서 광고에는 빨리 걸으면서도 볼 수 있는 것을 담아요. 여러분들은 "콜라를 마셔요."라는 문구를 봤을 거예요. 이 광고는 콜라는 달콤한 갈색 액체라거나 거품이 있다거나 하는 자세한 사항은 말하지 않아요. 이 광고는 여러분들이 "콜라를 마셔요."만 알기를 원하고 있어요. 유명한 사람이 나오는 우유 광고를 본 친구 있어요? 광고에서 그 사람은 "우유 마셨어?"라고 말해요. 이 광고는 여러분들이 무엇을 알기를 원했을까요?

학생: (다양한 반응)

Nelson: 광고가 말하고 싶었던 것은 "당신은 우유를 샀나요?"예요. 자, 오늘은 지구 환경 보호와 관련된 간단한 광고를 만들어 볼 거예요. 지구를 괴롭히는 것에는 무엇이 있는지 생각해 볼까요? 발표할 사람?

학생: 위험에 빠진 동물.

Nelson: 예를 들어 볼래요?

학생: 동물의 멸종을 막자.

Nelson: 또 다른 예는?

학생: 동물들이 길을 건널 수 있도록 하자?

Nelson: '나무를 그냥 내버려 두자.'는 어때요? 자, 큰 보드를 나누어 줄게요. 먼저 여러분들만의 메시지를 써 보세요. 글자를 작게 쓰지는 마세요. 길을 갈 때 (작은 글자가 적힌) 표지판을 보면 그 글자가 여러분의 눈길을 끌 수 있을까?

학생: 아니요.

Nelson: 여러분은 강당에 있는 다른 학들의 관심을 끌 수 있도록 적어야 해요.

(매우 작은 무엇인가가 적힌 것을 보여주면서) 이 글자 읽을 수 있어요?

학생: (다양한 반응)

Nelson: (매우 큰 글자로 '동물을 보호하자.'라고 쓴 보드를 보여주며) 여러분은 이처럼 보드에 큰 글씨로 써야 해요.

학생: 학교만큼 크게요?

Nelson: 음, 만약 학교만큼 크면 그건 보드에는 안 들어가지 않을까요? 대개 광고를 하는 사람은 사람들의 시선을 끌기 위해 그림을 그리기도 하고 화려한 보드를 사용하기도 해요. 여러분들은 학생들의 걸음을 멈추게 하고 시선을 끌 수 있게 표지판을 만들어야 해요. 보드가 크기 때문에 오늘 수업은 바닥에서 할 거예요. 여러분들이 그린 그림에서 (작문이 아닌) 많은 정보, 여러 가지 색깔을 보고 싶어요. 그리고 여러분들이 요점을 잘 만드는지를 보고 싶어요. 정말 잘 만든 작품이 있다면 학교에 전시할 거예요. 만약 여러분이 좋은 아이디어가 떠올랐다면 필통 캔을 가지고 좋은 장소를 골라보세요. (Nelson은 학생을 위한 연필, 펜, 매직펜 등 필기구를 빈 캔에 보관해 두고 있다.)

짧은 수업이었지만 Nelson은 학생들에게 작문 체계의 여러 가지 특징을 강조할 수 있었다. Nelson은 작문의 의사소통적 기능, 인쇄물의 관습, 구어(말하기)와 문어(작문)의 관계, 배경지식과 장르 지식의 중요성도 다루었다. 비록 Nelson이 이를 다룬 시간은 짧았지만 이 수업은 학생들이 이러한 사항들에 대해서 주의를 기울이도록 설계되었다. Nelson은 이러한 사항을 다루기 전에 수업의 핵심인 광고의 작문 양식에 대해 학생들의 경험을 상기시켰다. Nelson은 학생들이 광고에 익숙하다는 것을 알고 있었으므로 광고의 의사소통적 기능을 쟁점으로 이끌어냈다. 광고의 주요 특징은 전달하려는 내용을 매우 단순한 방식으로 전달하는 의사소통 방법을 쓰고 있다는 점이다. Nelson이 언급한 것처럼, 광고를 작성한 능숙한 필자는 요점만을 간단하게 전달하기도 한다.

이 수업은 학생들이 광고를 바탕으로 의사소통 방법으로서의 작문 활동을 잘 이해하도록 돕는다. Nelson은 학생들이 교실 밖에서 접했던 광고의 경험을 교실로 가져옴으로써 의사소통 방법으로서의 작문의 특성을 부각했다. Nelson은 길거리 광고를 단서로 삼아 학교 안에서뿐만 아니라 학교 밖 삶에서도 작문이 의사소통의 역할을 담당하고 있다는 점을 이 있음을 지도했다. 광고에 담긴 작문 관습을 다룬 후 Nelson은 학생들에게 광고판에 자신들만의 광고를 만들어보게 했다. 이 활동에서는 학생들이 환경 보호의 중요성에 대한 자신의 의견을 광고의 관습에 따라 표현해 보게 했다. 먼저 학생들은 사람에게 위협받는 자연 생태계를 다룬 과학 수업을 받았다. 이를 바탕으로 학생들은 자신의 의견을 정한 후 그 의견을 광고의 형식으로 표현했다. '동물을 보호하자' 또는 '동물 서식지의 파괴를 막자.'와 같은 메시지는 사람들의 행동 변화를 설득하기 위해 작성된 것이다. Nelson은 학교 주변에 학생들이 작성한 광고판을 게시하여 이러한 메시지를 읽듯 다른 학생들이 그 광고를 읽게 될 것이라고 안내했다.

이 수업의 핵심적 메시지 중 하나는 학생들이 자신의 생각을 표현하는 방법으로서 광고라는 장르를 사용할 수 있음을 알게 하는 것이다. 학생들이 작성한 광고를 길에서 흔히 보는 광고판처럼 전시될 것이다. 이 수업에 참여한 학생들은 이 광고를 통해서 자신의 생각을 다른 친구들과 공유할 수 있을 뿐만 아니라, 다른 사람들의 행동 변화도 이끌어낼 수 있다. 이 수업에 참여한 학생들은 생각을 공유하는 방법이자 다른 사람의 행동에 영향을 미치는 도구로서의 작문을 경험하였다.

수업 시간에 Nelson은 광고의 관습을 다루었고 이를 표현하는 방법도 시범을 보였다. Nelson은 광고를 본 사람들이 빠르게 읽을 수 있게 짧아야 한다는 점을 설명한 후, 글자도 커야한다는 점도 강조했다. 그 후 Nelson은 큰 글자를 광고판에 쓰면서 글자의 모양을 만드는 방법, 단어의 배열 방법 등에 대해 시범을 보였다. 이 수업에서 Nelson은 왼쪽에서 오른쪽으로 써야 한다거나 단어 사이에는 공백을 두어야 한다는 사실에 대해서는 설명하지 않았다. 물론 학생들에게 도움이 된다고 생각했다면 이를 직접 설명했을 것이다. 그러나 Nelson은 수업의 중점을 학생들이 능숙한 필자의 작문 방법을 관찰하는 데 두었고 이를 위해 큰 광고판에 직접 글자를 쓰면서 시범을 보였던 것이다.

광고에 대해 간략한 설명을 한 후, Nelson은 교실을 순회하면서 학생들의 활동 과정을 살펴보거나 어려움을 겪는 학생들에게 안내를 해 주었다. Nelson은 Michelle에게 무엇을 쓸 계획인지를 확인하면서 다음과 같은 대화를 이어갔다.

MICHELLE: 파괴를 막자.

Nelson: 좋아. 그럼 여기에서 바로 시작할 수 있겠어. (Michelle이 글쓰기를 시작할 수 있도록 종이의 한 부분을 손가락으로 가리켰다. Michelle은 'STOP'을 쓰고 멈추었다.)

Nelson: 모음을 나타내는 그 다음 글자는 무엇을 써야 될까?

MICHELLE: a?

Nelson: Wr-e-cking. (Michelle를 위해 단어를 늘여 발음했다.) wr-e-cking을 막자, wr-e-cking. (모음이 잘 드러나도록 단어의 음을 늘여 여러 번 발음했다.)

MICHELLE: (riking이라 씀) 서식지 파괴를 막자.

Nelson: 서식지, 그게 더 좋은 것 같다.

이 대화에서 Nelson은 Michelle에게 단어를 늘여 발음함으로써 어려운 모음에 대해 도움을 주었다. Michelle이 'wrecking'의 음을 단어로 적자 Nelson은 Michelle를 칭찬하고 자리를 떠났다. 비록 Michelle이 여전히 철자 쓰기에 대해서 배워야 할 것이 많으나 이 수업의 목적은 충족되었다.

Nelson의 작문 수업에서 학생들은 멸종 동물의 문제에 대한 자신의 의견을 광고로 작성해 보는 작문 활동을 수행했다. 이 활동은 성취기준이 요구하는 핵심 장르인 논설문(의견을 내세우는 글)을 다루고 있다는 점에서 작문 성취기준의 요소를 반영하고 있으며, 설득의 방법으로서 광고의 기능을 다룸으로써 학생들에게 작문 기능을 발달시킬 수 있는 기회를 제공하였다. 광고 장르의 특징에 대한 학생들의 이해는 학생들이 주제에 대해 무엇인가(이를테면 지구 보호와 관련하여 다른 사람들의 생각이나 행동을 바꾸게 하는 내용)를 쓸 수 있도록 돕는 배경지식과 연결된다.

이 수업의 다른 장점은 광고를 작성하는 데 필요한 정보에 대해 학생들이 배울 수 있다는 점이다. 먼저, 학생들은 광고를 작성하기 위해서 화제에 대한 지식을 배워야 한다(이 수업에서는 멸종 동물). 학생들은 과학 수업과 소리 내어 책 읽기 활동을 통해서 동물, 동물의 서식지, 더 나아가 생태계의 체계까지 배우게 된다. 학생들은 이러한 과정을 통해 멸종 동물에 대한 배경지식도 쌓고 동물이 점점 줄어드는 이유도 배운다. 그리고 광고문을 작성하는 필자로서 학생들은 이러한 지식을 이끌어 내야 한다. 학생들이 이를 위해서 정보를 전달하는 책을 활용해야만 하는데 이는 이러한 책이 취하고 있는 구조를 학생들이 이해할 수 있도록 돕는다. Nelson의 수업은 지식의 구축 및 표상과 관련된 작문 성취기준의 충족을 위해 교사들이 어떻게 지도 계획을 세워야 하는가에 대한 좋은 예를 제공한다.

결론

어린 학생들이 능숙한 필자로 성장하려면 이들이 겪게 될 문제를 어떻게 해결할 것인지를 배울 수 있도록 해야 한다. 교사가 성취기준을 충족하기 위해 노력할 때 공통 핵심 성취기준은 지도에 대한 방향을 제공한다. 성취기준은 시작점이지 종착점이 아니다. 성취기준은 학생이 능숙한 필자로서 성장하는 데 필요한 관점, 기능, 과정을 모두 다루고 있지 않다.

이 장에서는 작문 체계와 과정의 구체적인 요소를 학생들에게 지도하기 위한 방법을 서술하였다. 여러 가지 방법 중 어떤 것들은 학생들의 작문 능력 발달에 도움을 줄 수 있을 것으로 기대된다. 가령, 소리 내어 책 읽기 활동 같은 방법은 학생들이 글 내용과 관련된 배경지식, 인쇄물의 관습, 의사소통으로서의 작문의 특징 등을 배우는 데 효과적이다.

이러한 지도 방법은 학생들 스스로가 적극적인 태도로 임하지 않으면 작문 발달에 기여하지 못하게 할 수 있다는 점에서 주의가 필요하다. 어린이들은 매일 작문을 연습할 필요가 있다. Tolchinsky(2001)이 언급했듯이 "어린이들은 작문 활동을 직접 해 봄으로써 이를 숙달하게 된다(p.95)." 과학박물관 체험 학습을 다룬 작문 과제, 멸종 동물과 관련된 광고 만들기 과제는 학생들에게 매우 가치가 있다. 이러한 도전적인 과제를 통해서 학생들은 작문 체계를 경험하며 작문 방법을 익힐 수 있다.

참고 문헌

Bear, D. R., Invernizzi, M., Templeton, S., & Johnston, F. (2003). *Words their way: Word study for phonics, vocabulary and spelling instruction.* Upper Saddle River, NJ: Prentice Hall.

Berninger, V. W. (1998). *Process assessment of the learner: Guides for readingand writing interventions.* San Antonio, TX: Psychological Corporation.

Berninger, V. W., & Chanquoy, L. (2012). What writing is and how it changes across early and middle childhood development: A multidisciplinary perspective. In E. L. Grigorenko, E. Mambrino, & D. D. Preiss (Eds.), *Writing: A mosaic of new perspectives,* (pp. 65~84). New York: Psychology Press.

Berninger, V. W., & Richards, T. L. (2002). *Brain literacy for educators and psychologists.* London: Academic Press.

Berninger, V. W., Vaughan, K., Abbott, R. D., Begay, K., Coleman, K. B., & Curtin, G., et al. (2002). Teaching spelling and composition alone and together: Implications for the simple view of writing. *Journal of Educational Psychology,* 94(2), 291~304.

Berninger, V. W., Vaughan, K., Abbott, R. D., Brooks, A., Abbott, S. P., Rogan, L., et al. (1998). Early intervention for spelling problems: Teaching functional spelling units of varying size with a multiple-connections framework. *Journal of Educational Psychology,* 90(4), 587~605.

Bissex, G. L. (1980). *Gnys at wrk: A child learns to write and read.* Cambridge, MA: Harvard University Press.

Bloodgood, J. W. (1999). What's in a name?: Children's name writing and literacy acquisition. *Reading Research Quarterly,* 34(3), 342~367.

Bus, A. G. (2001). Joint caregiver-child storybook reading: A route to literacy development. In S. B. Neuman & D. K. Dickinson (Eds.), *Handbook of early literacy research* (Vol. 1, pp. 179~191). New York: Guilford Press.

Bus, A. G., van IJzendoorn, M. H., & Pellegrini, A. D. (1995). Joint book reading makes for success in learning to read: A meta-analysis on intergenerational transmission of literacy. *Review of Educational Research*, 65(1), 1~21.

Clay, M. M. (1975). *What did I write?* Auckland, New Zealand: Heinemann.

Coker, D. (2006). The impact of first-grade factors on the growth and outcomes of urban schoolchildren's primary-grade writing. *Journal of Educational Psychology*, 98, 471~488.

Donovan, C. A., & Smolkin, L. B. (2006). Children's understanding of genre and writing development. In C. A. MacArthur, S. Graham, & J. Fitzgerald (Eds.), *Handbook of writing research* (pp. 131~143). New York: Guilford Press.

Ehri, L. C., & Roberts, T. (2006). The roots of learning to read and write: Acquisition of letters and phonemic awareness. In D. K. Dickinson & S. B. Neuman (Eds.), *Handbook of early literacy research* (Vol. 2, pp. 113~131). New York: Guilford Press.

Ferreiro, E., & Teberosky, A. (1979). *Literacy before schooling* (K. G. Castro, Trans.). Portsmouth, NH: Heinemann.

Graham, S., Berninger, V. W., Abbott, R. D., Abbott, S. P., & Whitaker, D. (1997). Role of mechanics in composing of elementary school students: A new methodological approach. *Journal of Educational Psychology*, 89(1), 170~182.

Hart, B., Risley, T. (1995). *Meaningful differences in the everyday experience of young American children*. Baltimore: Brookes.

Hooper, S. R., Roberts, J. E., Nelson, L., Zeisel, S., & Kasambira Fannin, D. (2010). Preschool predictors of narrative writing skills in elementary school children. *School Psychology Quarterly*, 25(1), 1~12.

Kim, Y.-S., Al Otaiba, S., Puranik, C., Sidler, J. F., Gruelich, L., & Wagner, R. K. (2011). Componential skills of beginning writing: An exploratory study at the end of kindergarten. *Learning and Individual Differences*, 21, 517~525.

Lonigan, C. J., Schatschneider, C., & Westberg, L. (2008). Identification of children's skills and abilities linked to later outcomes in reading, writing, and spelling. In National Early Literacy Panel, developing early literacy: Report of the National Early Literacy Panel (pp. 55~106). Washington, DC: National Institute for Literacy. Retrieved from: www.nifl.gov/earlychildhood/NELP/NELPreport.html.

Meisels, S. J. (2011, November 29). Common Core standards pose dilemmas for early childhood. Washington Post: The Answer Sheet. Retrieved from www.washingtonpost.com/blogs/answer-sheet/post/common-core -stand ardspose-dilemmas-for-early-childhood/2011/ll/28/gIQAPslX6N _blog.html.

Morrow, L. M. (1990). Preparing the classroom environment to promote literacy during play. Early Childhood Research Quarterly, 5, 537~554.

National Governors Association & Council of Chief State School Officers. (2010). Common Core State Standards for English language arts & literacy in his tory/social studies, science, and technical subjects. Retrieved from www.corestandards.org.

Neuman, S. B. (1999). Books make a difference: A study of access to literacy. Reading Research Quarterly, 34(3), 286~311.

Puranik, C. S., & Lonigan, C. J. (2009). From scribbles to Scrabble: Preschool children's developing knowledge of written language. Reading and Writing, 24(5), 567~589.

Puranik, C. S., Lonigan, C. J., & Kim, Y. S. (2011). Contributions of emergent literacy skills to name writing, letter writing, and spelling in preschool children. Early Childhood Research Quarterly, 26, 465~474.

Purcell-Cates, V. (1996). Stories, coupons, and the TV: Relationships between home literacy experiences and emergent literacy knowledge. Reading Research Quarterly, 31, 406~428.

Purcell-Cates, V., & Dahl, K. L. (1991). Low-SES children's success and failure at early literacy learning in a skills-based classroom. Journal of Reading Behavior, 23(1), 1~34.

Read, C. (1986). Children's creative spelling. London: Routledge & Kegan Paul. Santangelo, T., & Graham, S. (2012, February). Handwriting instruction: A meta-analysis. Poster presented at the Pacific Coast

Research Conference, Coronado, CA.

Tolchinsky, L. (2001). *The cradle of culture and what children know about writing and numbers before being taught*. Mahwah, NJ: Erlbaum.

Treiman, R., Tincoff, R., & Richmond-Welty, E. D. (1996). Letter names help children to connect print and speech. *Developmental Psychology*, 32(3), 505~514.

Whitehurst, C. J., Zevenbergen, A. A., Crone, D. A., Schultz, M. D., Velting, O. N., & Fischel, J. E. (1999). Outcomes of an emergent literacy intervention from Head Start through second grade. *Journal of Educational Psychology*, 91, 261~272.

Williams, M. (2003). *Don't let the pigeon drive the bus*. New York: Hyperion Press.

Wong, B. Y. L., & Berninger, V. W. (2004). Cognitive processes of teachers in implementing composition research in elementary, middle, and high school classrooms. In C. A. Stone, E. R. Silliman, B. J. Ehren, & K. Apel (Eds.), *Handbook of language and literacy: Development and disorders* (pp. 600~624). New York: Guilford Press.

3장
대학과 직업 준비를 위한 작문 지도

DOLORES PERIN

작문은 필수적인 기능을 습득한 학생들에게는 만족스럽고 의식을 확대하는 활동이 될 수 있지만 그렇지 못할 때에는 좌절을 넘어서 심지어 혐오스러운 경험이 되기도 한다. 중·고등학생들이 일정 수준의 작문 기능을 습득하는 것은 필수적이며, 이를 통해서 점차 복잡한 사고와 정보에 대해 비판적 태도를 취할 수 있게 된다. 이는 미국 46개 주에서 채택한 공통 핵심 성취기준(CCSS, NGA, & CCSSO, 2010)에도 제시되어 있다(Kober & Rentner, 2012).

교사들이 학생들에게 작문 지도를 하는 데 많은 노력을 기울이고 있음에도 불구하고 학생들은 대학 진학이나 직장 취업을 앞둔 상황에서도 능숙한 수준의 작문 실력을 보여 주지 못하고 있다. 대학에서는 작문을 지도하지 않는다. 교수들은 작문 기능을 지도할 목적으로 작문 과제를 부여하는 것이 아니라, 전공에 대한 학문적 지식의 습득과 심화를 위해 작문 과제를 부여한다. 이것이 바로 '작문 학습(작문을 익히기 위한 학습)'과 '학습 작문(학습을 위한 작문)'의 차이이다 (Graham & Perin, 2006). 직장인들은 특정 상황에 관련된 어떤 쟁점이나 문제에 대해 의사소통하기 위해서 글을 쓴다. 그러므로 직업적 상황에서의 작문은 '전문가 집단의 논리적 담화 형식과 방법의 적용'이 포함된다(Akdere & Azevedo, 2005:1072).

교사들의 노력에도 불구하고 학생들은 나중에 어려움에 직면하게 될지도 모른다. 왜냐하면 학생들은 자신이 학교에서 학습한 작문 기능을 대학과 직장이라는 상황에 전이하지 못할 뿐만 아니라, 이러한 상황 변화에 따라 작문의 강조점과 형식도 크게 달라지기 때문이다(Shanahan & Shanahan, 2012). 대학이나 직장에서는 초등학교나 중·고등학교처럼 시나 소설 같은 문학적인 글, 이에 대한 감상을 적은 글, 흥미로운 이야기를 담은 글을 다루지 않는다. 단순히 감상을 글로 써서 제출하라는 학과 전공 교수나 직장 상사는 없지 않겠는가.

대학이나 직장에서는 철자 쓰기, 손글씨 쓰기, 타이핑 같은 기초적인 전사 기능을 넘어서는 작문 기능이 요구된다. 문학 작품을 읽고 비평문을 작성한다거나, 과학 실험을 진행한 후 연구 보고서를 작성한다거나, 역사적 사실을 다룬 자료를 읽고 비교·분석하는 논문을 작성한다거나, 병원에서 환자의 진료 기록을 작성하는 것 같은 높은 수준의 작문 기능이 요구된다. 작문은 일단 그냥 지도하기만 하면 모든 상황에 적용할 수 있는 '일반적인 기초 기능'이 아니다(Russell, 2002:6).

대학과 직장에서의 작문을 준비하는 학생들에게 학문적 글쓰기(학과 공부와 같은 학문적 목적으로 수행하는 작문)를 지도하는 것은 중·고등학교 교사들에게 매우 중요하다. 학문적 글쓰기란 역사나 과학 같은 과목(Grant & Fisher, 2010; Moje, 2007; Monte-Sano, 2010; Porter et al., 2010)을 학습하려는 목적이나 직업적 목적(Couture & Rymer, 1993)을 위해 수행하는 작문 활동을 뜻한다. 학문적 글쓰기의 중요성은 공통 핵심 성취기준에서도 부분적으로 강조되어 있다. '6~12학년 역사/사회, 과학, 기술 과목의 작문 기준'이 그 예이다(NGA & CCSSO, 2010:64~66; Zygouris-Coe, 2012).

이 장은 6학년부터 12학년까지의 학생들, 즉 청소년의 작문 기능에 중점을 두면서 중·고등학교 교사들에게 공통 핵심 성취기준과 학문적 글쓰기의 지도 전략을 소개하는 데 목적이 있다. 이 장은 다음 두 가지 질문에 대한 답을 탐색하고자 한다. 첫째, 공통 핵심 성취기준에서 다루고 있는 청소년의 작문 기능은 무엇인가? 둘째, 중·고등학교 교사들이 학문적 글쓰기를 지도할 때 활용할 수 있는 접근법은 무엇인가? 이에 대한 답을 찾기 위해 이 장에서는 작문 활동의 이해를 위한 이론적 설명으로 시작하고자 한다. 그 후 앞의 두 가지 질문을 설명하고, 중·고등학교에서의 학문적 글쓰기 지도 방안을 제시하고 한다.

청소년 쓰기 지도의 이론적 맥락

작문은 사고 과정, 감정, 사회적 상호작용을 통합하는 매우 복잡한 활동이다. 사람들이 수행하는 작문 활동은 '과제 환경 및 필자'의 요인으로 설명할 수 있다(Hayes, 1996:10에 수록되어 있는 〈그림 3〉). 과제 환경은 작문이 일어나는 사회적, 물리적 환경을 일컫는다. 사회적 환경은 예상독자를 말하며, 이는 곧 학생의 작문에서 타인과 함께 협력하여 텍스트를 완성해 가는 독자의 역할을 의미한다. 동료 협력과 예상독자에 대한 인식은 학습 및 직업 상황에서의 작문의 질에 기여한다(Graham & Perin, 2006; Hart-Landsberg & Reder, 1995; Magnifico, 2010).

물리적 환경은 잘 조직된 계획, 텍스트의 초고, 또는 추가적인 작문을 촉진하는 완성된 작품, 그리고 작문의 양상 같은 지금까지 쓴 개인의 자료를 말한다. 예를 들어 전자 포트폴리오는 제출과 글의 수정을 위한 물리적 환경에 해당한다(Acker, 2008). 전자 포트폴리오는 학생들의 작문에 효과적인데, 이러한 작문 과제 환경의 사례는 18세기 미국의 노예 제도를 조사하는 10학년 사회과 수업에서 찾아볼 수 있다. 이 수업에서 학생들은 당시 미국이 진정한 민주주의였다는 관점에 반대하는 학급 동료를 설득하기 위한 텍스트를 작성했는데, 이때 학생들은 역사서를 활용하면서 작문의 물리적 환경으로서 협력적 작문 활동이 가능한 구글 닥스(Google docs)를 활용했다.

Hayes(1996)의 모형에서 개인 필자와 관련된 작문의 구성요소는 학생들이 작문 계획을 세우는 과정, 실제로 텍스트를 완성하는 과정, 자신이 작성한 텍스트를 수정하는 과정, 그리고 이 모든 과정에서 자신의 활동을 반성하는 인지 작용을 포함한다. 텍스트를 완성하기 위해 학생들은 반드시 심적으로 아이디어를 생성하고, 철자법 지식, 손글씨나 키보드를 활용하여 생성한 아이디어를 전사해야 한다. 작문의 개인적 국면을 구성하는 다른 요소로는 정서와 동기가 있다. 이 요소에는 작문 목적의 전개와 적용, 작문의 경향, 작문 신념이나 태도, 그리고 작문 활동에 관여하는 장점과 단점에 가중치를 두는 필자의 능력을 포함한다. 작문 목적의 전개와 적용은 학생들이 표현하려는 의미를 독자에게 명확하게 전달하기 위해 작문 과정에서 자기조절을 할 필요가 있으므로 인지적 요소에 속한다. 이 목적을 위한 인지적 전략의 지도는 자기조절 전략 발달로 잘 알려져 있는데, 이는 중·고등학교에서 평균적인 학생과 학습 장애 학생 모두에게 효과적인 방법으로 알려져 있다(Graham & Perin, 2007; Harris, Graham, Mason, & Friedlander, 2008; Hoover, Kubina, & Mason, 2012; Mason & Graham, 2008). 마지막으로 작문의 인지적, 동기적 국면 외에 Hayes(1996)는 작문 활동에 필수적인 여러 가지 유형의 기억과 관련된 필자 내 범주를 포함하고 있다. 따라서 이 모형에서는 학생들이 계획 활동, 초고 활동, 수정 활동에 참여할 때 동기와 정서, 기억, 인지 과정이 함께 작동한다.

Hayes(1996)의 모형은 능숙한 필자가 지닌 작문 과정의 특성을 밝히고자 하였던 반면, Bereiter(1980)의 모형은 작문 발달을 설명하는 데 목적을 두었다. 작문 능력의 발달은 다섯 개의 연속 발달적인 단계로 구성되어 있으며, 인지 과정과 사회 과정이 혼합되어 있다. 첫 번째는 '단순 연상적 단계'이다. 이는 텍스트에 담은 메시지를 필자 자신은 이해할 수 있지만, 독자는 이해하기 어려운 단계를 말한다. 필자의 자유로운 연상을 바탕으로 텍스트를 작성할 때 이러한 현상이 나타난다. 두 번째는 '언어 수행적 단계'이다. 이 단계에서 학생들은 양식, 구두점, 대문자의 관습을 적용할 수 있다. 이 단계에서 필자들은 완성된 문장의 생산이 가능하지만, 첫 번째 단계와 유사하게 그것은 자기 지시적이어서 다른 사람들이 충분히 이해하기 어렵다. 세 번째는 '의사소통적 단계'이다. 이 단계에 있는 필자들은 쓰고 있는 글에 대한 예상독자의 인식이 일어난다. 이 단계에 도달한 필자들은 독자들이 자신이 작성한 텍스트를 이해하는 데 어떤 정보가 필요한지를 이해할 수 있게 된다. 네 번째는 '통합적 단계'이다. 이 단계에서 텍스트는 이전 단계보다 더 복잡해지며, 이 단계의 필자들은 자신의 의견을 표현할 수 있는 한편 논리적인 에세이와 보고서의 정보를 평가할 수 있다. 마지막 다섯 번째는 '인식적 단계'이다.

이 단계에서 작문은 지식을 전개하고 아이디어를 확장하는 수단으로 활용된다. 이 단계에서 인간의 사고 과정은 작문을 통해 변화하는데 이를 지식 변형이라 부른다(Bereiter & Scardamalia, 1987:6). 이 단계에 도달한 학생들은 주제의 쟁점에 대한 이해를 더 심화하기 위해 텍스트를 작성하는 것이 가능하다(Klein & Samuels, 2010; Stewart, Myers, & Culley, 2010).

계획하기를 지도할 때 학생들의 수행 수준이 Bereiter(1980)의 작문 발달 단계의 어디에 속하는지를 하는 것은 매우 유용하다. 아마도 평균 또는 평균 이상의 작문 성취를 보이는 학생들은 모든 단계의 작문이 가능할 것이다. Bereiter(1980)가 제안하고 있는 작문 발달 단계는 학생들의 어느 특정 나이나 수준을 의미하는 것은 아니다. 그러나 많은 학생들의 작문 발달은 낮은 단계에 머물러 있는 것으로 보인다. 예를 들어 낮은 성취의 학생들은 의사소통적 단계에서 '가로막히고', 더 높은 수준의 계획하기, 통일된 관점으로 텍스트 완성하기 등에서 어려움을 겪을 것이다. 물론 이러한 문제의 해결은 보다 높은 통합적 단계에 도달하면 가능해진다. 많은 청소년 학생들이 인식적 단계에서 학습 작문을 효과적으로 완성하지 못하는데, 그 이유는 학생들이 보다 낮은 단계에 속하는 철자법, 문장 구성, 계획하기 및 텍스트 작성하기 과정에서 요구되는 기본적 전략에서 어려움을 겪기 때문이다. 청소년 학생들은 학문적 글쓰기를 배워야 하고 일부 학생들은 보다 낮은 단계에 속하는 표층적 기능을 강화할 필요가 있으므로, 작문 지도에 대한 요구는 중고등학교 내내 지속된다고 할 수 있다.

공통 핵심 성취기준에 말하는 학생의 작문 능력은 무엇인가?

중등학교의 많은 교사들이 작문 부진을 겪는 학생들을 목도하고 있다. 국가 수준 학업성취도 평가(NAEP)에서 8학년 33%, 12학년 24%만이 보통 수준의 작문 수행을 보였으며, 8학년 56%, 12학년의 57%는 기초 수준에 속했다(Planty et al., 2008). 공통 핵심 성취기준에서는 학년 수준의 작문 능력을 자세하게 기술하고 있는데, 학생들이 이 기준에 도달하도록 충분히 지도한다면 모든 학생들이 높은 수준의 작문을 수행할 수 있다.

작문 성취기준은 공통 핵심 성취기준 문서에서 두 가지 형태로 나타난다. 하나는 K-12의 언어 기능 교과에 속하는 성취기준으로서의 작문 성취기준이다. 따라서 이 성취기준은 듣기·말하기(화법), 읽기(독서) 성취기준과 병행되어 제시된다. 둘째, 6~12학년의 역사/사회, 과학, 기술 교과에 다루는 작문 기준이다. 즉, 내용교과의 학습과 관련되어 제시되는 작문 성취기준인데, 이 장에서는 역사/사회, 과학 등의 교과에서 다루는 작문 성취기준을 '학문적 (목적의) 작문 성취기준'이라고 부르고자 한다. 이러한 두 가지 형식의 작문 성취기준은 학년에 따라 조금씩 다르게 조직되어 있다. 언어 기능 교과로서의 작문 성취기준은 6, 7, 8, 9~10, 11~12학년으로, 학문적 글쓰기로서의 작문 성취기준은 6~8, 7~9, 10~12학년으로 조직되어 있다.

이 두 가지 형식의 작문 성취기준은 유사점이 많지만, 두 번째 형식의 작문 성취기준에서는 학문 특수적인 작문 수행을 지적하고 있다는 점에서 중요한 차이가 있다. 예를 들어 보자. 11~12학년 언어기능 교과의 정보 전달적/설명적 글쓰기에 관한 성취기준은 '내용의 선택, 조직, 분석을 바탕으로 복잡한 개념이나 아이디어를 분명하면서도 정확하게 전달하는 정보 전달적/설명적 글을 쓴다.'로 제시되어 있다. 이에 비해 학문적 목적의 작문 성취기준은 '역사적 사건, 과학적 절차/실험, 기술적 처리를 바탕으로 정보 전달적/설명적 글을 쓴다.'이다(NGA & CCSSO, 2010:45, 65).

두 가지 형식의 작문 성취기준은 모두 4개 범주에서 10개의 '핵심' 기준으로 구성되어 있다. 첫 번째 범주는 텍스트 유형 및 목적으로서 (핵심 성취기준 1~3)인데, 여기에는 논증적/설득적, 정보 전달적/설명적, 서사적 글쓰기를 수행하는 데 필요한 작문 기능이 포함되어 있다. 두 번째 범주는 텍스트의 생산 및 공유이다(핵심 성취기준 4~6). 여기에는 '명확성', '응집성', '텍스트의 형식', '계획, 초고 작성, 수정을 포함한 작문 과정의 활용', '타인과의 협동 작문을 위한 과학 기술의 활용 및 텍스트의 공유'를 다룬다.

세 번째 범주는 지식의 구성과 표현을 위한 탐구 범주이다(핵심 성취기준 7~9). 이 범주에서는 탐구 질문에 답을 하기 위하여 정보를 수집하고 분석하는 작문 기능을 포함하고 있다. 이 범주에서는 다른 텍스트나 자료의 활용을 강조한다. 그렇다 보니 이 범주에서는 표절의 문제도 다룬다. 작문 이론에서는 표절을 명확하게 설명하지 않지만, 학생들이 다른 텍스트나 자료를 활용하는 과정에서 표절을 흔히 범하다 보니 교사들에게는 매우 친숙하다(Elander, Pittam, Lusher, Fox, & Payne, 2010; Zeek, 2011). 네 번째이자 마지막 범주는 작문의 범위(핵심 성취기준 10)이다. 이 범주에서는 다양한 목적을 위한 단기적인 작문이나 장기적인 작문을 다룬다. 각 작문의 하위 기능이 핵심 성취기준에 목록화되어 있다. 예를 들어 〈참고 3.1〉은 정보 전달적/설명적 글쓰기(성취기준 2)를 가르칠 때 초점을 두어야 하는 하위 기능을 보여준다.

공통 핵심 작문 성취기준 2: 화제를 조사한 후 관련 내용의 선택, 조직, 분석을 바탕으로 아이디어, 개념, 정보를 전달하는 정보 전달적/설명적 글을 쓰시오.

〈지도 요소〉

- 화제 소개하기
- 정보 조직하기
- 화제 전개하기
- 관계를 나타내는 접속어 사용하기
- 적절한 단어나 표현 사용하기
- 공식적인 형식 사용하기
- 텍스트의 정보를 바탕으로 결론짓기

〈참고 3.1〉 정보 전달적/설명적 글쓰기에서 지도해야 할 하위 기능
(핵심 성취기준 2)

성취기준 2에 관한 대부분의 하위 기능은, 고학년에서 학생들이 화제를 전개해 나갈 때 예상독자를 인식해야 한다는 것을 제외하면 6학년에서 12학년에 이르기까지 크게 달라지지 않는다. 그러나 논증적/설득적 글쓰기에서는 학년 수준에 따른 기대치가 명확하게 구분된다(성취기준 1). 이에 따르면, 학생들은 작문 과제의 쟁점에 대해 자신의 관점이나 입장을 명확하게 표현하고, 반대하는 독자를 설득하거나 반대편의 반론을 재반론하며, 반론에 대해 논박하여 자신이 설정한 초기의 관점이나 입장을 강화할 수 있어야 한다(De La Paz & Felton, 2010; Ferretti, Lewis, & Andrews-Weckerly, 2009). 설득력

있는 논증을 위하여 학생들은 단계마다 관련 근거를 제공해야 하며, 예상독자들이 어떻게 받아들일지를 예측해야 한다. 공통 핵심 성취 기준은 10학년에서 12학년 학생들이 내용을 충분히 전개하여 설득적 인 텍스트를 쓸 수 있어야 한다고 규정하고 있다.

공통 핵심 작문 성취기준은 학생들이 작문 활동을 효과적으로 수 행하는 데 필요한 요구 사항을 종합적으로 개관하되 특히 논픽션 글 쓰기[1]의 중요성에 주목한다. 이러한 작문 성취기준은 중등학교 교사 들이 보다 더 즉각적으로 활용할 수 있도록 다섯 가지 방향으로 수정 되거나 확장될 수 있다.

첫째, 언어 기능 교과의 성취기준과 학문적 목적의 작문 성취기준 을 같은 학년군에서 다루도록 재조직할 수 있다. 이는 언어 기능 교 과의 작문 지도와 내용교과의 작문 지도에서 수업 내용의 배열이나 재구성을 용이하게 해 준다.

둘째, 언어 기능 교과의 작문 성취기준과 학문적 목적의 작문 성취 기준의 차이점이 명확하게 드러나도록 수정할 수 있다. 선행 연구에 따르면, 언어 기능 교과에서 다루는 일반적인 작문 기능과 학문적 목적의 작문 기능이 어떠한 차이가 있는지가 공통 핵심 성취기준에 서는 명확하지 않다(Shanahan & Shanahan, 2012). 언어 기능 교과에 서 다루는 작문 기능 중에는 학문적 작문 성취기준에도 관련되어 있 으며, 역사와 사회, 과학과 기술에서 요구하는 작문 기능이 어떻게 차이가 있는지도 명확하지 않다. 그러므로 효과적인 지도를 위해서 는 이들의 차이를 명확하게 하는 것도 유효하다.

셋째, 학년 수준에 따라 변화하는 기대치를 구체화하여 작문 성취 기준을 수정하거나 확장할 수 있다. 중등학교 교사들은 텍스트 유형 이 중학교를 시작할 때보다 고등학교를 마칠 무렵에 더 복합적이라

---

1) [역주] 픽션(fiction), 즉 문학적 글쓰기나 허구적 글쓰기에 대비되는 글쓰기를 일컫는다. 이 책 6장에서는 이에 대한 지도 방법을 다루고 있다.

는 것을 잘 알고 있다. 그러나 작문 성취기준이 학년 수준에 따라 작문 기능이 정교해지는 방식을 구체적으로 명시하지는 않고 있다. 그러므로 학년 수준에 따른 요구 사항을 반영하여 성취기준을 수정하거나 확장하는 것은 유용하다.

넷째, 독서와 작문의 통합을 반영하여 성취기준을 확장할 수 있다. 작문 성취기준 7, 8, 9에는 탐구 활동을 바탕으로 한 작문 활동에서 자료 활용을 요구하고 있지만 자료 활용의 방법으로서 독서를 어떻게 활용해야 하는지는 직접적으로 제시하지 않고 있다. 중등학교에서 이루어지는 대부분의 학문적 작문 활동은 텍스트를 기반으로 삼고 있다(Carson, Chase, Gibson, & Hargrove, 1992; Graham & Hebert, 2010; Shanahan, 2009). 또한 학생들은 작문 과제의 지시문을 읽고 이해해야 한다. 작문 과제의 지시문 중에는 학생들이 자신의 배경지식을 바탕으로 추론해야 하는 경우도 있다(de Oliveira, 2011). 그러므로 작문 성취기준에서는 특히 내용교과 학습에서 학생들이 학문적 목적으로 우수한 텍스트를 작성하려면 독서와 작문을 어떻게 협력적으로 활용해야 하는지를 반영할 필요가 있다. 작문 성취기준을 이러한 방향으로 확장할 수 있다.

다섯째, 작문 과정의 요소를 포함하여 성취기준을 확장할 수 있다. 학문적 목적의 작문을 효과적으로 수행하려면 이에 요구되는 작문 과정 요소를 학생들이 갖추고 있어야 하지만, 작문 성취기준에서는 이러한 요소를 다루지 않는다. 작문에 관한 자기조절, 텍스트 작성 과정에서의 동료 협력, 작문 동기의 발달 및 유지와 같은 요소는 모두 교사가 지도해야 한다(Bruning & Horn, 2000; Graham & Perin, 2006). 그러므로 이러한 요소를 포함하여 작문 성취기준을 확장할 수 있다.

학생들에게 학문적, 직업적 글쓰기를 준비시키려면 어떻게 지도해야 할까?

중등학교 교사들은 대학 및 직장에서의 작문 요구에 학생들을 준비시켜야 한다. 이를 위해서 언어 기능 교과 및 내용교과의 교육과정에 학문적 글쓰기를 포함해야 한다. 여기에서는 학문적 글쓰기의 특징, 대학 및 직장에서 흔히 쓰이는 텍스트 유형, 학문적 글쓰기나 직업적 글쓰기를 위한 작문 지도 방법, 이와 관련된 지도 사례를 다루고자 한다.

학문적 글쓰기

학년이 올라갈수록 작문에 대한 요구는 증가한다. 학생들은 자신의 사고를 조직하는 방법을 학습하고, 내용교과의 학습 문제에 대해 역사가나 과학자 같은 학문 분야 전문가들의 작문 양식에 가깝게 글을 쓰기 시작한다(Shanahan & Shanahan, 2012). 공통 핵심 쓰기 성취 기준 2에 기술된 바와 같이, 학생들은 '해당 교과에서 요구하는 형식에 따라 자신의 지식이나 정보를 제시할 수' 있어야 한다(NGA & CCSSO, 2010:65).

학문적 글쓰기를 가르칠 때, 중등학교 교사들은 교과에 작문의 목적이 다르다는 사실을 학생들에게 안내해야 한다. 〈참고 3.2〉는 과학교과 작문의 특징을 나열한 것인데, 이는 중등학교 학생을 대상으로 한 연구에 기반을 둔 것이다(Keys, 2000; Klein & Samuels, 2010; Krajcik & Sutherland, 2010; Yore, Hand, & Prain, 2002).

- 절차의 단계 서술하기
- 개념, 가설, 이론 간의 관계 도출하기
- 실험의 질 평가하기
- 주장에 대한 근거 제시하기
- 연구 결과가 지지하는 이론과 그 이유 서술하기
- 절차의 적용 가능성 평가하기
- 일상에 연구 결과 관련짓기
- 텍스트에 그림, 표, 그래프 등의 시각 자료 덧붙이기

〈참고 3.2〉 과학 글쓰기의 특징

역사 과목에서 활용하는 글쓰기는 과학 글쓰기와는 구분되는 고유의 특징이 있다(de Oliveira, 2011; Nokes, Dole, & Hacker, 2007; Wineburg, Martin, & Monte-Sano, 2011). 이는 〈참고 3.3〉에서 확인할 수 있다.

- 역사에 관한 언어 활용하기
- 역사적 사건에 관련된 다양한 자료 활용하기
- 자료가 믿을 만한지 판단하기
- 편견의 가능성에 대해 역사적 기록 평가하기
- 정보가 누락되었는지 판단하고, 누락된 정보를 설명하기
- 동시대적 맥락의 사건 제시하기
- 논증을 구성하고 방어하며, 대안적 관점 고려하기
- 작문 과제의 요구 사항 해석하기

〈참고 3.3〉 역사 글쓰기의 특징

모든 교과의 작문이 정확성과 명확성을 요구하지만, 교과에 따라 요구하는 지식이나 어휘는 차이가 있을 수 있다(Elton, 2010). 교과마다 바탕으로 삼는 지식, 그 지식을 표현하는 단어나 표현이 다르기 때문이다. 작문의 형식도 교과마다 다르다.

텍스트의 유형도 교과마다 다르다. 과학 탐구 보고서는 전통적으로 목적, 방법, 결과, 논의 등의 범주로 구성되는 반면(Key, 2000), 역사 글쓰기는 텍스트의 구체적 내용으로부터 이끌어 낸 범주로 구성되는 경향이 있다(de Oliveira, 2011). de Oliveira(2011)는 중등학교 역사 교사의 도움을 받아 학생들이 작성한 역사 글쓰기를 분석했다. 미국 헌법에서 규정한 권력의 균형을 제시문으로 한 작문 과제의 경우, 학생들이 작성한 텍스트는 행정부, 입법부, 사법부를 중심으로 구성되었으며, 이민자의 경험을 제시문으로 한 작문 과제에서는 이민자의 삶의 다양한 측면과 이민자들의 희생이 가치가 있었는지를 평가하는 내용으로 구성되었다.

학문적 글쓰기는 보통 독서와 결합되어 있지만 자료 글의 난도는 교과마다 제각각이다. Shanahan & Shanahan(2012)은 역사 자료와 과학 자료에 쓰인 단어 유형, 명사화 정도가 어떤 차이가 있는지를 분석하였다. 역사 자료에 비해, 과학 자료에서는 사용 빈도가 낮은, 전문적인 단어가 더 많이 쓰였으며, 동사나 형용사에서 파생한 명사를 더 많이 쓰였다(예, 물이 증발한다, 과학자들이 증발을 연구한다).[2] 이러한 특징은 학문적 글쓰기를 수행할 때 자료 텍스트에 대한 학생들의 이해에 영향을 미치면서 교과 내용의 사전 지식과 상호작용의 현상을 보인다.

이 장이 학문적 글쓰기 기능의 지도를 권고하고는 있지만, 교사들은 어떤 하나의 상황에서 글을 잘 쓰는 학생이 다른 상황에서도 글을 잘 쓴다고 생각하면서 이러한 권고를 불필요하다고 여길지도 모르겠

---

2) [역주] 원문으로는 'water evaporates, scientists study evaporation.'이다.

다. 예를 들어 어떤 학생이 역사 글쓰기를 잘하면 과학 글쓰기도 잘 할 것이라고 생각할 수 있다는 것이다. 어떤 전문가들은 일반적인 작문 전략의 지도가 교과 특수적 작문 지도보다 더 효과적이라고 주장하기도 한다(Faggella-Luby, Graner, Deshler, & Drew, 2012; Yancey, 2009).

그러나 학생들이 보이는, 언어 기능 교과 작문의 질적 수준과 내용 교과 작문의 질적 수준은 일치하지 않는 경우가 매우 많다. 사회 교과의 작문이나 언어 기능 교과의 작문에서 우수한 실력을 발휘하는 학생들조차 과학 실험 보고서의 결론을 쓸 때 관찰 데이터를 바탕으로 한 추론을 포함하지 않는다(Poter et al., 2010). 중등학교의 과학 글쓰기 지도에 관한 연구(Keys, 2000), 작문 활동에서의 자기조절, 상위 인지, 문제 해결에 관한 연구(Fox, 2009; Mason, Harris, & Graham, 2011; Mayer & Wittrock, 1996)에 따르면, 학생들에게 과학 실험 보고서의 결론 쓰기를 가르칠 때 다음 〈참고 3.4〉의 기능을 포함해서 다룰 필요가 있다.

- 자기 조절 능력을 가르친다. 학생들이 과학 보고서 쓰기를 위해 목표를 세우고, 그 목표를 향한 발달을 관찰하도록 가르친다.
- 상위 인지를 형성하게 한다. 학생들이 과학 실험 보고서를 발표할 때 과학적 자료로부터 추론을 이끌어 내도록 가르친다.
- 학생들이 실험한 연구 문제나 가설 검증의 의미, 실험이나 방법을 사용한 이유, 그리고 실험에 근거한 이론과 결과의 관계를 명확하게 하도록 가르친다.

〈참고 3.4〉 과학 실험 보고서 쓰기를 할 때, 결론을 도출하기 위한 준비

대학에서의 작문

공통 핵심 성취기준은 중등학교 교사들이 학생들의 대학 준비 및 직업 준비에 문해 능력이 중요하다는 사실을 다시금 일깨워 주었다. 여기에서는 학생들이 대학 준비를 하는 데 필요한 사항으로서 대학에서 흔히 부여되는 작문 과제의 유형을 다루고자 한다. 이는 중등학교 교사들이 학생들의 준비를 돕는 데에 도움을 줄 수 있을 것이다.

작문 기능은 대학에서 매우 중요하다. 이러한 맥락에서 학생들의 대학 준비를 돕는 전문가는 "작문은 대학에서의 성공과 가장 밀접하게 관련된, 매우 중요한 학업 기능이다."라고 설명한 바 있다(Conley, 2008:4). 대학에서 이루어지는 대부분의 작문은 설명하는 글이나 설득하는 글(공통 핵심 쓰기 성취기준 1과 2)에 집중되어 있으며, 허구적 글쓰기나 서사적 글쓰기는 거의 이루어지지 않는다(Beaufort, 2004; Bridgeman & Carlson, 1984; Brockman, Taylor, Kreth, & Crawford, 2011; Melzer, 2009). 일반적으로 대학에서 제시되는 작문 과제는 〈참고 3.5〉에 정리하였다. 영문과에서 이루어지는 대학 작문 과제도 대부분은 논증을 포함하고 있다(Yancey, 2009). 대학 작문은 학과와 무관하게 작문에 통합되어 있는 독서에 바탕을 두고 있다(Brockman et al., 2011).

• 논증적 글쓰기	• 학습 자료의 요약
• 입장이나 관점을 담은 성명서	• 책이나 논문의 논평
• 비판적 분석	• 실험 보고서
• 문학 작품의 해석	• 탐구 보고서 및 진행 보고서
• 새로운 정보의 설명	

〈참고 3.5〉 일반적인 대학 작문 과제

대학생들은 하나 이상의 '작문 집중 과정'에 등록하여 작문 수업을 받아야 한다. 작문 집중 과정은 작문 과제가 많다는 점을 제외하면 전통적으로 이루어져 온 학문 중심 교육과정에 속한다(Boyd, 2010). 이 과정에는 '강의 과목 전반에 걸친 작문', '강의 과목 학습을 위한 작문', '강의 과목 내의 작문'이 있는데(Fallahi, 2012; Melzer, 2009:244; Stewart et al., 2010:46), 이들은 모두 학생들이 강의 과목과 관련된 지식을 심화하도록 돕는 데에, 강의 과목의 내용을 비판적으로 판단하도록 돕는 데에 초점을 맞추고 있다. 물론 기본적인 작문활동을 통한 작문 기능의 연습도 의도하고 있다(Hansen, 1993; Robinson, Stoller, Horn & Grabe, 2009). 작문 집중 과정에서 제시되는 과제는 다양하다. 일반적으로는 한 학기당 6,000 단어 이상의 작문을 요구하는데, 적어도 2,000 단어 이상을 써야 채점이 이루어지며, 반 이상을 써야 학점으로 인정을 받을 수 있다(Boyd, 2010).

직장에서의 작문

대학에서뿐만 아니라 직장에서도 작문은 매우 중요하다(Beaufort, 2009). 그러므로 중등학교 교사들이 학생들이 직장에서 근무하는 동안 적어도 한번은 쓰게 될 작문 유형이 무엇인지를 아는 것은 중요하다고 할 수 있다. 학생들이 고등학교를 졸업하고 대학에 진학하거나 직장에 취업하면 각각의 환경에서 요구하는 작문을 해야 한다(Beaufort, 2009). 학생들이 대학 생활과 직장 생활을 잘 준비할 수 있도록 하려면 교사들은 두 환경 모두에 적용할 수 있는 작문의 특징을 지도하는 것이 좋다.

직장에서 이루어지는 작문은 두 가지 유형이 있다. 하나는 글쓰기를 직업으로 하는 사람들(직업 작가)의 작문이고, 다른 하나는 직장인(글을 쓰는 직장인)이 쓰는 일상적인 작문이다(Couture & Rymer, 1993:9). 작문을 수행하는 직장인은 직장에서 이루어지는 작문 과제에 대한 지식이 많지만, 이와 달리 직업 작가는 자신의 직업 활동에 대해 글을 쓴다고 하더라도 이에 대한 전문적인 지식을 가지고 있는 것은 아니다. 그러나 직업 작가의 작문 능력은 매우 뛰어나다. 직장인이 작성하는 작문은 대부분 기획서나 보고서, 공문 같은 업무용 서신인 반면에 직업 작가들이 작성한 작문은 직업과 관련된 매뉴얼, 정기 간행물에 쓰는 기고문이다.

이러한 두 가지 유형의 작문은 모두 직장에서 일어나는 절차를 포함하고 있으며, 설득이나 정보 전달, 설명, 지시와 같은 다양한 목적을 가지고 있다(Schriver, 2012). 직장에서의 설득적 글쓰기와 학교에서의 설득적 글쓰기는 매우 유사하다. 예를 들면, 살충제 사용 찬반에 대한 보고서를 쓰는 환경 과학자는 공통 핵심 작문 성취기준 1에서 요구하는 주장과 근거를 포함해야 하기 때문이다.

사무직에 종사하든 서비스직, 관리직에 종사하든 직장인은 자신이 속한 직업 분야의 언어적 표현과 양식에 능숙해야 한다(Beaufort, 2009; DeKay, 2010; Kaestle, Campbell, Finn, Johnson, & Mikulecky, 2001). 이를 통해 볼 때 직장에서의 작문은 학문적 문식 능력의 한 유형임을 알 수 있다. 직업 환경에서의 작문과 학문적 환경에서의 작문의 차별점은 전자가 훨씬 더 협업을 요구한다는 점이다. 어떤 직장인이 혼자서 계획을 수립하고 초안을 작성한 후 그 초안을 수정하는 일은 매우 드물다. 오히려 이 과정에 여러 사람이 개입하여 협력적으로 완성한다(Hart-Landsberg & Reder, 1995).

직장에서의 협업은 회사 내의 다른 부서 담당자와 해야 하는 경우도 있다. 이런 점에서 직장에서의 작문은 협력적이라는 매우 중요한 특징을 지닌다. 중등학교 교사들은 학생들에게 작문 과정에서 동료와 협력하는 방법을 가르치기 위한 다수의 전략을 가지고 있다(Graham & Perin, 2006). 학교에서의 협업은 직접 대면하여 이루어진다는 점에서 직접적이라는 특징이 있지만, 직장에서의 협업은 원거리에서 일어난다는 점에서 간접적이라는 특징이 있다(Schriver, 2012). 교사들은 이러한 특징을 구분하여 지도해야 한다.

현재의 청소년 작문 지도

중등학교에서 작문 지도와 관련된 주요 정보원 세 가지이다. 이 책 1장에서 다루었던, 효과적인 청소년 작문 지도에 대한 메타 분석(Graham & Perin, 2006), 고등학교 교사를 대상으로 한 전국적인 설문 조사(Kiuhara, Graham, & Hawken, 2009), 뉴욕시 소재 학교의 교실 관찰 및 고등학교 교사와의 인터뷰가 바로 그것이다(Llosa, Beck, & Zhao, 2011).

1장에서 다룬 메타 분석은 중·고등학생들을 대상으로 하여 효과가 검증된 작문 교육적 중재에 관한 정보를 제공한다. 중학생들을 대상으로 한 작문 지도 연구는 부족한 실정이다. 이 메타 분석에 따르면 4~12학년 학생들에게 효과가 있는 것으로 확인된 작문 지도 방법은 11가지이다. 인지적 전략 지도가 가장 효과적이었으며, 자기조절 전략 지도 및 요약 기능 지도도 효과적이었다. 이 메타 분석에서는 실험 조건에서 이루어진 작문 지도 중에서 어떤 지도 방법이 효과적인지를 파악하는 데 중점을 둔 것이지 어떤 작문 지도가 대학이나 직장을 잘 대비할 수 있도록 하는지를 파악하는 데 초점을 둔 것은 아니다.

학문적 글쓰기나 직업적 글쓰기와 관련된 것은 Kiuhara et al.(2009)이 수행한 국가 수준의 설문 조사가 더 부합한다. 이 설문 조사는 고등학교 작문 과제에 대한 정보를 제공해 준다. 이 설문 조사에서는 언어 기능 교과, 과학교과, 사회교과 교사들에게 22개의 작문 과제를 얼마나 학생들에게 부여했는지를 물었다. 한 주에 몇 회를 부여했는지, 1년에 한 번만 부여했는지, 여러 번 부여했는지를 조사했는데, 응답자 교사 대부분이 적어도 일주일에 한 번 부여한다고 응답한, 가장 자주 부여한 작문 과제는 숙제로 제시한 단답형 쓰기, 읽기 자료에 대한 반응 쓰기, 연습 문제지 답하기, 읽은 내용 요약하기였다. 또 다른 두 과제는 일지 쓰기로, 다수의 교사들이 적어도 한 달에 한 번씩은 이 과제를 부여했다. Kiuhara et al.(2009)은 자주 부여되는 이러한 과제들의 절반 정도는 '의미 구성이 없는 쓰기'라고 지적하면서(Kiuhara et al., 2009:151), 현재 작문 지도는 청소년들이 일반적인 대학 작문 과제 수행을 대비하거나 대학 졸업에 작문 집중 과정을 대비하기에는 충분하지 못하다고 지적한 바 있다.

앞에서 말한 바와 같이 작문의 특징을 내용 분야에 따라서 다르다. Kiuhara et al.(2009)은 조사를 통해 교과에 따라 작문 과제가 차이가 있다는 사실을 발견했다. 언어 기능 교과 교사는 38%, 사회교과 교사는 26%가 학생들에게 주당 몇 회씩 읽기 자료에 대한 반응을 쓰도록 과제를 부여했지만, 과학교과 교사들은 단지 15%만이 이러한 과제를 부여했다. 설득적 글쓰기에서는 더 큰 차이가 있었다. 사회 교사의 30%, 언어 기능 교과 교사의 19%가 한 달에 한 번 꼴로 설득적 글쓰기 과제를 부여했지만, 과학 교사는 단지 5%만 이러한 작문 과제를 부여했다.

그럼에도 불구하고 세 영역의 작문 활동은 유사한 경향을 보였다. 예를 들면 요약하기의 빈도는 세 교과가 유사했다. 교사의 16~20%는 일주일에 여러 번, 24~29%는 한 달에 한 번 요약하기 과제를 학생들에게 부여했다. 그리고 언어 기능 교과 교사는 과학교과나 사회교과의 교사보다 작문 기능의 직접 지도를 더 선호했다. 언어 기능 교사들은 학생들에게 이러한 과제를 수행하는 데 필요한 절차적 지식을 지도했다.

그러나 공통 핵심 성취기준은 작문 결과의 길이를 분명하게 명시하지 않고 있다. 6~12학년에서 작문 결과가 적어도 몇 개의 문단—더 정확히 말하면 단답형 반응—으로 이루어져야 함을 시사하고 있다. 그러나 Kiuhara et al.(2009)은 22개 작문 과제 중 8개 과제만 한 문단 이상의 쓰기를 한다고 보고했다.

이와 대조적으로 Melzer(2009)와 Bridgeman & Carlson(1984)가 확인한 대학 작문 과제의 대부분은 여러 개의 문단으로 구성해야 하는 다중 문단 과제였다. 고등학교의 8개 다중 문단 작문 과제는 다섯 단락 에세이, 설득적인 에세이, 연구 보고서, 짧은 서사문, 독서 감상문, 전기문, 자서전, 희곡이다. 언어 기능 교과 교사의 3분의 2는 적어도 한 달에 한 번 다중 문단 작문 과제를 부여했으나, 일주일에 한

번 다중 문단 작문 과제를 부여한 교사는 29%에 불과했다. 과학 교사는 언어 기능 교사나 사회 교사에 비해 다중 문단 작문 과제를 선호하지 않았다. 세 교과의 교사들 중 51%가 적어도 월별로 과제를 부여했으며, 20%만이 주별로 과제를 부여했다.

Llosa et al.(2001)은 국가 수준 작문 시험에서 사분위에 속한 7개 학교의 언어 기능 교과 교사 12명을 관찰하고 인터뷰한 바 있다. 이 연구에서 이루어진 작문 활동 관찰에 따르면, 이 학교에서는 서사문 쓰기, 논쟁적/분석적 에세이 쓰기, 정보적 보고서 쓰기, 자유롭게 쓰기, 짧은 일기 쓰기, 요약문 작성하기, 학생들이 주제를 선택하여 쓴 글쓰기 등의 활동이 이루어졌다. 논쟁적/분석적 쓰기—이 연구에서는 이를 '설명'이라고 지칭했다—는 매우 자주 관찰되는 작문 유형이었고, 대개는 문학 비평문의 형태였다. 인터뷰에서 교사 12명 중 9명은 작문 지도에서 '설명'을 최우선으로 삼는다고 답했다. 작문 지도와 내용 영역 사이의 관련성은 이 연구의 초점이 아니기에 언급하지 않았다.

종합해보면 고등학교 작문과 대학 작문은 대체로 세 가지의 차이가 있다. 첫째, 고등학교는 단답형 작문 과제가 주류를 이루는 데 비해 대학에서는 다중 문단 작문 과제가 중심을 이룬다. 둘째, 대학에서 일반적으로 부여되는 작문 과제 유형은 학문 영역에 따라 차이가 있었지만 고등학교에서 자주 부여된 작문 과제는 언어 기능 교과, 사회교과, 과학교과가 비슷했다. 셋째, 고등학교에서 개인적 서사, 단편 소설, 시, 독서 감상문, 자서전, 희곡과 같은 창의적이고 서사적인 작문 활동을 중시한다. 그러나 대학에서는 이러한 유형의 작문을 거의 다루지 않는다.

중·고등학교 교사를 위한 권고

학생들의 작문 기능이 향상될 때 교사는 기쁨을 느낀다. 학생들이 사고를 표현할 수 있는 능력을 개발하는 것을 지켜보는 것은 흥미진진할 뿐만 아니라, 학생들이 자성한, 화제에 대한 자신의 지식을 설명하는, 창의적이면서도 응집성 있는 글을 읽는 것은 즐거운 경험이다. 작문 지도는 쉽지 않다. 그러나 교사들은 과학적으로 이루어진 작문 연구 논문을 분석함으로써 작문 지도에 관한 함의를 얻을 수 있다. 이렇게 얻은 다음의 4가지 권고는 언어 기능 교과 교사뿐만 아니라 사회나 과학 같은 내용교과 교사들에게도 도움을 준다. 이를 통하여 모든 중·고등학교 교사들은 학생들이 대학에서의 작문이나 직장에서의 작문을 효과적으로 대비할 수 있도록 도울 수 있다.

1. 단답형 작문보다는 일반적으로 널리 적용되고 있는 작문을 지도하라. 예를 들면 신문 기사 요약하기, 연구 보고서 작성하기, 정보적/논쟁적 글쓰기, 문학 비평문 쓰기처럼 좀 더 긴 글을 쓰는 데 필요한 전략을 학생들에게 지도하는 것이 바람직하다.

2. 작문 전략을 현시적으로 지도하라. 작문 지도와 작문 과제 부여를 구별할 필요가 있다. 작문 과제 부여가 곧 작문 지도는 아니기 때문이다. 교사들이 이를 명확하게 인식하는 것이 중요하다. 작문 과제 부여는 작문 지도와 같지 않다. 현시적 작문 지도는 학생들이 텍스트를 완성하는 데 필요한 전략을 구체적으로 지도하는 것이다. 작문 과제를 부여하면 학생들이 어쩔 수 없이 글을 써야 하므로 학생들의 작문 능력을 어느 정도 향상시키겠지만, 그렇다고 해서 현시적인 지도를 대신할 수는 없다. 학생들이 작문 과제를 수행하는 데 필요한 전략을 숙달하지 못 한 상태라면 교사는 작문 과제를 부여할 때 다음 네 단계를 따라야 한다.

- 작문 전략을 소개하고 중요성을 설명한다.
- 작문 전략을 모형화한다. 모형화한 각 단계를 학생에게 보여주고, 각 단계에서 머릿속으로 어떠한 전략을 어떻게 수행하는지를 학생들에게 설명한다. 이 모형은 사전에 미리 신중하게 계획해야 한다.

- 안내된 활동과 교정적 피드백을 제공한다. 작문 전략 수행을 위해 학생들이 소집단으로 활동하도록 하고, 각 소집단을 방문하여 진행 과정을 관찰하고 피드백을 제공한다.
- 독립된 활동을 제공한다. 학생들이 준비되면 스스로 작문 전략을 적용하도록 한다.

3. 언어 기능 교과 수업 및 내용교과 수업에서 학문적 글쓰기를 포함한다. 중·고등학교 교사는 대학과 직장에서의 작문 요구를 인식하고, 작문 지도를 계획할 때 이를 활용해야 한다. 학생들은 인터넷 검색, 대학 탐방이나 직장 견학 등을 통해서 이러한 정보를 모을 수 있다. 학문적 글쓰기가 증가하고 있으므로 작문 지도는 학생들이 학문 분야마다 다른 독자들의 정보 요구와 텍스트의 구조를 적절하게 조직할 수 있는 방법을 안내하는 데 초점을 맞추어야 한다.

언어 기능 교과 교사뿐만 아니라 내용교과의 교사도 작문을 지도할 수 있다. 처음에는 작문 지도가 다소 어려울 수도 있다. 내용교과 교사의 목표는 학생들에게 작문 기능을 지도하는 데 있는 것이 아니라, 교과목의 내용(교과 지식)을 가르치는 데 있기 때문이다. 그러나 교과목의 내용과 작문 지도를 결합하면 학생들은 더 완전하게 교과목의 내용을 배울 수 있다(Carnine & Carnine, 2004).

중·고등학교 내용교과 교사들이 작문 지도를 적용한 예는 다음과 같다. 이 예는 과학에서 따온 것이지만 다른 교과에도 동일하게 적용할 수 있다.

- 중·고등학교 과학 교사는 면역 체계와 질병의 원인을 지도하면서 '좋은 친구들이 나를 아프게 할 수 있는가?'와 같은 작문 과제를 부여하고 이에 대한 답을 글로 쓰는 방법을 지도한다(Krajcik & Sutherland, 2010:457).
- 중·고등학교 과학 교사는 식물 단원을 지도하면서 뿌리의 역할에 대한 학생들의 이해를 촉진하기 위해 줄기나 잎, 꽃, 씨앗 등을 독자로 하여

이들에게 뿌리의 중요성을 알리는 편지 쓰기 과제를 부여한다. 이 과정에서 학생들에게 설득적인 글쓰기, 정보 전달적/설명적 글쓰기를 지도한다(Shanahan, 2012).

■ 과학 교사는 건강과 영양 단원을 지도하면서 학생들에게 '건강과 영양의 문제와 관련된 서사문 쓰기, 신문 기사 작성하기, 시 쓰기' 같은 작문 과제나, '다른 자료에서 건강과 영양의 문제에 관한 해결 방안을 찾아 서술하거나 자신이 생각하는 해결 방안을 제시하라'는 작문 과제를 제시한 후 이에 대한 글을 쓰는 방법을 지도한다(Misulis, 2009:16).

4. 맥락화를 사용하여 학문적 글쓰기를 지도한다. 맥락화는 작문 지도가 구체적인 내용과 활동에 근접할 수 있도록 만들어 준다(Johnson, 2002). 이것은 두 가지 형식으로 접근하는데, 〈참고 3.6〉에 제시된 것처럼 맥락적 작문 지도와 통합적 작문 지도이다(Perin, 2011:271).

■ **맥락적 작문 지도: 언어 기능 교과 교사의 작문 지도**

작문 기능은 내용교과 텍스트를 사용하여 가르친다. 지도의 핵심은 작문 기능이며, 내용교과 텍스트의 내용은 이를 위한 소재이자 배경이다.

• 예: 언어 기능 교과에서 논쟁적 에세이 쓰기를 지도할 때 이 학생들이 사회 수업에서 사용하는, '서구의 팽창과 현재'라는 내용을 다룬 텍스트를 활용한다(De La Paz, 2005).

• 일반적인 원칙: 작문 기능의 현시적인 지도는 전통적인 다목적의 포괄적 내용의 텍스트보다는 내용교과의 내용(소재나 주제)을 활용한다.

■ **통합적인 쓰기 지도: 내용교과 교사의 작문 지도**

작문 지도는 내용교과 지도에 일상적으로 포함되어 이루어진다. 지도의 핵심은

내용교과의 교과 내용이다. 작문 기능은 교과의 내용 이해를 촉진하기 위한 전략의 한 종류이다(Nieswandt & Bellomo, 2009).

- 예: 과학 수업에서 학생들이 오존 감소에 관한 설명문을 쓰는 데 필요한 내용 구조도 사용 방법을 지도한다(Bulgren, Marquis, Lenz, Schumaker, & Deshler, 2009).
- 일반적인 원칙: 과학적 연구 결과를 바탕으로 지식 학습에 기여하는 작문 지도 방법을 계획한 후 내용교과의 수업 진행을 따른다(Harris, Graham, Mason, & Friedlander, 2008; Mason, Reid,& Hagaman, 2012).

〈참고 3.6〉 청소년을 위한 학문적 글쓰기 지도의 맥락화

언어 기능 교과와 내용교과 교사를 위한 쓰기 지도 맥락화의 예

사례 1: 사회 수업 내용을 활용한 언어 기능 교과에서의 맥락적 작문 지도. 자기 조절 전략 개발(SRSD)은 사회 수업에서 사용하는 자료를 활용하여 다섯 문단의 논쟁적 에세이 쓰기를 학생들에게 가르치는 데 적용되어 왔다(De La Paz, 2005). 이를 적용하여 지도할 때 교사는 다음과 같이 해야 한다.

- 학생들에게 논쟁적 에세이 쓰기 전략을 소개한다.(예, STOP & DARE)[3]
- 학생들에게 논쟁적 에세이의 예를 미리 검토하도록 지도한다.
- 학생들이 암기하고 전략을 활용하여 에세이를 쓰도록 지도한다.
- 다섯 문단 에세이의 특징을 설명하고, 사회 수업의 내용을 활용하여 쓴 에세이의 예를 보여준다.
- 자기 조절 전략 개발의 전략 모형을 바탕으로 첫 번째 문단 및 세 번째 문단의 글쓰기를 시범 보인다.

---

3) [역주] 'STOP & DARE'는 ① Suspend judgement, ② Take a side, ③ Organize idea, ④ Plan as you write, ⑤ Develop a topic sentence, ⑥ Add supporting ideas, ⑦ Reject an arrangement for other side, ⑧ End with a conclusion의 앞머리 글자로 만든 전략이다.

- 학생들이 소집단 활동을 하는 가운데 암기하고 있는 전략을 활용하여 에세이를 작성하도록 지도한다.
- 학생들이 사회 수업 내용을 바탕으로 에세이를 쓸 때 사용할, 각 문단(서론, 본론 1, 본론 2, 본론 3, 결론)의 내용 전개를 돕는 도해 조직자를 안내한다.

사례 2: 중등 언어 기능 교과 수업에서 직업 내용을 활용한 맥락화된 요약 지도. 언어 기능 교과 교사가 논쟁적 글쓰기나 정보 전달적/설명적 글쓰기에서 직업과 관련된 텍스트를 활용하려면 직업 교육이나 기술 교육을 담당하고 있는 교사와 상담하는 것이 좋다. 학생들은 직업 진로에 대한 확신이 없으므로 직업 관련 내용을 다루려면 자료를 활용할 필요가 있다. 그러나 상황에 따라 직업 관련 내용은 직업 현장이나 현장 학습에서 구하는 것도 가능하다. 자료 텍스트가 선정되면 언어 기능 교과 교사는 이를 활용하여 다음과 같이 TRAP/IDEAS 전략을 중심으로 요약 기능을 가르쳐야 한다(Mason, Reid, & Hagaman, 2012).

- 요약을 정의하고, TRAP/IDEAS 전략을 소개하고, 그것이 왜 중요한지 학생들에게 설명한다. 암기법의 개념을 소개하고 TRAP[4])과 IDEAS[5])의 핵심적인 내용과 사용 방법을 간략하게 설명한다.
- 요약 쓰기 모형을 직업 내용을 다룬 자료 텍스트에 적용하고 앞머리 글자로 암기하고 있는 전략을 활용하여 머릿속의 인지 과정을 그린 모형의 단계를 큰 소리로 설명한다.
- 앞머리 글자로 암기하고 있는 전략을 지원하기 위해 도해 조직자를 활용

---

4) [역주] 'TRAP'는 ① Think before you read, ② Read a paragraph, ③ Ask 'What is the paragraph mostly about, what is the most important information?', ④ Paraphrase the important information의 앞머리 글자로 만든 전략이다.

5) [역주] 'IDEAS'는 ① Identify important idea to support the main idea, ② Delete trivial details, ③ Eliminate redundant details, ④ Add a term for a list of words or concepts, ⑤ Summarize의 앞머리 글로 만든 전략이다.

한다(Manson et al. 2012).

- 학생들에게 암기하고 있는 전략을 활용하여 직업 내용을 다룬 자료 텍스트를 요약하는 글을 쓰게 하고 학생들에게 교정적 피드백을 제공한다.
- 학생들이 어느 정도 연습을 한 후에는 직업 내용을 담은 새로운 텍스트를 제공하여 독립적인 요약문 쓰기 활동을 하게 한다.

사례 3: 중·고등학교 과학 수업을 위한 통합적 에세이 쓰기 지도. 과학 수업에서 학생들은 '질문 탐구 도구(QER, question exploration routine)'을 활용하여 오존 감소에 대해 학습하였는데, 이때 QER은 '질문 탐구 안내(QEG, question exploration guide)'로 불리는 도해 조직자를 사용한다. QEG는 주요 용어와 그 개념에 대한 설명, 질문 및 대답의 안내 및 지원, 중심 내용에 대한 반응, 탐구와 중심 내용의 사용, 일상에서의 중심 내용의 확장, 에세이에서 답해야 하는 비판적인 질문으로 구성되어 있다. 도해 조직자는 정보적 글쓰기를 수행하는 데 필요한 정보를 메모할 때에도 활용할 수 있다(Bulgren, Marquis, Lenz, Schumaker, & Deshler, 2009). 교사가 해야 할 일은 다음과 같다.

- 학생들에게 오존 감소에 대한 영상 자료를 보여준다.
- QER과 QEG를 소개한 후, 여기에 담긴 전략이 글을 쓰는 데 어떤 도움을 주는지를 학생들에게 설명한다.
- QEG가 교과 내용의 이해를 돕는 데에 어떻게 쓰이는지, 그 내용을 어떻게 적을 수 있는지 학생들에게 설명한다.
- QEG의 각각의 단계에 따라 학생들을 안내하고, 글쓰기에서 다룰 교과 내용을 학생들과 토의한다.
- 학생들이 작성한 QEG의 내용을 미리 살펴보고, 어떻게 하면 QEG의 질문이나 요구 사항에 대한 답을 모두 채워 넣을 수 있는지 안내한다.
- "오존층의 문제는 '환경에 미치는 인간의 영향'이라는 주제에 대해 우리에게 무엇을 알려주는가?"라는 질문에 대한 대답의 방법으로 학생들이

글을 쓸 때 QEG를 사용하도록 안내한다.

사례4: 중·고등학교 사회 수업을 위한 통합적 에세이 쓰기 지도. 중·고등학교 사회 교사는 학생들에게 다양한 자료를 사용하여 '시나리오식 글쓰기'를 지도한다(McKenna & Robinson, 2009:79). 이는 요약, 자료의 비교 및 통합, 정보 전달적/설명적 글쓰기, 논쟁적 글쓰기의 요소를 포함하는 복잡한 과제이다. 교사는 다음의 예와 같이 사회 수업에서 작문 지도를 통합한다.

사회 수업에서 미국 대통령이 어떠한 일을 하는지를 지도하기 위해 교사는 학생들에게 자신이 현재 미국 대통령이라고 가정하게 하고 대통령의 입장에서 국회에 보내는 국정 보고서를 쓰게 하였다. 이때 작문 지도의 요소는 학문적 쓰기와 관련된 핵심 성취기준의 2단계를 바탕으로 삼았다(NGA & CCSSO, 2010:64~66). 교사는 시나리오 과제임을 염두에 두면서 사회교과의 교육 내용을 다루기 위해 미국 대통령의 직무에 관한 자료 텍스트를 활용하였으며, 이와 동시에 다음과 같은 사항을 현시적으로 지도하여 학생들에게 작문 지도를 병행하였다.

- 주장을 내세우고 이를 뒷받침하라.
- 학생들이 글의 내용을 조직하라.
- 글의 주제를 발전시키라.
- 내용에 변화를 주면서 일관성을 유지하라.
- 사회교과의 용어, 개념, 표현을 사용하라.
- 결론을 서술하라.

결론

이 장에서는 중·고등학교 이후의 대학 및 직장에서의 글쓰기를 학생들이 어떻게 준비하도록 할 것인가에 초점을 맞추어 논의하였다. 이를 위하여 6~12학년 공통 핵심 작문 성취 기준을 검토하였으며 이를 확장하는 방안에 대해서 논의하였다. 그 후 학문적 글쓰기의 특징을 살펴보았으며 대학의 학문적 글쓰기 과제와 직업적 글쓰기의 작문 과제를 논의하였다. 중·고등학교 교사가 참여한 연구를 통해서 이를 준비하는 데 도움을 주는, 작문 지도 방법의 새로운 시사점을 알 수 있었다. 한편 이를 바탕으로 한 권고와 사례는 중·고등학교의 언어 기능 교과 및 내용교과 교사들이 대학에서의 학문적 글쓰기와 직장에서의 직업적 글쓰기를 학생들이 준비하도록 하는 데 도움을 줄 수 있을 것이다.

참고문헌

Acker, S. R. (2008). Preparing high school students for college-level writing: Using an e-portfolio to support a successful transition. *Journal of General Education,* 57, 1~15.

Akdere, M., & Azevedo, R. E. (2005). Writing in the workplace: Implications for human resource development. Education Resources Information Center (ERIC) Document No. ED492328. Minneapolis: University of Minnesota.

Beaufort, A. (2004). Developmental gains of a history major: A case for building a theory of disciplinary writing expertise. *Research in the Teaching of English,* 39, 136~185.

Beaufort, A. (2009). Preparing adolescents for the literacy demands of the 21st century workplace. In L. Christenbury, R. Bomer, & P. Smagorinsky (Eds.), *Handbook of adolescent literacy research* (pp. 239~255). New York: Guilford Press.

Bereiter, C. (1980). Development in writing. In L. W. Gregg & E. R. Steinberg (Eds.), *Cognitive processes in writing* (pp. 73~93). Hillsdale, NJ: Erlbaum.

Bereiter, C., & Scardamalia, M. (1987). *The psychology of written composition.* Hillsdale, NJ: Erlbaum.

Boyd, J. (2010). The best of both worlds: The large lecture, writing-intensive course. *Communication Teacher,* 24, 229~237.

Bridgeman, B., & Carlson, S. B. (1984). Survey of academic writing tasks. *Written Communication,* 1, 247~280.

Brockman, E., Taylor, M., Kreth, M., & Crawford, M. K. (2011). What do professors really say about college writing? *English Journal,* 100, 75~81.

Bruning, R., & Horn, C. (2000). Developing motivation to write. Educational Psychologist, 35, 25~38.

Bulgren, J., Marquis, J., Lenz, B. K., Schumaker, J. B., & Deshler, D. D. (2009). Effectiveness of question exploration to enhance students' written expression of content knowledge and comprehension. *Reading and Writing Quarterly*, 25, 271~289.

Carnine, L., & Carnine, D. (2004). The interaction of reading skills and science content knowledge when teaching struggling secondary students. *Reading and Writing Quarterly*, 20, 203~218.

Carson, J. G., Chase, N. D., Gibson, S. U., & Hargrove, M. F. (1992). Literacy demands of the undergraduate curriculum. *Reading Research and Instruction*, 31, 25~50.

Conley, D. T. (2008). Rethinking college readiness. *New Directions for Higher Education*, 144(Winter), 3~13.

Couture, B., & Rymer, J. (1993). Situational exigence: Composing processes on the job by writer's role and task value. In R. Spilka (Ed.), *Writing in the work place: New research perspectives* (pp. 4~20). Carbondale and Edwardsville: Southern Illinois University Press.

De La Paz, S. (2005). Effects of historical reasoning instruction and writing strategy mastery in culturally and academically diverse middle school classrooms. *Journal of Educational Psychology*, 97, 139~156.

De La Paz, S., & Felton, M. K. (2010). Reading and writing from multiple source documents in history: Effects of strategy instruction with low to average high school writers. *Contemporary Educational Psychology*, 35, 174~192.

de Oliveira, L. C. (2011). Knowing and writing school history: The language of students' expository writing and teachers' expectations. Charlotte, NC: Information Age.

DeKay, S. H. (2010). Designing email messages for corporate readers: A case study of effective and ineffective rhetorical strategies at a "Fortune" 100 company. *Business Communication Quarterly*, 73, 109~119.

Elander, J., Pittam, G., Lusher, J., Fox, P., & Payne, N. (2010). Evaluation of an intervention to help students avoid unintentional plagiarism by improving their authorial identity. *Assessment and Evaluation in Higher Education*, 35, 157~171.

Elton, L. (2010). Academic writing and tacit knowledge. *Teaching in Higher Education*, 15, 151~160.

Faggella-Luby, M. N., Graner, P. S., Deshler, D. D., & Drew, S. V. (2012). Building a house on sand: Why disciplinary literacy is not sufficient to replace general strategies for adolescent learners who struggle. *Topics in Language Disorders*, 32, 69~84.

Fallahi, C. R. (2012). Improving the writing skills of college students. In E. L. Grigorenko, E. Mambrino, & D. D. Preiss (Eds.), *Writing: A mosaic of new perspectives* (pp. 209~219). New York: Psychology Press.

Ferretti, R. P., Lewis, W. E., & Andrews-Weckerly, S. (2009). Do goals affect the structure of students' argumentative writing strategies? *Journal of Educational Psychology*, 101, 577~589.

Fox, E. (2009). The role of reader characteristics in processing and learning from informational text. *Review of Educational Research*, 79, 197~261.

Graham, S., & Hebert, M. (2010). Writing to read: Evidence for how writing can improve reading: A report from Carnegie Corporation of New York. Washington, DC: Alliance for Excellent Education. Retrieved from http://carnegie.org/fileadmin/Media/Publications/WritingToRead_01.pdf.

Graham, S., & Perin, D. (2006). Writing next: Effective strategies to improve writing of adolescents in middle and high schools. A report to Carnegie Corporation of New York. Washington, DC: Alliance for Excellent Education. Retrieved from www.all4ed.org/files/reports/writing_next.pdf.

Graham, S., & Perin, D. (2007). What we know, what we still need to know: Teaching adolescents to write. *Scientific Studies of Reading*, 11, 313~335.

Grant, M. C., &C Fisher, D. (2010). *Reading and writing in science: Tools to develop disciplinary literacy*. Thousand Oaks, CA: Corwin Press/SAGE.

Hansen, W. L. (1993). Teaching a writing intensive course in economics.

Journal of Economic Education, 24, 213~218.

Harris, K. R., Graham, S., Mason, L. H., & Friedlander, B. (2008). *Powerful writing strategies for all students*. Baltimore: Brookes.

Hart-Landsberg, S., & Reder, S. (1995). Teamwork and literacy: Teaching and learning at Hardy Industries. *Reading Research Quarterly*, 30, 1016~1052.

Hayes, J. R. (1996). A new framework for understanding cognition and affect in writing. In C. M. Levy & S. Ransdell (Eds.), *The science of writing: Theories, methods, individual differences, and applications* (pp. 1~27). Mahwah, NJ: Erlbaum.

Hoover, T. M., Kubina, R. M., & Mason, L. H. (2012). Effects of self-regulated strategy development for POW + TREE on high school students with learning disabilities. *Exceptionality*, 20, 20~38.

Johnson, E. B. (2002). *Contextual teaching and learning: What it is and why it's here to stay.* Thousand Oaks, CA: Corwin Press.

Kaestle, C. P., Campbell, A., Finn, J. D., Johnson, S. T., & Mikulecky, L. J. (2001). Adult literacy and education in America: Four studies based on the National Adult Literacy Survey (NCES 2001-534). Education Resources Information Center (ERIC) No. ED461718. Washington, DC: National Center for Education Statistics, U.S. Department of Education.

Keys, C. W. (2000). Investigating the thinking processes of eighth grade writers during the composition of a scientific laboratory report. *Journal of Research in Science Teaching*, 37, 676~690.

Kiuhara, S. A., Graham, S., & Hawken, L. S. (2009). Teaching writing to high school students: A national survey. *Journal of Educational Psychology*, 101, 136~160.

Klein, P. D., & Samuels, B. (2010). Learning about plate tectonics through argument-writing. *Alberta Journal of Educational Research*, 56, 196~217.

Kober, N., & Rentner, D. S. (2012). Year two of implementing the Common Core State Standards: States' progress and challenges. Washington, DC: Center on Education Policy. Retrieved from www.cep-dc.org/index.cfmfDo

cumentTopicID=1.

Krajcik, J. S., & Sutherland, L. M. (2010). Supporting students in developing literacy in science. *Science*, 328, 456~459.

Llosa, L., Beck, S. W., & Zhao, C. G. (2011). An investigation of academic writing in secondary schools to inform the development of diagnostic classroom assessments. *Assessing Writing*, 16, 256~273.

Magnifico, A. M. (2010). Writing for whom?: Cognition, motivation, and a writer's audience. *Educational Psychologist*, 45, 167~184.

Mason, L. H., & Graham, S. (2008). Writing instruction for adolescents with learning disabilities: Programs of intervention research. *Learning Disabilities Research and Practice*, 23, 103~112.

Mason, L. H., Harris, K. R., & Graham, S. (2011). Self-regulated strategy development for students with writing difficulties. *Theory into Practice*, 50, 20~27.

Mason, L. H., Reid, R., & Hagaman, J. L. (2012). *Building comprehension in adolescents: Powerful strategies for improving reading and writing in content areas*, Baltimore: Brookes.

Mayer, R. E., & Wittrock, M. C. (1996). Problem-solving transfer. In D. C. Berliner & R. C. Calfee (Eds.), *Handbook of educational psychology* (pp. 47~62). New York: Macmillan.

McKenna, M. C., & Robinson, R. D. (2009). *Teaching through text: Reading and writing in the content areas* (5th ed.). Boston: Pearson Education.

Melzer, D. (2009). Writing assignments across the curriculum: A national study of college writing. *College Composition and Communication*, 61, W240~W261.

Misulis, K. E. (2009). Promoting learning through content literacy instruction. *American Secondary Education*, 37, 10~19.

Moje, E. B. (2007). Developing socially just subject-matter instruction: A review of the literature on disciplinary literacy teaching. *Review of Research in Education*, 31, 1~44.

Monte-Sano, C. (2010). Disciplinary literacy in history: An exploration of the his torical nature of adolescents' writing. *Journal of the Learning Sciences*, 19, 539~568.

National Governors Association & Council of Chief State School Officers. (2010). Common Core State Standards for English language arts & literacy in his tory/social studies, science, and technical subjects. Washington, DC: Authors. Retrieved from www.corestandards.org.

Nieswandt, M., & Bellomo, K. (2009). Written extended-response questions as classroom assessment tools for meaningful understanding of evolutionary theory. *Journal of Research in Science Teaching*, 46, 333~356.

Nokes, J. D., Dole, J. A., & Hacker, D. J. (2007). Teaching high school students to use heuristics while reading historical texts. *Journal of Educational Psychology*, 99,492~504.

Perin, D. (2011). Facilitating student learning through contextualization: A review of the evidence. Community College Review, 39, 268~295.

Planty, M., Hussar, W., Snyder, T., Provasnik, S., Kena, G., Dinkes, R., et al. (2008). The condition of education 2008 (NCES 2008-031). Washington, DC: National Center for Education Statistics, Institute of Education Sciences, U.S. Department of Education. Retrieved from http-.Hnces.ed.govIprogramslcoelpdflcoe_wrt.pdf.

Porter, R., Guarienti, K., Brydon, B., Robb, J., Royston, A., Painter, H., et al. (2010). Writing better lab reports. *The Science Teacher*, 77, 43~48.

Robinson, M. S., Stoller, F. L., Horn, B., & Grabe, W. (2009). Teaching and apply ing chemistry-specific writing skills using a simple, adaptable exercise. *Journal of Chemical Education*, 86, 45~49.

Russell, D. R. (2002). *Writing in the academic disciplines* (2nd ed.). Carbondale and Edwardsville: Southern Illinois University Press.

Schriver, K. (2012). What we know about expertise in professional communication. In V. W. Berninger (Ed.), *Past, present, and future contributions of cognitive writing research to cognitive psychology* (pp. 275~312). New York: Psychology Press.

Shanahan, C. (2012). Learning with text in science. In T. L. Jetton & C. Shanahan (Eds.), *Adolescent literacy in the academic disciplines: General principles and practical strategies* (pp. 154~171). New York: Guilford Press.

Shanahan, T. (2009). Connecting reading and writing instruction for struggling learners. In G. A. Troia (Ed.), *Instruction and assessment for struggling writers: Evidence-based practices* (pp. 113~131). New York: Guilford Press.

Shanahan, T., & Shanahan, C. (2012). What is disciplinary literacy and why does it matter? *Topics in Language Disorders*, 32, 7~18.

Stewart, T. L., Myers, A. C., & Culley, M. R. (2010). Enhanced learning and retention through "writing to learn" in the psychology classroom. *Teaching of Psychology*, 37, 46~49.

Whithaus, C. (2012). Claim-evidence structures in environmental science writing: Modifying Toulmin's model to account for multimodal arguments. *Technical Communication Quarterly*, 21, 105~128.

Wineburg, S., Martin, D., & Monte-Sano, C. (2011). *Reading like a historian: Teaching literacy in middle and high school history classrooms*. New York: Teachers College Press.

Yancey, K. B. (2009). The literacy demands of entering the university. In L. Christenbury, R. Bomer, & P. Smagorinsky (Eds.), *Handbook of adolescent literacy research* (pp. 265~270). New York: Guilford Press.

Yore, L. D., Hand, B. M., & Prain, V. (2002). Scientists as writers. *Science Education,* 86, 672~692.

Zeek, S. (2011). Teaching the research paper through inquiry-based instruction. *Inquiry*, 16, 75~85.

Zygouris-Coe, V. (2012). Disciplinary literacy and the Common Core State Standards. Topics in Language Disorders, 32, 35~50.

제2부

작문의 유형과 목적

4장
서사문 쓰기의 지도

ANNE McKEOUGH

공통 핵심 작문 성취기준(NGA & CCSSO, 2010)에서는 전체 학년 학생들의 작문 능력을 4가지 범주로 명시하였다. 이 범주는 텍스트의 유형과 목적, 텍스트의 생산과 유통, 지식 구성과 표현을 위한 탐구, 작문의 범위이다. 작문 성취기준은 학생이 학년이 올라가면서 획득해야 하는, 대학 글쓰기 및 직업 글쓰기를 준비하는 데 필요한 지식과 기능의 단계를 잘 보여준다. 공통 핵심 성취기준(2010)에서는 '학생은 매년 학년별 성취기준을 달성해야 하며 이전 학년에서 숙달한 기능이나 이해를 유지하고 발전시켜야 한다.'고 규정하고 있다. 이 점에서 공통 핵심 성취기준은 상위 학년의 지식과 기능은 하위 학년의 지식과 기능을 구축하고 확장함으로써 달성할 수 있다고 하는, 능력 발달에 관한 로드맵을 잘 보여준다고 할 수 있다.

비록 공통 핵심 성취기준이 작문 지도의 도구로 설계된 것은 아니지만, 교사가 작문 지도 계획을 수립하거나 학생들의 작문 학업 성취를 평가할 때 명료한 지침을 제공해 준다. 다시 말하면, 공통 핵심 작문 성취기준은 학생들의 발달을 반영하고 있으므로, 교사는 학년별로 학생들이 도달할 것으로 기대되는 능력을 조사, 강화, 개선하는 데에, 해당 학년에 맞는, 적절한 작문 지도 목표로 설정하는 데에, 그리고 보편적인 학생이나 우수한 학생, 또는 어려움을 겪는 학생의 학습 요구를 파악하는 데에 이 작문 성취기준을 사용할 수 있다.

성취기준은 이러한 장점이 있지만 일부 문제가 있는 것도 사실이다. 그러나 이러한 문제는 해결할 수 있다면 공통 핵심 작문 성취기준은 교사에게 더욱 더 유용할 것이다. 이 장에서 설정한 목표는 두 가지이다. 첫 번째는 학생이 해당 학년에서 요구하는 기준을 충족하고자 할 때 교사가 어떻게 현재의 성취기준을 사용할 것인지를 논의하는 것이고, 두 번째는 학생들이 대학의 학문적 글쓰기와 직장의 직업적 글쓰기를 준비하는 데 필요한 지식과 기능을 제시함으로써 공통 핵심 성취기준을 어떻게 개선할 것인가를 논의하는 것이다. 더 구체적으로 이 장에서 다음 항목을 논의하고자 한다.

■ 4학년 교실에서 학생의 숙달 정도를 보여주는, 세 가지 수준의 서사문 쓰기 예시에 공통 핵심 작문 성취기준을 어떻게 적용할 것인가에 대한 논의

■ 공통 핵심 성취기준에 명시되지 않은, 중요한 서사문 쓰기 능력의 특징을 서술하고, 이 능력이 1학년에서 12학년에 걸쳐 어떻게 발달하는지에 대한 논의

■ 서사문 읽기와 쓰기 능력 사이의 구체적인 관련성을 밝힘으로써 작문 지도에서 어떻게 이러한 능력의 발달을 지원할 것인가에 대한 논의

작문 성취기준을 사용한 분석: 텍스트 유형과 목적

학생의 서사문 쓰기에 작문 성취기준을 어떻게 적용할 수 있을지를 논의하기 위해 나는 서사문 쓰기 단원을 학습한 4학년 학생의 서사문을 제시하고자 한다. 이 서사문은 사기꾼에 관한 이야기이다(이 단원

에 대한 설명과 학생의 서사문을 확인하려면 Jarvey, McKeough, & Pyryt(2008)과 McKeough, Palmer, Jarvey, & Bird(2007)를 참고). 이 서사문은 3주 동안 이루어지는 작문 수업 시간에 작성되었다. 3주의 수업은 먼저 학생들이 사기꾼 이야기를 읽은 다음, 이에 대해 논의하고, 사기꾼에 대한 이야기를 쓰는 순서로 이루어졌다. 이 서사문은 교외 중산층 거주 지역의 공립학교로 따지면 중간 정도의 수행 수준에 해당한다. 나는 4학년 작문 성취기준, 즉 '텍스트 유형과 목적'(항목 W.4.3, 아래의 서사문 분석을 참조)을 활용하여 학생들이 작성한 서사문을 먼저 분석한 다음, 작문 성취기준에는 포함되지 않았으나 서사문 쓰기에서 중요한 지식과 기능을 바탕으로 학생 서사문을 재분석할 것이다.

제목 없음(JESSICA 작성)

등교하던 햇살이 밝은 어느 날, (도시명)에 있는 모든 아이들이 학교 갈 준비를 할 때 Kelly는 여동생 Megan과 이야기를 하고 있었다. Kelly는 여동생에게 학교에 대해서 말해 주었다. "너도 학교에 가는 게 좋아. 학교는 매우 즐겁고 학교에서 사탕도 먹을 수 있거든. 네 선생님은 너를 영화관에 데려다 줄 거야." 지금 Megan을 막을 수 있는 것은 아무 것도 없었다. Megan은 곧 1학년이 될 예정이다.

Kelly와 Megan은 아침을 빨리 먹고 밖으로 나갔다. 그러나 학교는 Megan이 기대하던 곳이 아니었다. Kelly와 Megan은 수학 문제를 5페이지나 풀었고 사회 교과서 1장(chapter)을 읽었으며 과학 30문제를 풀었기 때문이었다. 점심을 먹고 나서 Kelly와 Megan은 조용히 책을 읽었다. 그 후 Kelly와 Megan은 책상을 정리하고 집으로 갔다. "내 삶에서 오늘이 가장 지루했어."라고 Megan은 생각했다.

다음 날, Megan은 학교는 전혀 재미있지 않은 곳이기에 학교에 가지 않았다. "우리는 게임을 전혀 하지 않아요."라고 Megan은 불평했다. 그러나 Kelly는 "어떠한 선물이 있을 거야."라고 말했다. "어떤 선물?"이라고 Megan이 수상쩍다는 듯이 물었고, "확실하지 않아. … 하지만 그건 깜짝 선물일 거야."라고 Kelly가 피식 웃으며 말했다.

그래서 Megan은 학교에 갔다. Megan은 깜짝 선물을 몹시 기다렸다. 그러나 오후 2시가 되어도 깜짝 선물은 없었다. 쿠키도 사탕도 아무 것도 없었다. 단지 공부뿐이었다. "지겨워."라고 Megan은 생각하며 콧잔등을 찡그리고 입술을 삐죽 내밀었다. 다음날, Kelly와 Megan은 학교에 가는 것을 두고 다투었다. "너는 학교에 가야만 해."라고 Kelly가 말했다. Megan은 "왜?"라고 말하며 화를 냈다. Megan의 얼굴은 붉어졌고 얼마 후 더 심해졌다. 결국 Kelly는 "무단결석 학생 지도 담당자를 부를 거야."라고 말했고, Megan은 "무단결석 학생 지도 담당자가 뭐야?"라고 물었다. Kelly는 "무단결석 학생 지도 담당자는 특별한 사유 없이 결석한 학생을 전담해서 지도하는 사람이야."라고 답했고, Megan은 "진짜? 학교 가자."라고 말했다. "좋아, 가자."라고 Kelly가 말했다.

역시 학교는 매우 지루했다. Megan은 툴툴거리며 "우리는 학교에 안 갔으면 좋겠다."고 말했다. "우리는 18쪽이나 되는 두 이야기를 점심때까지 읽어야 하고, 그 후에 종이 칠 때까지 글을 써야 해. 너무 지루해. 나는 나만의 모험이 필요해. 나는 집으로 가는 지름길을 찾아볼 거야."라고 생각하며 Megan은 즐거워했다. Megan은 지름길을 찾아보며 즐거워했다. 그러나 조금 뒤 매우 즐겁지 않게 변했다. Megan은 길을 잃었다. "안 돼." 운이 좋게도 몇 미터 떨어진 곳에 공중전화 부스가 있었다. Megan은 공중전화 부스로 뛰어가 학교 번호를 찾았다. 학교의 직원이 받았다. 직원인 Howard가 "바로 갈게요."라고 말했다.

Megan은 학교에 가는 것이 도움이 된다는 것을 배웠고, 때때로 학교에 가는 것은 삶을 구할 수 있다는 것을 알게 되었다.

아래는 Jesscia의 쓰기 예시에서 발췌한 부분의 각 요소를 설명하기 위해 공통 핵심 작문 성취기준을 인용하였다.

작문 능력 발달을 위해 효과적인 기법, 세부 묘사, 명백한 사건의 순서를 사용하면서 실제 경험이나 허구의 경험, 실제적 사건이나 허구적 사건에 대한 서사문 쓰기

① 상황을 설정하고 서술자/인물의 소개를 통해 독자의 이해 돕기
  • 등교하던 햇살이 밝은 어느 날, (도시명)에 있는 모든 아이들이 학교 갈 준비를 할 때, Kelly는 여동생 Megan과 이야기를 하고 있었다.

② 사건의 순서를 자연스럽도록 조직하기
  • Kelly는 여동생 Megan에게 학교는 즐거운 곳이니 반드시 가야 한다고 말하면서 사탕이나 영화 등의 약속으로 Megan을 속였다.
  • 그러나 학교는 매우 힘든 일을 하는 곳이고 Megan은 학교로 돌아가기를 원치 않았다.
  • Kelly는 Megan에게 학교에서 깜짝 선물을 받을 것이라고 말하는 등의 계략을 써서 자신의 주장을 관철했다. Megan은 이 말에 속아 학교에 갔으나 깜짝 선물이 없어 다시 한 번 실망했다.
  • 다음 날 둘은 학교에 가는 것 때문에 싸웠고, Kelly는 무단결석 학생 지도 담당자를 부르겠다고 하면서 위협했다. 이에 Megan은 학교에 갔으나 여전히 학교는 힘들고 재미없는 곳이었다.
  • Megan은 힘을 내기 위해 모험을 떠나기로 결심했다. 그런데 길을 잃고, 학교에 전화를 걸어 도움을 요청했다.
  • Megan이 구출되었을 때, Megan은 학교에 가는 것이 도움이 된다는 것을 배웠고, 때때로 학교에 가는 것은 삶을 구할 수도 있다는 것을 깨달았다.

③ 경험이나 사건의 전개를 위해 대화나 묘사, 상황에 대한 인물의 반응 서술하기
  • 다음 날, Megan은 학교는 전혀 재미있지 않은 곳이기에 학교에 가지 않았다. "우리는 게임을 전혀 하지 않아요."라고 Megan은 불평했다. 그러

나 Kelly는 "어떠한 선물이 있을 거야."라고 말했다. "어떤 선물?"이라고 Megan이 수상쩍다는 듯이 물었고, "확실하지 않아. … 하지만 그건 깜짝 선물일 거야."라고 Kelly가 피식 웃으며 말했다. 그래서 Megan은 학교에 갔다.

④ 사건 순서를 구성하기 위해 사건의 변화를 보여주는 단어나 구 사용하기
- 지금 Megan을 막을 수 있는 것은 아무 것도 없다. Megan은 곧 1학년이 될 예정이다. Kelly와 Megan은 아침을 빨리 먹고, 밖으로 나갔다.
- 다음 날, Megan은 학교는 전혀 재밌지 않은 곳이기에 학교에 가지 않았다.

⑤ 경험과 사건의 정확한 전달을 위해 구체적인 단어나 구, 감각적 표현 사용하기
- Megan은 "왜?"라고 말하며 화를 냈다. Megan의 얼굴은 붉어졌고, 몇 분 후 더 심해졌다.

⑥ 서사문에 담은 경험이나 사건에서 얻을 수 있는 결과 제시하기
- Megan은 학교에 가는 것이 도움이 된다는 것을 배웠고, 때때로 학교에 가는 것은 삶을 구할 수 있다.

공통 핵심 성취기준 분석에 대한 비판

앞의 분석은 Jessica가 4학년 서사문에서 요구하는 성취기준을 충족했음을 입증하고 있다. 그러나 Jessica는 분석에서 나타난 것보다 '이야기'에 대해 더 많은 지식과 기능을 가지고 있다. 이것이 무엇인지를 좀 더 구체적으로 살피기 위해 Bruner(1991)가 제안한 모든 이야기가 지닌 공통적인 특징에 대해 생각해 보자.

- 순차적 사건 전개. 이야기의 사건은 '그리고, 그 후, 왜냐하면, 그러나'같은 연결어를 통해 순차적으로 일어난다.
- 사건의 독특함. 이야기는 특별한 무언가에 대한 것이다. 특별한 무언가와 관련이 없는 사건은 이야기에 포함될 수 없다.
- 의도적 상태. 이야기에서 등장인물의 행동은 인물의 의도(즉, 목적, 욕구, 소망, 요구 등)에 의해 동기화된다.
- 전형성 및 이의 위반. 이야기에서 무엇인가 예상되는 순서(전형성 또는 규범)에 위반이 가해짐으로써 등장인물은 문제에 빠지는 상황에 이른다.

공통 핵심 성취기준에서는 1학년에서 순차적 사건 전개와 특별함을 다루고 2학년에서 등장인물의 의도적 상태를 다루지만 이야기의 근원적인 특징 중 하나인 전형성 및 이의 위반에 대해서는 다루지 않는다. 저명한 교육자 Jerome Bruner에 따르면, "문제는 서사의 핵심이다"(Bruner, 1996:99). "문제는 적절성, 타당성, 예측 가능성, 적절함을 위반하는 데에서 비롯된다. 그리고 이야기의 결과는 '타당성'의 유지, 환원, 재정립의 제시에 달려있다"(Bruner & Lucariello, 1989, p, 77).

전통적인 유럽의 설화는 어떤 사건이나 인물, 사물이 주인공을 좌절시킴으로써 문제가 발생하고, 주인공이 이 문제를 해결함으로써 목적이나 목표가 달성되는 형태를 지닌다. 목적이나 목표 달성을 시도하는 과정에서 주인공은 장애물이나 문제(즉, 하위 문제)에 직면한다. 주인공은 마침내 장애물 극복이나 문제 해결을 성공하고, 잘못된 점을 바로 잡으며, 정상적인 상태를 유지하게 된다.

설화의 하위 장르인 사기꾼 이야기에서 서사적 문제는 주인공을 괴롭히는 부정적인 사기꾼의 형태를 보일 수도 있고 뛰어난 긍정적인 사기꾼의 형태를 지닌다. 사기꾼 이야기에서는 문제와 인물은 하나로 통합되어 있다. Jessica의 이야기에서 '사기꾼' Kelly는 긍정적인 사기꾼의 예이다. Kelly는 여동생을 학교에 가게 하려고 동기부여를 시도하였다. 사기꾼 이야기는 (Jessica의 이야기와 같이) 피해자의 심리적 약점(즉, 속아 넘어가기 쉬운 피해자, Babcock-Abrahams, 1975)을 파악하고 있는 사기꾼이 만들어내는 여러 가지 사건을 포함하고 있다.

그러므로 사기꾼 이야기의 필자는 사기꾼의 어떤 특징(가령 탐욕스러운 사기꾼)에 대응하는 주인공의 긍정적 약점(가령 너그러움)을 구성해 낼 수 있어야 하며 사기꾼의 다른 특징(예, 아첨)에 대응하는 주인공의 부정적 약점(예, 그러한 아첨을 좋아하는 거만함)도 창안해 낼 수 있어야 한다. 사기꾼 이야기의 필자는 '문제'를 촉발하는 등장인물의 구체적인 약점을 구성해야 하고 이러한 약점에 따라 행동하는 등장인물도 만들어내야 한다. 그 결과 '두 가지 문제'가 만들어진다. 다르게 표현하자면, 사기꾼 이야기의 필자는 등장인물의 심리적 상황을 플롯의 위반(혹은 문제)과 통합해야 한다. 학생은 일상적인 삶이나 책, 영화에서 자주 경험하는 진부한 인물 유형에서부터 시작하여 서서히 이를 달성해 나간다.

Jessica의 이야기에서 Megan은 이를 잘 보여주는 전형적인 인물이다. 선물과 깜짝 선물의 약속을 믿고 학교에 가기로 결정을 했기 때문이다. Jessica의 이야기에서, Kelly는 Megan의 약점을 파악하고 이를 Megan이 학교에 가도록 하는 동기로 활용했다. 그러므로 매끄러운 방법으로 이야기의 위반(즉, 학교에 대한 열정이 거의 없는 여동생)과 인물의 심리적 상황(예, 선물에 취약한 심리적 특성)의 통합을 다루었다. Kelly의 속임수는 효과가 있었지만 단시간에 그쳤고, 결과적으로 역효과를 낳았다. 학교에서 지루함을 느낀 Megan은 지름길을 찾는 모험을 하다가 길을 잃었기 때문이었다. Jessica는 처음의 문제와 후의 문제를 연결함으로써 이야기를 비틀었다. 길을 잃은 문제를 해결하는 과정을 거쳐 Megan은 이제 학교가 유용한 곳임을 깨달았기 때문이다. 이러한 서사적 연결은 긴 이야기 내에서 3가지 속임수의 에피소드를 발생시키는데, 이는 전체의 이야기와 통합되어 긴밀한 짜임을 갖추게 된다(Jarvey et al., 2008).

이러한 분석이 공통 핵심 성취기준 분석에 무엇을 추가하는가? 첫째, 이는 어린 학생들이 쓴 서사적 플롯에서 기능하는 규칙에 초점을 둔다. 둘째, 이는 위반을 매끄럽게 연결할 때, 어떻게 인물 전개가 플롯에서 필수적인 요소가 되는지를 보여준다. 이야기에서는 인물과 인물의 문제가 매우 핵심적이다. 점점 복잡해지는 방식에서 이러한 주제를 가지는 내용의 이야기를 구조화하는 것은 초등학교 서사문 쓰기의 주요 목표 중 하나이다(Applebee, 1978; Bruner, 1986, 1990). 초등학교에서 이야기의 긴장을 만들어내고 다음으로 이야기의 플롯을 이끌어 나가는 욕구를 지닌 인물의 창안함으로써 학생들은 육체적, 정신적 측면이 모두 드러나는 복합적인 인물의 구성을 학습한다(McKeough et al., 2007).

앞에서 언급한 분석은 이야기에서 복합적인 인물과 위반을 만들어내는, 4학년 학생의 평균적 기능이 무엇인지에 대한 예시를 제공한다. 나는 서사적 능력(즉, 4학년의 평균적인 능숙도)의 수준을 따르는 발달 상황에 대한 로드맵을 제공하고, 그 후 어떻게 이를 발전시킬지에 대해 논의하고자 한다. 이 로드맵의 표지로 학년 수준을 사용하였다. 이는 모든 학생들이 해당 학년의 예시 이야기와 같은 수행 수준을 보여준다는 것을 의미하지는 않는다. 하지만 이는 평균적인 학생들의 대다수가 이러한 수준의 수행을 보여줄 수 있음을 뜻한다. 교사로서 우리는 모든 학생들이 최적 수준의 수행을 보일 수 있는 시기도 있고 그렇지 못한 시기도 있음을 인식해야 한다. 학생 개개인이 각각 상당히 다른 개인차가 있다는 사실도 이해해야 한다. 내 관점에서 볼 때 교사로서의 목표는 작문 능력 발달이라는 긴 여행에서 각 학생들이 어디에 위치해 있는지를 이해하는 가운데 다음 수준의 단계에 도달할 수 있도록 도와야 한다는 것이다.

그러므로 이 장에서는 학생들이 충족해야 하는 해당 학년 성취기준을 명시하지는 않을 예정이다. 대신 우선 이 장에서는 서사문 쓰기가 '인물'과 '문제의 플롯 구조'라는 중요한 두 가지 요소가 학년에 따라 어떻게 변화하고 발달하는지를 살펴보고자 한다. 그 다음, 교사가 이러한 변화와 발달의 로드맵을 각 학생들의 계획하과 수행을 평가할 때 어떻게 활용할 것인지를 논의하고자 한다.

인물과 이야기 위반에서의 발달적 변화

어린 학생들은 초등학교 1학년에 입학하기 전부터 서사 장르를 충분히 잘 이해하고 있다. 이는 앞의 분석에서 언급한 바와 같이, '문제'와 '인물 전개'라는 두 가지 서사적 요소의 관점에서 볼 때 그렇다. 다음에 제시할 3가지 짧은 이야기에서 이를 확인할 수 있다. 물론 이 나이의 어린이들은 이야기를 글로 쓸 수 없다. 하지만 이야기를 벌여 놓을 수 있는 학습지나 인형 같은 단서가 주어지면 많은 어린이들이 현실적 사건이든 허구적 사건이든 일관성을 갖춘 이야기를 얼마든지 구성해 낼 수 있다.

ABBIE의 이야기
(그림을 그리면서 할머니에게 말한 이야기)

"한 소녀와 마법을 부리는 말이 있었습니다. 그들은 마법의 성에 살고 있었고, 말은 날 수 있습니다. 그리고 … 심지어 소녀도 함께. 그들은 울타리를 넘고, 나무, 달을 넘어 날아갔습니다. 그들은 꽤 높은 곳까지 나는 것을 좋아했습니다. 그리고 그 후 그들은 집으로 돌아 왔습니다." (McKeough, Bird, Romaine, & Tourigny, 2008).

대부분의 4살 어린이들의 이야기와 같이 Abbie의 이야기에서도 핵심은 '문제'에 있지 않다. Abbie는 마법을 부릴 줄 아는 어떤 존재와 작은 소녀라는 설정에 의존하고 있다. Abbie는 자신의 이야기에서 등장하는 인물들의 분명한 심리적 상태(즉, '좋아하다.')를 이해하고

있으며, 행동의 적절한 순서를 만들어 냄으로써 등장인물을 소개하고 있다. '행복하게 오래오래' 같은 이야기의 순서는 Zoey의 이야기의 경우처럼, '문제'가 포함된 전형적인 이야기에서 나타난다.

ZOEY의 이야기

(작문 수업 시간에 교사가 들려준 이야기를 모델로 하여 쓴)

어느 날 작은 소녀는 숲을 걷다가 슬픈 새끼 양을 보았습니다. 그리고 양은 소녀와 친구가 되고 싶었습니다. 소녀가 말했습니다. "나는 네 친구가 될 거야." 이에 양은 "좋아."라고 답했습니다. 그 후 소녀는 양을 위해 숲 속에 작은 집을 짓고, 양을 그 곳에 놓아 둔 뒤 매일 매일 음식을 가져다주었습니다.

Zoey의 이야기는 작문 수업 시간에 들은 이야기를 모델로 하고 있으므로 이 이야기는 Abbie의 이야기보다 상당히 더 복잡하며 대부분의 4살 어린이들이 구성하는 이야기의 전형을 보이지 않는다. Zoey는 문제(즉, 친구를 가지고자 하는, 채워지지 않은 욕망)의 상황에서 필수적인 등장인물을 소개하고 있을 뿐만 아니라, 등장인물인 '새끼 양'의 분명한 심리적 상태(즉, '슬픈' 감정)도 제공하고 있다. 이는 만약 적절한 교사의 지도가 이루어진다면 4살 어린이도 인물의 감정과 이야기의 문제와 관련된 욕망을 표현할 수 있음을 보여준다 (McKeough & Sanderson, 1996). 이러한 사례는 오직 2학년의 서사문 쓰기에서 인물의 생각, 감정, 욕망을 다루도록 한 공통 핵심 작문 성취기준의 타당성에 의문을 제기한다.

아래의 구술 작문이 보여주는 것처럼, 평균적인 1학년 학생들이 구성한 이야기에서도 전형성의 위반과 인물의 심리적 상태가 드러나 있다(McCabe & Peterson, 1991; McKeough, 1992). 이 이야기 사례에서 보는 것과 같이, Sam은 울타리에 갇힌, 외로운 양을 등장인물로 삼았다. 비록 단서가 명확하지는 않지만 문제(또는 갈등)를 창안하였으며, 말이 갇힌 양을 구해주고 친구가 되었을 때 문제가 해결되는 구조로 구성했다. 결국 두 등장인물은 행복한 결말에 도달했다.

SAM의 이야기
(늙은 말과 행복한 새끼 양에 대한 이야기 쓰기 과제를 받고 쓴)

한 마리의 말이 들판을 따라 걷고 있었습니다. 말은 울타리가 쳐 진 헛간에 있는 새끼 양을 보았습니다. 매우 착하고 외로운 새끼 양이었습니다. 그래서 말은 헛간 안으로 뛰어 들어갔고, 양은 말 위로 뛰어 올랐습니다. 그리고 둘은 밖으로 나가 아무도 알 수 없는 곳으로 갔습니다. 그 후 둘은 블루베리를 따 먹었습니다. 그러다 말은 건초를 발견했는데, 말은 블루베리보다 이 건초를 더 좋아했습니다. 새끼 양은 풀은 발견했는데, 새끼 양은 블루베리보다 이 풀을 더 좋아했습니다. 둘은 이곳을 떠나고 행복하게 오래오래 함께 살았습니다.

일반적으로 3학년 때 학생들의 이야기에서 서사적 위반 및 인물의 내적 심리 상태와 관련된 발달적 변화가 나타난다. 그래서 3학년 학생들의 서사문을 보면 문제 해결을 방해하는 복잡한 사건과 등장인물의 추가적인 심리 상태를 흔히 발견할 수 있다. 이러한 이야기의 예는 〈참고 4.1〉에서 확인할 수 있다.[1] 이는 3학년이 된 8세 Bailey가 문제를 지닌 누군가에 대한 이야기를 쓰라는 교사의 지시에 따라 작성한 글이다.

---

1) [역주] 원문에는 학생이 작성한 노트를 스캔하여 그림으로 수록하고 있으나 여기에서는 독자의 편의를 위하여 활자체로 옮겼다. 그러나 그림 번호는 원문대로 유지하였다. 뒤에 이어지는 〈참고 4.2〉도 동일하다.

화산과 관련된 문제

Meaa라는 여성이 있었다. Meaa는 지질학자였으며 세계를 돌아다니며 본 것을 설명하였다. Meaa는 매우 큰 화산을 보고 소리를 질렀다. Meaa는 어떻게 하면 친구에게 화산에 대해 설명할지를 잘 몰랐다. 그러나 Meaa는 오후 1시에서 5시까지 화산이 터질 것을 알 고 있었다.

Meaa는 화산 꼭대기에 올랐고 화산은 며칠 내에 터질 것 같았다. 그래서 Meaa는 빨리 지상으로 돌아가야 할 것 같았다. Meaa는 지상에 도착해서 생각해 보니 지상으로 오기까지는 매우 긴 시간이었음을 깨달았다.

Meaa가 모든 사람에게 화산 폭발을 경고했으나 사람들이 이를 믿지 않아 Meaa의 가슴을 아프게 했다. 끝내 Meaa는 누군가의 이름을 부르며 화산 폭발을 경고했고 그 사람은 이를 믿었다. 그 후 Meaa와 그 사람은 매우 오랜 시간 함께 했다.

Meaa와 그 사람은 함께 화산에 대해서 경고했다. Meaa와 그 사람은 열심히 했으나 사람들은 이를 믿지 않았고, 결국에는 화산의 꼭대기까지 올라갔다.

By Bailey

〈참고 4.1〉 Bailey의 이야기

앞에서 본 바와 같이 Bailey는 지질학자 Meaa에 의해 발견된, 곧 폭발할 거대한 화산과 같은 문제를 만들었다. 다른 이들에게 임박한 위험을 알리는 Meaa의 노력은 Meaa에 대한 불신으로 인해 성공적이지는 않았다. 이는 Bailey의 주인공이 화산이 실제로 존재한다는 것을 증명해야만 하는 두 번째 문제를 만들었다. 비록 Meaa는 다른 사람들에게 화산의 존재를 증명하였으나 모든 사람들이 믿도록 만들지는 못 했다. 더 복잡한 플롯 구조에서, Bailey는 다양한 심리 상태를 가진 등장인물을 묘사했다. Meaa의 심리적 상태는 화산 발견에 따른 '만족'에서, 화산이 폭발할 것이라는 '걱정', 사람들이 자신의 말을 믿지 않은 데 따른 '상심'으로 이동했으며 결과적으로는 '확신'으로 이어졌다. 다른 학생들의 이야기에서는 등장인물의 놀람, 경고, 결심 같은 감정이 표현되기도 했다.

3학년인 Bailey의 이야기와 4학년인 Jessica의 이야기를 비교해 보면, 이 학생들이 복잡한 사건에 더 복잡한 문제를 포함하며 인물의 심리 상태와 관련된 설명을 포함한다는 점을 알 수 있다. 그러나 좀 더 구체적으로 살펴보면 Jessica가 Bailey보다 더 복잡한 등장인물을 창안했다(이는 당연한 면이 있다. 왜냐하면 Jessica가 한 살이나 더 많고 또한 일반적인 작문 과제 및 특별 작문 과제와 관련된 작문 지도를 더 많이 받았기 때문이다). 특히 Jessica의 등장인물 Kelly는 여동생의 반응을 예상하면서 여동생을 속이는데(즉, Kelly는 여동생이 어떤 지점에서 속을 것인지를 알고 있다.), 이러한 Kelly의 통찰은 Kelly가 시도하는 속임수가 효과적으로 통할 수 있도록 만들어준다. 어설픈 Kelly의 속임수에 여동생이 속아 넘어간 것은 Kelly가 여동생의 반응을 예측하는 통찰을 가지고 있었기 때문이다. 이와 달리 Bailey의 주인공 Meaa는 다른 등장인물들의 심리적 상태나 상황을 꿰뚫어보는 통찰을 보여주지는 않는다. Bailey는 사건에 대한 Meaa의 심리적, 정서적 반응과 이야기의 사건에 초점을 맞추고 있을 뿐이다.

스스로의 문제를 해결한 소녀

Sally라는 이름의 소녀가 있습니다. Sally는 Victoria에서 New York으로 이사 갔습니다. Sally는 아주 큰 집에서 살고 있습니다. Sally는 짐을 풀기 위해 위층으로 올라갔습니다. Sally는 2~3일 뒤에 학교에 가는 것이 매우 기대되었습니다. 결국 학교에 갈 시간이 되었습니다. Sally는 점심 도시락을 준비하고, 머리를 손질하고, 이를 닦고, 얼굴을 씻고 학교로 갔습니다. Sally는 학교에 도착해서 교실에 다다른 후 주위를 둘러보았습니다. 선생님이 Sally에게 "안녕, 나는 Ms. Ross야."라고 말했습니다.

"제 이름은 Sally예요. 만나서 반갑습니다." "Mia 옆에 앉으렴." Mia는 갈색 긴 머리를 가진 매우 예쁜 소녀였습니다. Mia는 작년부터 학교에 있었습니다. Sally는 오늘 많은 것을 배웠습니다. 철자, 1자리 수에서 3자리 수를 배웠습니다. 쉬는 시간 종이 울렸습니다. 모두 밖으로 뛰어나갔습니다. Sally는 Mia가 착한 아이라고 생각했습니다. 그래서 Sally는 Mia에게 뛰어갔고 술래잡기를 하자고 했고, Mia는 "좋아."라고 답했습니다.

Kacy라는 소녀와 관련된 문제 외에는 별다른 일 없이 두 달이 지났습니다. Kacy는 학교에서 왕따였습니다. 물론 6학년이 되어도 모두가, 심지어 Mia까지 Kacy를 괴롭혔습니다. Sally가 Kacy를 괴롭히기 2주 전, Sally는 Mia에게 스스로 어떻게 해야 할지 모르겠다고 말했지만 Mia는 이를 무시했습니다. 그래서 Sally도 Kacy를 괴롭혔고, Kacy는 괴롭힘이 싫었습니다. 그래서 Kacy는 Sally에게 방과 후에 만나자고 말했습니다. 종이 울리고 선생님은 집에 가라고 했고, Sally는 Kacy와의 일을 잊었습니다.

Kacy와의 일은 Sally가 Kacy를 보았을 때 떠올랐습니다. Sally는 매우 빨리 달렸습니다. Sally는 결국 코너를 돌아 Kacy의 집에 다다랐고, Kacy의 목소리가 들렸습니다. Sally는 Kacy를 찾기 위해 코너를 돌았으나 거기에는 Kacy가 없었습니다. Sally는 계단을 올라가서 문을 열었고 거기에는 Kacy의 어머니가 계셨습니다. 어머니는 Sally의 하루가 어땠는지 물었고, Sally는 "좋았어요."라고 답했습니다. Sally는 Kacy의 방으로 가서 침대에 누워 어머니에게 Sally 스스로가 했던 일들을 생각했습니다. Sally가 어머니에게 한 일 중 가장 최악의 일은 거짓말을 한 것이었습니다. 시간이 지났고, Sally는 잠에 빠져들었습니다. Sally는 Kacy와 싸우는 꿈을 꾸었습니다. Sally는 잠에서 깨었으나 Kacy의 말이 계속 맴돌았습니다. Sally는 끝내 Kacy의 어머니에게 전부 털어 놓았습니다. Kacy의 어머님은 화가 나서 학교로 가 선생님을 교실 밖으로 불러 Sally가 Kacy를 괴롭혔는지 물었습니다. 선생님은 아니라고 답했고, 선생님은 Sally가 괜찮다면 Sally와 Kacy를 만나보라고 했습니다. 나는 그러고 싶어서 선생님에게 좋다고 했습니다. "저는 Kacy가 아무에게도 괴롭힘을 당하지 않았던 때로 돌아가고 싶다."

〈참고 4.2〉 Emily의 이야기

5학년이 되면 많은 학생들이 이야기를 구성할 때 문제 및 복잡함의 해결을 포함하게 된다. 5학년 학생들이 창안한 등장인물의 동기는 스스로가 경험한 문제와 관련하여 더 명백해진다. 만약 변화할 만한 명백한 이유가 없다면 등장인물은 일관되게 행동한다. 그 결과, 보통 등장인물은 점점 그럴듯하게 된다(설득력 있는 인물의 성격 묘사와 관련된 원리의 논의는 Kirkland & Davies(1987)을 참고). 이러한 두 가지 특징은 Emily의 이야기(〈참고 4.2〉 참고)에서 분명히 드러난다. Emily의 해결(즉, 자신이 경험한 괴롭힘을 이야기하는 것과 친구 어머니의 뒤이은 중재)은 자신의 문제를 해결할 뿐 아니라, 다른 아이들의 문제를 해결하기도 한다. Emily의 주인공(Sally)의 동기와 의도는 이야기가 진행됨에 따라 명백해지고, 이러한 '착한' 어린 소녀가 친구 어머니에게 접근할 때 독자는 그 이유를 납득할 수 있다. 그리고 괴롭힘의 경험에 대해 꿈을 꾼 후, Sally는 친구의 어머니에게 사실을 말한다. 그러므로 비록 어느 정도 진부한 면이 있지만 Sally는 결국 행동에 일리가 있는, 그럴듯한 인물이 된다.

6학년 및 7학년 학생의 서사문 분석에 따르면, 인물과 문제를 묘사하는 방법에서 유의미한 변화가 나타난다. 해당 학년의 평균적인 학생들이 서사문을 작성할 때 즉시적인 경험이나 사건(즉, 정신적 및 신체적)을 배치하기 시작한다. 이러한 경험이나 사건은 다른 시간, 다른 장소에서 발생하며, 성격적 특성이나 정신적 상태와 같은 더 높은 인물 수준의 측면과 관련되어 있다(McKeough & Genereux, 2003). 예를 들어 12세 학생은 주인공이 새로운 친구를 만들 때 긴장한 몇 가지 사건을 서술하고, 그 후 여러 차례의 이사로 인한 부끄러움으로 인해 발생한 주인공의 긴장감에 대해 설명했다. 그러므로 이야기의 등장인물은 심리적 상태에 근거를 둔 특별한 방법으로 삶에서의 '문제'를 경험하였다.

중학교에서 공부하는 동안 학생들은 심리적으로 더 복잡한 문제와 인물을 만들어내는 능력을 발달시켜 간다. 8학년과 9학년 때 보편적인 학생들은 전형적으로 지속되는 등장인물의 어떤 상태나 특성을 이야기에 포함하는데, 이는 주로 등장인물과 외적 요소 사이에서 발생하는 갈등뿐만 아니라 등장인물의 내적 갈등을 만들어내는, 등장인물 자신이 가진 대립적 경향성의 형태로 나타난다. 아래 14살 학생이 쓴, 발췌한 이야기에서 이를 확인할 수 있다. 이 이야기에서 10대 주인공은 몇몇의 친구들(즉, 외적 요소)과 갈등을 겪을 뿐 아니라, 내적 갈등(즉, 인기를 얻기 위해 친구들과 함께하고 싶은 마음과 자기 자신으로 존재하기 위해 친구와 헤어지기를 바라는 마음 사이의 갈등)을 겪는다.

나는 친구들과 문제가 좀 있습니다. 친구들 사이에 인기는 매우 중요합니다. 만약 당신이 인기가 없다면 당신은 틀림없이 친구의 무리에 끼지 못 할 것입니다. 나는 친구들이 나를 받아줄 것이라고 전혀 생각하지 않습니다. 나는 친구들이 자기들이 정한 기준을 충족하지 못하는 사람을 비판하고 놀리는 것이 싫었습니다. … 이에 대해 생각해 보면 당신은 이러한 것이 매우 어리석은 일이라는 것을 알 수 있습니다. 내가 그들 무리에 들어가려고 무엇인가를 했던 때는 오래되지 않았습니다. 그리고 나는 지금 그 친구들의 무리에 속해 있지만, 어떤 일을 해서든 이 무리에서 나갈 것입니다. 나는 그 친구들과 서서히 멀어지기 시작했고, 내가 원하던 대로 우정의 의미를 아는 사람들을 만났습니다. 나는 다가올 그날이 매우 기다려집니다. 그날은 바로 내가 나일 수 있는 날이고, 누군가가 나를 그 자체로 좋아해 주는 날입니다.

고등학생들은 이야기를 구성할 때 심리적 복합성을 계속적으로 추가한다. 학생들은 점점 주인공의 내적 갈등 및 외적 갈등을 복합적으로 조직하고 일관성 있는 방식으로 해결한다. 10학년에서 12학년까지의 학생들은 여러 가지 문학적 장치를 활용하여 이러한 갈등을 해결해 간다. 이러한 문학적 장치에는 다음과 같은 것이 포함되지만 꼭 이에 국한되지는 않는다.

- 심리적/사회적 직유와 은유(예, "이것은 마치 온 세계가 내 주변으로 모이는 것 같았다.", "벽이 만들어지기 시작했다. 콘크리트 혹은 돌로 만든 벽이 아니라 Rachel 스스로를 제외하고는 아무도 움직이거나 찢을 수 없는 심리적인 벽.").
- 회상과 복선(예, "나는 그녀를 처음 만난 1학년 때를 생각했다.", "그것은 내가 지키고자 하는 하나의 약속이었다.").
- 역설적 결과 또는 병렬적 대안(예, "그리고 가난한 Laurie. 그녀가 받을 수 없는 것을 가진 결백한 소녀 … 이러한 일은 때때로 일어난다. 너무 자주지만.").
- 관점 수립(예, "'나는 16살이고 방학을 혼자 보낼 수 있을 만큼 충분히 성숙하다.' 아니, 이런 말은 웃어른들에게는 좋게 들리지는 않을 것 같군.").

앞의 분석은 서사문에서의 전형성 위반이나 '문제'(Bruner, 1991)가 유치원에서 초등학생을 거쳐 12학년에 이르는 동안 어떻게 발달하는지를 잘 보여준다. 이러한 분석은 유치원 학생들조차도 교사의 지도를 받는다면 간단한 형태의 '문제'를 다룰 수 있고, 신체적 측면 및 심리적 측면에서 등장인물을 묘사할 수 있음을 보여준다. 초등학생에 이르면 이야기에서 문제의 핵심인 인물의 심리 상태(즉, 생각, 감정, 욕망 등)가 더 많이 나타난다. 그 후 중학생이나 고등학생이 되면 더 복잡한 방식으로 등장인물의 심리적 상태를 발전시킨다.

이제 나는 이에 관한 지도 방안을 논의하고자 한다. 교사는 플롯과 인물의 성격 묘사와 관련하여 학생의 서사문 쓰기의 지식과 기능을 어떻게 도와줄 수 있을까? 바로 이에 대한 답을 논의해 보기로 하자.

교실에서 서사적 쓰기의 발달을 지원하기

4학년부터 12학년까지의 공통 핵심 성취기준에서 '지식을 생성하고 표현하기 위한 탐구' 부분(즉, 서사적 쓰기에 대한 공통 핵심 성취기준의 9번)에는 제한적이기는 하지만 학생들이 자신이 읽은 문학작품을 토대로 서사문을 쓰도록 하는 제안이 포함되어 있다. 그러나 4학년 이전에는 이에 관한 내용이 전혀 포함되어 있지 않다. 여기에는 두 가지의 문제가 있다. 교사는 학생들에게 서사문을 읽게 함으로써 서사문 쓰기의 방법을 지도할 수 있는데 이에 관한 근거를 마련할 수 없기 때문이다. '작가의 눈으로 읽기'(예, Tiedt, 1988)라고 불려왔던 방법은 오랫동안 많은 초등학교 교사들이 학생들에게 지도했던 것인데 4학년 이전의 공통 핵심 성취기준에서는 이에 대한 근거를 찾아볼 수 없게 되었다. 그러나 매우 오랫동안 초등 교사들이 적용해 온 방법이므로 이를 살펴보는 것은 의미가 있다고 할 수 있다.

작가의 눈으로 읽기란 무엇인가?

작가의 눈으로 읽기는, 학생들이 자신의 글을 향상시키기 위하여 가려 뽑은 문학 작품을 전문 작가들이 어떻게 썼는지를 주목하면 읽는 방법이다. 달리 말하면 이것은 학생들이 자신의 글에 문학 작품에 쓰인 문학적 요소와 기법을 모방할 수 있도록 주의를 기울여 읽는 방법을 뜻한다. 작가의 눈으로 서사 작품을 읽을 때 학생들은 작가가 배경을 설정하고 인물을 전개한 이유나 방식, 작가가 왜 이러한 특정 방식으로 작품을 구성했는지, 왜 특정한 방식으로 말하는지에 대해 주의를 기울인다(즉, 왜 작가가 특정 단어나 구를 사용했는지, 그리고 작가는 왜 자신만의 특별한 문체를 사용하는지). 작가의 눈으로 읽을 때, 학생들은 작가의 의도가 무엇인지에 대해서도 주의를 기울인다. 그리고 왜 작가가 특정한 하위 장르(예를 들어, 신화, 사실주의 소설, 설화 등)를 선택했는지에 대해 주의를 기울인다. 이렇게 볼 때 작가의 눈으로 읽기는 작가가 총체적 문학 경험을 생성한 방식에 대해서 호기심을 가지고 읽는 것을 말한다.

학생들은 글을 읽을 때와 글을 쓸 때 각기 다른 방식으로 글에 접근한다. 독자로 글에 접근할 때는 새로운 정보, 새로운 경험, 흥미로운 견해를 얻는 데에 초점을 둔다. 그러나 필자로 접근할 때는 어떻게 글이 만들어지는지, 어떻게 글이 조화를 이루는지, 무엇이 글을 잘 작동하도록 하는지를 알아보는 데 관심을 둔다.

작가의 눈으로 읽기는 문학 작품을 2회독(또는 그 이후)할 때 일어난다. 작품을 처음 읽을 때 학생들은 이해 전략을 적용하느라 바쁘다. 작품에서 얻는 이해, 감상, 학습은 학생이 작가의 눈으로 읽기 전에 일어난다. 왜냐하면 학생들은 독자로서 알아야 할 것을 알아내고, 느낄 것을 느끼는 데 시간을 쏟아야만 하기 때문이다.

학생들은 작가가 특정 경험을 구성해 나가는 방식을 좀 더 면밀히 관찰하려면 문학 작품을 다시 읽어야 한다. 처음에는 이해와 즐거움으로 읽고, 이후에는 작가의 눈으로 읽는 것이 중요하다. 왜냐하면 첫 번째 독서(문학 작품을 경험하는 것)가 없다면, 두 번째 독서(작가의 기법을 검토하는 것)는 딱딱하고 따분한 일이 될 것이기 때문이다. 비유하자면, 첫 번째 읽기는 요리법에 관해 궁금증을 불러일으키는, 맛있는 음식의 맛보기이다. 첫 번째 읽기는 감동적인 문학적 경험으로서, 그것이 행해지는 방법을 독자들이 알아보고 싶도록 만드는, 동기 부여의 전략이다.

작가의 눈으로 읽기는 어떻게 작문 능력 발달을 이끄는가? 작가의 눈으로 읽기는 학생들에게 이야기에 대해 초인지적인 입장을 취하도록 한다. 그것은 이야기 안에서 학생들로 하여금 이야기를 더 잘 감상할 수 있도록 만들어 주고, 더 나은, 더 기능이 우수한, 더 유능한 이야기의 작가가 되도록 만들어 준다. 작가의 눈으로 읽기를 통해 최고의 이득을 얻으려면 학생들에게 훌륭한 문학 작품이 필요하다. 뛰어난 문학작품은 학생들이 서사문 쓰기의 자원을 만드는 데 필요한 훌륭한 모델이다. 학년이 올라갈수록 서사문은 급격히 복잡해져서 학생들에게는 작가의 기법을 이해할 수 있는 기회가 더 많이 주어진다. 이전에는 단지 인식하기만 했던 쓰기 기법과 전략을 점차 분석하고 평가할 수 있게 된다.

작가의 눈으로 읽기 활동에 착수하는 교사를 지원하는 데에는 연구 논문(Fountas & Pinnell, 2001; Hansen, 2001; McCabe & Peterson, 1991; McKeough, 1992; Prose, 2006; Sha nahan, 2006; Tiedt, 1988)에 기반을 두고 제작된 평가 기준표((Mckeough & Jeary, 2007; 〈부록 4.1〉 참고)를 활용할 필요가 있다. 이 평가 기준표는 1학년에서 5학년까지(〈부록 4.1〉 참고)의 다양한 문학적 장치를 평가하기 위해 제작되었다. 이는 작가의 눈으로 읽기를 지도하는 교사에게 도움이 될 수 있을 것이다. 이 평가 기준표는 사용 가능성을 개선하여 초등학교 3~5학년 학생용으로도 개발되었다(〈부록 4.2〉 참고). 이 기준표는 서사문을 작성할 때 작가가 사용한 문학적 장치를 학생들이 분석할 때 도움을 주는 것을 의도하고 있다.

학생들은 서사문을 작성할 때 그 장치를 적절하게 적용해야 한다. 서사문 쓰기 과제는 이를 구체적으로 요구한다. 개발된 평가 기준표는 6가지의 문학 장치(즉, 배경, 성격 묘사, 문제의 플롯 구조, 언어적 표현, 하위 장르의 유형, 작가의 의도)를 담고 있지만 현재 이 장에서의 논의는 '문제의 플롯 구조'와 '성격 묘사'에만 초점을 맞추고자 한다. 왜냐하면 이 두 요소가 이 장의 핵심이기 때문이다. 〈부록 4.1〉에서 점검해볼 수 있듯이, 각 학년의 수준은 낮음(수준 1), 평균(수준 2), 높음(수준 3)으로 구분되어 있다. 수행 수준은 학년을 겹치는 방식으로 제시되어 있다. 예를 들면, 수준 1은 이전 학년(가령 1학년)의 일반적인 수행을 표현하고, 2수준은 해당 학년(가령 2학년)의 일반적인 수행을 나타난다. 그리고 수준 3은 다음 학년(가령 3학년)에서 기대되는 일반적인 수행을 나타낸다.

교실에서 RwWE 기준표 사용하기

나는 교사가 이 평가 기준표를 어떻게 사용할 수 있는지를 설명하기 위해, 인물 전개와 문제 플롯 구조에 대한 1학년과 4학년의 평가 기준표의 요소를 사용하고자 한다.

'작가의 눈으로 읽기'의 평가 기준표를 1학년에 적용하기

교사가 이 기준표를 어떻게 사용하면 좋은지를 안내하기 위해 'Days with Frog and Toad(Lobel, 1979)'[2]에서 발췌한 'The Kite' 장을 다룬 수업을 예시하고자 한다. 이 이야기에서 등장인물인 '두꺼비'와 '개구리'는 연을 날리려고 한다. 처음에 두꺼비는 넓은 목초지를 달리면서 연을 날게 해보려고 노력하지만 실패한다. 울새 세 마리가 비웃으며 "그 연은 날 수 없을 거야!"라고 큰소리로 말한다. 두꺼비는 실망하여 개구리에게 돌아와 그 연은 날지 못할 것이며 자신은 포기했다며 한탄한다. 하지만 개구리는 두꺼비를 격려하며 다른 방법을 제안하며 다시 시도해 보라고 권한다. 이 이야기는 이런 방식으로 계속된다. 울새들은 헐뜯는 말을 계속하고, 두꺼비는 그 희생물이 되고, 개구리는 연을 공중에 날리기 위한 다른 방법을 두꺼비에게 제안한다. 학생들은 먼저 이 이야기를 읽고 이해한 후 작가의 눈으로 읽기를 수행했다는 점을 기억하라. 수업은 다음과 같이 이루어졌다(이와 유사한 수업을 'Imagine It! (SRA/McGraw Hill, 2008)'에서 찾아볼 수 있다)

---

2) [역주] 친구 사이인 '개구리'와 '두꺼비'를 등장인물로 하는 이야기. 〈Days with Frog and Toad(Lobel, 1979)〉의 목차는 'Tomorrow, The kite, Shivers, The hat, alone'으로 구성되어 있다.

〈인물 전개 요소〉

이야기의 등장인물이 어떤 특성을 가지고 있는지를 독자들이 이해할 수 있도록 작가가 사용한 기법을 인식하고 이해할 수 있다. 이는 외면적 특징과 내면적 특징을 가진 인물(〈부록 4.1〉의 1학년의 수준 2 참조)과 관련되어 있다.

이야기의 첫 번째 에피소드를 다시 읽은 후

■ 이야기에서 사람이나 동물을 나타내는 특별한 단어가 있다는 것을 학생들에게 상기시킨다. 그것이 무엇인지 학생들에게 질문한다. 필요하다면, 이야기에 나오는 사람이나 동물을 이야기의 등장인물이라고 부른다는 것을 설명한다. 연날리기(개구리, 두꺼비, 올새)에서 이야기의 등장인물이 누구인지 학생에게 질문하고, 그 인물들이 지금까지 무엇을 했는지 답하도록 한다. 올새들의 행동에 대해 어떻게 생각하는지를 학생들이 서로 대화하거나 토의하도록 한다. 올새들이 두꺼비를 비웃고 포기하라고 말할 때 올새가 심술궂은 행동을 했다는 점을 학생들이 이해하도록 돕는다. 작가가 심술궂은 등장인물, 나쁜 역할을 하는 등장인물을 어떻게 이야기에 포함하는지를 학생들과 토의하고, 학생들에게 그런 등장인물이 있는 다른 이야기(예, 'The Little Three Pigs', 'Little Red Riding Hood')를 찾아보도록 안내한다. 학생들에게 왜 작가가 이렇게 했는지를 질문한다.

■ 학생들에게 이야기의 두 등장인물인 개구리와 두꺼비(두꺼비는 쉽게 포기했지만 개구리는 계속 시도하도록 제안했다)는 무엇이 차이가 있는지 생각하게 한다. 그 다음, 학생들에게 개구리와 올새가 어떻게 다른지 질문한다(올새는 두꺼비를 좌절시켰고, 개구리는 두꺼비를 격려했다). 올새, 두꺼비, 개구리를 묘사하는 단어나 표현을 사용하여 인물 표(character chart)를 작성하게 한다. 작가들은 특성이 다른 등장인물을 구성해서 넣는다는 점을 학생들과 토의하고, 학생들에게 작가가 그렇게 하는 이유에 대해서 질문한다.

■ 학생들이 생각해야 할 이야기의 등장인물이 두꺼비라는 점을 학생들에게 설명한다. 학생들에게 두꺼비가 어떤 등장인물인지 설명해 보게 한다. 인물 표

에 학생들의 반응을 기록한다. 두꺼비는 울새가 포기하라고 한 말에 쉽게 영향을 받았다는 점을 학생들이 이해하고 있는지를 확인한다. 학생들에게 이야기의 작가인 Arnold Lobel가 두꺼비를 어떤 등장인물로 표현했는지 질문한다(작가는 두꺼비가 행동한 것과 말한 것을 어떻게 표현하고 있는지). 학생들에게 두꺼비가 무엇과 같은지를 보여주는 문장을 찾도록 하고, 그 문장을 소리 내어 읽게 한다. 그리고 그 문장이 두꺼비가 행동한 것을 표현한 것인지, 아니면 말한 것을 표현한 것인지 답하도록 학생들에게 질문한다.

두 번째 에피소드를 읽은 후

■ 학생들에게 개구리가 어떤 등장인물인지 설명하게 한다. 인물 표에 학생들의 반응을 기록한다. 개구리는 울새가 포기하라고 한 말에 쉽게 영향을 받지 않았다는 점을 학생들이 분명히 이해하도록 한다. 학생들에게 이야기의 작가인 Arnold Lobel이 개구리를 어떤 인물로 그려낸 방식(작가는 개구리가 행동한 것과 말한 것을 어떻게 표현하고 있는지)에 대해 질문한다. 학생들에게 개구리의 성격을 표현한 단어나 문장을 찾게 하고, 학생들이 서로에게 이를 소리 내어 읽도록 안내한다. 그리고 그 단어나 문장이 개구리가 행동한 것이나 말한 것을 보여주는지를 학생들에게 설명하게 한다.

전체 이야기를 읽은 후

■ 울새에 초점을 맞추어 개구리와 두꺼비의 행동에 대한 개요를 작성하게 한다.

〈문제 플롯 구조〉

작가가 이야기의 플롯을 구성할 때 목적(또는 문제), 갈등(또는 시도의 실패), 해결책을 어떻게 설정했는지를 이해한다(〈부록 4.1〉의 1학년 수준 3 참고).

첫 번째 에피소드를 읽은 후

■ 이야기의 인물이 어떻게 문제나 목적을 갖게 되는지 학생들과 토의한다. 학생들에게 두꺼비와 개구리의 목적이 무엇이었는지, 그들이 직면한 문제(개구리와 두꺼비의 목적은 연을 날리는 것이었지만 그렇게 하지 못했다.)가 무엇이었는지를 알고 있는지 질문한다. 학생들에게 이러한 문제를 가진 이야기를 듣거나 읽은 적이 있는지 질문하고, 학생들이 서로 이 경험을 공유하도록 안내한다.

두 번째 에피소드를 읽은 후

■ 이야기는 일반적으로 하나 이상의 문제를 가지고 있음을 학생들에게 설명한다. 학생들에게 자신이 토의한 이야기의 문제를 회상하게 하고, 또 다른 문제(울새들은 두꺼비에게 연을 날려서는 안 되고 포기해야 한다고 계속해서 이야기했다)가 있는지 찾아보게 한다. 표에 두 가지 문제를 모두 기록한다. 학생들에게 하나 이상의 문제를 가진 이야기를 듣거나 읽은 적이 있는지를 질문하고, 학생들이 서로 경험을 공유하도록 안내한다.

전체 이야기를 읽은 후

■ 학생들에게 이야기의 문제 두 가지가 무엇이었는지 질문한다. 그 문제들이 모두 해결이 되었는지, 어떻게 해결이 되었는지 학생들에게 질문한다 (결국 연을 날렸고 울새가 틀렸다는 것을 보여주었다). 학생들이 이야기의 작가인 Arnold Lobel이 이야기의 두 문제의 해결을 포함했다는 사실을 인식하도록 설명한다. 문제 표에 그 해결에 대해 기록한다.

학생의 글쓰기와 연결짓기

■ 학생들이 '연날리기' 이야기를 모델로 하여 소집단 협동 작문을 수행하도록 안내한다. 단, 등장인물은 다른 인물을 사용하도록 안내한다. 학생들이 인물의 이름과 각 인물의 특징을 잘 드러내는 핵심어를 생각하도록

한다. 그리고 각 인물이 어떻게 다른지에 대해 학생들이 주의를 기울이도록 안내한다. 각 인물들이 처한 문제를 생각해 보게 하고 그것을 표에 기록하게 한다. 그 문제들이 어떻게 해결되었는지도 함께 기록하게 한다. 이야기의 시작을 돕는 틀(예, '동물들이 말을 할 수 있었던 아주 먼 옛날에'와 같은 이야기의 단서)을 활용하여 이야기의 등장인물과 이야기의 첫 문제를 소개하게 한다. 그 내용을 표에 기록하고, 학생들에게는 이야기의 내용을 계속 구성하면서 이야기를 끝까지 계속하게 한다.

'작가의 눈으로 읽기'의 평가 기준표를 4학년 학생에게 적용하기

나는 4학년 '작가의 눈으로 읽기' 평가 기준표에서 인물 전개와 문제 플롯 구조의 요소를 선정했다. 인물 전개와 문제 플롯 구조는 (1) 작가의 기법에 지도에 초점을 맞추는 데에, 그리고 (2) 이를 바탕으로 학생들의 서사문 쓰기를 지도하는 데 필요한 4학년의 능숙도 수준을 알려준다.

〈인물 전개 요소〉

학생들에게 작가가 이야기에서 신뢰할 만한 등장인물을 어떠한 방법으로 창안하는지를 이해하도록 한다. 가령 이야기의 작가는 등장인물의 외면적 요소(예, 행동, 말, 외양)를 결합하거나 내면적 요소(예, 생각, 태도, 꿈, 기억. 〈부록 4.1〉의 4학년 수준 2 참고)를 결합하는 기법을 사용한다(〈부록 4.1〉의 1학년의 2수준 참고).

이를 다룬 지도 방법 연구(Jarvey et al., 2008)에 따르면 학생들에게 〈The Tale of Tricky Fox(Aylesworth, 2000)〉[3]에서 속임수를 쓰는 등장인물의 말고 실제 의미(〈참고 4.3〉 참고)의 차이를 바탕으로 등장인물 내부의 심리적 상태에 초점을 맞추도록 했는데 이 방법은 매우 효과적이다. 이를 지도한 세부적인 방법은 다음과 같다.

---

3) [역주] 속임수를 쓰는 여우를 등장인물로 한 이야기.

〈참고 4.3〉 사기꾼 이야기 플롯 계획

- 이야기를 소리 내어 읽고 세 가지 속임수에 대해 토의하게 했다.
- 커다란 종이 하나를 네 면으로 나눈 후 이야기의 첫 번째 속임수를 구성하는 사건의 과정을 표현하게 했다. 각 면마다 한 인물을 그리도록 안내했는데, 위쪽의 두 면에는 부정적인 인물을, 아래쪽 두 면에는 긍정적인 인물을 그리도록 했다.
- 인물을 그릴 때 그 인물이 말한 내용을 기억하도록 학생들에게 질문을 하였으며, 그 인물이 나눈 대화는 말풍선으로 표현하도록 했다.
- 그 다음, 학생들에게 인물의 생각을 표현하게 한 후 학생들의 답을 생각 풍선에 적었다.

■ 학생들에게 나머지 속임수의 사건을 토의하도록 안내한 후, 학생들은 자신이 적합하다고 생각하는 말풍선과 생각풍선을 추가했다.

■ 이러한 활동이 이야기 쓰기로 이어지도록 하기 위해 학생들에게 작가는 이야기에서 등장인물의 생각을 어떻게 표현하는지를 토의하도록 지도했다. 이 예는 여러 사기꾼 이야기에서 찾을 수 있는데, 학생들에게 자신이 이야기를 구성하여 쓸 때 참고할 수 있도록 구체적인 표현의 예를 기록해 두도록 안내했다.

앞에서 보았던 Jessica의 이야기에서처럼, 학생들이 자신의 이야기를 쓰는데 이러한 방법을 사용한 사례가 있다. 다음의 예를 살펴보자.

■ 지금 Megan을 멈출 수 있는 것은 없다. Megan은 1학년에 입학했다. 그러나 학교는 Megan이 기대한 곳이 아니었다. 학교에서는 수학 문제를 다섯 페이지나 풀게 하고, 사회 시간에는 교과서를 한 단원을 읽었으며, 과학 문제도 30문제나 풀었다. 그리고 점심을 먹었다. 점심을 먹고 조용히 책을 읽었다. 그리고 책상을 정돈하고 집으로 돌아왔다. "오늘은 내 인생에서 가장 지루한 날이었어."라고 Megan은 생각했다.

■ 그래서 Megan은 학교에 갔다. Megan은 깜짝 선물이 몹시 기대되었다. 그러나 2시가 되어도 선물은 없었다. 쿠키도, 사탕도, 아무 것도 없었다. 단지 공부뿐이었다. "지겨워."라고 Megan은 생각하며 콧잔등을 찡그리고 입술을 삐죽 내밀었다.

■ 그러나 다음날, Kelly와 Megan은 학교 가는 두고 다투었다. "너는 학교에 가야 해." Kelly가 말했다. "왜?" Megan은 화난 표정으로 말했다. Megan은 얼굴이 붉어졌고 점점 더 심해졌다.

■ "집으로 가는 지름길을 찾아볼 거야." 라고 Megan은 생각하며 즐거워했다. Megan은 집으로 가는 지름길을 탐색하며 즐거워했다. 하지만 시간이 흐르자 즐거움은 사라져 버렸다. 길을 잃었기 때문이었다. "아, 안 돼!"

〈문제 플롯 구성 요소〉

문제 플롯 구성의 평가 기준표는 (1) 작가의 기법에 지도의 초점을 맞추는 데에, 그리고 (2) 학생들이 이야기를 작성하는 것을 지원하는 데에 도움을 준다. 나는 교사들이 이를 효과적으로 사용하는 방법을 설명하기 위하여 등장인물의 시도를 좌절시켜 긴장감을 만들어 내는 작가의 기법을 선택했다(〈부록 4.1〉의 4학년 수준 2 참고).

사기꾼 이야기에서 이전에 토의한 것처럼(Jarvey et al., 2008), 교사는 학생들에게 서사적 플롯에서 긴장의 개념을 설명했다. 학생들의 이해를 돕기 위해 학생 두 명에게 끈을 서로 당겨서 차지하는 게임을 시켰다. 한 학생이 끈을 자기 쪽으로 잡아당기자 다른 한 학생은 끈의 다른 부분을 확 잡아당겼다. 학생들의 이러한 행동은 사기꾼 이야기에서 긴장과 관련되어 있다. 마치 등장인물들이 자기의 몫을 취하려고 경쟁하는 모습을 닮았다.

이야기의 플롯을 파악할 때 시각적 비계로서 도해 조직자를 이용할 수 있다. 가령 〈Anansi and the Moss-Covered Rock(Kimmel, 1987)〉을 소리 내어 읽으면서 속임수를 쓰는 등장인물의 사건을 도해 조직자에 기록하는 것이다. 가운데에 수평선을 길게 긋고, 긍정적인 사건은 수평선 위에, 부정적인 사건은 수평서 아래에 배열한다. 긍정적인 정도나 부정적인 정도에 따라 높이나 깊이를 조절한다(〈참고 4.4〉 참고). 〈참고 4.4〉에서 보는 바와 같이, 등장인물인 Anansi는 동물을 속여 음식을 빼앗는다. 결국 작은 덤불 사슴이 Anansi에게 보복함으로써 모든 것을 제자리로 돌려놓는다.

Jessica 이야기를 활용한 활동 사례도 있다. 한 학생의 보고에 따르면, Kelly가 Megan을 속여 학교에 나오도록 한 연속적인 사건의 과정을 시각적 비계로 표현하는 것이 가능했다. Megan이 Kelly의 노력으로 설득이 이루어진 것은 아니지만, 결과적으로 Megan은 학교가 쓸모 있는, 좋은 곳이라는 사실을 깨달았을 때 사건의 균형이 회복되었다.

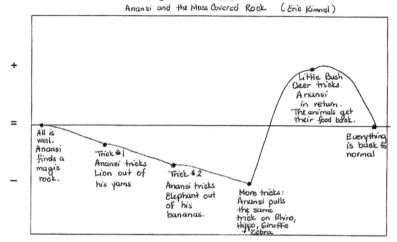

Story Plot Planning Sheet

Anansi and the Moss Covered Rock (Eric Kimmel)

Little Bush
Deer tricks
Anansi
in return.
The animals get
their food back.

All is
well.
Anansi
finds a
magic
rock.

Trick #1
Anansi tricks
Lion out of
his yams

Trick #2
Anansi tricks
Elephant out
of his
bananas.

More tricks:
Anansi pulls
the same
trick on Rhino,
Hippo, Giraffe
& Zebra.

Everything
is back to
normal

〈참고 4.4〉 사기꾼 이야기의 갈등을 그래프로 표현한 도해 조직자

중고등학교에서 학생 지도하기

중고등학교에서 서사문 쓰기 지도는 설명적 글쓰기의 지도보다 관심이나 주의가 부족하다. 이러한 상황을 이해할 수는 있지만 불행한 상황이 아닐 수 없다. 교사들은 지도할 수 있는 시간은 부족한데 여러 가지 작문과 관련한 경쟁적인 요구에 직면해 있기 때문이다. 교사들도 고등 교육 상황에서는 설명문에 비해 서사문에 대한 요구가 매우 적다는 것을 잘 알고 있다. 서사문 쓰기를 배우려면 학생들은 작가가 이야기를 구성하는 기법을 분석하여 문학적 장치를 공부해야 하고 이를 자신의 서사문 쓰기에 적용해야 한다. 그래서 품도 더 많이 든다.

그럼에도 불구하고 나는 서사문 쓰기를 강조해야 한다고 생각한다. 서사문 쓰기는 문학에 대한 이해와 감상을 심화하는 매우 효과적인 방법이기 때문이다. 문학 작품의 읽기와 서사문의 쓰기는 양방적인 도로라고 할 수 있다. 서사문 읽기와 서사문 쓰기는 서로에게 유익한 방식으로 기여한다.

서사문 쓰기에서 중·고등학생들의 주의를 끌려면 처음에는 교사가 학생의 능력을 분석하고 이해하는 것이 중요하고 이를 바탕으로 하여 서사문을 쓸 수 있는 능력을 기르는 데 초점을 두어야 한다. McKeough, Wigmore, & Genereux(2003)의 권고를 따르면 중학교에서는 학생들이 서사문을 쓸 때 등장인물의 특징, 심리적 상태, 개인적인 역사, 비슷한 등장인물의 창안 등의 측면에서 이야기의 등장인물을 분석하도록 하는 것이 좋다. 고등학교에서는 좀 더 복잡하고 다면적인 등장인물을 설정하고 사회적 맥락에서 등장인물을 해석하는 것을 강조하는 것이 필요하다.

결론

- 공통 핵심 성취기준은 특정 학년 수준에서 학생들이 도달해야 하는 서사적 글쓰기의 역량을 강조함으로써 서사문 쓰기 지도에 유용한 로드맵을 교사에게 제공한다.
- 인물 전개와 문제 플롯 구조를 강조함으로써 공통 핵심 성취기준을 더 강화할 수 있다.
- 훌륭한 문학 작품을 바탕으로 서사문 쓰기의 지도 요소를 추가적으로 개발할 필요가 있다.
- 서사문 쓰기 지도는 교육과정 및 교수 자료를 학생들의 요구에 맞추어 가는 대규모 사업이라고 할 수 있다.
- 이 장에서 개요를 설명한, 각 학년의 구체적인 성취기준의 내용은 보통의 학생이 일반적으로 도달할 수 있는 요소를 기술한 것이다.
- 교사에게 다음 사항을 권장하고자 한다. (1) 서사문 쓰기와 관련된 지식과 기능의 어떻게 발달하는지를 이해하려면 성취기준이 학년별로 어떻게 편성되어 있는지를 살펴볼 것. (2) 학생들이 이야기에서 어느 부분에서 속임수를 쓰는지 파악할 것. (3) 만약 학생들의 요구가 있다면 이 장의 제안을 수용하여 지도할 것.

- 미리 준비되어 있는 지도 전략이나 지도 자료, 교구가 있더라도 교사의 전문적인 판단에 따라 이 장에서 제안한 방법이나 전략을 활용할 수 있다.

감사의 말

나는 이 장에서 논의한 연구에 참여한 학생과 교사의 노고와 협조에 감사를 표한다. 나는 Social Science, Humanities Research Council of Canada, Alberta Teachers' Association의 재정적 지원에 감사한다. 마지막으로 연구에 큰 기여를 해 준 동료들과 대학원생들에게도 깊은 감사를 전한다. 특별히 Drs. Randy Genereux, Joan Jeary, Jennifer Malcolm, Deborah Misfeldt, Jamie Palmer, Alex Sanderson, Barb Wigmore-MacLeod, Ms. Marya Jarvey, Erin Johnson, Erin Tourigny에게 감사의 뜻을 전한다.

〈부록 4.1〉 교사용 기준표

■ 문제 플롯 개발: 1학년

수준		설명적 예시	전혀 없음	거의 없음	자주
1	다음과 같이 작가가 사용한 기법을 인식하고 이해할 수 있다.				
	• 문제가 해결되거나 욕망/목적을 이룬 것이 포함된 이야기 플롯	문제 상황/해결 이야기의 요지를 다시 말할 수 있다.			
	• 사건의 순서적인 배열이 있는 이야기 플롯	생일 파티나 가족 행사에서 일어나 사건들			
	• 이야기의 연대기적 서사 순서	'그리고(and)'와 '그리고 나서(then)'와 같은 접속사로 연결된, 생일 파티나 가족 행사에서 일어난 사건들			
2	다음과 같이 작가가 사용한 것을 인식하고 이해할 수 있다.				
	• '왜냐하면(because)'와 '그래서(so)'와 같은 연결어를 사용하는 이야기 플롯을 만들 때 원인과 결과	한 소년이 개를 갖고 싶어서 삼촌을 돕는 일을 하게 되었다.			
	• 사건 범주 면의 이야기 플롯(예를 들어 문제와 해결)	문제: 한 소녀는 친구가 없다. 해결: 소녀의 친구가 되어줄 수 있는지 이웃들에게 물어보라.			
	• 이야기 문제를 구체화하는 의미 있는 세부 사항	친구가 없는 소녀는 새로운 이웃에게 자신의 친구가 되어 줄 수 있는 물었다. 이웃은 사고가 나서 휠체어를 사용했다. 그래서 외로운 소녀는 그 이웃을 도와주어야 했다.			
3	다음과 같이 작가가 규정한 것을 인식하고 이해할 수 있다.				
	• 이야기 플롯을 만들 때 목적(또는 문제), 곤경(또는 실패한 시도), 해결책	한 작은 소녀는 말을 타고 싶어 했다. 소녀는 아버지에게 말을 사달라고 했으나 아버지는 돈이 없었다. 그래서 소녀는 이웃의 잡일을 하고 이웃의 말을 탈 수 있게 허락을 받았다.			
	• 이야기 플롯을 만들 때 서로 만나는 두 가지 서사적 순서	〈요정과 구두장이(The Elves and shoe maker)〉 서사적 순서1: 가난한 구두장이와 그의			

수준	설명적 예시	전혀 없음	거의 없음	자주
• 문제를 해결하기 위해 다양하게 시도하는 이야기	아내는 낮에 생계를 꾸리느라 바빴다. 서사적 순서2: 요정들이 밤에 그들을 도우러 왔다. 〈커다란 순무(The great Big Enormous Turnip)〉 한 농부가 커다란 순무를 땅속에서 빼내기 위해 주변의 모든 사람들의 도움을 이끌어낸다.			

■ 문제 플롯 개발: 2학년

수준	설명적 예시	전혀 없음	거의 없음	자주
1	다음과 같이 작가가 사용한 것을 인식하고 이해할 수 있다. • '왜냐하면(because)' '그래서(so)'와 같은 연결어를 사용하는 이야기 플롯을 만들 때 원인과 결과 • 사건 범주 면의 이야기 플롯(예를 들어 문제와 해결) • 이야기 문제를 구체화하는 의미 있는 세부 사항	한 소년이 개를 갖고 싶어서 삼촌을 돕는 일을 하게 되었다. 문제: 한 소녀는 친구가 없다. 해결: 소녀의 친구가 되어줄 수 있는지 이웃들에게 물어보라. 친구가 없는 소녀는 새로운 이웃에게 자신의 친구가 되어 줄 수 있는 물었다. 이웃은 사고가 나서 휠체어를 사용했다. 그래서 외로운 소녀는 그 이웃을 도와주어야 했다.			
2	다음과 같이 작가가 규정한 것을 인식하고 이해할 수 있다. • 이야기 플롯을 만들 때 목적(또는 문제), 곤경(또는 실패한 시도), 해결책 • 이야기 플롯을 만들 때 서로 만나는 두 가지 서사적 순서 • 문제를 해결하기 위해 다양하게 시도하는 이야기	한 작은 소녀는 말을 타고 싶어 했다. 소녀는 아버지에게 말을 사달라고 했으나 아버지는 돈이 없었다. 그래서 소녀는 이웃의 잡일을 하고 이웃의 말을 탈 수 있게 허락을 받았다. 〈요정과 구두장이(The Elves and shoe maker)〉 서사적 순서1: 가난한 구두장이와 그의 아내는 낮에 생계를 꾸리느라 바빴다. 서사적 순서2: 요정들이 밤에 그들을 도우러 왔다. 〈커다란 순무(The great Big Enormous Turnip)〉 한 농부가 커다란 순무를 땅속에서 빼내기 위해 주변의 모든 사람들의 도움을			

		이끌어낸다.		
3	다음과 같이 작가가 한 것을 인식하고 이해할 수 있다.			
	• 인물의 두 번째 목적을 만들기 위해 복잡한 사건을 확장하여 이야기 플롯을 더 정교하고 복잡하게 만들기	소녀의 첫 번째 목표는 발레단에 들어가는 것이었다. 당뇨병이 발병하자, 소녀의 목표는 중단되었다. 결국 그녀의 목표는 건강해지는 것이 되었다.		
	• 해결할 때 두 목적을 모두 다루어 이야기 플롯을 일관성 있고 통합적인 이야기로 만들기	소녀가 경쟁적인 발레단에 들어갈 수는 없지만, 대신에 건강하면 춤을 추는 기쁨을 느낄 수 있다는 것을 깨달을 때 이야기가 해결된다.		
	• 세부 묘사를 더하여 이야기 플롯에 활력과 색깔을 더하기	소녀는 거울에 비친 자신의 눈을 보며 자신이 실망하고 있음을 느꼈다.		

■ 문제 플롯 개발: 3학년

수준	설명적 예시	전혀 없음	거의 없음	자주
1 다음과 같이 작가가 규정한 것을 인식하고 이해할 수 있다.				
• 이야기 플롯을 만들 때 목적(또는 문제), 곤경(또는 실패한 시도), 해결책	한 작은 소녀는 말을 타고 싶어 했다. 소녀는 아버지에게 말을 사달라고 했으나 아버지는 돈이 없었다. 그래서 소녀는 이웃의 잡일을 하고 이웃의 말을 탈 수 있게 허락을 받았다.			
• 이야기 플롯을 만들 때 서로 만나는 서사적 순서	〈요정과 구두장이(The Elves and shoemaker)〉 서사적 순서1: 가난한 구두장이와 그의 아내는 낮에 생계를 꾸리느라 바빴다. 서사적 순서2: 요정들이 밤에 그들을 도우러 왔다.			
• 이야기 플롯을 만드는 원인과 결과	한 소년이 개를 갖고 싶어서 삼촌이 돕는 일을 하게 되었다.			
2 다음과 같이 작가가 한 것을 인식하고 이해할 수 있다.				
• 인물의 두 번째 목적을 만들기 위해 복잡한	소녀의 첫 번째 목표는 발레단에 들어가는 것이었다. 당뇨병이 발병하자, 소녀의			

	사건을 확장하여 이야기 플롯을 더 정교하고 복잡하게 만들기	목표는 중단되었다. 결국 그녀의 목표는 건강해지는 것이 되었다.			
	• 해결할 때 두 목적을 모두 다루어 이야기 플롯을 일관성 있고 통합적인 이야기로 만들기	소녀가 경쟁적인 발레단에 들어갈 수는 없지만, 대신에 건강하면 춤을 추는 기쁨을 느낄 수 있다는 것을 깨달을 때 이야기가 해결된다.			
	• 세부 묘사를 더하여 이야기 플롯에 활력과 색깔을 더하기	소녀는 거울에 비친 자신의 눈을 보며 자신이 실망하고 있음을 느꼈다.			
3	다음과 같이 작가가 사용한 것을 인식하고 이해할 수 있다. • 이야기 플롯을 만들 때 반전 혹은 속임수를 가진 결말	중국의 어느 왕이 나라의 모든 아이들에게 씨앗을 보냈다. 그리고 누구든지 가장 아름다운 꽃을 키우면 다음 왕이 될 것이라고 말했다. 한 명을 제외한 모든 아이들이 아름다운 꽃을 가지고 정해진 날에 도착했다. 그 한명의 아이는 자신의 씨앗이 자라지 않았다는 것을 인정했다. 왕은 그의 정직함 때문에 그를 왕으로 선택했다. 모든 씨앗들은 자라지 못하도록 구워진 것이었기 때문이다.			
	• 좀 더 정교한(복잡한) 플롯을 위한 회상	한 소년이 추운 저녁에 숲에서 길을 잃었다. 소년은 할머니가 두 개의 나무 막대기로 불을 피우는 방법을 가르쳐주었을 때의 시간으로 돌아가 생각했다. 과거의 그 사건은 마치 할머니와 소년이 현재 있는 것처럼 서술되었다.			
	• 인물의 시도를 좌절시켜서 긴장감을 만들어 분위기를 조장하는 서스펜스	바다에서 뗏목을 타던 한 소녀가 항해 중 길을 잃었다. 물은 다 떨어졌고, 상어들이 주변을 맴돌았다.			

■ 문제 플롯 개발: 4학년

수준	설명적 예시	전혀 없음	거의 없음	자주
1 다음과 같이 작가가 한 것을 인식하고 이해할 수 있다. • 인물의 두 번째 목적을 만들기 위해 복잡한 사건을 확장하여	소녀의 첫 번째 목표는 발레단에 들어가는 것이었다. 당뇨병이 발병하자, 소녀의 목표는 중단되었다. 결국 그녀의 목표는			

	이야기 플롯을 더 정교하고 복잡하게 만들기	건강해지는 것이 되었다.			
	• 해결할 때 두 목적을 모두 다루어 이야기 플롯을 일관성 있고 통합적인 이야기로 만들기	소녀가 경쟁적인 발레단에 들어갈 수는 없지만, 대신에 건강하면 춤을 추는 기쁨을 느낄 수 있다는 것을 깨달을 때 이야기가 해결된다.			
	• 세부 묘사를 더하여 이야기 플롯에 활력과 색깔을 더하기	소녀는 거울에 비친 자신의 눈을 보며 자신이 실망하고 있음을 느꼈다.			
2	다음과 같이 작가가 사용한 것을 인식하고 이해할 수 있다.				
	• 이야기 플롯을 만들 때 반전 혹은 속임수를 가진 결말	중국의 어느 왕이 나라의 모든 아이들에게 씨앗을 보냈다. 그리고 누구든지 가장 아름다운 꽃을 키우면 다음 왕이 될 것이라고 말했다. 한 명을 제외한 모든 아이들이 아름다운 꽃을 가지고 정해진 날에 도착했다. 그 한명의 아이는 자신의 씨앗이 자라지 않았다는 것을 인정했다. 왕은 그의 정직함 때문에 그를 왕으로 선택했다. 모든 씨앗들은 자라지 못하도록 구워진 것이었기 때문이다.			
	• 좀 더 정교한(복잡한) 플롯을 위한 회상	한 소년이 추운 저녁에 숲에서 길을 잃었다. 소년은 할머니가 두 개의 나무 막대기로 불을 피우는 방법을 가르쳐주었을 때의 시간으로 돌아가 생각했다. 과거의 그 사건은 마치 할머니와 소년이 현재 있는 것처럼 서술되었다.			
	• 인물의 시도를 좌절시켜서 긴장감을 만들어 분위기를 조장하는 서스펜스	바다에서 뗏목을 타던 한 소녀가 항해 중 길을 잃었다. 물은 다 떨어졌고, 상어들이 주변을 맴돌았다.			
3	다음과 같이 작가가 사용한 것을 인식하고 이해할 수 있다.				
	• 반전 혹은 속임수를 가진 결말을 만드는 기법	인물의 진짜 의도를 숨기기(예를 들어, 모호하거나 틀린 단서 제시, 인물의 진짜 품성을 숨기기, 결정적인 정보 빠뜨리기)			
	• 인물의 목적 수정	한 소녀의 진짜 목표는 실수로 그녀가 섬에 남겨지자 뗏목으로 가족을 따라가 그들과 함께 하는 것이다. 복잡한 문제 때문에 소녀의 목표는 바뀌어 섬으로 되돌아가 홀로 살아남는 것이 되었다.			

수준	설명적 예시	전혀 없음	거의 없음	자주
• 좀 더 정교한(복잡한) 플롯을 만들기 위한 인물의 다양한 관점	소년의 가족, 선생님과 친구들을 소년을 성공한 운동선수로 보았지만 소년은 기대에 미치지 못할 것이라는 두려움에 떨며 살고 있다.			

■ 문제 플롯 개발: 5학년

	수준	설명적 예시	전혀 없음	거의 없음	자주
1	다음과 같이 작가가 사용한 것을 인식하고 이해할 수 있다. • 이야기 플롯을 만들 때 반전 혹은 속임수를 가진 결말	중국의 어느 왕이 나라의 모든 아이들에게 씨앗을 보냈다. 그리고 누구든지 가장 아름다운 꽃을 키우면 다음 왕이 될 것이라고 말했다. 한 명을 제외한 모든 아이들이 아름다운 꽃을 가지고 정해진 날에 도착했다. 그 한명의 아이는 자신의 씨앗이 자라지 않았다는 것을 인정했다. 왕은 그의 정직함 때문에 그를 왕으로 선택했다. 모든 씨앗들은 자라지 못하도록 구워진 것이었기 때문이다.			
	• 좀 더 정교한(복잡한) 플롯을 위한 회상	한 소년이 추운 저녁에 숲에서 길을 잃었다. 소년은 할머니가 두 개의 나무 막대기로 불을 피우는 방법을 가르쳐주었을 때의 시간으로 돌아가 생각했다. 과거의 그 사건은 마치 할머니와 소년이 현재 있는 것처럼 서술되었다.			
	• 인물의 시도를 좌절시켜서 긴장감을 만들어 분위기를 조장하는 서스펜스	바다에서 뗏목을 타던 한 소녀가 항해 중 길을 잃었다. 물은 다 떨어졌고, 상어들이 주변을 맴돌았다.			
2	다음과 같이 작가가 사용한 것을 인식하고 이해할 수 있다. • 반전 혹은 속임수를 가진 결말을 만드는 기법	인물의 진짜 의도를 숨기기(예를 들어, 모호하거나 틀린 단서 제시, 인물의 진짜 품성을 숨기기, 결정적인 정보 빠뜨리기)			
	• 인물의 목적 수정	한 소녀의 진짜 목표는 실수로 그녀가 섬에 남겨지자 뗏목으로 가족을 따라가 그들과 함께 하는 것이다. 복잡한 문제 때문에 소녀의 목표는 바뀌어 섬으로 되돌아가 홀로 살아남는 것이 되었다.			
	• 좀 더 정교한(복잡한) 플롯을 만들기 위한 인물의 다양한 관점	소년의 가족, 선생님과 친구들을 소년을 성공한 운동선수로 보았지만 소년은 기대에 미치지 못할 것이라는 두려움에 떨며 살고			

		있다.			
3	다음과 같이 작가가 사용한 것을 인식하고 이해할 수 있다.				
	• 플롯을 만들기 위한 인물의 특성	한 인물의 정직함, 용기, 헌신, 충성심은 이야기의 플롯을 특정한 방향으로 나아가게 한다. (예를 들어, 친구의 우정은 서로를 위해 죽음을 무릅쓰는 결과를 만든다.)			
	• 또 다른 이야기 속에 들어있는 이야기	한 어린 소년이 오해를 받는 하숙생의 친구가 되어주었다. 하숙생이 이야기를 하자 하숙생의 성공과 비극이 밝혀졌다.			
	• 이야기 플롯을 지원하고 보완하는 은유적인 배경	바위투성이의 산을 배경으로 개인적인 탐색을 하는 이야기 (바위투성이 산은 개인적인 탐색이 험난함을 은유함)			

■ 인물 전개: 1학년

수준		설명적 예시	전혀 없음	거의 없음	자주
1	이야기의 인물이 누군지 독자들이 이해할 수 있도록 작가가 사용한 기술을 인식하고 이해할 수 있다.				
	• 기본적 범주의 정서적인 서술어로 인물 묘사하기	좋다, 나쁘다, 행복하다, 슬프다			
	• 인물의 외면적 특징에 대해 묘사하기	검고 빛나는 까마귀, 눈처럼 하얀 양			
	• 기본적 인물 유형의 표현	영웅, 악당, 희생자			
2	이야기의 인물이 누군지 독자들이 이해할 수 있도록 작가가 사용한 기술을 인식하고 이해할 수 있다.				
	• 외면적, 내면적 특징을 가진 인물	힘세고 친절하다, 지저분하고 교활하다			
	• 기본적인 인물의 유형과 관련된 인물의 이름	악당 여우			
	• 외면과 내면이 연결되는 특징을 가진 인물	'그는 비열해 보인다.'			
3	이야기의 인물이 누군지				

수준	설명적 예시			
독자들이 이해할 수 있도록 작가가 사용한 기술을 인식하고 이해할 수 있다.				
• 인물에 대한 더 많은 정보를 제공하기 위한 인물의 말(즉, 방언 혹은 특별한 표현)	〈Bridge to Terebithia〉 (Katherine Paterson 저) 아칸소 지방에서 온 소년은 특별한 표현을 쓴다.			
• 게으름 혹은 탐욕과 같은 결함을 지닌 인물	〈Macaroon〉 (Judith Cunningham 저) 이기적인 미국 너구리는 자신이 봄에 떠날 것을 알기 때문에, 겨울 동안에 같이 살 아이를 찾고 있다.			
• 반대되는 특성을 가진 인물	학교에서 학생들을 괴롭히는 한 아이는 매일 한 전학생이 학교 버스에 타는 것을 괴롭혔다. 전학생은 매일 계속되는 놀림을 무시했고 뒤에서 싸우는 대신 친구와 버스의 앞에 앉았다.			

■ 인물 전개: 2학년

	수준	설명적 예시	전혀 없음	거의 없음	자주
1	이야기의 인물이 누군지 독자들이 이해할 수 있도록 작가가 사용한 기술을 인식하고 이해할 수 있다. • 외면적, 내면적 특징을 가진 인물 • 기본적인 인물의 유형과 관련된 인물의 이름 • 외면과 내면이 연결되는 특징을 가진 인물	 힘세고 친절하다, 지저분하고 교활하다 악당 여우 '그는 비열해 보인다.'			
2	이야기의 인물이 누군지 독자들이 이해할 수 있도록 작가가 사용한 기술을 인식하고 이해할 수 있다. • 인물에 대한 더 많은 정보를 제공하기 위한 인물의 말(즉, 방언 혹은 특별한 표현) • 게으름 혹은 탐욕과	 〈Bridge to Terebithia〉 (Katherine Paterson 저) 아칸소 지방에서 온 소년은 특별한 표현을 쓴다. 〈Macaroon〉			

수준	설명적 예시	전혀 없음	거의 없음	자주
같은 결함을 지닌 인물	(Judith Cunningham 저) 이기적인 미국 너구리는 자신이 봄에 떠날 것을 알기 때문에, 겨울 동안에 같이 살 아이를 찾고 있다.			
• 반대되는 특성을 가진 인물	학교에서 학생들을 괴롭히는 한 아이는 매일 한 전학생이 학교 버스에 타는 것을 괴롭혔다. 전학생은 매일 계속되는 놀림을 무시했고 뒤에서 싸우는 대신 친구와 버스의 앞에 앉았다.			
이야기의 인물이 누군지 독자들이 이해할 수 있도록 하기 위해 작가가 사용한 기술을 인식하고 이해할 수 있다.				
• 사기꾼, 바보, 조력자와 같은 전형적인 인물	〈Mrs. Frisby and Crow〉 (Robert O'Brien 저) 까마귀는 어리석게도 반짝이는 물건에 이끌리고, Mrs. Frisby는 심지어 까마귀가 그녀를 위험으로 몰아넣어도 까마귀를 돕는다.			
3 • 인물에 대한 하나 이상의 관점을 제공하기	〈The Pain and the Great One〉 (Judy Blume 저) 여동생은 얼마나 오빠가 진저리나고, 자신을 얼마나 괴롭히는지 말한다. 그러나 오빠는 독자에게 반대되는 그의 이야기를 제공한다.			
• 인물의 생각, 감정, 그리고 욕구를 분명하게 서술함으로써 인물의 내적 세계를 묘사하기	'Ramona는 조용하다. Ramona는 엄마를 용서하고 싶지만 어둡고 깊숙한 내면 어딘가에서 그러지 말라고 하는 무언가 때문에 자신이 멍청하다고 느끼고 기쁘지 않다'(8살 Beverly Cleary이 쓴 Ramona Quimby).			

■ 인물 전개: 3학년

수준	설명적 예시	전혀 없음	거의 없음	자주
이야기의 인물이 누군지 독자들이 이해할 수 있도록 하기 위해 필자가 사용한 기법을 인식하고 이해할 수 있다.				
1 • 인물에 대한 더 많은 정보를 제공하기 위한 인물의 말(즉, 방언 혹은 특별한 표현)	〈Bridge to Terebithia〉, Katherine Paterson 아칸소 지방에서 온 소년은 특별한 표현을 쓴다.			
• 게으름 혹은 탐욕과	〈Macaroon〉, Judith Cunningham			

	같은 결함을 지닌 인물 • 반대되는 특성을 가진 인물	이기적인 미국 너구리는 자신이 봄에 떠날 것을 알기 때문에, 겨울 동안에 같이 살 아이를 찾고 있다. 학교에서 학생들을 괴롭히는 한 아이는 매일 한 전학생이 학교 버스에 타는 것을 괴롭혔다. 전학생은 매일 계속되는 놀림을 무시했고 뒤에서 싸우는 대신 친구와 버스의 앞에 앉았다.			
2	이야기의 인물이 누군지 독자들이 이해할 수 있도록 하기 위해 필자가 사용한 기법을 인식하고 이해할 수 있다. • 사기꾼, 바보, 조력자와 같은 전형적인 인물 • 인물에 대한 하나 이상의 관점 제공하기 • 인물의 생각, 감정, 그리고 욕구를 분명하게 서술함으로써 인물의 내적 세계를 묘사하기	〈Mrs. Frisby and Crow〉, Robert O'Brien 까마귀는 어리석게도 반짝이는 물건에 이끌리고, Mrs. Frisby는 심지어 까마귀가 그녀를 위험으로 몰아넣어도 까마귀를 돕는다. 〈The Pain and the Great One〉, Judy Blume 여동생은 얼마나 오빠가 진저리나고, 자신을 얼마나 괴롭히는지 말한다. 그러나 오빠는 독자에게 반대되는 그의 이야기를 제공한다. 'Ramona는 조용하다. Ramona는 엄마를 용서하고 싶지만 어둡고 깊숙한 내면 어딘가에서 그러지 말라고 하는 무언가 때문에 자신이 멍청하다고 느끼고 기쁘지 않다'(8살 Beverly Cleary이 쓴 Ramona Quimby).			
3	이야기의 인물이 누군지 독자들이 이해할 수 있도록 하기 위해 필자가 사용한 기법을 인식하고 이해할 수 있다. • 인칭 혹은 3인칭 시점의 사용. 1인칭 시점: 인물의 관점으로 제한되고, 감정이입을 가능하게 함. 3인칭 시점: 전체적인 관점, 설명적 • 신체적인 요소(예를 들어, 행동, 말, 와양)를 결합함으로써 믿을만한 인물을 만들어 내기	1인칭 시점: '나는 왜 우리가 같은 팀일 때, 그가 항상 나를 놀리는지 궁금했다.' 3인칭 시점: Billy는 쌍둥이 형제가 팀에서 계속 선수로 남아 있을 수 없다는 데에 당황했다. 〈Bridge to Terebithia〉, Katherine Paterson Jess Aarons은 아칸소 지방에서 자란 소년이다. 이는 그의 옷과 말투를 반영하고 있다.			

수준	설명적 예시	전혀 없음	거의 없음	자주
• 내적인 요소(예를 들어, 생각, 태도, 꿈, 그리고 기억)를 결합함으로써 믿을 만한 인물 만들어 내기	어릴 때 이사로 인해 친구를 떠난 기억은 군인의 아이가 친구를 만드는 것을 주저하게 한다.			

■ 인물 전개: 4학년

	수준	설명적 예시	전혀 없음	거의 없음	자주
1	이야기의 인물이 누군지 독자들이 이해할 수 있도록 하기 위해 필자가 사용한 기법을 인식하고 이해할 수 있다.				
	• 사기꾼, 바보, 조력자와 같은 전형적인 인물	〈Mrs. Frisby and Crow〉, Robert O'Brien 까마귀는 어리석게도 반짝이는 물건에 이끌리고, Mrs. Frisby는 심지어 까마귀가 그녀를 위험으로 몰아넣어도 까마귀를 돕는다.			
	• 인물에 대한 하나 이상의 관점 제공하기	〈The Pain and the Great One〉, Judy Blume 여동생은 얼마나 오빠가 진저리나고, 자신을 얼마나 괴롭히는지 말한다. 그러나 오빠는 독자에게 반대되는 그의 이야기를 제공한다.			
	• 인물의 생각, 감정, 그리고 욕구를 분명하게 서술함으로써 인물의 내적 세계를 묘사하기	'Ramona는 조용하다. Ramona는 엄마를 용서하고 싶지만 어둡고 깊숙한 내면 어딘가에서 그러지 말라고 하는 무언가 때문에 자신이 멍청하다고 느끼고 기쁘지 않다'(8살 Beverly Cleary이 쓴 Ramona Quimby).			
2	이야기의 인물이 누군지 독자들이 이해할 수 있도록 하기 위해 필자가 사용한 기법을 인식하고 이해할 수 있다.				
	• 인칭 혹은 3인칭 시점의 사용. 1인칭 시점: 인물의 관점으로 제한되고, 감정이입을 가능하게 함. 3인칭 시점: 전체적인 관점, 설명적	1인칭 시점: '나는 왜 우리가 같은 팀일 때, 그가 항상 나를 놀리는지 궁금했다.' 3인칭 시점: Billy는 쌍둥이 형제가 팀에서 계속 선수로 남아 있을 수 없다는 데에 당황했다.			
	• 신체적인 요소(예를	〈Bridge to Terebithia〉, Katherine			

수준	설명적 예시	전혀 없음	거의 없음	자주
들어, 행동, 말, 외양)를 결합함으로써 믿을만한 인물을 만들어 내기 • 내적인 요소(예를 들어, 생각, 태도, 꿈, 그리고 기억)를 결합함으로써 믿을 만한 인물 만들어 내기	Paterson Jess Aarons은 아칸소 지방에서 자란 소년이다. 이는 그의 옷과 말투를 반영하고 있다. 어릴 때 이사로 인해 친구를 떠난 기억은 군인의 아이가 친구를 만드는 것을 주저하게 한다.			

| 3 | 이야기의 인물이 누군지
독자들이 이해할 수
있도록 하기 위해 필자가
사용한 기법을 인식하고
이해할 수 있다.

• 지속적인 정신적 특성을
지닌 인물

• 같은 인물 내에
대조되는 특성 만들어
내기

• 인물에게 충격을 주어
인물을 바꾸기 위해
이야기를 구성하고
사건을 만들어 내기 | 새로 태어난 아이를 잃은 엄마의 슬픔은 다른
아이들과의 상호작용에 영향을 미친다.

쌍둥이 여동생을 지닌 소녀는 동생을
사랑하기도 하나 질투를 느끼기도 한다.
왜냐하면 여동생이 매우 재능이 있기
때문이다.

〈But I'll Be Back Again〉, Cynthia Rylant
만약 당신이 사실을 듣지 않았다면, 당신은
스스로 무엇인가를 형성하기 시작할
것입니다. 아버지가 떠나고, 아무도 그의
이름을 다시 부르지 않을 때, 저는 아버지를
대신할 것을 스스로 만들었습니다. | | | |

■ 인물 전개: 5학년

수준	설명적 예시	전혀 없음	거의 없음	자주
1	이야기의 인물이 누군지 독자들이 이해할 수 있도록 하기 위해 필자가 사용한 기법을 인식하고 이해할 수 있다. • 인칭 혹은 3인칭 시점의 사용. 1인칭 시점: 인물의 관점으로 제한되고, 감정이입을 가능하게 함. 3인칭 시점: 전체적인 관점, 설명적 • 신체적인 요소(예를	1인칭 시점: '나는 왜 우리가 같은 팀일 때, 그가 항상 나를 놀리는지 궁금했다.' 3인칭 시점: Billy는 쌍둥이 형제가 팀에서 계속 선수로 남아 있을 수 없다는 데에 당황했다. 〈Bridge to Terebithia〉, Katherine			

	들어, 행동, 말, 외양)를 결합함으로써 믿을만한 인물을 만들어 내기 • 내적인 요소(예를 들어, 생각, 태도, 꿈, 그리고 기억)를 결합함으로써 믿을 만한 인물 만들어 내기	Paterson Jess Aarons은 아칸소 지방에서 자란 소년이다. 이는 그의 옷과 말투를 반영하고 있다. 어릴 때 이사로 인해 친구를 떠난 기억은 군인의 아이가 친구를 만드는 것을 주저하게 한다.			
2	이야기의 인물이 누군지 독자들이 이해할 수 있도록 하기 위해 필자가 사용한 기법을 인식하고 이해할 수 있다. • 지속적인 정신적 특성을 지닌 인물 • 같은 인물 내에 대조되는 특성 만들어 내기 • 인물에게 충격을 주어 인물을 바꾸기 위해 이야기를 구성하고 사건을 만들어 내기	 새로 태어난 아이를 잃은 엄마의 슬픔은 다른 아이들과의 상호작용에 영향을 미친다. 쌍둥이 여동생을 지닌 소녀는 동생을 사랑하기도 하나 질투를 느끼기도 한다. 왜냐하면 여동생이 매우 재능이 있기 때문이다. 〈But I'll Be Back Again〉, Cynthia Rylant 만약 당신이 사실을 듣지 않았다면, 당신은 스스로 무엇인가를 형성하기 시작할 것입니다. 아버지가 떠나고, 아무도 그의 이름을 다시 부르지 않을 때, 저는 아버지를 대신할 것을 스스로 만들었습니다.			
3	이야기의 인물이 누군지 독자들이 이해할 수 있도록 하기 위해 필자가 사용한 기법을 인식하고 이해할 수 있다. • 내적 갈등 혹은 직면한 딜레마를 경험한 인물 • 인물이 지닌 관점의 변화/전환 • 인물의 심리를 전달하기 위해 관계를 묘사하기	 〈The Killing Sea〉, Richard Lewis 무서운 쓰나미에서 구조된 태국 소년은 두 명의 고아인 미국 아이를 구조하기 위해 혹은 잃어버린 아버지를 찾기 위해 노력하고 있다. 〈Beethoven Lives Upstairs〉, Barbara Nichol 소년은 짜증을 내는 늙은 사람보다 좌절한 아티스트로서 L.V.Beethoven을 보기 위해 왔다. 소녀의 아버지의 장점과 어머니의 계속되는 비난에 대한 기억은 소녀가 부모님이 각각 어떻게 소녀 의 정체성을 형성하였는지에 대해 생각하는 계기가 되었다.			

3학년 이야기 플롯

수준 1

• 인물을 위해 작가는 어떠한 문제를 만들었습니까? 문제를 해결하려는 인물의 시도는 성공적이었습니까? 작가는 결국 문제를 어떻게 해결하였습니까?

• 이야기의 서사적 순서는 무엇입니까? 언제 작가가 시간대를 충족시켰거나 결합하였습니까? 시간대가 충족되었을 때 무슨 일이 일어났습니까?

• 작가는 이야기에 원인과 결과를 사용하였습니까? 어디에서?

수준 2

• 작가는 이야기에서 하나 이상의 문제/목적을 만들었습니까? 무엇입니까? 설명하시오.

• 작가는 문제/목적을 모두 해결하였습니까? 어떻게?

• 작가가 이야기를 흥미롭게 만들기 위해 사용한 세부 묘사의 예를 드시오.

수준 3

• 작가는 반전(surprise) 혹은 속임수를 가진 결말을 사용하였습니까? 설명하시오.

• 작가는 이야기 전개를 위해 회상 장면을 사용하였습니까? 어떻게?

• 작가는 긴장감을 조성하였습니까? 어디에서 그리고 어떻게?

3학년 이야기 인물

수준 1

- 작가는 인물이 특별한 방식으로 말을 하게 하였는가? 인물의 대화 방식으로부터 당신은 인물에 대해 더 많이 이해하였는가? 설명하시오.

- 작가는 인물에게 결함을 주었는가? (주었다면) 그것은 무엇인가? 이러한 결함이 일으키는 문제는 무엇인가?

- 작가는 다른 또는 대조적인 행동, 개인적 특성을 지닌 인물을 만들었는가? 두 주인공의 다른 면을 설명하시오.

수준 2

- 작가는 이야기에 전형적인 인물을 만들었는가? 누구인가? 어떠한 면이 전형적인가?

- 작가는 인물에 대한 하나 이상의 관점을 제공하는가? 이는 인물을 이해하는 데 어떻게 도움을 주는가?

- 생각, 감정, 혹은 욕구를 서술함으로써 작가는 인물의 개인적 특성을 보여주는가? 예를 들어 설명하시오.

수준 3

- 작가는 이야기를 말하기 위해 1인칭 시점 혹은 3인칭 시점을 사용하는가? 작가는 왜 이러한 시점을 선택했는가?

- 믿을 만한 인물을 만들기 위해서 작가는 행동, 말, 외양을 사용하였는가? 어떻게?

- 믿을 만한 인물을 만들기 위해서 작가는 생각, 태도, 꿈, 기억을 사용하였는가? 어떻게?

4학년 이야기 플롯

수준 1

- 작가는 이야기에서 하나 이상의 문제/목적을 만들었습니까? 무엇입니까? 설명하시오.
- 작가는 문제/목적을 모두 해결하였습니까? 어떻게?
- 작가가 이야기를 흥미롭게(exciting and interesting) 만들기 위해 사용한 설명적 언어의 예를 드시오.

수준 2

- 작가는 반전(surprise) 혹은 속임수를 가진 결말을 사용하였습니까? 설명하시오.
- 작가는 이야기를 말하는 회상 장면을 사용하였습니까? 어떻게?
- 작가는 긴장감을 조성하였습니까? 어디에서 그리고 어떻게?

수준 3

- 작가는 반전 혹은 속임수를 가진 엔딩을 만들기 위해 어떤 기법을 사용했습니까?
- 이야기 전체에서 인물의 목적 변화가 있습니까? 왜 인물의 목적 변화가 일어났습니까?
- 한 인물 이상이 이 이야기를 말합니까? 얼마나 많이? 왜 작가는 이러한 시도를 했습니까? 이러한 기법은 플롯에 어떤 영향을 미칩니까?

4학년 인물 전개

수준 1

• 작가는 이야기에 전형적인 인물을 만들었는가? 누구인가? 어떠한 면이 전형적인가?

• 작가는 인물에 대한 하나 이상의 관점을 제공하는가? 이는 인물을 이해하는 데 어떻게 도움을 주는가?

• 생각, 감적, 혹은 욕구를 서술함으로써 작가는 인물의 개인적 특성을 보여주는가? 예를 들어 설명하시오.

수준 2

• 작가는 이야기를 말하기 위해 1인칭 시점 혹은 3인칭 시점을 사용하는가? 작가는 왜 이러한 시점을 선택했는가?

• 믿을 만한 인물을 만들기 위해서 작가는 행동, 말, 외양을 사용하였는가? 어떻게?

• 믿을 만한 인물을 만들기 위해서 작가는 생각, 태도, 꿈, 기억을 사용하였는가? 어떻게?

수준 3

• 인물의 삶 전체를 통해 나타나며, 인물의 모든 것에 영향을 미치는 작가가 부여한 주인공의 개인적 특성은 무엇인가?

• 작가는 인물의 내면에 (인물의 본 모습과) 대조되는 (매우 다른) 다른 특성을 만들었는가? 이러한 대조적인 특성으로 인해 발생하는 갈등에 대해 서술하시오. 왜 작가는 이러한 방식으로 인물을 우리에게 보여주려고 하는가?

• 인물의 변화를 위해 작가는 배경/사건을 사용하였는가? 인물은 어떻게 변화하였는가? 이야기에서 인물에게 영향을 미치거나 변하게 하는 것이 무엇인가?

5학년 이야기 플롯

수준 1

- 작가는 반전(surprise) 혹은 속임수를 가진 엔딩을 사용하였습니까? 설명하시오.
- 작가는 이야기를 말하는 회상 장면을 사용하였습니까? 어떻게?
- 작가는 긴장감을 조성하였습니까? 어디에서 그리고 어떻게?

수준 2

- 작가는 반전 혹은 속임수를 가진 엔딩을 만들기 위해 어떤 기법을 사용했습니까?
- 이야기 전체에서 인물의 목적 변화가 있습니까? 왜 인물의 목적 변화가 일어났습니까?
- 한 인물 이상이 이 이야기를 말합니까? 얼마나 많이? 왜 작가는 이러한 시도를 했습니까? 이러한 기법은 플롯에 어떤 영향을 미칩니까?

수준 3

- 이야기에서 주인공이 특정한 방식으로 행동하도록 하는 인물의 특성은 무엇입니까? 인물의 특성은 플롯에 어떻게 영향을 미칩니까?
- 작가는 외부 이야기 안에 내부 이야기를 넣어 구성하였습니까? 두 이야기는 각각 무엇입니까? 왜 작가는 이러한 기법을 사용했습니까?
- 이야기 구조에서 배경은 얼마나 중요합니까? 배경은 은유적입니까?

5학년 인물 전개

수준 1

- 작가는 이야기를 말하기 위해 1인칭 시점 혹은 3인칭 시점을 사용하는가? 작가는 왜 이러한 시점을 선택했는가?
- 믿을 만한 인물을 만들기 위해서 작가는 행동, 말, 외양을 사용하였는가? 어떻게?
- 믿을 만한 인물을 만들기 위해서 작가는 생각, 태도, 꿈, 기억을 사용하였는가? 어떻게?

수준 2

- 인물의 삶 전체를 통해 나타나며, 인물의 모든 것에 영향을 미치는 작가가 부여한 주인공의 개인적 특성은 무엇인가?
- 작가는 인물의 내면에 (인물의 본 모습과) 대조되는 (매우 다른) 다른 특성을 만들었는가? 이러한 대조적인 특성으로 인해 발생하는 갈등에 대해 서술하시오. 왜 작가는 이러한 방식으로 인물을 우리에게 보여주려고 하는가?
- 인물의 변화를 위해 작가는 배경/사건을 사용하였는가? 인물은 어떻게 변화하였는가? 이야기에서 인물에게 영향을 미치거나 변하게 하는 것이 무엇인가?

수준 3

- 작가는 내적 갈등 혹은 딜레마에 빠진, 어려운 선택을 해야만 하는 주인공을 만들었는가? 갈등 혹은 딜레마는 무엇인가? 주인공의 행동은 주인공에 대한 무엇을 말해주는가?
- 작가는 관점이 변화한 인물에 대해서 썼는가? 어떻게 관점이 변화였는가? 무엇이 관점 변화를 일으켰는가?
- 작가는 인물의 관계를 서술하였는가? 인물의 관계는 주인공의 개인적 특성에 어떻게 영향을 미치는가?

참고문헌

Aylesworth, J. (2001). *The tale of Tricky Fox*. New York: Scholastic.

Applebee, A. N. (1978). The child's concept of story: Ages two to seventeen. Chicago: University of Chicago Press.

Babcock-Abrahams, B, (1975). "A tolerated margin of mess": The trickster and his tales reconsidered. *Journal of the Folklore Institute*, 11, 147~186.

Britton, J., Burgess, T., Martin, N., McLeod, A., & Rosen, H. (1975). *The development of writing abilities* (pp. 11~18). London: Macmillan Education.

Bruner, J. S. (1986). *Actual minds, possible worlds*. Cambridge, MA: Harvard University Press.

Bruner, J. S. (1990). *Acts of meaning*. Cambridge, MA: Harvard University Press.

Bruner, J. S. (1991). The narrative construction of reality. *Critical Inquiry*, 18, 1~21.

Bruner, J. S. (1996). *The culture of education*. Boston: Harvard University Press.

Bruner, J. S., & Lucariello, J. (1989) Monologue as narrative recreation of the world. In K. Nelson (Ed.), *Narratives from the crib* (pp. 73~97). Boston: Harvard University Press.

Fountas, I. C., & Pinnell, G. S. (2001). *Guiding readers and writers, grades 3~6: Teaching comprehension, genre, and content literacy*. Westport, CT: Heinemann.

Hansen, J. (2001). *When writers read* (2nd ed.). Westport, CT: Heinemann.

Jarvey, M., McKeough, A., & Pyryt, M. (2008). Teaching trickster tales. *Research in the Teaching of English*, 42(1), 42~73.

Kimmel, E. A. (1987). *Anansi and the moss-covered rock*. New York: Holiday

House.

Kirkland, G., & Davies, R. (Eds.). (1987). *Inside stories I.* Toronto: Harcourt, Brace, Jovanovich.

Lobel, A. (1979). *Days with Frog and Toad.* New York: HarperCollins.

McCabe, A., & Peterson, C. (Eds.). (1991). *Developing narrative structure.* Hillsdale, NJ: Erlbaum.

McKeough, A. (1992). The structural foundations of children's narrative and its development. In R. Case (Ed.), *The mind's staircase: Stages in the development of human intelligence* (pp. 171~188). Hillsdale, NJ: Erlbaum.

McKeough, A., Bird, S., Romaine, A., & Tourigny, E. (2008). Parent/caregiver narrative development: 49~60 months. In L. M. Phillips (Ed.), *Handbook of language and literacy development: A roadmap from 0~60 months* (pp. 1~13). London, ON: Canadian Language and Literacy Research Network. Retrieved from www.theroadmap .ualberta.ca.

McKeough, A., & Genereux, R. (2003). Transformation in narrative thought during adolescence: The structure and content of story compositions. *Journal of Educational Psychology, 95*(3), 537~552.

McKeough, A., & Jeary, J. (2007, May). *Reading with a writers eye: Turning text inside out to see how it's made.* Paper presented at the annual meeting of the International Reading Association, Toronto, Canada.

McKeough, A., Palmer, J., Jarvey, M., & Bird, S. (2007). Best narrative writing practices when teaching from a developmental framework. In S. Graham, C. A. MacArthur, Be J. Fitzgerald (Eds.), *Best practices in writing instruction* (pp. 50~73). New York: Guilford Press.

McKeough, A., & Sanderson, A. (1996). Teaching storytelling: A microgenetic analysis of developing narrative competency. *Journal of Narrative and Life History, 6*(2), 157~192.

McKeough, A., Wigmore-MacLeod, B., & Genereux, R. (2003). Narrative thought in childhood and adolescence: Hierarchical models of story composition and interpretation. In B. Apolloni, M. Marinaro, & R. Tagliaferri (Eds.), *Neural nets: Proceedings of the 14th Italian*

Workshop on Neural Networks (pp. 325~338). New York: Springer-Verlag.

National Governors Association & Council of Chief State School Officers. (2010). Common Core State Standards for English language arts & literacy in his tory/social studies, science, and technical subjects. Washington, DC: Authors. Retrieved from www.corestandards.org..

Prose, F. (2006). *Reading like a writer.* New York: Harper Collins.

Shanahan, T. (2006). Relations among oral language, reading, and writing. In C. A. MacArthur, S. Graham, &: J. Fitzgerald.(Eds.), *Handbook or writing research* (pp. 171~183). New York: Guilford Press.

SRA/McGraw Hill. (2008). *Imagine It!* Worthington, OH: Author.

Tiedt, I. M. (1988). Reading with a writer's eye. *Learning,* 16(7), 66~68

5장
논증적 글쓰기의 지도

RALPH P. FERRETTI and WILLIAM E. LEWIS

어린이도 말하기를 처음 배울 때 논증적인 담화의 중요성에 대해 자연스럽고 직관적으로 이해한다(Dunn, 1988). 어린 자녀의 어떤 행동에 대해 우리가 부모로서 보이는 반응이 자녀들의 생각과 다른 경우가 종종 있다. 이러한 상황에서 이루어지는 논증은 우리 자녀들의 사회적 이해에 매우 중요한 역할을 한다(Dunn, 1988). 발달에 영향을 미치는 매우 중요한 요소 중의 하나는 어린이가 자신의 이익을 추구하는 과정에서 발생하는, 피할 수 없는 갈등이다. 장기적 측면에서 논증은 공감이나 협력, 역지사지의 태도, 절제된 행동(Brunner, 1990; Dunn, 1988), 그리고 더 넓게 보면 민주적인 제도에서 기대되는 지적, 사회적, 문화적 능력 (Dewey, 1916)의 발달에 기여한다. 어쩌면 이러한 이유로 인해 논증 연구가 역동적으로 전개되어 왔는지도 모른다 (예, Aristotle, trans. 1991; Walton, Reed, & Macagno, 2008).

일상적인 경험은 청소년들이 논증에서 어떤 능력을 가지고 있는지를 보여준다. 유감스럽지만 청소년들(심지어는 성인조차도)은 자신의 관점을 위협할 수 있는 유의미한 정보를 무시하고(Perkins, Farady, & Bushey, 1991), 자신들의 주장에 대한 비판을 올바로 인식하지 못하고 있다(Kuhn, 1991). 그리고 올바르고 타당한 논증이 무엇인지를 평가할 만한 기준을 가지고 있지 못할 뿐만 아니라(Ferretti, Lewis, & AndrewsWeckerly, 2009), 의사소통의 맥락에 맞게 자신의 표현 전략을 적용하지도 못 하고 있는 실정이다(Felton & Kuhn, 2001). 결과적으로, 일반 대중의 논증은 그 수준이 너무 형편없이 낮다. 자신의 관점에 반대되는, 대안적인 관점을 고려할 수 있는 감각이 전무하다시피 하다.

이러한 특성은 학생들이 작성한 논증적 글쓰기에서도 확연하게 드러난다(Applebee, Langer, Mullis, Latham, & Gentile, 1994). 서사적 글쓰기나 설명적 글쓰기에 비해 논증적 글쓰기의 수준은 매우 낮다. 길이도 너무나 짧다. 국가 학업 성취도 평가의 논증적 글쓰기 성적에 따르면 4학년의 17%, 8학년의 18%, 12학년의 31%만이 우수 등급 이상의 글을 썼다(Persky, Daane, & Jin, 2003).

우수 등급의 논증적 글쓰기에서는 주장, 이유나 근거, 예가 포함되어 있지만, 다른 등급의 글에서는 내용도 빈약할 뿐만 아니라 충분히 고려했을 법한 대안적 관점도 드러나 있지 않다. 2007년 국가 수준 학업 성취도 평가에서는 12학년의 경우 겨우 27% 정도만 논증적 글쓰기에서 우수 이상의 등급을 받았다(The Nation's Report Card: Writing 2007, 2007). 학생들의 논증적인 텍스트는 상반된 관점이나 입장을 거의 고려하지 못하고 있을 뿐만 아니라 그러한 관점이나 입장의 중요성, 가치나 의의를 인식하지 못하고 있다(Ferretti et al., 2009; Ferretti, MacArthur, & Doudy, 2000). K-12 성취기준에서 학생들이 '타당한 주장, 올바른 논증, 적절한 근거에 기반을 둔 논리적 논증'을 숙달하도록 규정한 이유는 바로 이 때문이다(National Governors Association[NGA] & Council of Chief State School Officer[CCSSO], 2010).

이 장의 목적은 과학적인 연구 결과를 바탕으로 하여 효과적인 논증적 글쓰기 지도에 필요한 원리를 제안하는 것이다. 이러한 원리를 논의하기에 앞서 우선은 논증의 개념부터 살필 필요가 있다. 그 후,

논증에서 대화의 중요성을 논의하고자 한다. 논증은 다른 사람들의 참여에 의존하는 의사소통이므로 대화는 매우 중요하다. 이러한 이유에서 대화적 지원은 논증적 글쓰기의 발달에 필수적이라고 할 수 있다. 이후에는 논증적 글쓰기에 영향을 미치는 자기 조절 기능의 중요성을 다루고자 한다. 그리고 마지막으로 내용교과에서의 논증을 논의하고자 한다. 내용교과의 학업 성취는 학생들에게 매우 중요하므로 내용교과에서의 논증을 다루는 것은 중요한 면이 있다.

논증의 정의

논증은 일반적으로 토론의 맥락에서 일어나며, 설득 및 문제 해결, 협상 및 협의, 토의 및 견해차 해결에 사용된다. 논증의 의미를 명확하게 하기 위해 다음과 같은 논증의 정의를 살펴보기로 하자.

논증은 청자나 독자에게 어떤 입장을 정당화(또는 반박)하는 명제를 제시함으로써 화자나 필자가 제시하는 입장을 수용(또는 거부)하게 하는 언어적 행동이자 사회적 행동이다(van Eemeren, Grootendorst, & Henkemans, 1996, p.5).

이 정의는 논증적 글쓰기를 개선하는 데 필요한 논증의 세 가지 중요한 측면을 담고 있다. 첫째, 논증은 본질적으로 쟁점에 대해 서로 다른 관점을 가진 사람들 사이의 대화를 수반하는 사회적 활동이다. 둘째, 명제의 제시는 입장의 수용(이나 거부)에 영향을 미치는 논증 과정의 체계와 조직을 의미한다. 셋째, 논증은 합리적 활동이며, 합리적인 사람들이 관점의 수용을 판단하기 위한 비판적 기준을 사용한다. 이러한 비판적 기준에는 논증적 대화 원리, 필자의 독자 인식, 논증 전략의 타당성 등이 포함된다. 여기에서 말하는 논증 전략의 타당성이란 다른 사람들이 논증 전략에 대해 비판적인 질문을 제시했을 때 이에 합리적으로 답할 수 있는가를 말한다(Walton et al., 2008).

대화로서의 논증

논증은 본질적으로 쟁점에 대해 의견 차이를 가진 사람들 사이에 전개되는 대화 활동이다. 이는 일상적인 논증으로서 사람들이 의견 차이를 해결하기 위한 목적으로 상호작용한다는 것을 의미한다. 상호작용의 질이나 의견 차이의 해결 여부는 자신의 의사 전달 의무를 이행하는 사람들의 자발적인 의지에 따라 달라진다(van Eemeren & Grootendorst, 2004). 이러한 의무가 충족되면, 상호작용에 참여하는 사람들은 각 의견의 장점과 단점에 대해 알게 되고, 그 결과 입장의 차이를 원만하게 해결할 가능성이 높아진다.

이러한 맥락에서 볼 때 대화적 접근법은 학생들의 논증적 사고와 논증적 글쓰기를 발전시키는 체계를 제공한다고 할 수 있다. 이러한 접근법은 학생들에게 소집단의 논증적 담화(Reznitskaya & Anderson, 2002), 대화의 논증적 담화(Kuhn, Shaw, & Felton, 1997), 온라인상의 논증적 담화(Newell, Beach, Smith, & VanDerHeide, 2011)에 참여하게 함으로써 자신이 지지하는 입장뿐만 아니라, 그렇지 않은 다른 관점에 대해서도 이해할 수 있도록 돕는다. 대화의 상호작용은 학생으로 하여금 자신이 채택하지 않은 대립적인 관점도 고려해 보게 하는 교육적 기회를 제공한다(Kuhn & Crowell, 2011). 따라서 이와 같은 상호작용은 '적절하고 충분한 증거'를 언급하고 있는 공통 핵심 성취기준의 요구에 좀 더 부합해야 한다(NGA & CCSSO, 2010).

대화적 접근법의 지지자들은 논증적 글쓰기가 공동체의 문해 활동에 깊이 관련되어 있다고 주장한다(Newell et al, 2011). 그러므로 이들은 특정한 장르(예, 5문단 글쓰기)의 관습을 강조하는 학교의 논증적 글쓰기는 공동체에 결합되어 있는 논증적 글쓰기와는 차이가 있다고 생각하고 있다. 대화적 접근법의 지지자들은 학교에서 다루는 관점과는 달리, 논증적 글쓰기를 지식의 획득, 정교화, 소통을 위한 유연한 도구로 간주한다(Boscolo & Gelati, 2007). Newell et al. (2011)에 따르면, 대화적 관점에서 이들의 목표는 '교사가 지도하는 내용에 학생들이 관심을 기울이는 교실, 학생 자신에게도 중요하고 문화적으로도 중요한 논증을 읽고 쓰는 데 관심을 기울이는 교실'을 구축하는 것이다(p.274).

자기 조절적 작문을 위한 전략적 지원

논증이 서로 다른 관점을 가진 사람들 사이의 상호작용을 뜻하므로 효과적인 논증을 위한 대화적 지원은 매우 중요하다. 또한 대화적 지원은 목표 지향적 자기 조절 과정을 사용하는 필자를 요구하는 문제 해결 과정(Bereiter & Scardamalia, 1987)으로서의 논증적 글쓰기를 이해하는 데에도 유용하다(Graham & Harris, 1997). 모든 문제 해결과 마찬가지로 작문은 필자가 지닌 인지 능력의 제약을 받는다. 그 결과, 필자는 목표 설정부터 고쳐쓰기에 이르기까지 작문 과정의 모든 측면을 관리해야 한다. 만약 필자의 자기 조절 능력이 과제의 요구에 미치지 못 한다면 작문 활동은 매우 고통스러울 것이다.

필자가 논증적 글쓰기로 관점의 차이를 해결하려면 논증적 담론, 주제, 비판적 기준의 지식을 사용해야 한다(Ferretti & De La Paz, Ferretti, AndrewsWeckerly, & Lewis, 2007). 전문적인 필자가 대개 효과적인 작문 과정을 위해 적절하면서도 구체적인 목표를 설정하는데 반해 미숙한 필자는 국소적인 정보만을 나열한다(Page-Voth & Graham, 1999). 뿐만 아니라, 미숙한 필자는 작문을 계획하는 전략을 창안하거나 수정하는 전략을 올바로 적용하지 못 한다(Graham, Harris, & McKeown, 2013). 미숙한 필자는 이러한 자기 조절의 문제를 극복하지 못함으로써 미숙한 작문 수준을 벗어나지 못하는데, 그 결과 이러한 필자들은 비판적 요소가 부족하고 수준이 떨어지는 논증적인 글을 쓰게 된다(Ferretti et al., 2009; Graham et al., 2013). 이런 상황에 놓인 필자들에게는 자기 조절적 글쓰기를 위한 현시적 교수법의 지원이 필요하다(Graham & Perin, 2007).

내용 영역에서의 논증

사람들은 특별한 전문 지식이 필요하지 않은, 일상적이면서도 매우 흔한 쟁점을 논증하곤 한다. 사실 학생들에게 논증적 글쓰기를 지도할 때 사용하는 많은 과제가 일상 경험과 관련된 지식을 다루고 있다. 물론 이러한 과제는 배경지식의 영향을 줄이기 위한 목적으로 사용되기도 한다(예, Ferretti et al., 2009). 일상적 경험의 지식을 활용하는 논증적 글쓰기 과제는 논증적 글쓰기가 미숙한 학생들을 지도할 때에도 활용할 수 있다. 이러한 학생들이 접근 가능한 지식을 활용하도록 할 때 작문 활동이 좀 더 수월하기 때문이다.

그러나 논증적 글쓰기에서 다루는 지식을 일상 경험의 범주로 묶어두는 것은 곤란하다. 학교에서 이루어지는 학생들의 학습은 내용교과의 학습과 밀접하게 관련되어 있기 때문이다. 학생들이 학업적 신장을 달성하려면 점점 더 높은 수준의 지식을 습득해야 하고 좀 더 높은 수준의 기능을 숙달해야 한다(Heller & De La Paz,2011). 다시 말하면 학생들은 학년이 올라갈수록 점점 더 학문 분야의 전문가처럼 논증해야 하는 요구에 직면하게 될 것이다(Ferretti & De La Paz,2011). 물론 학생들의 독서도 점점 더 논증적인 글의 비중이 증가하게 될 것이다. 이는 대학에서 이루어지는 학문적 글쓰기나 직장에서 이루어지는 직업적 글쓰기의 준비로도 이어진다(NGA & CCSSO, 2010).

선행 연구에 따르면 문학 분야이든(Fahnestock & Secor, 1991; Wilder, 2005) 역사 분야이든(Wineburg, 1991a, 1991b) 모든 지식 분야에서 전문가는 논증의 방식으로 지식을 생산하고 정교화하며 소통한다. 물론 더 많은 전문 분야를 살펴봐야겠지만, 지금까지의 선행 연구만으로도 각 학문 분야에서는 논증의 방법으로 지식과 기능을 구체화한다고 말할 수 있다. 학생들에게 내용교과에서 다루는 논증을 지도

하려면, 논증과 관련된 성취기준을 면밀히 살펴보는 것과 함께 이를 촉진하는 지도 활동을 좀 더 구체적으로 설계할 필요가 있다.

요약

논증은 쟁점에 대해 다른 관점을 가진 사람들이 펼치는 대화적 의사소통이다. 사람들이 지닌 관점의 차이가 명확하게 드러나려면 쟁점에 관련된 명제를 잘 구성해야 한다. 이렇게 했을 때 사람들은 자신의 관점에 대한 대안이나 비판을 생각하기도 하고, 이에 대한 자신의 대응을 모색하기도 한다. 합리적인 답변을 구성하려면 어떤 표현이 합리적인지를 평가하는 기준을 고려하지 않으면 안 된다. 논증으로 의견 차이를 해결하고자 할 때 사람들은 자신이 가지고 있는 화제와 관련된 지식의 영향을 크게 받는다. 학교에서 교육을 받는 학생들은 이러한 지식이 점점 더 영역 의존적으로 구체화 된다. 당연히 지적 부담도 커진다.

논증적 글쓰기는 인지 자원의 전략적인 자기 조절과 이의 발달을 돕는 지도가 필요한 도전적인 과업이다. 이 과업이 다소 어렵기는 하지만 논증적 글쓰기가 미숙한 학생들을 위해 더욱 더 확대될 필요가 있다. 결과적으로, 논증적 글쓰기의 자기 조절을 위한 현시적 지도는 많은 학생들에게 필요하다고 할 수 있다.

논증적 쓰기를 돕기 위한 대화적 접근

앞에서 우리는 논증이 본질적으로 대화적이라고 밝혔다. 필자가 관점의 교환 경험이 있든 없든, 그 필자는 논증에서 다른 사람들의 관점을 고려해야 한다. 이러한 관점에서 논증을 지도할 때 대화적 접근 방식을 취하는 것이 바람직할지도 모른다. 대화는 상대에 대한 대응을 바탕으로 전개되기 때문이다.

그러나 유감스럽게도 교사들은 학생들 사이의 갈등과 경쟁을 초래할지도 모르는 논증적 활동을 도입하는 것에 우려를 나타낸다.(Johnson & Johnson, 2009; Newell et al., 2011). 이러한 우려는 교실의 평화를 위하여 논증을 회피하는 수업으로 이어지곤 한다(Newell et al., 2011). 많은 학교에서는 장르적 특성이 명확하지 않은 작문 과제를 적용하는 경우가 많다. 실제적 목적이 없는 작문 과제, 교사를 제외하면 실제적인 독자가 없는 작문 과제가 그러한 예인데 이러한 작문 과제는 다른 사람의 입장이든 자신의 입장이든 이를 비판을 예상하는 학생들의 능력도 떨어뜨린다(Coker & Lewis, 2012). Andrews(1995)는 독자와 관점의 명확한 이해가 없는 논증적인 담화에 참여하는 것은 사실 의미가 없다고 주장한 바 있다. 이러한 활동은 소귀에 경을 읽는 것과 다를 바가 없다. Andrews(1995)나 대화적 지도를 강조하는 전문가들이 보기에 논증은 대조적인 다른 관점에 바탕을 두고 이루어지는 것이다.

논증의 대화적 성격은 논증적 글쓰기를 지도하는 데에 몇 가지 중요한 의미가 있다. 우선 교사가 학생들에게 제시한 작문 과제가 '실제 독자'를 포함하도록 할 수 있다. 선행 연구에 따르면, 이러한 '진정한 작문 과제'는 학생의 작문의 질에 긍정적인 영향을 미치며 학생들로 하여금 더 분명하고 정확한 논증을 생산하도록 돕는다(Avery & Avery, 1995). 그리고 진정한 작문 과제는 학생들이 교사가 생각하고 있는 반응을 넘어서 실제 독자에 초점을 맞추어 논증을 좀 더 폭넓게 생각하도록 만든다. 많은 연구자들이 이러한 작문 과제를 이용하여 학교 작문 지도의 문제를 해결해 왔다(Boscolo & Gelati, 2007).

더 중요한 점은, 대화적 접근 방식이 글을 쓰는 학생이 글을 읽는 다른 학생들의 관점을 받아들이도록 하는 협력적 작문 활동을 더욱 촉진한다는 사실이다. Felton & Herko(2004)의 지적처럼, 학생들은 작문 활동을 통해 독자와 직접적으로 대면하면서 대안적 관점을 바탕으로 논증에 참여할 수 있다. 그러나 Felton & Herko(2004)는 대화적 지원 없고, 직접적인 상호작용 없이 쓰는 논증은 효과가 없다고 강조했다. 그러므로 교사는 학생의 글쓰기와 직접적 논증 사이의 '격차 해소'를 돕는 협력적인 경험을 제공해야 한다(Felton & Herko, 2004). 이것은 학생들이 민주적 담론을 지원하는 방법으로서 대안적 관점을 위한(Newll et al., 2011) 접근을 얻도록 도울 것이다(Emmel, Resch, & Tenney, 1996). 본론으로 돌아가 우리가 앞서 언급한 논증의 정의를 보면, 이러한 상호작용은 필자가 논증의 합리성과 다른 사람에 대한 잠재적인 설득력에 대해 상대로부터 피드백을 받아(van Eemeren et al., 1996) 자신의 관점을 뒷받침하는 명제의 구성을 평가하는 데 도움이 될 수 있다.

Wagner(1999)에 따르면, 역할극은 4학년과 8학년의 논증적 글쓰기에서 대화적 협력이 긍정적인 효과가 있다. Wagner(1999)는 학생들이 쓴 논증에서 다른 사람의 관점을 고려하는 정도가 극적인 역할극의 증가와 관련이 있는지를 분석했다. 이 연구에서 학생들은 역할극 조건, 직접 교수법 조건, 비지도적 조건에 배정되었다. 역할극 조건의 학생들은 논쟁적 주제로 학교장을 설득하는 글을 쓰기 전에, 학생 역할과 학교장 역할을 모두 연기해 보는 활동을 수행했다. 직접 교수법 조건의 학생들은 효과적인 설득 전략 8가지를 나열한 목록을 받은 다음, 작문 과제와 유사한 주제로 작성된 예시문을 읽고 그 목록에 따라 분석·토의했다. 비지도적 조건의 학생들은 작문 과제만 받고, 다른 활동은 전혀 수행하지 않았다.

이러한 실험 결과, Wagner(1999)는 직접 교수법 조건의 학생보다 역할극 조건의 학생들이 작성한 논증적 글쓰기(건의문으로 작성한 편지)가 독자의 요구에 더 부합한다는 것을 발견하였다. 이러한 결과는 역할극과 같은 대화적 상호작용 지도가 효과적이라는 사실을 잘 보여준다. 물론 글을 쓰기 전에 생각을 정리하게 하는 활동도 의의가 있다. 글을 쓰기 전에 이루어지는 이러한 활동은 논증적 글쓰기의 비계이다(Morgan & Beaumont, 2003; Felton & Herko, 2004).

좀 더 최근의 Kuhn & Crowell(2011)에서는 다른 작문 지도에서 긍정적 효과가 확인된 대화적 토론(Felton & Herko, 2004)에 '전자 채팅방'이라는 요소를 더한 후, 이의 효과를 검증하였다. 이 연구는 3년 동안 진행되었다. 연구자들은 '주제 순환'의 구조를 설계하여 학생들에게 3가지의 대화적 활동을 안내하였다. 이 대화적 활동은 학생들에게 논증적 화제를 안내하고 논증적 사고를 촉진하는 데 목적이 있다(〈표 5.1〉 참고).

'게임 전' 단계에서, 학생들은 의견이 같은 팀에서 활동하면서 그 팀을 위해 근거를 생성하고 그 근거를 평가한다. 평가는 중요한 정도, 합리적인 정도에 따라 순위를 매긴다. 이 팀은 교사나 부모 등 어른이 도움을 제공한다. 1년차일 때에는 주제와 관련하여 연구자가 만든 질문과 그에 대한 답을 학생들에게 제시하고, 2~3년차가 되면 이러한 질문과 답을 학생들이 스스로 작성한다. 물론 이때 교사의 도움을 받을 수 있다. 게임 전 단계의 끝에서는 같은 편 팀의 주장을 비판할 수 있는 대안적 관점을 생각해 보고, 이의 근거가 무엇인지, 이러한 논리에 어떻게 대응하면 좋은지를 확인한다. 필요에 따라 이러한 논리를 공격할 수 있는 근거를 작성한다.

〈표 5.1〉 논증을 위한 대화적 지원의 예

게임 전 단계

1. 학생들에게 논증적 주제를 제시한다.

2. 학생들에게 '의견이 같은 팀'에서 활동하면서 근거를 작성하고 순위를 매기게 한다.

3. 학생들에게 주장에 대한 질문(그리고 이러한 질문에 대한 답)을 제시하거나, 학생들이 스스로 주장에 대한 질문을 만들고 답을 해 보도록 지도한다.

4. 학생들에게 자신들의 주장에 대립할 수 있는 대안적 관점의 근거를 생각해 보게
   하고, 이에 대응할 수 있는 논리를 찾아보도록 지도한다.

게임 단계

5. 학생들에게 인터넷 채팅(예, Google 채팅)에서 '같은 팀'과 '상태 팀'으로 나누어
   겨루도록 안내한다.
6. 학생들이 각각의 주장에 대해 논증을 벌이는 동안 상대 논증을 비판할 수 있는
   반론이나 반증을 학습지에 기록하도록 안내한다.

게임 후 단계

7. 학생들에게 게임 이전의 팀으로 돌아가 학습지에 기록한 근거, 반론, 반증을 토의
   하게 한다.
8. 학생들에게 상대편 팀의 멤버와 토론하여 승리하면 점수를 얻는 '토론의 자리'에
   3분 동안 참여하도록 안내한다.

글쓰기 단계

9. 학생들에게 이러한 활동을 바탕으로 하여 자신의 주장을 담아 글로 완성하도록
   지도한다.

'게임 단계'에서 두 팀으로 나뉜 학생들이 Google 채팅 같은 인터
넷 채팅을 활용하여 상대편과 겨룬다. 학생은 서로 토론하면서 상대
의 논증을 비판할 수 있는 근거를 학습지에 정리한다. 이렇게 작성한
학습지는 상대 팀의 주장과 근거를 발견하는 데에도 도움을 줄뿐만
아니라, 자신이 속한 팀의 논증을 이해하는 데에도 도움을 준다.

'게임 후' 단계에서 학생들은 이전의 팀으로 돌아가 자신들의 논증
과 상대 팀의 논증을 다시 검토한다. 그 후 각 팀의 멤버가 3분 동안
토론하는 '토론의 자리'에 참여한다. 이 토론에서 학생들은 효과적으

로 논증하면 점수를 얻고, 그렇지 않으면 점수를 잃는다. 이 점수를 합산하여 이긴 팀을 정한다. 이 단계의 마지막에 학생들은 이러한 활동을 바탕으로 주제에 대한 개인적인 논증의 글을 쓴다.

Kuhn & Crowell(2011)은 학생이 생산한 텍스트에서 논증의 유형과 수를 분석하고, 게임 전 단계에서 학생들이 물었던 질문의 유형과 수도 분석했다. 통제 조건의 학생들은 이 주제에 관한 교사의 주도를 따라가느라 바빴던 데 비해, 실험 조건의 학생들은 활동 과정을 바탕으로 이 주제에 대해 의미 있는 텍스트를 보다 더 많이 썼다. 실험 조건에서 지도를 받은 학생들은 양쪽의 주장과 논증을 모두 고려하는 텍스트를 작성했다. 사실, 통제 조건에 있었던 학생들 중에도 이러한 글을 쓴 예가 있었지만 소수에 그쳤다. 실험 조건의 학생들은 통제 집단보다 의미 있는 질문도 더 많이 들어냈다.

앞서 우리는 학생들에게 논증적 글쓰기에서 비평적 기준의 적용을 지도하는 것이 중요하다는 점, 학생들이 생산한 논증의 평가는 논증적 전략의 관계에 대한 비평적 질문을 통해 더 잘 성취할 수 있다고 언급하였다(Walton et al., 2008). 학생들은 '교사가 학생들에게 숙제를 더 내도 되는가?'와 같은 주제로 논증적 글쓰기를 하는 경우가 있다. 이러한 작문 과제는 이러한 정책(즉, 숙제를 더 많이 내주어야 한다는 정책)이 초래할 결과를 바탕으로 찬성 또는 반대의 주장을 하게 한다. 즉, 이러한 작문 과제는 정책의 결과를 근거로 하는 논증을 이끈다는 것이다. 그래서 이 주제에 찬성하는 학생은 숙제는 (1) 학생들이 학교에서 배운 내용을 복습하게 해준다는 점, (2) 교사나 부모가 없더라도 학생들이 공부하는 습관을 기를 수 있게 해준다는 점, (3) 학생들이 학습 기능을 기르는 데 도움을 준다는 점을 근거로 제시할 수 있다.

반대하는 학생은 이에 대해 '비판적 질문'을 제기할 것이다. 예를 들면 (1) 좋은 결과가 실제로 발생한다고 확신할 수 있는가? (2) 이러한 결과가 일어난다는 분명한 증거가 있는가? (3) 우리가 이를 시행할 때 발생할지도 모르는 잠재적인 나쁜 결과가 있을 수도 있지 않은가? 이 정책에 찬성하는 학생은 다시 반대론자가 내세우는 근거에 대해 같은 질문을 할 수 있다. 이렇게 비판적 질문은 대안적 관점을 고려하도록 장려함으로써 논증 전략의 타당성을 수립하는 것을 돕는다(Ferretti et al., 2007, 2009; Song & Ferretti, 2013; Nussbaum & Edwards, 2011).

Nussbaum & Edwards(2011)은 7학년 사회 수업 시간에 논쟁적 쟁점에 대한 대화적 상호작용을 학생들에게 적용하고 비판적 질문 지도의 효과를 분석했다. 수업 시간에 다룬 논쟁적 쟁점은 뉴스 잡지인 'Newsweek'에서 가져왔다. 모두 10개의 쟁점을 추려 8개는 지도 과정에 적용하고(20주 이상), 나머지 2개는 효과를 검증하는 데 사용했다. 이 실험에는 3개의 교실이 참했다. 두 교실은 실험 조건에, 한 교실은 통제 조건에 할당했다. 실험 조건에서는 학생들에게 '논증 도표'로 불리는 도해 조직자와 비판적 질문을 사용하여 학습하도록 했다. 가령, 학생들이 도해 조직자에 논증을 정리하면, '위의 논증 중 실현 가능성이 없는 것은?'과 같은 비판적 질문을 제시하여 답하도록 하였다. 통제 조건에서는 도해 조직자를 사용하지만 비판적 질문을 제시하지 않는 방식으로 학습이 이루어졌다.

연구자들은 비평적 질문이 학생들로 하여금 통합적인 수준의 논증을 쓰게끔 하는지, 다시 말하면 비평적 질문을 적용하면 학생들이 자신의 관점에 대해 제기될 수 있는 반대의견까지 고려하여 논증하는지를 살펴보고자 하였다. 연구자들은 5번째 쟁점을 다룬 수업에서 비평적 질문이 다른 관점을 고려하는 논증의 수가 증가한다는 것을 발견하였다. 그러나 이러한 효과는 토론이나 비평적 질문이 없을 때는 나타나지 않았다. 그러나 비평적 질문 조건의 학생들은 어떤 한 해결책이 다른 해결책에 어떻게 도움이 될 수 있는지를 설명하는 데에는 어려움을 겪었다. 연구자들은 실험 조건의 학생들에게 논증 설계를 더 많이 사용해 보기를 요구했는데, 이런 논증이 본질적으로 통합적이기 때문이다. 연구자들은 비판적 질문과 그래픽 조직자의 영향으로 학생들 스스로의 논증적 발전을 가져오는 대화적 지원을 사용하는 방법도 다루었다. 이러한 연구 결과에 따르면, 비판적 질문은 논증적 글쓰기에 분명한 효과 있다고 할 수 있다. 그러나 연구를 바탕으로 한 전략이 있다면 현시적 교수를 통한 타당성 평가가 필요하다. 논증 전략으로서 비판적 질문에 대해서는 다루어진 적이 거의 없기 때문이다. 현시적 교수의 지원이 부족하면 학생들은 비판적 질문과 같은 전략을 숙달하기 어렵다(Song & Ferretti, 2013).

연구 결과에 따르면, 논증적 글쓰기의 대화적 지원이 다른 관점을 고려하는 능력뿐만 아니라 학생들의 논증적 사고와 작문의 질에도 긍정적인 영향을 준다는 점을 보여주었다(Wagner, 1999; Felton & Herko, 2004; Kuhn & Crowell, 2011). 더욱이 이러한 방법을 통해서 학생들은 교실 의사소통에서 동료와의 협력 활동을 통한 표현과 의사소통 도구로서 작문의 긍정적인 동기적 효과를 경험할 수 있다(Boscolo & Gelati, 2007).

이러한 방법을 활용함으로써 작문은 실제적인 교실 상호작용을 만들어낼 수도 있고 내용교과 자료를 포함하는 결정적인 장면을 만들어낼 수도 있다.(Boscolo & Gelati, 2007). 대화적 지원의 방법을 활용함으로써 학생에게 다른 관점을 고려할 수 있는 기회를 줄 수 있는데, 이는 관점 수용 및 내면화를 달성하는 데 기여한다. 이를 통해서 학생들은 다른 관점을 표상하는 방법과, 다른 관점과 관련된 논증적 목표를 설정하는 방법을 이해할 수 있으며(Flower & Hayes, 1980), 독자가 자신들의 주장을 더 잘 받아들이도록 하는 명제 배열의 방법을 배울 수 있다(van Eemeren et al., 1996).

논설문 쓰기를 위한 자기조절 전략

학습 장애 학생뿐만 아니라 나이가 어리거나 글쓰기가 미숙한 학생들은 논증적 글쓰기의 많은 요구를 조절하는 데 어려움을 느낀다. 자기조절의 어려움은 목표 설정, 계획, 초고 작성 및 수정 등 문제 해결의 모든 국면에서 나타난다(Graham et al., 2013). 결과적으로 이 학생들에게는 작문 활동의 모든 과정에 현시적인 전략 지원 및 비계가 필요하다. 글쓰기 과정의 전략을 현시적으로 지도하면 이러한 학생들일지라도 작문의 질이 개선된다는 연구가 있으므로 이들에 대한 작문 지도의 희망을 걸 수 있다(Graham & Perin, 2007; Graham et al., 2013).

자기조절 전략 발달(SRSD)의 지도 모형은 논증적 글쓰기를 가르치는 데 효과적인 방법 중 하나로 입증되었다(Graham & Perin, 2007; Graham et al., 2013). 이 지도 모형의 핵심은 작문 과정 전략을 교사가 현시적으로 지도해야 한다는 점과, 학생들이 이 전략을 숙달하여 독립적으로 적용해야 한다는 점에 있다. 작문 전략의 현시적인 지도는 특히 작문 부진을 경험하는 학생들에게 중요하다(Graham & Harris, 2005). 이 지도 모형의 6단계를 통해 학생들은 작문 과정에서 목표를 세우고, 목표에 따라 글을 쓰는 적합한 전략 조절의 방법을 학습하게 된다(〈참고 5.1〉 참고).

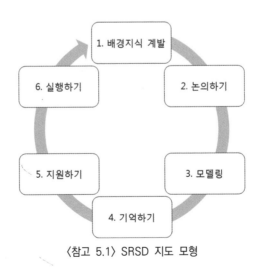

〈참고 5.1〉 SRSD 지도 모형

이 지도 모형의 첫 번째 단계에서는 전략의 목적과 전략의 장점을 다룬다(배경지식 계발 단계). 그 후, 현시적 지도를 통해 특정 작문 전략을 효과적으로 기억할 수 있도록 돕는다[1](논의하기 단계). 이때 효과적인 기억 방법을 활용한 시범이 포함된다(모델링 단계). 학생들은 반복적으로 연습하면서 작문 전략을 효과적으로 기억하고(기억하기 단계), 교사는 학생들이 작문 전략을 스스로 좀 더 잘 활용하도록 점진적으로 이양해 나간다(지원하기 단계). 그리고 전략의 내면화와 유지, 일반화를 위한 학습 활동을 제공한다(실행하기 단계)(Graham & Harris, 2005; Graham et al., 2013). 〈표 5.2〉는 2가지 논증적 글쓰기 전략을 자기조절 전략 발달의 모형으로 지도하는 과정을 예시한 것이다.

〈표 5.2〉 논증적 글쓰기를 위한 전략: TREE, STOP & DARE

SRSD의 지도 단계	TREE (어린이를 위한 논증 전략)	STOP & DARE (청소년을 위한 논증 전략)
1. 배경지식 개발 교사는 작문 전략과 관련된 배경지식을 학생들에게 소개한다.	교사는 논증적 글쓰기의 중요성, 주나 국가 수준 교육과정과의 관련성, 학교와 사회에서 논증적 글쓰기의 역할, 지금부터 배울 이 전략이 논증적 글쓰기에 어떻게 도움이 되는지를 설명한다.	
2. 논의하기 교사는 학생에게 작문 전략을 효과적으로 기억하는 방법, 작문 수행을 할 때 이 전략을 어떻게 활용할 수 있는지를 소개한다.	교사는 앞머리 글자를 조합하여 학생들에게 효과적인 기억 방법을 제시한다. 학생들이 논증적 글쓰기를 할 때 다음 사항이 포함되어야 한다. T: 명확한 화제 문장 R: 근거(3개 이상) E: 근거에 대한 구체적 설명 E: 바로 마무리하기	교사는 앞머리 글자를 조합하여 학생들에게 효과적인 기억 방법을 제시한다. 학생들이 논증적 글쓰기를 할 때 다음 사항이 포함되어야 한다. S: 찬반의 판단을 보류한 채 주제에 대한 찬반 양측의 근거를 작성 T: 가장 강력한 근거를 지닌 쪽을 선택하여 관점 취하기 O: 숫자를 사용하여 선택한 관점의 근거를 내용으로

---

1) [역주] 효과적인 기억을 돕기 위해서 이 지도 모형에서는 전략의 각 단계의 앞머리 글자를 조합하여 학생들이 기억하기 쉬운 의미 단어로 조합한 후 학생들에게 그것을 암기하도록 하는 방법을 적용한다.

		조직하기 P: 글을 써 가면서 계획을 수정하기 D: 중심 문장 작성하기 A: 뒷받침 문장 추가하기 R: 다른 관점의 근거를 한 개 이상 반박하기 E: 결론으로 종결하기
3. 모델링 교사는 사고 구술을 활용하여 작문 전략의 활용 방법을 시범 보이고 기억하고 있는 전략을 어떻게 활용하면 좋은지 안내한다.	교사는 학생들 앞에서 사고구술을 통해 전략 활용의 방법을 시범 보인다. 교사는 화제 문장을 활용할 수 있다. (T) 세 개 이상의 근거 (R) 교사의 의견과 각각의 근거에 대해 어떻게 쓸 것인지 보여주기 (E) 상세한 설명이나 사례를 제공함으로써 결말을 어떻게 쓸 것인지 보여주기 (E) 관점 강화하기	교사는 사고 구술 중 논설문을 위한 계획하기나 도해 조직자를 활용하여 시범을 보인다. (S) 논증적 주제에 대한 찬반 양측의 근거를 목록화하기 (T) 조직하기 (O) 글에서 사용할 논증들에 숫자를 매겨 계획하기 (P) 글을 쓰는 내내 계획을 스스로 지속하도록 되새기기 (D) 중심 문장 작성하기 (A) 학습지에 기록한 근거를 이용하여 중심 문장 뒷받침하기 (R) 학습지에 기록한 다른 관점의 근거 중 하나를 선택하여 비판하기 (E) 관점을 강화하며 종결하기
4. 기억하기 교사는 학생들이 이 작문 전략을 암기하도록 장려한다.	교사는 학생들이 전략을 기억하는 데에만 전념하게 한다. 이를 돕기 위해 게임 형식을 도입하는 것도 가능하며 협력적 방법을 적용하는 것도 가능하다.	
5. 지원하기 교사는 학생들이 독립적으로 작문 전략을 활용해 보도록 비계를 제공한다.	교사는 다른 논증적 작문 과제를 부여한 후, 협력적 글쓰기의 환경을 구축하여 학생들이 작문 활동을 공유할 수 있도록 한다.	교사는 다른 논증적 주제로 전략 사용을 강화하기 위하여 동료 상호작용이나 작문 경험의 공유를 제공한다. 이는 학생들이 대안적 관점을 고려하는 데 도움을 주는 효과적인 방법이다.
6. 독립적 수행 교사는 학생들에게 다양한 논증적 글쓰기 과제를 제시하여 독립적인 활용 능력을 기르게 한다.	교사는 다양한 목적, 다양한 길이, 정책 쟁점과 내용 영역의 자료에 기반을 둔, 분석적이고 평가적인 질문을 다루는 논증적 글쓰기를 학생들이 독립적으로 수행할 수 있도록 한다.	

자기조절 전략 발달의 논증적 글쓰기 전략은 계획 단계를 지원하기 위해 개발되었다(Graham & Harris, 1989; Sexton, Harris, &

Graham, 1998). Graham & Harris(1989)는 6학년 학생 3명을 대상으로 자기조절 전략 발달 모형을 바탕으로 한 논증적 글쓰기 전략의 효과를 분석하였다. TREE 전략은 학생들이 주제문의 구성, 의견에 대한 근거 설정, 예상 독자의 관점을 반영한 근거 제시, 그리고 이를 바탕으로 한 결론 구성에 효과가 있었다. 논증적 글쓰기 전략은 논증의 일반적 구조를 기반으로 하며, 전제, 근거 및 자료의 뒷받침, 결론 등을 포함한다. 어린 학생들에게는 특정한 안내가 제공되지는 않지만 주장에 대한 예상 독자의 반응을 고려하도록 안내하였다. TREE 전략의 지도는 학생의 논증적 글쓰기와 학생의 작문 효능감에 긍정적 효과를 보였다. 지도 이전에는 논증적 담화 요소를 글에 포함하는 학생들은 소수였고 대부분의 학생들의 글의 목적마저도 인식하지 못했다. 그러나 지도 후에는 거의 대부분의 글에서 논증적 담화 요소가 발견되었으며 지도 이전보다 작문의 질도 높았다.

　학업 동기가 부족한 3명의 5학년 학생들과 3명의 6학년 학생들에게 TREE 전략을 사용하여 논설문을 지도한 Sexton et al.(1998)에서도 전략 지도의 효과가 확인되었다. 지도를 받기 이전에 학생들은 계획하기 활동을 거의 하지 않았으며 담화 요소도 매우 적어 전반적인 작문의 질이 낮았다. 학생들은 노력을 쏟거나 전략을 사용하는 것이 그다지 효과적이지 못 할 것이라고 믿는 경향마저 있었다. 그러나 지도 후에는 극적인 변화가 나타났다. 학생들은 글을 계획할 때 TREE 전략을 사용하게 되었는데 이 전략을 활용함으로써 담화 요소가 크게 늘었을 뿐만 아니라 논설문의 전반적인 질적 수준도 크게 높아졌다. 게다가 학생들은 이제 노력과 전략이 작문 수행에 영향을 미치는 중요한 요소라는 사실을 인식하게 되었다.

　Graham, MacArthur, Schwartz, & Page-Voth(1992)는 학습 장애를 지닌 5학년 학생 4명에게 논증적 글쓰기의 향상을 돕는 계획하기 전략을 지도했다. 목표 진행(process)과 생성을 포함하는 PLANS 전략(목표 선택하기, 목표 달성을 위한 방안 목록화하기, 메모하기, 순서

노트 작성하기)은 학생의 작문 활동에 대한 안내를 의미하였다. 이를 바탕으로 작문 과정을 하위의 작은 단계로 나누어 제시함으로써 나이가 어린 학생들임에도 불구하고 작문 과정을 충분히 다룰 수 있도록 하였다.

이 전략을 지도한 결과, 이전과 달리 큰 차이가 나타났다. 우선 지도 전에 학생들은 논증적 요소를 매우 적게 사용하였으나 지도 후에는 평균적으로 훨씬 더 많은 논증 요소를 포함하였으며, 몇 주 간 이러한 효과가 유지되었다. 지도 전에는 글에 논증 요소를 포함한 학생은 1/4 이하였지만 지도 후에는 거의 모든 학생들이 논증 요소를 포함하였다. 지도 후, 학생들이 작성한 텍스트는 길이, 통일성이 더 우수해졌다. 전반적인 작문의 질도 더 나아졌다. 무엇보다도 지도 이전에는 학생들이 계획 활동을 거의 하지 않았으나 지도 후에는 글쓰기 단계로 나아가기 전에 계획 활동을 적용하였다.

De La Paz & Graham(1997a)는 5학년 학습 장애 학생 3명에게 논증적 글쓰기의 계획하기 전략과 작성하기 전략을 지도했다. 이 전략은 학생들에게 글쓰기를 계획할 때 찬반 양측의 관점에서 내용을 생성한 후, 복합적 관점으로 이러한 내용을 검토하도록 요구했다. STOP & DARE 전략은 학생들이 계획 단계에서는 멈추고, 생각하고, 계획하도록 요구하였으며(판단 유보하기, 입장 취하기, 내용 조직하기, 계획 작성하기), 글을 쓰는 단계에서는 논증적 글쓰기의 주요 요소 4가지를 포함하도록 요구하였다(주제문 전개하기, 뒷받침 내용 추가하기, 반대편에서 제기할 만한 주장 반박하기, 결론짓기). 지도를 받기 전에 학생들은 계획하기나 작성하기 단계에 적은 시간을 썼다. 결과적으로 글에는 입장에 대한 설명이나 근거가 충분히 포함되지 않았다. 그러나 지도 후에는 학생들은 더 많은 논증 요소를 포함하여 긴 글을 작성하였다. 흥미로운 점은 지도 이후에는 학생들의 전체 논증적 글쓰기 중 70%에서 대안적 입장에 대한 반박이 포함되었다는 것이다. 아쉽게도 연구자들은 학생의 그 반박이 어떤 성격을 지녔는지, 수업 중에 그러한 내용이 포함되었는지, 그 반박의 적절성은 어떻게 평가할 수 있는지 등에 대해서는 다루지 않았다.

Kiuhara, O'Neil, Hawken, & Graham(2012)는 10학년 장애 학생 6 명에게 논증적 글쓰기의 계획 전략으로 AIMS, STOP & DARE를 지도했다. STOP & DARE의 요소 중 일부는 고등학생 수준에 맞게 수정되었다. 그러나 가장 큰 변화는 AIMS의 요소를 결합하였다는 점이다. AIMS[2] 전략은 학생들이 예상 독자의 이해를 고려하여 글의 도입부를 구성하도록 하는 데 목적이 있다. 지도를 받기 전에 학생들은 글을 계획하거나 작성하는 데에 매우 적은 시간을 쏟았다. 그 결과, 논증적 글쓰기의 질이 낮았을 뿐만 아니라, 글도 짧았다. 학생들이 글에 담은 주장은 매우 일반적이었으며, 이를 뒷받침하는 근거도 추상적이었다. 그러나 지도를 받은 후에는 큰 변화가 나타났다. 학생들은 계획하기와 작성하기에 더 많은 시간을 보냈으며, 작문의 질도 더 높아졌다. 그리고 입장에 대한 근거가 구체적이었고, 대안적 관점에 대한 비판도 포함되었다. 지도를 받은 후에 학생들이 작성한 글은 주제를 맥락화하여 다루고 배경지식도 제공함으로써 효과적으로 독자의 이해를 도왔다.

앞에서 언급한 바와 같이, 자기조절 전략 발달의 작문 전략은 논증적 글쓰기(주장하는 글쓰기)의 계획 및 작성을 위해 개발되었다 (Graham & Harris, 1989; Sexton et al., 1998). 물론 글의 수정을 지원하기 위한 전략도 있다(Graham & MacArthur, 1988; Song& Ferretti, 2013). 특히 수정하기 전략도 중요한데, 그 이유는 수정하기 단계가 학생들이 자신의 아이디어를 숙고하고, 더 발전시키고, 비판적 평가 기준에 비추어 보고, 그 결과 작문 기능의 향상을 돕기 때문이다

---

2) AIMS는 다음의 앞머리 글자로 구성한 계획하기 전략이다. Attract reader's attention. Identify the problem of the topic so the reader understands the issues. Map the context of the problem or provide background needed to understand the problem. State the thesis so the premise is clear.

(Scardamialia & Bereiter, 1986). 선행 연구에 따르면, 전문 필자들은 글의 전반적인 향상이나 내용을 명확히 하기 위해 수정하지만, 초보자들은 문법, 철자, 어법, 구두점 수정에 많은 시간을 보내는 것으로 나타났다(MacArthur, Schwartz, & Graham, 1991). 글을 수정하는 능력은 시간이 지남에 따라 분명하게 발달한다(Fitzgerald & Markman, 1987). 그러나 한 연구에 따르면 유감스럽게도 많은 대학생들이 수정하기 전략을 효과적으로 적용하지 못하는 것으로 나타났다(Kinsler, 1990).

Graham & MacArthur(1988)은 학습 장애를 지닌 5~6학년 학생 3명에게 워드프로세서로 글의 수정을 돕는 SCAN 전략을 지도했다. SCAN[3] 전략은 학생들이 다음 질문에 대해서 생각해 보게 하는 데 목적이 있다. 즉, '글은 의미가 통하는가? 글은 나의 신념에 부합하는가? 더 추가할 사항이 있는가? 오류를 수정하라.' 연구 결과에 따르면, SCAN 전략 지도는 학생의 수정하기 활동에 긍정적인 영향을 미쳤다. 지도를 받기 전에는 오직 학생의 1/3 정도만이 입장에 대한 근거를 추가하여 수정했지만, 지도를 받은 후에는 약 2/3 가까이가 글을 수정할 대 근거에 대한 추가를 포함하였다. 그리고 글도 더 길고 질도 높았다. SCAN 전략은 명확한 신념을 제시하고, 이 신념을 뒷받침하는 근거를 제시하고, 철자법 오류를 제거하는 것까지 포함되어 있으므로, 이를 평가하는 기준도 이를 반영해야 한다. 이 평가 기준은 학습 장애를 지닌 학생들과 어린 학생에게 적합하지만, 청소년들의 논증 전략을 평가하는 데 쓰이는 비평적 기준에는 적합하지 않다.

앞에서 언급한 논증의 비판적 기준은 중요한데, 이는 논증의 비판적 기준이 학생들이 논증 전략의 관련성을 평가할 때 적용하는 기준이 되기 때문이다. Nussbaum & Edwards(2011)은 학생들에게 논증에서 비판적 기준을 사용하도록 지도하기 위해 대화적 논의를 활용하

---

3) SCAN은 다음의 앞머리 글자로 구성한 수정하기 전략이다. Does it make Sense? Is it Connected to my belief? Can I Add more? Note Errors.

였다. 우리는 앞에서 이 지도의 효과가 명확하지 않았다는 점을 언급한 바 있다. 그것은 아마도 연구자들이 비판적 질문의 활용을 현시적으로 지도하지 않았기 때문일 것이다. 우리가 찾은 바로는 Song & Ferretti(2013)가 자기조절 전략 발달 모형을 바탕으로 논증의 비판적 기준을 지도할 수 있게 구성한 유일한 연구이다. 비록 대상이 대학생들이었지만, 이 연구에서 구성한 논증 평가 기준의 활용 방법은 중·고등학생의 지도에도 적용할 수 있다.

Song & Ferretti(2013)에서 대학생들은 3가지 조건 중 하나에 할당되었다. 비판적 질문 및 응답 조건, 논증 스키마 조건, 비지도적 조건이 그것이다. 비판적 질문 응답 조건에서 학생들은 일반적으로 대립적인 정책을 논증하는 2가지 전략에 대해 질문하고 응답한 후 글을 수정했다(Ferretti et al., 2007; 2009). 여기에서 말하는 2가지 전략은 '결과 논증 전략'과 '예시 논증 전략'이다. 결과 논증 전략은 어떤 정책의 긍정적인 결과나 부정적인 결과를 토대로 그 정책의 타당성을 정당화하는 방법이다. 예시 논증 전략은 구체적인 사례를 근거로 하여 주장을 뒷받침하는 정당화 방법이다. 논증 스키마 조건의 학생들은 입장 정당화 방법으로서 두 가지 논증 전략에 따라 글을 수정하는 활동을 하였지만, 비판적 질문을 적용하는 활동은 하지 않았다. 비지도적 조건의 학생들은 논증 스키마나 비판적 질문에 대한 지도를 받지 않았다.

Song & Ferretti(2013)은 비판적 질문 응답 조건의 학생들이 작문의 질이 더 우수하고 다른 조건에 비해 대안적 관점에 대한 반응도 높을 것이라고 예측하였다. 이는 비판적 질문 및 응답 전략을 배운 학생들이 입장(즉, 반론)에 대한 근거를 평가하는 데 활용되도록 질문하고 답하며, 대안적 입장(즉 반박)에 대한 근거에 비판적 질문에도 묻고 답하도록 학습하였기 때문이다.

그리고 연구자들은 논증 스키마 조건의 학생들이 논증 스키마 지식을 입장에 대한 근거를 보다 정교화 하는데 사용할 것이라 예측하였다. 비판적 질문 응답 조건의 학생들은 다른 조건의 학생들보다 더 높은 질의 글을 썼고, 보다 많은 반론과 대안적 입장, 반박을 포함하였지만, 논증 스키마 전략을 학습한 학생들은 다른 조건의 학생들보다 입장에 대한 근거를 더 많이 생산하였다. 흥미로운 점은 이러한 수정하기 전략의 효과는 학생들이 고쳐 쓴 글뿐만 아니라, 처음 쓴 초고에서도 나타났다는 사실이다. 이는 교육적으로는 매우 바람직한 현상이 아닐 수 없다. 수정하기 단계에서 요구되는 좋은 작문의 기준이 학생의 글의 전반적인 질에 긍정적인 영향을 미쳤다고 할 수 있기 때문이다(MacArthur, 2012). 결론적으로 이러한 연구 결과는 그 전략 지도가 대안적 관점에 대한 대학생들의 민감도를 증가시키는 비판적 기준을 포함하였다는 것을 의미한다.

자기조절 전략 발달 지도가 학습 장애 학생뿐만 아니라, 어린 학생이나 글쓰기가 미숙한 학생의 계획하기 전략과 수정하기 전략을 향상시킨다는 증거는 명백하다. 그러나 중·고등학생이나 글쓰기 능숙한 학생들에 대한 자기조절 전략 발달 지도의 효과는 증거가 명확하지 않다(Graham et al., 2013). 그리고 자기조절 전략 발달 모형을 적용하여 지도했을 때 학급 전체가 좋아진다는 증거도 명확하지 않다. 자기조절 전략 발달은 학생들의 독립적인 활용을 지향하므로 일반적으로 소집단 학습이나 개별 학습의 형태로 이루어지기 때문이다(De La Paz, & Graham, 2002). 그래서 자기조절 전략 발달의 효과 검증은 소규모의 학생들을 대상으로 하고 있다.

그러나 De La Paz & Graham(2002)는 정규 교실 환경에서 자기조절 전략 발달 지도의 효과를 입증한 바 있다. 그들은 7학년과 8학년의 설명적 글쓰기와 논증적 글쓰기에서 자기조절 전략 발달 모형을 적용한 계획하기, 초고 작성하기, 수정하기 전략의 효과를 검증하였다.

이 연구에서 실험 조건의 학생들은 5단락 설명문의 특징을 배우고, 글의 계획하기와 초고 쓰기를 돕는 PLAN과 WRITE 전략[4]을 학습하였다. 먼저 PLAN 전략을 적용하였고(지시문에 주의하기, 주요 아이디어 목록화하기, 뒷받침하는 아이디어 추가하기, 아이디어에 숫자 매기기), 그 다음에 WRITE 전략을 적용하였다(주장 진술의 전개를 위해 계획에 따라 작업하기, 목적 기억하기, 각 문단에 연결어 넣기, 다양한 문장 사용하기, 흥미롭고 재미있는 단어 추가하기)를 하도록 장려하였다. 학생들은 동료 수정 협의에서 글의 효과를 평가하기 위하여 수정하기 과정 중에 작문의 목표를 활용하였다. 통제 조건의 학생들은 5단락 설명문의 특징에 대한 동일한 일반적인 지도를 받고 실험 조건에서 사용된 것과 동일한 화제로 글을 썼지만, 지도의 초점은 철자법, 아이디어 생성, 조직하기에 있었다. PLAN과 WRITE 전략의 지도를 받은 학생들은 더 나은 글쓰기 계획을 수립했고, 통제 조건의 학생들보다 전반적으로 질적 수준이 더 높고 길이가 더 긴 글을 썼다. PLAN과 WRITE 전략을 학습한 학생들은 통제 조건의 학생들보다 7글자 이상의 단어5)를 더 많이, 더 다양하게 포함하여 글을 썼다. 모든 효과는 지도 후 한 달 동안 지속되었다.

자기조절 전략 발달 지도가 학생들의 논증적 글쓰기를 향상시킨다는 점은 분명하다. 특히 나이가 어린 학생들과 학습 장애를 지닌 학생들에게 더 뚜렷한 효과가 있다. 지도 후 학생들은 논증적 담화 요소의 수를 더 많이 포함한, 긴 글을 썼다. 지도를 받은 학생들은 계획하기와 수정하기 전략도 사용할 수 있었다. 대학생의 글쓰기에서는 자기조절 전략 발달의 증거가 부족하기는 하지만(Graham et al., 2013), 적어도 한 개 이상의 연구에서 비판적 기준의 지도가 효과가 있다는 결과를 보여주었다(Song & Ferretti, 2013).

---

4) PLAN과 WRITE은 각각 다음의 앞머리 글자로 조합한 전략이다. Pay attention to prompt. List main ideas. Add supporting ideas. Number your ideas. Work from you plan to develop your thesis statement. Remember your goals. Include transition words for each paragraph. Try to use different kinds of sentences. Add Exciting, interesting words.

5) [역주] 7개 낱자 이상의 단어. 일반적으로 영어권에서는 긴 단어일수록 어려운 단어로 간주한다.

학생 논증을 위한 진단 및 전략 지원의 요약

사람들의 사회적 실행이나 인식을 둘러싼 논쟁 중에는 논증으로서의 의의가 큰 것도 있다(Coker & Lewis, 2012; Graham & Perin, 2007). 효과가 없고 자주 혼동을 주기도 하는 이분법으로 치닫는 논증도 발견된다. 우리의 논의는 전략 지도가 효과적인 논증적 사고 및 논증적 글쓰기를 가능하게 한다는 점을 명확하게 보여준다. 우리가 앞에서 언급했던 것처럼 논증적 글쓰기는 소수의 학생들만 잘할 수 있는 어려운 활동이다(Nation's Report Card: Writing 2007). 논증적 글쓰기를 잘하는 학생들은 비판적 기준을 적용하여 구조적이고 조직적인 기대를 충족할 수 있고(van Eemeren et al., 1996), 반대의 관점을 예측하고, 체계적으로 그 관점들을 설명할 수 있을 것으로 기대된다(Ferretti et al., 2009; Song & Ferretti, 2013).

교사들은 논증적 글쓰기의 계획하기, 초고쓰기, 수정하기 전략과 대안적 관점을 고려하는 전략을 통합하는 매우 효과적인 작문 지도를 제공할 수 있다. 교사들은 이러한 두 가지 통합에서 더 나아가 듣기, 말하기, 읽기, 쓰기 기능을 더 결합함으로 공통 핵심 성취기준의 요구를 충족할 수 있다(NGA & CCSSO, 2010). 이렇게 접근법의 결합하는 것만이 학생들에게 이러한 엄격한 기준을 충족하기 위한 동기를 부여할 수 있다.

내용교과에서의 논증과 교수적 지원

학생들이 교육과정을 통해 성장해나감에 따라 학생들의 학술적 진보는 그 교과의 지식과 기능에 긴밀하게 얽혀 있는 문해 기능의 발달에 달려있다(Ferretti & De La Paz, 2011; Heller & Greenleaf, 2007). 전문 필자들은 내용교과에서의 논증을 효과적으로 구성하기 위하여 일반 세계의 지식과 텍스트 구조 지식(RAND Reading Study Group,

2002), 학문의 전문성을 끌어낸다(De La Paz, 2005; Lewis & Ferretti, 2009; Shanahan & Shanahan, 2008).

여기에서 내용교과의 학문적 전문가들이 주장과 근거를 어떻게 제시하는지를, 문학(Fahnestock & Secor, 1991; Lewis & Ferretti, 2009; 2011)과 역사(De La Paz, 2005)를 중심으로 검토하고자 한다. 이 작업은 학생들이 학술적 논증을 더 잘 펼치도록 하려면 어떻게 지도해야 하는가에 대한 시사점을 제공해 줄 것이다.

문학에서의 논증

문학 텍스트 분석과 해석은 고등학교 영어 교육과정에서 중요하게 다루는 기능이다(Lewis & Ferretti, 2009). 그러나 그 중요성에도 불구하고, 텍스트 해석에 대한 주장을 구성하거나(Marshall, 2000), 텍스트의 줄거리를 작성하는 것(Persky, Daane, & Jin, 2003) 이상의 기능을 수행할 수 있는 학생들은 매우 드물다. 유감스럽게도 해석적 글쓰기나 분석적 글쓰기에 몰입할 수 있는 작문 지도 시간이 너무나 적다(Applebee & Langer, 2006; Kiuhara, Graham, & Hawken, 2009).

학생들은 텍스트에 대한 분석적 주장을 쓰기 이전에 반드시 텍스트를 분석하고 해석할 수 있어야 한다. 텍스트에 대한 분석과 해석은 2가지 독립된 과정에 의존하고 있다(Lewis & Ferretti, 2009, 2011). 첫째, 학생들은 글쓴이가 생성한 언어 패턴을 인식할 수 있어야 하며, 이를 통해서 텍스트의 이해와 해석을 가능해진다. 둘째, 학생들은 자신의 해석을 지지하는 주장으로 이러한 해석을 바꾸어야 한다. Fahnestock & Secor(1991)에 따르면, 학문의 전문가들은 텍스트를 해석하고 문학적 주장을 작성할 때 매우 구체적이고 비판적인 접근을 사용한다. 전문가들이 취하는 접근 방식을 자세하게 논의하는 것은 이 장의 목적을 벗어나므로 생략하기로 하자.

문학 전문가들은 텍스트에 나타난 '반복'과 '반대'의 근거를 통해 텍스트의 해석을 정당화한다고 할 수 있다(Scholes, 1985). 반복은 이미지이나 상징, 통사적 요소 같은 패턴이 유사한 형태로 반복되는 것을 말하며, 반대는 반대편의 입장에서 반복되는 패턴을 말한다 (Lewis & Ferretti, 2009, 2011). 이러한 패턴은 Scholes(1985:31~32)가 '주제화'를 위한 '해석 코드'와 문학 텍스트의 해석을 요구한 것이다. 이러한 해석이 문학적 주장으로 바뀔 때, 문학 분석가들은 인용, 텍스트 참조, 그리고 이러한 자료를 증거로 자신의 주장을 강화할 것이다(Lewis & Ferretti, 2009; 2011).

Lewis & Ferretti(2009; 2011)은 이러한 아이디어들에 관한 교육적 함의를 입증하였다. 미숙한 필자인 고등학교 학생들은 비유적인 언어와 패턴 인식 기능을 학습하였다. 학생들은 또한 'THE READER' 전략을 학습하였다. THE READER 전략은 패턴 인식을 바탕으로 텍스트에 대해 해석적 주장을 계획하고 작성하는 학생들을 돕기 위해 설계되었다. 자기조절 전략 발달 지도의 원리(Graham, 2013)에 반영한 수업은 그 전략을 지도하는 데에, 그리고 전략을 효과적으로 사용할 때 필요한 학문적 지식을 가르치는 데에 사용되었다. 즉, 학생들은 THE(주장, THEsis)의 전개를 위해 학습하였는데, 주장을 뒷받침할 수 있는 근거와 세부 사항을 근거에 대한 설명으로 포함하였으며 (텍스트의 직접 인용 및 참조), 그러한 인용과 참조가 근거나 주장(정당화)과 어떻게 관련되는지, 그리고 결론에서 주요점을 포함하였는지를 검토하였다. 학생들은 도해 조직자를 활용하여 글쓰기를 계획하는 방법을 익혔다.

이 지도를 받기 전에 학생들은 질적 수준이 낮은 문학적 주장을 썼다. 학생들이 작성한 글에는 패턴이 나타나지도 않았고 텍스트의 인용을 포함하지도 않았다. 텍스트 인용이 있더라도 그것과 해석적 주장 사이의 연결을 정당화하지도 않았다. 이러한 요소들은 문학 비평(Fahnestock & Secor, 1991)의 핵심을 이루는 담화 특수적인 명제들이다(van Eemeren et al., 1996). 그러나 지도를 받은 이후에 학생들은 패턴을 생성할 수 있었고, 자신의 해석을 뒷받침하기 위해 텍스트를 인용하였으며, 텍스트의 증거와 자신의 관점 사이의 연결을 정당화할 수 있었다. 대체적으로 학생들의 문학적 주장의 질이 향상되었으며, 문학적 분석과 주장의 근본적 이해를 보여주었다(Lewis & Ferretti, 2009; 2011).

흥미로운 점은 경험이 많은 교사들이 자신의 지도 방식을 호의적으로 평가하였다는 사실이다. 그러나 이 연구에서 적용한 지도 방식도 대부분의 자기조절 전략 발달 지도에서처럼 교실 전체를 대상으로 수행된 것은 아니다. 개별 학생이 텍스트에 대한 해석적 주장을 쓰는 데 필요한 배경지식과 전략을 현시적으로 지도하였을 따름이다. 어떻게 지도해야 복잡한 현상이 얽혀 있는 학급 전체에 적용될 수 있는지에 대한 증거는 이 연구에 포함되어 있지 않다. 그러나 Lewis & Ferretti(2009; 2011)의 연구 결과는 문학 분석에 사용된 학문적 지식에 근거한 전략 수업이 학생들의 논증적 글쓰기에 크게 기여할 수 있다는 점을 보여주었다.

역사과에서의 논증

역사과에서의 수업 지도는 학문적 지식의 습득과 민주적 결정 과정에 참여하는 데 필요한 비판적 사고의 습관을 촉진하여야 한다(Ferretti & Okolo, 1996; Ferretti, MacArthur, & Okolo, 2001). 이른바 '역사적 사고'는 학생들을 사건의 해석을 구성하는 자료(사료, 즉 과거의 유물과 기록)에 의문을 느끼도록 요구한다(Ferretti et al., 2001). 이러한 자료는 과거의 표상이며, 따라서 학생들은 그 자료가 존재하게 된 방식, 자료의 목적과 다른 존재에 대한 설명이 무엇인지, 이 설명들 중 어느 것이 믿을 만한지를 판단하기 위해 증거를 반드시 분석해야 한다(Seixas, 1996). 증거를 판단하고 평가할 때 역사가들은 담화 공동체의 구성원들이 공유하는 전략과 기준을 사용한다. Wineburg(1991a; 1991b)는 역사가들이 확증, 맥락화, 증거가 신뢰할 만한 가치가 있는지를 판단할 때 출처 전략을 사용한다는 것을 보여주었다. 역사가들은 타인에 반하여 한 자료의 세부 사항을 비교하고(확증), 역사적 맥락에 사건을 위치시키고(맥락화), 문서가 생성된 목적을 판단할 때 문서 자료를 점검한다(출처). 그러나 학생들은 역사적 관점을 이해하고 역사적 분석을 수행하는 능력이 미숙하다(Lee & Weiss, 2007).

De La Paz(2005)는 논증적 글쓰기와 역사적 해석에 대한 지도가 어떻게 중학교 교실 수업에서 결합될 수 있는지를 보여주었다. 다양한 능력을 지닌 학생들(영재와 학습장애아 포함)은 Wineburg(1991a; 1991b)가 언급한 자료 문서 해석을 위한 전략의 적용을 학습하였다. 이 연구에서 실험 조건의 학생들은 이러한 자료를 바탕으로 논증적 글쓰기를 위해 STOP & DARE 전략(De La Paz & Graham, 1997a; 1997b)도 학습하였다. 자료에는 미국의 서부 확장 시기의 사건에 대한 논쟁적 쟁점을 각기 다른 관점에서 다룬 정보가 포함되었다. 학생들은 자료를 읽고 기록하면서 논증적 글쓰기를 위해 메모하였다. STOP & DARE 전략은 우리가 앞에서 설명한 요소를 다룰 수 있도록 수정되었으며, 역사적 주장을 지지하는 근거로서 읽기 자료의 사용을 포함할 수 있도록 하였다. 이에 비해 통제 조건의 학생들은 이러한 자료를 읽지만 역사적 추론이나 논증적 글쓰기 전략을 학습하지는 않았다.

De La Paz(2005)에서 적용한 3단계 역사적 추론 전략은 2개의 자기 질문 순서를 포함하였다. 첫 번째 순서는 텍스트의 자료를 고려하여 학생들을 촉진하였고, 이후 잠재적인 부정확성에 대해 자료를 분석하였다. 학생들은 다음 3가지 질문에 답했다. (1) 저자의 목적은 무엇이었는가? (2) 근거는 타당한가? (3) 편향된 근거를 찾았는가? 편향을 감지하도록 하기 위해 학생들에게 글쓴이의 단어 선택과 문서에서 단 하나의 관점만이 존재하는지를 검증하도록 안내했다. 두 번째 순서는 학생들을 논쟁적인 관점이나 정보에 초점을 둔 다음 5가지 질문에 답하도록 하는 것이었다. (1) 글쓴이는 일관성이 있었는가? (2) 한 사람이 다양하게 기술하였는가? (3) 한 사건이 다양하게 기술되었는가? (4) 글쓴이의 주장에서 빠진 것은 무엇인가? (5) 여러 자료의 읽기로부터 당신은 무엇을 추론할 수 있는가? 이러한 질문은 학생들이 가치가 없는 정보는 무시하고, 확증적일 것 같은 정보, 즉 자료 간 일관성이 있는 정보에는 주의를 기울이게 돕는다.

이 연구의 결과는 역사적 추론과 논증적 글쓰기 전략을 학습한 학생들이 비교 조건의 학생들보다 더 많은 논증 요소를 포함하였으며 더 정확한 역사적 내용을 담아 높은 질의 글을 썼다는 것을 보여주었다. 지도를 받은 후에는 학습 장애를 지닌 학생이 작성한 글도 영재 학생이 작성한 사전 검사지와 비교할 만한 수준에 도달했다. De La Paz(2005)의 연구 결과는 관련된 학문적 지식과 기능을 포함하는 전략의 지도가 역사적 논쟁에 대한 학생들의 주장 쓰기에 긍정적인 효과가 있다는 것을 입증하였다.

결론

우리는 논증적 글쓰기의 중요성을 설명하고 논증적 글쓰기에 따르는 지속적인 제약을 밝히면서 이 장의 논의를 시작하였다. 이러한 제약은 어떤 한 관점을 선택함으로써 다른 관점에는 주의를 기울이지 않는 현상, 논증이라는 장르에 대한 지식의 부족, 논증이 요구하는 규율에 대한 지식의 부족 등이 영향을 미치는데, 이러한 제약은 학생들의 논증적 글쓰기에서도 나타난다. 위협적인 여러 장애물이 학생들의 논증적 글쓰기 발달 앞에 놓여있기는 하지만, 논증의 원리를 깨닫는 데 기여하는 집단적 상호작용, 효과적인 자기조절 전략을 바탕으로 한 전략 지도, 평가를 위한 비판적 기준 같은 특수화된 전문성의 습득을 통해 그 장애물들을 넘어서게 될 것이다. 이를 바탕으로 우리 학생들이 논증이라는 민주적인 제도에 참여할 수 있는 만반의 준비를 갖출 수 있기를 기대한다.

참고문헌

Andrews, R. (1995). *Teaching and learning argument.* New York: Cassell.

Applebee, A. N., & Langer, J. (2006). *The state of writing instruction: What existing data tell us.* Albany, NY: Center on English Learning and Achievement.

Applebee, A. N., Langer, J. A., Mullis, 1. V. S., Latham, A. S., & Gentile, C. A. (1994). NAEP 1992: *Writing report card.* Washington, DC: U. S. Government Printing Office.

Aristotle (1991). *The art of rhetoric* (H. Lawson-Tancred, Trans.). London: Penguin Classics.

Avery, C. W., & Avery, K. B. (1995). Real audiences, real issues transform high school students into real writers. *Journal of Adolescent and Adult Literacy, 39,* 235~237.

Bereiter, C., &c Scardamalia, M. (1987). *The psychology of written composition.* Hillsdale, NJ: Erlbaum.

Boscolo, P., & Gelati, C. (2007). Best practices in promoting motivation in writing. In S. Graham, C. A. MacArthur, & J. Fitzgerald (Eds.), *Best practices in writing instruction* (pp. 202~221). New York: Guilford Press.

Bruner, J. (1990). Acts of meaning. Cambridge, MA: Harvard University Press.

Coker, D. L., & Lewis, W. (2012). Beyond Writing Next: A discussion of writing research and instructional uncertainty. In J. Ippolito, J. L. Steele, & J. E. Samson (Eds.), Adolescent literacy (pp. 231~251). Cambridge, MA: Harvard Educational Review.

De La Paz, S. (2005). Effects on historical reasoning instruction and writing strategy mastery in culturally and academically diverse middle school classrooms. *Journal of Educational Psychology, 97,* 139~156.

De La Paz, S., & Graham, S. (1997a). Strategy instruction in planning: Effects on the writing performance and behavior of students with learning difficulties. *Exceptional Children*, 63, 167~181.

De La Paz, S., & Graham, S. (1997b). The effects of dictation and advanced planning instruction on the composing of students with writing and learning problems. *Journal of Educational Psychology*, 89, 203~222.

De La Paz, S., & Graham, S. (2002). Explicitly teaching strategies, skills and knowledge: Writing instruction in middle school classrooms. *Journal of Educational Psychology*, 94, 687~698.

Dewey, J. (1916). *Democracy and education*. New York: Macmillan.

Dunn, J. (1988). *The beginnings of social understanding*. Cambridge, MA: Harvard University Press.

Emmel, B., Resch, P., & Tenney, D. (1996). Argument revisited: argument redefined. Thousand Oaks, CA: Sage.

Eahnestock, J., & Secor, M. (1991). The rhetoric of literary criticism. In C. Bazerman & J. Paradis (Eds.), *Textual dynamics of the professions: Historical and contemporary studies of writing in professional communities* (pp. 77~96). Madison: University of Wisconsin Press.

Eelton, M. K., & Herko, S. (2004). From dialogue to two-sided argument: Scaffolding adolescents' persuasive writing. *Journal of Adolescent and Adult Literacy*, 17, 672~683.

Eelton, M. K., & Kuhn, D. (2001). The development of argumentative discourse skill. *Discourse Processes*, 32, 135~153.

Ferretti, R. P., Andrews-Weckerly, S., & Lewis, W. E. (2007). Improving the argumentative writing of students with learning disabilities: Descriptive and normative considerations. *Reading and Writing Quarterly*, 23, 267~285.

Ferretti, R. P., & De La Paz, S. (2011). On the comprehension and production of written texts: Instructional activities that support content-area literacy. In R. E. O'Connor & P. F. Vadasy (Eds.), *Handbook of reading interventions* (pp. 326~355). New York: Guilford Press.

Ferretti, R. P., Lewis, W. E., & Andrews-Weckerly, S. (2009). Do goals affect the structure of students' argumentative writing strategies? *Journal of*

Educational Psychology, 101, 577~589.

Ferretti, R. P., MacArthur, C. A., & Dowdy, N. S. (2000). The effects of an elaborated goal on the persuasive writing of students with learning disabilities and their normally achieving peers. Journal of Educational Psychology, 92, 694~702.

Ferretti, R. P., MacArthur, C. A., & Okolo, C. M. (2001). Teaching for historical understanding in inclusive classrooms. Learning Disability Quarterly, 24, 59~71.

Ferretti, R. P., & Okolo, C. M. (1996). Authenticity in learning: Multimedia design projects in the social studies for students with disabilities. Journal of Learning Disabilities, 29, 450~460.

Fitzgerald, J., & Markman, L. (1987). Teaching children about revision in writing. Cognition and Instruction, 4, 3~24.

Flower, L., & Hayes, R. H. (1980). The cognition of discovery: Defining a rhetorical problem. College Composition and Communication, 31, 21~32.

Graham, S., & Harris, K. R. (1989). Improving learning disabled students' skills at composing essays: Self-instructional strategy training. Exceptional Children, 56, 201~214.

Graham, S., & Harris, K. R. (1997). It can be taught, but it doesn't develop naturally: Myths and realities in writing instruction. School Psychology Review, 26, 414~424.

Graham, S., & Harris, K. J. (2005). Writing better: Effective strategies for teaching students with learning difficulties. New York: Brooks.

Graham, S., Harris, K. R., & McKeown, D. (2013). The writing of students with learning disabilities, meta-analysis of self-regulated strategy development writing intervention studies, and future directions: Redux. In H. L. Swanson, K. R. Harris, & S. Graham (Eds.), Handbook of learning disabilities (2nd ed., pp. 405~438). New York: Guilford Press.

Graham, S., & MacArthur, C. (1988). Improving learning disabled students' skills at revising essays produced on a word processor: Self-instruction strategy training. Journal of Special Education, 22, 133~152.

Graham, S., MacArthur, C. A., Schwartz, S., & Page-Voth, V. (1992). Improving learning disabled students' compositions using a strategy involving product and process goal setting. *Exceptional Children*, 58, 322~334.

Graham, S., & Perin, D. (2007). Writing next: *Effective strategies to improve writing of adolescents in middle and high schools*. New York: Carnegie Corporation.

Heller, R., & Greenleaf, C. (2007). *Literacy instruction in the content areas: Get ting to the core of middle and high school improvement*. Washington, DC: Alliance for Excellent Education.

Johnson, D. W., & Johnson, R. T. (2009). Energizing learning: The instructional power of conflict. *Educational Researcher*, 38, 37~51.

Kinsler, K. (1990). Structured peer collaboration: Teaching essay revision to college students needing writing remediation. *Cognition and Instruction*, 7(4), 303~321.

Kiuhara, S. A., Graham, S., & Hawken, L. S. (2009). Teaching writing to high school students: A national survey. *Journal of Educational Psychology*, 101, 136~160.

Kiuhara, S. A., O'Neil, R. E., Hawken, L. S., & Graham, S. (2012). The effective ness of teaching 10th grade students STOP, AIMS, and DARE for planning and drafting persuasive text. *Exceptional Children*, 78, 335~355.

Kuhn, D. (1991). *The skills of argument*. New York: Cambridge University Press.

Kuhn, D., & Crowell, A. (2011). Dialogic argumentation as a vehicle for developing young adolescents' thinking. *Psychological Science*, 22, 545~552.

Kuhn, D., Shaw, V., & Felton, M. (1997). Effects of dyadic interaction on argumentative reasoning. *Cognition and Instruction*, 15, 287~315.

Lee, J., & Weiss, A. (2007). T*he Nation's Report Card: U.S. History 2006* (No. NCES 2007-474). Washington, DC: U.S. Department of Education, National Center for Education Statistics.

Lewis, W. E., & Ferretti, R. P. (2009). Defending interpretations of literary texts: The effects of topoi instruction on the literary arguments of high school students. *Reading and Writing Quarterly*, 25, 250~270.

Lewis, W. E., & Ferretti, R. P. (2011). Topoi and literary interpretation: The effects of a critical reading and writing intervention on high school students' analytic literary essays. *Contemporary Educational Psychology*, 36, 334~354.

MacArthur, C. A. (2012). Evaluation and revision processes in writing. In V. W. Berninger (Ed.), *Past, present, and future contributions of cognitive writing research to cognitive psychology* (pp. 461~483). London: Psychology Press.

MacArthur, C. A., Schwartz, S., & Graham, S. (1991). Effects of a reciprocal peer revision strategy in special education classrooms. *Learning Disabilities Research and Practice*, 6, 201~210.

Marshall, J. (2000). Research on response to literature. In R. Barr, M. L. Kamil, P. Mosenthal, & P. D. Pearson (Eds.), *Handbook of reading research* (Vol. 3, pp. 381~402). Mahwah, NJ: Erlbaum.

Morgan, W., & Beaumont, G. (2003). A dialogic approach to argumentation: Using a chat room to develop early adolescent students' argumentative writing. *Journal of Adolescent and Adult Literacy*, 47, 146~157.

National Governors Association & Council of Chief State School Officers. (2010). Common Core State Standards for English language arts & literacy in his tory/social studies, science, and technical subjects. Washington, DC: Authors. Retrieved from www.corestandards.org.

Nation's Report Card: Writing 2007. (2007). Retrieved February 25, 2011, from http:llnces.ed.govlnationsreportcardlpdflmain200712008468.pdf.

Newell, G. E., Beach, R., Smith, J., & VanDerHeide, J. (2011). Teaching and learning argumentative reading and writing: A review of research. *Reading Research Quarterly*, 46, 273~304.

Nussbaum, E. M., & Edwards, O. V. (2011). Critical questions and argument stratagems: A framework for enhancing and analyzing students' reasoning practices. *Journal of the Learning Sciences*, 20, 443~488.

Page-Voth, V., & Graham, S. (1999). Effects of goal-setting and strategy use on the writing performance and self-efficacy of students with writing and learning problems. *Journal of Educational Psychology*, 91, 230~240.

Perkins, D. N., Faraday, M., & Bushey, B. (1991). Everyday reasoning and the roots of intelligence. In J. F. Voss, D. N. Perkins, & J. W. Segal (Eds.), *Informal reasoning and education* (pp. 83~105). Hillsdale, NJ: Erlbaum.

Persky, H. R., Daane, M. C., & Jin, Y. (2003). *The nation's report card: Writing 2002* (U. S. Department of Education Publication No. NCES 2003-529). Washington, DC: U.S. Government Printing Office.

RAND Reading Study Group. (2002). *Reading for understanding*. Santa Monica, CA: RAND.

Reznitskaya, A., & Anderson, R. C. (2002). The argument schema and learning to reason. In C. C. Block &: M. Pressley (Eds.), *Comprehension instruction: Research-based best practices* (pp. 319~334). New York: Guilford Press.

Scardamalia, M., & Bereiter, C. (1986). Research on written composition. In M. C. Wittrock (Ed.), *Handbook of research on teaching* (pp. 778~803). New York: Macmillan.

Scholes, R. (1985). *Textual power: Literary theory and the teaching of English.* New Haven, CT: Yale University Press.

Seixas, P. (1996). Conceptualizing the growth of historical thinking. In D. R. Olson & N. Torrance (Eds.), *The handbook of education and human development* (pp. 765~783). Oxford, UK: Blackwell.

Sexton, M., Harris, K. R., & Graham, S. (1998). Self-regulated strategy development and the writing process: Effects on essay writing and attributions. *Exceptional Children,* 64, 295~311.

Shanahan, T., & Shanahan, C. (2008). Teaching disciplinary literacy to adolescents: Rethinking content-area literacy. *Harvard Educational Review*, 78, 40~59.

Song, Y., & Ferretti, R. P. (2013). Teaching critical questions about argumentation through the revising process: Effects of strategy instruction on college students' argumentative essays. *Reading and Writing: An Interdisciplinary Journal*, 26, 67~90.

van Eemeren, P. H., & Grootendorst, R. (2004). A systematic theory of argumentation: *The pragma-dialectical approach.* Cambridge, UK: Cambridge University Press.

van Eemeren, F. H., Grootendorst, R., & Henkemans, F. S. (1996). Fundamentals of argumentation theory: *A handbook of historical backgrounds and contemporary developments.* Mahwah, NJ: Erlbaum.

Wagner, B. J. (1999). *Building moral communities through educational drama.* Stamford, CT: Ablex.

Walton, D., Reed, C., & Macagno, F. (2008). *Argumentation schemes.* New York: Cambridge University Press.

Wilder, L. (2005). "The rhetoric of literary criticism" revisited: Mistaken critics, complex contexts, and social justice. *Written Communication, 22,* 76~119.

Wineburg, S. (1991a). Historical problem solving: A study of the cognitive processes used in the evaluation of documentary and pictorial evidence. *Journal of Educational Psychology, 83,* 73~87.

Wineburg, S. (1991b). On the reading of historical texts: Notes on the breach between school and the academy. *American Educational Research Journal, 28,* 495~519.

6장
정보 전달적 글쓰기의 지도 방법

GEORGE E. NEWELL, JENNIFER VanDerHEIDE, and MELISSA WILSON

자료를 활용한 정보 전달적 쓰기 교수의 필요성

교사가 학생에게 자료를 활용한 정보 전달적 쓰기를 가르칠 때 맞닥뜨리는 어려움은 무엇일까? 이 유형의 쓰기가 K-12 문해 교육과정에서 중요한 이유는 무엇인가? 정보 전달적 쓰기 지도의 어려움을 이해하는 한 가지 방법은 미국 학교 교육의 상황에서 쓰기 교육의 역할을 생각해 보는 것이다. 작문 지도를 개선하려는 지난 30년간의 노력 동안, 2가지 주요 주제가 드러났다. 하나는 교사가 생각하는 쓰기 개념의 중요성이고, 다른 하나는 학습과 비판적 사고를 위한 쓰기의 역할이다. 어느 교과의 교사이든 쓰기가 학습에 도움을 준다는 점을 이해하고 있다고 말하고 있고, 쓰기를 학생의 이해를 평가하는 유용한 도구로 파악하고 있다. 또한 교사들은 다양한 상황에서 쓰기가 다양한 교과 영역 내에서 할 수 있었던 유일하고 특별한 역할을 알고 있다.

동시에 미국 전역의 일반 교실에서 진행되는 실제적인 쓰기는 교사가 모든 것을 구성한 과제에 의해 지배되어 왔다. 학생들은 단지 빠진 정보 채우기를 하고 교사가 설명하는 것을 듣고 바로 쓰든지, 학습지와 단원 요약을 완성하든지, 학생들이 치르게 될 고부담 검사의 형식에 맞춘 매우 정형화된 에세이의 틀을 베끼든지, 아니면 교사가 원하는 특정한 정보에 대해 쓰든지 하는 것이다(Applebee & Langer, 2011). 이와 관련하여 Applebee & Langer(2011)은 "고부담 검사가 주는 통제 때문에 공부하고 배우며 그것을 넘어서는—지식을 생성하고 이해의 새로운 체계를 만들어내는—방법으로서의 쓰기는 거의 드물다"(p.26)고 보고한 바 있다.

물론 학생들이 표준화된 쓰기 검사를 준비하는 것이나 새로운 활동을 준비할 때 관련된 경험과 지식을 회상하여 쓰도록 하는 것의 중요성을 부인할 수 없다. 학생들에게 다른 텍스트를 활용하여 텍스트를 생산하도록 요구하는 것은 교육자들이 말한 '높은 수준의 문해력'(Langer, 2002)의 중요한 특징이라고 생각한다. 이 개념은 단순히 기본적인 문해력이 아니라, '읽기, 쓰기, 표현, 그리고 내용이 함께 작용하는 더 깊은 지식'(Langer, 2002, p.3)을 포함한다. 또한, 높은 문해력은 자료를 활용하여 쓰는 경우 자신의 글쓰기에 다른 사람의 생각을 분석하고 종합하며 통합하는 능력을 포함한다.

우리는 이렇게 높은 문해력이 모든 교과를 포함하여 학교 교육에 지대한 영향을 미칠 것이라고 확신한다. 물론 언어 기능 교과의 교들은 특별히 '작문 교사'로서 중요한 역할을 한다. 그런데 작문 교사는 과정 지향 접근의 기능과 전략을 학생들에게 가르칠 것을 요구받는다. 과정 지향 접근은 학생들이 충분히 생각하여 쓰기 전에 생각을 조직하도록 돕고, 초안을 재고하고 수정하도록 고안되었다. 글쓰기를 할 때 과정 지향 접근과 높은 문해력은 두 가지 핵심 기능을 필요로 하고 그것을 발전시킨다. 두 핵심 기능 중 하나는 읽기와 쓰기에서 심사숙고하여 참여하는 능력을 말하고 다른 하나는 새로운 아이디어와 경험을 탐색하거나 고부담 검사 평가를 치르는 등 넓은 범위의 읽기와 쓰기를 잘 수행하는 능력을 말한다. 문해력이 높으면 학생들은 학교 안팎의 대화에서 벌어지는 서로 다른, 때로는 갈등하는 목소리도 이해할 수 있게 되므로 자료를 활용한 쓰기는 정보 전달적 쓰기의 핵심이라고 생각한다. 공통 핵심 성취기준(NGA & CCSO, 2010)의 발전 등 최근의 교육 개혁 운동은 모든 교육과정과 모든 학년에서 학생들이 높은 문해력을 갖추기를 요구하지만 우리는 쓰기 교사를 지원해 줄 좋은 지도 모형을 거의 보지 못했다.

이 장에서는 공통 핵심 성취기준에서 정보 전달적 쓰기의 위치에 대해 논의한 후 Britton et al.(1975), Applebee(1981, 1984, 2000)의 담화 사용의 개념 또는 K-12 학교 교육과 대학 쓰기(Melzer, 2009)에서 나타난 언어 기능의 개념에 따라 정보 전달적 쓰기에 대해 정의하고자 한다. 그리고 자료를 활용한 정보 전달적 쓰기 지도의 전망을 제시하고자 한다. 여기에서 말하는 전망이란 초등학생부터 고등학생까지 학생 필자를 키우는 방법과 관련이 있다. 그 후, 우리는 자료를 활용한 정보 전달적 쓰기를 가르치는 두 교사의 사례를 제시할 것이다. 이 장면은 이러한 쓰기에 대한 성취기준의 개념을 확립하고 확장하는 방법을 설명해줄 것이다.

성취기준에서 정보 전달적 쓰기의 역할

공통 핵심 성취기준에서 중요한 변화 중 하나는 전 학년 수준에 걸쳐서 서사적 글쓰기에서 정보 전달적 글쓰기와 논증적 글쓰기로 초점이 변화하고 있다는 점이다. 이러한 변화의 이유는 직업 세계와 대학 수준의 글쓰기에 학생들을 준비시켜야 하는 기준 때문이다. 학생들이 대학에 들어가고 직업을 갖게 되면, 학생들은 정보를 알리거나 논쟁을 할 때 자료를 활용한 쓰기가 필요할 것이라고 공통 핵심 성취기준에서는 가정하고 있다. 그러므로 자료를 활용한 쓰기 역시 어릴 때부터 관심을 받아야 하는 문해력의 한 형태라고 할 수 있다.

그러한 문해력에 대한 관점은 비판을 받지만(예, Bomer & Maloch, 2011), 우리는 K-12 문해력과 영어교사가 학생들이 자신의 글에 좀 더 전문성을 가질 수 있도록 글을 '캐내는' 학생의 노력을 돕는 것은 큰 가능성이 있다고 생각한다.

유아기에서부터 고등학교까지 정보 전달적 쓰기를 위한 성취기준에서 가정하고 있는 발전은 무엇인가? 이를 충분히 다룰 만한 지면이 부족하므로 여기에서는 세 가지 관찰 결과를 간략하게 제시하고자 한다. 첫째, 저학년에서는 서사적 글쓰기가 우세하고 고등학교에서 정보 전달적 글쓰기와 논증적 글쓰기가 우세한 것은 점진적이지만 뚜렷한 변화가 있다. 둘째, 자료를 활용한 정보 전달적 쓰기는 저학년부터 고등학교까지 성취기준에서 한 위치를 차지한다. 그 이유는 학생들이 자료를 분석하고 종합하는 것뿐만 아니라, '쓰기를 통해 세심한 분석, 잘 방어된 주장, 분명한 정보'(Coleman & Pimentel, 2011, p.11)를 보여준다는 점 때문이다. 셋째, 학생들이 해야 하는 글쓰기의 균형은 국가 수준 학업 성취도 평가에서 평가되는 쓰기의 균형과 유사해야 한다. 예를 들어, 초등학교 쓰기 교사는 '설명'을 35% 수행해도 되지만, 고등학교의 쓰기 교사는 '설명'을 40% 정도 수행해야 한다.

자료를 활용한 정보 전달적 쓰기

쓰기가 광범위한 방식으로 개념화되어 왔지만, 정보 전달적 쓰기의 정의, 교수, 학습에 대한 우리의 체계는 James Britton(1975)의 장르 체계에 기초를 두고 있다. James Britton(1975)의 장르 체계는 Applebee(1981, 1984, 2000)가 미국 학교에서 사용하기 위해 조정하였으며, 대학 글쓰기의 연구용으로 사용하기 위해 조정되기도 했다 (예, Melzer, 2009). Britton(1975)은 다양한 문어 장르의 규칙과 관습의 기원에 초점을 맞추기보다는, 학생들이 특정 종류의 메시지를 실현하기 위한 글 형식들을 사용하는 것을 어떻게 학습하는지에 대한 의문 위주로 학교 쓰기의 연구 방법을 구축했다. Britton(1975)은 분류 체계를 제시했고, 그것의 내부 구조는 서로 다른 글 종류 사이의 관계에 대해 생각하는 방식을 제안했다. 즉, 분류 체계는 쓰기를 사용하는 예들이 점차 다양해지는데, 이 다양한 예들을 학습하는 과정으로써의 쓰기 학습의 모형이다.

Britton(1975)에 따르면, 특정한 기능 내의 쓰기(예를 들어, 이야기 말하기, 사건을 보고하기, 한 입장에서 주장하기)는 필자가 완성된 결과물의 구조 위주보다는 의도와 언어 사용 위주로 의미를 조직할 수 있도록 한다. 한쪽 끝에 쓰기의 정보 전달적 사용이 위치한 연속선(〈참고 6.1〉 참고)에서 시작하여, 가운데 부분은 사적(표현적)인 사용, 다른 한 끝에는 문학적 또는 상상적인 사용이 위치하므로, Britton(1975)의 분류 체계는 '정보 전달적, 개인적, 문학적'인 주요 세 범주를 포함한다.

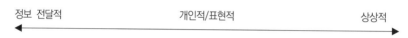

정보 전달적   개인적/표현적   상상적

〈참고 6.1〉 Britton(1975)의 쓰기 기능(Applebee가 수정, 1984)

쓰기의 '정보 전달적' 사용은 국가 수준 학업 성취도 평가에 사용되는 정보 전달적(또는 설명적) 글쓰기와 설득적인 글쓰기와 같은 대표적인 다양한 목적을 포함하며, 또한 다양한 하위 범주도 포함한다. Moffett(1968)을 근거로 하여, 이러한 하위 범주는 보고하는 것에서 요약하기, 분석하기, 마지막으로 이론화하기로 이동하면서 추상적인 계층 구조가 된다. 쓰기의 '표현적인' 기능 또는 사용은, 친구 사이에서 일어나는 사용 규칙이 느슨한 형식에 얽매이지 않은 일상적인 이야기를 생각하면 잘 이해된다. '상상적인' 기능은 논리적이고 분석적인 기법에 의지하기보다는 본질적으로 작가의 경험을 표현하는 데 사용되는 문학적 장르(시, 서사(story), 드라마 등)이며 그래서

결국 독자의 가상 경험을 표현한다. 이 장에서 우리는 정보 전달적 또는 유용한 정보를 제공하는 쓰기에 초점을 맞추고 있으므로 학교 상황에서 정보 전달적 쓰기가 일반적으로 언제, 어떻게, 왜 벌어지는지에 대해 깊이 있게 생각해 보고자 한다.

Britton(1975)은 언어의 여러 다른 사용은 개인적 또는 표현적인 사용으로부터의 구별되어 발달한다고 주장한다. 그리고 언어의 여러 다른 사용의 특징은 필자가 초기 이해를 거의 공유하지 않은 먼 거리의 독자와 의사소통할 수 있도록 형식화된 구조를 가지고 있다는 점이다. 이것은 필자가 점점 더 많은 형식적 관습을 배울 때, 새로운 목적—전달, 설득, 향유—을 이룰 수 있다는 것을 의미한다. 예를 들어, 필자는 정보나 아이디어를 기록하거나 전달하기 위해 정보 전달적 기능을 사용한다. 그러나 이러한 기능의 범주는 기록하는 것에서 분석하고 종합하는 것으로 나아갈 때 좀 더 추상적이게 된다(직접적인 경험으로부터 멀리 떨어진다). 학교 작문 과제는 이론을 최소한으로 사용하므로(Applebee & Langer, 2011), 우리는 이 장에서 그것을 논의하지 않고자 한다. 〈표 6.1〉은 쓰기 기능의 각 정의와 예를 나타낸다.

〈표 6.1〉 쓰기 기능의 정의와 예

쓰기 기능과 정의	예
기록 필자는 현재 있는 일을 기록한다.	"갑자기 나무의 윗부분이 부서져 떨어지기 시작했다……."
보고 필자는 과거에 일어났던 한 사건을 되풀이하여 말하며, 우리의 경험 세계뿐만 아니라 문학 텍스트의 가상 세계의 사건과 상황을 다룬다.	"위대한 유산(Great expectations)은 1812년, 크리스마스이브에 시작한다. Pip이 그의 가족묘를 찾아왔다가 마을 교회 경내에서 도망 나온 범죄자와 우연히 마주친다. 그 범죄자는 Pip를 위협하여 음식을 훔쳐 오게 하고, 다리에 묶인 족쇄를 풀기 위해 줄을 훔쳐 오게 한다."

요약	"첫째, 당신이 어디로 달릴지를 생각해라. 만약, 당신이 외부로 나간다면, 콘크리트보다는 흙 또는 아스팔트로 만들어진 길을 찾으려고 노력해라. 콘크리트는 당신의 몸에 해롭다. 밤에 달릴 때 반사되는 옷을 입는 것 그리고 차량이 덮치는 것을 예방하기 하기 위해 자동차 진행 방향으로 뛰어야 한다는 것을 기억해라."
요약할 때, 필자는 반복되는 사건들을 다시 말하거나 절차의 단계를 언급한다. 필자는 많은 사건, 절차, 상황에서 일이 어떻게 되었는지, 어떻게 일어났는지, 그것들은 무엇과 유사한지를 일반화한다.	
분석	"랩은 문학의 한 형태인가 아니면 사람들이 말하는 것처럼 소음에 불과한가? 나는 이 두 질문 모두 대중음악에 대한 변호를 요구하고 문학이 무엇이고 사람들이 문학에 대해 무엇을 가치 있게 여기는지 숙고할 것을 요구한다는 것을 안다. 나는 무엇을 문학이라고 여기는가의 측면에서 나는 랩을 문학이라고 생각한다. 왜냐하면 랩은 우리가 살아가는 방식과 우리가 믿는 것과 관련이 있기 때문이다. 비록 랩이 우리가 학교에서 읽는 책 속에 있지는 않지만, 나는 그것은 문학이어야 한다고 생각한다. 그리고 랩과 힙합은 도시의 흑인들이 일반적으로 매일 겪는 일들에 관한 것이었으므로, 나는 그것이 문학이며, 학생들이 흥미를 느낀다면 학교에서 가르쳐야 한다고 생각한다. 그러나 '그것이 문학인가'라는 질문으로 시작하는 것보다는 누가 랩을 썼으며, 왜 그들이 랩을 썼는지(노래를 불렀는지)하는 진정한 이슈를 먼저 주목하고 싶다."
구체적이거나 상세한 경험을 넘어서서 생각과 경험을 분류하고 범주화하는 정보 전달적 쓰기는 분석적이다. 학생들이 아이디어나 감정의 이유를 설명해야 할 때 또는 아이디어를 설명하거나 비판하기 위해서 숙고해야 할 때, 또는 쟁점에 관해 어떤 입장에서 (증거를 가지고) 논쟁해야 할 때마다, 교사들은 학생들에게 분석적으로 글을 쓰도록 요구한다. 분석적 쓰기는 생각을 정리하고, 입증하며, 일반화된 것 사이에 논리적 혹은 계층적인 관계를 만든다. 간단히 말해서, 학생들이 논리적으로 글을 쓸 때, 인과 관계, 동기, 논쟁의 소지가 있는 상황 또는 사람(또는 문학적 인물)사이나 사건 사이의 관계를 설명할 것이다.	

사건이 진행 중일 때(보고하기), 사건이 벌어진 후(기록하기) 또는 일반화되는 동안(요약하기), 또는 자료 텍스트로부터 얻은 생각에 기

초한 아이디어나 사건을 분석할 때, 떤 사건이 벌어지느냐에 따라 자료를 이용한 정보 전달적 쓰기는 4가지 기능을 포함한다. 우리는 또한 '자료'는 활자 자료와 이미지, 그림, 음성 녹음과 같은 다른 기호적 자료 모두를 포함한다고 생각한다. 목적과 사용의 측면에서 각 기능의 차이를 지도하는 중요한 이유는 각 기능이 각각 다른 수준의 과제 복합성과 어려움을 나타내기 때문이다. 예를 들어, 만일 한 교사가 내용과 구조가 분석적인 자료를 사용하여 분석적인 글을 학생에게 쓰도록 한다면, 학생은 새로운 전략을 배울 필요가 있을 것이다. 그 전략은 어떤 일이 발생한 이유를 발전시키거나 저자가 인과 관계를 설명하는 방식과 그 이유를 이해하려는 노력을 지원해 줄 것이다. 반면, 학생에게 박물관 견학 중에 중요하다고 생각한 점에 대해 보고서 쓰기를 요구한다면 학생은 단순히 시간과 공간에 따라 글을 조직하기 위해 회상하고, 그러고 나서 서사적 구조 안에서 심사숙고한 것을 첨가할지도 모른다.

저자로서의 자료를 활용한 쓰기

이 절에서 우리는 쓰기 지도에 대한 특별한 접근을 설명하고자 한다. 쓰기 지도에 대한 특별한 접근은 자료를 활용한 정보 전달적 쓰기 지도 체계의 기본이 되는 원칙과 실행을 포함한다. 이 절에서 말한 쓰기 지도에 대한 묘사는 우리가 특히 강력한 접근이 될 것이라고 본 것을 예로 들었다. 우리는 자료를 활용한 쓰기를 자신의 생각을 써나가는 것에 대한 학습으로 이해하는 것으로부터 시작한다. 그리고 나서 우리는 저술 활동(authorship)을 가르치기 위한 방법으로서 '자료를 활용한'이 의미하는 것을 설명한다. 마지막으로, Hillocks(1995)의 탐구의 개념이 함의된 Applebee(1986)의 '구조화된 과정 접근'을 이용한 효과적인 쓰기 지도의 원칙과 실행을 설명할 것이다. (Hillocks(1995)의 과정 지향 접근에 기반을 둔 6~12학년에서의 쓰기 지도에 대한 최근 자료는 Smagorinsky, Johannessen, Kahn, & McCann(2010)을 참고)

쓰기 교사에게 있어, 지도 목표인 저술 활동을 성취하려는 것은 이제 쓰기 교육에서 진부한 문구가 되었다. 몇몇 교실에서 저술 활동은 각기 다른 독자를 대상으로 한 쓰기를 배우는 것, 또는 자신의 작품을 자랑하는 것, 또는 부모들이 읽을 수 있도록 이야기를 '출판하는 것'을 의미할 수도 있다. 그러나 쓰기 연구와 이론의 최근 작업은 단순한 독자의 개념을 넘어서서 쓰기가 일어나고 발전하는 사회적 상황을 고려하는 것으로 더 넓어지고 있다. 이러한 상황에서, 필자들은 그들이 속한 많은 커뮤니티 내에서 다양한 자원과 상충되는 요구를 가지고 자신의 입장을 협상한다.

예를 들어, Dyson(1989, 1993, 2000)은 초등학교 어린이를 대상으로 한 민속학 수업에서 쓰기를 가르친다. Dyson은 이전 경험들 사이의 복잡한 상호작용, 쓰기의 사용, 다른 상징체계의 사용, 동료 관계, 교사의 목표와 방향을 설명한다. 각기 다른 교실의 학생들은 다른 방식으로 쓰기를 배우지만, 같은 교실의 학생들은, 교사와 동료와 함께 자신의 역할을 협상할 때 그들이 선호하는 장르와 그들이 사용하는 전략에 다양한 차이를 보여준다. 이러한 상황을 통해 학생들은 쓰기가 여러 목적을 성취하는 데 기여한다는 느낌을 발달시키고 학생의 글을 조정하기 위한 전략들을 발전시킨다.

자료를 활용한 쓰기는 학생들에게 필자가 되는 특별한 도전과 기회를 준다. 다른 텍스트로부터 하나의 텍스트를 만들어 내는 것은 학생들로 하여금 정보의 다른 자료로부터 생기는 차이들과 때로는 갈등하는 목소리를 이해하기를 요구한다. Greene(1995)은 이 과정을 새로운 상황에서 저자의 역할이 무엇인지 예상하는 학습이라고 설명한다. 그런데 이 역할이라는 것은 한 작가가 문학연구, 과학, 역사, 예술과 같은 학문의 전통 안에서, 또는 가정이나 지역사회와 같은 특정 범위 내에서 권위 있게 말하는 방법을 학습함으로써 상정할 수 있다.(Applebee, 1996). 교실과 같이 제한된 상황 안에서 사회적인 동을 하는 것이라는 쓰기의 개념은 자료를 활용한 쓰기의 중요성, 쓰기의 어려움, 쓰기의 활동을 이해하는 적절한 방식이라는 인상을 준다. Greene(1995)은 대학 신입생이 새로운 것, 즉 새로운 글을 쓰기 위해 자료 통합이 필요한 다양한 자료를 어떻게 사용하는지에 대한 사례 연구를 수행했다.

주장하는 (또는 설명하는) 데 있어 정보를 통합하는 것은 단순히 특정한 한 필자가 아니라, 한 필자가 한 필자공동체를 대표하고 그들의 지속적인 관심거리를 대표하는 중요한 지적 단계를 나타낸다. 필자가 사용한 자료는 증거와 정교함 면에서 그들의 작업에 기본이 된다. 특히 그들이 다른 필자의 생각을 완전히 이해하고 새로운 것을 말하는 방법을 찾을 때 그러하다.(Greene, 1995, p.187)

이런 방식으로 새로운 글을 생성하는 것은 복잡하고 반복적인 과정이다. 이 과정에서 상황(과제, 사회적 환경, 이전 경험 등), 독자로서의 전문 기술지식, 전략을 사용하는 능력은 중요한 역할을 한다. 그러나 이 장에서 우리는 교실 상황에서 교사와 학생이 자료로부터 쓰기를 시작하는 방법에 관심을 갖고 있다.

지도 방식의 구조화된 과정

우리는 이 장에서 자료를 활용한 정보 전달적 쓰기에 대한 두 가지 시나리오를 가지고 있다. 교실 상황, 읽기와 쓰기 과제들, 그리고 자료들로 용어가 서로 다르지만, Hillocks(1986, 1995)가 '환경적' 교수라고 말한 것을 근거로 한 일련의 원칙을 그 시나리오는 공유한다. 우리는 Applebee(1986)가 이러한 접근에 대해 '구조화된 과정'이라고 새로이 이름 지은 것을 더 선호한다. 이 용어는 Hillocks가 주장하는 강력한 지도 원칙(쓰기 교사는 학생 필자들이 새롭고 복잡한 과제를 성취하도록 하기 위해 구조화된 태도로 지도적 활동을 조직한다.)을 포함하면서 과정 지향 접근의 개념을 유지해왔기 때문이다.

자료를 활용하여 글을 쓰는 방법을 학생에게 가르치려는 이러한 접근은 과제 수행에 대해 생각하는 방식뿐만 아니라 새로운 과제를 실제 수행하는 방법에 대해 배워야 한다는 점에서 특히 중요하다. 이러한 학습은 학생들이 미래에 각기 다른 상황에서 다양한 자료들을 사용할 수 있도록 한다. 이러한 접근은 쓰기를 위한 학습의 사회 구성주의 견해로 설명될 수 있다. 즉, 이러한 접근은 교사, 동료들과의 상호작용을 통한 사회적 상황에서 개별적인 학생의 행동에 의해 만들어지는 활동적인 구성이다. 이것은 학생들의 쓰기를 위한 학습을 형성하지만, 결정하지는 않는다. 아래는 자료로부터 쓰기(쓰기의 다른 유형을 포함하여)를 가르치기 위한 구조화된 접근의 일련의 원칙들이다.

주인의식

이것은 특히 정보 전달적 쓰기를 위해 자료를 이용하는 과제가 그 프로젝트의 목적의식보다 더 중시될 때, 간과하기 쉬운 원칙이다. 학생들은 단순히 일련의 과제를 완성하는 것을 넘어서 과제에서 가치 있는 어떤 것이 있다는 것을 느껴야 한다. 그것은 학생들이 쓰기 과제의 다양한 부분을 통합하도록 하는 과제의 목적의식이다. 예를 들어, 어떤 기능을 할 수 있다는 것을 증명하려고, 학생들에게 문학 텍스트를 이용하여 인용을 하도록 하기 보다는, 좀 더 진정한 목표, 즉 두 인물들 사이의 관계에 대한 학생의 부정적인 반응을 명확하게 하기 위해 인용을 사용하게 하는 것이다.

구조화된 활동

명백하고 구체적인 목표로 시작하여, 학생들은 쓰기 계획을 발전시킬 때 동료를 독자로 생각할 것을 요구받는다. 교사는 학생들이 다음과 같은 흐름을 따라서 활동할 수 있도록 해야 한다. 열린 결말을 탐색하는 것부터 시작하여, 연구하고 글을 쓰기 위해 필요한 것들을 통합하고 방향을 잡아가는 감각을 키우는 것까지의 흐름을 말한다.

최근 우리 중 George E. Newell은 11학년 학생들에게 작문을 지도하는 교사를 관찰했다. 그 교사는 학년이 시작할 때, 학생들이 강력히 주장하는 주제에 관해 쓰도록 했다. 그 학년에서, 학생들이 교실과 동료를 넘어선 독자를 위해 쓰기를 시작했을 때, 학생들은 아주 새로운 자료를 사용하는 태도(position)를 발전시켜야 했다. 이 때, 교사는 지방 정부와 면담하고, 온라인으로 지방 정부의 문서를 처리하는 새로운 기능을 가르쳤다. 각 학생들이 각기 다른 독자를 위해 썼기 때문에, 교사는 새로운 독자를 위한, 적절하고 때로는 필요한 표현의 새로운 유형을 소개했다.

협력

어떤 유형의 글쓰기라 해도 그러하지만, 자료를 활용한 쓰기는 그것이 개별 학생의 작업이라는 점 못지않게 충분히 사회적인 행동이라는 점이다. 필자는 독자의 요구를 깨달을 뿐 아니라, 복잡한 자료들을 이해하는 필자의 능력(그렇게 하려는 의향을 포함하여)은 사회적 과정을 가지고 있는 교실 상황에 기반을 두고 있다. 실제로 이 쓰기는 과제를 공유하는 과정에서 동료와의 상호작용을 활발하게 하는 것을 필요로 한다. 가장 중요한 것은, 평가와 비판적인 판단이 지연되었다는 것이다. 이는 학생들에게 현재 가지고 있는 생각의 담화 구조와 그 생각을 발전시키기 위한 시간을 주는 것뿐만 아니라 자신감을 주기 위해서이다.

적합한 과제와 자료

'적합성'은 구조화된 과정 접근의 두 가지 중요 요소를 나타낸다. 첫째, 과제와 자료는 학생이 할 준비가 된 것으로 선정되어야 한다. 즉 교사가 할 수 있는 조력은 학생의 기능과 지식의 수준에 적합해야 한다. 바꾸어 말하면, 교사는 학생들이 혼자서 할 수 없지만 다른 사람의 도움을 받으면 할 수 있는 조력을 찾아야 한다. 둘째, 지도를 통해 논증, 설명, 서사와 같은 특정한 과제에 적합한 전략을 학생들이 발달시키도록 해야 한다. 예를 들어, 자료를 활용한 글쓰기의 연구에서 Greene(1984)은 대학생들은 논증적인 글을 쓸 때 자료를 '캐내는' 데에 몰두한다고 설명한다. 세 가지 전략은 자료를 캐내는 것을 돕는데, 상황의 재구성(쓰기의 목적과 독자에 대한 재고), 구조를 추측하거나 도입하는 것(자료 정보를 논증의 구조에 맞추는 것), 그리고 표현을 택하는 것(특정 단어와 구가 적합한지 아닌지에 대한 이유)를 말한다. 그러한 전략은 학생들이 수사적 목적을 위해 이 전략을 쓸 수 있기까지, 설명과 예를 통해서 명시적으로 직접적으로 교수되는 것이 필요하다.

책임 이양

교사인 우리는 초기에 학생들에게 제공되었던 활동의 지원이 계속 필요한지 아닌지 고려하지 않고, 학생들이 잘할 것으로 보이는 것을 계속 행해 왔다. 이러한 접근의 한 예로 과정 전략(초안 짜기, 수정하기 등)을 사용하는 것을 확실히 하기 위해 학생들이 학습지가 유용하다고 생각하든 아니든, 학습지를 채우도록 하는 것이다. 이와는 달리, 교사가 학생들에게 책임을 이양할 때, 과정과 기능이 통합된다. 필자가 글쓰기를 관리하고 수사적 목적을 성취하기 위한 전략을 찾아서 그것을 가지고 수행하기 때문이다. 이 때의 지도는 학습이 일어났는지를 평가하는 방법과 자료를 새롭게 사용하도록 요구하는 다른 면을 보인다. 교사가 계획자와 조직자의 역할을 유지하지만, 활동은 교사가 미리 결정해놓은 체계에 맞추려는 반응보다는 학생들에게 생각을 발전시키는 도구와 목적을 제공한다.

1학년의 자료를 활용한 쓰기: 연못 동물에 대한 연구 보고서

이 장에서 우리는 발달 과정의 양극단과 두 개의 서로 다른 내용 영역의 자료를 활용한 쓰기의 두 가지 교수 사례를 보고자 한다. 과학 보고서를 쓰려는 학생들을 가르치는 1학년 교사와 문학 작품에 관해 분석적 쓰기를 하려는 학생들을 위한 수업을 조직한 12학년 교사이다. 이러한 쓰기 교사의 실천은 두 가지 중요한 특징을 공유한다. 한 가지는 쓰기 지도에서 탐구적 접근을 사용하는 것이고, 다른 하나는 생각을 발전시키는 데 있어 사회적 과정의 역할에 대해 관심을 많이 갖는다는 것이다. 학생들은 흥미를 보이는 교사와 동료를 독자로 둔 전문 저술가가 예상된다.

교외 지역 학교의 한 학년 과정 동안, 교사 Jones(모든 교사와 학생의 이름은 가명이다)와 1학년 학생들은 쓰기의 구조화된 과정 접근을 사용하여 다양한 장르로 글을 썼다. 특히, 교사 Jones는 논픽션과 관련된 서로 다른 쓰기 4가지를 포함했다. 그것은 포스터, '알고 있었어' 풍선(Corgill, 2008), 연구 보고서, 가족 역사 탐구 과제이다. 단원의 모든 쓰기는 짧은 것부터 시작하여 긴 정보 전달적 쓰기로 배열했다. 이 정보 전달적 쓰기는 학생들이 조사할 것을 선택한 문제에 기반하고 있다. 학생들은 목적과 독자에 적합한 글을 쓰기 위해, 논픽션 글의 특성에 따라, 일상적으로 다양한 글들과 다른 자료들의 정보를 모아 그들의 연구에 이용했다.

교사 Johns는 교사 경력이 18년째였다. 이 시나리오는 1학년을 가르치던 두 번째 해에 일어났던 일이다. 우리들 중 Melissa Wilson, 당시 퇴직한 교사이며 박사과정 학생이었던 그는 Jones의 1학년 교실에서 2009년부터 2010년까지의 일부분을 보냈다. 이 기간 동안 나는 작문 워크숍 시작 부분의 수업을 비디오로 찍었다. 작문 워크숍 중간에 교사와 학생 사이에 일어나는 개별적인 회의를 찍었고 이 수업의 결말 부분에서 공유하는 시간을 찍었다. 다음의 시나리오는 4가지 쓰기 중 세 번째 쓰기, 즉 3월 말부터 4월 중순에 있었던 연못 동물에 관한 연구보고서에 대해 관찰한 것이다.

일간 작문 워크숍

일간 쓰기 지도는 30분에서 60분까지 다양하다. 그리고 점차적으로 미니 레슨, 지속된 쓰기, 학생과 교사의 회의의 세 부분으로 나뉘고 그리고 공유하는 시간을 갖는다. 이러한 지도는, 흥미 있는 독자와의 상호작용을 통해 아이디어를 생성하고 지식을 만들어내는 일관된 경로를 제시했던 '구조화된 활동' 원칙을 연상시킨다.

일반적으로, 이러한 수업들은 미니레슨으로 시작한다. 미니레슨은 책을 읽고 이야기하며 학생들을 전문 필자가 되도록 돕는다. 정보전달적 쓰기의 경우에는 수집가를 전문저술가가 되도록 돕는다. 교사 Jones는 미니 레슨에서 전날 얻은 정보를 확장시키기 위해 밀접한 관련이 있는 여러 토의를 진행했다. 누적된 정보는 큰 차트에 수집되었다. 예를 들어, 교사가 픽션과 논픽션의 차이점과 관해 가르치고 나서, 논픽션 글에서 흔히 볼 수 있는 시각적 특성과 인쇄된 글의 특성을 소개한다.

작문 워크숍 시간의 대부분은 질문을 만들기 위해 책을 복습하고, 흥미 있는 글의 주제(이 연구 보고서의 경우, 각 학생들이 썼던 연못 동물이 해당된다)에 관한 정보를 수집하고, 또는 글을 쓰거나 글을 설명하는데 보낸다. 학생들이 소리 내어 읽고, 자신의 글이나 책의 서로 다른 그림을 보여주므로, 이 시간 동안 교실에서는 끊임없이 협력적인 대화와 활동이 이루어진다. 교실 도서관에서 많은 논픽션 책을 학생들이 읽기도 하고 교실의 교사들이 읽어주기도 한다. 그래서 학생과 교사는 글을 토의하기 위한 회의를 하고, 글의 구성과 철자쓰기에 도움을 받고, 필요에 따라 격려를 받으며, 그리고 점차적으로 그들이 학습하는 위치를 확인해 간다. 작문 워크숍의 마지막 부분은 공유하는 시간을 갖는 것이다. 그 시간에 교사 Jones는 학생을 선택하여 글과 스케치한 것을 읽고 이야기하도록 한다. 또는 쓰기 시간 동안 그들이 알아낸 것을 설명하도록 한다. 가끔은 모든 학생들이 공유의 시간을 갖지만, 대부분은 몇몇의 아이들만 공유하는 시간을 갖게 된다. 이것이 시간적 압박 때문에 작문 워크숍에서 **빠뜨린** 부분이다. 이러한 지도는 책임 이양과 협력의 원칙을 설명해준다. 학생들이 새로운 사고 방법과 쓰기 방법을 점진적으로 적용하는 초기에는 사회적 활동에 의해 지원되고, 이후에는 읽기와 쓰기 시간, 즉 좀더 독립적인 노력이 필요한 활동으로 옮겨 간다.

예시: 연못 속 동물에 대한 조사 보고서

워크숍 동안에 Kali는 나에게 연못 속 동물인 백조에 대한 조사 보고서에 대해서 말했다. 4월의 어느 특별한 날 Kali는 자신의 질문에 대해 설명하기 시작했다.

> "저는 (질문 또는 흥미 있는 다른 화제에 대해 답하기 위한 질문과 정보를 기록하곤 하는 탐구 일지와 같이) 쓸 수 없을 것 같아요. 그러나 혹시 선생님은 백조가 물새 중에 가장 큰 것을 알고 있어요? 그러니까, 음, 그런데 저는 알고 싶은데, 뭐냐면, 백조가 얼마나 큰지?"

질문에 대한 답을 찾기 위해서 우리가 함께 여러 책들을 훑어보면서, Kali는 스스로의 질문의 답과 관련된 정보를 찾기 위해서의 지금까지의 조사 과정을 설명했다.

> "저는 신중히 읽지 않았어요, 그러니까, 제가 (책에서) 멋진 그림을 봤을 때, 정말 책을 읽고 싶어질 때처럼 말이에요. 그러니까, 그 때, 백조가 날개를 쫙 핀 사진을 봤을 때. 저는 그게 매우 흥미로워보여서 그 부분을 읽었어요. 음, 저는 제가 읽는 책이 어려웠기 때문에 적어도 읽으려고 노력해요, 읽으려고 노력을."

논픽션 쓰기를 위한 질문 및 답 생성 자료로 논픽션 도서를 활용하는 활동은 9월 이후 수업부터 이루어졌다. 그런데 이때 Kali가 텍스트 자료 사용에서 좌절을 경험했다는 점은 주목해 볼 필요가 있다. Kali는 자신이 원하는 정확한 정보를 찾는 것이 때때로 어려웠다고 한다. Kali는 자신이 읽은 책 중 몇 개는 읽기에 어려웠다고 설명했다. 끝내 Kali는 자료를 얻기 위해 인터넷을 사용하는 것 역시 만족스러워 하지 않았다. 백조의 크기에 대한 정보를 찾기 위한 도구로써 인터넷 사용에 대한 나의 제안 이후, Kali는 'white paper'(학교에서 가능한 인터넷 사이트)에 접속할 수 없다고 말했다. Kali는 "제가 진짜 알고 싶은 정보를 책에서 찾을 수 없었기 때문에 저는 더 많은 조사를 하지 않았어요."라고 말했다. 그 후 Kali는 자료가 있어야 글을 쓸 수 있다. Kali는 특히 백조의 크기에 흥미가 있었다. 그러나 Kali는 확인할 수 있는 어떠한 텍스트 자료에서 정보를 찾을 수 없었다.

연구에서 언급된 다른 초등학교 교실과 같이(Jenkins & Earle, 2006; Many, Fyfe, Lewis, & Mitchell, 1996), Kali의 교실에서는 쓰여진 텍스트 특히, 글은 쓰기에서 매우 권위 있는 자료이다. 이러한 연구가 보고했듯이 특히 책(그리고 제한된 인터넷 조사)은 논픽션 조사 보고서 필자에게 기본적인 자료로 활용된다. 학교 사서는 연못 속 동물에 대한 초등학교 수준의 책을 구비하고, 이를 동물과 곤충으로 구분하여 놓아야 한다. 이런 작문 수업에서는 도서를 많이 활용해야 하므로 사서는 수업에 필요한 도서를 책 수레에 두어야 한다. 이 책 수레는 도서를 도서관이나 교실로 옮길 때 편리하게 사용할 수 있다. 교사 Jones는 "모든 1학년 학생들이 도서를 자료로 활용해야 해서 학교 사서는 책을 이렇게 차례로 정리해 놓아요. 수업 시간에 사용하고 나면 도서를 서가에 다시 정리해 놓고요."라고 말했다. 이러한 책은 이후 학생들이 연못 속 동물에 대해 조사하고 이에 대한 조사 보고서를 쓸 때 기본적인 자료로 사용될 것이다.

다음의 논의에서 이러한 책에의 의존 및 좌절 없이 Kali가 정보 전달적 글쓰기의 한 부분으로 책을 통합하고 변용하는 방법을 살펴볼 것이다. 나(Melissa)는 Kali와 협의하면서 Kali가 백조에 관한 정보를 더 많이 모을 수 있도록 안내했다. 이와 같은 대화 중 Kali는 "백조의 생애는 어때요?"와 같은 질문을 제기하기 시작했다. 이때 생애를 표현하기 위해서 원과 화살표를 사용하는 것은 매우 중요한데, 이는 논픽션이라는 장르의 시각적, 텍스트적 특징에 초점을 둔 것이다. 이에 대해서는 미니 레슨의 앞부분에서 설명이 이루어졌다.

KALI: 선생님은 백조의 생애에 대해서 알아요?

MELISSA: 잘 모르는데? 백조의 생애가 있니?

KALI: 저도 잘 모르는데요. 그런데 만약에 있다면. 그런데 저는 백조의 생애에 대해서 알고 싶어요.

MELISSA: 그거와 관련된 책이 있니?

KALI: 음.

(Kali는 인쇄된 부분이 몇 군데가 생략되어 없어진 책을 가지고 돌아왔다.)

MELISSA: 좋아. 그래서 질문이.

KALI: '백조가 생애가 있는가?'에요.

MELISSA: 우선, 생애가 뭐라고 생각하니?

KALI: 음, 그러니까, 먼저, 음, 그건 마치. 음. 아마 알을 낳고, 그리고 닭이 되고, 이게 백조로 자라고. 또는 백조가 생애를 가지고 있다면 이를 아는 사람이 있지 않을까요?

MELISSA: 너는 생애가 뭔지 알아?

KALI: (고개를 약간 끄덕인다.)

MELISSA: 사람은 생애가 있니?

KALI: 우리는 태어나고, 그리고나서 음. 우리는. 그러니까. 우리는 아이가 되고 나서 자라죠.

MELISSA: 그 후 우리는 죽고, 그렇지? 그게 생애지?

KALI: (고개를 끄덕인다.)

MELISSA: 만약 네가 뭔가를 찾는다면, 그게 네가 방금 말한 생애가 되겠다.

KALI: 네, 그런데 제가 추측하기로는, 그러니까.

MELISSA: 추측? 네가 추측한 것이 맞는지를 확인하기 위해서 우리가 책에서 무엇을 찾아야 할까?

KALI: 우리는 생애에 대해서 찾아야 해요.

MELISSA: 우리가, 너는 지금 주기와 같은 것을 찾아야 한다고 말했어.

KALI: 음. 아마 우리는 (책에 있는 텍스트 부분을 가리키며) 이와 같은 단어를 찾거나, 주기를 찾아야 해요.

MELISSA: 우리가 그 단어를 책에서 찾을 수 있을까?

KALI: 우리는 책에서 이 단어 또는 주기를 찾을 수 있어요.

MELISSA: 음.

KALI: 그런데 저는 주기를 찾을 수 없었어요.

MELISSA: 그럼 이 책에는 주기와 관련된 내용이 없나 보다.

MELISSA: 좋아, 찾아보자. 좋아. 나는 생애와 같은 단어를 찾을게. (그림을 가리키며) 이거 봐봐. 여기 뭐가 있니?

KALI: 알이요.

MELISSA: 무엇이 여기 있어?

KALI: 새끼 새요.

MELISSA: 이건 백조의 새끼야. 이걸 무엇이라고 부를까, 백조의 새끼? 그럼 우리는 백조의 새끼가 자라서 뭐가 되는지 알고 있지.

KALI: 백조요.

MELISSA: 이건 생애가 아닐까?

KALI: 음. 그런데 백조의 새끼가 커서 백조가 되고. (책 위에 손으로 동그라미를 그리며) 그리고나서 새끼를 낳고, 여기 있는 것처럼 계속 자라고.

MELISSA: 그렇지. 이처럼 원형을 나타내지. (조금 후 Kali에게 돌아와서 Kali의 예시를 살펴봄.) 그럼 1번인 알을 발견했네.

KALI: (지우며) 음.

MELISSA: 백조의 새끼는 2번이고.

KALI: 음.

MELISSA: 자라난 뒤는 3번이고.

KALI: (지우기를 끝내고) 음. 그리고나서 이거는 다시 알로 돌아가고. 그리고.

MELISSA: 오, (생애가 나타난 곳을 가리키며) 너는 알을 낳는 그림 혹은 둥지에 앉아 있는 그림을 그리고 싶은 거야? 한 번 그림으로 나타내 봐.

KALI: 음.

KALI: (Melissa에게 그림을 보여준 뒤) 백조가 알 위에 있는 것을 보여주기 위해 이렇게 잘랐어요.

MELISSA: 오 좋아. 잘했어.

　　Jones의 수업 시작 부분으로부터 Kali와 나의 협력으로의 나타난 사건의 순서는 이 장 앞에서 소개된 많은 교육적 원리에 대해서 설명했다. 목적의식, 협력적이고 구조화된 활동, 적절한 과제와 자료, 책임 이양이 그것이다. Kali의 활동에 대한 나의 관찰이나 참여는 자료를 기반으로 한 글쓰기 지도에 관한 중요한 2가지 예를 잘 보여준다. 하나는 시각자료로 '생애'를 개념화하는 것이고 다른 하나는 성인(교사)의 도움으로 '생애'를 설명하는 것이다. 나의 예는 이 2가지를 결합한 것이지만, 이 2가지 접근법은 서로에 대해 경쟁적인 관계를 취하기도 한다(Hicks, 1997 참조). 비록 이는 교육적 비계를 취하는 다양한 형식 중 하나에 불과하지만, 이는 적절한 질문이 어떻게 복잡한 쓰기에서 학생이 경험하는 문제에 도움을 주는지에 대한 예시뿐 아니라, 학생이 과제를 해결하기 위해 겪어야만 하는 것을 반영한 구조의 예시 역시 제공해 준다.

　　이를 통해 Kali와 같은 학생은 스스로 설명하는 방법을 습득하는데, 이 때 과제는 반드시 학생에게 적절해야 한다. 쓰기와 시각적 표현 두 가지를 통해서 백조의 생애를 이해하는 것(그리고 나타내는 것)과 같은 과제를 할 때, 교사는 이전 단계에 지원을 제공하거나 이후 단계로 독립된 과제를 하도록 준비를 해야만 한다. 이는 어떻게 책임 이양이 발생하는지를 설명한다. 즉, 학생이 새로운 아이디어와 정보를 이해하려고 할 때 교육적인 상호작용이 발생한다. 교육적인 과제는 학생이 사용하는 기능과 지식에 적절해야 하나, 이는 반드시 알고 있는 전략과 주어진 지식을 뛰어넘는 방향으로 바뀌어야 한다.

Kali와 나의 협력적 구성 과정은 학생들이 자료 활용 글쓰기를 어떻게 이해하는지에 대한 통찰뿐 아니라, 전통적 자료 변형이나 대안적 자료 변형 같은 복합적 방식에 대한 통찰을 제공한다. "필자는 방향과 목적뿐 아니라 도움을 제공해 주는 다른 사람을 설정하는 것을 통해 2명으로 구성된 사회적 관계와 상호작용적 사건을 깨달을 수 있다."라고 Dyson은 주장했다(2000:60). 책, 교실에서 수집된 정보, 대화를 통해서 Kali는 정보 전문가로서의 필자로서 다양한 자료를 활용하여 조사 보고서의 기본 형식을 만들었다.

이후 Kali는 연못 속 동물에 대한 조사 보고서와 자료를 통합하는 방법을 어떻게 배웠을까? Kali는 생활 주기에 대한 이해와 자료를 협력적 회의 동안에 통합할 수 있었는데, 이는 Kali가 이전에 경험한 지도 때문이었다. 탐구 일지를 통해, Kali는 궁금증이 생겼고, 질문을 기록한 후, 논픽션 유형에 대한 답을 발견하였다. 이러한 질문하고 답하는 과정은 9월부터 준비되었고, 동일한 화제에 대한 다양한 질문, 확대된 글쓰기와 같은 활동을 포함하는 등 계속해서 재정립되었다. 이와 같이 장르 유형과 시각적 텍스트의 특징으로서의 보고서에 대한 이해는 1년 동안 교사 혹은 학생에 의해 발견된 새롭고 흥미 있는 특징으로 소개되고, 모형화되고, 공유된다. 이후 Kali는 쓰기에서 필수적이지 않은 생활 주기에 대한 그림 정보와 세부사항을 의사소통하기 위해 논픽션에서의 일반적인 텍스트와 시각적 특징을 사용할 수 있게 된다. (Kali의 예시 사용이 어린아이 쓰기의 전형적인 특징은 아니지만(Graves, 1987; Rowe, 2010), 이는 논픽션 텍스트에서 발견되는 예시의 전형을 반영할 뿐 아니라 과학적 설명의 전형에 대한 Kali의 구조화 된 이해를 보여준다.)

이 교실에서의 교사와 학생은 시간이 지날수록 논픽션 필자에 대한 이해를 구조화한다. 자료를 활용한 쓰기 지도에 대한 구조화된 과정 원리에 대해 교사 Jones는 설명하지 않았지만, 그럼에도 불구하고 학생과 교사에 의해서 Jones의 수업은 시간이 갈수록 다양한 원리가 포함된 구조화된 논픽션 쓰기 모형으로 나타난다. Kali와 백조 이야기 이후, 한 학생은 교실의 사회적 맥락 내에서 자료를 활용한 쓰기에 대한 구조화된 이해를 구성 및 변형하고 쓰기 원리에 대한 지도를 구조화하였다. 게다가 우리는 또한 어떻게 이러한 이해가 교사와 학생이 자료로부터 쓰기에의 새로운 방법을 발견함에 따라 교육과정 동안에 더 복잡하고 정교화 되는지에 대한 힌트를 얻게 된다.

12학년 문학에 대한 분석적인 쓰기

우리들 중 한 명(Jennifer VanDerHeide)은 교사 Hamilton의 12학년 대학 선수 과목인 문학과 작문 교실에서의 분석적인 글쓰기 수업에 대해 연구할 수 있게 되었다. 8월부터 4월까지의 한 학년 동안에 적어도 한 주에 한 번은 수업을 관찰할 수 있었다. Hamilton은 15년 동안 학교에서 영어를 가르쳤고, 문학과 작문의 전문가로 여겨졌다. Hamilton의 수업은 문학의 경우에는 자료를 사용하고 학생을 정보전문가로서의 필자로 발달시키기 위해 쓰기 지도에서 구조화된 과정 접근법을 어떻게 활용하는지에 대해 설명했다.

Hamilton의 12학년 대학 선수 과목인 문학과 작문 수업은 학생이 문학에 대한 분석적 논증문을 씀으로써 마무리되는데, 이때 문학은 학생이 이전에 읽은 것이 아니어야 한다. 이 때문에 Hamilton은 학생이 독립적으로 문학을 읽고 문학에 대한 감각을 길러내게 함으로써 정보전문가로서의 필자가 될 수 있도록 즉, 학생이 문학에 대해 개인적이고 독창적인 아이디어를 쓸 수 있는 목적의식을 가지도록 격려했다. "문학에 대해 독창적으로 분석하고, 이를 지지하고 이에 대해 설명할 수 있는 것은 매우 중요합니다."라고 Hamilton은 말했다. 논의와 설명에는 수많은 연습이 필요하고 이는 매우 기본적인 것이라고 나는 생각한다.

단원 계획: 짧은 이야기에 대한 분석적 논증문 쓰기

학기 동안 Hamilton이 지도하는 단원은 문학의 다양한 장르에 초점을 맞추고 있었으며, 각각의 단원은 구조화된 과정 접근법의 핵심적인 특징을 활용하였기에 비슷한 패턴을 지니고 있었다. 읽기에 초점이 맞추어진 첫 번째 파트는 학생의 문학 쓰기로 끝난다. 이 장에서 초점을 두고 있는 특별한 단원에서는 학생이 2주 동안 6개의 짧은 글을 읽는다. 짧은 글을 읽은 뒤 Hamilton은 적어도 하나의 문학적 장치(인물, 플롯 등)를 활용하여 한 편의 분석적 논증문 쓰기 과제를 부여했다. Hamilton은 학생이 이러한 글을 쓰도록 하기 위한 준비를 했는데 이는 다음과 같다. 학생에게 논지에 대한 아이디어를 개발하기 위한 장소를 제공해 주었고, 문학에 대한 글을 읽고 분석적으로 쓰는 데 필요한 전략을 가르쳐 주었다. 지도에 대한 구조화된 과정 접근법에서 교사가 개입하여 탐구할 수 있는 폭넓은 아이디어를 제공하는 과정은 점점 학생 개인이 특별한 아이디어를 생산하는 방향으로 진행된다. 〈참고 6.2〉에서는 단원의 구조를 시각적으로 개관한다.

각 교실에서의 분석적 쓰기 동안, 학생은 수업에 오기 전에 짧은 글을 읽고—핵심 문단에 줄을 긋거나 여백에 메모를 하는—주석을 달았다. 그리고 학생은 문집에 읽는 부분을 읽고 나서 이야기를 인물, 환경, 주제와 같은 문학적인 요소로 묶었다. 학생이 짧은 글을 읽을 때, Hamilton은 문학을 읽고 이에 대해 쓰는 과제를 수행하는 데 적절한 전략을 가르쳤다.

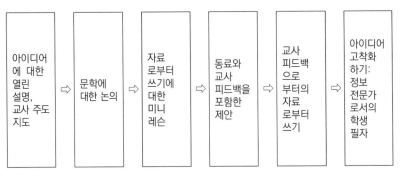

〈참고 6.2〉 짧은 이야기에 대한 쓰기 단원의 시각적 표상

　　Hamilton은 문학의 요소에 대해 학생에게 명시적으로 가르쳤다. 이에 대해 학생이 논의하도록 하고, Smart Board를 활용해 이야기의 맥락 내에 있는 특별한 문학적 요소를 확인하고 분석하는 방법을 시범 보였다. 예를 들어, 도입에서 학생은 인물에 대해 논의하고, Hamilton은 이야기의 첫 장에 인물 전개를 위해 작가가 사용한 단어와 절에 밑줄을 그음으로써 학생이 이를 확인하도록 했다. Hamilton은 매일 학생에게로 책임을 이양하였다. 며칠 후 문학적 요소인 주제에 학생이 초점을 맞추었을 때 Hamilton은 이야기 주제 하나를 학생에게 선택하도록 하고, 같은 주제를 선택한 학생끼리 소집단을 만들었다. 이러한 방법을 통해 Hamilton은 점차적으로 본인에게서 학생으로의 전략에 대한 책임을 이양하였다.

　　수업 시간에 논의를 통해 단원의 읽기 부분에 대한 다양한 아이디어를 탐구하는 것이 가능하였다. 또한 학생들은 텍스트, 텍스트 내의 아이디어, 텍스트에 대한 그들의 생각을 허용적인 분위기에서 논의할 수 있는 기회를 가졌다. 이러한 논의는 Hamilton의 쓰기 지도에서 두 가지 목적을 수행한다. 첫째, 학생은 글을 쓸 때 과제에 적합한 전략을 연습할 수 있다. 둘째, 학생은 글을 쓸 때 꺼낼 수 있는 아이디어를 생성할 수 있다. 시간이 지나면서 Hamilton은 문학적 분석에서 필요한 기능을 명시적으로 학생들에게 알려주어야 함을 알게 되었다. 분석을 지원하는 텍스트 내의 근거를 확인하고, 독자에게 근거에 대해 설명하고, 분석과 근거를 연결시키는 것. Hamilton은 이러한 기능을 교실에서 시범을 보였는데, 이때 학생이 이를 연습할 수 있도록 구어로써 표현하고, 이를 어려워하는 학생에게는 다른 학생이 문학적 텍스트를 읽고 해석할 때 이를 어떻게 사용하는지를 듣도록 했다. Hamilton은 "나는 아이디어를 생산하려고 노력하는 아이를 돕기 위해, 주장을 지지하는 방법을 이해하기 위해서 논의가 중요하다고 생각합니다. 그리고 이는 또한 우리가 읽은 것에서 더 많은 것을 캐내고, 새로운 것을 알아내는 것을 가능하게 합니다."라고 설명했다.

문학적 논의에서 텍스트의 증거 사용하기: 주석의 역할

교실에서의 논의 중 짧은 부분을 통해 이를 설명하면 다음과 같다. Hamilton의 학생은 Tobias Wolffe의 'Say Yes'(1996)의 주인공에 대한 논의를 위해서 반원으로 앉았다. Hamilton은 반원 중앙 앞자리에 앉아서, 주제와 대화의 방향을 결정하기 위해 학생이 아이디어를 내는 것을 허락함으로써 대화를 조직했다. 학생들은 주인공(서술자)인 아내와 말다툼하는 남편을 동정하는지에 대해 논의하였다. 학생들은 서로의 의견을 공유하였고, 교사는 그 다음 학생들이 그 의견들을 지지할 수 있도록 그들의 텍스트를 보게 했다.

교사: 여러분은 어느 부분이 중요하다고 생각해서 주석을 달았나요?
CHLOE: 저는 잡지 장면에서 "그녀는 그에 대한 그녀의 무관심을 입증하였고, 이는 그녀의 의도대로 그에게 상처를 주었다."(Wolffe, 1996:3)라는 단락에 표시를 했어요. 음, 잘 모르겠지만, 저는 이 부분에서 동정심이 들었어요. 그런데 이와 동시에 그는 그녀의 모든 행동을 설명하려고 노력했는데, 이러한 행동은 잘못된 거였어요. 저는 그녀는 단지 화가 난거지, 화 때문에 책을 던짐으로써 그에게 상처를 주려고 한 건 아니에요. 저는 그가 여기에 책임이 있다고 생각해요.

교사: 그래.

SAMANTHA: 결말 부분에 그는 그녀가 그를 싸움에 말려들게 하도록 한 것을 부끄러워해요. 그리고 저도 잘 모르겠지만, 이 부분이 저에게 동정심이 더 들도록 했는지 모르겠지만, 그렇지 않아요. 왜냐하면 이는 누군가에 대한 추측 때문이 아니라, 저를 그 싸움 속으로 들어오게 했기 때문이라고 생각해요. 잘 모르겠어요.

학생들의 반응을 자세히 살펴볼 때, 그들은 이야기에 대한 아이디어와 의견을 제공하였지만, 특정한 텍스트의 근거를 공유함으로써 그렇게 하였다. Chloe은 구체적인 인용 부분을 지적하고, 그 부분의 의미와 중요성, 그 부분이 어떻게 자신의 견해를 지원하는지를 설명했다. Samantha는 이야기의 구체적인 예와 이에 대한 해석을 언급함으로써 유사한 양상을 보인다. 교사의 언어는 이러한 구체적인 생각을 이끌지는 못하나, 학생은 교사가 원하는 유형의 대화를 표현하고 있다. 이러한 경우에 학생이 주석을 지적함으로써 자신의 아이디어를 지지할 수 있는 텍스트적 근거를 사용한다.

이 교실에서 문학에 대한 논의는 Hamilton의 쓰기 지도에서 필수적인 부분이다. 읽기와 쓰기는 얽혀 있고, 반복된다. 자세히 읽기는 쓰기에 대한 아이디어를 제공해 주고, 쓰기는 읽기에 대한 깊은 이해를 할 수 있는 한 방법이고, 이는 종종 더욱 더 자세히 읽기를 가능하게 한다. 대학 선수 과목인 문학 수업 동안 교실에서 이루어지는 논의는 자료로부터 쓰기를 성공적으로 가능하게 하는 필수적인 기능과 문학으로부터 근거를 설명하고 제공하는 기능을 수행할 수 있는 기회를 제공한다. 이러한 논의는 사실상 사회적인 특징을 지니는데, 이는 학생이 아이디어를 공유할 수 있는 실제적 청중을 제공받으며, 그리고 가능한 다른 해석들을 터놓으며 서로의 아이디어를 공유할 기회를 갖기 때문이다.

분석적 논증문 쓰기: 텍스트적 근거로부터 시작하기

단원의 첫 번째 읽기 부분을 끝낸 후, Hamilton은 구조화된 과정을 통해 계획하기 단계로 나아간다. 이 단계에서 학생들은 집중할 짧은 이야기와 그들의 글에서 드러낼 분석을 선택한다. 다시 Hamilton은 과제에 적절한 전략을 명시적으로 가르친다. Hamilton은 분석적 논증문을 쓰기 전에 학생에게 이야기에서의 근거를 찾는 것을 가르치기 위해서 Hillocks(2010)의 논의를 활용하였다. Hillocks는 논지를 쓰고 이를 지지해 줄 수 있는 텍스트적 근거를 찾기보다는, 교사와 학생이 탐구 모형—필자가 무엇을 말하는지를 발견하기 위해서 텍스트를 읽고 또 읽기, 자료로부터의 아이디어와 분석을 구성하기—을 따라야 한다고 주장했다. Hillocks는 이러한 과정에 대해서 다음과 같이 설명했다. "자료의 탐구로부터 이는 시작한다. 왜냐하면 주장의 발견은 진공에서 시작하는 것이 아니기 때문이다."(2010:26) 미니 레슨을 통해서 Hamilton은 탐구 모형을 토대로 하는 다음과 같은 읽기/쓰기 과정을 제안했다.

1. 가장 좋아하는 이야기 선택하기-다시 읽고 더 나아가 주석달기
2. 자료에 근거하여 이야기에 나타난 문학적 요소에 대한 분석적 질문 개발하기
3. 더 자세히 읽기를 위한 방법으로써 질문 활용하기
4. 해석적 주장을 개발하기 위해 자료 활용하기

먼저 자료에 집중한 뒤에 분석에 집중하도록 함으로써, Hamilton은 학생들로 하여금, 분석을 제시하고 자료를 그에 끼워 맞추기보다는 자료 자체를 면밀히 고려하도록 하였다. Hamilton은 제안을 쓰기 위한 구조화된 과정의 다음 단계는 학생에게 시안(계획, 제안)을 써 볼 것을 요청하는 것이다. 제안은 개요와 유사한 것이나 Hamilton은 특별한 형식을 기대하지 않는다. Hamilton은 실제적 글쓰기에 앞서, 학생들에게 서면으로 자신들의 분석을 드러내고, 다시 읽기와 분석,

해석에의 '지적으로 깊은 사고하기'를 하도록 요청했다. 학생은 교실 밖에서 이를 수행하고, 4명으로 이루어진 소집단의 동료와 이를 공유했다. 이는 협동 작업을 가능하게 하고, 이때 Hamilton에서 학생으로 책임이 이양된다. 소집단에게 제안을 제시하는 것은 지식 구성의 핵심인데, 이는 자료에 대한 분석에서 무엇이 중요한지를 사회적으로 구성하기 때문이다. 예를 들어, 한 학생이 소집단과 이야기를 함으로써, 자신의 제안이 분석보다는 요약에 가깝다는 것을 깨달을 수 있고, 다른 학생은 '요약된 문장'을 이야기에 대한 아이디어를 구성하기 위한 텍스트적 근거를 이끌어 내는 일관성 있는 분석적인 주장으로 수정하도록 도움을 받을 수 있다. 협동적 활동을 통해 Hamilton은 학생이 함께 지식을 구성할 수 있도록 하고, 아이디어와 쓰기에 대한 정보전문가로서의 필자로 발달하는 것을 가능하게 했다.

소집단 내에서 제안을 공유한 후, 학생은 제안을 수정하고, Hamilton에게 제출하여 그녀로부터 피드백을 받았다. Hamilton은 다음 단계를 교사의 '지적으로 깊은 사고하기'로 묘사한다. Hamilton은 각각의 학생에게 맞는 개별지도를 제공하기 위해 며칠을 그들의 제안을 숙고하고 그에 논평을 다는 데 쓴다. Hamilton의 피드백은 각 학생의 생각에 맞게 자세하고 구체적이며, 여기에는 질문, 논평, 미주가 포함되어 있다. 먼저 Hamilton의 질문은 교사와 독자로서의 자신의 생각을 나타내는데, 이는 "인용된 부분과 여기는 어떤 관련이 있니?" 혹은 "이는 어떠한 영향력이 있는가?"와 같다. 다음으로 Hamilton의 논평은 더 직접적인데, 이는 학생이 읽고 사고하는 것을 촉진하기 위해 학생의 분석에서 미흡한 부분을 지적한다. "낭비하는 아들에 대한 이야기와 이 부분이 어떻게 관련 있는지 더 명확히 하라."와 "이야기의 이 부분을 어떻게 더 발전시킬 수 있는지 보여줄 필요가 있다." 마지막으로 Hamilton은 각 제안의 끝에 미주를 다는데, 이는 학생이 잘한 점, 미흡한 점, 다음 단계에 대한 요약과 관련된 내용을 포함한다. 비록 이러한 유형의 피드백은 매우 힘들고, 시간이 많이 걸리는 일이지만, Hamilton은 이를 쓰기 지도의 핵심이라 생각한다. Hamilton은 학생의 쓰기 과정 초기에 학생에게 개인적 지도 제공할 수 있으며, 이는 학생이 자료를 다시 읽도록 하는 것, 자료에 대해 비판적으로 생각하게 하는 것, 읽기에 대한 반응으로 참신한 생각을 개발하도록 할 수 있다.

Hamilton에게 피드백을 제공하는 시기는 중요하다. 쓰기의 초기 단계. 피드백과 관련된 쓰기 교사의 한 가지 걱정은 학생이 이에 주의를 기울이지 않는다는 것이다. Hamilton은 쓰기 과정의 초기에 학생 개별적으로 피드백을 제공하기 때문에 학생은 교사의 질문과 논평에 주의를 기울이고, 고쳐 쓸 때 추가적인 자료로써 이를 활용한다. 단원 마지막의 인터뷰에서 한 학생은 "저는 이야기 그 자체를 읽는 것처럼 Hamilton의 기록을 읽어요. Hamilton의 기록은 저에게 매우 중요해요."라고 말했다. Hamilton의 논평을 받은 뒤 학생이 한 첫 번째 행동은 "제안 전반에의 모순된 주장"이라는 피드백의 반응으로 이야기를 3번이나 다시 읽는 것이었다. Hamilton의 논평에는 그녀가 단지 모순된 논의를 두 번 언급했음이 드러날 뿐이다—한 번은 'Trevor에게 2차 세계 전쟁이 미친 영향을 이야기하는 부분'에서 인물에 대한 모순된 주장이 보인다는 부분이고, 다른 한 번은 '모순된 부분에 대해서 생각해 보아야 한다.'라는 미주 부분에서 나타난다. 이러한 두 번의 논평은 학생이 텍스트를 몇 번이나 자세히 읽도록 했고, 이는 자료로부터 쓰기에서 매우 중요하다.

학생은 약 2주 동안 집에서 분석적 논증문을 쓴다. 비록 수업은 새로운 단원 학습을 시작하지만 Hamilton은 만약 학생이 필요하다면 개인적으로 교실 안팎에서 학생을 만난다. 이러한 유형의 글쓰기는 학생이 자신의 아이디어를 생성하여 넣는, 매우 지적인 작업을 필요로 한다. 학생은 독창적인 분석을 위해서 텍스트에 있는 내용과 자신의 아이디어 및 해석을 결합해야 한다. 이를 위해서 학생은 단원 전반에 걸쳐 Hamilton의 지도에 의지한다. 학생은 수업에서 연습한 분석적 전략을 사용해서 짧은 이야기를 몇 번이나 다시 읽고, 학생들은 스스로 혹은 다른 학생의 아이디어를 끌어내기 위해서 교실 토의를 하고, 동료의 제안에 반응하고, 제안에 대한 Hamilton의 논평에 반응한다. 지도 과정의 모든 부분은 하나의 분석적 논증문 쓰기로 통합된다.

결론

이 장에서 우리가 주장한 것처럼 문해 이론과 연구는 특히 일반적인 문해 지도와 특별한 쓰기 지도에서 사회 구성주의적 접근을 지지하는 실증적 토대를 제공한다. 그러나 도전적인 과제는 여전히 많이 남아 있다. 교사는 반드시 많은 양의 교육학적 지식을 가지고 있어야 하며 전체 학생을 대상으로 작문 협의를 하든, 학생 한 명을 대상으로 작문 협의를 하든, 교수적 대화의 각 국면마다 학생들의 요구에 즉시적으로 반응할 수 있어야 하기 때문이다.

최근 조사 보고서의 인터뷰에 따르면 George E. Newell에게 한 고등학교 영어 교사는 "내가 이러한 방식으로 가르칠 때 학생들은 또 다른 위험을 가지고 있다는 것을 종종 잊어요."라고 말한 바 있다. 교사가 얼마나 효과적으로 교육하였는지를 평가하기 위해 검사 점수의 사용한다거나, 문서로 규정된 교육과정의 적용을 강제한다거나, 실패의 책임을 물어 공적으로 비판하는 등 교사의 책무를 강조하는 시대에 예측 가능한(그러나 지루한) 교실보다 불안정하고 예측하기 어려운 (그러나 지적으로 자극이 있는) 교실을 창조하지 않는다고 해서 교사를 책망하는 것은 불공평하다.

앞으로 돌아가서 문해 지도 교사는 지난 20년간 교육을 개혁하고자 하는 사회적 구성주의에 둘러싸인 '새로운' 교실의 모습을 볼 필요가 있다. 이 장은 지속적인 개혁을 위해 원칙에 입각한 수업 활동을 개발하기 위한 작은 노력 중의 하나이다. 예를 들어 우리가 예시했던 두 교실을 생각해 보자. 두 교실에서 나타나는 공통적인 모습이 사회적 상호작용의 본질이다. 두 명의 교사는 소개된 자료를 선택하고, 구조화된 학습을 제공하고, 학생이 착수한 정보적 글쓰기 과제와 관련된 자료를 제공함으로써 각각의 교실에서 중심적인 역할을 했다. 두 교사가 그랬던 것처럼, 학교 교사들은 교실 대화에서 학생이 좀 더 중심적인 역할을 하도록 격려해야 한다. 그 결과, 학생 스스로 자료를 찾고, 스스로의 해석을 구조화하고, 교사나 동료가 제안하는 대안으로부터 스스로의 생각을 보호하고, 스스로의 경험에 반하는 제안이나 자료 및 근거의 논리를 확인하는 활동을 할 수 있도록 해야 한다.

대부분의 교사는 이러한 두 교실이 기본적인 지식과 기능을 전달하는 교실보다 더 복잡하고 예측 가능성이 떨어진다는 점을 지적하곤 한다. 교실을 온정적인 분위기 아래에서 효과적으로 운영하려면 교사에게는 Jones나 Hamilton의 안내와 교육학적 지식이 필요하다. Jones와 Hamilton은 학생의 활동 수행 과정에 도움을 주고 이를 발달시켜주는 교실 대화를 형성하고 지원할 수 있다. 학교가 교사에게 교실에서 이러한 접근법을 실행할 수 있는 권한을 부여하지 않는다면 아무리 많은 연구, 공통 핵심 성취기준, 검사의 권한, 교육과정 계획을 시행할지라도 작문 지도에서 유의미한 차이를 가져오지는 못할 것이다.

참고문헌

Applebee, A. N. (1981). *Writing in the secondary school.* Urbana, IE: National Council of Teachers of English.

Applebee, A. N. (1984). *Contexts for learning to write.* Norwood, NJ: Ablex.

Applebee, A. N. (1986). Problems in process approaches: Towards a reconceptualization of process instruction. In D. Bartholomae & A. R. Petrosky (Eds.), *The teaching of writing: The eighty-fifth yearbook of the National Society for the Study of Education.* Chicago: National Society for the Study of Education and University of Chicago Press.

Applebee, A. N. (1996). *Curriculum as conversation: Transforming traditions of teaching and learning.* Chicago: University of Chicago Press.

Applebee, A. N. (2000). Alternative models of writing development. In R. Indrisiano & J. R. Squire (Eds.), *Perspectives on writing: Research, theory, and practice* (pp. 90~110). Newark, DE: International Reading Association.

Applebee, A. N., & Langer, J. A. (2011). A snapshot of writing instruction in middle schools and high schools. *English Journal, 100*(6), 14~27.

Bomer, R., & Maloch, B. (2011). Relating policy to research and practice: The common core standards. *Language Arts, 59*(1), 38~43.

Britton, J.. Burgess, T., Martin, N., McLeod, A., & Rosen, H. (1975). T*he development of writing abilities* (pp. 11~18). London: Macmillan Education,

Coleman, D., & Pimentel, S. (2011, June 3). Publisher's criteria for the Common Core State Standards in EL A & literacy, grades 3-12. n.p. Available   at www.corestandards.org/assets/Publishers_Criteria_for_3-12.pdf.

Corgill, A. M. (2008). *Of primary importance: What's essential in teaching young writers.* Portland, ME: Stenhouse.

Dyson, A. H. (1989). *Multiple worlds of children writers: Friends learning to write.* New York: Teachers College Press.

Dyson, A. H. (1993). *Social worlds of children learning to write in a primary school.* New York: Teachers College Press.

Dyson, A. H. (2000). Writing and the sea of voices: Oral language in, around and about writing. In R. Indrisano & J. R. Squire (Eds.), *Perspectives on writing* (pp. 45~65). Newark, DE: International Reading Association,

Graves, D. (1983). *Writing: Teachers and children at work.* Portsmouth, NH: Heinemann.

Greene, S. (1994). Constructing a voice from other voices: A sociocognitive perspective on the development of authorship in a beginning writing classroom. In K. H. Pogner (Ed.), *Odense working papers in language and communication* (pp. 11~40). Odense, Denmark: Institute of Language and Communication, Odense University.

Greene, S. (1995). Making sense of my own ideas: The problems of authorship in a beginning writing classroom. *Written Communication,* 12(2), 186~218.

Hicks, D. (1997). Working through discourse genres in school. *Research in the Teaching of English.* 31(4), 459~485.

Hillocks, G. Jr. (1986). *Research on written composition.* Urbana, IL: National Conference on Research in English.

Hillocks, G. Jr. (1995). *Teaching writing as reflective practice.* New York: Teachers College Press.

Hillocks, G. Jr. (2010). Teaching writing for critical thinking and writing: An introduction. *English Journal,* 99(6), 24~32.

Jenkins, C. B., & Earle, A. A. (2006). *Once upon a fact: Helping children write nonfiction.* New York: Teachers College Press.

Langer, J. A. (2002). *Effective literacy instruction: Building successful reading and writing programs.* Urbana, IL: National Council of Teachers of English.

Many, J. E., Fyfe, R., Lewis, G., & Mitchell, E. (1996). Traversing the topical landscape: Exploring students' self-directed reading-writing-reading processes. *Reading Research Quarterly,* 31(1), 12~35.

Melzer, D. (2009). Writing assignments across the curriculum: A national study of college writing. *College, Composition, and Communication,* 61(2), 240~261.

Moffett, J. (1968). *Teaching the universe of discourse.* Boston: Houghton Mifflin.

Rowe, D. (2011). Directions for studying early literacy as social practice. *Language Arts,* 88(2), 134~143.

Smagorinsky, P., Johannessen, L. R., Kahn, E., & McCann, T. (2010). *The dynamics of writing instruction: A structured process approach for middle and high school.* Portsmouth, NH: Boynton/Cook.

Wolffe, T. (1996). Say yes. In *Back in the world: Stories.* New York: Vintage Press.

7장
학습 작문의 지도

PERRY D. KLEIN and AMY MEICHI YU

우리는 독서가 학습에 기여할 점은 당연하다고 생각한다. Google Scholar[1]를 검색해 보면 독서와 관련된 수많은 조사 연구, 독서 전략 지도를 요구하는 연구 논문, 연구 보고서, 수업 지침 및 교사용 자료를 발견할 수 있다. 그러나 작문은 어떤가? 사회, 과학, 영어 과목에서 교사는 정기적으로 학생들에게 보고서 등의 글을 쓰도록 지도하고 있다. 이것은 교사들도 작문도 학습에 유용한 도구라는 사실을 믿고 있음을 시사한다. 그럼에도 불구하고 학습 작문은 학습 독서에 비해 관심을 거의 끌지 못하고 있다. 매우 연구만이 학습 작문을 다루고 있을 뿐이다(Bangert-Growns, Hurley, & Wilkinson, 2004; Graham & Perin, 2007). 우리의 경험으로 볼 때 학습 작문은 교사 교육에서도 일반적으로 다루어지는 주제가 아니다. 학습 작문을 다루는 교사용 자료는 매우 소수에 그치고 있다. 이장의 목적은 이러한 상황을 변화시키는 데 있다.

학습 작문은 교사가 과학, 사회, 역사, 영어, 수학 같은 과목에서 수업

---

1) [역주] 2007년에 시작한 검색 엔진 Google의 학술 검색 서비스를 말한다.

내용에 대한 학생들의 이해를 돕기 위해 글을 쓰도록 하는 교육 방법을 일컫는다. 학습 작문의 유형은 매우 다양하다. 뚜렷한 형식이 없이 자유롭게 서술할 수 있는 학습 일지, 서술 항목을 규정하고 있는 보고서에 이르기까지 그것이 교과 내용의 학습을 목적으로 하고 있다면 모두 학습 작문이 될 수 있다. 학습 작문의 목표는 학생들이 교과 내용의 개념이나 지식을 더 잘 학습하도록 돕는 데 있다(Bangert-Drowns et al., 2004; Klein, 1999). 잘 알려진 바와 같이, 작문은 학생들이 교과 내용의 기억을 도울 뿐만 아니라, 교과 내용의 추론이나 비판 같은 사고 활동(Kieft, Riujlaarsdam, & van den Bergh, 2008), 교과 내용에 관한 탐구(Boscolo & Mason, 2001)를 배울 수 있게 해 준다.

작문이 저절로 학습으로 이어지는 것은 아니다. 그래서 작문과 학습을 연결하는 학습 작문의 지도가 중요하다. 작문 연구가 수행된 지 수십 년이 지났어도 학습 작문의 연구는 충분한 상황이 아니다. 그나마 있는 학습 작문의 연구를 살펴보더라도 학습에 기여하는 작문의 효과는 일관성이 부족하고 효과도 대체로 적은 것으로 보인다(Bangert-Drowns et al., 2004; Klein, 1999). 그러나 최근 작문이 학습에 (평범한 수준이든 큰 수준이든) 긍정적으로 기여한다고 추론할 만한 연구가 제출된 바 있다(예, Bangert-Drowns et al., 2004; De La Paz & Felton, 2010; Graham & Perin, 2007; Hand, Wallace, & Yang, 2004; Hübner, Nückles, & Renkl, 2010).

학습 작문의 효과적인 지도 방안은 무엇일까? 작문 교육에서 어떤 주제는 하나의 사례만으로도 효과적인 지도 방안을 말할 수 있다. 그러나 학습 작문에서의 상황은 좀 더 복잡하다. 작문 활동은 여러 유형의 학습 목표와 교실 수업의 여러 역할을 돕기 위해 다양하게 구성된다. 따라서 이 장에서는 학습 작문의 지도 방안을 3가지 유형으로 구분하여 논의하고자 한다. 첫 번째 접근법은 '학습을 위한 반성적 쓰기'이다. 이것은 어느 과목에나 적용할 수 있는 간단한 작문 활동을 포함하며, 학습뿐만 아니라 교사와 학생의 형식적 진행 상황을 관찰하는 데에도 기여한다. 학습 작문에 대한 두 번째 접근법은 '학습 작문으로서의 정보 전달적 글쓰기'이다. 여기에는 사고와 학습 (예, 비판적 사고)을 지원하기 위해 논설문 같은 논픽션 텍스트를 쓰 는 작문 활동도 포함된다. 여기에서 말하는 '정보 전달'은 꼭 정보의 전달만을 의미하지는 않는다. 세 번째 접근법은 '교과목에서의 학습 작문'이다. 가령 역사 수업 시간에 자료를 바탕으로 하는 역사 보고 서 쓰기 활동이 여기에 속한다. 이 접근법은 교과 내용의 이해에 기 여하며 교과목에서 이루어지는 작문의 형식, 즉 교과의 '장르'를 이 해하는 데에도 기여한다.

학습을 위한 반성적 쓰기

학생들은 교과 내용에 대한 아이디어나 학습 과정을 일지로 작성 하곤 한다. 이를 학습 일지라고 부르는데, 바로 이 학습 일지가 학습 을 위한 반성적 쓰기의 대표적인 예이다. 학습 일지는 학생들의 개념 학습과 학습 과정에 관한 증거를 제공한다. 학습 일지는 강제적인 형식이 없으므로 저학년이 활용하는 데에도 무리가 없다. 그리고 다 른 학습 활동에 지장을 주는 정도 매우 낮아 주기적으로 쓰게 해도 무방하다(Bangert-Drowns et al., 2004).

예: 사회과목에서의 KWL 일지

Cantrell, Fusaro, & Dougherty(2000)는 반성적 쓰기가 학습에 기여 하는 몇 가지 특징을 잘 보여준다. 이 연구는 7학년 4개 학급의 사회 수업에서 진행되었다. 이른바 '반성'은 독해 전략인 KWL의 항목을 활용하여 촉진했다. 먼저 연구자들은 학생들에게 이 전략을 사용하 여 학습 일지를 쓰는 방법을 시범 보였다. KWL은 3가지 항목, 즉 K(이미 알고 있는 것은 무엇인가), W(알고 싶은 것은 무엇인가), L

(알게 된 것은 무엇인가)로 구성되어 있다. 글을 읽기 전에 학생들은 제목, 소제목 등을 살펴본 후 학습 일지의 'K' 부분에 이에 대해서 알고 있었던 내용을 기록한다. 그다음, 학생들은 역시 글을 읽기 전에 이 글을 통해서 알고 싶은 사항을 'W' 부분에 적는다. 그 후, 학생들은 책을 읽고 마지막으로 'L' 부분에 알게 된 내용을 적으면서 자신이 작성한 앞의 질문에 답한다. 교사는 가을 학기에 일주일에 2번, 봄 학기에 일주일에 3번 학생들과 함께 일지 쓰기를 했다. 이러한 반성적 학습 일지를 쓴 학생들은 단순히 같은 글을 읽고 요약한 학생들보다 더 많은 것을 학습했다.

효과적인 학습을 위한 반성적 쓰기 활동에 대한 연구

Bangert-Drowns et al.(2004)은 작문과 학습을 연계한 학습 단원을 분석한 후 효과적인 활동과 비효과적인 활동의 차이를 만들어 내는 특징을 확인했다. 이러한 특징은 앞에서 언급한 Cantrell et al.(2000)에서도 확인된 바 있다.

상위인지적 지시문

학생들에게 교과 내용의 이해 여부를 묻거나, 그와 관련된 정서적 반응이나 교과 내용에 관한 동기적 반응을 되돌아보도록 요구하는 작문 활동의 지시문은 다른 지시문에 비해 훨씬 더 효과적이다.

간단한 작문 활동

놀랍게도 학생들은 긴 글을 요구하는 작문 과제보다 간단한 작문 과제에서 더 배우는 것처럼 보인다. 글을 쓰는 시간이 10분을 넘지 않는 작문 과제가 가장 효과적이며, 10~15분이 그다음이고, 15분을 넘는 것은 효과적이지 않다. 왜일까? Bangert-Drowns et al.(2004)에 따르면 긴 작문 과제는 학생들의 부담이 크고 교과 내용 학습 활동 시간을 깎아 먹기 때문이다.

효과가 적은 중학생

학습 작문은 초등학교, 고등학교, 대학교 학생들에게 효과적이다. 그러나 6~8학년 중학교 학생들에게는 효과적이지는 않았다. Bangert-Drowns et al.(2004)은 중학생을 위한 학습 작문이 효과가 없다는 뜻은 아니라고 하면서 (이 장의 뒷부분의 프로젝트를 참고), 중학생들을 위한 학습 작문은 더 많은 연구가 필요하다고 지적했다.

지속적인 과정

학생들은 한 학기 또는 그 이상 학습 작문 활동을 지속할 때 효과적이었다.

효과가 적지만 중요한 특징

몇몇 방법은 학습에 기여했지만 통계적으로 유의하지는 않았다. 예를 들면 일주일에 3~4번 적용했던 '자주 쓰기'는 자주 쓰기를 하지 않는 것보다 효과적이었으며, 교사가 학생을 위해 '피드백'을 제공하는 것도 하지 않는 것보다 효과적이다.

반성적 쓰기 활동의 설계
투입

앞에서 논의한 KWL 학습 일지가 교과서 읽기를 바탕으로 하는 것처럼, 학습 일지는 다른 활동에 목말 탄 것처럼 덧붙여진 형식으로 진행된다. 이때의 활동이란 학생들이 반성하고 써야 하는 내용을 제공해 주는 활동을 말한다. 예를 들면 과학 실험, 책 읽기, 현장 학습, 교실 토론, 가상 게임, 특별 강연, 시청각 프레젠테이션, 수학에서의 문제 등이다.

지시문

작문 활동의 지시문은 다음 같은 질문을 포함하여 상위인지를 촉진할 수 있도록 설계한다.

- 쓰기 활동으로부터 무엇을 배웠는가? 어떻게 그것을 배웠는가?
- 모르고 있던 (   )에 대해 무엇을 배웠는가?
- 오늘 수업에서 가장 중요한 내용은 _____.
- 이 읽기/활동의 특징은 무엇인가?
- 다음에 배우고 싶은 것은 _____.
- 여전히 잘 알지 못하는 것은 _____.
- 이 학습 내용(주제)에서 가장 중요한 것은 무엇이라고 생각하는가?
- (수학) 문제 풀이의 전략을 사용할 수 있는가? 어떻게 그 전략을 사용할 수 있는가?
- (수학) 문항을 틀렸다면, 그 이유는 _____.

학습 일지에 대한 반응

앞서 살펴본 바와 같이 피드백은 학생의 작문 활동에 긍정적 효과를 미친다. 다양한 독자들이 피드백과 같은 반응을 보일 때 작문은 훨씬 더 학생들에게 의미 있는 활동이 된다. 이를 위해 다음과 같은 방법을 활용할 수 있다.

- 교사는 학습 일지를 읽고 피드백을 하지만, 점수를 매기지는 않는다.
- 학생은 동료와 함께 학습 일지를 교환하고 반응을 적는다.
- 교사는 소수의 학생을 선정하여 학습 일지를 다른 친구들과 돌려보게 한다.
- 미숙한 학생에게는 학습 일지를 집으로 가져가서 부모님과 대화하도록 한다.

반성적 성격을 강화하기 위한 쓰기 방법의 지도

최근 독일 연구자들에게는 학습 규약으로 알려진 학습 일지에 대한 연구가 큰 관심을 끌고 있다(Hübner, Nückles, & Renkl, 2010; Nückles, Hübner, & Renkl, 2009). 학습 일지는 학습에 긍정적인 효과가 있는 것으로 알려져 있기 때문이다. 이 과정에서 독일 연구자들은 학습에 기여하는 전략의 3가지 유형을 발견했다. 전략의 이 유형은 쓰기 지시문의 종류가 다르다. 첫째, '조직 전략'은 학생들이 내용과 내용의 연결을 만드는 데 쓰인다. 교사는 '이 글의 중심 내용은 무엇인가?'와 같은 지시문을 제시하여 이 전략을 촉진할 수 있다. 둘째, 정교화 전략은 학생들이 새로운 정보와 배경지식을 연결하도록 돕는다. 학생들에게 '중심 내용의 예에는 어떤 것이 있는가?'아 같은 지시문으로 활성화할 수 있다. 셋째, 상위인지 전략은 학생들이 자신의 학습을 조정하거나 관리할 때 쓰인다. 학생들은 '어떤 내용은 아직 이해하지 못하고 있는가?'와 같은 지시문을 제시하여 이 전략을 촉진할 수 있다. 상위인지 지시문에는 학생들이 내용 이해를 개선할 수 있도록 돕는 질문도 포함된다. 예를 들어 '이 내용을 더 잘 이해하려면 무엇을 해야 할까?' 같은 질문이 그렇다(여기에 있는 지시문의 예는 영어의 상황에 맞게 의역한 것이다).

그러나 이 연구자들은 교사가 이러한 지시문을 제공할 때 학생들이 항상 전략적으로 응답하는 것은 아니라는 것을 알게 되었다. 이것은 나이가 어린 학생들에게 특히 그렇다. 이러한 예를 Hübner et al.(2010)에서 찾아보자. Hübner et al.(2010)은 중등학교 학생들이 쓰기 지시문에 더 잘 답하도록 4가지 방법을 활용했다. 이 연구는 심리학을 학습 내용으로 하여 이루어졌다.

첫째, 연구자들은 사회적 압력과 순응에 대한 영상 자료를 학생들에게 제시했다. 둘째, 연구자들은 학생들에게 학습 일지를 PowerPoint로 소개했다. 소개의 내용은 학습 일지의 목적은 학습의 촉진에 있다는 것이었다. 셋째, 몇몇 학생들은 쓰기 지시문이 학습에 어떻게 기여하는지를 설명하는 '정보를 갖춘 지시문'을 받았다. 예를 들면, 연구자들은 학생들이 배경지식과 교과의 새로운 학습 내용을 연결하도록 돕는 작문 활동을 하게 하여 그 내용을 좀 더 효과적으로 기억하도록 하였다. 몇몇 학생들에게는 '학습 일지 예시 자료'를 제공했다. 이를 통해서 학생들은 학습에 도움을 주는 학습 일지에는 어떤 항목이 포함되는지, 그 항목에 대해서 다른 학생들은 어떻게 답을 했는지를 확인할 수 있다(조직 전략의 항목, 정교화 전략의 항목, 상위인지 전략의 항목). 넷째, 연구자들은 학생들에게 유사한 주제에 대한 추가적인 읽기 자료를 제공하고, 학습 일지의 항목이나 서술 내용을 수정하게 함으로써 학습 내용을 연습할 수 있도록 했다. 이후에 일지 쓰기 활동에서 정보를 갖춘 지시문이나 학습 일지 예시 자료를 공부하거나 혹은 이 둘을 경험한 학생들은 그렇지 않은 학생보다 더 많은 내용을 학습했다. 이 연구에서는 교사가 학습 일지의 긍정적 영향을 높일 수 있는 다음 3가지 방법을 제안하였다.

- 내용을 조직하고 정교화하며, 내용 학습 과정을 관리하고 개선할 수 있는 지시문을 학생들에게 제시한다.
- 학생들에게 왜 이러한 유형의 지시문이 학습에 유익한지 설명한다.
- 학생들이 모범적으로 작성한 학습 일지를 소개한 후, 조직화, 정교화, 이해의 관리 및 개선 항목에서 수정할 사항이 있는지를 찾아 질문하게 한다.

정보 전달적 글에서의 학습 작문

어떤 유형의 글은 아이디어 사이의 특정한 관계를 중시하는 방법으로 정보를 제공한다. 과학 및 역사 교과에서 중요하게 다루어지는 논설문(논증적 글), 설명문(정보적 글) 같은 글이 여기에 해당한다(Christie & Derewianka, 2008). 이러한 글을 학생들에게 쓰게 하면, 내용과 문제에 대해 분석적으로 생각하고 개념 사이의 관계를 이해하며 이를 효과적으로 기억할 수 있는 기회를 제공하게 된다(예, Klein & Rose, 2010; Newell & Winograd, 1989; Wiley & Voss, 1999; Zohar & Nemet, 2002).

동시에 교사는 정보 전달적 글에 속하는 다양한 유형의 글쓰기 방법을 학생들에게 지도하기 위해 내용교과에서 작문 활동을 사용할 수 있다(Klein & Rose, 2010). 공통 핵심 성취기준에서는 학생들이 익혀야 할 글의 주요 장르를 3가지로 규정하였다(NGA & CCSSO, 2010. p.19., 42). 이 장에서는 3가지 중 2가지인 논설문과 정보 전달/설명적 글에 초점을 맞추고 있다.

논증적인 글

논증적 글쓰기는 학생들이 교과의 학습 내용이나 이론을 이해하는 데 도움을 준다(Klein & Ehrhardt, 2012; Wiley & Voss, 1999; Zohar & Nemet, 2002). 이러한 글쓰기는, 가령 '유전자 혁명' 같은 쟁점의 사회적 측면을 탐구할 수 있는 기회, 그리고 그 쟁점에 대해 비판적으로 생각할 수 있는 기회를 학생들에게 제공한다(Zohar & Nemet, 2002).

학습을 위한 논증적 쓰기의 교실 예

교사는 우주를 주제로 한 과학 단원을 5학년 학생들에게 지도하는 중이다. 교육과정의 목표는 학생들이 유성, 소행성, 혜성에 대해 배우는 것이다. 이 단원의 학습을 위해 교사는 1908년 러시아에서 일어난, 거대한 폭발인 '퉁구스카 사건(Tunguska Mystery)'2)에 대한 논증적 글쓰기 활동을 제시했다. 퉁구스카 사건은 수천 그루의 나무를 쓰러트렸지만, 그 원인은 모른 상태로 남아있다. 교사는 주장(의견), 다양한 증거(근거), 반론(반대 주장) 및 그 이유, 반론에 대한 반박, 결론을 포함하여 논증적 글쓰기를 수행하도록 지도했다.

교사는 학생들이 논증을 갖출 수 있도록 폭발 사건이 일어났던 시

---

2) [역주] 이는 1908년 6월 30일 시베리아에서 발생한, 원인을 알 수 없는 대규모의 공중 폭발 사건이다. 당시 폭발의 원인으로 블랙홀 추락설, 운석 추락설 등이 제기되었지만 2013년에 운석 파편이 발견되어 석질 소행성이 원인이라는 결론이 내려졌다.

베리아의 지도, 폭발의 목격자 증언, 뉴스 기사, 현장 사진, 유성, 혜성, 소행성에 대한 정보를 묶어 자료 파일의 형태로 학생들에게 제공했다. 여기에는 인터넷에서 수집한 몇 개의 짧은 문서도 포함되었다. 작문 과제의 제시문에서는, 자료 파일에 담긴 정보를 학생들이 검토한 후 폭발의 원인을 하나 정하고, 그 폭발의 원인을 다른 친구이 수용하도록 설득하는 논증적인 글을 쓰도록 했다. 파일에 담긴 자료는 폭발의 원인을 하나로 특정하지 않았으므로 학생들은 자신의 생각대로 글을 쓸 수 있다.

다음 사례는 학생들이 작성한 글에서 발췌한 것이다(학생 글에서 '……' 표시는 생략한 부분을 나타낸 것이다).

퉁구스카 사건은 1908년 6월 30일 오전 7시 17분에 발생한 폭발이다. …… 그 원인이 혜성인지 소행성인지는 아무도 정확하게 알지 못한다. …… 그러나 나는 그 폭발이 혜성에 의해 일어났다고 생각한다. 그 이유로는 첫째, 폭발 지역에 분화구가 없기 때문에 유성이나 운석이 원인이라고 할 수 없다. …… 폭발의 이유를 소행성이라고 생각하는 사람들도 그들 나름대로의 이유가 있다. 그들은 소행성이 혜성보다 지구에 더 가까이 있다고 말하지만, 많은 혜성도 지구 대기에 들어온다. …… 마지막으로 혜성 같은 물질이 현장에서 발견되었기 때문이다. …… 혜성은 물, 메탄, 암모니아 얼음과 균산염과 약간의 금속 먼지가 혼합되어 만들어진다.

윗글에서 볼 수 있듯이, 퉁구스카 사건은 학생의 흥미를 불러일으킨다. 학생들은 모두 적어도 두 가지의 가능한 이유를 고려하면서 유성, 소행성, 혜성의 특성에 대한 설명을 넣어 논증적 글을 썼다.

학습을 위한 효과적인 논증 활동 만들기

가능한 주제, 자료, 쓰기 지시문

학습 작문에 관한 이전의 연구는 다음과 같은 과제를 포함하고 있다.

- 10학년 학생들은 문학 해석을 바탕으로 한 논증적 글쓰기의 방법을 배운다. 학생들은 '이 이야기는 현대의 학생들에게는 너무 구식이 아닌가?, 학급 친구에게 이 이야기 및 이 이야기에 대한 자신의 의견을 말해 보시오.'와 같은 질문이나 요구에 대해 답을 쓴다(Kieft et al., 2008, p.384).
- 5학년 학생들은 건강한 식단과 영양소의 역할에 대해 배운다. 교사는 학생들에게 영양소에 대한 일반적인 정보, Michael이라는 학생의 식단과 주간 활동에 대한 정보를 담은 자료 파일을 제공한다. 학생들은 'Michael의 부모는 Michael이 어떤 영양소가 포함된 과자를 더 먹도록 해야 하는가?'와 같은 질문에 대해 답을 작성한다(Klein & Rose, 2010).
- 8학년 학생들은 부력을 주제로 한 유동체에 대한 단원을 공부한다. 교사는 학생들에게 무게, 부피, 밀도의 개념, 이러한 개념과 관련한 데이터, 물에 뜨거나 가라앉는 물체를 나타낸 자료를 제공한다. 학생들은 어떤 물체가 뜨거나 가라앉는 이유를 설명하면서 가능한 한 많은 이유를 들어 독자를 설득한다. 그리고 다른 의견 및 근거에 대해서 왜 그것이 타당하지 않은지를 논증하는 글을 써서 독자를 설득한다(Klein & Ehrhardt, 2012).

정보의 다양한 자료

앞의 퉁구스카 사건 같은 학습 작문 활동은 학생들에게 여러 자료에서 내용을 간추려 표현하도록 요구한다. 선행 연구에 따르면, 학생들은 하나의 자료가 아니라 여러 자료를 사용하고(Wiley & Voss, 1999) 여러 자료에서 정보를 선택적으로 활용하면(Klein & Samuels, 2010) 더욱 더 많이 배운다. 그러나 주목해야 할 것은, 다양한 자료를 활용한 글쓰기는 학생들에게 부담스러운 작업이라는 점이다(Mateos,

Martín, Villaló, & Luna, 2008).

　최근 연구에 의하면, 다양한 자료를 활용하여 논증적 글쓰기를 수행하게 하면 배경지식이 많은 학생들은 요약보다도 훨씬 더 독해의 수준이 높았지만, 배경지식이 적은 학생들은 그렇지 않다(Gil, Bråten, Vidal-Abarca, & Strømsø, 2010; Klein & Ehrhardt, 2012). 이를 통해 볼 때 다양한 자료를 바탕으로 한 학습에서는 학생이 자신의 의견을 구성하려는 노력보다도 자료 간의 관계를 파악하려는 노력이 더 중요하다고 할 수 있다(Kobayashi, 2009).

글쓰기 전 생각 정리 활동으로서의 말하기

　다소 놀랍기는 하지만 논증적 말하기와 학습을 탐구한 연구가 논증적 글쓰기와 학습을 다룬 연구보다 더 많다(kuhn, 2010). 이때의 말하기에는 글쓰기 전에 학생들이 자신의 생각을 정리하는 활동이나, 생각의 정리를 보완하는 장치로서의 활동을 포함한다(Zohar & Nemet, 2002; Kieft et al., 2008).

　Zohar & Nemet(2002)에서는 유전 혁명 단원을 학습하는 11학년 학생들에게 유전에 대한 배경지식, 유전 질병에 대한 구체적 정보, 유전 질병의 딜레마를 가진 가상의 인물을 묘사한 삽화, 딜레마에 관한 개별적 고려 사항 및 단체 토론을 위한 문제, 논증적 글쓰기를 안내하기 위해 설정한 문제 상황을 제시한 수업 사례를 다룬 바 있다. 이러한 활동의 결합은 학생들의 단원 학습에 크게 기여하는 것으로 나타났다.

효과적인 논증 요소 찾기

　학생들은 논증적 글쓰기를 수행하면서 추가적인 학습을 더 달성하게 된다. 학생의 글에 주장에 대한 여러 가지 증거, 그 증거에 대한 정교화(증거를 설명하거나, 증거가 주장을 왜 뒷받침하는지를 설명), 대안적인 다른 주장의 소개(반론), 반론이 근거로 삼고 있는 증거,

반론에 대한 반박, 결론의 요소가 포함되어 있다면 수준이 높은 것으로 평가된다. 그런데 논증적 글쓰기는 자연스럽게 이러한 요소를 요구하므로 논증적 글쓰기는 학생이 내용에 관한 학습의 심화를 달성할 수 있도록 이끈다(Klein & Samuels, 2010).

공통 핵심 성취기준에서는 이러한 요소를 매우 일관성 있게 강조하고 있다. 예를 들면 11~12학년 작문 성취기준에서 학생들이 '자신의 주장을 뒷받침하기 위해 자료를 분석하거나, 주장과 관련된 증거를 충분히 사용하여 타당한 추론을 바탕으로 한 논증 구성하기 …… 좀 더 구체적으로는 배경지식을 바탕으로 한 주장, 중요성을 입증하는 주장을 구성하고, 대안이나 반대 주장으로부터 자신의 주장을 구별하며, 자신의 주장, 상대측의 반론, 각각의 이유 및 증거를 배열하여 글의 조직을 구성'을 할 수 있어야 한다(NGA & CCSSO, 2010, p.45).

학습 신장을 위한 논증 지도

위에서 설명한 언급한 연구 중 일부에서는 논증을 배운 학생이 그렇지 않은 학생보다 교과 내용을 더 많이 학습하는 것으로 나타났다(Kieft et al., 2008; Zohar & Nemet, 2002; Klein & Samuels, 2010).

설명문: 도외시된 장르

설명문은 독자가 이해하기 쉽도록 내용을 구성한 글 장르의 종류이다(Rowan, 1988). 이 장에서는 자연 현상 또는 사회 현상과 관련된 '방법'이나 '이유'를 다룬 설명문에 집중하고자 한다(Christie & Derewianka, 2008; Coffin, 2006; Unsworth, 2001).

설명문은 과학과 같은 내용교과의 학습에서 중요한 역할을 한다. 예를 들어 학생들은 '일식이 일어나는 이유는 무엇인가?, 수력 발전소에서는 어떻게 전기를 생산하는가?' 같은 주제를 설명문으로 학습한다. 설명문은 역사나 사회 교과에서도 매우 중요한데, 학생들은 '서로 다른 지역에 사는 사람들은 왜 각기 다른 작물을 재배하는가?,

2차 세계대전이 미국 사회에서 여성의 역할을 어떻게 바꾸었는가?'
같은 주제도 설명문으로 학습하기 때문이다.

설명문을 다룬 대부분의 연구는 학생들이 읽고 쓰는 글의 언어적
측면에 관심을 두어왔다(Christie & Derewianka, 2008; Coffin, 2004).
이러한 연구에 따르면, 학생들은 학년이 올라감에 따라 읽고 쓰는
설명문의 난도도 점진적으로 높아진다(Veel, 1998). 나이가 어린 학생
들이 작성한 설명문은 구체적인 사건, 즉 인물이나 대상의 가시적인
사항을 다룬다(예, 신문이 어떻게 만들어지는가). 이와 달리 고학년
이 작성한 설명문에서는 추상적인 대상이나, 과정이나 인과로 연결
된 내용을 다룬다(예, 유기체가 진화하는 방법, 대공황의 원인).

설명문은 여러 단계를 거쳐 구성된다. 각 단계는 각각의 특정한
목적을 지니고 있다. 구성 단계는 설명문마다 다양하지만, 5학년 학
생인 Devika가 쓴 〈표 7.1〉의 카테시안 다이버(Cartesian diver)[3] 설명
문처럼 공통 요소를 포함하기도 한다(Chambliss, Christenson, &
Parker, 2003; Raison et al., 2004; Unsworth, 2001).

〈표 7.1〉 설명문 단계의 예시

카테시안 다이버가 물로 가득 찼다. 병 내부는 점적기에 해당한다. 점적기는 당신이 병을 누를 때 다이버가 가라앉는다.	**도입** 독자에게 맞추어 주제를 정의하고 중요한 것을 언급하고 개요를 제시한다.
카테시안 다이버의 구성품은 다음과 같다. 위에서부터 2cm 정도 남기고 물이 차 있는	**관련 내용** 설명에 포함되어 있는 대상, 요소, 개념을

---

3) [역주] 밀폐 유리 용기에 물 같은 액체를 담은 후, 압력에 따라 부피가 변하는 작은 물체
(가령 말랑한 고무로 만든 오리)를 넣고, 외부에서 압력을 가하면 이 작은 물체는 겉보기
밀도가 변하면서 가라앉는다. 다시 압력을 줄이면 떠오르는데, 이렇게 작동하는 작은
물체를 '카테시안 다이버'라고 한다.

2리터의 병과 물이 차 있는 점적기. 점적기는 다이버에 해당한다.	서술한다.
누군가가 병을 누르면 점적기 압력이 다이버를 무겁게 하여 물로 가득 차게 한다. 점적기의 무게는 점적기를 가라앉게 하는 원인이다.	세부 설명 현상을 유발하는 원인-결과 관계 문단. 설명은 몇몇 세부 설명을 포함할 수 있다.
병에 더 이상의 압력이 가해지지 않는 즉시 점적기의 물이 조금씩 빠지기 시작한다. 점적기는 전처럼 무겁지 않기 때문에 떠오르게 된다. 점적기 안에 물이 충분하지 않아 더 이상 무겁지 않기 때문이다.	세부 설명 원인과 결과 관계의 두 번째 문단
점적기는 가지고 놀기에 재미있다. 만약 당신이 화가 나 있다면 화를 진정하기 위해 병을 누를 수 있다. … 카테시안 다이버의 과학 원리는 압력이 할 수 있는 것이 무엇인지를 보여준다.	결론 중요성이나 응용 사례를 언급한다. 즉, 설명에 포함된 다른 예시나 응용 사례를 알아본다.

공통 핵심 성취기준에서 정보적/설명적 영역은 초·중·고 모든 학년에서 다루어야 하는 작문의 3가지 주요 항목 중 하나이다. 예를 들어, 6학년 작문 성취기준에서는 "관련된 내용의 선택, 조직, 분석을 통해 주제를 설명하고, 내용이나 정보, 개념을 전달하는 정보적/설명적 글을 쓴다."(NGA & CCSSO, 2010, p.42)라고 규정하고 있다. 설명문 쓰기를 가르치는 데 유용한 전문적 자료가 있기는 하지만(Raison et al., 1994) 설명문 쓰기 지도나 학습 작문에서 설명문의 역할을 언급한 연구는 많지 않다. 학생들이 자료를 읽을 때 설명문 쓰기를 결합하면

학생들로 하여금 자료의 정보를 통합하게 할 수도 있고 자료에 대한 학생들의 이해도 향상시킬 수 있다(Cerdan & Vidal-Abarca, 2008).

선행 연구에 따르면, 학생들에게 설명문 쓰기를 지도하면 학생들도 자료의 정보를 종합하여 우수한 글을 쓸 수 있다(Chambliss et al., 2004; Klein & Kirkpatrick, 2010). 설명문을 지도하면 학생들이 학습 도구로서 설명문을 활용할 수 있는 능력을 향상시킬 수 있을 것이다(Klein & Rose, 2010; 비교 자료로 Klein & Krikpatrick, 2010).

수업 예시: 카테시안 다이버에 대해 쓰기

교사 R 학급의 학생들은 단원을 통합하여 설명문 쓰기를 결합한 수업에 참여했다(Klein & Rose, 2010). 이 수업에서 학생들은 자료로 제시된 설명문을 읽고, 그 글을 비교하며 평가하고, 문단을 나누어 그 설명문을 재구성하고, 각 문단의 목적을 논의하고, 설명문의 핵심 내용을 파악하는 요약 전략을 학습하고, 교사 및 동료와 함께 협력하여 설명문을 작성하였다.

수업의 마지막 활동에서 학생들은 '발견하기'와 관련된 6개 영역 중 하나를 선택하였다. 이 중 하나가 카테시안 다이버이다. 학생들은 저학년 때 공기와 물에 대해 이미 학습하였고, 이 활동은 이들 원리를 과학기술을 다룬 소설의 내용을 설명하는 데 적용하는 것이었다. 우선, 학생들은 동료들과 함께 과제를 계획했다. Devika는 친구들과 함께 카테시안 다이버를 선택한 후 과제 수행을 계획했다. 그들은 이것이 어떻게 작용하는지를 알아보기 위해 직접 실험을 해 보았다.

학생들은 동료들과 각각 짝을 이루어 과제를 설명하는 개요를 작성했다. 이를 위해 학생들은 First Steps Writing Resource의 기본 양식을 활용하였다(Raison et al., 1994). 이 기본 양식은 다음과 같은 사항이 포함되어 있었다. 즉, 주제(제목), 정의, 구성 요소/부분), 작동, 적용, 흥미로운 부분/특징적인 부분/평가이 그것이다(p.123). Devika는 친구들과 같이 카테시안 다이버의 다이어그램을 작성하고 정보를 입력하였다.

학생들이 개요를 작성할 때 가장 어려웠던 부분은 '작동' 부분이었는데, 이는 설명의 핵심 내용을 구성하는 원인과 결과의 관계를 포함하는 부분이었기 때문이다. 학생들은 이 영역을 위해 다음과 같은 전략을 학습하였다.

1. 정보 수집(관찰 또는 과정 조사)
2. 단계 포함하기
3. 각 단계가 발생하는 이유 설명하기

개요를 작성한 후 동일한 과학기술 과제(이 경우에는 카테시안 다이버)를 조사한 학생들은 교사와 함께 소집단 활동을 하였다. 학생들은 각자 자신의 설명문을 모둠원에게 읽어주었다. 교사는 앞서 언급한 3가지 전략 지시문을 활용하여 작동 부분의 논의에 도움을 주었다. 이 활동에서 대부분의 학생들은 그들의 과제에 대해 추가적인 실험을 하고, 그 결과를 유심히 관찰하고, 모둠원들과 함께 자신들의 생각을 공유했다. 이러한 논의를 기반으로, 학생들은 자신들의 개요를 수정하였다.

개요를 바탕으로 학생들은 초고를 작성하였고 이를 수정하기 위해 동료들과 함께 협의하였다. 교사는 초고를 읽고 내용 및 맞춤법을 첨삭해 주었다. 마지막으로, 학생들은 컴퓨터를 이용하여 각자의 최종적인 글을 작성하였다. Devika의 글을 〈표 7.1〉에서 볼 수 있다. 수업을 공개하는 날 친구들과 가족들이 교실을 방문하였다. 학생들은 그들이 작성한 설명문을 전시하였고, 글에 대해 방문객들과 이야기를 나누었다. 방문객들에게 '아무런 사전 지식 없이' 동일한 과제를 작성해 볼 수 있도록 자료를 제공하였다. 이 연구의 목적은 설명문에 대한 학생들의 지식, 설명문의 수준, 새로운 주제에 대한 학습 도구로서 작문을 활용할 수 있는 능력을 향상시키는 것이다(Klein & Rose, 2010; 비교 자료로 Klein & Kirkpatrick, 2010).

설명문 쓰기의 지도

지금까지 설명문을 쓰거나 학습 작문을 위해 설명문을 활용하여 학생들을 지도하는 것에 초점을 둔 연구는 많지 않다. Chamliss et al.(2003)에서 교사 T는 연구자들과 함께 생태계를 주제로 한 단원의 설명문 쓰기를 4학년 학생들에게 지도하였다. 단원의 도입 부분에서 학생들은 수족관의 생태계를 구성하였다. 학생들은 오염물질이 생태계에 미치는 영향에 대한 자료 글을 읽었고, T 교사는 설명문을 이해하기 위한 전략을 시범 보였다. 핵심은 설명문이 몇 개의 더 작은 '세부 설명'을 포함할 수 있다는 것이었다. 소집단별로 학생들은 설명문을 읽고 도해 조직자를 활용하여 글을 요약했다.

T 교사는 학생들에게 마지막 단계에서는 같은 학교 3학년 학생들을 대상으로 생태계 주제를 잘 설명할 수 있는 설명문을 써야 한다고 안내하였다. 학생들은 학습지 자료를 활용하여 주제를 탐구하였다. T 교사는 학생들에게 설명문 쓰기를 위한 방법을 시범을 보였고, 이후 학생들은 자신들의 설명문을 계획하기 위해 소집단을 이루어 활동하였다. 학생들은 각자의 의문점이나 가능한 세부 설명을 기록하고 구조 조직자를 활용하여 자신이 왜 이러한 세부 설명을 선택했는지를 기록하였다. 학생들은 초고를 작성하였고, 이후 주된 의문점, 하나 이상의 세부 설명, 그리고 글의 논리적 순서를 검토하는 지침을 활용하여 동료들과 함께 초고를 공유하고 검토하였다.

설명문을 활용한 학습 작문의 지도

Klein & Rose(2010)는 한 학기 동안 설명문 쓰기 학습을 지도하기 위해 다음과 같은 방법을 활용하였다. 이 방법은 과학 단원을 재구성한 것이다. 목적은 학습 도구로서 설명문을 활용할 수 있도록 학생들을 준비시키는 것이다.

■작문에 초점을 둔 내용교과의 문해 활동. 학생들은 일주일에 두세 번, 때로는 더

축소하여 간소하게 글을 쓴다. 작문 활동을 뒷받침하기 위해 자료 글을 읽고 토의한다. 일반적으로 학생들은 일주일에 한 편의 간략한 설명문을 완성한다.

■ 학습 작문의 개념. 교사와 연구자는 작문이 사고와 학습의 기회가 된다는 의견에 대해 학생들과 토의하였다.

■ 사고와 학습을 위한 발견적 학습으로서의 분석적인 글의 장르. 학생들은 과학이나 사회 교과에서 교과 내용 주제에 대해 비판적으로 생각하기 위해 논증하는 글을 작성하고, 과정을 이해하기 위해 설명문을 작성하였다.

■ 선호하는 수업 내용에 대해 조사하여 글쓰기. 많은 작문 수업이, 위에서 언급한 카테시안 다이버처럼 직접 수행해 보는 경험으로 구성되어 있다. 학생들은 이러한 활동을 되돌아보고 해석하기 위해 글쓰기를 활용하였다.

■ 지도를 위한 인지적 전략 접근. 학생들은 논설문과 설명문을 쓰기 위한 전략을 현시적 지도 방법으로 학습하였다(Graham & Harris, 2005).

■ 자기 점검에 도움을 주기를 위한 평가. 학생들은 자신의 글을 점검하고, 설명문과 논설문의 요인을 점검하고, 이러한 요인을 포함하여 글을 수정하도록 현시적 지도를 받았다.

■ 본질적 동기 형성하기. 이 활동은 흥미로운 주제, 직접 수행하는 경험, 동료 협동을 포함한다.

이 연구 구성에 따라, 학생들은 설명문과 우수한 설명문, 그리고 글쓰기를 통한 학습에 대한 지식을 획득하였다(Klein & Rose, 2010; 비교 자료로, Klein & Kirkpatrick, 2010).

교과에서의 학습 작문

앞 장에서 우리는 학습 작문을 위한 접근이 작성된 글의 장르에 따라 다르다는 것을 확인하였다. 이 장에서는 교과에 따라서도 그 접근이 서로 다르다는 것을 알아보고자 한다. 각 교과목을 이해하기 위해 읽기 학습, 작문 학습, 조사 방법을 학습하는 것은 서로 밀접하게 관련되어 수행된다는 인식이 증가하고 있다(Shanahan & Shanahan, 2008). 지금까지 두 교과에 대한 학습 작문의 구체적인 양식이 개발되었다. 한 가지는 과학 체험이나 실험에 대해 비판적으로 추론하도록 학생을 안내하는 '과학 글쓰기를 통한 발견학습'이다(Keys, Hand, Prain, & Collins, 1999; Hand, Hohenshell, & Prain, 2007). 다른 하나는 기초 자료를 바탕으로 한 '논증적 글쓰기(논설문)'이다(De La Paz & Felton, 2010). 이러한 접근은 모두 공통 핵심 성취기준, 특히 역사/사회, 과학, 그리고 기술 과목에서의 글쓰기 기준과 일치한다. 작문 성취기준에서는 (1) 논증문 쓰기, (4) 글 조직하기, (5) 계획하기와 수정하기, (7) 연구 과제 수행하기, (8) 다양한 매체에서 복합적인 자료 사용하기, (9) 글 자료 활용하기, (10) 글 장르의 범주를 직접적으로 언급하고 있다.

과학 글쓰기 발견학습

과학 글쓰기를 통한 발견학습(SWH, The Science Writing Heuristic.)은 동료 집단과 읽기, 토론하기, 글쓰기를 통한 실질적인 실험 활동을 포함한다. 이 방법은 특히 성취도가 낮은 학생들에게 효과적인데, 이 학생들은 토론을 통한 통합적 글쓰기에서 효과를 보았다(Akkus, Gunel, & Hand, 2007; Rivard, 2004). 과학 글쓰기를 통한 발견학습은 〈참고 7.1〉에 교사를 위한 기본 양식으로 정리되어 있다(Hand, Wallace, & Yang, 2004, p.132). 이 양식은 다양한 과학 주제와 활동, 수준 서로 다른 학생들을 위해 수정할 수 있다.

1. 개별 또는 소집단의 개념 지도 그리기를 통한 사전 지식 이해정도 탐구

2. 비형식적 글쓰기, 관찰하기, 자유연상, 질문제기와 같은 사전 실험 활동

3. 실험 활동 참여

4. 협의 단계 Ⅰ: 실험 활동에 대한 개인적 견해 작성하기(일지 쓰기)

5. 협의 단계 Ⅱ: 소집단 간의 자료 해석 공유와 비교하기(집단 도표 작성하기)

6. 협의 단계 Ⅲ: 교과서나 다른 자료와 과학적 개념 비교하기(해당 질문에 대한 반응으로서 소집단 노트 쓰기)

7. 협의 단계 Ⅳ : 개인적 반응과 글쓰기(보고서 또는 교과서 설명 쓰기)

8. 개념 지도를 통한 사후 수업 이해정도 탐구

〈참고 7.1〉 과학 글쓰기 발견학습을 위한 교사 기본 양식

교실에서 과학 글쓰기를 통한 발견학습: 7학년의 세포 생물학

Hand, Wallace, & Yang(2004)는 과학 글쓰기를 통한 발견학습을 7학년 세포 생물학 단원에 적용함으로써 이 방법의 주요 특징을 효과적으로 설명하고 있다. 이 단원에 대한 지도가 4개 학급에서 8주 이상 수행되었다. 과학 글쓰기를 통한 발견학습은 개념 지도 그리기와 같은 전략을 사용하여 학생들의 초기 이해 수준을 알아보는 것으로 시작된다. 이 연구에서는 학생들에게 비유, 논증, 도표에 대한 설명을 쓰도록 요구하는 지시문뿐만 아니라, 선다형 문항도 검사 도구로 활용하였다. 이를 활용한 사전 검사는 초기에 완료하였다.

학생들은 이후 구성 요소를 반영하여 활동을 진행하였다. 이때 학생들은 다음과 같은 기본양식에 따라 안내가 이루어졌다(p.132).

1. 생각 시작하기. 나의 의문점은 무엇인가?

2. 검사. 나는 무엇을 했는가?

3. 관찰. 나는 무엇을 보았는가?

4. 주장. 나는 무엇을 주장하는가?

5. 근거. 어떻게 이 사실을 알게 되었는가? 나는 왜 이런 주장을 하는가?

6. 읽기. 나와 다른 사람의 생각을 어떻게 비교할 것인가?

7. 반성. 나는 생각이 어떻게 바뀌었는가?

학생들은 이후 집단 토의에 참여하여 실험 활동에 관한 자신의 연구 질문을 구성하였다. 첫 번째 실험을 위해, 교사는 학생들이 합리적인 연구 문제를 개발하도록 안내하기 위해 토의를 이끌었다. 토의는 다음과 같은 내용을 포함하였다. '세포막의 기능은 무엇인가?, 세포막의 구조는 무엇인가?, 세포기관, 세포, 내부 기관, 기관계들의 관련성은 무엇인가?'

이러한 연구 질문은 실험 활동의 발전을 이끌었다. 교사는 각 주제에 적합한 다양한 자료(예, 현미경, 깔유리, 비커, 식물성 기름, 나뭇잎 조각 등)을 제공하였지만, 학습의 순서대로 제공하지는 않았다. 대신에 학생들은 자료와 제공 받은 실험 도구를 활용하여 자신들의 연구를 계획하였다. 여기에는 특정 연구 문제에 답하기 위한 적절한 증거 수집에 대한 관찰 및 방법이 포함된다.

첫 번째 활동을 위해, 교사는 학생들의 근거와 그들의 주장 사이의 관계를 고려하여 전체 학급 및 소집단을 조직하였다. 학생들은 개별적으로 보고서를 작성하였다. 각 학생들은 자신의 보고서를 다른 동료와 공유하였다. 이를 통해 학생들은 다른 동료의 글을 평가하고 적절한 조언을 제공하였다.

마지막으로, 학생들은 개별적 반성과 글쓰기를 요구하는 연구 보고서를 완성하였다. 이 경우에, 학생들은 단원의 몇몇 활동을 통해 그들이 배운 내용을 요약하였다. 교사는 학생들의 글쓰기를 안내하기 위해 '물질이 어떻게 세포 안과 밖으로 이동하는가?'와 같은 질문을 제공하였다.

과학 글쓰기를 통한 발견학습의 효율성을 증가시키는 변화

이와 관련한 여러 연구에서 연구자들은 과학 글쓰기를 통한 발견학습에 의한 변화가 학생들의 학습에 영향을 미치는 방식에 대해 조사하였다.

- 과학 글쓰기를 통한 발견학습을 포괄적으로 구현한 교사들이 부분적으로 구현한 교사들보다 학생들의 학업 성취도를 더 향상시켰다(Akkus et al., 2007).
- 과학 글쓰기를 통한 발견학습을 하는 동안 다양한 글쓰기를 경험한 학생들이 (실험 보고서와 교과서 설명문) 단 한 편의 글쓰기 활동을 한 학생들보다 더 많은 것을 학습했다(Hand, Hohenshell, & Prain, 2004, 2007).
- 어린 독자를 대상으로 글을 쓴 학생들이 교사 같은 능숙한 독자를 대상으로 쓴 학생들보다 더 많은 것을 학습했다(Gunel, Hand, & McDermott, 2009; Hand, Wallace, & Yang, 2004).
- 실제 독자로부터 피드백을 받은 학생들이 그렇지 않은 학생들보다 더 많은 것을 배웠다(Hand et al., 2007; Hand, Wallace, & Yang, 2004).

일차 자료 기반의 논증을 활용한 역사 과목의 학습 작문

지난 20년간 자료를 바탕으로 한 학생들의 논증적 글쓰기에 대한 관심이 증가해 왔다(De La Paz & Felto, 2010; VanSledright, 2002). 이러한 활동은 역사에 대한 학생들의 이해를 높이고, 학생들에게 역사학자들이 연구를 수행하는 방법과 논증적 글쓰기를 수행하는 전략을 익히는 데 도움을 준다. 이러한 활동이 논증 지도에만 머무른다면 앞에서 다룬 내용과 중복이 있지만(Wiley & Voss, 1999), 최근의 연구에서는 일차 자료(사료)에 대한 추론적 이해를 추가하여 다루고 있다. 최근의 연구에 따르면, 이러한 접근은 초등학교 중학년부터 중학생까지, 글쓰기가 능숙한 학생뿐만 아니라 학습 부진을 겪는 학생들에게도 효과적이다(De La Paz, 2005; De La Paz & Felton, 2010; MacArthur, Ferretti, & Okolo, 2002).

여기에서는 최근 연구인 De La Paz & Felton (2010)에 초점을 맞추고 있는데, 이 연구에서 학생들은 일차 자료를 비판적으로 읽는 전략과 논증적 글쓰기 전략 모두를 학습한다. 우선, 11학년 5개 반의 사회 교사들은 20세기 미국 역사 단원에서 금주법, 냉전 등 6개의 학습 주제를 선정했다. 학생들은 자료를 읽은 후 사전 검사를 받았고 논증적 글쓰기를 수행하였다. 교사들은 자료에 대한 비판적 추론 전략 지도(〈참고 7.2〉)를 지도하였는데, 이는 '저자 고려하기, 자료 이해하기, 자료 비평하기, 자료 더 깊이 이해하기'라는 4가지 요인으로 구성되었다. 교사들은 자기 조절 전략 개발을 기반으로 한 지도 방안을 사용하였고(Harris & Graham, 1996), 이 방법은 5가지 단계(배경지식 형성, 설명, 시범, 지원, 독립적 활동)를 포함하고 있으며, 각 단계마다 한두 시간의 수업을 진행하였다.

첫 단계에서 교사들은 학생들에게 동일한 자료 서로 다른 주장의 근거로 사용될 수 있다는 점을 안내했다. 이를 위해 사전 검사의 주제('미서전쟁')를 활용하여 동일한 자료가 어떻게 서로 다른 주장의 근거로 쓰였는지를 설명하여 학생들의 이해를 도왔다. 이후 교사들은 다음 주제인 '금주법'을 소개하였다. 교사들은 학생들에게 당대 사회에서 술의 의미에 대해 간략하게 글을 쓰게 하였으며, 술은 합법적으로만 만들어야 하는지, 아니면 불법적으로라도 만들 수 있는지를 토의하게 하였다. 이후 수업에서는 교사들은 금주법과 관련한 몇 가지 간단한 자료를 학생들에게 제공하였다. 여기에는 미 상원의 1926년 금주법에 찬성하고 반대하는지를 판단하게 하였고, 교사들은 이러 한 근거가 어떻게 나타나 있는지를 보여주었다.

교사들은 4단계를 금주법 주제에 적용하여 역사적 추론 전략을 말로 설명하고 시범을 보였다. 이 과정에서 전략의 각 단계와 관련된 세부 질문을 논의하였는데, 예를 들어 저자에 대해 이해하기에서 저자에 대해 알고 있는 것은 무엇인지, 그 글이 언제 작성된 것인지, 저자가 특정 동기를 갖고 작성한 것인지, 이러한 것들이 저자의 신뢰

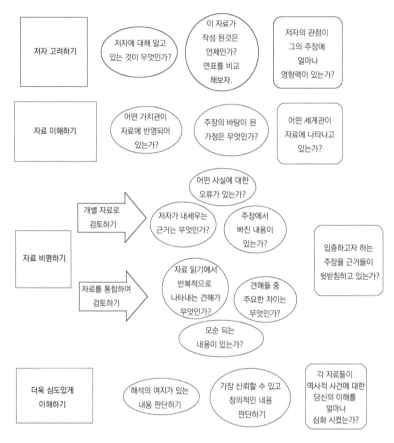

〈참고 7.2〉 역사 자료에 대한 비핀직 추론 전략

성에 얼마나 영향을 미칠 수 있는지에 초점을 맞추었다.

이 단계에서 교사들은 정보를 찾는 전략에서 글쓰기 전에 생각을 정리하는 전략을 가르치는 것으로 전환했다. 이는 학생들이 논증적 글쓰기 수행을 위해 이 2가지 전략을 통합할 필요가 있었기 때문이다. 글쓰기 전에 생각을 정리하는 데 효과적인 STOP 전략(De La Paz & Graham, 1997)은 주제에 대한 두 가지 입장을 비판적으로 고려하는 데 초점을 맞추고 있다. 이 전략의 구체적인 단계는 다음과 같다.

- 판단 유보하기
- 하나의 입장 선택하기
- 내용 조직하기(내용의 선택과 개수)
- 글을 쓰는 동안 더 많이 계획하기

우선 교사들은 주제에 대한 전체 개관을 보여주고 글쓰기 전략을 말로 설명했다. 학생들에게 2개의 참고 자료(각 입장마다 자료 글 1개)을 제시한 후 보고서 쓰기의 구조를 보여주면서 보고서 내용 중에서 내용 연결에 사용할 수 있는 단어의 목록을 제공하였다. 한 교사가 작성한 보고서를 보는 것을 시작으로, 그 교사가 활용한 자료로 어떻게 계획하기를 하였고, 글 속에 자료를 어떻게 선택하고 조직하였는지를 보여줌으로써 전략을 시범 보였다. 이후 학생들과 글을 공유하면서 다양한 단계를 그들이 어떻게 활용하고 생략하였는지를 논의하였다.

학습의 마지막 단계에서 교사는 추론 전략과 글쓰기 전 생각하기 전략을 학생들이 적용할 수 있도록 도움을 주었다. 새로운 주제로 '뉴딜 정책'을 소개하면서 그 사건의 연표를 제공하고 2페이지 분량의 배경 설명과 몇 가지 일차 자료를 제공하였다. 도움주기 단계에서 교사들은 일차 자료를 바탕으로 역사 자료 읽기와 쓰기 전략을 적용할 수 있도록 소집단 활동을 안내했다. 이를 통해 자연스럽게 학생의 독립적인 활동이 이루어지도록 하였다. 교사는 또한 역사적 추론 전략을 기반으로 한 일차 자료의 특성과, 글쓰기 전략의 특성을 결합한 지시문을 제공하였다.

마지막으로 수업의 독립적 활동 단계에서 학생들은 2가지 과제를 수행하였다. 하나는 2차 세계대전에 미국이 참전해야 하는지, 하지 않아야 하는지에 초점을 맞춘 간단한 활동이고, 다른 하나는 쿠바 미사일 사태에 초점을 맞춘 활동이다. 교사들은 이 사건에 대한 역사적 배경을 소개하고, 주의를 끄는 표현을 안내하고, 인용할 필요가 있는 근거에 대해 설명함으로써 학생들에게 중요한 도움을 제공하였다. 쿠바 미사일 사태의 사례에서 학생들은 '봉쇄'나 '공습'의 입장에서 글을 작성함으로써 자료의 입장을 명백히 판단하도록 하였다. 흥미로웠던 것은 한 교사가 학생들에게 2가지 입장 중 1가지를 선택하여 글을 쓰게 하기 전에 양쪽 모두의 입장에 대해서 논증해 보도록 지도했던 점이었다.

결론

수업에서의 학습 작문을 위해 교사와 연구자들이 서로 다른 3가지 접근법을 어떻게 시행했는지를 살펴보았다. 이러한 접근법의 첫 번째와 관련된, 학습을 위한 반성적 쓰기는 상당한 양의 연구에서 크고 작은 효과를 보이는 수행 사이의 차이를 보여주었다. 두 번째 접근법인 정보 전달적 글에서 학습을 위한 쓰기는 몇몇의 연구에서 논증이 학습을 위한 기여를 할 수 있다는 것을 보여주었던 반면, 설명문에 대한 연구에서는 최근에 들어와서야 연구가 시작되었기 때문에, 최선의 지도 방법을 판단하려면 더 많은 연구가 이루어질 필요가 있다. 세 번째 접근법인 교과에서의 학습 작문에는 과학 글쓰기를 통한 발견학습과 역사 과목에서 일차 자료를 바탕으로 한 논증적 글쓰기가 속하는데 점점 이에 관한 연구 성과가 늘고 있어 그 효과가 인정을 받고 있다.

이 장에서는 특정한 학습 활동을 위한 교사가 가진 목적과 더 큰 수업 계획에 이러한 활동을 적용하기 위한 방식에 맞추어 학습 작문을 위한 세 가지 접근 중 하나를 선택하도록 제안하였다. 학습을 위한 반성적 쓰기는 상대적으로 간략하고 정해진 형식 없어 중·고등학생이나 대학생뿐만 아니라, 초등학교 저학년 학생들에게도 적용할 수 있다. 정보 전달적 글과 교과에서의 학습 작문은 좀 더 어려우므로 초등학교 고학년 학생, 중·고등학생, 대학생들에게 적합하다. 마지막으로, 최근 학습 작문의 세 가지 접근에서 나타나는 중요한 변화는 작문 전략을 가르치는 것이다. 학습 작문에 대한 초기의 연구는 대부분 학생들이 현재 가지고 있는 작문 기능에 의존하였지만(Klein, 1999) 최근 연구는 이제 학생들이 배워야 하는 작문 전략의 중요한 원리를 강조하고 있다. 이를 통해서 학생들은 학습 도구로서의 작문을 더욱 더 효과적으로 사용할 수 있을 것이다(De La Paz & Felton, 2010; Hubner et al., 2010; Kieft et al., 2008, Reynolds & Perin, 2009).

참고문헌

Akkus, R., Gunel, M., & Hand, B. (2007). Comparing an inquiry-based approach known as the Science Writing Heuristic to traditional science teaching practices: Are there differences? *International Journal of Science Education*, 29, 1745~1765.

Bangert-Drowns, R. L., Hurley, M. M., & Wilkinson, B. (2004). The effects of school-based writing-to-learn interventions on academic achievement: A meta-analysis. *Review of Educational Research*, 74, 29~58.

Boscolo, P., & Mason, L. (2001). Writing to learn, writing to transfer. In G. Rijlaarsdam (Series Ed.), & P. Tynjala, L. Mason, & K. Lonka (Vol. Eds.), Studies in writing. Vol. 7: *Writing as a learning tool: Integrating theory and practice* (pp. 83~104). Dordrecht, The Netherlands: Kluwer Academic Press.

Cantrell, R. J., Fusaro, J. A., & Dougherty, E. A. (2000). Exploring the effective ness of journal writing on learning social studies: A comparative study. *Reading Psychology*, 21, 1~11.

Cerdan, R., & Vidal-Abarca, E. (2008). The effects of tasks on integrating information from multiple documents. *Journal of Educational Psychology*, 100, 209~222.

Chambliss, M. J., Christenson, L. A., & Parker, C. (2003). Fourth graders composing scientific explanations about the effects of pollutants. *Written Communication*, 20, 426~454.

Christie, E., & Derewianka, B. (2008). School discourse: Learning to write across the years of schooling. London: Continuum.

Coffin, C. (2006). Learning the language of school history: The role of linguistics in mapping the writing demands of the secondary curriculum. *Journal of Curriculum Studies*, 38, 413~429.

De La Paz, S. (2005). Effects of historical reasoning instruction and writing strategy mastery in culturally and academically diverse middle school classrooms. *Journal of Educational Psychology*, 97, 139~156.

De La Paz, S., & Felton, M. K. (2010). Reading and writing from multiple source documents in history: Effects of strategy instruction with low to average high school writers. *Contemporary Educational Psychology*, 35, 174~192.

De La Paz, S., & Graham, S. (1997). Effects of dictation and advanced planning instruction on the composing of students with writing and learning problems. *Journal of Educational Psychology*, 89, 203~222.

Gil, L., Braten, L, Vidal-Abarca, E., & Stromso, H. I. (2010). Summary versus argument tasks when working from multiple documents: Which is better for whom? *Contemporary Educational Psychology*, 35, 157~173.

Graham, S., & Harris, K. R. (2005). *Writing better: Effective strategies for teaching students with learning difficulties.* Baltimore: Brookes.

Graham, S., dc Perin, D. (2007). A meta-analysis of writing instruction for adolescent students. *Journal of Educational Psychology*, 99, 445~476.

Gunel, M., Hand, B., & McDermott, M. A. (2009). Writing for different audiences: Effects on high-school students' conceptual understanding of biology. *Learning and Instruction*, 19, 354~367.

Hand, B., Hohenshell, L., & Prain, V. (2004). Exploring students' responses to conceptual questions when engaged with planned writing experiences: A study with year 10 science students. *Journal of Research in Science Teaching*, 41, 186~210.

Hand, B., Hohenshell, L., & Prain, V. (2007). Examining the effects of multiple writing tasks on year 10 biology students' understandings of cell and molecular biology concepts. *Instructional Science*, 35, 343~373.

Hand, B., Wallace, C., & Yang, E. (2004). Using the science writing heuristic to enhance learning outcomes from laboratory activities in seventh grade science: Quantitative and qualitative aspects. *International Journal of Science Education*, 26, 131~149.

Harris, K. R., & Graham, S. (1996). *Making the writing process work: Strategies for composition and self-regulation.* Cambridge, MA:

Brookline.

Hiibner, S., Niickles, M., & Renkl, A. (2010). Writing learning journals: Instructional support to overcome learning-strategy deficits. *Learning and Instruction*, 20, 18~29.

Keys, C. W., Hand, B., Prain, V., & Collins, S. (1999). Using the Science Writing Heuristic as a tool for learning from laboratory investigations in secondary science. *Journal of Research in Science Teaching*, 36, 1065~1084.

Kieft, M., Riujlaarsdam, G., & van den Bergh, H. (2008). An aptitude-treatment interaction approach to writing-to-learn. *Learning and Instruction*,18, 379~390.

Klein, P. D. (1999). Reopening inquiry into cognitive processes in writing to learn. *Educational Psychology Review*, 11, 203~270.

Klein, P. D., & Ehrhardt, J. (2012). Effects of writing goals and previous writing achievement on cognitive load and science learning. Manuscript submitted for publication.

Klein, P. D., & Kirkpatrick, L. C. (2010). A framework for content-area writing: Mediators and moderators. *Journal of Writing Research*, 2, 1~46.

Klein, P. D., & Rose, M. A. (2010).Teaching argument and explanation to prepare junior students for writing to learn. *Reading Research Quarterly*, 45, 433~461.

Klein, P. D., & Samuels, B. (2010). Learning about plate tectonics through argument writing. *Alberta Journal of Educational Research*, 56, 196~217.

Kobayashi, K. (2009). Comprehension of relations among controversial texts: Effects of external strategy use. *Instructional Science*, 37, 311~324.

Kuhn, D. (2010). Teaching and learning science as argument. *Science Education*, 94, 810~824.

MacArthur, C. A., Ferretti, R. P., & Okolo, C. M. (2002). On defending controversial viewpoints: Debates of sixth graders about the desirability of early 20th-century American immigration. *Learning Disabilities Research and Practice*, 17, 160~172.

Mateos, M., Martin, E., Villalon, R., & Luna, M. (2008). Reading and writing to learn in secondary education: Online processing activity and written products in summarizing and synthesizing tasks. *Reading and Writing*, 21, 675~697.

National Governors Association Center for Best Practices, Council of Chief State School Officers (2010). Common Core State Standards for English language arts & literacy in history/social studies, science, and technical subjects. Washington, DC: Authors. Retrieved from www.corestandards.org.

Newell, G. E., & Winograd, P. (1989). The effects of writing on learning from expository texts. *Written Communication*, 6, 196~217.

Niickles, M., Hiibner, S., & Renkl, A. (2009). Enhancing self-regulated learning by writing learning protocols. *Learning and Instruction*, 19, 259~271.

Raison, G., Rivalland, J., Derewianka, B., Johnson, T. D., Sloan, P., Latham, R., etal. (1994). *First steps: Writing resource book.* Portsmouth, NH: Heinemann.

Reynolds, G. A., & Perin, D. (2009). A comparison of text structure and self-regulated writing strategies for composing from sources by riddle school students. *Reading Psychology*, 30, 265~300.

Rivard, L, P. (2004). Are language-based activities in science effective for all students, including low achievers? *Science Education*, 88, 420~442.

Rowan, K. E. (1988). A contemporary theory of explanatory writing. *Written Communication*, 5, 23~56.

Shanahan, T., & Shanahan, C. (2008). Teaching disciplinary literacy to adolescents: Rethinking content area literacy. *Harvard Educational Review*, 78, 40~59.

Unsworth, L. (2001). Evaluating the language of different types of explanations in junior high school science texts. *International Journal of Science Education*, 23, 585~609.

VanSledright, B. A. (2002). Fifth graders investigating history in the classroom: Results from a researcher-practitioner design experiment. *Elementary School Journal*, 103, 131~160.

Veel, R. (1998). Learning how to mean—scientifically speaking: Apprenticeship into scientific discourse in the secondary school. In F. Christie & J. R. Martin (Eds.), *Genre and institutions: Social processes in the workplace and school* (pp. 161~195). London: Cassell.

Wiley J., & Voss, J. F. (1999). Constructing arguments from multiple sources: Tasks that promote understanding and not just memory for text. *Journal of Educational Psychology*, 91, 301~311.

Zohar, A., & Nemet, F. (2002). Fostering students' knowledge and argumentation skills through dilemmas in human genetics. *Journal of Research in Science Teaching*, 39, 35~62.

제3부

작문 지도 및 작문 학습의 전략

8장
계획하기의 지도

CINDY LASSONDE and JANET C. RICHARDS

작문 연구자와 작문 교사는 작문 과정에서 그 첫 출발은 계획하기임을 잘 알고 있다. 계획하기에는 과제 고려하기, 주제와 과제에 대한 배경지식 활성화하기, 어휘와 언어표현 고려하기, 아이디어 조직하기 등이 포함된다. 필자는 '초고작성-수정-편집'의 과정 중에서 계획하기를 계속해서 반복한다. 이러한 관점에서 계획하기는 작문 과정의 모든 단계에 지배적인 영향을 미친다고 할 수 있다. 따라서 계획하기는 작문 과정에서 매우 중요한 부분이며, 작문에 대한 학생의 자기 조절 능력을 향상시키기 위해 교사는 '계획하기를 잘 지도하는 방법'을 배워할 필요가 있다. 이 장에서는 계획하기를 가르치는 획기적인 방법을 제안하고자 한다. 제시된 방법들은 쓰기 이론과 수행에 관한 연구 결과들을 기반으로 한 것이다.

이 장은 계획하기에 대해 널리 쓰이면서도 효과가 확실히 입증된 2가지 접근법을 개관하는 것으로 시작하고 한다. 하나는 하향식 접근법(개념 지도, 개요 짜기 등을 통한 사전 계획하기)이고, 다른 하나는 상향식 접근법(자유롭게 쓴 후, 광범위한 수정에 따른 새로운 아이디어의 발견)이다(Alamargot & Chanquoy, 2001; Deane et al, 2008;

Elbow, 1973, 1981). 이 장의 첫 부분에서는 작문의 인지적 모형을 반영하는 이 2가지 접근법을 설명하기 위해, 실제 필자가 수행한 계획하기 과정과 하향식 및 상향식 접근법을 결합하여 제시하였다. 다음으로는 나이가 어린 학생, 중·고등학교 학생, 작문 부진 학생, 능숙한 학생의 계획하기에 대해 그 차이점을 논의하였다. 이후 작문을 계획함으로써 얻는 장점을 논의한 연구 성과를 살펴보았다.

그간의 연구에서는 교사가 학생들에게 계획하기 전략을 시범 보이고 이를 설명하면, 학생들에게 의미 있는 긍정적 효과가 나타난다는 것을 보여주었다(Graham, 2006). 따라서 이 장은, 글을 쓰기 전이나 쓰는 중에 사용할 수 있는 '사전 계획하기 전략(예, 필자가 쓰기 전에 계획을 세우는 하향식 접근법)'과 '발견 계획하기 전략(예, 필자가 글을 쓰는 동안 새롭거나 중요한 아이디어를 발견하는 상향식 접근법)'을 제공하며 마무리하였다. 교사들은 이 장에 제시된 자기 조절적 계획하기 전략을 통해, 학생들이 이를 활용하여 계획하기를 성공적으로 수행할 수 있도록 많은 도움을 주었다.

사전 계획하기와 발견 계획하기

좋은 작문 교사는 "유능한 필자라도 작업 기억의 용량에 제한이 있으므로, 쓰기 과제의 모든 측면을 동시에 처리할 수 없다."(Deane et al., 2008, p.36)라는 것을 잘 알고 있다. 그래서 교사는 작업 기억의 과부하를 최소화하는 '사전 계획하기 전략'에 대해 학생이 이해할 수 있도록 돕는다(Hayes, 1996). 또한 좋은 작문 교사는 필자가 글을 쓰면서 새로운 아이디어를 발견한다는 사실을 알고 있으며, 작문 과정 중에 어디에서든 계획하기가 일어날 수 있음도 잘 이해하고 있다.

훌륭한 작문 교사는 학생이 사전 및 발견 계획하기 전략을 수행하고, 계획하기에 대한 자기 조절과 모니터링의 방법을 학습하도록 지도한다. 또한 작문 과제, 완성된 글의 예상 독자, 학생 개인의 계획하기 유형 및 선호에 근거하여 이에 적절한 계획하기 전략을 학생이 선택할 수 있도록 그 방법을 가르친다.

Cindy & Janet(몇 년간 함께 작업하였으며, 출판 경험이 있는 2명의 유능한 필자)이 각자 8장을 쓰기 위해 이 글의 계획하기 단계를 어떻게 수행했는지를 살펴보면 매우 흥미로울 듯하다. 일부 노련한 필자들은 "글의 목적(예, 예상 독자에게 다가가기 위해, 특정 인물을 표현하기 위해)을 설정한 후 그 목적을 달성하기 위해 계획을 세운다."(McCutchen, 2006, p.116). 예를 들어 선형적으로 사고하는 Cindy는 글의 목적에 따라 관련 아이디어의 개요를 작성하는 것으로 이 글의 계획하기를 시작했다. Cindy는 (자신이 가르치는) 대학원생들이 계획하기 지도 방법에 대해 가지고 있는 관심과 질문, 그리고 학생들이 알았으면 하는 계획하기 관련 쟁점을 바탕으로 이 글의 개요를 작성했다. 이후 Cindy는 이 개요를 Janet과 Charles A. Macarthur(이 책의 편집자)에게 전송하였고, 그들은 처음부터 Cindy가 작성한 개요의 내용이 괜찮다고 생각하였다. 편집자는 "계획하기와 관련된 글의 저자들이 그들의 계획을 일찍 시작하다니 매우 훌륭하군!"이라며 재치 있게 답했다.

이후 Cindy는 기본적으로는 개요에 따르지만, 쓰기 과정에서 내용을 재조직하거나 하위 주제를 통합하고 또는 새로운 주제를 도입하면서 초고 작성을 시작했다. Cindy는 계획하기에 대해 글을 쓰고 연구하는 과정에서 생기는 추가적인 질문과 깊이 있는 통찰이 초기 개요 계획을 수정하게 만든다는 것을 깨달았다. 즉, 개요 계획이 발전한 것이다.

그러나 많은 필자들이 글을 쓰기 전에 최소한의 계획하기를 수행한다. 즉, 글을 쓰면서 (쓰기와 관련된 무엇인가를) 발견하는 것이다. Janet의 경우가 그렇다. Janet은 자신이 계획하기에 대해서 대략적으로 알고 있는 것과, 계획하기가 성적 수준, 쓰기 경험, 발달 단계, 작문 능력에 상관없이 어떻게 학생의 작문 과정을 풍부하게 하는지에 대해 간단하게 작성하면서, 8장의 초고를 완성하였다. Janet은 작문 과정을 통해서 자신이 알고 있는 것과 모르는 것이 무엇인지 알게 되었고, 계획하기에 대해 좀 더 알아야 할 필요성을 느꼈다. Janet은 글을 쓰면서 새로운 아이디어를 발견했다. 정리하자면, 이에 대한 결론은 필자마다 계획을 다르게 세운다는 것이다. 글쓰기를 곧바로 시작할 수 있는 최고의 방법은 존재하지 않는다(Richards & Miller, 2010).

몇몇의 연구물은 계획하기에 대한 두 가지 접근법을 살펴보는 데 도움을 준다. 다수의 연구에서 능숙한 필자는 Cindy처럼 신중하게 계획하기를 수행하며, 전체 쓰기 시간의 70%를 계획하기에 할애한다고 설명한다(Murray, 1992). Cindy의 계획하기에는 글의 목적을 달성하기 위해, 최종 결과물이 포함해야 할 내용 및 아이디어를 작성하고, 이를 재구성하는 작업이 포함되었다. 선형적으로 아이디어를 조직하는 것은 주제에 대해 설명하는 모든 내용이 어떻게 하나로 통합되는지를 개념화할 수 있게 해 준다. Cindy는 주제와 그 하위 주제를 개요의 형식으로 배치하면서 여기에 자신이 설명하고자 하는 내용을 포함하여, 이를 초고의 가이드라인으로 구조화하였다.

반면에 영국의 작문 연구자인 David Galbraith(1996, 2009)의 주장은 Janet의 계획하기에 대한 접근 방식을 설명하는 데 도움을 준다. Janet의 계획하기에는 "생략 없이 전부 나열하는 것(2009, p.140)"이 포함되는데, 이때 단어의 철자에 대해서는 고려하지 않는다. 이러한 유형의 계획하기는 글을 쓰면서 떠오르는 생각을 자연스럽게 표현하는 것을 포함하며, '주제에 대한 필자 개인의 이해를 전개하는 것'과 관련이 있다(2009, p.140). '실시간' 계획하기(즉, 쓰면서 계획하기)는 텍스트 생성 및 전사—필자의 작업 기억에 상당한 인지 부담을 줄 수 있는—와 계획하기를 연결하는 것이다(Deane et al., 2008).

우리는 초고를 컴퓨터로 주고받고 공동 집필을 하면서, 계획하기와 관련된 이슈에 대해 더 많이 묻고, 답하고, 궁금해 했다. 유용하고 암묵적인 계획하기는 필자의 나이, 인지적 발달 단계, 글쓰기 경험과 관련이 있을 뿐만 아니라, 작문 과제에 따라 종종 특수적 성격을 지닌다는 데 동의했다. 예컨대 필자가 소설, 시 또는 회고록에 대해 글을 쓰는 것은 논설문 쓰기 과제에 접근하는 방식과 다를 것이다. 또한 장르뿐만 아니라 언어나 단어 선택의 복잡성, 예상 독자에 대한 기대, 쓰기 목적도 계획하기에 영향을 미친다. 어떤 필자는 시를 쓸 때 상향식 접근법을 사용하지만, 논설문을 쓸 때는 더 구조적이고 '계획적인' 하향식 방식을 선호할 수 있다. 혹은 필자가 긴 글을 쓸 때 하향식 사고가 적절하다고 생각하고, 글의 모든 요소가 초고에 포함되도록 (글의 모든 요소가 포함된) 개요를 준비할 수도 있다. 이런 경우 필자는 글을 쓸 때 당면한 과제에 더 집중할 수 있도록 작업 기억 속 공간을 확보하려 할 것이다.

몇몇의 연구 결과에서는 다수의 학생 필자들이 계획하기를 어려워한다는 사실을 보여준다. 계획하기의 장점에도 불구하고 쓰기 과제에 요구되는 인지적 처리 과정이 너무 복잡한 것이다(Torrance & Galbraith, 2006). 그러나 학생들이 구조화되고 응집성 있는 글을 쓰기 위해서는, 명시적이고 조직적인 계획하기를 배워야 할 필요가 있다.

이러한 결론은 학생 필자나 작문 부진 필자는 계획하기에서 다양한 자기 조절 전략을 활용할 수 있도록 교사의 도움을 받아야 한다는 사실을 강조한다. 즉, 모든 학생이 주어진 과제에 특별한 도해 조직자를 사용하도록 가르치거나 이를 잘 활용하는 것을 학생에게 기대하기보다는, 학생들이 쓰기 과제를 계획하기 전략과 연결할 줄 알고, 자신의 쓰기 목적을 달성하는 데 있어 가장 효율적인 계획하기 전략을 활용하는 필자가 되도록 가르쳐야 하는 것이다.

필자는 어떻게 계획하는가?

저학년 학생들은 일반적으로 글을 쓰기 전에 계획하기를 거의 하지 않는다(Berninger, Whitaker, Feng, Swanson, & Abbott, 1996). 이들은 글쓰기에 '모두 말하기' 방법을 활용하는데, 이는 하나의 문장이나 하나의 생각이 다음에 오는 문장의 단서가 되는 방법을 말한다. 또한 연구 결과에 따르면 학습 장애가 있는 아동은 또래 아이들보다 계획하기를 적게 하는 것으로 밝혀졌다(MacArthur & Graham, 1987).

조사 결과 중학생부터 대학생까지 다수의 학생들도 쓰기 전에 계획하기를 하지 않는 것으로 드러났다. 실제로 많은 학생들은 계획하기를 싫어한다. 이 주제에 대해 간단한 연구를 위해, Janet은 13살 손자 Noah에게 글을 쓸 때 계획하기를 어떻게 하는지 물었다. 이에 대해 Noah는 "계획하기? 어디보자. 계획하기라. 글쎄. 계획하기는 만약 내가 다섯 장을 써야 한다면, 두 장을 쓰고 그 다음 여기에 내용을 덧붙이면서 장수를 늘리는 거예요."라고 대답했다. (심사숙고한 계획은 아니지만, 사실 계획하기인 것처럼 보인다.) 11살짜리 손자 Joshua는 영재이면서 발견형 필자인데, "나는 쓰기를 시작하고, 이를 통해 아이디어를 얻어요. 계획하기는 시간이 너무 오래 걸려요. 약 2일 정도 걸려요. 진짜 긴 시간이요."라고 설명했다. 심지어 Janet의 18살 손녀 Maddie 역시 계획하기가 노력에 비해 가치가 없다는 데 동의했다. Maddie는 "계획하기는 너무 오래 걸려요. 저는 글을 쓸 때 계획하기 할 시간이 없어요. 대학에서 써야 할 것들이 너무 많거든요."

다음으로 Janet은 글쓰기 강좌의 대학원생들에게 과제를 제시했다. 첫 번째는 삶의 전환점과 관련한 회고록을 2페이지 이상 쓰는 것이었다. Janet은 학생들의 글을 모은 후, 글을 쓰기 전에 계획하기를 한 학생이 얼마나 되는지 물었다. 11명 중 단 2명만 계획하기를 수행했다고 말했다. 한 명은 직접 손으로 쓰며 상당한 수준의 계획하기를 했고, 다른 한 명은 짧은 문구를 적으며 계획하기를 수행했다.

확인해보니, Janet의 손자들과 글쓰기 강좌의 대학원생들은 작문 과정에서 필수적 단계인 계획하기의 장점에 대해 학습하지 않았다. 이들은 글쓰기를 한 번에 처리하는 일이라고 생각했다. 즉, 이들에게 글쓰기란 자리에 앉아서 글을 쓰거나 타이핑하고, 글을 쭉 읽은 후, 철자와 구두법 같은 문법적 문제를 수정하고, 이 글을 교사에게 제출하는 과정인 것이다. 이들은 대다수의 학생들처럼 사전에 계획하는 것은 시간 낭비라고 생각했고, 구조화된 글을 쓰는 데 불필요한 단계라고 여겼다. 한편, 매년 시행되는 작문의 표준화 검사는 학생과 교사가 계획하기 과정을 무시하게 되는 데 영향을 미친다. 이 평가에서 학생들 대부분은 45분 동안 문제에 대해 답을 쓴다. 제한된 시간은 사전 계획하기를 불가능하게 하고, 실제로 이는 학생들이 쓰기에 있어서 계획하기가 가지는 장점에 대해서 불신하고 의심하게 만든다.

계획하기의 장점

연구에 따르면, 작문의 모든 단계에서 이루어지는 계획하기 과정은 상당한 인지적 노력을 필요로 한다(Piolat, Roussey, Olive, & Farioli, 1996). 유치원부터 고등학생까지, 이들을 위한 계획하기 방법을 교사로서 어떻게 시범 보일 수 있을까? 어떻게 학생들이 계획하기와 그 장점을 이해하도록 도울 수 있을까? 유치원생과 초등학생에게 유용한 한 방법은 집을 설계하고 짓는 것과 계획하기를 비교하는 것이다. 우리는 다음과 같이 이야기한다.

"우리는 집을 짓고 싶었는데, 너무 급했기 때문에 모든 재료에 못을 박는 것부터 시작하기로 했어요. (무계획적으로 집을 계획한다.) 만약 우리가 계획을 먼저 세우지 않았다면 결국 어떻게 될까요? 우리는 방의 출입구를 만드는 것을 잊거나, 침실을 침대보다 더 작게 만들 수도 있어요! 아니면 집 자체의 출입문을 잊어버려 뒷마당으로 나갈 수 없을지도 몰라요. 그러나 만약 우리가 집을 만들기 전에 우리 집의 건설 계획을 세웠다면 어땠을까요? 우리는 우리 집에 대한 청사진을 그릴 수 있었어요. (학생들에게 집에 대한 청사진을 보여준다.) 만약 현관이나 혹은 필요한 것이 나중에 생각이 났다면, 집의 청사진을 바꿀 수 있어요. 집을 짓기 위해 계획을 따르고, 필요에 따라 계획을 수정할 수도 있어요. 이렇게 하면 우리가 집짓기를 끝냈을 때, 우리 집은 정확히 우리가 원하는 그대로 만들어질 거예요."

물론, 우리는 고학년 학생들을 대상으로 다른 계획하기 전략을 시범보일 수 있다. 보통의 경우 고학년 학생은 충분한 정보 처리 기능이 발달하였고, 추상적으로 생각할 수 있는 일반 지식을 습득한 상태이다. 또한 계획하기에 대한 정보를 이해·저장·회상하는 데 필요한 의미론적 기억 장치(즉, 의미)도 습득하였다. 작문 과제는 쓰기 프로젝트 과정 전반에 걸쳐 복잡한 기능들을 다루는 것을 포함하는데, 언어와 문식성 기능, 문서 생산 및 관리 기능, 비판적 사고 능력 등의 기능이 그것이다(Bereiter & Scarda malia, 1987; Inhelder & Piaget, 1958; Richards & Lassonde, 2011). 따라서 중·고등학교 학생들을 대상으로 쓰기 수업을 진행할 때 교사는, 하향식 및 상향식 접근법 모두에 기초를 둔 계획하기 전략을 시범 보이고, 작문 과제의 여러 유형에 따라 계획하기를 구체화하며, 학생 개인의 계획하기 스타일과 학생의 적성에 적합하도록 가르쳐야 한다(예컨대 아이디어 스케치는 시각적 자료로 학습하는 것을 선호하는 학생과, 시각 예술에 소질이 있는 학생에게 유용하다).

계획하기에 대한 일부 작문 연구자들과 유명 작가들의 생각

계획하기가 유용하지 않다고 생각하는 학생들처럼, 일부 작문 연구자들과 유명 작가들은 작문 과정에서 계획하기가 갖는 장점에 대해 과소평가한다. 예컨대 Fletcher(2000)는 '주제에 대해 완전히 싫증날 수 있'기 때문에 너무 많은 시간과 에너지를 계획하기에 쏟지 않도록 주의하라고 말한 바 있다(2000, p.30). 로마의 유명 수사학자인 Quintilian 또한 학생들이 이야기를 꾸며내는 것과 초고 작성에 시간 낭비하지 않기를 바랐다. Quintilian은 학생들이 '빠르게 그리고 멋대로' 쓰기를 원했다(Golden, 1969, in Bloodgood, 2002, p.35).

반면에 Minnesota Writing Project(2001)의 Judson은 계획하기가 중요하다고 생각했다. 계획하기를 통해서 필자는 쓰기에 대한 통제와 글에 대한 주인의식을 갖게 되는데 이러한 과정은 계획하기가 '초안의 조직과 목적을 작성하면서 여러 가지 시도를 할 수 있도록' 만들기 때문이라고 설명하였다. 실제로 다수의 연구에서는 쓰기 경험이 많은 필자의 대부분이 그렇지 않은 필자보다 더 많은 시간을 계획하기에 할애한다는 것을 보여준다(McCutchen, 2006). 우리 또한 글을 쓰기 전에 계획을 하거나, 회귀적인 작문 과정에서 필요한 대로 계획하기를 수행하는 것은 학생들에게 쓰기에 대한 주도권을 갖게 할 가능성이 높다고 믿는다. 계획하기는 학생의 아이디어를 조직하고 구조화할 수 있도록 한다. 계획하기는 필자의 머릿속에서 떠다니는 희미하면서 추상적인 쓰기 관념을 가시화한다(Richards & Miller, 2005). 글쓰기를 계획하면서 자신이 지속적으로 계획하기에 참여하고 있음을 인지하는 학생은 독립적으로, 목적에 부합하게, 그리고 자신감 있게 글쓰기를 할 수 있는 기회를 얻는다.

계획하기 지도와 공통 핵심 성취기준과의 관련성

지식이 많은 쓰기 교사는 계획하기가 공통 핵심 성취기준 중, 쓰기의 생산 및 유통 영역에서 가장 직접적으로 다루어진다는 것을 알고 있다(NGA & CCSSO, 2010). 그러나 유치원 이전, 유치원, 1~2학년 학생의 경우, 계획하기가 직접적으로 언급되지 않는다. 그래서 교사는 이러한 성취기준의 누락을, 어린 학생들에게 계획하기란 '쓰기를 경험하는 동안 동료들의 질문과 제안에 대한 대답하는 것' 또는 '어른의 도움을 바탕으로 필요에 따라 글쓰기를 강화하기 위해 세부사항을 추가하는 것(NGA & CCSSO, 2010, p.19)'으로 한정 지어 이해할 수 있다. 그런데 한편으로 이러한 예상은 쓰기 전 혹은 쓰기 중에 학생들이 계획하기를 해야 한다고 요구하는 것으로 볼 수 있다. 질문에 답하기는 학생들이 과제를 분석하도록 요구하며, 세부사항을 추가하는 것은 쓰기 향상을 위한 계획하기를 수반한다. 즉, 이 두 가지 모두 계획하기 과정의 구성요소에 해당하는 것이다. 한편, 3학년 학생의 경우 계획하기가 공통 핵심 성취기준에 구체적으로 언급된다. "계획하기, 수정하기, 편집하기를 통한 쓰기 능력의 향상 및 강화"(p.21)라는 내용으로, 이는 3학년부터 12학년까지의 성취기준으로 제시된다.

공통 핵심 성취기준에 언급된 모든 교육 영역(예, 수학 및 읽기와 같은 과목)과 마찬가지로, 이 성취기준은 단지 학생들이 무엇을 할 수 있어야 하는지를 기술할 뿐이다. 예컨대 학생들은 글쓰기를 계획하는 방법을 알아야만 한다. 또한 이 공통 핵심 성취기준은 3학년부터 12학년까지 계획하기 수업을 통해 학생이 도달해야 하는 학습 목표와 수업에서의 비계를, 교사가 (학생의 발달 단계에 맞춰) 단계적으로 늘려야 한다는 의미를 포함하고 있다.

비록 계획하기 수업에 대한 명시적인 방향을 생략함으로써 교사가 3학년 학생들의 계획하기와 12학년 학생의 계획하기가 같다고 생각하게 만들었으나, 공통 핵심 성취기준이 교사들이 계획하기를 어떻게 가르쳐야 하는가에 대한 획일적인 방법을 언급하지 않은 것은 다행이라고 여길 수도 있다. 그러나 이 경우에는 그렇지 않다. 만약 공통 핵심 성취기준이 학년에 따른 점진적인 언어 기능의 내용을 제공한 것과 유사하게, 학년별로 쓰기에서의 능숙한 기능을 설명하는 표(내용)를 제공했다면, 더욱 유용했을 수 있다. 예컨대 계획하기와 관련된 표(내용)는 계획하기에 대한 비계로써 활용될 수 있다. 즉, 교사가 유치원생과 1학년 학생을 대상으로 수업할 때, 학생들이 동료와 함께 구어로 아이디어를 제안하고 공유함으로써 계획하기를 수행할 수 있도록 하는 자료가 되는 것이다. 또는 학생이 성장함에 따라 교사들은 이를 활용하여, 학생들이 계획하기에 대해 자기 조절 능력을 기를 수 있도록 계획하기 전략을 시범 보일 수도 있다.

계획하기 전략

쓰기 워크숍에서 자신의 반려동물에 대한 이야기를 쓰는 1학년 학생이든, 학교 신문에 실릴 논설문을 쓰는 12학년 학생이든 필자가 그 누구이든지 간에, 교실에서 수행되는 대부분의 쓰기는 (필자와) 관련 있는 담화(discourse)의 생성을 포함한다. 여기 다양한 쓰기 유형과 접근방식이 있다. 과정 중심의 접근법에서 학생은 주제를 선택하고 교사는 예상 독자가 된다. 교사 중심 접근법에서는 교사가 글쓰기 과제를 부여한다. 환경적 접근법에서는 학생은 과정 중심 접근법에 따라 글쓰기에 참여하고 교사는 학생과 함께 활동에 참여하면서, 학생이 텍스트를 생성하고 작성할 수 있도록 구조화된 자료와 활동을 제공한다.

학교 혹은 교사가 사용하는 쓰기 접근법의 유형과는 상관없이, 필자는 자신의 아이디어를 글로 변환하고 또한 이를 종이나 키보드에 표현해야 한다(Hillocks, 1986). 일반적으로 아이디어가 글로 변환되는 사이에, 학생 필자는 학교에서 요구하는 작문 지도 접근법에 관계 없이 하나 혹은 여러 개의 형식으로 쓰기에 대한 계획하기를 시작한다.

일부 학생의 계획—이 장 앞부분 작가의 사례에서 앞서 언급했듯이—은 바로 그냥 글쓰기를 시작하는 것이거나, 이후에 필요에 따라서 내용을 더하거나 삭제하는 것이다. 그 학생들은 계획하기가 시간이 많이 걸리고, 필수적이지 않다고 생각하기 때문에 혹은 쓰고 싶은 것이 무엇인지 이미 잘 알고 있다고 생각하기 때문에 구체적인 계획하기 활동이 사실상 필요하지 않다고 생각한다. 이러한 학생 필자와 유능한 필자의 계획하기에서 나타나는 주요한 차이는 그들이 수행하는 '계획하기 유형'에 있다. 일부 학생들은 개념적인 계획하기를 최소화한다. 이는 계획하기가 필요 없다고 생각하고, 계획하기와 그로 인한 추가적인 쓰기에 시간을 더 쓰는 것에 거부감을 느끼며, 계획하기의 이점을 잘 알지 못하기 때문이다. 그들은 자신의 배경지식에서 관련된 내용 지식을 회상하면서 계획을 세우고, 이를 통해 충분한 계획하기를 했다고 생각한다(McCutchen, 2006).

한편 일부 다른 학생들의 계획하기는 좀 더 계산적이고 전략적이다. 이 학생들은 쓰기 전이나 도중에 방대한 양의 아이디어를 이야기 또는 설명문에 투입한다. 이 학생들은 초고를 작성하기 전 계획을 세우기 위해 도해 조직자, 의미 지도(설명문을 위해), 개요 짜기, 주제에 대해 자유롭게 혹은 빠르게 쓰기 등의 방법을 혼합한다. 이들은 계획을 구성하면서 주제와 관련한 많은 자료를 읽거나 다른 사람과 이야기를 나누기도 한다. 즉, 계획하기 전략 활용에 많은 시간을 투자하든지 아니면 매우 적은 시간을 투자하든지 어느 쪽이든 간에, 학생들은 계획을 실행하면서 쓰기를 시작한다.

일단 초안이 작성되어도, 계획하기는 계속된다. 학생은 계속적으로 계획하기를 수행하는데, 이는 쓰기 과정의 회귀적 특성에 기인한다. 필자는 의식하지 못한 상태로 계속해서 생각을 단어, 절, 문장으로 표현하고, 생각을 어떻게 조직할 것인지에 대해 결정한다. 기존에 세운 계획은 새로운 아이디어가 떠올랐을 때 수정되거나, 동료와의 협의나 추가적인 영감 그리고 자료 읽기 등을 통해 새로운 계획이 추가되기도 한다. 때때로 계획하기는 필자가 이미 쓴 글을 다시 읽으며, 쓰기 계획을 수정해야 한다고 생각하는 것을 의미하기도 한다(Litt, 2011). 일부 학생들에게 이러한 회귀적인 계획하기 과정은 아이디어를 이리저리 바꾸거나 시각화하고, 쓴 글의 구조와 내용을 재수정하면서 자동적으로 일어나게 된다. 그러나 대다수의 학생들의 경우 아이디어는 뒤죽박죽이 되고, 글에 대한 시각 또한 모호해진다. 따라서 이러한 학생들에게는 더 명확한 글을 쓸 수 있도록, 자기 조절적 전략을 사용하는 방법에 대한 안내가 필요하다(Graham & Harris, 2005). 특히 영어 학습자(즉, 영어가 모어가 아닌 학습자)와 학습 장애가 있는 학생들은 현시적인 계획하기 전략을 통해, 자신의 아이디어를 구체적인 문장으로 표현하는 데 도움을 얻을 수 있다.

학교에서 사용하는 쓰기 접근법 또는 프로그램에 따라, 계획하기의 양상은 달라질 수 있다. 많은 프로그램들이 도해 조직자에 의존하는 데 반해, 일부 프로그램은 이전에 노트에 기록해 둔 아이디어를 확장하기, 반성적 사고를 통해서 생각하기, 동료와의 협의를 통해서 생성하기 등을 가르치기도 한다. 일부에서 주장하듯이(Boscolo, 2008), "미리 쓰기를 활발하게 하는 것은 어떤 과제에는 적절하지만, 어떤 경우에는 그렇지 않다"(p.300). 학생이 쓰기와 쓰기 과정을 형식적이고 지루하다고 인식하는 것을 막기 위해, 교사들은 쓰기 과제 및 목적과 그 과정 사이에 연관성을 명확히 해야 한다. 최종 목표— 통일성이 있으면서, 학생 본인과 다른 사람들에게도 의미 있는 세련된 글—를 달성하기 위한 해결책으로서 계획하기를 시범 보이는 교사들은, 학생이 유목적적인 계획하기를 수행할 수 있도록 적절한 동기를 부여해야 한다(Applebee, 1986; Langer & Applebeee, 2007).

학생마다 다양한 계획하기

일부의 학생들은 계획하기를 충분히 하지 않는다. 다른 몇몇은 교사가 기대하지 않은 방향으로 계획하기를 수행한다(예, 자세히 쓰기, 아이디어 그림 그리기). 기존에 Cindy가 가지고 있던 생각—계획하기의 내용을 시각적으로 나타내도록 하는 쓰기 지도 방법—을 바꾸게 만든 것은, 6학년 언어 기능 교과 수업을 하던 어느 학년 말, 어느 학생과의 대화였다. 쓰기 워크숍 동안 Cindy는 학생들이 표준화된 도해 조직자 또는 의미 지도를 사용하거나, 학생 스스로 계획하기 개요를 만들거나 아니면 이와 비슷한 다른 유형으로 계획하기를 표현하도록 지도했다. 다양한 유형의 도해 조직자를 제시한 책을 비치하고, 학생들이 이를 활용해서 현재 자신의 쓰기 프로젝트에 가장 적절한 것을 선택할 수 있도록 했다.

작문 수행의 공식적인 절차는 대략적인 초안을 쓰기 전에 도해 조직자를 완성하고, 동료와 Cindy에게 자신의 글에 대한 아이디어를 협의하는 것이었다. 사회 연구 보고서와 같은 내용 영역의 쓰기 프로젝트에서, Cindy는 항상 학생들에게 도해 조직자를 나누어주고 보고서를 쓰기 전에 완성하도록 하였다. Cindy는 학생이 일정을 지키도록 보고서의 각 부분에 마감일을 지정하였다. 또한 완성된 도해 조직자에 대해서 학생들과 이야기를 나눈 후 이를 승인했는데, 이는 도해 조직자를 바탕으로 학생들이 초안을 작성하도록 허락하는 것이었다. Cindy는 이러한 과정이 학생들이 초고를 쓰기 전에 쓰기 준비 및 조직 정도를 확인할 수 있게 해준다고 생각했다.

1년 내내 이 과정을 진행한 후에, Katie(가명)는 Cindy에게 Cindy가 1년 내내 제공한 그 많은 양의 도해 조직자를 사용해서 계획하기를 하지 않았다고 시인했다. Cindy는 항상 Katie가 우수한 필자라고 생각했다. Katie가 초고를 작성한 뒤에 교사의 요구를 충족시키기 위해 도해 조직자를 채워 넣었다고 Cindy에게 말했을 때, Cindy가 받은 충격은 어마어마했다. Katie는 "저는 도해 조직자를 활용하기 싫어요. 저는 글을 쓸 때, 전체 이야기에 대해 먼저 생각해야만 해요. 저는 초고를 쓰면서 계획을 세워요. 저는 조직자에 단어를 써 넣는 것으로는 무엇이 이뤄지고 있는지, 제가 말하고 싶은 것이 무엇인지 알지 못해요. 저는 그런 방식으로 생각하지 않거든요. 저는 제 글을 통해서 전체 스토리를 이야기하고 싶어요. 나중에 선생님이 도해 조직자를 제출하라고 말씀하시면, 저는 조직자를 채워 넣기 위해서 제 초고를 읽어요. 이런 게 선생님의 말씀에 역행하는 거라는 걸 알지만, 이게 제가 도해 조직자를 채울 수 있는 유일한 방법이에요!"라고 말했다.

Cindy는 Katie가 본인이 생각하는 계획하기의 방법대로 계획하기를 수행하지 않았음을 깨달았다. Cindy는 계획하기가 선형적인 과정이라고 생각했기 때문에, 계획하기를 가르칠 때도 이러한 관점에서 가르쳤다. Katie는 자신의 생각을 확장하고 명확하게 하기 위해, 엄마나 친구에게 글에 대해서 이야기하는 방식으로 계획을 세웠다. Katie는 떠오르는 생각을 자유롭게 노트에 기록하고, 그 후에 자신의 쓰기 목적을 생각하면서 초고를 작성하기 시작했다.

이와 비슷하게 최근 Janet은, 글의 명시적인 계획 내용을 보내달라는 요구에, 자신의 성향에 맞는 유일한 방법으로 응답했다. 편집자가 Janet이 맡은 장의 개요를 제출해 달라고 요구했다. 그래서 Janet은 글을 쓰고 난 후 개요를 작성하여 편집자에게 보냈다. 편집자가 개요를 받았을 때 Janet의 글은 이미 완성된 뒤였다.

한편 여기 계획하기의 방법을 통합한 지구과학고 학생 Xixi가 있다. Xixi의 선생님은 다이아몬드가 만들어지는 상대 온도와 상대 깊이의 차이점에 대해서 에세이를 쓰라고 지시했다. 계획하기에 대한 Xixi의 첫 반응은 무엇을 묻는 질문인지 정확하게 확인하기 위해, 질문을 분석하는 것이었다. Xixi는 이 과제에 필요한 개념과 예상 결과를 짐작해보았다. 그 후에 쓰기 목적을 생각하였다. 이를 통해 Xixi는 선생님은 학생들이 다이아몬드가 만들어지는 과정을 이해하고 있는지 알고 싶어 한다는 것을 깨달았다. Xixi는 글이 '온도와 깊이가 다이아몬드 형성에 미치는 영향'에 대해 자신이 알고 있는 바를 서술하는 짧은 설명문이 될 것이라 생각했다. 또한 차이점을 설명하기 위해 정확한 과학 어휘(표현)를 사용해야 한다고 생각했다. 머릿속 과정을 분명히 하기 위해, Xixi는 쓰기 계획을 다음과 같이 노트에 메모하였다.

- 상대 온도: 더 뜨겁다 / 더 높은 온도
- 상대 깊이: 더 깊다 / 더 큰 깊이

머릿속 아이디어를 종이에 구체적 구조로 나타내었더니, 추상적인 아이디어를 구체적으로 표현할 수 있었다. Xixi가 자신의 쓰기 목적을 달성하기 위해서는 이 정도의 계획하기면 충분했다. 메모한 주요 요점은 Xixi의 이해를 명확하게 정리해주었다. 이 계획하기의 단계 후에 Xixi는 무엇을 쓸 것인지에 대해 머릿속으로 잠시 생각하는 시간을 가졌다. 쓰고자 하는 글의 사전 연습으로써 작성한 계획 노트를 통해, Xixi는 글을 쓸 방법에 대해 생각했다. 그리고 이 과제는 학교 숙제였기 때문에 Xixi는 자신의 이해 정도를 확인하려고, 자신이 작성한 내용과 지구과학 교과서의 연관성을 확인했다. 마지막으로 Xixi는 말하고자 하는 바를 단어로 어떻게 표현할지를 고려한 후에 글을 쓰기 시작하였다. 이러한 계획하기 단계의 결합은 복잡한 질문에 대해 명확하고 응집력 있는 글을 작성하는 Xixi의 글쓰기 능력을 더욱 촉진하였다.

왜 학생들은 쓰기를 계획하지 않는가?

학생들이 쓰기를 계획하지 않는 이유는 (1) 계획하는 방법을 모르거나, (2) 자신들이 하는 것이 계획하기라는 것을 인식하지 못하거나, (3) 자신의 사고 유형에 적합한 계획하기 접근법을 발견하지 못해 계획하기가 도움이 된다고 생각하지 않거나, (4) 계획하기는 시간이 너무 오래 걸린다고 생각하기 때문이다. 다시 말해 학생들은 여러 이유로 계획하기의 장점을 직접 경험해보지 못했거나, 자신이 학습한 방법 이외의 다른 방법으로 글을 계획하여 이를 실행 가능한 계획 전략으로 잘못 인식하기 때문에 계획을 하지 않는다고 할 수 있다.

그러나 가장 유능한 필자일수록 쓰기 전, 중, 후에 계획하기를 많이 수행한다. 또한 유능한 필자는 자신의 인지적 성향에 맞추어 다양한 방식으로 쓰기를 계획한다. 따라서 교사는 학생들이 계획하기의 장점과 가치를 이해하고 경험하도록 도와야 한다.

계획하기를 가르치는 최선의 지도 방법

학생들이 쓰기를 준비하도록 돕고 계획하기의 장점과 가치를 알도록 하기 위해, 몇 가지 단계를 설정할 필요가 있다. 학생들이 자신의 생각을 솔직하게 공유하고 동료에게 서로 건설적인 비판이 가능하도록 하는 창의적인 교실 분위기를 만들어야 한다. 이러한 환경은 수렴적 사고와 발산적 사고가 모두 허용되면서 협력과 협의가 필수적인, 무비판적 공간이어야 한다. 여기서 모든 필자들은 아이디어를 생성하고 글의 내용과 구조를 계획하는 전문가로서 여겨진다. 교사는 목적 지향적인 계획하기를 시범 보이고 이를 지도한다. 교사는 계획하기의 다양한 접근법을 소개하고, 다양한 자료와 도구를 제공하며, 동료들과의 협력을 통해 학생들이 계획하기를 확장시킬 수 있는 기회를 제공한다. 교사는 학생들이 도움이 된다고 여기는 각자만의 계획하기 방법을 이해하고 받아들인다.

한편 계획하기를 중요하게 생각하고 이를 수행하도록 장려하는 교사는 학생의 전사 기능이 계획하기에 영향을 미친다는 것을 잘 알고 있다. 즉, 교사는 학생의 전사 기능이 자동화될 때, 더 높은 수준의 글쓰기에 작업 기억과 단기 기억을 모두 전념할 수 있음을 이해하고 있는 것이다(Wong & Berninger, 2004). 소리를 철자 기호로 바꾸려고 집중할 때, 학생은 글의 내용이나 구조에 대해서는 생각할 인지 공간이 부족해진다. 따라서 발달 단계상 발음과 철자법에 많은 인지적 노력을 기울여야 하는 학생들을 가르치는 교사는, 계획하기를 추상적으로 생각하는 것을 줄이고 학생들에게 구체적으로 계획하는 방법을 제공해야 할 것이다. 이는 또한 영어 학습자에게도 적용된다. 교사들은 이러한 학생들—계획하기를 아이디어를 말로 표현하는 어려운 과정이라 생각하는—과 함께 그림을 그리고, 시각화하고, 구두로 녹음하는 방법을 활용하여 쓰기 계획하기를 수행할 수 있다.

계획하기 과정은 글의 유형과 상황적 요인에 따라 다양한데, 여기서 상황적 요인이란 허용된 시간과, 주제 및 과제에 대해 학생들이 친숙한 정도 등을 의미한다. 학생의 개인적인 경험을 쓸 때는, 학생이 덜 친숙한 주제에 대해서 연구해야 할 경우보다는 좀 더 자동적으로 글의 세부내용이 떠오를 것이다. 이는 장르의 친숙성에서도 마찬가지이다. 예컨대 한 학생이 독자를 설득하는 글을 쓴다면, 그 학생은 논거를 만들기 위해 주제에 대한 다양한 관점을 조사해야 할 것이다. 또한 언어의 격식 수준과 사용해야 하는 전문적인 표현을 포함하여, 설득적인 글의 논증 요소에 대해서도 잘 알아야 한다. 논증과 반론, 주장을 뒷받침하기 위한 세부내용과 예시를 사용하여 자신의 글을 강화해야할 것이다. 한편, 설득적인 글을 처음 쓰는 필자는 글의 구조를 계획하는 데 많은 시간을 들이게 되며 이 구조에 대한 계획 이후, 자신의 논증을 이에 적용할 것이다. 즉, 친숙하지 않은 장르는 필자에게 더 많은 시간을 계획하기에 할애하도록 한다는 것을 알 수 있다.

계획하기 과정의 요소

계획하기는 종종 도해 조직자나 의미 지도가 완성되면 끝나는 쓰기 전 활동으로 생각되지만, 계획하기는 글을 쓰는 중 계속해서 진행되는 사고의 과정이다. 계획하기는 주제에 대한 필자의 첫 생각에서부터 완성된 글에 이르기까지 계속해서 이어진다. 다음에 제시한 계획하기의 단계들은 쓰기의 인지적 모델과 쓰기 지도에 관한 연구, 유치원생부터 대학생 필자까지 이들을 대상으로 한 쓰기 수업에서의 공통적인 경험에 기반을 두고, 이를 바탕으로 쓰기 계획하기의 요소들을 반영한 것이다(Alamargot & Chanquoy, 2001; Bereiter &c Scardamalia, 1987; Deane et al., 2008; Elbow, 1973, 1981; Lassonde, 2009a, 2009b; Richards & Lassonde, 2011). 이 계획하기 단계들은 선형적으로, 즉 일방향적 순서대로 일어나는 것이 아니다. 이보다는 회귀적 과정 즉, 작문의 변화에 따라 필자가 쓰기 과정의 앞뒤 단계를 자유롭게 이동하며 계획하기를 수행한다는 것을 의미한다.

단계 1: 과제와 글(종류)을 고려하기

학생들—특히 높은 수준의—은 Xixi가 교사가 제시한 과제를 해결했던 것처럼, 자신의 지식 및 이해를 구성하거나 증명하기 위해, 지시문(질문)을 분석할 것으로 예상된다. Xixi는 과제 분석이 글을 쓰는 데 필수적인 단계라는 것을 알고 있었고, 이에 따라 다음과 같은 세부 사항을 포함하여 이를 수행하였다.

- 증명하거나 수행해야 하는 질문 및 과제는 무엇인가?
- 어떤 개념, 어휘, 표현을 포함시킬 것인가?
- 인과관계와 같이 글에 적절한 구조가 있는가?
- 글의 지침이 될 채점 기준표가 있는가?
- 객관적 또는 주관적인 글인가, 성찰적인 글 또는 보고서 같은 글인가?
- 정해진 글의 분량이 있는가?

필자는 무엇을 쓸 것인가, 그리고 어떻게 쓸 것인가에 대해 생각하고 결정해야 한다. 예를 들어 쓰기를 구체화하기 위해서는 글의 예상 독자와 목적을 알아야 한다. 이 글을 다른 사람에게 소리 내어 읽어 줄 것인가, 블로그에 올릴 것인가, 독자에게 보내거나 아니면 아예 다른 사람들과 공유할 것인가를 생각해야 한다. 예상 독자를 설득할 것인지, 정보를 알릴 것인지, 즐거움을 줄 것인지와 같은 글의 목적을 고려해야 한다. 이러한 쓰기의 목적과 예상 독자에 대한 고려는 글 유형과 구조에 영향을 미칠 것이다. 글의 분위기와 스타일은 어떠한가와 같은 질문도 생각해야 한다. 누가 독자가 될 것인가를 고려한다면, 글에서 격식 있는 표현을 사용하는 것이 적절한가, 비격식적인 표현이 적절한가, 예상 독자들이 이 글을 이해하는 데 필요한 배경지식은 무엇인가와 같은 질문이 떠오를 수 있다. 이러한 모든 질문에 대해 필자는 계획하기를 통해 결정해야 한다.

단계 2: 주제에 대한 배경지식 활성화하기

쓰기 과제를 수행하든지 독창적인 글을 쓰든지 간에, 학생들은 자신이 주제에 대해서 무엇을 알고 있고 어떻게 느끼는지를 생각해봄으로써 글쓰기를 시작해야 한다. 학생은 주제에 대해 알고 있는 모든 것과 주제와 관련된 개념을 떠올리면서, 자신의 배경지식을 활성화한다(Richards &c Lassonde, 2011). 이를 통해 학생은 자신이 알고 있고 느낀 바에 대해서, 이것과 주제 사이의 연결 고리를 만들 것이다. 주제에 관한 느낌을 생각할 때, 학생은 스스로에게 솔직할 필요가 있고, 그 느낌이 자신이 쓰려고 하는 것과 쓰려는 방식에 어떤 영향을 미칠지를 생각해야 한다.

또한 학생은 주제와 관련하여 잘 알지 못하는 것에 대해 깊이 탐구하고 싶어질 것이다. 지식의 공백을 메우기 위해 연구—읽기 또는 현장 연구—를 수행하는 것이 필요한지, 그리고 이것이 글쓰기에 도움이 되는지를 생각해야 한다. 또한 글을 잘 쓰기 위해 주제에 대해 얼마나 많은 전문가적 노력을 기울여야 하는지에 대해서도 고민이 필요하다.

단계 3: 어휘와 표현 고려하기

글에 사용할 어휘를 선정하는 것은 주제에 대한 필자의 지식수준을 드러낸다. 특정한 연구 분야에서 사용되는 어휘나 전문용어를 갓 습득한 필자들은 종종 그 단어를 '사용하지만 곧 남용'하게 된다. 학생들은 몇 가지 전문용어를 새롭게 알게 되면 이를 부적절하게 사용하는 경향이 있다. 따라서 글쓰기를 계획할 때, 주제에 적합한 용어와 개념을 탐구하고 자신의 글이 이를 정확하게 활용하는 방법을 배워야 한다. 더 나아가 독자의 읽기 수준과 전문성을 고려할 때, 어느 수준의 어휘를 사용해야 하는지 그리고 공식적 언어표현과 비공식적 언어표현 중 어느 것이 더 적절한지 알아야 한다.

단계 4: 아이디어 조직하기

일단 필자가 몇 가지 아이디어를 생성하고 글에 포함시킬 개념과 단어를 탐색하기 시작하면, 필자는 이러한 아이디어를 단어로 표현하기 시작한다. 필자가 자신의 아이디어를 조직하는 방법은 여러 아이디어 사이의 관계를 생각하고 그 연관 관계를 찾는 것이다. 이런 방법으로 필자는 자신의 글을 의미 있는 방식으로 조직할 수 있는 방법을 계획하게 된다. 이때 필자는 무엇이 자신의 이해 정도에 적합한지 고려해야 하며, 주제와 주제에 대한 필자의 생각을 독자가 이해할 수 있는지에 대해서도 생각해야 한다. 필자는 독자들이 메시지를 이해할 수 있도록 아이디어를 조직한다. 조직하기 전략은 도해 조직자나 개요 활용하기, 주제와 목적의 구조와 요구에 맞는 적절한 글 유형 선택하기와 같이 그 종류가 다양하다. 또한 전략끼리 결합하는 것도 조직하기 전략에 포함된다. 필자는 아이디어 사이의 연관 관계를 나타낼 때, 어떤 지점에서는 자신의 생각을 '묶어내야' 한다는 점에 주목한다. 이 작업은 잘 연결되지 않거나 중복될 수 있는 부분을 매끄럽게 하기 위해 일부분을 재계획하는 것과 관련된다(Lassonde, 2008). 이 단계에서 필자는 목적과 독자를 고려하여 글의 구조를 명확히 하고 분명히 하면서 '계속해서 계획하기'를 수행한다.

단계 5: 계속해서 계획하기

쓰기 과정에서 계획하기는 계속된다. 필자는 빈틈을 채우기 위해 더 많은 정보가 필요하다는 것을 알게 될 수도 있고, 또는 한 부분을 생략하거나 글의 전개를 다른 방향으로 진행하고 싶어 할 수도 있다. 계획하기와 쓰기 사이에서 이렇게 왔다 갔다 하는 움직임은 전체 쓰기 과정 내내 계속된다. 또는 자신의 쓰기를 되돌아보면서 추가하고 싶은 특수한 내용의 단어가 어떤 의미를 지니는지 찾기 위해, 계획하기 이전의 단계로 돌아갈 수도 있다. 그리고 동료와의 협의를 통해서 글의 일부분이 누락되어 독자가 글을 이해할 수 없다는 것을 알게 될 수도 있다. 필자는 글에서 무엇이 빠졌고, 이것이 어느 부분에서 설명되어야 하는지 결정하기 위해 계속해서 추가적인 계획하기를 수행할 것이다.

계획하기 전략의 실제적 사례

저학년 학생들이 이야기의 기본 구조를 익히고 고학년 학생들이 여러 유형의 설명문 구조를 안다면, 우리는 이러한 학생들이 글쓰기를 계획하기 위한 다른 방법을 배울 필요가 있다고 생각한다. 그러면 학생들은 자신들의 다양한 사고방식과 쓰기 과제에 가장 적합하고 창의적인 전략이 무엇인지 결정할 수 있게 되므로, 계획하기가 지루하고, 시간 낭비이며, 가치 없는 일이라고 생각하지 않게 될 것이다. 쓰기전 계획하기에서 모두 적합한, 단 한 가지의 유일한 방법은 없다 (Richards & Miller, 2005). 이 장을 계획하기 위해 Cindy와 Janet이 어떻게 협력했는지 설명한 이 글의 처음 부분을 통해 이를 확인할 수 있었다. Cindy는 선형적인 개요를 만들었고, Janet은 쓰기를 바로 시작했다. 그들은 초안을 통해 이야기를 나누는 것이, 이 글에 계획하기에 대한 자신들의 철학을 함께 구성하는 데 더 도움이 되었다고 생각했다.

우리가 확신하는 한 가지는 계획하기는 지루하고 재미없는 일이 아니라는 것이다. 만약 학생들이 선호하는 사고방식을 고려하여 이와 관련해 학생들을 위한 다양한 계획하기 방식을 시범 보인다면, 학생들은 계획하기의 장점뿐 아니라 계획하기가 흥미롭고, 유익하며 심지어 재밌는 활동이라는 것을 깨닫게 될 것이다. 다음은 우리가 가장 선호하는 계획하기의 접근법들이다. 우리는 이 전략을 저학년 학생들, 고학년 학생들 심지어 전공 대학원생들에게까지 시범을 보였다. 모든 전략은 교실에서 테스트를 거쳤으며, 그 효과성이 입증되었다.

그냥 생각하기

글쓰기를 계획하는 방법 중 하나는 주제에 대해서 간단히 생각하는 것이다. E. B. White(1995)와 Donald Murray(1982)는 이러한 생각을 '필수적인 지연'이라고 불렀다. 교사들은 학생들에게 쓰기 과제에 대해서 어떻게 생각하는지 시범을 보이고, 그 후에 학생들에게 내용과 목표에 따라 어떻게 쓸 것인지 생각하는 시간을 준다. 각자 '생각하는 시간'이 끝나면, 학생들은 머릿속에 떠오른 모든 생각을 빠르게 적어 내려간다. 그러고 난 후, 그 주 마지막 수업 시간에 학생들은 모든 생각을 글의 유형에 적합하고, 응집성 있는 구조로 정리 및 조직한다(Richards & Miller, 2005).

질문하기

또 다른 계획하기 전략은 질문하는 것이다(Lassonde, 2009b). 학생들은 주제에 대해서 가지고 있는 모든 질문을 적는다. 또한 다른 사람들을 인터뷰하여, 주제에 대해 어떤 질문을 가지고 있는지 알아본다. 이러한 질문들은 상위 정보와 하위 정보에 따라 순서대로 나열되었을 때, 쓰기 계획서의 역할을 할 수 있다.

그림 일지

그림일지는 필자가 인물, 장소, 과정, 시퀀스 등을 그림으로 나타내는 것으로, 쓰기 계획의 또 다른 방법이 될 수 있다. 예컨대 캐릭터를 개발할 때, 필자는 인물이 어떻게 생겼는지 혹은 배경이나 문제의 해결책은 어떠한지를 그림으로 표현하여 창의적인 이야기 아이디어를 얻어내거나, 이와 관련한 묘사적인 어휘를 생각해내기도 한다(Richards &C Miller, 2005).

도해 조직자의 다양한 유형

많은 필자들은 내용 사이의 관련성과 관계를 볼 수 있도록 시각적 자료를 활용한다. "그림은 필자로서 우리를 편안하게 하고, 필자에게 중요한 기능을 알 수 있게 한다."(Ernst da Silva, 2001, p. 4). 이미 교사들은 개념 지도나 개념 망에 익숙하다. 시각적 표현—글의 순서나 구조를 짜도록 돕는 글의 장르 조직자나, 아이디어의 연관성을 알려주는 내용 지도 같은—은 시각적으로 관계성을 표현하여, 필자의 아이디어를 표현하는 데 도움을 준다. "본보기가 되는 글과 같이 좋은 개념도는 여러 개의 초안을 통해 만들어진다. 따라서 필자가 자신의 생각을 확장하고 강화하면서, 계속해서 개념도를 수정하고 다듬는 것이 중요하다(Richards & Miller, 2005, p.74)."

자유롭게 쓰기와 빨리 쓰기

Elbow(2000)등 다수의 유명한 필자들은 창작의 한 방법으로 그냥 자리에 앉아서, 자유롭게 쓰거나 빨리 쓰기를 활용한다. 자유롭게 쓰기는 학생들에게 철자나 구두점에 대해 고려하지 않으면서, 쉬지 않고 쓰도록 하는 것이다. 학생들은 단지 아이디어를 얻기 위해 종이에 써보면서, 주제에 대해서 알고 있는 것과 알아야 하는 것을 깨닫게 된다. 물론 자유롭게 쓰기 위해서는 필자가 쓰기 주제에 관한 배경지식을 많이 가지고 있어야하며, 그렇지 않은 경우에는 아이디어를 생성하지 못한다.

이야기 녹음하기

일부 필자들은 사고 구술이나 녹음하기를 통해 계획을 세운다. 그런 후에 자신의 아이디어를 기록하고, 글에서 재조정해야 하는 부분과 그 방법을 찾는다. 이러한 전략은 전사 혹은 언어 산출을 어려워하는 학습자들에게 유용하다. 영어 학습자들은 자신의 생각을 잊지 않도록 자신의 모어로 이야기를 녹음할 수 있다. 녹음한 내용을 들으면서 글쓰기를 시작할 수 있도록 하는 도해 조직자나 초안을 생성할 수 있다(Richards & Miller, 2005).

3×5 메모카드

쓰기를 계획하는 또 다른 방법은 주제에 대한 정보를 낱장의 메모카드에 쓰는 것이다. 학생들은 카드를 재배열할 수 있고, 서로 관련된 생각끼리 카드를 묶을 수도 있다. 신체 활동형 학습자(kinesthetic learner)는 메모카드를 활용하여 계획하는 것을 선호하는데 이는 그들의 학습 유형을 반영하여 카드를 이리저리 움직일 수 있게 한다는 점 때문에 그러하다(Richards &c Miller, 2005).

개요 짜기

아이디어를 조직하기 위해 개요를 짜는 것은 여전히 많은 학생들의 글 계획에 도움이 된다. 이 전략은 특히 선형적 사고를 하는 필자들에게 유용하다. Fulwiler(2002)는 개요를 '조직 목록'(p.39)이라고 불렀다. 개요 짜기는 아이디어와 글의 목적을 순서대로 정리하도록 질문 만들기나 색인 카드 활용하기와 같은 다른 전략과 결합할 수 있다.

과학 기술

과학기술이 학생의 쓰기 계획하기 능력을 향상시킨다는 것은 의심할 여지가 없다. 컴퓨터로 글을 쓸 때 문장이나 문단을 지우고, 옮기고, 확장하는 것이 쉽다는 것은 계획하기를 꺼려하는 필자들에게 도움이 된다. 과학기술은 쓰기 과정의 모든 단계를 변화시켰다(Berninger & Winn, 2006). 예컨대 학생들은 초안 작성 전후에 계획하기를 수행하기 위해, 마이크로소프트 워드 프로그램의 개요 기능을 이용하는 방법을 배울 수 있다. 워드프로세서를 통해 보고서의 개요를 작성하려면, '보기'와 '개요' 탭을 클릭하기만 하면 된다.

또한 학생들은 워드프로세서뿐만 아니라 파워포인트나 무비메이커와 같은 프로그램을 사용한다. 아이디어의 디지털화 및 시각화를 통한 계획하기는 학생들에게 완전히 새로운 계획하기의 세계를 열어주었다. Cindy는 쓰기 학습자들이 디지털 방식의 글쓰기를 계획하는데 스토리보드—만화 같은 네모 칸에 장면과 시퀀스를 스케치하는—를 사용하여 도움을 주었다(Lassonde, 2009a). 또한 계획하기의 단계역시 연필과 종이보다는 디지털 방식으로 시각화 할 수 있다.

계획하기 전략의 결합

글쓰기를 계획하도록 학생을 격려하는 또 다른 방법은, 계획하기 전략을 생각하고 결합하도록 미니 레슨을 제공하는 것이다(Richards & Miller, 2005). 예컨대 Janet의 손자인 Noah는 이제 워드프로세서를 사용하여, 자신이 고른 쓰기 주제에 대해 자신과 동료들이 만든 질문을 빠르게 적는다. 그림 그리기를 좋아하는 Joshua는 이제 3×5 크기의 메모카드에 자신의 아이디어를 그림으로 그리고 이를 분류한다. 그런 후에 Joshua는 관련된 아이디어를 배열한 것이 자신의 마음에 들 때까지 재배열을 반복한다. 이를 통해 메모카드 사이에 빈틈을 발견하게 되는데 이는 주제에 대해 더 많은 연구가 필요한 부분을 지적해준다. 시간이 부족해서 항상 스트레스를 받는 Maddie는 이제 쓰기 계획하기에 '생각하는 시간'을 적용한다. Maddie는 무작위로 떠오르는 생각을 빠르게 적어 내려갈 수 있도록 '필자 일지'를 곁에 두는데, 이는 쓰려고 계획한 글에 대해서 언제든지 '생각하는 시간 상태'로 돌입할 수 있도록 한다.

적용

유례없는 수준의 초국가적인 이민이 미국 학교의 모습을 바꾸어놓았다. 영어에 능숙하지 않은 학생의 수가 10년 만에 2배로 늘어, 500만 명 이상으로 빠르게 증가하고 있다(Hawkins, 2004). 쓰기 교사들은 미국 초·중등 교육법(Elementary and Secondary Education Act, 2004)에 따라 교실의 모든 학생들과 더불어, 다양한 언어를 사용하는 많은 학생들의 읽기 능력과 학습 요구를 충족시켜야 할 책임이 있으며, 이는 법적으로 의무화되어 있다(미국 장애인 교육법, Individuals with Disabilities Education Improvement Act, 2004).

영어 학습자 쓰기 발달의 첫 단계는 모어 학습자의 발달 단계와 유사하다(Araujo, 2011). 그런데 고학년 학생들의 경우, 복잡한 쓰기 과제 특히 내용 영역에서 쓰기와 관련한 과제는 의사소통과 학습으로서의 쓰기를 매우 어렵게 느끼도록 만든다. "학생들이 영어에 유창하지 않다면, 쓰기 전략의 활용이 어려울 것이다."(Graham & Perin, 2007, p.24).

계획하기 전략을 가르치는 것은 학생들이 의사소통을 위한 쓰기, 자신의 이해를 표현하기 위한 쓰기, 학습을 위한 쓰기를 할 수 있도록 도울 수 있다. 쓰기 전략은 주제에 대한 배경지식을 활성화시켜 이에 관련된 어휘를 떠올리게 만들고, 동료들과 대화를 통해 이해를 넓히며, 자신의 생각을 글에 표현하기 전에 조직할 수 있도록 해 준다. 이러한 전략은 영어 학습자들과 글쓰기를 어려워하는 필자들에게 도움이 될 것이다. 교실에서 실험을 통해 검증된 몇 가지 계획하기 전략들은 영어 학습자와 필자들이 글쓰기를 계획하면서, 아이디어를 생성하고 단어와 문장의 구조를 형성할 수 있도록 도움을 준다 (Matthews-Somerville & Garin, 2011; Richards & Lassonde, 2011). 여기에 몇 가지 방법을 제안하고자 한다.

- 동료와 협의를 통한 계획하기. 계획하기에 대해서 동료들과 대화하도록 지도한다. 서로의 기능을 보완할 수 있는 파트너와 짝을 짓도록 하고, 언어표현과 아이디어를 생성할 때, 혹은 글쓰기 계획 구성을 문자로 표현할 때 서로를 돕도록 한다.
- 과학기술의 도움받기. 전자 도해 조직자, 개요 짜기 도구와 같은 기술적 자원을 활용한다. 계획하기에 도움이 되도록 학생들에게 이야기를 녹음하게 하거나 연습 및 반복할 수 있게 한다.
- 공유된 경험과 쓰기를 결합하기. 학생들이 아이디어를 생성하고 초안 계획을 세울 수 있도록 학생과 개별적으로 이야기한다.
- 필자 사로잡기. 감각적인 인식의 경험과 창의적이고 극적인 경험을 활용하여, 이것이 주제와 어떻게 관련되는지 생각하도록 한다.

결론

초등학생, 중학생, 고등학생이든 대학원생을 가르치든 우리는 모두 작문 교사이다. 그리고 언어 기능 교과를 가르치든, 영어나 과학을 가르치든 우리는 모두 쓰기 교사이다. 우리는 학생들의 작문 능력을 양적으로 향상시키기를 원한다. 학생들의 학습과 글쓰기 성향에 맞게 계획하기 전략을 가르치고 이를 시범 보이는 것은, 유능한 필자로 학생이 성장하는 데 도움을 줄 것이다. 이 장에서 살펴본 것처럼, 필자는 —이 장의 공동 저자들도 포함하여— 각기 다른 방식으로 계획하기를 수행한다. 따라서 작문 교사가 계획하기에 접근하는 방식은 학생이 몰입할 수 있도록 이끌어야 하며 독자를 고려한 계획하기 및 글쓰기에 대해 학생이 이해하고 있는 방법과 직접적으로 연결되어야 한다.

이 장에서 설명하고 탐구한 주제들은 계획하기에 대해 최근 이루어진 연구들이 언급하는 바에 따라 확장될 수 있다. 작문 교사로서 우리는 계획하기에 관련한 최신 문헌에서부터 일반이론까지, 계획하기와 글쓰기에 대해서 우리가 알고 있는 내용과 우리가 직접 학생에게 작문을 지도했던 경험을 결합하였다. 이는 독자들에게 계획하기에 대한 생각과 고민에 앞서서 학생에게 글쓰기를 가르치고 동기를 부여하는 데에 계획하기가 갖는 막대한 중요성을 깨닫게 하였다. 계획하기. 이것은 단순히 쓰기 전 전략 중 하나가 아니다. 계획하기는 우리가 필자로서 어떤 사람인지를 포괄하고 제시하며 구체화한다.

참고문헌

Alamargot, D., & Chanquoy, L. (2001). *Through the models of writing*, Dortrech, The Netherlands: Kluwer Academic.

Applebee, A. N. (1986). Problems in process approaches: Toward a reconceptualization of process instruction. In A. R. Petrosky & D. Bartholomae (Eds.), *The teaching of writing: Eighty-fifth yearbook of the National Society for the Study of Education* (Part 2, pp. 95~113). Chicago: National Society for Studies in Education.

Araujo, L. (2011). The writing development of English language learners. In J. F. Christie, E. J. Enz, & C. Vukelich (Eds.), *Teaching language and literacy: Preschool through the elementary grades, fourth edition* (pp. 337~339). New York: Pearson Education.

Bereiter, C., & Scardamalia, M. (1987). *The psychology of written composition*, Hillsdale, NJ: Erlbaum.

Berninger, V., & Winn, W. (2006). Implications of advancements in brain research and technology for writing development, writing instruction, and educational evolution. In C. MacArthur, S. Graham, &C J. Fitzgerald (Eds.), *Handbook of writing research* (pp. 96~114). New York: Guilford Press.

Berninger, V., Whitaker, D., Feng, Y., Swanson, H., & Abbott, R. (1996). Assessment of planning, translating, and revising in junior high writers. *Journal of School Psychology*, 34(1), 23~52.

Bloodgood, J. (2002). Quintilian: A classical educator speaks to the writing process. *Reading Research and Instruction*, 42(1), 30~43.

Boscolo, P. (2008). Writing in primary school. In C. Bazerman (Ed.), Handbook of research on writing: *History, society, school, individual, text* (pp. 293~310). New York: Erlbaum.

Deane, P., Odendahl, N., Quinlan, T., Fowles, M., Welsh., C., & Bivens-Taum, J. (2008, October). *Cognitive models of writing: Writing proficiency as a complex integrated skill.* Princeton, NJ: Educational Testing Service.

Elbow, P. (1973). *Writing without teachers.* New York: Oxford University Press.

Elbow, P. (1981). *Writing with power: Techniques for mastering the writing process.* New York: Oxford University Press.

Elbow, P. (2000). Everyone can write: *Essays toward a hopeful theory of writing and teaching writing.* New York: Oxford University Press.

Elementary and Secondary Education Act. (2004). Public Law 107~110. Retrieved November 21, 2011, from wwwl.ed.gov/poli cy/elsec/leg/esea02/107-110 .Pdf.

Ernst da Silva, K. (2001). Drawing on experience: Connecting art and language. *Primary Voices K-6, 10*(2), 2~8.

Fletcher, R. (2000). *How writers work: Finding a process that works for you.* New York: Avon.

Fulwiler, T. (2002). *College writing: A personal approach to academic writing* (3rd ed.). Portsmouth, NH: Boynton/Cook Fleinemann.

Galbraith, D. (1996). Self-monitoring, discovery through writing, and individual differences in drafting strategy. In. G. Rijlaarsdam, H. van den Bergh, & M. Couzijn (Eds.), *Theories, models and methodology in writing research* (pp. 121~141). Amsterdam: Amsterdam University Press.

Galbraith, D. (2009). Writing as discovery. *British Journal of Educational Psychology Monograph Series II, (6),* 1~27.

Graham, S. (2006). Strategy instruction and the teaching of writing: A metaanalysis. In C. A. MacArthur, S. Graham, & J. Fitzgerald (Eds.), *Handbook of writing research* (pp. 187~207). New York: Guilford Press.

Graham, S., & Flarris, K. R. (2005). *Writing better: Teaching writing processes and self-regulation to students with learning problems.* Baltimore: Brookes.

Graham, S., & Perin, D. (2007). Writing next: Effective strategies to improve writing of adolescents in middle and high schools—A report to Carnegie Corporation of New York. Washington, DC: Alliance for Excellent Education.

Hawkins, M. R. (2004). Researching English language and literacy development in schools. *Educational Researcher, 33,* 14~25.

Hayes, J. R. (1996). A new framework for understanding cognition and affect in writing. In C. M. Levy & S. Ransdell (Eds.), *The science of writing: Theories, Teaching Planning for Writing 213 methods, individual differences and applications* (pp. 1~27). Hillsdale, NJ: Erlbaum.

Hillocks, G. Jr. (1986). *Research on written composition.* Urbana, IL: National Council on Rehabilitation Education.

Individuals with Disabilities Education Improvement Act. (2004). Public Law 108~446. Retrieved November 21, 2011, from www,copyright. gov/legislation/pll08- 446.pdf.

Inhelder, B., & Piaget, J. (1958). *The growth of logical thinking from childhood to adolescence.* New York: Basic Books.

Judson, P. (2001). Action research: How will direct instruction in prewriting strategies affect the quality of written products and student attitude toward their writing? Minnesota Writing Project. Retrieved from http:llwriting.umn.edulmwplsummerl2001ljudson.html.

Langer, J. A., & Applebee, A. N. (2007). How writing shapes thinking: A study of teaching and learning. Retrieved online from WAG Clearinghouse Landmark Publications in Writing Studies at http:llwac.colostate.edulb ooksllanger_applebee. [Originally published in print, 987, by National Council of Teachers of English, Urbana, IL]

Lassonde, C. (2008). *New York State grade 6 English language arts test.* Hauppauge, NY: Barron's.

Lassonde, C. (2009a). Recognizing a "different drum" *Networks: An Online Journal for Teacher Research,* 11(1). Available online at http:lljournals.library.wisc.eduHndex.php/networks.

Lassonde, C. (2009b). Transforming philosophy and pedagogy through critical inquiry. *New England Reading Association Journal,* 44(2), 41~50.

Litt, D. (2011). Reread so you know what to write next. In J. Richards & C. Lassonde (Eds.), *Writing strategies for all primary students: Scaffolding independent writing with differentiated mini-lessons* (pp. 117~122). San Francisco: Jossey-Bass.

Matthews-Somerville, R., & Carin, E. (2011). Writing strategy instruction for struggling writers. In J. Richards & C. Lassonde (Eds.), *Writing strategies for all primary students: Scaffolding independent writing with differentiated mini-lessons* (pp. 55~72). San Francisco: Jossey-Bass.

MacArthur, C., & Graham, S. (1987). Learning disabled students composing under three methods of text production: Handwriting, word processing, and dictation. *Journal of Special Education, 21*(3), 22~42.

McCutchen, D. (2006). Cognitive factors in the development of children's writing. In C. A. MacArthur, S. Graham, & J. Fitzgerald (Eds.), *Handbook of writing research* (pp. 115~130). New York: Guilford Press.

Murray, D. (1992). Teach v/riting as a process not a product. In D. Murray (Ed.), *Learning by teaching: Selected articles on writing and teaching* (pp. 14~17). Portsmouth, NH: Boynton/Cook Heinemann.

National Governors Association & Council of Chief State School Officers. Common Core State Standards for English language arts & literacy in history/social studies, science, and technical subjects. Washington, DC: Authors. Retrieved from www.corestandards.org.

Piolat, A., Roussey, J. Y., Olive, T., & Farioli, F. (1996). Mental load and mobilization of editorial processes: Review of the procedure of Kellogg. *French Psychology, 41,* 339~354.

Richards, J. R., & Lassonde, C. A. (2011). *Writing strategies for all primary students: Scaffolding independent writing with differentiated mini-lessons.* San Francisco: Jossey-Bass.

Richards, J. R., & Miller, S. (2005). *Doing academic writing: Connecting the personal and the professional.* Mahwah, NJ: Lawrence Erlbaum.

Richards, J. R., & Miller, S. (2010). *Doing academic writing: Connecting the personal and the professional.* Mahwah, NJ: Erlbaum (in e-book format).

Torrence, M., & Galbraith, D. (2006). The processing demands of writing. In C. A. MacArthur, S. Graham, & J. Fitzgerald (Eds.), *Handbook of writing research,* (pp. 67~80). New York: Guilford Press.

White, E. B. (1995). Sootfalls and fallout. In C. Anderson & L. Runciman (Eds.), *A forest of voices* (pp. 492~500). Mountain View, CA: Mayfield.

Wong, B. Y. L., & Berninger, V. W. (2004). Cognitive processes of teachers in implementing composition research in elementary, middle, and high school classrooms. In C. A. Stone, E. R. Silliman, B. J. Ehren, & K. Apel (Eds.), *Handbook of language and literacy: Development and disorders* (pp. 600~624). New York: Guilford Press.

9장
평가하기와 수정하기 지도의 방법

CHARKES A. MacARTHUR

의회 도서관에서 최신의 시각화 기술을 이용해 독립선언서 초안을 연구하는 역사물 보존주의자들은 최근 제퍼슨이 '우리 백성들'이라 는 표현을 '우리 국민들'로 수정하였다는 것을 발견했다. 왕과는 멀 리 떨어져 있는 '백성들'이라는 표현을, 새로운 나라의 '국민들'이라 는 표현으로 수정한 것은 민주 정부를 향한 혁명적인 변화를 상징한 다. 또한 이는 글쓰기 역량이 뛰어난 필자라고 하더라도 자신이 전달 하려는 의미와 수사적 목적에 맞는 표현을 찾기 위해 부단히 노력한 다는 사실, 즉 수정하기의 중요성을 보여준다.

유능한 성인 필자들은 글을 쓰는 과정 및 초안을 완성한 이후에도 수시로 수정한다. 그들은 자신의 글쓰기를 작문 목적과 예상 독자의 관점에서 평가하며, 언어 관습적 측면의 작은 변화뿐만 아니라 종합 적인 구조에도 수정을 가한다(Hayes, 2004; MacArthur, 2012). 반대 로 초등이나 중·고등학교 수준의 학생들은 실질적인 수정을 거의 하 지 않는다. 교사들은 학생들에게 사소한 세부사항을 추가하거나 편 집상의 오기를 바로잡는 것을 뛰어넘는, 의미 있는 수정을 하도록 격려하는 데 어려움을 겪는다.

공통 핵심 성취기준에도 언급된 수정하기는 작문 과정을 구성하는 중요한 측면이자, 작문 지도에 관한 거의 모든 접근 방법을 포함하고 있는 단계이다. 작문 지도의 관점에서 수정하기는 2가지 측면에서 중요하다.

첫째, 이미 언급한 것처럼, 수정하기는 능숙한 필자들이 광범위하게 사용하는 작문 과정의 중요한 부분이다. 필자들이 수정하기를 할 때, 그들은 그들의 글이 효과적으로 독자들과 의사소통하는지에 대해 생각하고, 글의 질을 개선하며, 내용과 관점을 재고하고, 잠재적으로 그들 자신의 이해를 변형시키는 것까지를 포함하는 기회를 가지게 된다. 유능한 필자가 되기 위해서 학생들은 효과적으로 수정하는 방법을 배워야 한다.

둘째, 지도의 관점에서 수정하기는, 교사들이 학생들에게 현재의 글을 향상시킬 뿐만 아니라, 앞으로의 글쓰기에까지 전이될 수 있는 방향으로 효과적인 글쓰기의 특징에 대해 배우게 할 기회를 제공한다 (MacArthur, 2012). 수정하기를 배우면서 학생들은 자신들의 작업에 대해 독자들로부터 피드백을 얻고, 자신의 글쓰기를 평가하는 법을 배우며, 글쓰기의 일반적인 문제를 해결하는 새로운 방법을 발견하게 된다. 그러므로, 수정하기는 곧 글쓰기 작업에 대해 배우는 것이기도 하다.

이 장의 목적은 교사들에게, 학생들이 수정하기 기능을 발달시키도록 도울 수 있는 길잡이를 제공하고 전반적인 글쓰기 능력을 향상시킬 수 있는 방식으로 수정하기를 가르치는 것이다. 이 장의 정보는 수정하기의 과정과 지도하는 방법에 대한 연구에 기초하고 있다. 이 장은 다음과 같은 3가지 부분으로 구분되어 있다.

첫째, 능숙한 필자가 되기 위해서 학생들이 발달시켜야만 하는 수정하기의 인지 모형을 서술한다. 둘째, 수정하기의 지도 방법에 관한 연구를 검토한다. 마지막으로, 지도 방법 연구에 기초해 수정하기를 가르치고 지원하는 접근법을 잘 보여주는 수정하기 지도의 수업 사례를 제공한다.

수정하기의 인지적 모델

능숙한 필자들은 수정하기를 할 때 무엇을 할까? 이 질문에 대한 대답은 미숙한 필자들이 배워야 하는 것이 무엇인지를 이해하는 데 도움을 줄 수 있으며, 지도 방안을 디자인하는 데도 정보를 제공해 줄 수 있다. 작문에 관한 가장 유명한 인지 과정 모형은 Hayes 및 그의 동료들(Hayes, Flower, Schriver, Stratman, & Carey, 1987; Hayes, 2004), 그리고 Bereiter & Scardamalia(1987)에 의해 발전되어(그리고 수정되어) 왔다. 여기에서의 논의는 앞선 모형에 기초하여 교육적으로 가장 적절한 측면에 집중할 것이다. 수정하기 절차에 대한 몇 가지 핵심을 말하자면 다음과 같다.

첫째, 수정하기의 이론적 모형은 수정하기의 광범위한 정의를 이용하는데, 그것은 "변경(수정)은 쓰기 과정의 모든 시점에서 이루어진다."라는 것이다(Fitzgerald, 1987, p.484). 따라서 수정하기는 글로 작성되기 전의 문장에 대한 정신적 평가와 수정, 글을 쓰는 도중에 텍스트 안에서의 변경, 계획하기에서의 변경, 그리고 완성된 초고의 평가와 수정을 모두 포함한다. 그러나 실제에서 교사들, 심지어는 연구자들조차도 수정하기를 이미 써 놓은 글에 대한 변경으로 더 협소하게 보는 경향이 있다. 교사들은 학생들이 자신들이 이미 쓴 텍스트를 평가하고 변화시킬 때, 좋은 글쓰기에 대해 가르칠 수 있는 가장 훌륭한 기회를 가질 것이다. 그러나 교사들의 눈에는 보이지 않으나, 학생들은 글쓰기를 하는 동안 수정하기를 적용할 때 (글쓰기를) 배우며, 교사는 이와 같은 부분을 유념할 필요가 있다.

둘째, 능숙한 필자들은 수정하기의 목표와 개념에 대해 상대적으로 세련된 생각을 갖고 있다. 그들은 수정하기를 작문 목적과 의도를 성취하는 데에 영향을 주는 것으로서 자신들의 글쓰기의 모든 부분에 대한 평가의 문제로 본다. 그들은 언어적인 부분과 오류뿐만 아니라 글의 조직과 내용을 평가할 때 전체적인 작문의 목적과 예상 독자를 염두에 둔다. 그들은 자신들의 글쓰기 문제를 볼 뿐만 아니라, 자신들의 아이디어를 확장하고, 보다 명확하게 소통할 기회를 가진다. 어떤 전문적인 필자들은 자신들의 (글쓰기) 구성 과정에서 수정하기 활동을 더 중심에 놓기도 한다(Galbraith & Torrance, 2004). 그들은 광범위하게 계획하는 대신, 그들의 아이디어를 더듬어 재빨리 쓰고 그러고 나서, 앞으로의 원고를 탐색하기 위한 유용한 아이디어를 확인하기 위해 자신이 쓴 글을 평가한다(8장 참고). 글쓰기에 대한 이러한 관점은 Murray가 말한 바 있는데, "글쓰기는 수정하기다. 또한 필자의 작업은 자신이 말해야 하는 것, 발전시켜야 하는 것 그리고 명확하게 해야 하는 것, 수정 작업을 요구하는 것을 어떻게 발견해야 하는지를 아는 것이 대부분을 차지한다."는 것이다.

반대로 미숙한 필자들은 수정하기의 제한된 개념과 작문에 대한 불명확한 목적과 의도를 가지고 있다. 그들은 수정하기를 잘못된 부분을 고쳐서 깔끔한 글을 만드는 것으로 편협하게 이해한다(MacArthur, Graham, & Schwartz, 1991 외). 이뿐만 아니라 미숙한 필자들은 전체적으로 자신의 글에 대한 분명한 목적과 의도를 가지고 있지 않다.

단순히 학생들에게 수정하기를 위한 구체적인 목표를 주는 것만으로도 학생들이 좀 더 실질적인 수정하기를 하두록 하는 것이 가능하다. 예를 들어, 한 연구에서 학생들은 글을 더욱 흥미롭게 만들 수 있는 아이디어를 덧붙이라는 간단한 지시가 주어졌을 때 좀 더 실질적인 수정을 했고 글을 개선했다(Graham, MacArthur, & Schwartz, 1995). 또 다른 연구에서, 학생들은 자신의 입장에 동의하지 않는 특정한 예상 독자를 염두에 두고 수정하도록 하는 목표가 주어지자 더욱 설득력 있는 글을 작성했다(Midgette, Haria, & MacArthur, 2008).

셋째, 수정하기는 훌륭한 독해에서 수반되는 모든 기능을 요구한다(Hayes, 2004). 필자는 스스로 글로부터 거리를 두고 비판적으로 글을 평가해야만 한다. 예를 들어 전체적으로 글에 변화를 주기 위해,

필자는 주된 생각과 조직에 주의하면서 글의 요점을 구성해야 한다. 글을 명료하게 하기 위해 필자는 독자가 되어 자신의 글을 읽어 보고, 내용이나 추론이 논리적으로 명백한지를 평가해야 한다. 독해 능력이 없으면 필자들은 글을 자신이 의도한 뜻으로 읽을 것이고, 존재하는 글의 문제를 인식하는 데 실패할 것이다. 독해 능력은 전체적인 조직에서부터 문장에 이르기까지 글의 모든 수준에서 수정하기 기술과 유사하다. 차이점은 읽기의 목적일 뿐이다. 즉 글을 이해하기 위해 읽느냐, 아니면 글의 문제를 확인하고 개선하기 위해 읽느냐.

넷째, 능숙한 필자들은 좋은 글의 기준과 전형적인 글쓰기 문제에 대한 광범위한 지식을 가지고 있다. 국어 교사들처럼 그들은 흥미 있는 머리글과 명확한 논제, 그리고 단락의 구조를 찾을 줄 안다. 능숙한 필자들은 자동적으로 문법과 명료성에 있어 몇 가지 문제를 발견할 수 있다. 이러한 지식은 일반적인 기준과 특별한 종류의 글에 적용되는 특정한 기준을 포함한다. 예를 들어, 설득적인 글을 수정할 때, 그들은 좋은 글은 정중한 방식과 논증으로 반대되는 입장을 고려해야만 한다는 것을 알고 있다(5장 참고). 기준과 전형적인 문제에 대한 지식은 그들의 글의 특정한 문제를 발견하고 진단하는 것을 돕는다. 반대로 나이가 어린 학생이나 미숙한 필자들은 글쓰기를 평가하는 것에 대해 거의 알지 못한다. 전형적인 초등학교 고학년 학생들은 왜 다른 글보다 이 글이 왜 더 좋은지를 설명해 보라는 질문을 받았을 때, "그냥 재밌어요." 같은 길이, 맞춤법, 주제, 일반적 특징을 인용한다(Graham, Schwartz, & MacArthur, 1993). 그 학생들이 정말 문제를 발견했을 때 문제를 진단하고 수정하려고 하기보다는 차라리 그 문장을 다시 쓰기를 결정한다.

마지막으로, 능숙한 필자들은 견고한 상위인지적 자기 조절 기능을 가지고 있다. 능숙한 필자들은 문제를 발견하고 새로운 생각을 가지게 되었을 때, 글을 쓰는 중에 평가하고 수정하기를 융통성 있게 바꿀 수 있다. 초고를 수정할 때, 그들은 예상 독자와 목적을 염두에 두면서 비판적으로 초고를 읽으며 가능한 변화를 가늠하는 것을 포함한, 복합적인 과정을 처리할 수 있다. 반대로 미숙한 필자들은 쓰기 과정의 복잡성을 처리하는 데 어려움을 느낀다. 따라서 미숙한 필자들은 수정하기 활동을 문장 수준의 문제로 제한한다. De La Pax, Swanson, & Graham(1998)은 미숙한 필자들도 문장을 평가하기 전에 전체적인 글을 고려하도록 자극하는 절차적 지원을 받는다면, 문장 수준에서뿐만 아니라 전체적인 조직에서도 수정하기를 할 수 있다는 것을 발견했다. 이러한 수정하기의 인지적 측면들은—수정하기의 목적과 개념, 비판적 독해 능력, 평가 기준에 대한 지식, 그리고 자기 조절—연구를 통해 효과적이라고 확인된 수정하기의 교수법과 관련된다.

수정하기 교수법에 대한 연구

이 장에서는, 수정하기를 가르치는 몇 가지 접근법 또는 방법에 대하여 살펴볼 예정이다. 더 심도 있는 연구가 필요하겠지만, 연구 결과는 일반적인 교수법 연구와 수정하기의 인지 모형에 대한 연구에서 일관성 있게 나타난다.

교사 피드백

글쓰기 지도에 대한 가장 보편적인 접근은 고등학생이든, 대학의 작문 구성 과정이든, 초등학교의 글쓰기 워크숍이든 간에 학생들에게 피드백을 제공하고, 학생들에게 수정하기를 요구하는 것이다. 피드백은 교사나 동료에 의해, 최근에는 컴퓨터에 의해 제공될 수 있다. 형성평가에 관한 최근 연구에 따르면 일반적으로 피드백은 학생들의 작문에 긍정적인 영향을 미친다(Graham, Harris, & Hebert, 2011). 특히 교사의 구두 피드백이나 학습 기능 및 전략에 대한 피드백은 긍정적인 영향의 정도가 뚜렷하다.

그러나 Hillocks(1986)은 교사가 제공하는 서면 피드백이 보통은 효과적이지 않았음을 보여준 바 있다. 따라서 실용적인 관점에서 보자면, 효과는 피드백의 특성에 달려 있다. 문제를 설명하고 특정한 대안을 제시하는, 학생을 지지하는 피드백이라면 학생들에게 작문의 수사적 목적이 효과적인지를 파악하는 데 도움을 줄 것이다(Beach & Friedrich, 2006). 협의를 제공되는 교사 피드백은 효과적이다. 교사가 이끄는 작문 협의는 작문 지도 과정의 핵심적 접근법으로서 학생들의 작문 능력 발달에 긍정적인 효과를 준다(Graham & Perin).

동료 재검토하기

동료 재검토하기는 교실 작문 과정의 보편적인 특징이라고 할 수 있다. 이 방법은 글을 쓴 학생에게 글의 강점과 약점을 확인하고 개선점을 제시하는 등 글에 반응할 수 있는 독자를 제공하는 방식으로 권장되고 있다. 동료들은 교사의 피드백보다 더 자주, 더 즉각적으로 피드백을 제공할 수 있다. 그러나 동료 재검토하기에도 어려움이 있다. 특정한 안내 없이 동료 재검토하기 참여를 요청받으면 서로를 비평하는 것을 꺼리기도 하고 평가 및 수정에 관한 능력이 부족하다 보니 서로에게 의미 있는 도움을 주지 못하는 경우도 있다.

그러나 동료 수정하기가 수정과 평가에 관한 지도와 동료들 간의 상호작용 등과 통합되었을 때는 매우 효과적이다. 작문에 관한 최근 연구는 동료 재검토하기에 대한 긍정적인 효과를 보여주었다. 예를 들어, Boscolo & Ascorti(2004)는 초등학생과 중학생을 대상으로 한 연구에서, 명료성과 이해도, 즉 독자가 이해하기에 어려워할 부분을 찾아 이해하는 것에 초점을 맞추었다. 학생들은 개인적 이야기를 썼고 평가와 수정을 짝지어서 다음의 절차를 이용하여 그것들을 작업하였다. 편집자의 역할을 맡은 학생들은 불명확한 부분을 발견할 때까지 읽고, 분명하게 이해하기 위해 글을 쓴 학생에게 물었다. 그리고 나서 글을 어떻게 수정할 것인가에 대해 동의할 때까지 글 쓴 학생과 논의하고 그렇게 만든다. 학생들은 (자신이 쓴) 텍스트에서 이해와 관련된 문제를 확인하고 그런 문제없이 글을 쓰는 능력을 향상시킨다.

동료 재검토하기는 상호적인 과정으로 그렇기에 학생들은 피드백을 받는 것 못지않게 피드백을 주는 과정에서도 정말 많이 배운다. 피드백을 주는 행위는, 학생들에게 비판적으로 읽고 평가 기준을 적용해 볼 것을 요구한다. 대학 학부생들에 관한 두 연구(Cho & MacArthur, 2011; Lundstrom & Baker, 2009)에 따르면 피드백을 주는 경험은 학생들이 자신의 글의 질을 향상하는 데 도움을 주었다. 최근의 한 연구에서는 이 같은 내용을 초등학교 고학년 학생들에게 확장하여 적용한 바 있다(Philippakos, 2012). 이 연구에서 모든 학생들은 설득적인 글쓰기 평가를 위한 채점 기준을 받았고, 그것을 어떻게 적용하여 설득력이 높은 글과 그렇지 않은 글을 평가하는지 교사의 시범을 보았다. 그런 후에 한 집단은 평가 기준을 이용해 익명의 동료의 글을 평가하고 개선을 위한 제안을 작성했다. 또 다른 집단은 같은 글을 읽었고, 대조군은 관련이 없는 자료를 읽었다. 재검토 활동을 한 집단은 다른 두 집단에 비해 글쓰기 능력이 향상되었다. 이 연구는 실용적이고 교육적인 함의를 던진다. 그것은 학생들에게 익명의 다른 동료들의 글을 기준에 따라 평가해 보는 기회를 주는 것이 자신의 글을 개선하는 데 무척 쉽고 효율적으로 기여한다는 점이다. 이러한 경험은 실제적인 동료 재검토하기 활동을 위해 학생들을 훈련시키는 가장 효과적인 방법이다.

평가 기준과 자기 평가

수정하기에서 가장 중요한 기능은 은 평가 기준에 대한 지식과 그것들을 자신의 글쓰기에서 적용할 수 있는 능력이다. 어떤 연구는 학생들에게 자신들의 글을 수정하고 평가하기 위한 특정한 기준, 즉 채점 기준을 현시적으로 가르친다. Hillocks(1986)는 작문 지도의 메타분석을 통해서 이러한 접근법을 사용한 6개의 연구가 수정하기와 작문의 질에 상당한 영향력이 있는 것을 발견했다. Graham et al.(2011)에서는 자기 평가의 긍정적인 효과를 확인하였다. 자기 평가를 가르치는 것은 아래 서술한 전략 지도 방법의 핵심적인 부분이라고 할 수 있다. 이러한 연구들은 앞서 논의한, 피드백 제공에 관한 연구와도 관련이 있다.

평가와 수정하기에서 지도 방안을 구성하는 데에는 다음 2가지 요인이 중요한 것으로 보인다. 첫째, 구체적인 평가 기준은 내용, 조직과 같은 일반적인 기준보다 더욱 효과적인 듯하다. 구체적인 기준을 만드는 한 가지 방법은 그것을 특별한 장르 안에서 가르치는 것이다. 예를 들어, 서사에 대해 가르칠 때, '이야기 요소가 모두 포함되어 있는가?, 인물의 성격이 분명하게 서술되어 있는가?, 그것은 인물이 어떻게 느끼고 있는지를 보여주는가?' 같은 평가 기준을 사용함으로써 좀 더 구체적인 내용과 조직을 만들 수 있다. 구체적인 기준은 학생들이 배우기도 쉽고 글 수정에 사용하기도 쉽다. 이렇게 하면 학생들이 다양한 장르를 배울 때 조직과 내용이 항상 중요한 기준이지만 글의 장르에 따라 다르게 적용된다는 사실을 이해하게 될 것이다. 그렇다고 특정한 평가 기준이 항상 장르와 관련이 있는 것은 아니다. 예를 들어, 명료성(이해하기에 어려운 점이 없는가?)의 기준과 세부 내용(좀 더 흥미롭게 만들기 위해 더 많은 정보를 덧붙일 곳이 있는가?)은 가르치기에 충분히 구체적이다.

둘째, 학생들에게 글을 평가하는 것을 가르치는 것뿐만 아니라 구체적인 수정하기에 적용되는 기준을 지원하고 연습하게 하는 것이 중요하다. 그러한 적용법을 연습하게 하는 한 가지 방법은 전자칠판이나 OHP 등을 활용하여 에 특별한 문제의 종류를 학생들에게 직접 보여주는 것이다. 그리고 나서 평가 기준을 적용하는 법을 시범 보이고, 평가 기준을 어떻게 적용하여 글을 수정하고 개선할 것인지에 대해 논의한다. 예를 들어, 명료성의 기준을 가르칠 때, 교사는 빠진 정보나 혹은 불명확한 참조를 종이에 나타내고, 학생들에게 그 내용에 대해 질문함으로써 문제를 발견하도록 안내할 수 있다. 그런 다음에 교사들과 학생들은 협조적으로 내용을 명확하게 할 수 있는 문장을 만들어낸다. 학생들은 평가 기준을 적용하는 법을 배우고 문제를 해결하기 위해 수정하기를 해보는 연습이 필요하다.

비판적 독해

선행 연구에서는 학생들에게 텍스트에 대한 비판적 독해를 요구하거나 이해와 관련된 문제를 확인해 보게 하여 수정하기 능력을 향상시켰다. 예를 들어, Holliway & McCutchen(2004)은 학생들에게 'tan-gram figures(기하학적 도형으로 만들어진 사람이나 동물, 그 밖의 모양들)'을 묘사하도록 했다. 그다음 한 집단의 학생들은 다른 집단의 학생들이 작성한 묘사를 읽고 어떤 'tan-gram figures'를 묘사한 것인지를 찾았다. 그동안에 다른 한 집단의 학생들은 자신이 쓴 묘사의 정확성에 대해 피드백을 받았다. 독해 경험이 있었던 학생들은 자신의 묘사를 더 잘 수정할 수 있었고, 첫 번째 초고를 더 잘 쓸 수 있었다. 이 연구는 인위적인 작문 과제를 사용했다는 아쉬움이 있지만 비판적 독해의 중요성을 입증했다는 점에서 의의가 있다.

다른 연구에서는 '설득적 편지 쓰기'라는 좀 더 보편적인, 글의 독자가 되어보는 활동의 효과를 살펴보았다(Moore & MacArthur, 2012). 학생들은 질적 수준이 다른 3편의 설득적인 편지글을 한 세트로 묶은 후 소집단으로 모여 이에 대해 토론했다. 학생들은 소집단별로 어떤 편지가 더 설득적인지 평가하고, 왜 그러한지를 토론했다. 토론은 예상 독자와 작문 목적에 관한 몇 가지 질문을 제시하여 구조화했다. 이때 통제 집단의 학생들은 토론 없이 설득적인 글쓰기를 연습했는데, 소집단에서 독자의 관점을 경험한 실험 집단의 학생들이 수정하기를 실제적으로 수행했으며, 그 결과 전체적인 글의 질도 더 우수했다.

워드프로세서

컴퓨터는 특히 미숙한 필자에게 여러 면에서 글쓰기를 지원하는 유연하면서도 매우 강력한 도구이다(MacArthur, 2006). 컴퓨터는 글쓰기의 물리적인 과정에 대한 부담을 덜어주고, 실수 없는 최종 원고를 생성하게 하고, 출판을 지원하고, 지루하게 옮겨 적지 않고도 수정이 가능하도록 해 준다. 하지만 워드프로세서를 사용하는 것만으로 더 나은 수정하기를 할 수 있는 것은 아니다. 워드프로세서를 결합하여 글쓰기를 지도하면 특히 글쓰기가 미숙한 학생들에게 중간 정도 크기의 긍정적인 영향을 미칠 수 있다. 워드프로세서를 활용한 수정하기 전략 지도에 관한 연구에 따르면, 워드프로세서와 결합된 수정하기 전략 지도는 수정하기 및 작문의 질의 개선에 기여한다. 워드프로세서가 학생들이 학습한 수정하기 전략을 적용하는 데 드는 노력을 덜어주므로 학생들이 워드프로세서로 수정 작업을 할 수 있다면 수정하기 전략을 가르치는 것은 상당히 쉽다.

전략 교수법

수정하기 지도의 효과적인 방법으로 인지적 전략 교수법을 꼽을 수 있다. Graham(2006)은 수정하기 전략을 가르쳤던 6가지 연구, 계획하기와 수정하기를 복합적으로 가르쳤던 다른 5가지 연구를 분석한 후, 수정하기의 양과 작문의 질 사이에는 크고 일관된 긍정적 영향이 있다는 사실을 보고했다.

대부분의 연구에서는 구체적인 기준을 이용하여 학생들에게 자신의 글을 평가하도록 가르치는 것이었는데, (그러한 활동의 경우) 장르나 텍스트 구조와 관련된 것을 포함하는 경우가 많았다. 예를 들어 보자. Graham & MacArthur(1988)에서는 학습 장애가 있는 5~6학년 학생들에게 설득적인 글의 수정 전략을 지도했다. 전략의 단계는 다음과 같았다. (1) 자신이 쓴 글을 읽는다. (2) 주장을 담은 중심 문장을 찾고 그 내용을 믿는지 확인한다. (3) 그것을 믿는 이유 두 가지를 덧붙인다.

(4) 각 문장을 읽으면서 SCAN 전략을 적용한다(이치에 맞는가? 자신의 의견과 관련이 있는가? 더 덧붙일 것은? 잘못된 부분을 적어라). (5) 바꾼다. 그리고 (6) 다시 읽고 마지막으로 수정한다. 이 전략은 이해도, 정교함, 오류처럼 장르와 무관한 기준뿐만 아니라, 설득적 글쓰기와 관련된 평가 기준을 포함하고 있다. 학생들은 실질적인 수정하기를 수행할 수 있었고 교수법을 따라가며 작문의 질을 높일 수 있었다.

수정하기 전략의 교수법에 대한 연구 대부분은 복합적인 구성 요소를 포함한다. 수정하기 전략은 대부분 장르나 텍스트 구조를 기반으로 하는 구체적인 평가 기준을 포함하고 있다. 전략에는 동료 반응집단에서의 상호작용이나 교사 협의에서의 상호작용이 포함된다. 일부는 워드프로세서 활용을 포함하는 전략도 있고 계획하기와 수정하기를 결합한 전략도 있다. 이제 논의할 1년 동안 수행된 수정하기 프로그램은 특히 더 복합적인 구성 요소를 포함하고 있다. 여기에서는 다른 요소나 전략을 결합한 수정하기 전략 교수법을 보여주는 2개의 지도 사례를 다루고자 한다.

작문의 인지 전략 지도 프로그램(Englert, Raphael, Anderson, Anderson, Anthony, & Stevens, 1991)은 학습 장애 학생들을 포함한 초등학교 고학년 학생들에게 설명문 쓰기를 가르치기 위해 설계되었다. 학생들은 설명문의 각기 다른 장르(예, 설명과 비교/대조)를 쓰기위한 계획하기와 수정하기 전략을 학습했다. 계획하기 전략에서 학생들은 주제, 예상 독자, 작문 목적을 확인하고, 글의 내용을 브레인스토밍하고, 특별한 텍스트 구조에 적합한 도해 조직자를 활용하여 생성한 내용을 조직했다. 편집과 수정하기 단계에서 학생들은 구체적인 텍스트 구조와 관련된 평가 기준을 포함한 평가 문항을 사용하여 자신의 텍스트를 혼자 또는 동료와 함께 평가했다. 예를 들면, 비교/대조 글쓰기의 경우, 평가 문항에서는 글이 두 대상이 얼마나 같고 얼마나 다른지에 대해 말하고 있는지를 묻는다. '사고 학습지'는 학생들이 계획하기와 수정하기 전략을 내면화할 때까지 비계로 사용되었다. 그 전략은 동료 협력, 교사의 도움(또는 비계로서의 사고 학습지), 글쓰기 과정 중 이루어지는 교사와 학생의 대화를 강조한 교실 환경에서 1년 동안 지도가 이루어졌다. 교사는 그 전략을 시범 보였고, 동료는 동료 반응 집단에서 자신이 작성한 글을 토론하고 수정하기 전략을 적용했다. 그 결과, 학습 장애 학생이든 그렇지 않은 학생이든 모두 설명문 쓰기의 질이 우수하게 변화했다.

나는 동료들과 함께 전략 교수법, 동료 상호작용, 구체적인 평가 기준에 따른 교수법, 워드프로세서를 결합한 상호적 동료 수정하기 전략을 연구하였다(MacArthur, Schwartz, & Grahan, 1991; Stoddard & MacArthur. 1993). 학생들에게 편집자의 역할을 하게 한 후 내려준 동료 재검토 전략은 5단계로 구성되었다. (1) 필자가 원고를 읽는 동안 듣는다. (2) 가장 좋았던 점을 말한다. (3) 초고를 읽고 평가 질문을 적용한다. (4) 제안에 대해 토론한다. (5) 글을 쓴 학생은 초고를 수정한다. 이 5단계는 학생들의 수준이나 텍스트의 장르에 따라 수정하여 활용할 수 있다

동료 수정하기에 참여하기 위한 준비로, 학생들은 특별한 평가 기준과 수정하기 활동에 그 기준을 어떻게 적용하는지를 배운다. 예를 들면, 교사는 '이해가 잘 안 되는 부분이 있나요?' 같은 질문으로 명료성 기준을 표현했다. 교사들은 명확하지 않은 인용이나 정보 빠트리기와 같이 이해에 지장을 주는 다양한 종류의 예와 명확히 쓴 원고의 예를 보여주기 위해 OHP를 사용했다. 교사들은 글을 평가하고 수정하는 시범을 보였고, 학생들은 익명의 동료의 글에 평가 질문을 적용하고 글을 수정하는 연습을 했다. 마지막으로, 학생들은 자신들이 연습했던 평가 기준을 사용하여 그들 자신의 글에 적용시키는 동료 수정하기 전략에 몰두하였다. 위의 2가지 연구는 모두 이 교수법이 더욱 실질적으로 수정하기를 이끌고 작문의 질을 향상시켰다는 것을 증명했다.

교수법 연구에 대한 요약

수정하기 지도 방안을 계획할 때 교사들은 교수법 연구 및 수정하기 연구가 지지하는 여러 가지 접근법에서 선택할 수 있다. 인지 과정에 대한 연구에서는 수정하기를 글쓰기에 대한 필자의 목표와 목적, 비판적인 독해 능력, 평가 기준과 전형적인 쓰기 문제에 대한 지식, 자기 조절 능력에 따른 복잡한 과정이라고 기술한다. 위에서 논의한 교수법은 인지와 사회적 과정을 강조하는 이들의 용어로 이해할 수 있다. 동료 협력이라는 용어는 타당한데, 정작 중요한 것은 수정하기 활동에서 글쓰기가 독자와 효과적으로 의사소통하고 있는가를 살펴야 하기 때문이다.

동료 재검토하기는 학생들에게 편집자처럼 비판적으로 글을 읽고 평가해 보는 기회를 제공한다. 능숙한 필자들은 좋은 글쓰기 기준에 관한 지식을 잘 활용하므로 (학생들에게) 평가 기준과 자기 평가 과정을 지도하는 것은 타당하다. 수정하기 위해 다시 읽는 것은 복잡한 문장의 이해, 추론을 통한 요점 획득을 포함하므로 비판적 읽기를 가르치는 것도 바람직하다. 수정하기 위해서 자신의 글을 읽을 때 독해 전략이 개입한다. 계획하기처럼 수정하기는 필자에게 복합적인 기능과 복잡한 사고에 참여하기를 요구하므로 전략을 지도하는 것도 타당하다.

교사는 특정한 교수 계획을 조사 연구에서 바로 채택해서는 안 된다. 효과가 작용하는 확증된 활동 요소를 고르고, 효과를 유지하는 방법으로 교수법을 사용하려면 오히려 교사는 수정하기 지도를 독해 지도나 (수정하기를 제외한) 작문의 다른 교수법과 통합할 필요가 있다. 다음에는 수정하기의 구체적인 지도 사례를 논의하고자 한다.

지도 사례

여기에서는 수정하기가 교수법의 한 부분으로서 어떻게 가르쳐질 수 있는지에 대해 2가지 예를 제시하고자 한다. 첫 번째 예는 서사문 쓰기를 배우는 4학년 수업이고, 두 번째 예는 중학교에서 설득적인 글쓰기 지도이다. 2가지 예는 모두 연구 결과를 바탕으로 한 것이며, 나와 내 동료가 작업한 교수법의 사례이다. 그리고 여기의 사례는 특정한 장르를 중심으로 조직된 교수법이다. 일반 장르에 대한 지식은 글쓰기에 대한 학생들의 이해를 높이는 중요한 부분이다. 그리고 장르는 계획하기와 수정하기 지도를 더 구체적으로 만들 뿐만 아니라, 목적을 중심으로 글쓰기를 구성하는 데에도 도움을 준다. 학생들은 기본 장르에 대해 배우면서 자신의 지식을 새로운 목적과 글쓰기 장르로 일반화하는 능력을 키울 수 있을 것이다.

4학년 학생들을 대상으로 한 서사문의 수정하기

11월 초 교사 A의 4학년 수업에서 학생들은 일주일에 3번의 쓰기 워크숍 스케줄에 익숙해져 있다. 이 수업은 유창하고 글쓰기가 능숙한 학생들부터 2명의 학습 장애 학생에 이르기까지 작문 능력이 서로 다른 학생들이 참여하고 있다. 글쓰기 절차에는 미니레슨, 소집단 및 전체 학급 읽기에서 동료와의 협력, 교사 협의가 포함되어 있다. 학생들은 쓰기 전 활동과 수정하기 활동에 몰두했다. 학생들은 수업 시간에 자신의 글을 전시하고, 그 중에서 글을 선정하여 부모에게 보낼 학급 소식지에 실었다. 학생들은 개인적인 이야기, 자신이 배운 내용이나 쟁점에 대한 보고서 등 스스로 선택하거나 교사가 지정한 과제로 글을 썼다. 교사 A는 학생들이 자신의 글을 공유하고 출판하는 것이 글쓰기 동기를 강화하고 쓰기가 의미 있는 활동이라는 인식을 높여준다고 믿었다.

성취기준에서 서사적, 정보적, 설득적 글쓰기를 포함하고 있다는 점을 고려하여 교사 A는 한 단원을 서사적인 글쓰기로 가르쳐야겠다고 계획했다. 교사 A는 수업에서 이야기를 계획하고 쓰는 전략을 가르쳤다. 학생들은 이야기의 요소, 즉 인물, 배경, 문제나 목적, 행동, 결말 등에 대해 학습했다. 그리고 이야기를 쓰기 전에 이야기를 계획하기 위해서 그 지식(이야기의 요소)을 활용했다. 교사 A는 글쓰기 계획을 정교하게 수립해야 서사문을 잘 쓸 수 있다고 믿었으므로 모든 학생들에게 이야기의 모든 요소를 충분히 고려하여 계획하고 서사문을 쓸 수 있도록 지도했다.

학생들이 서사문을 계획하고 쓰는 것에 능숙해졌을 교사 A는 평가 및 수정하기를 소개했다. 다. 교사 A는 이러한 전략이 학생들이 이야기의 질에 초점 맞출 수 있으며 더 재미있고 감동적인 이야기를 쓰는 방법을 배울 수 있는 방법이라고 생각했다.

교사 A는 동료 수정하기와 평가 기준 활용하기를 결합하여 수정하기를 지도해야겠다고 계획했다. 학생들은 짝을 지어 편집자 역할과 글쓴이 역할을 번갈아 가면서 글에 대해 토론했다. 2편 이상의 글을 다루려면 시간이 소요가 많으므로 소집단보다는 짝(2인 1조)으로 활동하도록 하는 것이 좋다. 2인 1조 편성의 장점 중 하나는 학생의 역할을 명확해서 학생마다 명확한 책임감을 지닌다는 점이다. 편집자 역할을 맡는 학생에게 방향 제시를 안내하기 위해 메모한 전략은 다음과 같이 구성되었다.

1. 글쓴이 역할을 맡은 학생이 글을 읽는 동안 주의 깊게 듣는다.
2. 글이 무엇에 대한 것인지, 그리고 그 글에서 가장 좋았던 점이 무엇인지를 한다.
3. 이야기를 읽는다(아니면, 다시 듣는다). 그리고 평가 질문을 한다(평가 질문은 여기서 한다).
4. 평가와 글이 더 나아지는 방법을 논의하라.
5. 글쓴이는 글을 수정한다.

교사 A는 가르칠 만한 가치가 있는 평가 기준을 선택해야 했다. 교사 A는 인물의 개성과 인물의 문제 접근 방식이 이야기의 중심이 되므로 인물로 시작하기로 마음먹었다. 학생들이 인물의 성격, 감정, 동기를 잘 묘사하기를 기대했다. 교사 A는 이런 아이디어를 다음과 같은 평가 질문으로 변환했다. 인물이 분명하게 묘사되었는가? 작가는 인물이 느끼는 감정을 잘 보여주는가? 인물이 왜 그렇게 행동하는지를 말할 수 있는가?

교사 A는 읽기와 글쓰기를 병행해서 지도했다. 학생들에게 다른 글쓴이들이 어떻게 글을 풀어가고 있는지를 잘 살펴보아야 더 나은 글을 쓰는 방법을 배울 수 있다고 설명했다. 교사 A는 이야기—이야기는 인물과 인물이 겪는 문제를 모은 것이며, 우리는 인물이 당면한 문제에 어떻게 대처하는지를 보면서 이야기를 즐긴다—에서 인물이 얼마나 중요한지를 설명했다. 교사 A는 Louis Sachar의 〈Dogs Don't Tell Joke(1991)〉의 첫 번째 장을 학생들에게 읽어주었는데, 그것은 장난꾸러기인 Gary에 대한 흥미 있는 묘사로 시작한다. 교사 A는 글쓴이가 인물에 대해 우리에게 말하는 것과 인물이 겪게 될 문제에 대해 독자가 예측할 수 있는 것을 설명했다. 그 후에 교사 A는 평가 질문을 소개하고 글쓴이가 이를 어떻게 반영했는지를 토의해 보라고 안내했다.

이야기의 인물에 대한 논의는 자신의 이야기를 수정하고 평가하는 학생들을 가르치기 위한 소개로 제시되었다. 그러나 인물에 대한 이런 주목은 독해력 지도로서도 의미가 있다는 데에 주의해야 한다. 인물의 개성과 동기에 대해 생각하는 것은 독해력의 중요한 측면이다. 인물에 대해 말하는 것은 학생들이 글을 읽을 때 추론할 수 있도록 학생들에게 가르치는 것을 시작하기에 좋은 방법이다. 이번 장의 서두에서 언급했듯이 비판적인 읽기와 수정하기를 위한 읽기는 공통점이 많다. 이 경우, 교사는 학생들이 자신의 이야기에서도 그 기능을 더 많이 사용할 수 있도록 하기 위해 인물 전달에 대해 상당히 직접적인 방법을 사용한 책을 고른다.

그다음에 이루어지는, 학생들이 글을 평가하고 그 평가에 근거하여 수정하도록 학생들에게 가르치는 것은 수정하기 지도의 핵심 요소 중 하나이다. 교사 A는 학생들에게 이들 평가 질문을 자신의 이야기와 다른 친구들의 이야기를 수정하는 데에 사용할 수 있다고 설명했다. 교사 A는 간단한 참고를 위해 그 평가 질문을 게시판에 게시하였다. 그리고 나서 교사 A는 그 과정을 시범 보였다. 그리고 수업에서 학생들이 이야기에 대한 비판과 수정에서 부담을 느끼지 않게 하려고 다른 학급에 있는 학생들의 이야기를 이용하면서 시작했다. 그 후에 학생들은 자신의 글을 동료의 도움을 받아 평가하고 수정하는 것을 연습했다. 교사 A는 모든 기본적인 이야기 요소를 갖추기는 했지만 인물을 발전시키는 데에서는 부족한 이야기를 선택했다. 다음 글이 그러한 예이다.

어느 크리스마스 날 형제인 Jim과 Thomas는 가족과 함께 New Hampshire에 갔다. 그들이 거기 도착했을 때 많은 눈이 쌓여 있었고 바깥은 무척 추웠다. 바로 다음 날 둘 다 스키를 타러 갔다. 그들은 서로 언덕을 내려오는 경주도 했다. Jim은 작은 점프를 반복하더니 공중으로 날아갔다. 그는 땅에 추락했다. Thomas가 스키를 타고 그에게 다가갔을 때, Jim의 다리가 부러졌다는 것을 알아차렸다. 그들은 코스를 미끄러져 나갔기 때문에 주위에 아무도 없었다. Thomas는 Jim과 함께 있어야 하는지 아니면 도움을 구하기 위해 내려가야 하는지 결정하지 못했다. 결국 그는 언덕에서 스키 타고 내려와서 스키 순찰대를 찾았다. 스키 순찰대가 와서 Jim을 구했다. 응급차가 그를 병원으로 실어 갔다. 운이 좋게도 Jim은 다리 치료 후에 괜찮아졌다.

교사 A: (이야기를 읽고 나서 소리 내어 말했다.) 좋아, 이 이야기는 인물, 배경, 문제, 해결이 있어. 문제는 형제 중 한 명의 다리가 부러진 것이고, 해결은 다른 하나가 그를 구해줄 스키 순찰대를 발견했다는 것이야. 이제, 나는 내가 그 이야기를 더 흥미롭게 만들기 위해 고칠 수 있는지 없는지를 알아보

기 위해 평가 질문을 사용하기를 원해. 그 문항은 모두 인물에 관한 것이야. 나는 모든 질문을 할 것이고, 그리고 나서 이야기를 수정할 거야. 첫 번째 질문은 "인물이 명확하게 묘사되어 있는가?"인데, 글쎄, 이 질문은 내게 인물의 이름과 그들은 형제라는 것을 말해. 그리고 그들은 스키를 탈 수 있고. 그게 전부야. 나는 그들에 대해 더 많은 것을 알고 싶어. 이들이 몇 살인지 또 스키를 잘 타는지 아닌지를 알기 원해. 두 번째 질문은 "작가는 인물이 어떤 감정을 느끼는지는 보여주는가?"야. 인물이 이야기 속에서 어떻게 느끼는지를 아는 것은 중요한 것이고, 작가가 그들의 감정을 바로 말해 주는 것 대신 그들의 행동을 통해 우리에게 보여주는 것이 더 좋아. 이 이야기는 그들의 감정에 대해 어떤 것도 말해 주지 않아. 너는 Jim의 다리가 부러졌을 때 그 형제가 어떤 감정을 느꼈다고 생각하니?

학생: 겁먹었어요!

교사 A: 단언컨대, 그들은 두려웠을 거야. 특히 주위에 아무도 없었기 때문에 말이지. 세 번째 질문은 "당신은 인물들이 왜 그렇게 행동하는지를 설명할 수 있는가?"야. 한번 살펴보자. 인물들이 무얼 했지? 그들은 스키 사고를 당했어. 이들이 사고를 당한 어떤 이유가 있니? 그들은 정해진 스키 경로를 벗어난 것 같아. 그것은 썩 현명한 행동이 아니지. 왜 그들이 그런 행동을 했을까? 뭐 생각나는 거 있니?

학생: 아마 그 중 한 명이 다른 한 명에게 그렇게 해 보라고 했겠죠.

교사 A: 그거 좋은 생각이야. 그 내용은 그들이 왜 그것을 했는지를 설명해주고 이야기를 더 흥미롭게 만들어 주거든. 좋아. 이제 내가 그것을 수정할 수 있겠는지 살펴보자. 나는 인물에 대한 정보를 첨가할 거야. 나는 그들을 매우 경쟁하는 사이로 만들 생각이야. 그것은 그들이 경기를 하고 문제가 생기게 된 이유를 설명해 줄 거야. "어느 크리스마스에, Jim과 Thomas 두 형제는 가족과 함께 New Hampshire에 갔다." 나는 여기에 정보를 좀 더 더하려고 해. "그들은 12살이었으며 스키 타기를 기대하고 있었다. 스키는 그들이 가장 좋아하는 운동이었기 때문이다." 이 내용은 우리에게 그들이 스키를 탈 줄 안다는 것을 알려주지. "그들은 쌍둥이여서, 서로 경쟁에서 항상 이기려고 했다." 좋아, 이것은 그들이 경주를 하게 되는 이유가 되니까 말이야. (읽으면서) "그들이 거기 도착했을 때, 땅에 많은 눈이 쌓여 있었고 밖은 매우 추웠다. 그 다음날 그들 둘 다 스키를 타러 갔다. 그들은 언덕을 내려가며 서로 경주했다." 좋아, 나는 여기에다 그 도전에 대해 뭔가를 좀 더 덧붙이려고 해. 보자. "그들은 둘 다 언덕을 서로 먼저 내려오길 바랬다. Jim은 Thomas에게 소리쳤다. '나는 숲을 통과해서 지름길로 갈 거야. 너는 날 따라올 수 없어.' Jim은 숲으로 방향을 틀었고 Thomas가 그를 뒤따라 달렸다."

교사 A는 수정하기를 계속 진행하면서 다리가 부러져서 Jim이 느끼는 통증과 그 둘이 어떤 두려움을 느꼈는지에 대한 정보를 덧붙였다. 인물에 대해, 그리고 왜 그들이 그렇게 행동했는지를 알 수 있게 하는 문장도 추가했다. 이렇게 수정하기를 마친 후, 교사 A는 이야기 전체를 읽고 이야기가 얼마나 더 나아졌는지를 논의한다.

이 최초의 시범 보이기 후에 교사 A는 전체 학급과 협동 집단에서 충분한 연습을 제공하였다. 교사 A는 OHP로 수준이 다양한 이야기를 보여주었으며 학생들이 부족한 점을 알아차렸을 때 평가 질문을 적용하고 이야기를 수정하도록 했다. 교사 A는 학급 전체의 연습으로 시작하였는데, 이렇게 하는 것이 학생들에게는 서로가 전략을 적용하는 것을 살필 수 있는 기회를 주고, 교사에게는 학생들을 향상시키고 안내할 기회를 주기 때문이다. 그렇지만 학급 전체 활동은 학생들이 활동적으로 참여하기에는 좋지 않다. 따라서 교사 A는 또한 학생들이 소집단 안에서 쓰기 작업을 하게 하였다. 함께 작업하면서, 각 집단은 글을 평가하고 수정했다. 교사 A는 집단을 돌아보고 그들이 평가와 수정하기 과정을 사용한 것에 대해 피드백을 제공했다. 모든 집단은 전체 학급과 그들의 평가와 수정하기에 대해 논의할 수 있도록 같은 종이에 작업했다.

교사 A는 학생들이 몇 가지 평가 기준에 대해 이해하고 있다고 생각될 때, 동료 수정하기 전략의 전체 과정을 소개했다. 교사 A는 게시판에 평가 질문과 함께 전략을 게시했다. 그리고 나서 조력자의 도움을 받아 전략을 시범 보였다. 조력자는 교사 A가 쓴 글을 읽고, 교사가 어떻게 평가 질문을 적용하는지를 사고 구술을 통해 보여준다. 그리고 둘은 이러한 평가 기준을 향상하기 위해 어떻게 글을 수정해야 하는가에 대해 토의했다.

그다음으로 학생들은 그들 자신의 글을 평가하고 수정하기 위해 전략을 사용하기 시작했다. 교사 A는 학생들에게 그들의 글과 실제 수정 내용을 비교하기 위하여 편집자가 내린 평가와 제안을 메모하도록 했다. 교사는 그들이 전략을 어떻게 적용했는지를 보여주기를 요구하면서, 평가와 수정을 짝을 지어 협의하도록 지도했다. 이러한 협의는 학생들이 전략을 성공적으로 사용했는지의 여부를 알아보고, 적절한 도움을 줄 수 있는 기회를 가져다준다. 만약에 많은 학생들이 평가 기준 중 한 가지에 어려움을 겪고 있다는 걸 알게 된다면, 교사는 전체 학급에 더 많은 시범과 연습을 제공할 수 있다.

일반적으로 전략 교수법의 핵심 중 하나는 학생들이 꾸준히 전략을 사용하고 향상하려는 동기가 부여될 수 있도록 전략의 가치를 알게 하는 것이다. 교사 A는 전략의 가치에 대한 이러한 감각을 촉진하기 위해 몇 가지 방법을 사용했다. 첫째, 교사 A는 학생들의 평가와 수정에 대해 협의할 때, 학생들이 전략을 얼마나 잘 사용했는지와 작문의 질에 대한 피드백을 제공했다. 이렇게 결합된 피드백은 피드백 전략이 어떻게 글쓰기에 도움이 되는지 학생들이 보도록 장려한다. 두 번째, 교실에서 학생들이 글을 공유할 때, 학생들은 편집자의 역할을 맡은 동료의 도움을 인정해야 한다. 교사 A는 편집자가 학생들에게 어떤 점에서 도움을 주었는지를 구체적으로 설명하도록 요구했다. 셋째, 교사 A는 전문적인 필자들 역시 편집자가 있다는 점을 강조했다. 교사 A는 자신의 글에 대해 학생들에게 편집자로서 의견을 내 보도록 안내하면서 수업을 시작하기 전에 동료들이 그 글을 읽고 어떻게 수정 방법을 논의했는지 설명했다.

마지막으로 교사 A는 쓴 글을 수집하여 등급을 매길 때, 등급 매기기의 중요한 부분으로 평가 기준을 사용했다. 학생의 자기 평가와 교사의 등급 매기기 사이의 정렬은 학생들이 자기 평가를 중요하게 여기도록 만든다. 학생들이 이러한 특별한 평가 질문을 완전히 받아들였을 때 교사 A는 새로운 기준을 가르쳤다. 설령 그렇게 하지 않을지라도 학생들은 새로운 계획하기 전략에 따른 작문의 새 양식과 글쓰기의 형식에 적절한 평가 기준을 배우게 될 것이다.

8학년 학생들을 대상으로 한 설득하는 글쓰기의 수정하기

교사 B는 중학생들에게 설득하는 글쓰기를 평가하고 수정하는 것을 가르칠 때 다소 다른 접근법을 쓰고 있다. 교사 B는 같은 교과 교사가 아니라 다른 내용교과 교사와 긴밀하게 협력하며 학생들에게 작문을 지도한다. 이들은 교과를 넘어서 설득하는 글쓰기 지도를 함께 계획하고 실천한다. 교사 B가 국어 시간에 설득하는 글쓰기를 소개하면 다른 내용교과 교사들은 학생들에게 작문을 활용하여 학습 내용의 기초를 쌓아준다. 예를 들어, 사회 교사는 학생들에게 미국 역사에서 이민이 어떤 의미가 있는지를 토론하게 한 후 문제의 다양한 측면에 대해 설득하는 글을 쓰게 했다. 이러한 교과 간 결합은 공통 핵심 성취기준의 강조점과 일치한다.

교사 A가 그랬듯이 교사 B도 계획하기와 수정하기 전략 둘 다를 가르치되, 2개 전략의 요소를 더욱 가깝게 결합하고 그것들을 함께 가르치기로 계획했다. 계획하기와 수정하기 전략의 결합은 텍스트 구조 또는 텍스트 장르 요소가 될 것이다. 학생들은 논쟁적인 텍스트 구조를 기반으로 하는 설득하는 글의 계획하기 전략을 배울 것이다. 논쟁적인 글에는 제목이나 입장, 이유, 이러한 이유에 대한 근거(도움이 되는 예시와 근거를 포함해서), 결론이 포함된다. 8학년 학생들이라면 반대의 입장과 이유를 고려하여 논박할 것이라고 기대된다. 초등학교 때부터 설득에 대한 기본 이해를 학습했다고 하더라도 중학교나 고등학교 학생들에게 설득하는 글쓰기는 여전히 어렵다. 설득하는 글쓰기는 이유를 생각해내고, 이유와 근거를 결합하며, 반대 입장을 논박할 수 있는 분석적인 사고방식을 요구하기 때문이다.

과제가 어려우므로 교사 B는 계획하기 전략에 있는 논쟁이 되는 요소를 사용하여 학생들을 직접적으로 돕는 평가 전략을 이용하도록 계획했다. 따라서 평가 기준은 논쟁의 요소, 즉 입장, 이유, 정교함, 반대의 입장, 논박에 초점이 맞춰질 것이다. 교사 B는 학생들이 자신의 글을 평가하고 동료 수정하기 작업을 할 때 사용하도록 자기 평가표를 개발했다(〈참고 9.1〉). 그는 이와 같은 등급표를 학생들의 글에 점수를 매기고 조언하는 데 사용할 것이다.

각 질문의 점수:	1 - 수정이 필요함			
	2 - 좋음			
	3 - 훌륭함			
나는 나의 입장을 분명하게 서술했는가?		1	2	3
나의 근거들은 명백했고, 주장을 잘 뒷받침했는가?		1	2	3
첫 번째 근거는?		1	2	3
두 번째 근거는?		1	2	3
나는 반대 입장을 잘 고려했는가?		1	2	3
나는 반대 입장을 잘 반박했는가?		1	2	3
나는 적절한 단어들을 잘 사용했는가?		1	2	3
나는 근거들을 요약하여 완결되게 서술했는가?		1	2	3
어조는 적절했는가?		1	2	3
나의 에세이는 설득력이 있는가?		1	2	3

> **총합 점수** _____
>
> **나의 논쟁을 더욱 설득력 있게 바꾸기 위해서 무엇을 해야 하는가?**

〈참고 9.1〉 설득적 글의 평가

　지도를 하기 전에 교사 B는 학생들에게 2개의 설득적인 글을 쓰도록 안내했다. 하나는 주제를 주었고, 하나는 학생이 스스로 선택하도록 했다. 교사 B는 학생들이 설득적 글쓰기에 대해 얼마나 많이 배웠는지를 알 수 있도록 하기 위해 나중에 이 글을 수정하도록 요구할 것이다. 학생들은 교사 B가 다른 학급에서 평가와 수정하기 전략을 가르치는 데 사용할 수 있는 글쓰기 표본을 제공하게 된다.

　수업은 설득적인 문장의 비판적인 읽기와 분석으로 시작한다. 비판적인 읽기는 교사 B의 수업에서 3가지 이유로 중요하다. 첫째, 그의 궁극적인 목표는 학생들이 다른 사람의 견해를 읽고 들으며 자신의 의견만 고집하지 않고 학생들이 자신의 견해를 보다 효율적으로 설명하고 뒷받침하면서 반응할 수 있게 되는 것이다. 그는 자신의 학생들이 논쟁이 되는 주제들의 토론에 참여하게 될 것이라고 믿는다. 그리고 이러한 토론들은 설득하는 글쓰기의 목적과 설득력을 획득한 것에 대한 몇 가지를 학생들이 이해하도록 도울 것이다. 둘째, 텍스트를 읽고 분석하는 것은 학생들에게 계획하기와 수정하기 전략에서 사용되는 설득하는 글쓰기의 필수적인 요소를 보여주는 방법이다. 셋째, 비판적인 읽기는 자신의 글을 수정하기 위해 요구되는 일종의 다시 읽기와 평가하기와 매우 비슷하다. 이 2가지 경우 모두 학생들은 이유와 근거, 그리고 그 외의 다른 요소들을 밝히기 위해 반드시 비판적으로 읽어야 하고, 그 이유가 설득력이 있는지도 생각해보아야 한다.

　한 비판적 읽기 활동으로 교사 B는 신문 사설 몇 부와 편집자에게 보내진 지역적으로 중요한 쟁점을 다룬 편지를 가져왔다. 가령 식당이나 다른 공공장소에서 흡연을 금지하는 것과 같은 편지였다. 교사 B는 신중하게 찬반 양쪽 입장의 주장과 근거를 다루었다. 그러면서 한 입장을 지지하기 위해 무엇을 해야 하는지를 짧게 안내한 후(이유와 근거 제시하기, 반대 의견 고려하기) 교사 B는 한쪽 입장을 담은 신물 사설을 선택하여 그 입장을 분석하는 것을 시범 보였다. 교사 B가 사고 구술을 할 때, 반대 주장의 입장, 근거, 반증은 다른 색깔로 표시했다. 교사 B는 이유를 표시하면서 그 이유가 정말로 개별적인 이유인지 또는 모두 같은 이유인지도 사고 구술했다. 교사 B는 그 근거들이 좋은지, 그가 동의하는지도 사고 구술했다. 교사 B가 반증을 표시할 때, 그는 누가 그러한 반대 입장을 취할 수 있는지, 글쓴이가 그들에게 효과적으로 대답하고 있는지를 사고 구술했다. 요소를 표시하는 과정은 학생들이 주장의 구조에 집중하게 하고, 각각의 이유와 그것의 근거를 고려하게 한다. 그 후 B씨는 학생들에게 소집단별로 편집자에게 보내진 편지에 대해 똑같은 방식으로 분석해 보라고 요청했다. 학생들은 그 후 편집자에게 자기 자신의 짧은 편지들을 썼다.

다음에 교사 B는 자신의 학급에 알려지지 않은 학생들이 쓴 글을 평가하고 수정하기 위해 활용할 수 있는 평가 척도와 모형을 소개했다. 중학생들은 교사가 선정하고 등급을 매긴 동료의 글을 비판하는 것을 무척 꺼린다. 그러므로 아무 관련 없는 학생의 글을 활용하는 것은 학생들이 그것을 평가하고 비판하는 데 좀 더 심리적인 자유로움을 준다. 교사 B는 가장 먼저 명확한 입장과 이유에 대한 기준에 주의를 집중하게 했다. 그 이유를 보여주기 위해 사고 구술을 이용하며 시범을 보일 때 학생들도 참여시켰다. 학생과 교사가 협력하는 이러한 종류의 시범은, 기준을 적용하는 전반적인 과정을 교사가 지도하면서도 학생들의 참여도 촉진할 수 있다는 점에서 장점이 있다. 다음은 협력적인 시범의 예이다.

OHP에 제시한 학생의 글

나는 흡연이 몇몇의 공공장소에서 금지되어야 한다고 생각한다.

어떤 사람들은 흡연자들이 자신의 주위에서 흡연을 해도 그들을 통제하지 못한다. 그들은 불쾌하거나 숨이 막힐 수 있다. 간접흡연 또한 문제가 될 수 있다. 어린이가 흡연자 주위에 있을 수 있고 연기를 들이마시고 매우 아프게 될 수 있다.

흡연은 또한 매우 무례하다. 당신이 무언가를 먹고 있을 때, 당신의 음식에 누군가의 담배 연기가 들어간다면 매우 역겨울 수 있다. 공기 중에 심한 오염이 될 수 있다.

흡연자들은 자유 국가이고 그들이 원할 때 흡연을 할 수 있기 때문에 그들은 아마도 못마땅해 할 것이다. 그러나 아마도 그들은 흡연이 얼마나 주위 사람들과 지구 환경에 해로운 것인지를 알지 못하는 것 같다.

교사 B: (전체 에세이를 읽는다) 좋아요, 지금 나는 어떻게 이 글을 향상시키는 방법을 찾기 위해 평가 질문을 활용할 거예요. 어디 보자. 그 입장은 명확한가요? 흡연이 몇몇의 공공장소에서 금해져야만 한다고 말하고 있어요. 그래서 나는 필자의 입장을 파악할 수 있지만, 몇몇의 공공장소라는 것은 분명하지가 않네요. 모든 장소를 말하는 것인가요? 그것을 어떻게 결정할 것인가에 대한 아이디어를 말해볼 사람이 있나요?

학생 A: 우리는 모든 공공장소를 말했어요.

학생 B: 우리는 식당을 말했어요. 나중에 언급할 거예요.

교사 B: 우리가 말하는 것에 대해 어떻게 할 수 있을까요?

학생 B: 저는 식당과 상점들을 포함한 모든 공공장소에서 흡연을 금지해야 한다고 생각해요.

교사 B: (줄을 그어 지우고 필요한 단어를 써 넣는다.) 좋아요. 더 낫네요. 나는 지금 이 두 가지를 평가할 거예요. 이 글은 좋은데, 매우 좋은 것은 아니에요. 왜냐하면 전체적으로 정교하지 못하기 때문이에요. 그 다음 평가 질문은 이유들이 명확하고 주장을 잘 뒷받침하고 있는지의 여부에요. 이유를 찾고 그 부분에 밑줄을 그어봅시다. 여기에는 2개의 문단이 있고 그 안에는 각각

의 이유가 구분되어 있어요. 이렇게 시작하고 있어요. "어떤 사람들은 흡연
자들이 자신의 주위에서 흡연을 해도 그들을 통제하지 못한다." 여러분은
이 문장이 명확하다고 생각해요?

학생 C: 저는 그렇게 생각하지 않아요. '통제하다'라는 단어는 여러 가지 의미
를 포함할 수 있어요. 나는 필자가 비흡연자들이 불쾌해하고 있다는 것에
대해 말하고 싶어 하는 것 같아요. 그것은 문단의 휴지의 문제에요.

교사 B: 나도 동의해요. 이 첫 번째 문장을 우리가 어떻게 수정해야 명확하게
만들 수 있을까요?

학생 C: "간접흡연은 주위 사람들을 불쾌하게 만들 수 있다."

학생 D: "사람들이 공공장소에서 흡연을 한다면, 주위 사람들은 흡연으로 인해
불쾌할 수 있다."

교사 B: 두 가지 모두 좋은 생각이에요. 나는 "간접흡연"이라는 용어를 사용하
겠어요. 그리고 공공장소에 대한 것은 전에 얘기한 생각들을 참조하도록
하겠어요. 다시 보면, "만약에 공공장소에서 흡연을 한다면, 주위 사람들은
간접흡연으로 인해 불쾌함을 느낄 것이다." (쓴다.) 더 낫네요. 문단의 나머
지 부분도 수정을 해야겠어요. 그렇게 하기 전에 다른 이유를 더 생각해
보아야 할 것 같아요.

교사 B: 새로운 문단을 봅시다. "흡연은 또한 매우 무례할 수 있다." 다시, 나는
그것의 진정한 의미가 무엇인지 모르겠어요. 왜 무례하다는 거죠? 그 다음
문장에서는 네가 밥을 먹고 있을 때, 흡연이 혐오스럽다는 것을 말하고 있어
요. 내 생각에 필자가 의미하고 있는 것은 흡연이 불쾌하다는 것이에요. 이
것은 첫 번째 단락과 다른 이유인가요?

학생 A: 나는 그렇게 생각해요. 첫 번째 단락에서는 흡연이 사람들을 불쾌하게
만든다는 것에 대한 내용이었어요. 혐오스럽다는 것은 또 다른 것이에요.
그들은 단지 흡연을 좋아하지 않을 뿐이에요.

교사 B: 동의해요. 그래서 이번 단락은 흡연을 좋아하지 않는 사람들에 대한
내용이에요. 어떻게 말하고 있는지 살펴봅시다. "다른 사람들이 음식을 먹
고 있을 때, 흡연은 매우 혐오스러울 수 있다." 나는 '혐오스럽다는 단어를

잘 모르겠네요. 다른 생각이 있나요?

학생: "다른 이들이 음식을 먹고 있을 때 흡연하는 것은 매우 불쾌함을 가져다 준다."

학생: "음식을 먹고 있을 때, 그들은 담배 냄새 맡는 것을 원하지 않는다."

교사 B: 두 가지 모두 좋은 의견이에요. (쓴다.)

교사 B는 토의를 조금 더 진행했다. 교사 B는 학생들에게 두 가지 이유에 대해 도움을 주면서 글을 어떻게 향상시킬 수 있을지를 생각했다. 그리고 필자가 어떻게 반대 입장을 고려했는지를 평가한다. 끝으로 그것이 더 많은 내용을 써야 더 나아질 수 있을지라도, 그는 수정된 글을 읽고 글이 한층 좋아졌다는 내용의 조언을 했다.

며칠이 지난 후에 교사 B는 학생들에게 잘 모르는 학생들이 쓴 더 많은 글을 평가하고 수정하기 위해 팀별 활동을 하게 했다. 학생들은 평가에 도움이 되는 평가 척도를 사용했다. 교사 B는 또한 전체 학급 활동으로 글을 평가하고 수정하는 것을 계속했다. 글은 질적인 면에서 다양한 범위를 가지고 있으며, 어떤 글은 잘 씌어서 수정이 조금밖에 필요하지 않은 것도 포함되었다. 그러나 교사 B는 학생들이 겪는 어려움을 도와주는 것, 혹은 반대 입장에 대해 반응하는 방법을 강화함으로써 글의 향상을 위한 방법을 찾으려고 노력했다. 토의의 한 부분으로 학생들은 그들이 취한 입장에 대해 동의하는지 아닌지, 그들이 생각한 증거가 설득력이 있는지 없는지에 대해 이야기했다. 설득적인 글쓰기는 단지 필자가 형식을 따르고 있는지의 여부만을 따져서는 안 된다.

학생들이 일관된 평가가 가능해지고 그것을 평가할 수 있을 때, 교사 B는 설득적인 글을 위한 계획하기 전략을 소개했다. 학생들은 이미 효과적인 글쓰기를 위해 요구되는 분명한 아이디어를 가지고 있다. 계획하기 전략은 학생들이 글을 쓰기 전에 아이디어를 생성하고 조직하는 것을 도와준다. 그것은 학생들에게 논점을 양쪽으로 나누고 그에 대한 이유와 증거를 목록화하도록 한다. 학생들은 자신의 입장을 방어하고, 상대가 제기할 수 있는 내용에 대해 반응하기 위해 준비했다.

그다음 학생들은 설득적인 글을 쓰기 시작하고 그것들을 수정하기 위해 평가 척도를 적용했다. 교사 B는 그들의 글을 평가하고 수정하기 위해 팀별 활동을 하도록 했다. 학생들은 이제 서로를 도와줄 수 있게 되었다. 왜냐하면 학생들은 설득적인 글을 분석하고 평가하는 방법을 배웠기 때문이다. 학생들은 자신들이 사용하는 같은 기준으로 교사가 그들의 글을 등급 매기게 될 것임을 알고 나서는 서로 비판하는 것을 꺼리던 경향이 완화되었다. 교사 B는 또한 학생들이 얼마나 많이 배웠는지 보여주기 위해서 수업을 하기 전에 학생들이 작성한 글을 평가하고 수정해 보게 했다.

학생들은 설득적인 주제의 범위에서 글을 쓴다. 학생들은 학생들이 방과 후에 아르바이트를 해도 되는지와 같은, 중학들에게 의미 있는 쟁점에 대해서 글을 쓴다. 학생들은 자신이 읽은 작품에 대해서도 쓴다. 교사 B는 등장인물들의 행동을 받아들여야 하는지 아닌지에 대하여 도전적인 질문을 했다. 학생들은 자신의 경험뿐만 아니라 책에서 근거를 들어 대답을 했다. 학생들은 다른 학급의 과제를 가지고 계획하기와 수정하기 전략을 사용하기 시작했다. 교사 B는 학생들이 이러한 전략에 모두 익숙해지도록 다른 교과 교사와 함께 작업했다. 여러 수업에서 이 전략을 사용하는 것은 일반적이고 지속적으로 나타나는 공통의 문제를 해결하는 데 도움을 준다.

교사 B의 수업은 연구가 보여준 수정하기를 배우기 위한 중요한 몇 가지 구성 요소를 포함한다. 그는 독자를 설득하기 위해 명확한 목표가 있는 의미 있는 쓰기 과제를 제공한다. 때로는 독자가 친구들이다. 또 다른 때는 상상 속의 독자일 수도 있지만 학생들의 경험의 범위 안에 있는 사람이다. 교사 B는 평가 기준과 함께 설득적인 글의 비판적인 읽기 그리고 글을 수정하기 위해 이러한 기준을 어떻게 이용하는지를 가르쳤다. 그는 평가와 수정에 대하여 학급 전체 학생들과 친구들끼리 대화 나누도록 했다. 마지막으로 그는 동료들과 함께 다양한 내용 영역에 걸쳐 전략을 활용하도록 정리했다.

결론

마지막으로 나는 학생들의 글쓰기 기능 발달의 방법으로서 수정하기를 지도하기 위한 몇 가지 이론을 요약하고자 한다. 첫째, 글쓰기가 의미 있는 목표를 갖는 교실 맥락을 제공하는 것이 중요하다. 글쓰기를 의미 있게 만드는 가장 보편적인 다른 독자나 친구들이 읽는 진정한 작문 과제를 제시하는 것이다. 물론 진정한 작문 과제만이 의미 있는 목표를 제공하는 유일한 길은 아니다. 앞에서 다룬 것처럼 'tan-grams'를 묘사하게 한 과제도 구체적인 목표를 배우는 데 효과적이다 (Holliway & McCutchen, 2004). 수정은 실제 글과 의도된 글을 비교하는 과정이다. 따라서 수정하기는 작문 과제를 위한 목표에 달려있다.

둘째, 동료 상호작용과 교사 학생 간 협의는 글을 평가하고 배우는 데 필수적이다. 동료와 교사는 학생들의 글을 읽는 첫 번째 독자이다. 그리고 학생들은 글에 대한 다른 사람들의 반응을 듣는 것뿐만 아니라 편집자로서의 역할을 통해서도 배움을 얻는다. 협동 학습은 높은 작문 동기를 이끌어낼 수 있다. 학교 밖의 작문 과제 대부분이 구어적 환경에 둘러싸여 있다는 점을 고려하면 이러한 상호작용과 협의는 의의가 크다.

셋째, 수정은 평가와 함께 시작한다. 학생들이 수정을 어려워하는 첫 번째 이유는 어떻게 글을 평가하는지를 알지 못하기 때문이다. 따라서 학생들에게 구체적인 평가 기준과 그 기준에 근거하여 어떻게 수정하는지를 가르쳐 주는 것이 중요하다. 수정하기를 가르치기 위한 가장 효과적인 접근 방식은 평가 기준에 대한 교육을 포함하는 것이다.

넷째, 평가와 수정의 지도와 함께 독해 지도가 통합되는 것도 의의가 있다. 비판적인 읽기는 수정을 하기 위해 읽는 여러 가지 방법과 비슷하다. 중요한 차이는 이해를 위해 읽는 것인가, 아니면 글의 문제를 확인하고 수정하기 위해 읽는 것인가 하는 목적의 차이이다.

다섯째, 워드프로세서는 수정하기를 배우는 데 도움이 되는 도구이다. 그것은 수정하는 물리적 과정을 단순화해주고 수정하기에 드는 노력을 줄여 수정의 의욕이 꺾이는 것을 막아준다. 또한 수정하기를 하는 주요 목적인 출판을 위해 마지막 원고를 제작할 때에도 워드프로세서는 수정하기의 동기를 부여하고 노력을 줄여준다.

마지막으로 전략 교수법은 학생 글의 전체적인 질과 학생의 수정하기 기능을 향상시키는 매우 효과적인 방법이다. 수정하기에 있어서 대부분의 전략 교수법은 평가 기준, 동료 상호작용, 그리고 자기조절의 요소를 필요로 한다. 대부분의 연구는 계획하기와 수정하기 전략 지도를 결합시킨다.

참고문헌

Beach, R., & Friedrich, T. (2006). Response to writing. In C. A. MacArthur, S. Graham, & J. Fitzgerald (Eds.), *Handbook of writing research* (pp. 222~234). New York: Guilford Press.

Bereiter, C., & Scardamalia, M. (1987). *The psychology of written composition.* Hillsdale, NJ: Erlbaum.

Boscolo, P., & Ascorti, K. (2004). Effects of collaborative revision on children's ability to write understandable narrative texts. In L. Allal, L. Chanqouy, & P. Largy (Eds.), *Revision: Cognitive and instructional processes* (Vol. 13, pp. 157~170). Boston: Kluwer.

Cho, K., & MacArthur, C. A. (2011). Learning by reviewing. *Journal of Educational Psychology,* 103, 73~84.

De La Paz, S., Swanson, P. N., & Graham, S. (1998). The contribution of executive control to the revising of students with writing and learning difficulties. *Journal of Educational Psychology,* 90, 448~460.

Englert, C. S., Raphael, T. E., Anderson, L. M., Anthony, H. M., & Stevens, D. D. (1991). Making writing strategies and self-talk visible: Cognitive strategy instruction in writing in regular and special education classrooms. *American Educational Research Journal,* 28, 337~372.

Fitzgerald, J. (1987). Research on revision in writing. *Review of Educational Research,* 57, 481~506.

Galbraith, D., & Torrance, M. (2004). Revision in the context of different drafting strategies. In L. Allal, L. Chanqouy, & P. Largy (Eds.), *Revision: Cognitive and instructional processes* (Vol. 13, pp. 63~85). Boston: Kluwer.

Graham, S. (2006). Strategy instruction and the teaching of writing: A metaanalysis. In C. A. MacArthur, S. Graham, & J. Fitzgerald (Eds.),

Handbook of writing research (pp. 187~207). New York: Guilford Press.

Graham, S., & Harris, K. R. (2005). Writing better: *Teaching writing processes and self-regulation to students with learning problems*. Baltimore: Brookes.

Graham, S., Harris, K. R., & Hebert, M. (2011). *Informing writing: The benefits of formative assessment*. Washington, DC: Alliance for Excellent Education.

Graham, S., & MacArthur, C. A. (1988). Improving learning disabled students' skills at revising essays produced on a word processor: Self-instructional strategy training. *Journal of Special Education*, 22, 133~152.

Graham, S., MacArthur, C. A., & Schwartz, S. S. (1995). The effects of goal setting and procedural facilitation on the revising behavior and writing performance of students with writing and learning problems. *Journal of Educational Psychology*, 87, 230~240.

Graham, S., & Perin, D. (2007). A meta-analysis of writing instruction for adolescent students. *Journal of Educational Psychology*, 99, 445~476.

Hayes, J. (2004). What triggers revision? In L. Allal, L. Chanqouy, & P. Largy(Eds.), Revision: *Cognitive and instructional processes* (Vol. 13, pp. 9~20). Boston: Kluwer.

Hayes, J. R., Flower, L., Schriver, K. A., Stratman, J. P., & Carey, L. (1987). Cognitive processes in re,vision. In S. Rosenberg (Ed.), *Advances in applied sycholinguistics: Vol. 2. Reading, writing, and language learning* (pp. 176~240). New York: Cambridge University Press.

Hillocks, G. (1986). *Research on written composition: New directions for teaching*. Urbana, IL: ERIC Clearinghouse on Reading and Communication Skills.

Holliway, D. R., & McCutchen, D. (2004). Audience perspective in young writers' composing and revising. In L. Allal, L. Chanqouy, & P. Largy (Eds.), *Revision: Cognitive and instructional processes* (Vol. 13, pp. 87~101). Boston: Kluwer.

Kaufman, M. (2010, July 3). With the stroke of a pen, "subjects" no more. *Washington Post*, pp. Al, A12.

Lundstrom, K., & Baker, W. (2009). To give is better than to receive: The benefits of peer review to the reviewer's own writing. *Journal of Second Language Writing*, 18, 30~43.

MacArthur, C. A. (2006). The effects of new technologies on writing and writing Teaching Evaluation and Revision 237 processes. In C. A. MacArthur, S. Graham, & J. Fitzgerald (Eds.), *Handbook of writing research* (pp. 248~262). New York: Guilford Press.

MacArthur, C. A. (2012). Evaluation and revision processes in writing. In V. W. Berninger (Ed.), *Past, present, and future contributions of cognitive writing research to cognitive psychology* (pp. 461~483). London: Psychology Press.

MacArthur, C. A., Graham, S., & Schwartz, S. (1991). Knowledge of revision and revising behavior among learning disabled students. *Learning Disability Quarterly*, 14, 61~73.

MacArthur, C. A., Schwartz, S. S., & Graham, S. (1991). Effects of a reciprocal peer revision strategy in special education classrooms. *Learning Disabilities Research and Practice*, 6, 201~210.

McCutchen, D., Francis, M., & Kerr, S. (1997). Revising for meaning: Effects of knowledge and strsitegy. *Journal of Educational Psychology*, 89, 667~676.

Midgette, E., Haria, P., & MacArthur, C. A. (2008). The effects of content and audience awareness goals for revision on the persuasive essays of fifth- and eighth-grade students. *Reading and Writing*, 21, 131~151.

Moore, N., & MacArthur, C. A. (2012). The effects of being a reader and of observing readers on fifth-grade students' argumentative writing and revising. *Reading and Writing*, IS, 1449~1478.

Murray, D. (1991). The craft of revision. Austin, TX: Holt, Rinehart, & Winston.

National Governors Association & Council of Chief State School Officers. (2010). Common Core State Standards for English language arts & literacy in his tory/social studies, science, and technical subjects. Washington, DC: Authors. Retrieved from corestandards.org.

Philippakos, Z. A. (2012). *Effects of reviewing on fourth and fifth-grade students' persuasive writing and revising*. PhD Dissertation, University of Delaware.

Sachar, L. (1991). *Dogs don't tell jokes*. New York: Knopf.

Stoddard, B., & MacArthur, C. A. (1993). A peer editor strategy: Guiding learning disabled students in response and revision. *Research in the Teaching of English*, 27, 76~103.

10장
문장 구성의 지도

BRUCE SADDLER

학생들은 학교생활 동안 많은 학문적 역량을 습득하지만, 생각을 글로 표현하는 능력은 잘 습득하지 못한다. 글쓰기는 의사소통에 필수적인 도구이며 학습에 중요한 도구이다. 필자는 글을 쓸 때 자신이 무엇을 말할지 계획하고, 손으로 쓰고, 워드프로세서로 내용을 생성하고, 글의 완성도를 높이기 위해 검토하고 수정하는 인지 과정을 수행하고 조정해야 한다(Flower & Hayes, 1981). 필자가 이를 잘 수행하려면 각 과정과 관련된 높은 수준의 기능과 의지를 갖추어야 한다.

효과적으로 글을 구성할 수 있는 필자는 자신이 쓰고자 하는 주제에 대한 지식과 글쓰기 과제를 완료하는 방법에 대한 지식을 머릿속에서 작문 도구 키트를 개발해 둔 사람들이다. 그러한 필자는 수행 과정에서 직면하게 되는 과제의 어려움과 복잡함에도 불구하고 작문 과제를 완료하는 데 필요한 정서적, 인지적 자원을 효율적으로 사용하면서 과제를 수행해 간다. 경우에 따라서는 과제 수행에 필요한 도구를 수정하거나 보완하기도 한다. 작문 연구자들 및 교사들은 글쓰기가 매우 복합적인 인지 과정을 거친다는 점에 주목하여 글쓰기가 언어 계층 구조에서 가장 상위층에 위치한다고 보았다(Graham,

1997; Hillocks, 1986).

필자가 효과적으로 사용해야 하는 중요한 기능 중 하나는 문장 구성 능력이다. 문장이 비록 우리 언어의 매우 기초적인 통사구조를 이루는 요소이지만 작문에서 난제로 작동하는 경우도 많다. 필자가 생성하는 각 문장은 작문에 필요한 과제와 유사한 구성 과정을 필요로 한다. 사실 문장은 축소된 글쓰기라고 말할 수 있을 정도로 많은 생각과 계획을 필요로 할 수 있다(Flower & Hayes, 1981). 예를 들어, 당신이 방금 읽은 마지막 문장은 다음과 같은 과정을 요구한다. 즉, 필자는 전달하고자 하는 생각을 진술한다('나는 문장을 생성하는 것이 얼마나 어려운지를 전달해야 한다.'). 자신의 생각을 전달하기에 적절한 단어들을 떠올린다('요구하는 단어를 사용해야 하는가, 아니면 그것이 너무 강한가?'). 심리적으로 단어를 배열하고 문법적으로 수용 가능한 통사구조로 재배열한다('나는 '필자가 글을 쓸 때'로 문장을 시작하고 거기서부터 문장을 구축할 것이다.').

가끔 문장 구성과 관련된 여러 가지 복잡성 때문에 각 문장의 구조는 필자의 능력을 시험하게 된다. 그러나 하나의 글을 창작하기 위해서는, 만족스러운 결과에 도달할 때까지 필자는 논리적으로 그리고 창의적으로 각각의 문장을 분석하고 수정하는 과정을 반복하면서, 이러한 심리적 과정의 단련을 지속적으로 수행해야 한다.

학생들이 효과적으로 문장을 만드는 법을 배울 수 있게 하는 것은 직접적이고 체계적인 교육을 필요로 하는 복잡한 일이다. 이 장에서는 '문장 결합'이라고 불리는 체계적인 문장 수준 교육을 위한 연구 기반의 지도 방법을 소개하고자 한다. 이 장의 목표는 문장 구성 기능을 직접적으로 가르치는 이유를 제시하고, 문장 결합 교육이 효과적인 기법인 이유에 대한 설명을 제공하며, 전반적인 글쓰기 프로그램에 문장 결합 활동을 포함하기 위한 방법과 아이디어를 논의하는 것이다. 또한 교실 안에서 문장 결합 활동이 어떤 모습일지 설명하기 위해 2가지 교실 사례를 제시하고자 한다.

문장 구성 기술의 직접적 교수에 대한 이론적 근거

필자가 문장을 구성하기 위해서는 통사에 대한 지식, 또는 문장 구조 내에서 단어를 효과적으로 조직하는 방법에 대한 지식을 가지고 있어야 한다. 처음에 어린이는 다른 언어 사용자들과 구두 의사소통을 통해 언어의 통사구조(또는 어떻게 단어들이 서로 합쳐지는지)를 배운다. 나중에 이러한 구어적 지식은 초기의 학교 경험 이전 또는 도중에 문자 언어로 변환된다. 더 많은 정규 작문 학습이 시작되면, 어린 학생들은 문장에는 여러 가지 '통사적 유형'(예, 단문이나 복문 등)이 있다는 것을 배우게 되고, 문장은 작문에서 다양한 기능(평서문, 명령문, 의문문, 감탄문 등)을 수행한다는 것을 알게 된다.

그러나 학생들이 훌륭한 필자가 되려면 문장이란 무엇이고 문장이 수행하는 기능이 무엇인지에 대한 기본적인 인식 이상의 수준으로 나아가야 한다. 학생들은 명확하고, 효과적이고, 설득력이 있고, 흥미롭고, 일관성 있고, 문법적인 문장을 생성하기 위해 통사구조를 통제하고 조정하는 기능과 (많은 필자들이 교사가 말한 것을 그대로 기억하기 때문에) '완전한 생각'을 드러내는 기능을 충분히 발달시켜야 한다.

이러한 통사 기능의 발달은 기본적인 명사-동사 패턴 문장('개가 달렸다.')을 형성하는 것으로 시작하여 학년 내내 더 길고 복잡한 통사적 구조를 포함하는 것('개가 도망쳤지만 우리는 그 개가 왜 도망쳤는지, 어디로 가고 있는지 정확히 알 수 없었다.')으로 확장된다. 다음으로 필자는 개인의 문장 구조에 대한 지식을 활용하여 문단을 구성하기에 충분한 문장들을 논리적으로 연결해야 한다. 그러면 문단은 하나의 구성물이 된다. 그러나 언어를 아름답게 만드는 유연성도 이를 까다롭게 만든다. 주어진 문장에서 활용 가능한 아이디어, 단어, 통사적 선택은 어떤 필자이든지 글쓰기 과정을 궤도에서 벗어나게 만드는 잠재적인 복잡성을 지니고 있다. 사실 이 장에 쓰인 많은 문장들조차도 나의 글쓰기 과정을 '궤도에서 벗어나게' 했다. 이 문장들은 멈추고, 검색하고, 다른 대안을 고려하는 가운데 작성된 것들이다.

문장 구성 기능은 여러 가지 이유로 필수적이다. 첫째, 문장 수준에서 문장 형식에 관한 지식은 필자가 자신의 생각을 효과적으로 텍스트로 옮겨 적을 수 있게 해 준다. 둘째, 잘 계획되고 문법적으로 정확한 문장을 구사하면 다른 사람들이 읽기가 더 쉽다. 문장의 다양성 없이 단문으로만 나열된 이야기는 금방 지루해진다. 마찬가지로, 지나치게 긴 복문으로만 가득 찬 이야기는 난해하다. 어느 경우든 잘못된 문장인한 문제가 있는 경우, 독자의 마음은 필자의 의도로부터 멀어지게 될 것이다.(Saddler & Graham, 2005). 따라서 교사들이 문장 구성에 대한 기능을 효과적으로 지도한다면 교육적 효과가 매우 클 수 있다(Saddler & Graham, 2005).

문장 결합

연구자들은 문장 구성 기능을 가르치기 위한 한 가지 방법에 지속적으로 관심을 기울여왔다. '문장 결합'이라고 불리는 이 방법은 연구자들과 교사들이 문법(품사, 문장 다이어그램)을 중심으로 가르치던 것에 대한 대안으로 1960년대에 개발되었다. 그때부터 지난 40년간 수행된 80건 이상의 연구들은 거의 예외 없이 문장 결합이 학생들이 통사적으로 더 우수한 문장을 만들도록 돕는 데 효과적인 방법이라는 점을 증명해 왔다(Cooper,1973; Crowhurst & piche, 1979; Hunt, 1965; O'Hare, 1973; Saddler & Graham, 2005). (통사적 발달이나 통사적으로 우수한 문장을 '통사적 성숙도'로 표현하기도 하는데, 이는 하나의 글에 다양한 복합문장을 쓰는 능력을 말한다.)

문장 결합은 기본적인 구와 절을 좀 더 다양하고 통사적으로 발달된 형태로 조작하고 다시 쓰기를 하도록 하는 데 초점을 둔다. 예를 들어, 만약 학생이 '내 개는 살쪘다. 내 개는 검다.'와 같이 단순 문장

만으로 글을 썼다면 학생이 강조하기를 원하는 메시지를 고려하여 '내 개는 살이 쪘고 검다.', '그 살찌고 검은 개는 나의 개다.'와 같이 문장 결합 활동을 할 수 있다. 이렇게 하면 통사적으로 더 발달된 문장으로 수정할 수 있다. 만약 학생이 너무 복잡하거나 불명료한 문장으로 글을 썼다면 그것을 기본적인 단순 문장으로 분리한 한 뒤 다시 결합하여 이해 가능하면서도 통사적 성숙도를 보이는 문장으로 수정할 수 있다.

문장 결합 활동은 3가지 이론적 원칙을 반영하고 있다. 첫째, 학생들은 문장의 개념을 명확히 하는 것과 문장을 생성할 때 이용할 수 있는 통사적인 선택에 대한 지도를 필요로 한다. 문장 결합 활동은 어린이들이 언어의 소리에 대해 의식적으로 생각하도록 함으로써 글을 쓸 때 이루어지는 통사적 선택에 대한 메타언어적 인식을 발달시키는 데 도움을 준다. 둘째, 지속적이고 체계적인 연습을 통해 문장 구성 및 재구성 과정이 자동화되면, 글쓰기를 하는 동안 필자가 경험하는 전반적인 인지적 부담이 감소하여 청중의 요구에 대한 인식, 좋은 글쓰기를 위한 요소 또는 글쓰기 과정을 조정하는 방법과 같은 다른 작문 과제로 관심을 옮길 수 있게 된다. 셋째, 통사적 유창성의 습득, 즉 다양한 문장을 만드는 능력은 좀 더 재미있게 읽을 수 있도록 하는 글을 작성하게 하여 수준 높은 글쓰기로 이어진다(Strong, 1986).

문장 결합 활동은 학생이 글쓰기를 하는 동안 통상적으로 수행하는 과제와 비슷한 '통제된 작문 연습'의 모습을 보이므로 모든 수준의 학생들에게 유용하다. 글을 쓰는 모든 사람이 심리적 사고를 통사적 배열로 전환해야 한다. 통사적 다양성에 대한 지식을 많이 가지고 있는 필자일수록 이러한 과제를 해결할 수 있는 능력이 더 크다. 아주 오랜 시간 동안 문장 구성 및 재구성을 연습한 숙련된 전문 작가들은 방대한 통사적 선택 방법을 내면화하고 있다. 나이가 어린 필자나 미숙한 필자, 그리고 학습 장애가 있는 학생들은 사고를 다양한 문장으로 이끌어낼 수 있는 지식을 마음 창고에 가지고 있지 않다.

만약 통사적 선택을 위한 잘 구성된 지식을 가지고 있지 않을 경우, 필자는 글쓰기 과정에서 다음과 같은 2가지 문제를 겪을 수 있다. 첫째, 필자는 더 단순하고 더 친숙한 통사적 패턴에 익숙해져 매우 비슷하게 보이는 문장으로 가득 찬 글을 쓰게 된다. 둘째, 필자는 반대로 독자들이 해석하기 어려운 문장, 의미를 혼잡하게 만드는 문장, 형태적으로 익숙하지 않은 문장을 만들어낼 가능성도 높다.

문장 결합 연습은 학생들이 의식적으로 문장 구성을 통제하고 조정하는 활동을 통해 글쓰기과정에서 통사적 선택을 활용할 수 있도록 만들어 준다. 그래서 문장 결합 연습을 하면 위에서 언급한 2가지 문제 상황을 해결할 수 있다(Saddler, 2005). 문장 결합 연습은 텍스트를 다듬을 때, 즉 단어와 아이디어를 결합, 변경, 추가, 재정렬, 삭제할 때 필자들이 실제로 하는 것과 유사한 통사적 조정에 관한 기능 중심의 경험을 제공한다. 문장을 분해하고 다시 결합하는 과정을 통해, 학생들은 너무 복잡해서 독자들이 쉽게 이해하지 못하는 문장을 해체하고, 단단히 묶고, 다시 쓰는 것을 배울 수 있다. 문장 결합의 유용성은 문장을 더 긴 문장으로 구성하는 대신에, 다양한 통사적 형태—복잡성 대신에 생각의 명료성이라는 목적—를 활용함으로써 문장과 전체 글을 더 좋게 만드는 데 있다. 그러므로 만약 필자의 메시지를 독자에게 전달하는 데 그것이 더 효과적이라면 문장은 더 짧아져도 좋다.

문장 구성 기능의 중요성에 대한 인식은 공통 핵심 성취기준에서 찾아볼 수 있다. 공통 핵심 성취기준에 따르면, 학생들은 단어, 구, 절뿐만 아니라 다양한 통사구조를 사용하여 글의 주요 부분을 연결하고, 내용을 긴밀하게 조직해야 하고, 주장과 이유의 관계, 이유와 근거의 관계, 주장과 반론의 관계를 명확히 해야 하며, 사건을 순서에 맞게 전달하기 위해 여러 가지 연결어나 구와 절을 사용하여 하나의 시간이나 배경으로부터 다른 장면으로 효과적으로 전환하고, 경험과 사건의 관계를 잘 보여줄 수 있어야 한다(NGA & CCSSO, 2010).

공통 핵심 성취기준에서는 문장 결합이 직접 영향을 미칠 수 있는 두 번째 글쓰기 영역을 제시하고 있다. 그것은 바로 '문체'이다. 글쓰기에서 문체는 글자 그대로 단어를 다루는 필자의 방식을 말한다 (Nemans, 1995). 주어진 글쓰기에서 최상의 통사 배열을 결정하는 것은 작가의 특별한 문체와 직접 관련이 있다. 특정 주제와 그 주제에 관한 특정 데이터가 주어지면 5명의 필자는 각각 고유한 문체로 5개의 고유한 형식의 글을 쓸 수 있다. 한 필자의 문체는 다른 필자의 문체와 구별된다. 예를 들어, 수식이 없고 직접적인 헤밍웨이의 문체는 휴고의 묘사적이고 복합적인 산문체와 전혀 다르다. 이 작가들의 문체는 그들만의 고유한 리듬과 특정한 강조의 패턴이 있다. 그럼에도 불구하고 그 각각이 매우 효과적이다.

문체는 공통 핵심 성취기준에서도 언급하고 있다. 즉 성취기준에서는 6~12학년 학생들이 "과제, 목적, 예상 독자에게 적합한 전개, 조직, 문체를 사용하여 명확하고 일관성 있는 글을 써야 한다."고 제시하고 있다(NGA & CCSSO, 2010, p.242) 그리고 학생은 "글쓰기에서 훈련받은 규범과 관습에 따라 격식체와 객관적인 논조를 수립하고 유지해야 한다."라고도 명시하고 있다.

다음 부분에서 그런 언어 경험이 교실에서의 작문 과정에 어떻게 포함되는지 예시하기 위해 서로 다른 학년의 학급에서 이루어진 문장 결합 수업 장면을 제시하고자 한다. 첫 번째 예는 어떻게 문장 결합이 2학년 교실에 이루어질 수 있는지 보여주며, 두 번째 예는 10학년 수업의 예를 보여준다.

교육적 권고 사항

사례1: 2학년 수업

이 수업은 쓰기 능력이 다양한 학생들로 구성되었다. 그 중에는 글쓰기에 어려움을 겪는 학생들도 포함되어 있다. 교사 Asaro는 학생들이 더 나은 문장과 더 나은 이야기를 구성하도록 돕기 위해서 문장 결합 연습을 실시했다.

교사 Asaro 학급의 많은 학생들은 비슷한 소리를 내는, 매우 짧은 문장을 만드는 경향이 있었다. 많은 학생들의 문장은 짧고, 단순하게 구성되었으며, 설명적인 단어가 부족했다. 그리고 독자에게 미숙한 쓰기라는 인상을 주었으며, 이야기를 일관성이 없게 하고 읽기 어렵게 하는 반복적인 주어-동사-목적어 패턴을 매우 많이 사용했다. 어떤 학생들은 'and'를 연속적으로 사용하여 끝나지 않는 문장을 많이 만들었다. 어떤 학생들은 글 전체에 문장 종결을 하지 않은 미완성 문장을 흩어놓기도 했다.

문장 수준과 관련한 이러한 모습은 이야기 전체 질에 영향을 미쳤다. 비록 교사 Asaro가 다양한 쓰기 학습지를 사용했고, 학생들이 스스로 쓸 내용을 선택하게 했음에도 불구하고, 학생들이 작성한 이야기는 너무 짧고 매우 지루했다. 교사 Asaro는 많은 학생들이 이야기를 말로는 잘하지만 글로 문장을 구성하여 쓰는 기능은 부족하므로 학생들이 자신의 아이디어나 감정을 텍스트에 정확하게 표현할 수 없었다고 생각했다. 학생들이 작성한 글에 대한 장단점 분석을 바탕으로 교사 Asaro는 쓰기 워크숍 시간을 문장 결합 지도 보완하기로 계획했다.

다음 단계에 따라 학습하기-보기-활동하기 순서로 문장 결합 연습을 지도한다.

1. 문장 결합의 방법과 이유를 설명하는 교사의 시범
2. 학생들에게 문제에 대한 여러 가지 해결책을 찾아보도록 안내하는 연습
3. 학생들이 문제에 대해 해결책을 만드는 독립적인 연습

〈참고 10.1〉 지도 단계

교사 Asaro는 '학습하기-보기-활동하기'의 단계를 반영하여 수업을 구조화했다(〈참고 10.1〉 참조). 교사 Asaro는 학생들이 독자들에게 더 잘 읽힐 수 있는, 더 재미있는 문장을 만날 수 있도록 돕는 연습 문제를 소개하며 수업을 시작했다. 교사 Asaro는 능숙한 필자들은 메시지를 더 잘 전달하기 위해 문장을 자주 수정한다고 말하고, 자신도 글을 쓸 때 자신의 생각을 좀 더 효과적으로 전달하기 위해 문장 여기저기를 자주 바꾼다고 설명했다.

교사 Asaro는 한 쌍의 단순 문장을 OHP로 비추고 어떻게 그것을 결합하는지 시범을 보이면서 전체 학생들과 토의를 시작했다. 모든 학생이 문장 결합의 기본 과정을 이해할 수 있도록 가능한 한 비슷한 2개의 문장을 선택했다. 가령, '그 개는 작다. 그 개는 높이 뛰었다.' 교사 Asaro는 이러한 연습을 하는 동안에 일반적으로 하나 이상의 결합이 가능하다는 것과 실수는 배움의 기회이므로 실수하는 것을 두려워하지 말라고 학생들에게 안내했다. 그런 다음 교사 Asaro는 두 문장을 큰 소리로 읽고 말했다. "음… 자, 이 두 문장을 함께 묶기 위한 하나의 방법은 '그 작은 개는 높이 뛰었다.'라고 하는 거야." 교사 Asaro는 OHP에 새로운 문장을 쓰고, 자신이 선택한 방법으로 문장을 결합한 까닭과 이렇게 결합한 문장이 독자에게 더 잘 읽힌다고 믿는 이유를 설명했다.

교사 Asaro는 토의의 양과 학생들이 제공했던 질적 판단을 늘리면서 자신의 활동은 개입은 줄여나갔다. 그러면서 몇몇 추가적인 결합 활동을 안내했다. 교사 Asaro의 목적은 결합의 정확성과 소리 자질을 결정하기 위해 오랫동안 듣기와 읽기에서 학습한 영어 지식에 의지하도록 학생들을 안내하는 것이다. 이것이 바로 교사 Asaro가 학생들이 이야기를 쓸 때 사용하기를 바랐던 사항이다. 논의를 통해서 어떤 결합이 왜 더 잘 들리는지, 왜 여기 또는 저기에 단어를 추가하는 것이 생각을 더 명확하게 만드는지를 학습했다. 학급 토의에 거의 참여하지 않았던 학생들조차도 논의에 적극적으로 참여했다.

이러한 도입 활동 후에 교사 Asaro는 다음의 모든 활동에서 구두 연습을 시작했다. 첫째로, 교사 Asaro는 문장을 결합할 때 가장 잘 들리는 문장을 선택할 수 있도록, 귀가 선택적으로 들어야 한다고 근거를 들어 설명했다(Strong, 1986). 교사 Asaro는 자신도 글을 쓸 때 잘 읽히는지를 알아보기 위해 텍스트의 한 구절을 다시 큰 소리로 읽는 것을 설명했다. 둘째로, 학생들의 손글씨와 철자 쓰기 기능은 여전히 발달 중이어서 그 결과 글을 쓰는 신체적 행동은 그들이 문장을 쓸 수 있는 속도를 방해했다. 구두 연습은 이러한 어려움을 피하고, 수업 시간을 절약하는 데 도움을 주었다. 그 결과, 추가적인 실습을 더 할 수 있었다.

구두 연습은 다음과 같이 진행되었다. 학생들을 짝을 지어주고, OHP에 연속된 단문을 제시한 뒤, 짝과 함께 그 단문에 대해 논의하고 구두로 문장 결합의 예를 제시해 보도록 했다. 교사 Asaro는 무작위로 학생 짝을 불러 문장 결합을 어떻게 했는지 답하게 했다. 학생들이 답한 예 중에서 어떤 것들은 전자칠판이나 OHP에 적었다. 그런 다음 어느 것이 가장 좋은 소리가 나는지 판단하기 위해 큰 소리로 읽었다.

글쓰기가 혼자만의 활동처럼 보일지라도 교사 Asaro는 문장 결합 연습의 잠재적 힘은 생각을 주고받는 소집단 환경에서 언어로 하는 활동 속에 존재한다고 믿었다. 교사 Asaro는 많은 학생들이 동시에 동일한 작문 과제에 접근했을 때, 그들의 성숙과 경험 수준과 비슷한 다른 필자로부터 해결책을 얻곤 한다고 생각했다. 그래서 이러한 구두 연습을 하는 동안에도 교사 Asaro는 항상 소집단 토의와 피드백, 평가, 반성, 칭찬으로 격려했다. 구두 연습에 이어, 교사 Asaro는 학생들이 더 많은 문장 결합을 연습할 수 있도록 협동 학습의 방식을 적용했다. 학생들은 전자칠판의 슬라이드나 OHP에 자신들이 완성한 문장을 적었다. 교사 Asaro는 각각의 문제에 대해 항상 몇몇 가능한 해결책을 요구했고, 필요할 때마다 성공을 칭찬하고 향상을 지지했다.

자료의 출처

교사 Asaro가 근무하는 지역에서는 문장 결합하기 교육과정은 없었지만, 연습을 자료는 쉽게 찾을 수 있었다. 처음에 교사 Asaro는 학생들이 수업 시간에 읽는 짧은 이야기책(〈참고 10.2〉 예시)의 구절을 끊어서 단문으로 만들었다. 그리고 학생들에게 짝과 함께 그 단문을 결합하여 다시 쓰게 했다. 새로운 문장들은 수업에서 짝과 돌려 읽고 토의를 진행했다.

교사 Asaro는 학급 활동이나 학교 행사가 학생들의 삶과 흥미의 원천이 될 수 있음을 발견했다. 신문이나 잡지 역시 문장 결합 연습 문제를 만들 때 흥미 있는 자료의 원천이 되었다. 이러한 자료는 학생들에게 새로운 내용을 알려주면서 동시에 과학이나 사회 교과 학습에 도움을 주는 보너스 효과도 제공했다.

어떤 텍스트 자료라도 구절을 쉽게 재결합할 수 있는 기본적인 문장으로 만들어 있다. 구절을 분해하여 단문으로 만들고, 문장 결합에 도움을 줄 수 있는 논리적인 단서를 만들어야 한다. 예를 들면 다음과 같다.

Victor Hugo의 'Les Miserables'(55 페이지):
그는 피로로 몹시 지친 상태로 벽난로 가까이에 앉아 불을 향해 발을 뻗었다.

구절 분해:
그는 앉았다. / 그는 벽난로 근처에 앉았다. / 그는 발을 뻗었다.
그는 발을 불을 향해 뻗었다. / 그는 피로로 몹시 지친 상태였다.

〈참고 10.2〉 텍스트 구문 분해

연습의 유형

이러한 자료에서 연습문제를 개발할 때 교사 Asaro는 2개의 지침을 따랐다(Strong, 1976, 1986). 첫째, 기본적인 절이 처음에 오고, 하나 이상의 수식 문장이 이어지도록 연습문제를 설정했다. 예를 들면 다음과 같다.

기본 문장: 새가 날았다.
수식 문장: 그 새는 파란색이었다.
결합 문장: 파란 새가 날았다.

둘째, 학생들이 두 번째 문장에서 유지할 필요가 있는 중요한 정보에 집중하게 하는 2가지 단서를 사용했다. 첫 번째 단서는 밑줄 긋기였다.

그 교수는 많은 책을 썼다.
그 교수는 현명했다.

이 연습문제의 문장 결합 결과는 다음과 같다.

그 현명한 교수는 많은 책을 썼다.

단서의 두 번째 유형은 결합 되는 문장 끝 괄호에 들어있는 접속어였다.

Kristie는 세탁 바구니를 떨어뜨렸다.
그녀는 균형을 잃었다. (because)

이 연습문제의 문장 결합 결과는 다음과 같다.

Kristie는 균형을 잃었기 때문에 세탁 바구니를 떨어뜨렸다.

이러한 연습에 학생들이 익숙해지면 단서를 제거하였다. 단서 없어지자 학생들은 두 문장을 결합할 때 두 번째 문장에서 중요하게 보아야 하는 정보가 무엇인지를 결정해야 했다. 이는 학생들에게 문장의 핵심을 인식하게 하는 장점이 있다.

교사 Asaro는 학생들이 두 개의 문장 결합에 익숙해진 것을 깨닫고, (단서 없이) 복합적인 방법으로 결합할 수 있는, 더 길게 연속된 문장으로 결합하게 했다. 예를 들면 다음과 같다.

개가 짖었다.
그 개는 갈색이었다.
그것은 우리에 있다.
그것은 화가 났다.

이런 문장 세트는 다양한 흥미로운 결합을 이끌어냈다. 학생들에게 어떤 결합이 가장 잘 들리는지를 토의하게 했는데, 학생들은 이 토의에서 매우 흥미로운 대화를 나누기도 했다. 가령 다음과 같은 결합을 두고 많은 대화가 오갔다.

갈색 개는 우리에 있었기 때문에 짖었다.
화가 난 갈색 개가 우리 안에서 짖고 있었다.

복합적인 문장으로 결합할 때 완전한 문장을 위해서 설명적인 단어를 더 보태도 좋다고 알려주었다. 예를 들면 다음과 같다.

화가 난 듯 짖으면서, 거대한 갈색 개가 우리 주위를 어슬렁거렸다.

(추가적인 연습문제는 〈참고 10.3〉 참조)

문장 결합 연습은 단문의 단순 결합에서부터 여러 가지 형태로 결합할 수 있는 더 긴 형태로 이루어질 수 있다. 문장 결합 연습은 단서형 연습과 개방형 연습으로 구분할 수 있다.

○ 단서형 연습

단서형 연습은 가장 기본적인 방법이다. 밑줄을 긋거나 괄호 안에 키워드나 단어를 제시하여 특정한 단서를 제공하고, 학생들은 이를 활용하여 특정 방법으로 문장을 결합한다.

- 밑줄 친 단서:

  그날은 추웠다.

  그날은 <u>비가 왔다</u>.

가능한 해결책:

  그날은 비가 오고 추웠다.

- 괄호 안의 핵심어:

  남자는 그 이야기를 썼다.

  그는 할 말이 있었습니다. (because)

가능한 해결책:

  그 남자는 할 말이 있었기 때문에 그 이야기를 썼다.

○ 개방형 연습

개방형 연습은 어떤 유형의 단서도 제공하지 않으므로 일반적으로 더 복잡하다. 학생들은 단서 없이 유지할 정보와 버려야 할 정보를 선택해야 한다.

그 소년은 야구방망이를 흔들었다.

야구방망이는 단풍나무로 만들어졌다.

가능한 해결책:

그 소년은 단풍나무 야구방망이를 휘둘렀다.

학생들이 단서가 없는 두 개의 문장을 결합하는 데 익숙해지면 단서 없이 세 개 이상의 문장으로 된 연속 결합을 요구하는 문제로 안내할 수 있다.

경적이 울렸다.

경적은 날카롭다.

그 소리가 마리를 깜짝 놀라게 했다.

그 소리는 고양이를 도망가게 했다.

가능한 해결책:

날카롭게 울린 경적 소리는 마리를 깜짝 놀라게 했고 고양이를 도망가게 했다.

〈참고 10.3〉 문장 결합 연습의 유형

기능 순서

처음에 교사 Asaro는 Cooper(1973; 〈표 10.1〉 참조)의 기능 순서에 따라, 학생들 작문에서 자신의 요구에 긴밀히 부합하도록 주제를 조정했다. 교사 Asaro는 학생들이 자신의 글을 통해 작문 기능을 배우는 것이 가장 적합하다고 생각했다. 인위적인 연습이 학생들이 쓴 문장의 다양성과 전체적인 질을 높이는 데 효과적이었지만, 가능하면 빨리 이 형식에서 벗어나기를 원했다. 학생들이 문장 결합에 대해 이해하고 적응하자마자 교사 Asaro는 학생들에게 글의 현재 부분에 있는 문장을 쓰고 다시 쓰도록 요구했다. 자신이 지도한 기능을 이렇게 적용하는 것은 지도 시간을 더 효율적이게 만들었고, 기능 그 자체도 학생들의 개인적인 이해와 필요의 단계에 따라 더 유용하게 쓰였다.

<표 10.1> 문장 결합 연습의 순서

---

1. 형용사와 부사의 삽입

예: 남자는 베지버거를 먹었다

       남자는 <u>배가 고팠다.</u>

       배고팠던 남자는 베지버거를 먹었다.

       남자는 베지버거를 먹었다.

       그는 <u>게걸스럽게 먹었다.</u>

       남자는 베지버거를 게걸스럽게 먹었다.

2. 복합 주어와 목적어 만들기

예: 브루스는 책읽기를 원했다.

       메리는 책읽기를 원했다

       브루스와 메리는 읽기를 원했다.

       크리스티는 파스타를 원했다.

       크리스티는 브로콜리를 원했다.

       크리스티는 파스타와 브로콜리를 원했다.

3. '그리고'와 '그러나'를 이용한 복문 만들기

예: 마렌은 밖에서 놀기를 원했다.

사라는 안에서 놀기를 원했다. (그러나)

마렌은 밖에서 놀기를 원했으나 사라는 안에서 놀기를 원했다.

4. 소유격 명사 만들기

예: 나는 새끼 고양이를 좋아한다.

이것은 <u>케빈의 것이다.</u>

나는 케빈의 새끼 고양이를 좋아한다.

5. 접속어를 사용하여 부사절로 문장 만들기 (because, after, until, and when)

예: 우리는 학교에 갔다.

우리는 읽기를 배우기를 원한다. (because)

우리는 읽기를 배우기를 원하기 때문에 학교에 갔다.

6. 관계절로 문장 만들기

예: 그 학생은 첫 번째가 될 것이다.

그 학생은 <u>문에서 가장 가깝다.</u> (who)

문에서 가장 가까운 학생은 첫 번째가 될 것이다.

7. 동격어 삽입

예: 스티브는 그 학급에서 말했다.

스티브는 <u>대단한 이야기꾼이다.</u>

대단한 이야기꾼인, 스티브가 그 학급에서 말했다.

참고. 연습 조합에 대한 자세한 내용은 Cooper(1973)을 참조

특정 기능에 초점을 둔 그룹 연습을 제공하기 위해서 교사 Asaro는 학생이 쓴 한 단락을 오버헤드에 비추고, 학생들에게 문장을 개선할 수 있는 방법을 제시하도록 요구했다. 교사 Asaro는 학생에게 짝을 짓도록 하고 그 구절을 복사한 종이를 나누어 주었다. 그리고 그 단

락을 바꿀 방법을 찾기 위해 함께 토의하라고 격려했다. 학생들이 아이디어를 다 쓴 후, 다양한 문장 결합 형태를 큰 소리로 읽었고 원래 텍스트와 각각 어떻게 달라졌는지 토의했다.

교사 Asaro는 학생들 자신의 글을 활용하는 것이 학생들의 요구 수준에 맞는 가장 자연스러운 방법이라고 믿고, 현재 글과 관련된 문제에 대해 직접적인 해결책을 제공했다. 어떤 글이든 문장이 서로 연결되어 통일된 전체를 만들기 때문에 학생들은 한 문장의 리듬의 변화가 다른 문장에 미치는 영향을 쉽게 찾아낼 수 있었다. 좋은 문장은 대개 작문 맥락에서 그 문장의 목적에 따라 다르므로 학생 자신의 글에서 통사구조를 선택하는 연습을 하는 것은 오히려 더 바람직하다고 할 수 있다.

정확성 평가하기

연습 시간 동안 교사 Asaro가 자주 직면한 문제는 '정확성'을 평가하는 것이었다. 학생들은 그들이 다른 문장 결합의 정확성을 검사하는 데 도움을 줄 객관적인 기준을 원했다. 학생들은 아마도 "잘했구나, 그런데 그것을 말하기 위한 더 나은 방법이 있을 거야."라고 피드백의 말을 듣는 것보다 무엇이 옳고 무엇이 그른 것인지 듣는 것에 더 익숙했기 때문이다.

우리의 언어에는 통사를 지배하는 규칙이 있지만, 교사 Asaro는 정확성을 평가하기 위해 복잡한 문법 용어를 사용하는 것은 역효과를 초래할 것이라고 생각했다. 그래서 '정확성'보다는 '효과성'을 더 나은 지표로 강조했다. 효과성을 측정하면 실수도 허용할 수 있으므로 학생들이 정확성에 억눌리지 않고 기꺼이 토의하고 문제 해결을 시도할 수 있을 것으로 믿었다. 사실 학생의 관점에서 보면 실수는 더 나은 방법으로 형성된 좋은 문장을 만드는 원천이다. 이런 관점은 미숙한 학생, 특히 글쓰기에서 모험을 감수하지 않으려 했던 학생들에게 유익했다. 그리고 학생들에게 효과성을 강조함으로써 글쓰기에는 하나의 정답만이 있는 것이 아니라 오히려 여러 가지를 고려하는 가운데 최선의 선택을 하는 것이라는 점도 인식할 수 있게 했다. 최선의 선택을 하려면 자기반성을 필요로 하므로 작문 교육적으로도 이는 바람직하다고 할 수 있다.

교사 Asaro는 그녀의 학생들이 효과성을 측정하는 것을 돕기 위한 3가지 기준을 설정했다. 첫째, 의미의 명쾌함과 직접성, 둘째, 운율적 매력, 셋째, 예상 독자이다. 처음에는 시범을 보이고 기준을 토의했고, 그 후에 학생들이 짝을 이루어 그 기준을 사용하여 다른 동료들의 글을 평가해 보도록 지도했다.

향상성 측정하기

교사 Asaro는 학생들이 향상되고 있다고 느꼈지만 문장 결합이 변화를 만들고 있다는 좀 더 구체적인 증거를 찾기 시작했다. 어떤 면에서 학생들의 쓰기가 변화하고 있는가? 문장 결합에 투자한 시간은 적당했는가?

문장 결합 지도 전과 후에 학생들이 써낸 이야기들을 분석하고 나서, 교사 Asaro가 주목한 향상은 2가지였다. 첫째는 구두점 오류가 줄어들었다는 것이었다. 구두점은 문장 요소를 구성하는 데 도움을 준다. 교사 Asaro가 예상하지 못했던 것은 학생들이 결합-분해-재결합 과정을 통해 구두점을 사용하는 연습을 실천해 왔었다는 점이었다. 학생들은 문장의 복합성을 증가시키면서, 예를 들어 서로 다른 요소를 구별하기 위해 쉼표(,)가 필요하다는 것을 배웠고, 더 나아가 학생들은 한 문장 안에서 운율적 매력을 창조할 수 있었다. 학생들은 언제 어디서 구두점이 필요한지, 어디에 쓰면 안 되는지에 대해 이야기했다. 종합적으로 학생들의 글은 구두점 사용 측면에서 많이 명료해졌고, 이것은 미완성 문장과 끝나지 않은 문장을 눈에 띄게 감소시켰다.

두 번째는 학생들이 쓴 이야기의 총체적인 질이 향상되었다는 점이다. 학생들의 글은 더 재미있어졌다. 주어-동사-목적어 문장, 끝나지 않는 문장의 반복을 훨씬 줄임으로써 학생들은 더 쉽게 잘 읽히는 문장으로 더 만족스러운 이야기의 흐름을 이끌어냈다.

이런 향상들은 갑자기 일어나지 않았다. 문장 결합은 **빠른** 해결책이 아니었다. 이것은 시간과 노력이 든다. 교사 Asaro는 문장 결합을 가르치는 데 교육 시간을 할애해야 했으나 다른 작문 과제를 방해하는 활동은 하지 않았다. 만약 가르치는 일이 힘들고 단조롭다면 배우는 일도 동일할 것이라고 믿었던 터라 교사 Asaro는 문장 결합 지도를 매우 짧게 —10~15분을 넘지 않고 일주일에 몇 번씩— 활기찬 활동으로 유지했다.

사례 2: 10학년 수업

두 번째 사례에서는 10학년 사회 수업에서 문장 결합을 가르치는 것을 보여주고자 한다. 이 학급에는 학습 장애로 판정받은 4명의 학생들이 있었으나 더 많은 학생들이 다양한 글쓰기의 양상으로 어려움을 겪고 있었다. 교사 Thomas는 학생의 역사적 인물에 대한 에세이 쓰기 능력 향상을 원했고, 현재 학생들이 공부하고 있는 역사의 시기에 대해 더 많은 교과 내용을 기억하기를 원했다.

교사 Thomas는 학생들이 글을 쓸 때 몇 부분에서 도움을 필요로 한다는 것을 깨달았다. 학생들은 계속 이어지는 문장과 미완성 문장으로 가득 찬 글을 제출했다. 학생들은 긴 문장을 만들 때 'and, but, or' 단순 접속어를 자주 사용했고, 구두점이 필요한 곳에 구두점을 사용하지 못했다. 글을 수정하는 노력을 기울이는 학생은 매우 소수였다.

계속 이어지는 문장과 미완성 문장

교사 Thomas는 학생들이 언제 어디에서 구두점을 사용해야 하는지를 이해하는 데 어려움을 가지고 있어 종결이 없는 문장과 미완성 문장을 만든다는 것을 깨달았다. 교사 Thomas는 이러한 문장을 쓰는 오류의 유형을 정하기 위해 학생 글을 분석했다. 그 결과, 끝나지 않은 문장의 실수는 2가지 부류 중 하나에 속한다는 것을 발견했다. 즉, 독립적인 생각을 분리하기 위해 마침표를 사용하는 것에 실패하거나, 하나의 문장 안에서 내용을 연결하기 위해 너무 많은 접속사를 사용하는 것이었다.

교사 Thomas는 학생들이 다양한 문장을 생성하려고 하다 보니 필요한 구두점 붙이기를 자주 실패한다고 생각했다. 학생들은 이야기에서 문법적 복합성을 생성하는 방법을 이해하지 못했거나 특별히 연습하지 않았으므로 끝나지 않은 문장을 쓴 것이다. 정확한 구두점을 지도하기 위해서 교사 Thomas는 문장은 독립된 섬과 같다는 것을 학생들에게 설명했다(Saddler & preschern, 2007). 그 후 교사 Thomas는 결합할 두 개의 문장을 학생들에게 제공했고, 이 문장들이 주어, 서술어, 수식어를 가지고 있기 때문에 어떻게 각각의 문장들이 독립할 수 있는지 설명했다. 다음으로, 'as, and, but, so'같은 접속어의 사용 없이 문장을 결합하는 방법의 예를 학생들에게 물었다. 이 과정은 적어도 일주일에 세 번, 미니레슨 동안에 반복되었다. 교사 Thomas는 학생들의 글 외에 사회 학습 교과서가 연습문제를 만드는데 훌륭한 내용을 제공한다는 것을 발견하고 사회 교과서를 활용하여 연습문제를 구성했다.

교사 Thomas는 유사한 활동을 통해 너무 많은 아이디어를 연결하기 위해 접속사를 사용했던 끝나지 않은 문장을 제거하는 것을 도왔다. 활동을 시작할 때, 다리 사진에 과하게 접속사를 쓴 예를 학생들에게 보여주었다(Saddler & preschern, 2007). 그리고 나서 접속사 특히 'and, but, so'가 아이디어를 연결하는 다리 역할을 한다는 것을 학생들에게 설명했다. 문장에 너무 많은 다리(접속사)가 있으면 독자가 다리를 건너서 문장을 이해하는 것이 어렵게 된다고 했다. 그리고 계속 이어지는 문장(예, '조지 워싱턴은 강에 갔고, 그리고 보트를 탔고, 그리고 그의 군대와 함께 넓은 강을 항해하여 건넜다.')을 칠판에 쓴 다음, 학생들의 이해를 돕기 위해 다리 사진에 모든 'and'를 재배치했다. 일단 학생들은 끝나지 않은 문장이 어떻게 혼동될 수 있는지를 보고, 이 접속사들의 목적과 기능을 이해하기 시작했다. 교사 Thomas는 이 깨달음이 학생들의 글에서 끝나지 않은 문장의 수를 감소시킨다는 것에 주목했다.

수정하기

미니레슨 동안에 학습된 기능이 실제의 쓰기로 더 빨리 통합될수록 그 기능이 실제로 학생들의 쓰기 도구상자에 적용될 가능성이 더 커지기 때문에, 교사 Thomas는 가능한 한 빨리 작문 과정의 요소로서 문장 결합 연습이 통합되는 것이 중요하다고 믿었다. 의미 있는 방법으로 문장 결합 기능을 쓰기 과정으로 직접 통합시키기 위해 그가 찾은 한 가지 방법은 수정하기 과정에 있었다.

교사 Thomas가 문장 결합 연습을 시작하기 전에 학생들은 주로 편집하기의 하나로 수정하기 과정을 이해했다고 생각했다. 학생들은 최소 노력 전략으로 수정하기를 실시했다. 즉, 그들은 가장 쉽게 바꿀 수 있는 것만 고쳤다. 학생들은 실제 수정하기, 말하자면 메시지를 더 명료화하기 위해 텍스트의 소리를 만들거나 예상 독자를 고려하는 것에 집중하기보다 철자 수정하기, 대문자 고치기, 형식 고치기, 구두점 고치기 같은 '집 지키기' 전략을 쓴다는 사실에 주목했다.

교사 Thomas는 연습하고 있던 문장 결합 기능을 사용하여 수정하기에 관한 수업을 하기 시작했다. OHP에 학생이 쓴 글을 올려놓고, 접사를 써서 결합할 수 있는 짧은 두 문장이나, 더 잘 들리는 문장을 만들거나, 다양성을 위해 구가 끼어들 수 있는 특정한 부분을 학생 글에서 찾아 표시했다.

이 수업을 수행하는 동안 교사 Thomas는 사고구술을 통해 정확한 결합을 위한 선택이 포함된 사고 과정을 보여주었다. 자신이 생각하고 있는 것을 학생들이 '볼 수 있도록' 하기 위해 다양한 사고 구술을 사용했다. 예를 들어, '내가 여기서 무엇을 해야 하지?'(문제 한정), '그것이 맞는가?'(적절성 판단), '그것이 그 부분을 소리 낼 수 있는 가장 최선의 방법인가?'(효과 점검), '내가 더 잘 말할 수 있는가?'(자기평가), '나는 그 부분의 소리가 정말 좋다.'(자기 강화) 등을 사용했다.

수정하기 과정을 보여준 뒤에 교사 Thomas는 훈련된 문장 결합 기능을 이용하여 학생들에게 자기가 쓴 글을 편집해 보게 시켰다.

목표는 학생들이 문장의 다양성을 더하기 위해 2개 또는 3개의 지점을 찾는 것이다. 예를 들어, 만약에 수업에서 분사구의 사용을 통해 더 세련된 문단 쓰기를 가르쳤다면, 학생들에게 분사구로 꾸밀 수 있는 한 문장을 선택하게 하거나, 하나의 문장을 만들기 위해 분사구로 결합할 수 있는 두 문장을 찾게 시켰다. 만약 필요하다면 학생들에게 바꿀 위치를 찾도록 도움을 제공했다.

학생들이 초고를 교정한 이후에 교사 Thomas는 새로운 글을 쓰도록 시켰다. 학생들에게 새로운 글에서는 적어도 작문 목표를 겨냥한 두 문장을 포함하게 했다. 예를 들어, 만약 원인-결과의 종속절을 쓰고 있었다면, 학생들에게 전환 단어로 '왜냐하면, ~(이)므로, 그래서, 비록~할지라도' 중 하나를 사용한 두 문장을 포함하게 했다.

학생들의 문장 결합과 수정 기능을 향상시키기 위해 교사 Thomas가 찾은 다른 방법은 학생들에게 서로의 글을 교정을 보게 하는 것이다. 학생들을 둘씩 짝을 정해 주고, 학생들이 생각하기에 짝의 글에서 잘 쓴 문장을 하나 고르고, 문장 결합 기능을 사용해 수정할 수 있는 한 곳을 찾도록 했다. 학생들에게 10~15분의 활동시간을 준 다음 교실을 순회하며 학생들에게 도움을 제공하였다. 그러면서 짝에게 하나의 긍정적 조언과 제안을 하도록 학생들을 격려했다.

몇 주 동안 짧은 문장 결합 연습 수업 후에 교사 Thomas는 학생들의 글에서 수정하기의 양이 증가했다는 사실을 발견했다. 학생들이 만든 초고를 가지고 있었으므로 학생들이 단어를 바꾸고, 구와 절을 더하고, 문장 전체를 더 자주 그리고 효과적으로 다시 쓰고 있다는 것을 금방 알 수 있었다.

결론

연구에 따르면 문장 결합은 통사를 다루는 학생들의 능력을 향상시키는 효과적인 기능이다. 다행스럽게도 문장 결합 연습은 이런 장면을 제시함으로써 쓰기 워크숍 방식을 사용하는 교실에서도 손쉽게 통합될 수 있다. 수사적 맥락에 부합하는 문장을 선택하기 위한 '통사적 발달'과 향상된 기능을 실현하려면 체계적으로 문장 결합을 연습하게 하는 수업이 필요하다. 문장 결합은 정규 작문 수업(Strong, 1976)에 추가된 문체 자원으로서(Butler, 2011) 기타 검증된 작문 활동과 함께 매우 빈번하게 활용되고 있다.

비록 문장 결합 연습이 필자의 통사적 유창성을 향상시키는 데 효과적임을 증명하기는 했지만, 이는 오직 쓰기 프로그램 안에 있는 하나의 요소만을 드러낸다. 이 연습은 작문 과정 중에 직면하게 될 모든 문제를 해결하도록 해 주지는 않는다. 계획하기와 같은 작문 과정을 도울 수도 없다. 그러므로 작문 지도를 오로지 문장 결합에만 전적으로 의지하는 것은 올바르지 않다. 그럼에도 불구하고 문장 결합 연습이 충분한 글쓰기 시간, 동료와 교사 간의 협의, 기능 향상을 위한 미니 수업, 충분한 교사 시범, 작문 과제 선택을 포함한 균형 잡힌 쓰기 프로그램의 요소로 사용된다면 필자들이 메시지를 구성할 때 사용하는 필수적인 지식이 될 것이다.

참고문헌

Butler, P. (2011). Reconsidering the teaching of style. *English Journal*, 100(4), 77~82.

Czerniewska, P. (1992). *Learning about writing*. Oxford, UK: Blackweli.

Cooper, C. R. (1973). An outline for writing sentence combining problems. *English Journal*, 62, 96~102.

Crowhurst, M., & Piche, G. L. (1979). Audience and mode of discourse effects on syntactic complexity in writing at two grade levels. *Research in the Teaching of English*, 13, 101~109.

Flower, L. S., & Hayes, J. R. (1981). A cognitive process theory of writing. *College Composition a7td Communication*, 32, 365~387.

Graham, S. (1997). Executive control in the revising of students with learning and writing difficulties. *Journal of Educational Psychology*, 89, 223~234.

Hillocks, G. (1986). *Research on written composition*. Urhana, IL: ERIC Clearinghouse on Reading and Communication Skills.

Hunt, K. W. (1965). *Grammatical structures written at three grade levels* (Research Report No. 3). Champaign, IL: National Council of Teachers of English.

National Governors Association &; Council of Chief State School Officers. (2010). Common Core State Standards for English language arts & literacy in his tory/social studies, scie77ce, and technical subjects. Washington, DC: Authors. Retrieved from corestandards.org.

Nemans, B. S. (1995). *Teaching students to write*. New York: Oxford University Press.

O'Hare, F. (1973). *Sentence combining*. Champaign, IL: National Council of Teachers of English.

Saddler, B. (2005). Sentence combining: A sentence-level writing intervention.

Reading Teacher, 58, 468~471.

Saddler, B., & Graham, S. (2005). The effects of peer-assisted sentence combining instruction on the writing of more and less skilled young writers. *Journal of Educational Psychology*, 97(1), 43~54.

Saddler, B., & Preschern, J. (2007). Improving sentence writing ability through sentence-combining practice. *Teaching Exceptional Children*, 39, 3, 6~11.

Strong, W. (1976). Close-up: Sentence combining. *English Journal*, 24, 56~65.

Strong, W. (1986). *Creative approaches to sentence combining*. Urbana, IL: ERIC Clearinghouse on Reading and Communication Skills and the National Council of Teachers of English.

11장
철자법과 손글씨 쓰기의 지도

BOB SCHLAGAL

한때 교육의 핵심 요소였던 철자법과 손글씨 쓰기가 현 초등학교 교육과정에서는 그 영향력이 크게 줄어들었다. 교사들 중 일부는 이러한 현상이 적절하다고 생각하고 있다. 철자법과 손글씨 쓰기를 교육과정의 변두리로 밀어내는 데는 두 가지 영향력이 작용했다. 첫째는 20세기 후반에 나타난 교육적 우선순위의 변화이다. 교사들은 작문에서 문법, 철자법, 발음, 손글씨 쓰기(이러한 것은 작문에는 거의 영향을 미치지 않는 표면적 특징으로 간주되곤 했다.)보다는 개인적 의사소통을 더 강조하였다. 둘째는 첫 번째 요인보다 영향력이 더 크다고 할 수 있는데, 컴퓨터의 워드프로세서와 같은 전자기술의 확산이다. 워드프로세서나 철자 검사기 같은 전자기술이 도입되면서 학생들에게 철자법이나 손글씨 쓰기에 시간을 투자하는 것은 이제는 더 이상 중요하지 않다고 생각하게 했다. 전자기술을 활용하여 소통하다 보면 이러한 기능은 자연스럽게 습득될 것이라고 믿었다. 하지만 그렇지 않다.

유려하고 가독성이 높은 잘 쓴 손글씨 쓰기와 정확한 철자법은 앞으로도 계속 필요할 것이다. 이러한 기본 기능이 독서 능력 및 작문 능력 신장에 중요하게 기여한다는 증거도 있다. 그러나 이미 언급했듯이 이러한 기능은 그냥 얻어지는 것이 아니다.

철자법

미국 교육의 전 과정에 걸쳐 철자법은 문해 지도의 핵심 요소였다. 독서와 작문은 철자법과 그 패턴에 대한 지식에 뿌리를 두고 있다. 그러나 현재 교사들 사이에서는 철자법 체계와 그것을 가르치는 방법에 대해 혼란이 존재하는 듯하다(Moats, 2005~2006). 대부분의 초등학교 교사들은 철자법을 교과과정에 포함시키고 일주일 동안 배울 단어 목록을 정한다. 그러나 철자법을 다루는 방식은 놀랄 만큼 서로 차이가 클 뿐만 아니라 철자가 미숙한 학생들의 요구가 반영되지 않기도 한다(Graham et al., 2008; Johnston, 2001). 일부 교사들은 단어의 철자를 배우려면 단어 암기가 필요하다고 생각하여 기초 읽기 자료, 독서 활동 자료, 저술된 책, 심지어는 학생 선발용 시험지에서 학생들에게 제시할 단어를 뽑아낸다(Graham et al., 2008).

학생들이 교육과정상의 목표 달성을 추구해야 한다는 점에서 보면 학생들이 이러한 방식으로 선정한 단어를 암기하는 것은 적절하지 않을 수 있다. 학생들이 암기해야 하는 단어 중에는 교육과정의 목표에 부합하지 않는, 중요하지 않은 단어가 있을 수 있기 때문이다. 이러한 이유로 교사들 중에는 교육과정상의 단어, 교과 교과서에 등장하는 단어로 철자를 가르치기도 한다. 예를 들어, 학생들이 일주일 동안 학습해야 할 사회 과목 단원이나 과학 과목 단원에서 단어를 뽑거나 독서 수업 시간에 읽을 소설에서 단어를 선정하면, 학생들에게 학습에 필요한 단어의 정의도 알려줄 수 있고 철자법도 알려줄 수 있다.

그러나 이와 같은 방법은 철자법 체계에 대한 정보를 거의 제공하지 않는다는 점에서 문제가 있다. 교사가 자의적으로 선정한 단어나 교과서에 의거하여 선정한 단어는 주제적인 연관성을 가지고 있거나 개인적으로 유용성을 가지고 있을 수 있다. 그러나 이 단어들은 철자법에서 매우 중요한, 다른 단어와의 철자법적 관련성을 전혀 보여주지 않는다. 그래서 이렇게 선정한 단어들은 학생들이 그저 암기해야만 하는 고립된 단어의 목록일 뿐이다. 이런 식의 접근은 학생들이 단어 자체는 배울 수 있겠지만 질서 정연한 체계로서의 철자법은 배우지 못 한다. 게다가 교과서에 등장하는 단어는 학생들에게 어렵다. 학생들은 다양한 수준의 단어를 읽고 의미를 파악하는 공부를 해야 한다. 물론 철자법 공부도 그렇다.

이러한 단어 접근법은 주변 중산층 주거 지역 학교에서 흔히 볼 수 있는 모습이다. 내가 방문했던 학교도 그랬다. 교과서에 나오는 단어를 골라는 내는 방법은 전 학년에 걸쳐 철자법을 지도할 때 사용하는 관습적 방법이었다. 3학년 교실에서 매주 치르는 단어 철자법 시험이 있었는데, 이 시험에서 다루는 단어는 미국의 원주민을 다룬 사회 교과서 단원에서 뽑은 것이었다. 시험에서 다루었던 단어 10개 중에서 4개는 아직도 기억하고 있다. native(토착의), shaman(무당), culture(문화), environment(환경). 이 모습을 관찰한 이후에 이 수업을 맡고 있었던 교사와 인터뷰를 했다. 그 교사는 많은 학생들이 철자법을 익히려고 애쓰고 있지만 결과는 대체로 좋지 않다는 점을 인정했다.

흥미로운 사실 중 하나는 현재에도 쓰이고 있는 단어 철자법에 대한 이러한 접근법이 19세기에도 흔히 사용하던 방법이었다는 점이다. 19세기에 학교에서 이러한 방법으로 단어 철자법을 지도했으나, 이후 단어의 난도를 세밀하게 다룬 연구들이 나오면서 이러한 방식은 많은 비판을 받았고 해당 연구들이 제안한 단어로 대체되었다. 그러나 연구에서 제안한 단어로 철자를 지도하는 방법도 한계는 여전했다. 초등학교 저학년에서는 'grow into' 같은 구동사가 지도해야 할 단어로 지정되어 있었는데 이러한 단어는 학생들이 흔히 접하는 단어가 아니었다. 초등학교 고학년 학생들에게는 'vicissitude(변화), indictable(기소되어야 할), convalescent(회복기 환자의)' 같은 복잡한 단어가 무작위로 제시되었지만, 이러한 단어들도 대부분은 학생들이 읽는 독서 자료나 학생들이 작성하는 글에 등장하지 않는 것들이었다. 옛날이나 지금이나 해당 학년 학생들이 철자법을 익혀야 할 단어는 학생들에게 어렵다. 철자법을 익히는 것뿐만 아니라 그 단어의 의미를 학습하는 것도 어렵다. 그러므로 학생들에게 부담이 되지 않도록 차근차근 제시할 필요가 있다.

단어 철자법을 다루는 방법이 매우 다양할 뿐만 아니라(Graham at al., 2008) 영어 철자법의 특성에 대한 교사의 지식 부족을 고려할 때(Moats, 2005~2006), 단어 철자법과 영어 철자법의 특성을 그간의 연구에서는 어떻게 다루어왔는지를 살펴보는 것이 좋을 듯하다. 이 과정에서 공통 핵심 성취기준에 주는 함의도 살펴보게 될 것이(NGA & CCSSO, 2010).

초기의 철자법 연구

20세기의 연구인 Schlagal(2001)에 따르면 철자법을 다룬 책에서는 두 가지의 실용적 변화가 있었다. 첫 번째는 그동안 철자법을 매우 강조했음에도 불구하고 그 결과는 좋지 못했다는 사실을 반성하면서(Hanna, Hodges, & Hanna, 1971) 단어 빈도를 준거로 한 단어 선정 방법이 도입되었다. 생활 중에 자주 쓰이는 고빈도 단어일수록 배우기 쉽고 사용하기 편리하다는 점에서 매우 실용적인 방법이었다. 두 번째는 많은 사람들의 주장과는 달리, 영어의 철자법이 체계적이고 예측 가능한 것이라는 주장을 수용한 변화였다.

단어 빈도

1930년대에 철자법을 다룬 책에 큰 변화가 나타났는데 가장 중요한 점은 단어 목록을 일상적으로 사용하는 단어들을 바탕으로 구성했다는 것이었다(Hanna et al., 1971). 일상적인 대화, 인쇄물, 어린이나 성인이 작성한 글에 등장하는 빈도를 기준으로 단어를 선정했으며, 목록의 후반부로 갈수록 점차적으로 어려운 단어가 제시되었다. 그리고 단어의 길이에도 주목했다. 이렇게 구성된 단어 목록에 따라, 나이가 어린 학생들은 더 짧고 더 쉬운 고빈도 단어를, 좀 더 나이가 많은 학생들은 더 길고 더 어려운 저빈도 단어를 배웠다. 예를 들어, 2학년 학생들은 'mask, first, queen' 같은 단어를, 5학년 학생들은 'address, imitate, apartment' 같은 단어를 배웠다. 이러한 방법은 단어 난도 조절의 일반적인 원리를 제공해 주었다. 그리고 학생들이 철자법을 익히기 위해 공부하는 단어는 학생들이 사용하는 단어여야 하고 학생들이 작문을 할 때에는 이 단어를 텍스트에 포함해야 한다는 원리도 수립했다(Hanna et al., 1971).

이러한 새로운 접근법은 철자법 수업을 더 쉽고 실용적으로 만들었다. 이는 기존의 접근법보다 분명한 장점이었으나, 그럼에도 불구하고 학습 전략은 그대로였다. 철자법 교과서에 제시된 단어 목록은 철자법 패턴과는 여전히 아무런 관련이 없었으므로, 학생들은 각각의 단어의 철자법을 그냥 외워야 했다. 사정이 이렇다 보니 단어의 철자법을 효과적으로 기억하기 위한 학습 방법이 제안되기도 했다. 그 중 한 가지가 'Look-Say-Cover-Write-Check'인데, 이 학습 방법은 철자법 기초 공부법으로 권장되기도 했고, 다감각[1] 기반의 교정 방법으로 쓰이기도 했다. 1930년대와 1940년대에 확립된 방법으로는 'weekly pretest-study-test', 'periodic review'가 있다. 사전 시험을 보고 오류를 스스로 수정하게 하는 'self-correction'도 있다. 철자 오류를 스스로 수정하게 하는 'self-correction'(단어를 정확한 철자를 2~3회 반복하여 쓰기)은 특정 철자법을 익히는 데 효과적이다. 이러한 방법은 학생들이 단어를 학습하고 기억을 유지하는 데 도움을 주었다(Hanna et al., 1971; Schlagal, 2002).

---

1) [역주] 언어 지도에서는 전통적으로 시각이나 청각을 주로 사용하지만, 언어 능력이 부족한 학생들에게는 후각이나 미각, 촉각까지 결합하기도 한다. 여러 감각을 동원한다는 뜻에서 '다감각'이라는 표현을 사용한다.

빈도로 단어를 나누는 방법은 철자법 교재의 발전에 기여했다. 여기에는 몇 가지 이유가 있었다. 첫째, 단어 빈도는 철자법 수행에 영향을 미치기 때문이었다(Treiman, 1993). 둘째, 이러한 접근은 광범위하고 간접적인 방식임에도 불구하고 단어 철자법 체계의 일반적 특성을 알려주기 때문이었다. 이 방법의 분류에 따르면, 일반적으로 단어의 난도가 올라갈수록 철자 체계가 복잡해진다.

전통적 철자법 교과서에서는 초등학교 저학년 단어로 앵글로 색슨어(예, bed, farm, hand, milk)가 나오고 중학년이 되면 노르만-프랑스어에서 유래한 단어(예, blame, crown, broil, royal, dinner, piece)로 옮겨 간다. 이 두 유형의 단어들은 현대 영어의 기초를 이루고 있으며, 사전 등록 단어의 약 40%에 해당한다(Henderson, 1990). 그 이후의 학년에서는 라틴어와 그리스어에서 유래한 단어들(예, insane, ability, exist, meditate, extinguish)의 비율이 증가한다. 라틴어와 그리스에서 유래한 단어들은 4학년에서 시작하여 6학년 이상의 학년에서까지 나타난다(Henderson, 1990). 라틴어와 그리스 유래 단어들은 노출 빈도가 낮으며, 학교 교과의 특성이나 학문적 특성을 보여주는, 매우 강력한 의미적 요소와 철자법 패턴의 요소를 담고 있다. 따라서 학생들은 이러한 단어를 좀 더 많이 학습해야 하며, 공식적 표현법을 익히기 위해서라도 이를 익혀야 한다. 전체 학년에 걸쳐 이러한 방식으로 철자법을 배우는 학생들은 비록 간접적인 방법이기는 하지만 철자법의 체계에 대한 정보를 익히기가 쉽다.

이 빈도 기반의 접근법은 현재 많은 철자법 교재에 변형된 형태로 남아 있다. 이러한 방법이 제공하는 단어 철자법의 일반적인 구조는 공통 핵심 성취기준에서 제시하고 있는 대략적인 철자법 학습에 대한 요구에도 적절히 부응한다.

일반화

일부 교사들이 그러한 것처럼, 영어의 철자법 체계는 너무 복잡하고 무질서해서 가르칠 수 없다는, 널리 퍼진 믿음으로 인해 미국 교육에서는 단어의 철자를 암기하는 방법이 지배적이었다. 20세기의 두 번째로 중요한 변화는 영어 철자법이 많은 사람들이 생각했던 것보다 훨씬 더 질서 정연하다는 논증에서 비롯되었다.

1960년대에 새롭게 떠오른 전자기술의 힘을 빌려 연구자들은 문자와 소리의 대응을 폭넓게 조사했다. 연구자들은 여기에서 멈추지 않았다. 단어 안에서 문자의 위치('ckik'이 아니라 'kick'), 철자법에서 강세 패턴의 영향(만약 강세가 접사 앞의 어절에 오게 되는 경우 'omitting'처럼 같은 자음을 2번 사용하는 예), 의미의 영향(과거 시제는 /walkt/, /fannd/, /started/처럼 소리와 상관없이 '-ed'의 철자를 사용하는 예)을 조사하여 문자의 소리가 어떠한지도 조사했다. 연구자들의 조사 결과, 극히 소수의 단어만이 철자법 예측이 어려운 것으로 확인되었다. 이러한 조사를 통해서 얻은 규칙을 단어 철자법 학습에 포함하면 단순 암기에서 벗어나 철자법 패턴의 일반화를 통한 학습이 가능해진다.

영어의 철자법은 대체로 체계적이라는 이러한 설명에 따라 많은 철자법 교재들이 학생들이 철자법 패턴을 익힐 수 있도록 조직한 단어 목록을 제공하기 시작했다.

난도는 여전히 단어의 빈도와 길이로 정해졌지만 단어들이 무작위적이지는 않았다. 패턴은 1번 나오는 경우부터 4번 나오는 경우로 구분되었으며, 각 패턴에 대응하는 단어의 목록이 제시되었다. 만약 학생들이 단어 목록에서 이러한 철자법 패턴을 배웠다면, 배우지 않은 유사한 단어의 철자법도 파악할 수 있는 철자법 지식의 일반화를 성취할 수 있었다. 그리고 교재에는 철자법 패턴의 원리를 교사와 학생들이 효과적으로 이해할 수 있도록 해설이 포함되었다. 이렇게 구조적으로 조직된 단어의 목록은 예전 목록보다 더 유리했다. 학생들은 20개의 개별 단어를 암기하는 대신에 패턴으로 묶인 단어 뭉치를 배우게 되어 기억 부담이 크게 줄었다. 교사가 학생들의 철자법 패턴 학습을 지원하는 것도 훨씬 더 수월해졌다.

현재의 철자법 교재는, 단어를 새롭게 정선하고 단어 특징을 새롭게 설명하는 초기 이후의 연구 성과를 반영하였음에도 불구하고 철자법 패턴과 그 패턴의 일반화를 중심으로 단어를 제시하는 등 20세기 후반 이전의 교재들과 많은 부분이 비슷하다. 철자법 패턴과 그 패턴의 일반화를 강조하는 방법은 암기 중심의 학습보다 분명히 장점이 있지만 근본적인 약점이 있다.

우선, 철자법 교재는 등급별로 엄격하게 구분되어 있어서 평균적인 학생들의 요구는 충족할 수 있겠지만 상위 집단이나 하위 집단의 요구는 충족하기 어렵다. 상위 집단 학생들은 너무 쉽다고 느낄 수 있는 반면, 하위 집단 학생들은 너무 어렵다고 생각할 수 있다. 하위 집단 학생들은 교사들의 교육적 개입 없이는 이러한 문제 상황의 극복이 어렵다(Schlagal, 2002; Graham & Harris, 2002).

교사가 단원에 제시되어 있는 철자법 패턴의 일반화를 가르치지 않을 수 있다는 문제도 있다. 이는 교사가 철자법 지도를 우선시하지 않거나, 철자법은 암기로 공부해야 한다고 생각하거나, 철자법 체계에 대한 이해가 부족하거나, 철자법과 관련하여 필수적으로 지도해야 할 내용과 선택적으로 지도해야 할 내용에 대한 이해가 부족할 때 일어난다(Moats, 2005~2006).

현재의 철자법 교재가 가지고 있는 또 다른 문제는 철자법 패턴 이해에 도움을 주지 않는 활동과 동기 유발만을 겨냥한 'unscrambling game' 같은 게임으로 채워져 있다는 것이다(Schlagal, 2002). 이러한 활동이나 게임은 그렇지 않아도 철자법 성취 수준이 낮은 학생들의 주의를 분산시키는 문제가 있다.

그럼에도 불구하고, 교사가 단어 목록을 넘어서서 그 단어 목록 아래에 깔려 있는 원리에 도달할 수 있고 철자법 교재 자체가 가지고 있는 등급 구분의 한계를 넘어설 수 있다는 전제가 충족된다면, 잘 구조화된 철자법 기본 교재도 교사에게 좋은 생각거리를 제공할 수 있다.

성장기의 철자법 연구

1970년대 후반 이래 교육 연구자들은 철자법 교재나 지도 계획에 대한 관심을 거두고 학생에게 관심을 쏟기 시작했다(Nelson, 1989; Schlagal, 2001). Charles Read(1975), Henderson & Beers(1980; Templeton & Morris, 2000 참고)의 언어학적 관점에서 볼 때, 어린 학생들의 철자법 오류는 잘못된 기억 때문에 일어나는 일이 아니다. 어린 학생들이 범하는 철자법 오류는 그 나름대로 합리적인 면이 있어서 예측 가능한 것으로 보인다. 학생들이 'fish'를 'FEH'로 표기하는 철자법 오류는 /sh/ 소리를 나타내는 하나의 알파벳 문자가 없어서 일어난 다고 볼 수 있다. 문자 'h'를 천천히 발음하면 /s/ 소리를 포함하고 있으니 이는 매우 자연스러워 보인다. 더욱이 단모음 /i/ 소리는 입안에서의 위치로 보나 소리로 보나 문자 'i'보다 문자 'e'에 더 가깝다. 그러므로 이러한 오류는 기억이 불완전해서가 아니라, 오히려 소리를 정확하게 분석하고 알파벳 문자를 영리하게 사용했기 때문인 것이다.

여기 유치원 학생들이 쓴 글이 있다. 각각은 이전에 쓴 것들보다는 철자법 발달에서 약간 더 정교하다(학생들의 글은 대문자로 쓰여 있다.)

T D ES MI DLS BR DAY.
[Today is my doll's birthday.]
DER MAMA I DO NOT LIK THE WA U AR AKDN TO ME. LOVE ALICE
[Dear Mama, I do not like the way you are acting to me. Love, Alice.]

POLR BERS DIW NOT HIBRNAT IN WINTIR.
[Polar bears do not hibernate in winter.]

Henderson과 다른 연구자들(Templeton & Morris, 2000 참고)은 시간에 따라 철자법이 어떻게 변화하면서 발달하는지를 설명했다. 이러한 변화들은 우선적으로 소리 또는 음소 분석 능력의 성장을 반영한다. 예를 들어, 위 사례의 첫 번째 어린이는 'to'를 'T', 'day'를 'D', 'dolls'을 'DLS' 라고 표기함으로써 부분적으로나마 음소에 대한 자각을 보여주고 있다. 반면에 세 번째 어린이는 'hibernate(HIBRNAT)', 'winter(WINTIR)'와 같은 복잡한 단어까지 표기함으로써 음소 구조에 대한 완벽한 자각을 보여주고 있다. 이 어린이의 분석은 완벽했지만 단어의 철자법은 올바르게 쓰지 않았다. 'acting(AKDN)'이라고 쓴 두 번째 어린이의 철자법은 'way(WA)'와 'you(U)'처럼 단어의 형태는 미숙하지만 음소학적으로는 완벽하다.

글자와 소리를 대응시키는 어린이의 능력은 지도와 연습에 따라, 인쇄물에 노출된 정도에 따라 성장하므로 학생들이 익힌 문자와 소리의 대응은 대부분 관습적인 면이 있다(Henderson & Beers, 1980; Read, 1975; Templeton & Morris, 2000). 소리를 문자로 표시하는 능력의 성장은 단어를 기억에서 잊지 않도록 해 주는 접착제 같은 것이다. 학생들은 단어에 대한 지식이 성장함에 따라, 철자법 체계를 발전시킬 수 있는 많은 정보를 갖게 된다. 소리가 어떻게 글자로 표기되는지, 하나의 글자가 아니라 철자법의 패턴을 깨닫기 시작하면서 학생들은 자기가 만들어서 쓴 철자법을 점차 사회적으로 합의된 형태로 바꾸어 가게 된다. 여기에 이를 잘 보여주는 예가 있다.

Let me stay up to MIDNITE PLEES, PLEES, PLEES, PLEES! I won't make NOYES.
I just want to jump on the bed down STARES like Bobbys TRAMPALEEN.

이 문장을 보면, 학생은 문자와 소리의 기본적인 연결에서 높은 수준의 정확성을 보이고 있으며, 이중자음, 단모음 및 자주 사용하는 단어를 정확하게 사용하고 있다. 그러나 'midnight, please, stairs, trampoline, noise'에서처럼 모음의 패턴을 쓸 때 오류가 나타났다(이전에 이 단어들에 대해서 음성학적인 노력을 기울였을 때에는

'MEDNIT, PLEZ, STARS'로 표기되었다).

학생들은 장모음과 이중모음 패턴을 익힐 때에 'e' 탈락이나 자음 중복이 유발하는 문제에 직면하곤 한다(Schlagal, 1992). 그리고 글자와 소리의 대응을 철자법 패턴으로 통제할 수 있게 되었을 때 단어의 의미를 철자법 패턴으로 파악하는 데에 어려움을 겪는다(Templeton & Morris, 2000). 즉, 학생들은 매운 높은 수준에 있는 단어의 경우, 의미 관계가 소리에 선행한다는 것을 학습해야 한다. 이는 아래와 같은 단어의 짝에서 확인할 수 있다. 각 쌍에서 한쪽의 글자는 소리로는 철자법의 단서를 찾기 힘들다. 소리가 철자법의 단서가 될 수 없는 부분은 괄호로 나타내고, 짝이 되는 단어에서는 굵은 글씨로 뚜렷하게 구분했다.

regul[a]r-regul**a**rity
colum[n]-colum**n**ist
comp**e**te-comp[e]tition
si[g]n-si**g**nature

요약하자면, 철자법 발달에 대한 연구들은 철자법 학습에 도움이 되는 설명을 제공해 왔으며, 시간의 변화에 따른 철자법 오류의 보편적 형태에 대한 설명도 제공해 왔다. 철자법 발달을 다룬 연구들에 따르면 철자법의 발달은 초기의 부분적인 음성 분석에서부터 관습적인 소리와 문자의 대응(음소적인 측면), 소리 패턴의 표상(정서법적 측면), 의미 패턴의 표상(형태론적 측면)까지를 모두 반영하고 있다. 철자법 발달에서 나타는 변화를 '누적'으로 볼 것인지, 아니면 '중복'으로 볼 것인지에 대해서는 논쟁이 있지만, 철자법 발달이 시간이 지나면서 예측 가능하게 전개된다는 점에 대해서는 대체로 의견을 같이한다(Moats, 2005~2006). 교육 전문가의 입장에서 봤을 때 이와 같은 분야는 교육학적으로 매우 유용한 분야라고 할 수 있다.

일부 연구자들은, 학생들이 범하는 철자법 오류가 어떤 하나의 단계로 확정하기가 어렵고 오히려 더 높은 등급의 단어의 철자법을 올바르게 표기하는 경우도 있다는 점을 들어 단어 지식이 단계적으로 성장한다고 보는 관점에 반대하고 있다.

이들의 주장이 사실이라 할지라도 그 단계라는 것이 고정불변의 것이 될 수는 없다. 오히려 그 단계는 단어가 만들어지는 방식에 대한 학생들의 가정을 반영한, 유기적으로 진화하는 단계로 보는 것이 더 타당하다. Young(2007)에 따르면 학생들이 철자법 오류를 범한 단어들 중 아주 일부만이 철자법 단어 목록에 있었으며 철자법 분류 단계에서 벗어나는 단어의 오류도 많았다. 그런데 흥미로운 점은, 오류가 발생했을 때 그 오류는 거의 전적으로 하위 단계에 속하는 유형의 오류였다. 상위 수준의 단어들은 오류가 가장 적었다(Schlagal, 2001).

철자법의 개념이 잘 구조화되기는 하였지만 완전하지 않은 상황에서 가장 효과적인 지도 방법은 펜의 미끄러짐에 의한 오류, 부주의로 인한 오류, 과제 난도가 높은 데에 따른, 좌절감을 심어줄 수 있는 오류는 다루지 않는 것이다. 낮은 차원에서 발생한 오류는, 주의를 기울이기만 한다면 자기 수정이 훨씬 쉽다.

성취기준과 철자법 지도를 위한 지침

철자법과 관련된 공통 핵심 성취기준은 위에서 설명한 변화 과정을 대체로 반영하지만, 명확히 해야 할 부분이 있다. 그 중 하나는 '5개 모음의 장단음과 공통 철자법의 대응'을 배우는 유치원 성취기준이다. '문자소(grapheme)'[2]라는 용어, 좀 더 좋은 용어로는 '기본 문자'가 유치원 성취기준에는 적합할 수도 있다(의도에 비추어 볼 때 그렇게 보인다). 그러나 성취기준에서 사용하고 있는 '기본 철자법'이라는 용어는 장모음 패턴을 가르쳐야 한다는 것으로 오해하게 할

---

2) 문자소, 의미를 변별하는 최소 문자 단위. 음성의 음소에 대응한다.

가능성이 크다. 장모음은 상대적으로 식별하기는 쉽지만, 이에 대응하는 '기본 철자법'은 변화 양상이 크고 추상적이며 복잡하다(예, 'rain, boat, tape, keep, so' 등). 이것들은 대부분 유치원 학생들이 더 늦게 숙달하는 모음들이다(Schlagal, 1992).

한편, '이중음자(digraphs)[3]에 대한 소리와 철자의 대응'을 배우는 것은 기본적으로 음소와 문자소의 대응을 배우는 것과 같은데, 현재 이것이 1학년 과정이 아니라 유치원 과정에 배치되어 있다(Inbernizi, 1992; Schlagal, 1992). 그러나 이는 발달 과정상에 맞지 않다.

읽기와 철자법은 긴밀히 연관되어 있으므로 철자법과 관련된 성취기준을 더 구체적으로 보는 것이 도움이 될 것이다. 예를 들어, 4학년과 5학년에는 실질적인 정보는 제시하지 않은 채 성취기준은 "필요에 따라 참조 자료를 참고하여 등급에 맞는 단어의 철자를 정확하게 써야 한다."고만 되어 있다. 그러나 단어들은 3학년보다 4학년 때, 4학년보다 5학년 때가 더 복잡하고 더 어렵다. 6학년부터 8학년까지의 성취기준은 단어 수준이 복잡해지고 패턴이 다양해진다는 사실을 무시하고 단지 '철자법을 정확하게 지키기'만을 요구하고 있다. 4학년에서 8학년까지의 성취기준은 학생들이 철자를 정확히 쓰는 데 필요한 정보나, 다른 자료에서 정확한 철자를 확인하는 데 필요한 정보를 3학년 때에 모두 습득했다고 가정하고 있다.

학생들이 '해당 학년에 맞는 단어(이하 '학년 단어')'의 철자를 정확히 쓰려면 학생들은 4학년부터 8학년까지의 단어들에 대해 많이 배워야 한다. 예를 들어, 4학년 때 학생들은 /r/이 결합된 모음[4]뿐만 아니라 강세가 없는 음절에서의 모음에 대해서 배우기 시작한다. 'harvəst, cabbəge, caməl, doctər, scərry' 등이 이러한 예에 속한다(이 단어의 철자를 이러한 소리로 읽는 것은 어렵지 않지만 철자가 까다

---

3) 'th'와 'ng'처럼 하나의 소리를 나타내는 2개의 문자.

4) 'r-controlled vowels'은 /r/을 수반하는 단모음인데, 이 모음은 /r/앞에서 변이를 보이기도 한다(예, consort).

롭다). 단어가 가지고 있는 이러한 특질의 난도는 단어의 음절이 응축될수록 더 올라간다. 'schwa'[5]와 '/r/ 결합 모음'의 문제는 중학교 때까지 계속되며 그 이후에도 자주 교과서에서 언급되곤 한다(Gates, 1937; Schlagal, 1992). 상위 등급 기초 단어에서 출현 빈도가 점점 높아지는 어미 '–able/–ible', '–ance/–ence' (–tion/–sion/–cian과 함께)에서도 'schwa'와 유사한 문제가 발견될 수 있다. 'schwa'의 문제는 'justəce, populər, norməl'(5학년 단어), 'hostiləty, accustəm, combənation'(6학년 단어) 같은 단어에서도 나타난다.

6학년 때부터 학생들은 접사가 붙어 이중자음이 나타나는 단어(예, 'correspond, commotion, illustration, interrupt'), 강세와 문자 위치로 인해 이중자음이 나타나는 단어(예, 'committed, commitment')를 학습해야 한다. 그런데 9~12학년에서는 철자법과 관련된 성취기준이 존재하지 않는다. '정확한 철자법'과 관련하여 '단어 파생에 따른 철자법 패턴'을 정확하게 사용하라고만 언급하고 있을 따름이다. 즉, 학생들은 기본형 단어의 철자법 패턴과 파생 단어의 철자법 패턴만을 학습하면 되도록 규정하고 있을 뿐이다(9~10학년 단어의 예, 'analyze, analysis, analytical', 'advocate, advocacy' 10~12학년 단어의 예, 'conceive, conception, conceivable'). 그러나 이것마저도 올바르게 수행하려면 이에 대한 학습을 5학년부터는 시작해야 한다. 예를 들어, 기본형과 파생어의 개념은 3학년 때 이중자음, 'e' 탈락과 함께 다루어야 한다. 이 개념은 'schwa' 소리와 형태를 명확하게 하기 위해 초등학교 고학년 때에 다루는 것도 가능하다('regulər, regularity', 'combine, combənation', 'colum(n), conlumnist', 'si(g)n, signal').

6학년 때가 되면 학생들은 이전에 학습했던 접두사가, 결합할 단어의 기본형에 어떻게 알맞은 철자로 변형되는지를 배운다. 예를 들어, 접두사 'ad–'('~에, ~쪽으로'의 의미) 와 'sub–'('~의 아래'의 의미)은

---

5) 영어에서 강세가 없는 음절에 있는 약모음(예, 'about'의 'ə')

'ammunition, attempt, assign, arrest'와 'succeed, suggest, summon, suffice'로 변형되어 나타난다. 이러한 단어들을 하나의 '유형'으로 묶으면 학생들의 학습을 좀 더 효과적으로 도울 수 있는데, 이러한 단어들 외에 접미사가 결합하는 파생어(예, '-able/-ible', '-sion/-cian')를 포함하여 단어 유형을 구성하는 것도 가능하다.

성취기준을 변호하는 관점에서 말하자면, 이 성취기준은 '어떤 길로 가야 하는지를 알려주는 지도'의 개념으로 작성되었다고 할 수 있다. 그러나 철자법의 경우, 3학년이 지나면 우리가 가야하는 길이 지도에서 사라져 버린다. 9학년이 되면 어떤 목적지가 나타나지만, 학생들이 어떤 길을 걸어야 이런 목적지에 도착하는지를 성취기준은 알려주지 않고 있다. 어떻게 이런 목적지에 도착할 수 있는지는 아직 정해지지 않았다.

학생들에게 철자법을 효과적으로 지도하려면 학년 수준에 부합하는 세부적인 사항이 마련되어야 한다. 이러한 맥락에서 성취기준은 철자법이 미숙한 학생들의 요구를 해결할 수 있는 방법을 제공해야 한다. 잘못 수립된 철자법 지도의 기초를 바로잡고, 효과적인 철자법 지도 방법의 탐색을 지원할 수 있는 여러 가지 연구가 이미 마련되어 있다 (Gram & Harris, 2002). 이제 이를 적극적으로 참조할 필요가 있다.

발달적 철자법 지도 (Developmental Spelling Instruction)

고 Edmund H. Henderson은 전통적인 방식이 아닌, 새로운 철자법 지도 방안을 개발했다. 매우 체계적인 이 방법은 철자법이나 독서가 부진한 학생들을 다룬 여러 가지 연구 성과를 바탕으로 삼았다. 철자 지도 방법으로 유명한 'Words Their Way'(Bear, Invernizzi, Templeton, & Johnston, 2004)는 이를 교실에 적용한 것이다.

Henderson은 철자법과 독서 능력 사이에 강력한 연관성이 있다는 사실을 알고 단어 분석과 단어 재인을 철자법에 결합하여 가르쳤다. Henderson은 학생들이 현재 가지고 있는 단어 지식을 체계적으로 평가해서(Henderson, 1990; Schlagal, 1992) 학생들의 단어 재인과 철자법 능력을 매우 정교한 방법으로 향상시키고자 하였다. Henderson은 학생들이 사용할 수는 있지만 철자를 혼동하는 단어들을 선정한 후, 이들의 철자 패턴을 비교·대조할 수 있도록 한 단어 분류 활동 과제를 개발했다. 다시 말하면 Henderson은 단어 재인과 철자법 패턴 재인을 자동화하는 목적과, 학생들이 현재 알고 있는 철자법 체계를 연결하고 확장하는 목적을 위해 단어 학습 활동을 구성했다.

예를 들어, 1학년 학생들은 단모음을 정확하게 표기하는 것을 어려워한다. 따라서 이 학생들에게는 뚜렷하게 대조되는 단모음을 사용한 단음절 단어를 분류하는 활동이 제시할 수 있다. 분류 활동은 제목처럼 제시되어 있는 예시 단어가 있고 그 아래에 이러한 유형의 단어를 쓰도록 구성되어 있다. 아래 예는 단모음 'a, i, o'가 포함된 단어를 분류하는 활동이다. 이 예에서 고딕체로 된 단어는 예시 단어이고 학생들은 이 예시 단어의 단모음과 같은 단어를 찾아 적는다. 이 예에서 학생들은 단모음 'a, i, o'가 포함된 단어를 찾아서 적어야 한다. 완결된 모습의 아래의 예와 같다.

mat	*sit*	*cop*
nap	big	not
rag	dip	dog
mad	lid	rob

이 활동은 다음과 같이 이루어진다. (1) 먼저 한 학생이 단어 카드를 받은 후, (2) 그 단어를 말하고, (2) 어떤 범주에 넣을지를 결정한 다음, (3) 그 범주에 있는 다른 단어의 목록을 읽는다. 이 학생이 단어 목록을 읽을 때 다른 학생들은 이 학생이 어떤 실수를 했는지를 찾아낸다. 교사는 학생들에게 각각의 단어를 반복해서 읽게 하고, 학생들은 모든 단어가 올바로 배치될 때까지 차례로 말하면서 단어를 분류한다. 이때 교사는 학생들이 각 단어 목록을 읽어 내려가도록 지도하

고, '범주로 묶은 모든 단어가 어떤 점에서 같은지'를 말하도록 안내해야 한다. 학생들은 아마도 다음과 같이 대답할 것이다. "단어에 모두 'a'가 있어요." 그러면 교사는 이에 대해 다음과 같은 질문을 할수 있다. "이 단어들에 있는 'a'는 어떤 소리를 만들어 낼까?" 이러한 과정은 각 목록에서 반복된다. 학습하는 동안 패턴이나 발음이 동일한 단어를 추가할 수 있다. 활동의 난도를 고려하여 단어를 교체하는 것도 가능하다.

읽기 교육 연구에 따르면, 학생들은 기초적인 작문 능력을 반드시 정확하게 학습해야 하며 가능하다면 자동화의 수준을 달성하는 것이 좋다. 즉, 학생들은 글자-소리 인식, 단어 분석, 단어 인식, 텍스트 읽기를 빠르고 정확하고 쉽게 수행할 수 있는 능력을 갖추어야 한다. 따라서 이와 같은 단어 분류 활동은 학생들이 단어를 빠르게 읽고 정확하게 분류할 수 있을 때까지 며칠 동안 지속할 필요가 있다. 이를 통해서 학생들이 그 단어들을 읽고 분류하는 것이 자동화되면 학생들이 그 단어들을 정확하게 쓸 수 있는지를 점검해야 한다. 단모음 단어 학습의 목적은 단어 인식의 자동화를 돕고, 글자-소리 관계에 대한 민감성을 높이고, 기본 단모음 단어 패턴의 정확한 철자법을 익히도록 하는 데 있다. 이와 같은 단어 분류 활동은 단어 인식, 소리, 철자법을 통합함으로써 단모음 단어 학습의 목적을 달성하는 데 매우 효과적이다.

학생들이 단모음 분류를 터득하게 됐을 때 추가적인 전략이 도움이 될 수 있다. 단어 분류 활동을 하는 동안 교사는 특정한 글자-소리의 구조를 강조하기 위해 성분을 바꾸어가며 학생들이 읽을 단어를 만든다(Morris, 2005). (미니 차트, 글자 카드, 칠판, 자석 글자 등을 활용하면 좋다.) 우선, 교사는 단모음 단어를 만들고, 그 단어를 처음, 중간, 끝으로 나눈다. 예를 들어 교사는 'fat'이라는 단어를 만들고, 이 단어를 'f-a-t'로 구분한다.

교사는 다음과 같이 첫소리를 바꾼다(가장 쉬운 단계).

'f-a-t' → 'b-a-t' → 'r-a-t' → 'm-a-t'

끝소리를 바꾼다(조금 더 어렵다).

'm-a-t' → 'm-a-p' → 'm-a-n' → 'm-a-d'

최종적으로 가운데 모음을 바꾼다(가장 어렵다).

's-a-t' → 's-i-t' → 's-o-t'

교사는 먼저 한 번에 한 글자 소리만을 바꾼다. 만약 학생들이 이러한 변화를 바로 따라올 수 있다면 하나 이상을 바꾼다. 예를 들어,

'r-a-t' → 'f-i-t' → 'b-a-g' → 'd-o-g'

자음군이나 이중음자를 추가하여 변화를 시도할 수도 있다(예, 'flat' → 'slit' → 'slot' → 'shot').

이러한 과제와 달리, 교사는 학생들에게 자신이 말하는 단어를 만들어보라고 하고 이를 위한 글자를 안내할 수도 있다. 익숙한 단모음 'a, i, o'로 분류된 단어들을 학생들에게 받아쓰게 함으로써 교사는 누가 단어를 빠르고 쉽게 만들고 변형시킬 수 있는지, 누가 시간과 연습이 더 필요한지를 잘 알 수 있게 된다. 학생들은 이런 방식으로 단어를 만들면서, 단어 인식보다 소리와 글자가 대응하는 세부 사항에 더 많은 주의를 기울이게 된다(단어들은 현재 공부하고 있는 패턴으로만 나타나며 배우지 않은 것은 아니라는 점을 기억하라).

학생들이 단모음 단어에 익숙해지고 자음군 및 이중음자 대부분을
다룰 수 있게 되면(초기에 언급한 trampoline 이야기의 필자처럼) 기
본적인 모음 패턴을 공부할 준비를 한다. 이제, 학생들은 단모음이
단어의 철자 패턴에 따라 다른 소리를 나타내는 방식을 학습한다.
완결된 활동의 예를 들면 다음과 같다.

back	came	card
flat	tape	sharp
fast	flame	farm
slap	cake	hard

위의 단어들을 비교, 대조, 분류함으로써, 학생들은 글자 a가 그것
이 나타나는 철자 패턴—cac, cace, carc—에 따라 다른 소리를 가진다
는 사실을 알게 된다. 학생들이 정확하게 분류된 단어 목록에서 a가
만드는 각각의 소리와 그 단서의 구조를 파악하는 것이 중요하다.
단어를 분류하면서 의사를 결정하는 과정은 단어들 전체에서 순서를
강조하는데 도움이 되며, 패턴을 일반화하는 데 도움을 준다(Morris,
2005;Templeton & Morris, 2000).

위의 a 패턴 분류가 잘 알려진 단모음 a를 포함하고 있다는 것을
기억하라. 학생들이 이미 이해하고 있는 내용과 새로운 내용을 대조
할 줄 아는 것은 중요하다. 새로운 자료를 한꺼번에 너무 많이 제시
하면 종종 혼란이 발생한다(Henderson, 1990;Morris, Nelson, &
Perney, 1986). 그러므로 일반적으로 한 번에 하나의 장모음 패턴을
소개하는 것이 좋다. 일단 위의 패턴이 익숙해지면, 다른 형태의 장
모음 a(예를 들어, '-ai' 또는 '-ay')를 추가할 수 있다.

학생들이 다시 이러한 분류에 익숙해지면 a 단어 만들기 활동을
활용하는 것은 또 다른 중요한 연습 방법이 된다. 이것이 모음 패턴
에서 어떻게 작용하는지를 설명하기 위해 교사는 'f-a-d'와 같은 단

어를 만든다.

학생들이 이 단어를 읽은 후에 교사는 묵음인 e를 첨가한 후 단어가 어떻게 되었는지 질문한다. 그리고 교사는 다음과 같이 목표가 되는 패턴의 구조를 계속 조작해 나간다.

f-a-d-e → b-a-n-e → b-a-n → b-a-r-n →
b-l-a-m → b-l-a-m-e → a-r-m → a-r-k →
b-a-r-k → f-l-a-c-k → f-l-a-k-e → s-n-a-k-e →
s-n-a-g → s-n-a-r-l → n-a-p → g-r-a-b

이전처럼, 학생들이 스스로 단어를 만들고 나서 단어를 읽는다. 교사 역시 다음과 같은 질문으로 학생들에게 어떤 변화가 있었는지를 설명하게 하여 학습 효과를 더 분명하게 만들 수 있다. "왜 a가 여기서 소리가 바뀔까? 묵음 e가 a에 어떤 영향을 준 걸까? r과 함께 쓸 때 a가 어떤 소리가 나는지 알고 있니?"

기본적인 a 패턴은 대체로 쉽다. 학생들이 이것에 익숙해지면 다른 모음 패턴들로 이동할 수 있다. 다음이 그러한 패턴의 예이다. 표본이다. (괄호 안의 요소들은 이전 패턴이 숙달된 후에 하나씩 대체하거나 포함시킬 수 있다. 또한 e 패턴은 대체적으로 마지막에 배우는데 그 이유는 긴 모음 패턴 '-ee'와 '-ea'가 묵음 '-e'보다 더 일반적이기 때문이다.

i-pattern: swim, drive, girl (right, my, wild)
o-pattern: stop, rope, corn (boat, soon, sold, hook)
u-pattern: mud, huge, burn (few, blue, juice)
e-pattern: get, need, he (mean, deaf)

기본적인 장·단모음 패턴에 대해 이해하게 된 학생들에게는 '-ed'

와 '-ing'를 추가할 수 있다. 이 경우 철자법에서 수정이 필요한지를 결정하기 위하여 기본적인 단어의 구조를 이해하도록 지도한다. 즉, 2개 또는 그 이상의 자음으로 끝나면서 모음이 하나인 단모음 단어(back, blast)에 '-ed'나 '-ing'를 추가할 때 기본형에 아무것도 할 필요가 없다(backing, blasted). 그러나 만약에 하나의 자음으로 끝나는 단어라면, 반드시 마지막에 그 자음을 2개 써야 한다(trap, trapping). 모음 쌍을 지닌 장모음 단어(sleep, boat)에 '-ed', '-ing'를 덧붙일 때에는 기본형에 아무것도 할 필요가 없다(sleeping, boating). 그러나 묵음 e로 끝나는 단어라면 그 e를 삭제해야 한다(scrape, scarping).

올바른 전략을 주의 깊게 가르치지 않고 강화하지 않으면 음절 추가와 관련한 실수는 여러 학년 동안 반복될 수 있다(Schlagal, 1992). 많은 철자책들은 완결된 형태로 단어를 나열함으로써 '겹치는 e 탈락'(doubling/e-drop) 현상을 보여준다. 비록 해설은 있지만 실제 원리에 대한 구체적인 학습은 없는 듯하다. 단어 분류 방식은 학생들이 기본형과 활용형의 단어 모두를 조작하는 데 참여하게 한다.

'겹치는 e 탈락' 현상을 강조하기 위하여 교사는 다음처럼 단모음 (a)에서 시작할 것이다.

tape	*taping*	*tap*	*tapping*
s-h-a-p-e	shaping	g-r-a-b	grabbing
s-h-a-v-e	shaving	b-a-t	batted
t-a-m-e	taming	c-l-a-p	clapping
trade	t-r-a-d-i-n-g	fan	f-a-n-n-e-d

기본형을 예시하는 단어는 학생들이 참조할 수 있도록 표두에 포함하는 것이 좋다. 단어가 제시되면, 학생들은 단어를 말한 후 정확한 열을 찾아 넣고, 모음이 장음인지 단음인지를 표시하고, 기본형의 철자를 쓴다. 예를 들어 한 학생은 shaping을 읽고, taping 아래에 위치시킨 다음, "장음의 a, shape에서 온 것이에요. s-h-a-p-e"라고 말

한다. 이런 방법으로 학생은 '-ing'를 제거하고, '-e'를 복원하게 된다.

학생들이 이러한 작용을 이해하는 정도에 따라 기본 단어를 분류하고(예, trade), 이것이 단모음인지 장모음인지 말하게 한 후, 활용 형태(trading)를 쓰게 하는 방식으로 진행할 수도 있다. 이와 같은 활동은 이러한 작용을 실제적으로 이해하는 데 도움을 준다. 일단 '겹치는 e 탈락'에 관한 분류를 익히고 나면, 교사는 학생들에게 다른 모음을 가지고 똑같은 활동을 하도록 지도할 수 있다. 단모음 조건인 경우에서 이 원리를 이해하면 학생들은 다중모음(multiple vowels)을 분류할 수 있다. (여기서 단모음과 장모음에 대한 이해가 중요하다.) 또한 소리와 음절의 구분을 강조하기 위해 열린음절이나 닫힌음절의 단어를 정렬할 수 있다.

학년이 올라가면, 단어 분류에 의미 작용과 같은 관심사가 추가될 수 있다. 처음에는 간단한 접두사(un-, re-, ex-)와 접미사(-ful, -less, -ness)를 사용하고, '-tract-, -spect-, -port-' 같은 어근으로 이동한다. 아래 제시한 활동이 완성되면, 학생들에게 단어를 확인하고 한 분류 안에서 무엇이 같은지 말한 뒤, 공통적으로 갖고 있는 어근의 의미를 추측해 보게 한다.

tractor	spectator	portable
subtract	inspect	transport
attract	spectacular	supportive
distraction	spectacles	report
traction	respect	import

이 방법은 학생들에게 공통된 철자 패턴을 발견하고, 목표가 되는 단어 속에서 그것이 어떤 기능을 하는지 말하도록 하는 위의 활동과 병행된다. 학생들이 공통된 어근의 의미를 파악하기 위해 노력할 때 (그러한 과정을 거치면서), 어휘의 상위 단계에 있는 철자 패턴과 의미 연결 등에 대해 점차 민감해지기 시작한다.

요약하자면, 발달적 철자 교수법은 몇 가지 장점을 갖는다. 첫째, 단어 연구가 적절하게 적용될 경우, 지속적인 관찰과 평가를 통해 학생 개인(또는 집단)의 교육적 요구를 정확히 충족시킬 수 있다. 둘째, 구체적인 단어와 일반적인 패턴 인식을 통하여 어휘 능력을 기를 수 있다. 셋째, 비슷한 종류의 다른 단어들을 일반화할 수 있는 패턴의 조작을 통해 철자법을 향상시킬 수 있다. 또한 단어 분류는 흥미로운 게임들과 활동들에도 적용될 수 있다(Bear et al., 2004; Ganske, 2000; Morris, 2005). 마지막으로 이미 알고 있는 단어와 인식된 패턴을 가지고 빠르고 정확한 분류를 통해 어휘지식의 확장에 도움이 된다. 이와 같은 단어 연구는 통합적 정음법(synthetic phonics)과 분석적 정음법(analytic phonics)을 결합하여 각각의 장점을 활용하면서 이들이 가진 단점을 제외시킬 수 있다. 따라서 단어, 패턴, 소리를 완전하게 언어적으로 수행하는 것에 초점을 맞춘다.

그러나 모든 학생들이 교실 상황에서 동일한 발달 과정을 거치는 것은 아니다. 그러므로 교사가 각각의 그룹에 맞게 개별화된 교수법을 진행하는 것은 상당히 어렵다. 이것은 적절한 평가와 배치, 교육적으로 유효한 단어 분류 활동의 개발 및 활용을 필요로 한다. 게다가 이 접근법을 위해서는 교사들이 학생들의 철자법 발달, 철자법 그 자체, 그리고 단어 학습 과정에 대해 알아야 한다. 분명히 그러한 지식은 교사와 학생 모두에게 가치가 있지만(Moats, 2006), 모든 교사가 필요한 기초 지식이나 습득 수단을 가지고 있는 것은 아니다.

발달적 철자 교수법은 학생들이 철자법을 점진적으로 숙달하는 데에 도움이 되기 위하여 고안되었다. 이 접근법은 철자법에 능숙한 사람이 되기 위해 필수적이긴 하지만(독자와 필자뿐만 아니라), 자주 사용되는 불규칙 단어들(from, friend, have, been 등)에 대해서는 명확하게 설명하지 못하고 있다. 불규칙 단어는 규칙 단어와 분리하여 가르치는 것이 좋고, Look-Say-Cover-Write-Check 방법이 이를 지도하는 데 도움이 될 수 있다.

최근의 교수법 경향 (Current Instructional Research)

많은 교사들이 적절한 교육적 배치를 통하여 학생들의 학습을 극대화하기를 원하지만 발달적인 철자법 교수를 설계할 시간이나 경험이 없을 수도 있다. 그 대안으로 교사들은 이 목적을 위해 잘 조직된 철자책을 채택할 수 있다. 이러한 접근법은 하나의 철자책으로 동일 학년 모든 학생들의 요구에 맞춘다는 근본적인 약점을 극복하고 철자책의 강점을 끌어낼 수 있다.

전문가들은 한 학년 수준의 철자책이 학급의 구성원 모두를 충족시켜 줄 수 없다는 점에 대해 오랫동안 고민해 왔다(Hanna et al., 1971; Schlagal, 2002; Templeton & Morris, 2000). 물론 많은 학생들이 그 책을 이용해서 의미 있는 성과를 얻을 수 있겠지만, 어떤 학생들은 새롭게 배울 것이 거의 없을 수도 있다. 어떤 학생들에게는 너무 어려울 수도 있는데, 이러한 상황에서 특히 우려되는 것은 철자 쓰기 부진 학생들이다.

Morris et al.(1986)에 따르면, 철자 쓰기 부진 학생들(철자 쓰기 평가에서 정확도가 40% 미만인 학생들)은 질적으로 매우 뒤처진다. Morris et al.(1995)에서는 교실에서 해당 학년의 철자책을 한 해 동안 사용한 후 그것이 부진 학생들에게 미치는 영향에 대해 연구한 바 있다. (Morris, Blanton, Blanton, Nowacek, & Perney, 1995). 철자에 미숙한 학생들은 주말 시험에는 좋은 결과를 거두었으나, 장기 기억과 철자 개념에 대한 숙달도에서는 다른 학생들보다 떨어졌다. 그러나 낮은 학년 수준의 책을 제공했을 때 어휘 지식의 기초가 향상되었으며 우수한 학생들과 비슷한 수준의 수행을 보였다. 이는 알맞은 수준의 어휘 학습을 했을 때 학생들은 당해 연도에 공부한 단어의 대부분을 기억할 수 있다는 것을 의미한다. 이러한 방법으로 지도하자 부진 학생들은 그들이 할 수 없었던 부분, 즉 배우지 않은 단어의 철자까지 정확하게 익힐 수 있었다(Morris, Blanton, Blanton, & Perney, 1995). 이러한 결과는, 어떠한 교수법으로 지도하든 어느 정도의 시간만큼 지도하든 동일했다.

모든 학생들의 요구에 맞게 철자책 적용하기

최근 철자책은 교사들에게 유용한 자료로 제공되고 있다. 만약 혁신적인 방법을 사용한다면, 중요하고도 쓸모 있는 요소가 될 것이다. 단어의 빈도, 구조화된 단어 목록, 명료한 단어의 난도를 위해 철차책을 활용할 수 있는데, 이렇게 하면 철자 쓰기에서 어려움을 겪는 학생들의 철자 지도를 더 흥미롭고 효율적으로 만들 수 있다.

철자법 지도에서 적절한 배치는 성공의 핵심이다. 학생들의 소집단은 교육과정에 기반한 평가를 바탕으로 구분할 수 있다. 만약 최신의 목록이 효과가 없다면 한 해 동안 가르친 주요 목록에서 30개의 단어를 무작위로 뽑아 활용할 수 있다. 어휘 지식의 질적 목록(Schlagal, 1992) 같은 도구를 활용하는 것도 가능하다. 이러한 평가에서 정확도가 40%에 못 미치는 학생들은 40%를 넘는 학생들과 같은 집단으로 편성해야 한다.

정확도가 30~40%인 학생들의 절차 오류는 꼼꼼하게 따져봐야 한다. 만약 이 학생들이 하나 혹은 두 개의 글자만 올바로 쓸 수 있을 만큼 뒤처져 있다면 학년이 적절한지 재고해야 한다. 학생들이 범하는 오류가 아주 큰 질적 손실에서 비롯된 것일 경우, 이 학생들은 철자 쓰기 부진 학생들로 간주해야 한다. 정확도가 85%이거나 이보다 높은 점수를 얻은 학생들에게는 이와 유사한 패턴을 가진, 좀 더 어려운 단어의 목록을 스스로 작성해 보도록 안내할 수 있다.

• 월요일

1. 검토 과정 없이 '이번 주의 단어' 대해 사전 검사를 한다.

2. 학생들은 채점을 하고 틀린 단어를 두 번 써 보면서 수정한다.

3. 교사는 이번 주의 단어 중 중요 패턴을 강조하기 위해 선택한 단어를 지도한다.

• 화요일

1. 학생들은 이번 주의 단어를 확대 복사한 종이를 받는다.

2. 종이에서 단어를 잘라내어 월요일에 했던 것처럼 같은 범주의 단어를 분류한다.

3. 교사는 학생들의 활동 결과를 확인한다.

4. 학생들은 짝을 지어서 소리와 문자의 패턴을 맞추는, Concentration (Memory)[6] 게임이나 단어를 패턴에 따라 맞추는 다른 게임을 한다.

• 수요일

1. 학생들은 책이나 잡지에서 동일한 패턴을 사용한 단어를 찾는다.

2. 학생들은 짝과 함께 동일한 패턴의 단어 빨리 찾기 활동을 한다.

• 목요일

학생들은 짝을 지어 서로 철자법을 점검한다. 한 사람이 단어를 부르면 다른 사람이 철자를 소리 내어 말하거나 화이트보드 등을 이용해 해당 칸에 단어를 쓴다.

• 금요일

한 주 동안 익힌 철자법에 대한 시험을 치른다. 교사는 학생들에게 모든 단어를 하나의 목록으로 제시한다(학생들은 그 주에 배운 단어로만 평가받는다). 개별적인 평가를 위해서 조교, 학부모 자원봉사자, 녹음기를 이용할 수 있다. 후속 연구에서 이와 동일한 프로그램이 제안되었으며,

철자법이 미숙한 2학년들에게 효과가 있었던 것으로 밝혀졌다(Graham et al., 2002).

〈참고 11.1〉 일주일 동안의 철자법 활동

---

6) 2명 이상이 같은 모양의 카드를 일치시켜 카드를 수집하는 게임이다. 여기에서는 소리와 문자의 패턴이 같은 카드를 모으는 형태로 운영

이러한 접근에서 가장 중요한 것이 적절한 배치이긴 하지만, 학생들이 해당 주에 배워야 하는 패턴을 습득할 수 있도록 책의 목록으로 분류 활동을 할 수도 있다(Graham, Harris, &Fink-Corzempa, 2002; Schlagal, 2002). 〈참고 11.1〉과 같은 활동은 생동감 있고 매력적이며 교육적이다.

수준별 수업에서 철자책 활용의 장점은 발달에 적합한 단어 목록으로 등급화하고 구조화한 단어를 자료로 제공한다는 것이다. 기본적인 철자책은 패턴화된 목록을 가지고 있으므로 단어 분류 활동에 활용될 수 있다(다만, 정렬 자체는 도움이 되기는 하지만 학생들을 적합한 수준에 배치하는 것만큼 중요하지는 않다. Morris, Blanton, Blanton, Nowacek, et al.(1995) 참고). 또한 연구 기반 활동을 쉽게 사용할 수 있다.

철자책은 다른 자료들로부터 적절한 단어 목록을 뽑고 만들어 내기 위해 시간을 소모할 필요가 없으므로 교사의 노력을 줄일 수 있다. 학생의 교수 단계에 따라 철자 교습을 조절하는 것은 철자법 교수가 발달적으로 이루어질 것을 보장한다. 즉, 수준이 높은 학생에게만 필요한 것이 아니라 모든 학생들의 요구를 충족시킨다. 하지만 이것을 적용할 경우, 교사들에게는 더 거시적인 계획하기와 조직하기가 필요하다.

손글씨 쓰기

손글씨 쓰기는 읽고 쓰는 능력의 중요한 요소였으나 20세기에 들어서면서 유려한 손글씨 쓰기 지도는 대부분 초등학교 수준에서만 관심을 기울이고 있다. 현재 손글씨 쓰기는 초등학교 교육과정에 최소한으로 반영되고 있으며, 교사 양성 과정에서는 거의 다루지 않는다(손글씨 쓰기의 유용성은 감소하는 반면, 키보드와 키패드의 사용은 증가하고 있다). 이러한 상황은 공통 핵심 교육과정에도 이어지고 있다. 그 결과, 공통 핵심 성취기준에서는 필기체를 언급하지 않고 있으며, 손글씨 쓰기의 가독성과 유동성은 유치원 및 1학년 목표에 국한되어 있다. 어린이들이 그 2년 동안 손글씨 쓰기 능력을 충분히 발휘할 수 있다는 증거는 없다. 최근 공통 핵심 성취기준에서 손글씨 쓰기에 대해 소홀한 것에 대한 비판 기사가 나오고 있다. 손글씨 쓰기의 강조는 단지 옛것에 대한 향수를 불러일으키기 위한, 감상적인 의견이 아니라, 타당하고 경험적인 근거가 있는 행동이다.

교육과정과 어휘 능력 확장 프로그램에서 손글씨의 위상이 축소되기는 했지만, 깔끔하고 유려한 손글씨 쓰기는 실용적인 능력으로서 여전히 필요하다. 우선 단순히 공부의 장면만 생각해 보더라도 능숙한 노트 필기에서 손글씨 쓰기가 필요하며, 주 단위 학력 평가나 표준화 시험에서 요구하는 에세이 쓰기에서도 손글씨 쓰기가 필요하다. 나쁜 손글씨는 작문의 질에 대한 평가에도 영향을 미치며(Briggs, 1980) 필자의 지성이나 학력에 대한 판단에도 영향을 미친다. 자신의 손글씨에 대한 학생들의 생각은 필자로서 자신을 평가하는 데에도 영향을 준다(Graham, 1992; Graham & Weintraub, 1996).

Graham, Harris, & Hebert(2011)는 작문 점수에 작문의 표면적 요소가 어떠한 영향을 미치는지를 분석했다. 이에 따르면, 학생들이 작성한 작문의 질을 판단할 때 비내용적 요소(예, 수준이 낮은 철자법, 손글씨 쓰기, 문법, 워드프로세서로 작성한 텍스트)가 부정적인 영향을 끼친다는 것을 입증했다. 이 요소 중 어떤 것이든 수준이 떨어지면 작문 점수가 좋지 않았다.

미숙한 손글씨 쓰기는 작문 내용과 능력에 대한 평가에 더 크게 영향을 줄 수 있다. 잘못된 철자법은 그 자체로 쓰기 표현에서 장애를 가져올 수 있다(Graham, Harris, & Fink, 2000). 정확하고 자동화된 부호화에 실패하는 것은 독자가 글을 이해하는 데 지장을 주며, 읽기 쉽고 자동화된 문자와 단어를 만드는 데 실패하는 것은 작문의 내용 생성을 방해할 수도 있다(Jones & Christensen, 1999). 글자를 기억해 내고 그것들을 종이 위에 재현하고 떠올린 글자들을 다른 것들과 비교하는 데 미숙한 학생들은 단어의 철자, 계획하기 및 효과적인 의미 표현에 주의를 덜 기울이게 된다(Hayes &Chenowith, 2006).

이와 반대로 작문 구성 요소를 다루는 능력이 자동화되었을 때, 필자는 그 에너지를 작문 활동에 집중할 수 있다. 글쓰기에 수반된 과도한 노력과 무가치한 결과 때문에 학생들은 가능한 한 절차를 최소화하거나 생략하려고 한다(Graham & Weitraub, 1996).

최근에는 초등학생들이 키보드가 아니라 펜을 사용할 때 더 빠르고 긴 에세이를 쓰고(Berninger, Augsburger, &Garcia, 2009), 더 많은 아이디어를 포함하여 쓴다(Hayes & Berninger, 2009)는 연구 결과가 나왔다. 이 연구는 키보드로 글을 쓰는 연습을 하면 학생들이 점점 더 빨리 글을 쓸 것이라는 예상과 배치된다. 실제로 위에서 언급한 바와 같이, 채점자들은 워드프로세서로 작성한 텍스트를 손으로 쓴 텍스트보다 더 엄격하게 채점하는 것으로 나타났다(Graham et al., 2011). 더 근본적으로는 손으로 글자와 철자를 배우는 것이 키보드로 배우는 것보다 더 우월하다는 증거가 있다(Longcamp et al., 2008). 즉 손으로 글자와 철자를 형성함으로써 나타나는 촉각적 피드백은 인식(읽기)과 철자 모두를 위한 단어의 좀 견고한 정신적 표현을 제공한다.

이것은 결국 손글씨 쓰기에 관한 충분한 연습과 직접 지도가 작문 부진 학생들의 발달에 크게 기여할 수 있다는 근거가 된다(Graham et al., 2000). 이 중대한 사실은 손글씨 쓰기가 부진한 저학년 학생들에 대한 지도와 교육적 개입이라는 측면에서 고려되어야 한다.

손글씨 쓰기의 쟁점

문자의 형태를 가르치는 가장 좋은 방법은 오랫동안 논쟁거리였다. 전통적인 알파벳 손글씨 쓰기 교본으로 손글씨 쓰기를 배운 후 필기체로 넘어가는 것은 20세기의 가장 보편적인 방식인가? 필기체로 손글씨 쓰기를 시작하는 것은 새로운 손글씨 쓰기 방법을 배우는 데 방해가 되는가? 아니면 필기체와 연관되어 디자인 된 인쇄물의 이탤릭체로 손글씨 쓰기를 배우는 것이 변화의 부담을 덜어주는가?

손글씨 쓰기를 통해 쓰기에 입문하는 것을 찬성하는 사람들은 직립한(즉, 기울여 쓰지 않은) 소문자 글씨가 학생들에게 더 친숙하며 읽기에도 더 편안하다는 점을 강조한다(Sheffield, 1996). 이러한 방법으로 글자에 관한 지식을 알고 학교에 가면 학생들은 기본적인 쓰기 형태에 자주 노출되어 글자에 대해서 더 많이 더 쉽게 배울 수 있다. 학생들이 이미 무엇을 알고 있는지 교육적 연관을 분명히 함으로써, 교사는 학생들이 이미 배운 것에 대해 반복해서 교정하고 복습하는 것을 피할 수 있다. 손글씨 쓰기 교본의 중요성을 강조하는 전문가들에 따르면, 교본으로 손글씨를 익히는 것은 필기체나 이탤릭체를 연습할 때보다 소근육 운동이 적어 나이가 어린 학생들에게 훨씬 더 쉽다.

필기체로 시작하는 것을 지지하는 전문가들은 쓰기가 시각적 행위라기보다는 운동 감각적이라고 강조한다(Sheffield, 1996). 왜냐하면 단어 지식의 요소는 운동 기억이며(Hanna et al., 1971; Longcamp et al., 2008), 글자들이 물리적으로 분절되기보다는 지속적인 흐름 속에서 쓰일 때 철자 기억이 발전하기 때문이다. 따라서 입문기의 학생들에게도 필기체는 꼭 필요하며 필기체를 가르치는 것은 학생들에게 분명하게 도움을 줄 것이다. 예를 들어, 알파벳 'b'와 'd'는 필기체에서는 거울 이미지가 아니라 전혀 다른 형태이므로 애초부터 반전(反轉)에서 오는 혼란의 문제를 피할 수 있다. 한 단어 안에 있는 글자들은 서로 연결되어 있으므로 띄어쓰기처럼 보이지 않도록 단어들 사이의 간격을 적절하게 유지해야 하는데 학생들이 필기체를 배우면 이를 더 잘 처리할 수 있게 된다. 그리고 위에서 언급했듯이, 2학년이나 3학년에서 쓰기 교본의 글자들을 필기체로 옮기는 불필요한 시간을 낭비할 필요도 없다.

필기체만을 지도해야 한다고 주장하는 전문가들은 주로 읽기 부진이나 쓰기 부진을 겪는 학생들에게 관심을 두고 있다(Sheffield, 1996). 이러한 학생들에게 필기체를 지도하는 것은 교육적 재훈련 과정의 한 부분이 된다. 교사나 전문가들은 읽기 부진 및 쓰기 부진으로 규정되는, 고착적이고 불완전한 편파적 학습을 되돌려 탄탄한 기본 위에 다시 세우기 위해 노력하고 있다. 학생들에게 필기체를 연습시키는 것은 이러한 과정에서 빠져서는 안 되는 부분이다. 읽기 부진 및 쓰기 부진 학생을 교정하는 이러한 임상적 경험이 최고의 보편적 교육에 대한 시사점을 제공하는지의 여부는 불분명하다. 필기체만 가르쳐야 한다는 전문가들은 그들의 논리를 제시하고 있지만 이를 입증하는, 특히 보편적인 학생들을 대상으로 한 논문은 거의 찾아보기 어렵다(Graham & Weintraub, 1996). 그럼에도 불구하고 이는 관행적으로 이루어지고 있는 실정이다(공통 핵심 성취기준 참조). (매사추세츠와 캘리포니아 같은 일부 주는 필기체 교육을 포함하기 위해 공통 핵심 성취기준을 보완했다는 점에 주목할 필요가 있다.)

많은 학생들이 원고를 필기체로 쓰는 것을 어려워하므로 전문가들은 교본의 직립한 글자체를 모두 필기체로 바꾸는 것보다는 처음에는 좀 더 필기체에 가까워 보이도록 기울여 쓴 글자체로 시작하는 것이 좋다고 주장하기도 한다. 이러한 제안은 필기체에 좀 더 쉽게 적응하게 하려는 의도에서 나온 것이다. 많은 학교에서 기울어진 글자체인 이탤릭체를 활용하는 것은 바로 이 때문이다.

이탤릭체는 단점도 뚜렷하다. 우선, 이탤릭체는 바로 어린 학생들이 글자를 쓰기 위해서 복잡하고 많은 횟수의 손놀림을 해야 한다는 점이다(Graham, 1992). 이로 인해 글을 쓰는 내내 이탤릭체를 아름답고 조화롭게 유지하기가 어렵다. 다음으로, 기울어진 이탤릭체를 쓰는 것이 필기체로의 변환을 돕는다든가, 결과적으로 빠르고 유창하고 알아보기 쉬운 손글씨 쓰기를 하게 해 준다는 증거가 없다(Graham & Weintraub, 1996).

지금까지 이루어진 연구에 따르면, 교본의 인쇄체가 상대적으로 명료하고 가독성이 높아 저학년에서는 이를 중심으로 연습하다가 이후에 필기체로 옮겨가는 것이 적절해 보인다. 그러나 여전히 남은 다음과 같은 문제가 있다. 학생들이 좋은 글씨를 쓰게 하기 위한 최선의 지도 방법은 무엇인가?

손글씨 쓰기 지도

손글씨를 지도하고 연습하게 하는 것은 쓰기 유창성을 촉진하고 쓰기 부진을 예방할 수 있으므로(Banninger et al., 2009; Graham et al., 2000) 철자를 올바로 쓰도록 현시적으로 지도하고 충분한 연습 기회를 제공하는 것은 매우 중요하다. 하루 정도의 단기 연습은, 규칙적인 수업보다는 부족하지만 장기 수업보다는 효과적이다(그리고 더 흥미롭다).

독립적인 능력으로서 손글씨를 연습할 시간이 있어야 하지만, 정기적으로 이루어지는 작문 수업이 손글씨 연습으로 대체되어서는 안 된다. 교실에서 의지를 갖고 진지하게 글을 쓰는 학생들에게 충분한 수준의 작문 기회가 주어져야 하며, 그래야만 학생들이 개별적인 연습을 통해 습득한 작문 기능을 적용하고 확장할 수 있다(Graham & Weintraub, 1996; Henderson, 1990).

철자 쓰기에 입문하는 최고의 방법은 정해진 것은 아니다. 문자를 순서대로 가르치는 것이 최선은 더더욱 아니다. ABC 순서가 글자를 소개하는 가장 효과적인 방법은 아니다. 가령 거울상 이미지여서 입문기 학생들이 종종 혼동하는 글자 'b'와 'd'가 ABC 순서에서는 너무 가깝게 배열되어 있기 때문이다(하나를 가르치기 전에 다른 하나를 배우면 혼동하기 쉽다). 글자 이름과 소리를 함께 가르친다면 더 혼란스러울 수도 있다. 예를 들어 'sad'나 'bed'의 단모음의 'a'와 'e'는 어린 학생들은 처음부터 혼란을 겪는다(Read, 1975). 따라서 혼란을 줄 수 있는 글자와 소리는 신중하게 살펴 분리하여 지도하는 것이 엄격하게 ABC 순서를 따르는 것보다 낫다.

철자법을 교사가 시범 보이는 것은 철자 쓰기 지도의 중요한 요소이다. 초보자에게는, 시각과 음성을 모두 사용해서 보여주는 것(즉, 교사가 철자를 바르게 쓰면서 동시에 그것이 어떻게 소리 나는지를 안내)이 연습 전에 글자를 익히는 가장 효과적인 방법이다(Graham & Weintraub, 1996). 상급 학년의 경우, 교사가 시범만 보이더라도 교사의 설명보다 더 효과적이다(Graham & Weintraub, 1996). 글자를 이미 알고 있는 학생들에게는 교사의 설명이 불필요하고 오히려 학생들의 집중을 깨는 부작용도 있다. 그러나 분명하면서도 정확한 교사의 시범은 학생들을 효과적인 연습으로 이끄는, 꼭 필요한 요소이다.

교사가 시범 보인 글자를 베껴 쓰는 것은 연습에 도움을 준다. 몇 가지 활동을 덧붙이면 도움을 주는 정도를 넘어 효과적인 방법으로 거듭날 수도 있다. 가령, 교사는 손 움직임의 순서를 화살표로 표시해서 보여줄 수 있다(Berninger et al., 1997). 학생은 교사의 시범을 주의 깊게 살펴본 후, 단어를 가리고 기억에 의존해서 다시 써 본다. 번호를 붙인 화살표와 결합해서 간단한 시각적 기억을 추가하는 이러한 방법은 단순히 베껴 쓰는 것보다 훨씬 더 효과가 있다. 이 방법은 전통적인 철자 연습 방법인 Look-Say-Cover-Write-Check와 유사점을 가지고 있다(Henderson, 1990). 또한 학생들은 문자 형성에 관한 규칙을 말로 배움으로써 그 과정을 통해 스스로 깨달을 수 있다. 이러한 음성적인 지도는 쉽게 기억하도록 하기 위한 하나의 방법일 뿐이다(Graham & Weintraub, 1996).

연구를 바탕으로 손글씨 쓰기 교육을 실행하는 데 구태의연할 필요는 없다. 일부 프로그램은 이야기나 노래 중심 교수 활동과 결합되어 기억하기 쉽고 즐거우며 매력적이다. 이러한 사례는 'the British Letterland Program'에서도 발견할 수 있다(Wendon & Freese, 2003). 글자들이 사는 상상의 나라 Letterland에서 글자들은 먼저 그림문자로 소개된다. 각 글자는 캐릭터로 그려져 특징이 잘 드러나 있다. 예를 들어 글자 'c'는 'Clever Cat'으로 표현되어 있다. 얼굴은 c자 모양의 호로 그려져 있으며 귀는 그 위에 있다. 교사는 학생들에게 Clever Cat을 관찰하게 한 후 평범하게 쓴 글자 c를 보여주자 학생들은 Clever Cat이 보이지 않는다고 했다. 그래서 교사는 학생들에게 Clever Cat이 자신의 존재를 비밀로 하고 싶어 하기 때문이라고 설명해 주었다. 그 후 교사는 학생들에게 커다랗게 c가 적힌 종이를 주면서 그림문자 카드에 있는 Clever Cat을 그려보도록 안내했다.

c자 쓰는 법을 배우기 전에 학생들은 Clever Cat이 쓰다듬는 것을 얼마나 좋아하는지를 가사로 한 동요를 배운다. "Clever Cat의 얼굴은 둥근 곡선에서 시작해요. 턱 끝을 부드럽게 간질여 주세요."(p.35) 교사는 학생이 노래를 부를 때 그림문자를 따라 천천히 시범을 보인다. 이 과정은 교사가 그림문자 없이 글자 c를 베껴 그릴 때까지 반복된다. 그 후, 교사가 c를 크게 칠판에 쓰는 동안 학생들은 Clever Cat의 이미지를 떠올리면서 허공에 c를 그린다. 학생들은 안내 화살표를 따르면서 각자 Clever Cat을 그린다. 학생들은 자신이 알고 있는 캐릭터를 그리면서 글자를 만화로 만들 수도 있다.

학생들은 이 프로그램으로 소리와 글자의 결합을 배울 수 있다. 많지는 않아도 일단 글자와 소리의 결합을 배우면 학생들은 그림문자(와 작은 도구)를 사용하기 시작하며, 생활 중에 간단한 자음-모음-자음으로 이루어진 단어를 소리 낼 수 있게 된다. 문자의 형태, 문자의 소리, 그리고 음소 분석은 프로그램의 초기부터 소개가 이루어지고 규칙적으로 연습이 이루어진다.

손글씨 쓰기에 어려움을 겪는 고학년의 학생들, 특히 학습장애가 있는 학생들에게는 손글씨 쓰기에서 깔끔함과 자기 점검을 강조하는 전략이 효과적인 것으로 나타났다(Graham & Weintraub, 1996). 여기에는 점검표나 동료의 도움과 칭찬이 포함된다. 좀 더 심각한 문제를 해결하려면 연구 결과에 바탕을 둔 지도 방법을 적용하여 글자 쓰기를 다시 가르쳐야 할 수도 있다.

결론

우리가 기억해 두어야 할 것은 최근의 철자법과 손글씨 쓰기를 다룬 연구들이 이러한 기능이 여전히 중요하다고 말하고 있다는 점이다. 철자법과 손글씨 쓰기는 단지 작문의 장식적 요소가 아니라 기본적인 원리에 해당한다. 그러므로 이를 가볍게 여기면 사회적, 교육적, 개인적인 파장을 불러일으킬 수 있다. 미숙한 철자법과 손글씨 쓰기는 높은 수준의 문해 과정에 부정적인 영향을 미칠 수도 있다. 학교 교육에서 철자법과 손글씨 쓰기를 중요하게 다루어야 한다는 경험적 연구 결과는 이미 충분하다.

우리는 현재 우리가 알고 있는 것만으로도 철자법과 손글씨 쓰기의 효과적인 지도 방법을 구성할 수 있다. 최근의 연구 성과를 좀 더 검토한다면 더욱더 학생들을 효과적으로 지도하는 방법을 구성할 수도 있고, 이 학습에 대한 학생들의 참여와 흥미를 높일 수 있는 지도 방안도 구성할 수 있다. 이는 공통 핵심 성취기준의 한계를 넘어서는 것을 의미하는 것이기도 하다.

참고문헌

Bear, D. R., Invernizzi, M., Templeton, S., & Johnston, F. (2004). *Words their way: Word study for phonics, vocabulary, and spelling instruction.* Columbus, OH: Merrill.

Berninger, V. W., Abbott, R. D., Augsburger, A., & Garcia, N. (2009). Comparison of pen and keyboard transcription modes in children with and without learning disabilities. *Learning Disability Quarterly*, 32, 123~141.

Berninger, V. W., Vaughn, K., Abbott, R., Abbott, S., Rogan, L., Brooks, A., et al. (1997). Treatment of handwriting problems in beginning writers: Transfer from handwriting to composition. *Journal of Educational Psychology*, 89, 652~666.

Briggs, D. (1980). A study of the influence of handwriting upon grades using examination scripts. *Educational Review*, 32, 185~193.

Gates, A. I. (1937). A list of spelling difficulties in 3876 words: *Showing the "hard spots," common misspellings, average spelling grade-placement, and com prehension grade ratings of each word.* New York: Teachers College Press.

Graham, S. (1992). Issues in handwriting instruction. *Focus on Exceptional Children*, 25, 1~14.

Graham, S., & Harris, K. R. (2002). The road less traveled: Prevention and intervention in written language. In K. Butler & E. Stillman (Eds.), *Spelling, reading, and handwriting* (pp. 199~217). Mahwah, NJ: Erlbaum.

Graham, S., Harris, K. R., & Fink, B. (2000). Is handwriting causally related to learning to write?: Treatment of handwriting problems in beginning writers. *Journal of Educational Psychology*, 92, 620~633.

Graham, S., Harris, K. R., & Fink-Chorzempa, B. (2002). The contribution of spelling instruction to the spelling, writing, and reading of poor spellers. *Journal of Educational Psychology*, 94, 669~686.

Graham, S., Harris, K. R., & Hebert, M. (2011). It is more than just the message: Presentation effects in scoring writing. *Focus on Exceptional Children*, 44, 1~12.

Graham, S., & Hebert, M. (2010). *Writing to read: Evidence for how writing can improve reading* (A Carnegie Corporation Time to Act Report). Washington, DC: Alliance for Excellent Education.

Graham, S., Morphy, P., Harris, K. R., Fink-Chorzempa, B., Saddler, B., Moran, S., et al. (2008). Teaching spelling in the primary grades: A national survey of instructional practices and adaptations. *American Educational Research Journal*, 45, 796~825.

Graham, S., & Weintraub, N. (1996). A review of handwriting research: Progress and prospects from 1980 to 1994. *Educational Psychology Review*, 8, 7~87.

Hanna, P. R., Hodges, R. E., & Hanna, J. S. (1971). *Spelling: Structure and strategies*. Boston: Houghton Mifflin.

Hayes, J. R., & Berninger, V. W. (2010). Relationships between idea generation and transcription: How the act of writing shapes what children write. In C. Braverman, R. Krut, K. Lundsford, S. McLeod, S. Null, P. Rogers, et al. (Eds.), *Traditions of writing research* (pp. 166~180). New York: Routledge.

Hayes, J. R., & Chenoweth, N. A. (2007). Working memory in an editing task. *Written Communication*, 24, 283~294.

Henderson, E. H. (1990). *Teaching spelling* (2nd ed.). Boston: Houghton Mifflin.

Henderson, E. H., & Beers, J. W. (Eds.). (1980). *Developmental and cognitive aspects of learning to spell: A reflection of word knowledge*. Newark, DE: International Reading Association.

Invernizzi, M. A. (1992). The vowel and what follows: A phonological frame of orthographic analysis. In S. Templeton & D. Bear (Eds.), *Development of orthographic knowledge and the foundations of literacy: A memorial festschrift for Edmund H. Henderson* (pp. 32~52). Hillsdale, NJ: Erlbaum.

Johnston, F. R. (2001). Exploring classroom teachers' spelling practices and beliefs. *Reading Research and Instruction*, 40, 143~156.

Jones, D., & Christensen, C. A. (1999). Relationship between automaticity in handwriting and students' ability to generate written text. *Journal of Educational Psychology*, 91, 44~49.

Longcamp, M., Boucard, C., Gilhodes, J. C., Anton, J. L., Roth, M., Nazarian, B., et al. (2008). Learning through hand- or typewriting influences visual recognition of new graphic shapes: Behavioral and functional imaging evidence. *Journal of Cognitive Science*, 20, 802~815.

Moats, L. C. (1995). *Spelling: Development, disability* and instruction. Baltimore: York Press.

Moats, L. C. (2005~2006). How spelling supports reading. *American Educator, Winter*, 12~23.

Morris, D. (2005). *The Howard Street tutoring manual: Teaching at-risk readers in the primary grades* (2nd ed.). New York: Guilford Press.

Morris, D., Blanton, L., Blanton, W. E., Nowacek, J., & Perney, J. (1995). Teaching low-achieving spellers at their "instructional level." *Elementary School Journal*, 96, 163~177.

Morris, D., Blanton, L., Blanton, W. E., & Perney, J. (1995). Spelling instruction and achievement in six classrooms. *Elementary School Journal,* 96, 145~162.

Morris, D., Nelson, L., &c Perney, J. (1986). Exploring the concept of "spelling instructional level" through the analysis of error-types. *Elementary School Journal*, 87, 181~200.

National Governors Association & Council of Chief State School Officers. (2010). Common Core State Standards for English language arts & literacy in his tory/social studies, science, and tech7tical subjects. Washington, DC: Authors. Retrieved from www.corestaridards.org.

Nelson, L. (1989). Something borrowed, something new: Teaching implications of developmental spelling research. *Reading Psychology*, 10, 255~274.

Perfetti, C. A. (1985). *Reading ability.* New York: Oxford University Press.

Read, C. (1975). *Children's categorization of speech sounds in English*. Urbana, IL: National Council of Teachers of English.

Schlagal, B. (2001). Traditional, developmental, and structured language approaches to spelling. *Annals of Dyslexia,* SI, 147~176.

Schlagal, B. (2002). Classroom spelling instruction: History, research, and practice. *Reading Research and Instruction,* 42, 44~57.

Schlagal, R. (1992). Patterns of orthographic development into the intermediate grades. In S. Templeton & D. Bear (Eds.), *Development of orthographic knowledge and the foundations of literacy: A memorial festschrift for Edmund H. Henderson* (pp. 32~52). Hillsdale, NJ: Erlbaum.

Sheffield, B. (1996). Handwriting: A neglected cornerstone of literacy. *Annals of Dyslexia,* 46, 21~35.

Templeton, S., & Morris, D. (2000). Spelling. In M. L. Kamil, P. B. Mosenthal, D. P. Pearson, &c R. Barr (Eds.), *Handbook of reading research* (Vol. 3, pp. 525~543). Mahwah, NJ: Erlbaum.

Treiman, R. (1993). *Beginning to spell.* New York: Oxford University Press.

Wendon, L., & Freese, G. (2003). *Letterland: Teacher's guide.* Cambridge, UK: Letterland.

Young, K. (2007). Developmental stage theory of spelling: Analysis of consistency across four spelling-related activities. Australian *Journal of Language and Literacy,* 30, 203~220.

12장
작문 동기의 향상 방안

PIETRO BOSCOLO and CARMEN GELATI

작문을 배우는 여정은 매우 길다. 유치원의 낙서에서 출발하여 초등학교의 단어 쓰기, 간단한 문장 쓰기를 거쳐 고등학교[1]의 적절한 언어로 표현하는 길을 거쳐야 한다. 학년이 올라갈수록 작문의 난도가 증가하므로 연습의 시간도 더 많이 필요해진다. 작문을 연습하는 동안 학생들은 장르 구조와 형태론적 규칙과 통사론적 규칙을 활용하는 방법도 배워야 하며 유능한 필자가 갖추어야 하는 인지적, 언어적 지식 및 학술적[2] 언어 능력도 배워야 한다. 학생들에게 이 연습 과정은 부담이 크다. 그래서 교사들이 증언하는 것처럼, 이 장에서 다룰 여러 가지 이유로 인해 학생들은 작문이 그다지 매력적이지 않

---

1) [역주] 이 장에 제시되어 있는 사례는 이탈리아를 배경으로 한 것이다. 여기의 '고등학교'는 이탈리아 학제에 따른 것인데, 이 고등학교가 5년으로 운영되므로 우리나라의 중학교와 고등학교를 통합한 것으로 이해하면 될 듯하다. 여기에서는 원문에 따라 '고등학교'로 번역하였다.

2) [역주] 여기에서는 'academic'을 '학술적(학문적)'으로 변역하였으나 좀 더 정확하게는 학교에서 이루어지는 교과 학습을 뜻한다. 교과 학습의 상황에서 쓰이는 언어는 일상 언어와 차이가 있는데 학생들은 이러한 학습 언어를 올바로 익혀야 학습 상황에 올바로 대처할 수 있다.

다고 느끼게 된다.

이 장의 목표는 두 가지이다. 하나는 최근 연구 결과를 바탕으로 학생들의 작문 동기 부족 현상을 분석해 보는 것이다. 이 과정에서 작문 동기의 의미를 살펴보고, 작문 동기를 설명하는 데 쓰이는 형용사를 논의해 보고자 한다. 다른 하나는 학생들의 작문 동기를 높일 수 있는 방안을 모색해 보는 것이다. 이를 위해 수업 사례를 안내 사항과 함께 다루어 보고자 한다.

작문 동기와 작문 동기 부족 현상

최근 동기의 개념은 학교 학습에서 학생 태도에 영향을 미치는 세 가지 요인을 강조하고 있다(Brophy, 2008). 첫 번째 요인은 학생이 학습 활동에 부여하는 가치이다. 이는 학생이 학습 활동이나 교과 학습에 어느 정도 기꺼이 참여하려고 하는지와 관련이 있다. 두 번째 요인은 교과의 역량 및 교과 학습의 결과에 대한 학생 자신의 기대와 관심이다. 세 번째 요인은 학습이 이루어지는 사회적 환경이다. 교실 환경, 동료 관계, 교사의 목표 구조 등이 여기에 해당한다. 교사의 목표 구조는 교사가 과정 목표(숙달 목표)를 지향하는지, 아니면 결과 목표(성과 목표)를 뜻한다. 교사가 어떤 목표 구조를 가지고 있는가에 따라 학습 과정의 향배가 크게 달라진다. 이러한 요인에 따라 교과목에 대한 학생들의 태도가 달라진다. 학생들이 교과목을 공부할 때 그와 관련된 많은 것을 배우게 된다.

작문을 예로 들어보자. 학생들이 작문에 가치를 부여한다는 것은, 작문을 매력적인 활동으로 여기는지 아니면 지루한 반복적 활동으로 여기는지, 주요 과목으로 생각하는지 아니면 그렇지 않은지, 미래의 학습(대학)이나 삶(직업)에 관련이 크다고 생각하는지 아니면 관련이 적다고 생각하는지를 정한다는 뜻이다. 학생들이 작문을 배운 방식과 작문에 대한 인식도 학생들의 태도에 영향을 준다. 요컨대, 학생들은 학교 수업을 통해서 작문의 역할이나 기능에 대해 암시적인 작문 신념을 형성해 간다(Bruning & Horn, 2000).

우리는 이러한 개념을 유지하는 가운데 이 장에서 작문 동기가 작문 태도, 즉 작문에 대한 관점이라는 것을 논의할 것이다. 작문 동기는 학생들이 작문 활동(결과로서의 글을 작성하고 활용하도록 요구하는 여러 가지 과제와 상황)을 통해 형성한 신념에 기반을 두고 있다. 이에 비해, 학생들의 작문 태도는 특정 작문 과제에 대한 접근 방식과 학생들이 작문에 참여하려는 정도에 영향을 준다. 작문을 텍스트의 재생산으로 보는가 아니면 지식과 경험의 재구성으로 보는가 하는 작문 관점은 특정 작문 과제가 교실에서 구성되는 방식과, 작문이 다른 교과와 관련을 맺는 방식에 시사점을 제공한다.

작문 동기 부족은 반복적인 작문 경험의 결과로 형성된 신념과 태도를 말한다. "일반적으로 초등학교에 막 입학한 학생들은 작문을 하고 싶어 한다."고 한 Graves(2003)에 동의할 수 있을 것이다. 이 학생들은 입학하기 전에 관습을 강조하지 않는 다양한 형태의 작문을 경험했기 때문이다(Tolchinsky, 2006). 그러나 불행하게도 학교를 다니면서 이 학생들은 글을 쓰려는 의지가 줄어들거나 심지어는 사라지기도 한다. 학생들은 학교 작문 수업에서 생각 표현 방법으로서의 작문이나 의사소통 방법으로서의 작문을 발견할 수 없기 때문이다.

학생들이 작문 동기를 상실하는 이유가 있다. 이 이유들은 서로 배타적이지는 않으며, 모두 작문 지도를 '교과 학습'에 초점을 맞추고 있다는 점과 관련이 있다. 첫째, 작문 지도가 의미 탐색보다는 텍스트의 장르(유형)와 작문 관습에 대한 적합성만을 강조하는 방식으로 이루어지고 있기 때문이다(Oldfather & Shanahan, 2007). 독서는 초등학교 저학년 시기부터 모든 과목에서 활발하게 활용하고 있다. 그런데 이러한 독서와는 달리, 작문은 학생들에게 지식을 습득하고 정교화하며 의사소통하는 도구로 인식되는 것이 아니라 그 자체로 하나의 과목으로 인식되고 있다. 둘째, 학생들에게 다른 수업과 무관한 작문 연습이 과제로 부여되고 있으며, 글을 쓸 때(예, 내용을 찾거나 초고를 수정할 때) 다른 동료와 상호작용할 기회가 없는(혹은 거의 없는) 과제가 부여되고 있기 때문이다.

오늘날 학생들은 전자기술 덕분에 학교 밖에서 글을 쓸 기회가 많아졌다. 인터넷은 새로운 문해 활동을 만들어냈으며, 사람들, 특히 청소년들에게 글로 자신을 표현하고 다른 사람과 소통하는 새로운 방법을 만들어냈다. 학교의 작문 수업이나 작문 활동의 매력이 떨어진 데에는 이러한 변화의 영향도 크다. 이 장 후반부에서는 전자기술과 관련된 문해 활동에 대해서도 다룰 예정이다.

학생들의 작문 동기 부족은 매력적이지 않은 작문 과제 때문만은 아니다. 학생들은 작문에 대한 신념과 함께 능숙한 필자로서의 자기 인식과 신념(기대), 다시 말해서 자신의 작문 능력과 작문 과정 관리 능력에 대한 자기 인식과 신념(기대)도 발달시켜 간다.

작문의 동기화는 작문 능력에 대한 학생의 자기 인식과 밀접한 관련이 있다. 지난 20년 동안 학생들의 자기 효능감과 자기 인식의 역할에 대한 연구가 매우 많이 이루어졌다. Pajares & Valiante(2006)가 지적했듯, 학생이 작문 과제를 수행할 수 있다고 인식하는 정도는 학생의 작문 수행에 긍정적인 영향을 미친다. 이 영향으로 작문 수행의 향상이 이루어지면 학생들은 자기 자신을 더 유능하게 여긴다.

동기 관점에서 볼 때, 학생 자신의 능력에 대한 자기 인식은 작문 활동 참여뿐만 아니라 자기 조절의 질과도 밀접한 관련이 있다. 이런 측면들 사이 관계는 양방향적이다. 자기 효능감이 없다면 학생은 작문 활동에 참여하지 않으려고 할 것이고, 작문에 대한 유능감을 느끼게 된다면 학생들은 더욱 기꺼이 작문을 하려고 할 것이다.

내용 생성 전략 같은 인지적 도구나 자기 점검 전략 같은 메타 인지적 도구는 학생들이 자신을 유능하게 느낄 수 있도록 도와주며, 그 결과 더 자발적으로 글을 쓸 수 있도록 만들어준다. 그러나 불행하게도 작문 부진 학생들은 이런 도구를 사용하지 못한다. 그러므로 작문 부진 학생들에게 자기 조절 전략을 지도하는 것3)은 이 학생들의 작문 능력을 향상시키고 간접적으로 작문 동기를 강화하는 기본 단계가 된다(Harris, Graham, & Mason, 2006).

요약하자면, 작문 동기를 가진 학생은 작문을 가치 있는 활동으로 여기고, 작문을 표현의 수단이자 의사소통 및 정교화 수단으로 기꺼이 활용하는 학생이라고 정의할 수 있다. 작문 동기를 가진 학생들은 작문의 성공적 활용 능력에 대한 자기 확신을 실제로도 가지고 있으며, 이러한 능력에 대한 지각은 작문의 만족감을 느끼게 만드는 조건이자 원천이다.

앞에서 정의했던 작문 동기는 작문에 대한 내적 동기와는 차이가 있다(Oldfather, 2002). 이는 동기를 연구했던 일부 학자들이 명시적으로 지지하고 작문의 과정 접근을 강조했던 학자들이 암묵적으로 채택한 것인데 작문 동기에 대한 우리의 정의와는 구분된다. 일반적으로 행동은 외적 보상에 의해 동기화 되는 것이 아니라, 자신의 필요나 목적을 충족할 때, 그리고 유능감, 자율성, 관련성과 같은 기본적인 심리적 요구가 만족될 때 동기화 된다(Deci & Ryan, 1985). 외적 보상의 기대나 처벌의 위협으로 행동이 일어난다면 이 행동은 외재적으로 동기화가 이루어진 것이다. 그런데 내재적 동기 개념의 바탕으로 이루는 자기 결정 이론에 따르면, 내재적 동기와 외재적 동기는 대립적인 것이 아니다. 오히려 외부 규제("나는 이 글을 벌을 받지 않으려고 썼다.")나 외재적 동기 부여("나는 내가 글을 잘 쓴다는 것을 다른 사람들에 보여주려고 이 글을 썼다.")에서부터 자기 정체성 확인("작문은 나에게 중요하고 가치 있는 활동이다.")이나 내재적 동

---

3) [역주] 이는 이 책의 편집자들이 강조하는 작문 지도 전략(작문 수업 전략)이기도 하다. '자기 조절 전략'은 메타인지 전략인데 이의 발달(개발)을 돕는다는 뜻으로 'SRSD(self-regulated strategies development)'로 부른다. SRSD는 6개의 단계로 구성되어 있다. 구체적인 내용은 이 책 5장을 참고하기 바란다.

기 부여("나는 작문을 좋아한다.")까지가 이어져 있는 연속체로 간주되어야 한다.

학생들은 학교 교육 초기에 작문에 대해 내재적으로 동기화되기도 한다. 그러나 학년이 올라감에 따라 작문의 복잡성이 점점 증가하여 학생들은 작문에 실패하게 되고, 이러한 실패의 경험으로 인해 본래 가지고 있던 '작문에 대한 의지'를 외재적 동기로 변화시킨다. 그 결과, 작문 과정에 대한 관심을 기울이지 않고 교사의 평가에 관심을 집중한다.

이렇게 변화한 학생들의 태도를 다시 되돌리기는 매우 어렵다. 이는 초등학교에서 역사와 과학에 작문을 통합한 수업 사례(Boscolo & Mason, 2001), 고등학교에 문학에 작문을 통합한 수업 사례(Boscolo & Carotti, 2003)에서도 확인할 수 있다. 이러한 연구에서 확인할 수 있는 결과 중의 하나는 학습 작문(writing to learn)을 다룬 연구에서 이미 대두되었던 학습에 관한 작문(writing on leaning)의 긍정적 효과가 있었다는 점이었다. 일반적으로 중재 수업 이후에 학생들은 작문에 대한 유능감이 더 높아졌으며 작문이 더 유용하다고 생각하게 되었다고 보고했다. 그러나 작문을 더 좋아하게 되었다고는 보고하지 않았다.

이를 통해 보건대, 학생의 내재적 동기는 좀 더 복합적인 관점으로 접근해야 할 필요가 있다. 즉, 지금까지 내재적 동기는 작문 능력에 대한 학생의 자기 인식만을 고려했으나 이제는 이에 더하여 작문의 어려움에 대한 인식까지도 같이 고려해야 한다. 이러한 작문 태도는 학생이 작문에 기꺼이 참여하려는 의지를 뜻하므로 부정적인 것으로 다루어서는 안 된다. 그리고 이는 엄밀히 말하면 내재적 동기라고 부르기 어렵다. 결론적으로 말해서, 작문 동기를 가진 학생이 반드시 작문에 더 열성적인 것은 아니지만, 작문이 가치 있는 활동이라고 생각하므로 그러한 생각의 정도에 따라 작문 활동을 원한다고 할 수 있다(비록 작문이 항상 즐거운 활동은 아닐지라도).

실제적인 작문 과제와 흥미로운 작문 과제

우리는 학생의 태도를 작문 동기로 정의했는데 이러한 태도는 작문 과제 참여도에 영향을 미친다. 물론 학생의 과제 참여는 긍정적 신념의 결과일 뿐만 아니라, 작문 과제가 지닌 매력의 결과이기도 하다. 그렇다면 작문 과제가 '매력적'이라는 것은 어떤 의미일까? 최근 몇 년 동안 학생들이 활발하게 참여하는 작문 과제나 작문 활동을 규정할 때 '실제적인(authentic)4), 흥미로운(interesting), 도전적인 (challenging)5)' 같은 형용사들이 많이 쓰여 왔다. '도전적인'의 의미는 나중에 살펴보기로 하고 여기에서는 '실제적, 흥미로운'이라는 두 형용사의 의미를 먼저 검토해 보자.

우선 '실제적'은 두 가지 다른 의미로 작문과 관련을 맺어 왔다. 첫 번째 의미는 최근 학생들이 실제적 작문 과제에 참여해야 할 필요성과 관련하여 강조되어 왔다(Bruning & Horn, 2000). Hiebert(1994)에 따르면, 실제적인 작문 과제란 학생들이 즐거움과 의사소통을 위해 즉각적으로 작문 활동에 임하게 과제를 말한다. 5학년 학생이 학교 주변에 신호등을 더 많이 설치해 달라고 시청에 건의문을 쓰는 경우가 이러한 예에 해당한다. 이에 비해, 언젠가는 쓸 때가 오겠거니 하고 복합 단어나 문장 결합을 연습하게 하는 과제는 실제적인 작문 과제가 아니다(Hiebert, 1994, p.391)

실제적 작문 과제의 중요성을 강조하는 Hiebert(1994)에 동의하면서 우리는 이 형용사의 의미에 대해서 한두 가지 의견을 덧보태고자

---

4) [역주] 'authentic'은 '진정한'으로 번역하기도 한다. 학생들에게 작문을 지도할 때 가상의 목적을 위해 글을 쓰게 하는 것이 아니라 실제로 존재하는 목적을 위해 글을 쓰게 해야 한다는 뜻을 담고 있는데, '실제로 존재한다.'는 의미를 강조하기 위해 '진정한'으로 번역하는 경우도 있다. 여기에서는 '실제적'으로 번역하였다.

5) [역주] 작문 과제에서 'challenging'이라는 단어는 학생들에게 조금 어렵다는 의미를 가지고 있다. 약간 어려워서 학생들에게 도전해 보고 싶은 마음을 불러일으킨다는 뜻을 담고 있다.

한다. 5학년의 건의문 사례에서 쓰인 '실제적'은 '실용적(practical)'과 동의어가 될 수 있다. 교실에서 이루어지는 실제적 작문은, 시청에 보내는 건의문이나 신문사에 보내는 반론문을 쓰는 것처럼, 작문으로 해결할 수 있는 '실제로 존재하는 문제'와 관련이 있다. 실제로 존재하는 문제를 해결하려는 목적으로 작문을 한다는 점에서 이 과제는 '실용적'이다. 그러나 실제적 작문이 항상 실재하는 문제의 해결이라는 실용적 목표의 달성에만 목적이 있는 것은 아니다.

작문 과제의 실제성과 관련하여 작문의 의사소통 기능을 지나치게 강조하는 것도 유의할 필요가 있다. 작문의 의사소통 기능을 지나치게 강조하다 보면 (전화를 걸거나 직접 대화하는 것이 훨씬 더 쉬운) 학교 친구에게 글을 써서 의사소통하라고 하거나, 아무도 읽지 않을 '저널'을 쓰라고 하는 것 같은 '비실제적'인 작문 활동을 유발할 수 있기 때문이다.

사회 구성주의의 시각에서 수행된 대부분의 작문 연구는 학생들이 작문의 사회적 성격, 즉 작문이 의사소통의 기본 도구라는 점을 올바로 이해야 한다고 강조해 왔다. 그러나 우리는 작문의 사회적 성격을 강조하는 것이 단지 작문의 의사소통 기능만을 강조하는 것은 아니라고 생각한다. 작문은 다른 사람과의 소통을 위해 사용될 뿐만 아니라, 우리가 다른 사람들과 내용을 공유하고, 그것에 대해서 토론하고 비평할 수 있게 해 준다는 점에서 사회적인 활동인 것이다.

'실제적'의 두 번째 의미는 소위 '글쓴이의 목소리'라고 부르는 학생의 개인적 관점이나 느낌에 대한 표현과 관련이 있다. 과정 중심 접근법에서는 작문을 통해 개인의 사고와 감정을 표현하는 것을 강조한다. 이를 주창한 Elbow(1981)에 따르면, 작문 지도는 '실제적' 작문의 결과로서 학생들이 자신의 '목소리'를 발견할 수 있도록 이루어져야 한다.

우리는 이미 전자기술6)이 제공하는 학교 밖의 실제적 작문에 대해 언급해 왔다. '미디어 리터러시'라는 새로운 용어도 등장했다. 미디어 리터러시에는 청각, 시각, 디지털 리터러시의 능력이나 기능이 중첩되어 있다. 미디어 리터러시 관점에 따른 작문의 특징은 이 책 13장에서도 확인할 수 있다(Karchmer-Klein이 집필한 13장 참조). 여기서 우리는 나이가 어린 학생들조차 공식적인 학술적 글쓰기가 주는 제약에서 해방되었다고 느낄 때 작문 동기가 형성된다는 점, 따라서 교사가 전자기술을 접목한 '작문'을 우려와 적대감의 시선으로 보지 말아야 한다는 점을 강조해 두고 싶다. 전자기술은 작문을 다른 의미로 해석할 수 있게 하는 도구로 이해할 필요가 있다.

초등학생들이 깨달아야 할 것 중의 하나는 작문이 자신의 역할을 실현하고 목표를 성취하도록 도와주는, 유연한 도구라는 사실이다. 모든 작문 과제는 실제적일 수 있다. 예를 들어, 이메일은 빠른 의사소통 방법으로서 실제적이다. 비록 다른 상황에서 쓰이지만 격식이 있는 편지도 이것도 실제적이다. 문학적 글쓰기나 일기 쓰기는 학생들이 생각과 감정을 표현하는 다양한 방법을 인식하게 해 준다는 점에서 실제적이다.

웹에 달린 의견은 학생들이 굳이 주의를 기울일 필요가 없으나, 교실에서 시나 소설에 달린 평가는 학술적 작문 규칙(더 중요한 것은 '교사의 평가')을 반영하고 있으므로 주의를 더 많이 기울여야 한다. 이메일, 격식을 갖추어 교사에게 쓴 편지, 혹은 교사에게서 받은 공식적인 편지, 웹상의 토론 등 다양한 텍스트의 유사점과 차이점을 화제로 교실 토의를 하는 것도 유용한 작문 연습이 될 수 있다. 비록 유형은 다르지만 이들 모두 의사소통적 기능을 가지고 있기 때문이다. 다른 동료들과 토의를 하는 가운데 학생들은 텍스트에 대한 자신의 의견을 표현할 수도 있고, 말의 어조, 단어의 사용, 글쓴이의 목소

---

6) [역주] '전자기술'은 컴퓨터, 스마트패드, 전자칠판 같은 하드웨어뿐, 컴퓨터 프로그램이나 스마트패드의 앱 같은 소프트웨어, 사회관계망 서비스와 같은 플랫폼 등등을 통칭한다. 다음 13장에서는 이와 관련된 작문 지도의 전반을 다루고 있으므로 이를 참고하기 바란다.

리에 대해 새로운 것을 발견할 수 있다. 다시 말하면 의사소통 방법으로서 작문에 대한 새로운 것을 발견할 수 있다.

이제, 작문 과제와 관련하여 쓰이고 있는 다른 형용사 '흥미로운'을 논의해 보자.

지난 25년 동안 심리학적 연구와 교육학적 연구에서는 '흥미로운'의 의미를 '흥미'라는 관점에서 분석해 왔다. 이러한 두 경향의 연구에 따르면 흥미는 두 가지로 구분된다. 상황적인 흥미와 개인적 흥미가 그것이다(Hidi, 1990). 상황적 흥미는 특정한 조건에 의해 형성될 수도 있고, 어떤 환경에 놓인, 주의를 끄는 사건이나 사물 등에 의해 형성될 수도 있다. 상황 흥미는 상황에서 비롯되므로 일시적이다. 이에 비해 개인적 흥미는 지속적인 특징이 있다. 그래서 어떤 행사나 활동에 반복적으로 참여하게 하는 효과를 발휘한다. 흥미의 이 두 유형은 모두 학교 작문과 관련이 있다.

과정 중심 접근법이 제안하는 것처럼, 많은 교사들은 학생들에게 흥미 있는 화제를 제시하거나, 학생들에게 화제를 선택하게 하는 것이 작문 동기를 신장시키는 유용한 방법이라고 생각한다. 흥미로운 화제는 학생들의 개인적 경험이나 개인적인 흥미와 관련되어 있는데, 일반적으로 이러한 화제는 학생들이 쓸 것이 많다고 간주된다. 예를 들면, 운동이나 게임, TV, 사춘기의 문제들이 그렇다.

그런데 이러한 방법으로 작문을 지도하는 것은 화제에 대한 '흥미로움'이 곧 작문으로 이어진다고 하는 불확실한 가설을 토대로 하고 있다. 사실 야구에 흥미가 있다는 것이 꼭 야구에 대한 작문에 흥미를 가지고 있다는 것을 의미하지는 않는다. 문제는 흥미 있는 화제를 찾지 못하는 데 있는 것이 아니라, 작문을 흥미로운 활동으로 만들지 못하는 데 있다. 흥미로운 화제는 작문의 훌륭한 출발점이지만, 학생들에게 작문 동기를 부여하는 것은 그 화제 자체가 아니라 그 화제로 글을 쓰는 것이 가치 있는 일이라고 믿는 학생들의 인식이다.

작문 수업을 설계할 때 이를 고려하면 다음과 같이 진행할 수 있다. 즉, 어떤 사건(물론 흥미 있는 화제로서의 사건)을 제시하고 글을 쓰게 하는 것이 아니라, 그 사건을 인식하고 해석하는 다양한 시각을 모아 비교하는 글을 쓰도록 하는 것이다. 먼저 학생들이 개별적으로 그 사건에 대해서 쓰고(서사문으로)나서 친구들이 쓴 글과 비교하고, 어떤 유사점과 차이점이 있는지를 토의(또는 작문)할 수 있다. 그 후에는 그 사건을 다룬 외부의 글, 가령 신문 기사와 비교해 볼 수 있다. 이러한 작문 수업은 학생들에게 그 사건에 대해 글을 쓰는 것이 가치 있는 활동이라는 것을 인식하도록 만들어 준다.

초등학교, 중학교 학생들을 연구 대상으로 한 Gelati(2012)에서는 어떤 활동(이나 사건)에 대한 흥미는 학생의 개인적 평가에 긍정적 영향을 끼친다는 사실을 발견했다. 이 연구에서는 학생들에게 대조적인 경험을 제공하기 위해 두 가지 활동이 선정되었다. 하나는 남학생들이 흥미로워하는 활동(축구)이었고, 다른 하나는 여학생들이 흥미로워하는 활동(댄스)이었다. 이 활동의 선정은 이전의 학생 흥미도 조사를 근거로 삼았다. 연구 대상 학생들은 양쪽 활동에 모두 참여하였으며 이를 바탕으로 개인적 평가를 글로 작성했다. 결과는 흥미로웠다. 학생들이 작성한 글의 질적 수준은 성별과는 무관했고, 활동 경험에 대한 학생들의 평가가 얼마나 개인적인지, 그리고 얼마나 높은 수준인지에 따라 달랐다. 활동 경험에 대한 평가가 개인적일수록, 그리고 높은 수준일수록 학생들은 완성도가 더 높으면서도 내용이 더 풍부한 글을 썼다. 그리고 작문에 대한 흥미도 더 높아졌다.

이처럼 어떤 활동(이나 사건)에 대해 글을 쓰는 것은 학생들이 자신의 목소리를 표현하는 데에, 그리고 새로우면서도 실제적인 작문의 기능을 깨닫는 데에 도움을 준다. 이렇게 작성한 글(활동이나 사건을 다룬 글이므로 대부분은 서사문)은 학생들의 생각이나 느낌을 정교화 하는 자료로 사용할 수도 있다. 즉, 학생들에게 그 글을 몇 주 간격을 두고 다시 읽게 한 후, 그 글에 담겨 있는, 당시의 생각이나 느낌을 더 세밀하게 표현하는 활동을 해 볼 수 있다. 이는, 뒤에서 다시 거론하겠지만, 교실에서 '문해 공동체'를 구성하는 데 기여할 수 있다(Nolen, 2007). 이 공동체에서 우리는 자신의 작문 능력이 발달할 수 있을 것이라고 믿는, 학생들의 긍정적 작문 태도를 기대할 수 있을 것이다. 다시 한 번 말하거니와, 작문 태도는 작문을 실제적인 의사소통의 도구이자 정교화의 도구, 표현의 도구로 활용하고 인식하는 학생들의 자발적 의지를 말한다. 따라서 작문 지도에서는 예외적 전략이 아니라 일반적 전략으로서 어떤 상황의 매력적 특징을 활용해야 하고, 다른 한편으로는 모든 학생들이 교실 활동을 통해서 작문에 대한 개인적 의미를 찾고 발전시키도록 도와주어야 한다.

작문 동기의 발달

앞에서 우리는 학생들이 경험하는 작문 동기 부족의 근본적인 요인이 작문 과제에 있다는 점을 논의했다. 학생들이 생각하기에 작문 과제라는 것이 지루하고 어려울 뿐만 아니라, 교실 안에서의 경험이든 아니면 교실 밖에서의 경험이든 자신의 개인적 경험과는 전혀 연결되는 지점이 없어 글을 쓰고 싶은 의욕을 갖지 못한다는 점을 지적했다.

이제 이러한 문제의 극복을 위해 학생들이 작문을 가치 있고 매력 있는 활동으로 인식하게 하는 것을 목표로 한 방안을 마련해 보고자 한다. 이 방안은 작문 동기에 대한 최근의 연구 성과를 바탕으로 삼았으며 그 방향을 세 가지로 잡았다(Bruning & Horn, 2000; Hidi & Boscolo, 2006, 2007).

유용한 활동으로서의 작문

'유용한'이라는 형용사는 작문을 잘 설명하는, 적절한 단어는 아닌 듯하다. 도구적 가치가 그렇게 강조될 이유는 특별히 없기 때문이다. 그럼에도 불구하고 널리 쓰이고 있는 이 형용사는 교실의 작문 활동과 관련하여 두 가지 의미를 가지고 있다.

첫째, 개인적으로 쓰든 협력적으로 쓰든 학생들이 쓰는 글은 학생들에게 어떤 가치가 있거나 관련성이 있어야 한다는 의미이다.

우리는 뒤에서 4학년 학생들이 소집단을 구성할 때 적용할 규칙을 토의하고 쓴 작문의 예를 살펴보면서 '유용한'의 첫 번째 의미를 논의하고자 한다. 이러한 작문 과제는 특정 교과목과 관련이 없이 협동적 작문 활동에만 초점이 맞추어져 있다. 다른 예로는 장르 중심 작문을 꼽을 수 있는데, 이에 대해서는 잠시 후에 '도전적' 작문 과제를 다루는 곳에서 다시 언급하고자 한다. 이와 관련한 창의적 글쓰기는 학생들이 옛날이야기 같은 장르를 다른 장르로 새롭게 바꾸어 써 보는 '놀이'에서 흔히 관찰할 수 있다.

지난 25년 동안 작문 연구자들은 전통적 작문교육에 대한 대응으로 결과보다는 과정을 강조하면서 학생들이 '좋은' 텍스트를 잘 쓸 수 있도록 도울 수 있는 방안을 모색해 왔다. 그 결과, 학생들이 수행하는 계획하기와 수정하기는 결과로서의 텍스트보다 더 중요한 것으로 간주되었다. 그러나 우리는 이러한 과정 중심 접근의 방법에 동의하지만 작문의 동기 부여는 '유용한' 텍스트의 생산과 더 밀접한 관련이 있다고 생각한다. 여기서 '유용한'은 정보적, 실용적, 심미적 가치를 뜻한다. 학생들은 작문 활동이 가치 있다는 점을 배워야 한다. 그러나 작문 활동의 결과도 가치가 있다는 점을 빠뜨리면 안 된다. 그것이 협동 작문과 관련되어 있을 때에는 특히 그렇다.

작문의 유용성은 교실에서 사용 가능한, 규칙 같은 텍스트 생산에만 한정해서는 안 된다. 정도가 좀 약하기는 하지만, 작문을 학습 도구로 보는 관점에서의 유용성도 있기 때문이다. 그러나 작문을 학습의 도구로 보는, 학습 작문의 관점에서 살핀 동기 연구는 사실 찾아보기 어렵다. 학습 작문에 관한 연구는 작문이 교과 학습에서 어떠한 역할을 하는가, 어떻게 통합해야 하는가를 주로 다루어 왔을 뿐이다. 따라서 여기에서는 9학년의 문학 수업과 작문 활동을 통합한 수업 사례를 통해서 이에 관한 쟁점을 좀 더 살펴보고자 한다(Boscolo & Carotti, 2003).

작문의 의사소통적 기능 촉진

교사에게 평가를 받기 위해 학습 내용을 기록한다 할지라도 작문은 보통 고독한 행위라고 할 수 있다. 지난 25년 동안 문해 활동 및 문해 학습에 사회 구성주의적 접근이 두각을 나타내면서 작문의 사회적 성격이 매우 강조되었다. 사회 구성주의에서는, 필자가 완성한 글은 다른 사람(교실이라면 일반적으로는 교사)이 읽는다는 점, 그리고 작문 활동은 상호작용적 맥락에서 수행된다는 점을 근거로 작문이 사회적 활동이라고 주장해 왔다.

작문의 사회적 성격은 독서와 밀접한 관련이 있다. 학급 동료와 협력해서 공동으로 테스트를 구성해 내야 할 뿐만 아니라 아이디어나 생각을 글로 써서 동료들과 공유해야 한다는 점에서 보면 작문과 독서의 관련성은 명백하다. 어떤 필자가 완성한 텍스트는 다른 사람이 읽는다. 그리고 작문 활동은 상호작용적 맥락에서 수행된다. 이 점에서 작문은 의사소통 도구라고 할 수 있다.

텍스트가 공동의 목표 달성을 위한 것이라면(예를 들어 학교가 주최하는 전시회나 공연의 안내장 만들기) 계획하기, 작성하기, 수정하기를 학생 공동으로 수행할 수도 있다. 최종적으로 완성된 텍스트는 서로 소통되는데, 이는 작문 활동에서 가장 중요한 단계이다. 작문의 의사소통적 기능은 공동의 문서 작성에서만 나타나는 것은 아니다. 상대적으로 정도는 덜하지만 학생들의 학습 작문 같은 개인적인 작문에서도 나타난다. 여기에는 학생들이 보고서를 쓰기 위해 교실 토의나 강의 중에 작성하는 노트 필기도 포함되고 토의 중 떠오른 인상 깊은 생각의 메모도 포함된다. 이러한 형태의 작문은 담화 공동체의 아이디어를 학생들에게 제공하는 후속적 교실 토의에서도 유용하다. 학생들에게 노트 필기 같은 개인적 작문에도 상호작용적 요소가 있음을 보여주면 학생들이 작문과 교실 활동 간에 긴밀한 연관성이 있다는 것을 이해하는 데 도움이 된다.

Nolen(2007)은 독서와 작문 활동으로 학생들 사이에 관계를 형성하고 유지하는 교실을 설명하기 위해 '문해 공동체'라는 용어를 사용했다. 문해 공동체는 소집단 활동을 통해 학생들이 독자로서의 정체성과 필자로서의 정체성을 형성하게 함으로써 독서와 작문에 흥미를 느낄 수 있도록 하는 특징이 있다. 전통적 작문 교육에서는 작문 활동이 기본적으로 학생 개별로 이루어진다. 그러나 문해 공동체의 교실에서 학생들은 소집단 활동을 통해 자신을 표현하고 소통하는 도구로서 작문을 경험한다. 학생들은 문해 공동체에서 독자 역할과 필자 역할을 자주 바꾸어가면서 활동을 한다. 문해 공동체에서 이루어지는 피드백과 아이디어의 소통은 작문에 대한 학생들의 흥미를 높이는 데 기여한다.

문해 공동체 교실과 달리, 전통적인 작문 교육은 작문의 기능을 가르치는 데 중점을 두고 있다. 작문을 배우는 주요 목적도 작문이 학교 주요 과목이라는 데 있다. 문해 공동체에서 학생들은 교사의 지도 아래 작문 활동에 참여하면서 자신의 의견을 표현하고 동료들과 의견을 공유하며, 결과로서 가치 있는 자료를 만들어 낸다. 학생들은 이러한 과정을 거치면서 필자로서 자신의 정체성을 형성해 간다.

새롭고 도전적인 작문 과제의 부여

Miller & Meece(1999)에서 3학년 학생들이 낮은 난도의 작문 과제보다는 높은 난도의 과제를 더 선호한다는 흥미로운 결과가 나타났다. 고난도 과제는 학생들이 협력적으로 활동해야 했고, 여러 단락의 글을 서술해야 했으며, 수업도 더 길었다. 이에 비해 저난도 과제는 학생 혼자서도 할 수 있고, 단 한 번의 수업으로 끝나며, 한 단어 또는 문구만 써도 무방했다. 3학년 학생 24명을 대상으로 한 이 연구의 결과에 따르면, 고난도 과제에 익숙한 학생들 및 고난도 과제를 최소한으로라도 경험한, 성취도가 높은 학생들은 고난도의 과제를 더 선호했다. 이에 비해 이러한 조건이 아니었던 학생들은 고난도 과제에 대해 자신감 없는 태도를 보였다. 그러나 노출 수준에 관계없이 모든 학생들이 난도가 낮은 과제를 싫어했다. 이를 통해 보건대, 과제가 도전해 볼 만한 것으로 여겨지는가의 여부는 그 과제가 협력적 상황에서 학생의 인지적 참여를 어느 정도로 자극하는가에 달려있다고 할 수 있다(Miller, 2003).

이를 좀 더 구체적으로 살펴보자. 도전적 과제는 학생들에게 학습에 대한 책무, 즉 사전 지식의 단순한 회상보다는 사전 지식을 구체화하며 과제를 자동적으로 수행할 수 있는 수준을 점점 더 높게 요구한다. 이때 협력을 필요로 하는 과제의 상황은 학생들의 참여를 촉진하고 자극한다. 그러나 도전적인 과제가 꼭 복잡한 과제를 의미하는 것은 아니다. 도전적 과제는 어려운 점이 있는 것은 사실이지만 활동에 참여하고자 하는 학생의 의지를 촉진한다는 점에서 중요한 특징이 있다.

작문의 인지 이론에서는 작문을 문제 해결 과정으로 간주한다. 이의 해결 방법은 필자의 의사소통 목표를 충족하는 텍스트를 생산하는 것이다.7) 이러한 문제 해결 측면은 두 가지 작문 활동을 강조한다. 하나는 건의문을 쓰는 것처럼 학생들의 작문이 목표를 성취하는 것을 지향할 때이고, 다른 하나는 학생들이 장르를 활용하여 글을 쓸 수 있을 때이다.

장르 지도는 수십 년 동안 열띤 논쟁을 벌여온 문제이다. 학생들은 다양한 독서 경험과 작문 경험을 통해 장르를 알게 된다. 장르와 관련하여 학생들에게 제시할 수 있는 도전적 과제 중의 하나는 텍스트의 장르를 바꾸어 다시 쓰게 하거나(예들 들면, 학생들이 알고 있는 시를 동화나 이야기로 재구성하여 쓰기), 텍스트의 요소(예를 들면,

---

7) [역주] 작문의 인지 이론을 생활에서 경험하는 실재의 문제 해결로 보는 것은 이 이론을 오해한 것이다. 이 장의 저자들이 오해하고 있는 내용이기는 하나 여기에서는 원문대로 번역하였다.

주인공, 배경, 이야기의 목표 등)를 바꾸어 쓰게 하는 것이다. 다시 쓰기는 즐거운 과제는 아니다. 오히려 새로운 이야기나 새로운 시를 쓰는 것이 더 즐거울 수 있다. 그런데 장르를 바탕으로 한 다시 쓰기 과정에서는 다음 두 가지 조건이 충족되어야 한다. 첫째는 원 텍스트의 구조를 존중하는 것이고, 둘째는 새로 도입한 요소(예를 들면 등장인물)를 다시 쓰는 텍스트에서 일관성 있게 유지하는 것이다 이 작문 활동은 소집단 단위로 수행할 수 있는데, 각 소집단에서는 최선의 결과를 완성하기 위해 노력을 기울이게 된다.

초등학교에서 '놀이'라는 작문은 학생들이 참여하고 싶어 하는 활동 중의 하나이다. 여기에서 말하는 '놀이'는, 예를 들면 등장인물, 등장인물들이 어떤 행동을 하는 동기, 사건의 결말 등을 변경하여 원 텍스트의 이야기를 새롭고 흥미롭게 바꾸어 쓰는 활동을 말한다. 물론 이렇게 수정해서 쓰는 텍스트는 전체적인 흐름을 일관성 있게 유지해야 한다. '놀이'는 특정 범주의 단어를 회피하면서 짧은 텍스트를 다시 쓰는 활동을 의미할 수도 있고, 신문 기사 제목이나 독서 자료에서 취한 단어를 사용하여 짧은 텍스트(예를 들면 마음에 드는 시구나 문장을 모아 만든 책)를 작성하는 활동을 의미할 수도 있다. 계절을 묘사하는, 색상 이미지나 은유를 만드는 활동도 '놀이'에 포함될 수 있다.

'놀이'라는 작문 활동은 '새로운' 의미를 창조하려는 목적, 즉 어린이들이 새로우면서도 도전적인 언어 사용을 이끈다는 점에서 '창조적'인 특징을 가지고 있다(Boscolo, Gelati, & Galvan, 2012). 그리고 새로운 의미는 이전의 언어를 바탕으로 구성된다고 하는 상호텍스트성을 학생들이 처음으로 접할 수 있도록 해 준다는 장점도 있다. 학생들은 교사의 지도에 따라 활동하면서 '놀이'의 연습을 스스로 즐기며 자신의 언어 능력을 시험해 보고 이의 향상을 위해 노력한다. 그 결과는 교실에 비치된 포트폴리오에 차곡차곡 쌓이게 될 것이다.

최근의 긍정적인 연구 결과가 보여주듯, 학생들이 감당할 수만 있다면 도전적인 작문 과제는 학생들에게 작문 동기를 부여하는 데 매우 효과적이다. '놀이'에서 다루는 유형 중에는 학생들이 나중에 고등학교에서 문학 텍스트를 더 깊이 있게 분석하는 데 관련된 것도 있어서 매우 유익하다(물론 재미는 없다!). 이에 대해서는 뒤에서 더 살펴보기로 하자. 초등학교 이상의 고학년의 경우, 능력은 텍스트를 다루는 활동('놀이' 포함)에 동기를 부여해 주는 원천이 되기도 한다.

장르 기반의 작문 활동: 작문 동기 강화 수업 사례

지금까지 우리는 작문 동기의 의미를 살펴보고 이와 관련된 형용사를 분석하고 검토했다. 이제 여기에서는 작문 활동을 동기화하기 위한 수업 사례 두 가지를 제시하고자 한다. 두 수업은 모두 유용하면서도 즐거운 협력적 상황을 바탕으로 이루어졌다. 첫 번째 수업 사례는 4학년 교실에서 이루어졌고(Boscolo & Cisotto, 1997), 두 번째 수업 사례는 9학년 교실에서 이루어졌다. 두 수업 사례는 학년이 다르지만 다음 특징을 공유하고 있다.

1. 교사의 역할. 모든 작문 활동은 소집단 또는 대집단의 협력적 상황에서 이루어진다. 이때 교사의 역할은 학생들 사이의 협력을 촉진하는 것이다. 나이가 어린 학생들이 도움을 요청할 때 도움을 제공하는 것도 포함된다.
2. 교실. 아이디어와 작문 결과를 자유롭게 공유할 수 있는 환경을 갖추고 있다.
3. 다양한 장르의 텍스트. 초등학교 및 고등학교 모두 여러 가지 유형의 장르를 다루고 있다. 초등학교에서 시작하는 작문 지도는 몇 가지 유형의 장르에만 초점을 두지만, 고등학교에서는 학생들에게 작문의 유연성을 경험하게 해주고, 좀 더 후에는 작문의 유연성을 사용할 수 있게 해 준다.

초등학교의 장르 기반 작문 활동

여기에서 제시하는 초등학교 수업 사례는 학생들이 유용하고 재미있는 협력적 활동을 바탕으로 작문 활동을 할 수 있도록 설계되었다(Boscolo & Cisotto, 1997). 이 수업은 세 가지 중요한 특징을 가지고 있다.

첫째, 학습 활동의 모든 국면에서 작문 활동이 이루어진다. 초등학교에서는 평가를 위해 과학 활동이나 교실 토의 후에 보고서를 작성하게 하는 경우가 흔하다. 그러나 이 수업에서는 활동의 마지막 단계만이 아니라 어떤 단계에서든 작문 활동이 이루어진다. 그러므로 교사는 학생들이 '좋은' 텍스트를 쓰는 데 초점을 두는 것이 아니라, 작문이 다목적의 유연한 도구라는 사실을 경험하도록 하는 데 초점을 둔다.

둘째, 이 수업에서 작문은 중요한 수업 상황과 연결되어 있는 활동이다. 이에 따라 과학 실험이나 교실 토의 같은 의미 있는 수업 활동에 작문이 결합됨으로써 작문이 가지고 있는 여러 가지 역할이 강조된다. 이러한 접근은 다른 과목과는 분리된 채 다른 언어 기능과 관련된 작문의 기능을 지도하는 전통적인 수업과는 큰 차이가 있다.

셋째, 작문은 협력적 활동으로 수행된다. 학생들은 학습 활동의 모든 단계를 소집단에서 수행하면서 협력하여 텍스트를 작성한다. 심지어 노트 필기 같은 개인적인 작문 활동도 소집단 참여의 방식으로 사용된다. 이러한 접근은 학생들이 완성한 텍스트를 교사가 평가하는 데에 중요한 시사점을 제공한다. 소집단에서 학생들이 쓴 텍스트는 교사와 동료에 의해 수정된다. 동료가 수정한 텍스트를 다시 수정하면서 협력적으로 작문 활동을 수행해 간다. 학생들이 맡는 필자와 독자/수정자 사이의 관계는 균형을 이루고 있어서 텍스트 수정이 위험하거나 위협적으로 인식되지 않는다. 교사는 학생들의 실수를 지적하지 않고 바로잡아준다. 그러면서 학생들 스스로 자기 수정을 하도록 권장하고 텍스트를 개선할 수 있도록 돕는다.

이와 같은 상황 지향적인 수업에서 협동 작문을 강조한다고 해서 개인적인 작문을 배제하는 것은 아니다.

개인적인 작문은 학생 작문 능력의 확립을 목표로 한다. 이러한 목표 달성을 위해 개인적인 쓰기에서는, 예를 들면 토의 내용 구조화하여 노트 필기하는 것, 토의의 긍정적인 면이나 부정적인 면 정리하기와 같은 교실 활동과 밀접한 연관이 있는 화제로 작문 연습을 하는 데 역점을 둔다. 개인적인 작문에서는 협력 활동을 수행하더라도 그것을 개인적인 작문 연습의 기회로 삼는다.

이 수업의 중점 사항은 세 가지로 구분할 수 있다. 그 세 가지는 논증적인 텍스트(논설문), 서사적인 텍스트(서사문), 설명적인 텍스트(설명문)이다. 이들 각각에 대해서는 다음과 같은 순서에 따라 논의하고자 한다.

1. 문제 제시: 수업의 시작 지점은 학생들이 해결해야 하는 흥미로운 문제를 제시하는 것이다. 교실의 생활(예, 소집단을 구성하는 방법), 실제적 예상독자를 겨냥한 글쓰기(예, 연극 상연을 위해 희곡의 줄거리 쓰기), 학습 경험(예, 과학 실험) 등을 문제로 다룰 수 있다.
2. 아이디어 생성: 학생들은 교실 토의에서 자신의 아이디어를 제안하여 문제 해결에 기여한다. 학생들이 분담한 역할(예, 노트 필기하기, 인상적인 표현 기록하기, 토의의 발화 순서 조정하기)을 조정하는 데 작문을 활용함으로써 아이디어의 생성이 더욱 활발하게 이루어지도록 한다.
3. 토의와 평가: 기록된 아이디어는 토의, 비교, 평가된다. 작문은 여전히 조정의 도구로 활용되지만 학생들의 활동은 텍스트 작성에 집중한다.
4. 종합과 생산: 학생들의 아이디어는 최종적인 텍스트로 완성된다. 즉, 학생들의 아이디어는 협력적으로 텍스트를 구성하는 데에(논설문과 서사문), 그리고 학생들의 이해 정도를 점검하는 데에(설명문) 사용된다.

우리는 논설문, 서사문, 설명문의 장르를 이 순서에 따라 설명하고자 한다.

논설문: 소집단 구성 규칙에 대한 작문

문제 제시. 교사는 몇 가지 흥미로운 질문을 제시했다. 질문 가운데 학생들에게 가장 인기가 있었던 것은 '수업에서 소집단을 구성할 때 무엇을 기준으로 삼아야 할까?'이었다. 교사는 이 질문의 답으로 나온 기준으로 실제 수업 때 소집단을 구성할 계획이라고 안내했다. 학생들이 검토했던 다른 질문에는 숙제가 학습에 도움이 되는지, 최근 학생들 사이에서 매우 큰 인기를 끌고 있는, 성적인 요소나 공포 요소를 담고 있는 이야기 시리즈가 우리 학급의 독서 자료로 적절한지 등이 있었다.

아이디어 생성. 그 질문에 이어 집단 토의가 이어졌다. 토의는 작문과 결합되어 있으며 다음 기능을 수행하는 도구의 역할을 맡았다. (1) 발화 순서의 조정 도구("기다리는 동안 종이 위에 네 아이디어를 적어 봐. 그러면 말할 내용을 잊지 않을 거야.") (2) 자신뿐만 아니라 다른 동료가 표현한 아이디어를 기록하는 비형시적 도구, (3) 토의 도중 가장 중요한 지점을 결정하는 도구, (4) 토의 결과를 종합하는 도구. 교사는 학생들에게 토의 결론을 적도록 안내하고, 그 적은 내용을 바탕으로 소집단 구성 기준으로 합의한 내용을 구술하게 했다. 그리고 교사는 학생들이 구술한 사항을 칠판에 적었다.

토의와 평가. 학생들은 소집단에서 아이디어를 생성할 때 도달했던 결론 가운데 하나를 선정하여 토의했다(학생들이 선택한 결론은 소집단 구성을 위해 제안한 기준 중 하나). 학생들은 이전의 요점을 떠올리며 토의를 이끌어가기 위해 기록을 이용했다. 그리고 학생들은 교사의 안내에 따라 색종이에 토의 내용을 새로 기록했다. 찬성 의견, 반대 의견, 기발한 생각을 구분하여 색종이의 색깔을 달리했다. 예를 들어, '학생들의 능력 수준에 따라 소집단을 구성해야 한다.'는 기준에 대해 토의할 때 "만일 어떤 학생이 어려움을 겪을 때 다른 친구의 도움을 받을 수 있다."는 찬성 의견으로 빨간색 색종이에, "학생이 어떤 것도 잘하지 못하면 다른 친구들에게 해 줄 수 있는 것이 아무 것도 없다." 는 반대 의견으로 파란색 색종이에, "모든 학생들은 배워야만 한다." 는 어느 쪽에도 속하지 않는, 기발한 생각으로 노란색 색종이에 기록한다. 이 단계는 소집단에서 초고를 작성하는 것으로 끝이 났다.

텍스트 생산. 각 소집단에서 수행한 결과는 학급 전체 앞에서 읽었다. 작문 활동은 협력적으로 이루어졌다. 각 소집단마다 한 학생이 초고를 큰 소리로 읽으면서 텍스트의 명료성을 높일 수 있는 의견을 동료들에게 구했다. 이때 소집단의 다른 학생들은 텍스트 수정 방법과 관련된 비평이나 의견, 제안을 기록했다. 각 소집단의 초고는 학급 전체의 집단적 작문 활동에 사용되었다. 집단적 작문 활동은 다음과 같이 진행되었다. 토의를 통해 결정한 최선의 기준을, 교사의 안내에 따라 학생들이 구술하여 표현한 다음, 그것을 각자의 노트에 적었다. 이렇게 작성한 소집단 구성 기준을 포스터에 기록한 후 교실에 게시했다.

서사문: 이야기 만들기

문제 제시. 학생들은 실제적인 예상독자를 위해 글을 써야 한다는 구체적인 목표에 따라 흥미로운 화제를 찾아야만 했다. 이 수업에서 학생들은 부모님께 드리는 크리스마스 선물로 작은 이야기책을 준비했다. 편지 친구를 위한 재미있는 이야기나 학년 말에 상연할 연극의 대본을 써 보는 것도 가능하다.

아이디어 생성. 이야기의 아이디어를 모으면서 학생들은 자유롭게 자신의 아이디어를 말했다. 교사는 학생들이 말한 아이디어를 칠판에 썼다. 학생들은 학생들대로 자신의 아이디어와 동료의 아이디어를 카드에 적었다.

토의와 평가. 수집된 아이디어는 토의에서 분석되고 평가되었다. 예를 들어, 토의에서 학생들은 '크리스마스에 5가지 소원을 말할 수 있는 소녀' 이야기의 줄거리에 동의했다. 학생들은 토의 과정 중에 제기된, 이에 대한 논평, 의문, 제안을 기록했다. 토의(소집단 또는 학급 전체)가 진행되면서 등장인물, 장소, 사건, 사전 전개의 순서에 대한 아이디어 조직되었으며, 사건 전개 순서의 여러 가지 대안에 대한 탐색과 검토가 이루어졌다. 학생들이 이야기의 전개를 계획하거나 수정을 제안하고자 할 때에는 이전 단계에서 기록했던 노트를 활용했다.

텍스트 생산. 이야기 플롯 구성이나 초고의 협동적 작문 활동은 작문 워크숍의 방법으로 수행되었다. 그 진행은 다음과 같았다.

- 계획하기 단계에서 생성한 요소는 텍스트를 구성하는 데 이용되었다.
- 학생들은 사전을 활용하여 궁금한 사항을 해결했다. 도움이 필요하면 교사나 다른 동료에게 요청했다.
- 학생들은 다른 동료에게 작성한 텍스트를 보여주고 내용의 명료성이나 통일성을 점검했다. 개선 사항에 대한 동료의 의견은 초고를 수정하거나 아예 새로 쓰는 데 도움을 주었다.
- 학생들이 자신이 작성한 이야기를 읽으면 다른 학생들은 이를 듣고 이에 대해 논평이나 의견을 말했다. 간혹 이야기를 쓴 학생이 자신의 이야기에 대해 의문을 표하기도 했다.
- 어떤 학생들의 이야기나 소집단의 이야기는 하나의 이야기로 통합되거나 연결되었다.

설명문: 가설 검증하기

문제 제시. 의미 있는 상황(예, 학교 파티)과 함께 흥미로운 과학적 화제(예, 옥수수가 어떻게 팝콘이 될까? 설탕을 물에 넣으면 어떻게 변할까?)가 학생들에게 제시되었다.

아이디어 생성. 교사는 학생들에게 질문을 적어 두도록 안내했다(예, 옥수수 열매의 무엇이 팝콘이 되는가?). 그 이유는 다음과 같다.

- 그 현상에 대한 학생들의 사전 지식을 살펴보기 위해서
- 토의를 안내하고 실험 관찰을 안내하기 위해서

토의와 평가. 학생들은 그 현상과 관련된 사전 지식을 적은 후 그것을 읽고 토의하였다. 토의하는 동안 학생들은 자신이 설정한 가설을 변경할 수 있었다. 이때에는 펜의 색깔을 달리해야 했다. 실험이 이루어지는 동안 작문 활동은 다음의 목적을 위해 수행되었다.

- 실험의 절차, 재료, 조건을 설명하기 위해서
- 표(문자나 그림, 숫자를 넣을 때 사용)에 넣을 데이터(예, 무게와 수위에 대한)를 수집하기 위해서
- 실험 현상에 대한 논평을 기록하기 위해서. 학생들은 실험에 온 신경을 몰두하므로 체계적인 기록이 어렵다(그리고 아마도 지루할 수도 있다).

텍스트 생산. 학생들은 사전 지식 및 실험 설계와 관련된 논평 기록을 이용했다. 학생들은 자신이 실험 현상을 이해하고 적었던 논평에 정보를 추가하거나 교체하였으며, 최초에 수립했던 가설을 수정하였다. 이 단계에서 작문은 학생들의 이해를 확인하는 도구로 사용되었다.

이 수업에서 교사는 몇 가지 역할을 수행했다. 이 역할에는 학생들이 문제를 '발견'하게 하고, 아이디어의 생성을 자극하고, 토의를 조정하는 것도 포함되었다. 교사의 역할에는 특별히 작문에 관한 두 가지 주된 기능이 포함되어 있다. 첫 번째는 학생들에게 새로우면서도 의미 있는 상황에서 작문의 활용을 소개하는 것이었다. 교사는 작문 이용을 제안했고(예를 들어, 토의 중에 떠오른 생각을 기록하거

나 기억해두기 위해 노트를 사용하기), 작문 활동을 시범 보였으며, 협력적으로 작문 활동을 수행하는 중에 학생들의 문제 해결을 도왔다. 두 번째는 학생들이 자기 조절적 필자가 되도록 돕는 것이다. 교사는 학생들과 개별적으로 또는 소집단별로 작문의 어려움에 대해서 토의했다. 그리고 그에 대응하는 해결책이나 전략을 안내해 주었으며, 텍스트를 작성하는 도중에, 또는 마친 후에 피드백을 제공했다. 학년 말에 교사가 학생들을 평가할 때에는 수업 중에 학생이 개별적으로 쓴, 다른 텍스트도 고려할 뿐만 아니라 협동적 작문 활동으로 완성한 텍스트도 고려했다.

고등학교에서 학습 도구로서의 작문: 문학 과목 학습의 예

작문 동기는 초등학생들과 고등학생들에게 의미가 다르다. 초등학생들은 자신의 감정을 표현하고, 가족과 관련된 에피소드를 서술하고, 교실 활동에 대한 의견을 밝히고, 교실 활동의 규칙을 정하는 등을 다루면서 여러 장르의 작문을 배운다. 작문 동기 부여의 관점에서 볼 때, 중요한 점은 기본적으로 학생들이 의미 있다고 느낄 수 있는 작문 과제를 학생들에게 제시하는 것이다. 이러한 작문 과제는 작문이 교실 활동과 관련되도록 함으로써 실제적으로 어떤 도구로서의 역할을 수행할 수 있게 한다. 요약하면, 초등학생에게 작문 동기를 부여한다는 것은 곧 매력적이고 유용한 방법으로 작문을 활용할 수 있는 기회를 제공한다는 것을 뜻한다.

이에 비해 고등학생들은 도구로서의 작문의 역할을 강조할 필요가 없다. 대신 고등학생들은 특히 학교 이외의 장소에서 개인적인 표현과 대인적 소통에 작문이 어떠한 역할을 하는지를 인식할 수 있도록 해 주어야 한다. 고등학생들은 이미 작문으로 아이디어를 표현하고 화제 지식을 체계화할 수 있다는 점을 알고 있으며, 메모하기나 도식화하기 같은, 작문의 '보조적' 활용 방법도 알고 있다. 따라서 이들에게 필요한 것은 오랫동안 씨름해 왔던 학술적 작문에서 다른 '의미'

를 발견하도록 하는 것이다.

이러한 맥락에서 볼 때 고등학생들에게 작문 동기를 부여한다는 것은 학술적 작문의 유용성과 관련성을 깨닫게 하는 것을 뜻한다. 즉, 학술적 작문이 아이디어를 표현하고 소통하는 방법이라는 점, 학습을 개인적이면서도 효과적으로 만드는, 강력한 학습의 도구라는 점을 학생들이 인식하게 해야 한다. 이처럼 고등학생들에게 작문 동기를 부여하려면 작문이라는 활동을 이끌어내는 힘을 발견하도록 이끌어 주어야 한다. 그러므로 학생들이 작문을 교실 활동과 밀접하게 연결된 활동으로 인식할 수 있게 하는, 의미 있는 작문 과제는 고등학교에서도 꼭 필요하다.

Boscolo & Carotti(2003)에서는 9학년 학생들을 대상으로 문학을 지도하는 두 가지 수업을 비교하였다. 하나는 다양한 화제(문학 작품 포함)로 작문 활동을 수행하는 '전통적 수업'이었고, 다른 하나는 문학 텍스트를 이해하는 도구로 작문을 사용하는 '작문 중심 수업'이었다. 두 수업 모두 여러 장르를 다루었지만, 전통적 수업에서는 메모하기, 도식화하기, 요약하기에 중점을 두었고, 작문 중심 수업에서는 문학 학습 도구로서의 작문에 중점을 두었다.

이 연구에서 주목한 사항은, 다양한 장르의 작문을 정교한 소통의 도구로 사용하면 작문과 문학에 대한 학생들의 태도도 긍정적으로 변화시킬 수 있고 문학 텍스트의 이해도 높일 수 있다는 것이었다. 학생들이 다양한 장르의 작문을 경험하면, 문학적 텍스트의 독해를 더 잘할 수 있으므로 문학에 대한 태도는 긍정적으로 변화할 수 있고, 작문 활동이 많아지는 만큼 문학적 이해에 대한 작문도 긍정적으로 변화할 것이라고 기대할 수 있다. 요컨대 우리가 강조하고자 했던 점은 전통적인 수업보다 작문 중심 수업이 더 효과적인가 하는 것이었다.

이 연구는 고등학교 1학년의 언어 기능 과목을 기반으로 하여 진행되었다. 이 과목에서는 문학사에서 강조하는 작품(예를 들면 중세부터 현재까지)은 다루지는 않는다. 따라서 교사는 문학사적 가치에 얽매이지 않고 소설이나 이야기, 문학에 관한 자료를 자유롭게 선택할 수 있었다. 외국 문학 작품은 번역된 것을 활용했다.

이 문학 수업에서는 다양한 작문 활동이 수행되었다. 전통적으로 학교에서 많이 쓰이는 요약하기, 도식화하기, 메모하기와 같은 활동도 사용되었다. 이와 달리 '텍스트에 대한 작문 활동'도 있었는데, 여기에는 텍스트의 구조 분석하기, 문장 구조를 변형하여 재진술하기, 개인적 의견이나 성찰 기록하기, 글쓴이의 생각에 대해 논평하기 등이 포함되었다. 초등학교와 마찬가지로 고등학교 작문에서도 바꾸어 쓰기를 적용할 수 있다. 예를 들면, 문학 텍스트의 등장인물을 변경하거나 다른 인물의 관점에서 이야기를 다시 작성하는 활동을 도입할 수 있다. 그러나 초등학교와 달리, 고등학교의 텍스트 수정 활동은 '교육적 놀이'가 아니라 문학적 텍스트를 더 잘 분석하기 위한 도구로 간주된다는 점에서 차이가 있다. Stevenson의 〈Treasure Island (보물섬)〉을 예로 들어보자. 만약 어떤 학생이 Long John Silver의 관점에서 이야기를 다시 쓴다면 이는 '해적'의 관점을 소개하고 이해하는 것을 의미한다. 이 수업에는 개인적인 일화를 담은 일기나 서사문도 포함되었다. 그리고 동료와 함께(적어도 1명 이상) 문학 텍스트에 대한 보고서를 작성하는 협동적인 작문 활동도 수행되었다.

이 연구에서는 학생들에게 전통적 수업에서 다룬 작문 과제와 작문 중심 수업에서 다룬 혁신적인 작문 과제를 제시한 후 각 과제마다 얼마나 좋은지를 물었다("여러분은 이 과제가 마음에 드나요?"). 그리고 작문 능력에 대한 자기 인식도 물었고("여러분은 스스로 작문 능력이 얼마나 있다고 생각하나요?"), 수업을 받기 전과 받은 후에 작문의 유용성에 대한 생각이 어떻게 달라졌는지도 물었다. 유사 실험 연구의 관점에서 우리는 문학 수업에 사용된 작문 활동이 학생들이 자신을 스스로 평가해 보는 자기 평가 도구로 쓰일 수도 있고, 이후에 이루어질 교실 토의의 기초로 사용될 수도 있다고 생각한다.

이 연구에서 적용한 작문 지향적 문학 수업은 다음과 같이 진행되었다.

첫째, 교사는 학생들에게 소설이나 이야기를 읽는 과제를 부과하면서 지정 마감일까지 마치도록 했다. 그리고 주기적으로 학생들에게 상기시켜주었다. 그 해에는 적어도 2편의 소설과 10편의 단편 이야기를 읽게 했다. 학생들은 교실 토의에서 발생하는 몇 가지 사항에 집중해야 할 때에만 학교에서 문학 텍스트를 읽었다. 정해진 날짜에 학생들은 읽은 텍스트에 대한 초기 감상을 발표했다. 그것은 문학 텍스트를 '이해하는' 것과 '즐기는' 것의 차이를 파악하는 기회이기도 했다. 사실 그 차이는 9학년 학생들에게는 간단하지 않은데, 예를 들면 텍스트의 비교(상호텍스트성), 텍스트에 대한 토의 및 반성을 포함하는, 여러 해에 걸쳐(9학년에서 13학년까지) 깊이 탐색해야 하는 그러한 차이였다. 그러므로 이 장에서 설명하는 수업은 고등학교 5년 동안 지속되는 매우 긴 활동의 일부라는 점을 기억해 둘 필요가 있다.

교사는 질문과 교실 토의를 바탕으로 학생들이 소설이나 이야기의 문자적 의미를 이해하였는지를 점검했다. 필요한 경우, 단답형 질문을 사용하기도 했다. 교사는 학생들에게 교실에서 토의할 화제를 제안하게 했다. 예를 들어 Stevenson의 〈Treasure Island〉에서 서술자의 역할, 섬이나 등장인물에 대한 묘사, 등장인물의 분류(신사와 해적) 등을 제안하도록 했다. 그리고 교사는 교실 활동을 개별로 할 것인지 아니면 소집단으로 할 것인지, 수업 시간에 할 것인지 아니면 숙제로 부여할 것인지를 결정했다. 예를 들어, 교사는 학생들에게 등장인물을 '좋은 사람'과 '나쁜 사람'으로 분류할 때 이들의 외면적 특징이나 심리적 특징이 어떠한지를 대략적으로 생각해 보게 한 후, 〈Treasure Island〉를 읽으면서 좀 더 신중하게 이렇게 분류한 등장인물들의 특징이 적절한지를 파악해 보게 했다.

수업에서 작문은 문학 텍스트의 이해를 위한 도구로 쓰였는데, 그 구체적인 방식은 다음과 같이 정리할 수 있다.

1. 교사는 학생들에게 개별 숙제로 문학 텍스트를 읽게 한 후 그에 대한 반응을 근거와 함께 제시하도록 했다. 학생들의 반응은 보통 수업 중에 말로 표현하도록 했지만 학생들은 글로 써서 표현하는 것을 더 선호하기도 했다. 학생들은 교실에서 문학 텍스트를 읽으면서 교사의 의견과 함께 자신의 감상이나 반성적 성찰을 기록했다. 이는 차후에 있을 교실 토의, 감상의 정교화 때에 문학 텍스트에 대한 자신의 '반응'을 기억할 수 있게 해 준다. 이렇게 학생들이 작성한 기록에 교사가 의견을 덧보탰다. 교사는 학생들에게 이러한 여러 가지 기록을 정리하도록 숙제를 부여했다. 학생들은 이러한 기록을, 감정적 반응, 개념적 이해, 다른 문학 텍스트에 대한 언급, 교실 토의에서 더 명확히 해야 할 점 등으로 분류했다.

2. 교사는 학생들에게 읽고 있는 문학 텍스트의 등장인물, 장소, 사건을 설명하는 핵심어를 찾도록 했다. 이것은 학생들에게 텍스트를 상세히 설명하도록 요구함으로써 일종의 '카드 색인'의 역할을 했다. 예를 들어 보자. 이탈리아 소설가 Italo Calvino[8]의 소설에서는 선과 악, 현실과 환상처럼 두 가지의 속성이 뒤섞이는 '혼성'이 주제로 표현되는 경우가 많은데, 학생들은 이러한 주제를 선택하여 텍스트를 분석하고 해석했다. 이는 학생들이 앞으로의 텍스트 분석에서도 유용하게 활용할 수 있는 도구를 발견하고 연습하는 선택적 독서였다. 이를 통해서 학생들은 텍스트를 비교할 수 있는 능력, 이를 바탕으로 상호텍스트성의 의미를 이해할 수 있는 능력을 기를 수 있다.

3. 텍스트 분석은 텍스트의 종합으로 이어졌다. 텍스트의 종합은 일반적으로 학생들이 텍스트에 대해 종합적으로 설명하는 것을 뜻한다. 종합은 요약과 상당히 다르다. 요약은 텍스트에서 '객관적으로' 확인할 수 있는 내용에 초점을 두지만, 종합은 문학 텍스트에 대한 교실 토의에서 학생들이 제시한 의견, 교사의 설명에 초점을 두고 있다. 그래서 종합은 문학 텍스트의 특정 측면이

---

8) 쿠바 출신의 이탈리아 소설가.

부각되는 특징이 있으며 이를 수행하는 교실마다 다를 수 있다.

4. 학생들은 자신의 기록을 조직하여 특히 흥미로운 수업 내용을 '일지'로 작성했다.

5. 학생들은 교실 토의를 바탕으로 자신의 최종적인 텍스트를 작성했다.

6. 텍스트 분석에 사용된 도구 중 일부(예를 들어 글쓴이의 목소리에서 아이러니의 역할)는 새로운 문학 텍스트를 다루는 과제로 '전이' 되었다. 즉, 교사는 학생들에게 이미 배운 개념을 사용하도록 안내했다. 이러한 과제는 작문의 구체적인 역할에 대한 학생들의 인식을 높이는 데 기여했다.

문학 공부와 작문 사용에 대한 학생의 개인적 견해

학년이 끝나는 수업의 마지막 시기에 전통적 수업 집단과 작문 중심 수업 집단 학생들에게 작문과 문학 경험에 대해 질문했다. 학생들의 반응을 분석한 결과는 흥미로웠다. 우리는 이러한 수업에는 교사의 교수 행동에 대한 학생들의 반응을 같이 다루는 것이 적절하다고 생각한다. 따라서 그 결과 중 일부를 여기에서 다루고자 한다.

전통적 수업에 참여했던 학생들은 작문 활동을 수행할 때 자신이 좋아하는 소설이나 이야기에서 내용에 집중하는 경향이 있었다. 반면 작문 중심 수업에 참여했던 학생들은 문학 텍스트를 분석하는 절차에 집중했다(예, 다른 텍스트와의 비교, 등장인물의 특성 파악, 문학 텍스트에 대한 토의). 특히 이 수업에 참여했던 학생들은 문학의 중요성, 즉 문학이 다양한 관점으로 현실을 볼 수 있게 해 주며 자신을 한층 더 성숙하게 해 준다는 사실을 이해했다.

도식화에 대해 한 학생은 다음과 같은 한 견해를 밝혔다.

"도식화는 우리 학생들이나 선생님이 토의하는 방법이자 내용을 명확히 하는 방법이다. 도식을 사용하여 우리는 화제를 요약할 수 있지만, 우리는 각자 자신의 방식으로, 우리가 더 관심이 많은 것을 강조한다."

문학 학습에서 가장 유용하다고 판단되는 작문 장르에 대해서, 전통적 수업 조건의 학생들은 학술적 작문(노트 필기, 요약하기, 문장 재진술하기, 보고서, 개요 작성)의 유용성을 인정했지만, 작문 중심 수업 조건의 학생들은(즉, 남학생들은) 텍스트 분석 및 논평을 목표로 한 작문뿐만 아니라 텍스트 수정하기(예, 등장인물의 관점으로 문장 다시 쓰기)를 강조했다. 즉, 후자의 조건에 있었던 학생들은 문학 학습과 가장 밀접한 관련이 있는 작문의 장르를 중시했다. 그러나 두 수업 집단 학생들 모두 노트 필기와 도식화도 중요하다고 생각했다.

작문 중심 수업에 참여했던 학생들은 대부분 이야기의 등장인물을 변경하거나 서술 관점을 변경하는 작문 활동의 경험을 언급했다. 반면에 전통적 수업에 참여했던 학생들은 이와 같은 작문 활동은 경험한 적이 없다고 답했는데, 그중 일부는 의도적으로 학술적 작문(문학에 대한 작문 포함!)을 어떻게 사용해야 하는지를 배웠다고 답했다.

작문이 흥미로운 활동인지 '의무적인' 활동인지를 물었을 때 전통적 수업 집단의 학생들은 별다른 근거도 없이 일반적인 수준에서 답하거나("작문은 정말 흥미로워요."), 자신의 감정을 다룰 수 있는 개인적인 작문을 언급했다. 이에 비해 작문 중심 수업 진단의 학생들은 좀 더 의미 있는 답변을 주었는데, 그 중 절반 정도의 학생들은 학교에서 작문이 가지고 있는 이중적 특성, 즉 작문을 '의무적인 활동이자 흥미로운 활동'이라고 답했다. 개인적 작문을 언급한 학생들은 매우 소수였다. 이 수업에 참여한 남학생들의 답을 예시하면 다음과 같다.

"글을 쓰는 사람도 사람이라면 아이디어를 가지고 있기 때문에 작문은 의무적인활동이라고 한다고 생각한다. 왜냐하면 아이디어를 잊지 않으려면 작문을 해야 하고 이를 통해서 소통을 해야 하기 때문이다."

"작문은 유용하면서도 피할 수 없는 활동이다. 나는 다양한 종류의 작문을 공부하는 것이 흥미롭다. 작문은 우리가 말로 더 잘 표현할 수 있게 도와준다. 작문은 자신을 표현하는 방법이다. 모든 사람들은 자신에게 더 적합한 방식으로 작문을 사용한다."

마지막으로, 학교의 여러 교과를 공부할 때 작문이 유용한지를 물었다. 전통적인 수업 집단학생들은 작문의 도구적 사용(예, 기록, 기억, 추론, 표현 등의 도구로서의 작문)을 강조한 반면, 작문 중심 수업 집단 학생들은 작문의 범교과적 역할, 독서와 작문의 관계를 강조했다. 이 집단 학생들 중에는 지식의 확장과 통합에 기여하는 작문의 역할을 강조하기도 했다. 한 여학생의 답을 예시하면 다음과 같다.

"텍스트를 읽을 때 간단하게 메모하고 나중에 그것을 구체적으로 정리하는 것은 매우 중요하다. 왜냐하면 이렇게 해 두어야 구술시험 전에 빠르게 복습을 할 수 있기 때문이다. 교실에서 한 메모와 숙제로 구체화한 내용을 통합하는 것은 학교 공부에 큰 도움이 된다."

그리고 남학생의 답은 다음과 같다.

"작문은 과학적 주제를 탐구한 후 보고하는 데에도 도움이 되고, 수학이나 물리학 문제를 설명하는 데에도 도움이 된다. 그러나 무엇보다도 작문은 사람을 살찌우는 재산의 원천이라는 점에서 중요하다."

작문 동기 유발과 교사의 역할

작문 동기를 유발하는 데 교사의 역할은 두 가지 이유로 중요하다.
첫째, 학생들의 작문에 대한 믿음이 작문 활동에 영향을 미치는 것
처럼, 작문에 대한 교사의 신념이 작문 환경과 활동을 조직하는 데 영
향을 미치기 때문이다. 문해 공동체에서 학생들이 작문의 여러 가지
역할을 인식할 수 있도록 만드는 것은 작문에 대한 태도를 긍정적으로
변화시키기 위한 필수적 단계이다. 학생들이 작문의 역할을 인식하도
록 만들려면, 작문은 학교 교육과정에서 필수적인 과목이자 능력이라
는 교사의 신념과, 학생들이 문해 공동체에서 작문 활동의 의미를 발
견하려면 전문가의 도움이 필요하다는 교사의 신념이 필요하다.

작문에 대한 교사의 관점은 교사 자신이 작문 동기를 다루는 방식
에도 영향을 미친다. 만일 교사가 작문을 기본적으로 개인적인 활동
이나 개인적인 능력이라고 본다면, 교사는 작문 활동이 가능한 때에
흥미로운 화제를 제시하는 방식으로 학생들의 작문 동기를 유발하려
고 할 것이다. 그러나 작문 동기는 의미 있는 활동을 통해서만 유발
된다고 믿는다면 작문 과제는 분명히 달라질 것이다.

둘째, 작문 지도가 교사들에게 과제, 활동, 전략을 주의 깊게 선택
할 것을 요구하는 복합적인 문제이기 때문이다. 작문 과제가 복합적
인 이유는 작문 동기와 관련된 흥미, 협력, 평가 등의 요인들이 얽혀
있기 때문이다. 작문 과제가 언제나 새롭다거나 흥미로워야 하는 것
은 아니다. 학생들이 달성할 수 있는 구체적인 목표를 겨냥하고 있지
않을 수도 있다. 학생들이 학교 학습의 도구로서 작문을 능숙하게
다루려면 이에 대한 적절한 균형이 필요하다. 새로움과 흥미로움이
두드러진다면 다른 특성은 약하게 드러날 수 있다. 그러므로 우리는
작문을 교실 수업에서 의미 있는 경험의 구성으로 본다면, 작문 과제
가 좀 도전적인 특성이 부족하더라도 학생들이 이를 지루하게 여길
것이 아니라 유능한 필자로 성장하는 데 중요한 특성으로 이해할 필

요가 있다고 생각한다.

이러한 균형은 개인적인 작문 활동과 협동적 작문 활동의 균형에도 적용된다. 여러분도 알다시피 이 장에서 제시하고 있는 좋은 수업의 사례는 모두 협동 작문을 바탕으로 삼고 있다. 우리 생각으로는, 학생들이 작문의 전반적인 과정에서 작문의 가치를 올바로 인정하고 즐기도록 하려면 협동 작문은 필수적인 요소가 아닐 수 없다. 그러나 협동적 작문 활동과 개인적 작문 활동은 역동적 관계로 이해하고 적용해야 한다. 여러 학생들이 다양한 아이디어를 생성해 내고, 이를 바탕으로 초고를 작성한 후 서로 비교하여 수정하며, 공동으로 작성한 텍스트를 평가하는 전체적인 과정은 협동적 작문으로 진행된다. 그런데 이러한 단계가 진행되는 순간순간, 예를 들면 각 학생들이 자신의 아이디어나 목소리를 표현할 때, 동료와 의견을 나눈 후 자신의 텍스트를 다시 읽고 수정할 때, 궁극적으로는 학생 개인 활동의 결과가 교실의 협력 활동의 자료로 쓰일 때에는 개인 작문이 결합되어 있다. 그러므로 이 두 가지의 작문 활동은 어느 하나만 존재하는 일방적 관계가 아니라 역동적인 관계에 있다.

이와 관련하여 학생들의 작문 수행에 대한 교사의 평가도 고려해 볼 필요가 있다. 학생들의 작문 수행에 대한 교사의 평가가 낮을 수 있다는 점은 불가피한 점이 있다. 그러나 이것이 학생들의 자기 효능감을 떨어뜨리고 작문 능력에 대한 자기 인식, 작문에 대한 흥미를 더 떨어트릴 것이라는 점을 무시하기 어렵다. 현재 많은 학교에서 작문 포트폴리오를 채택하고 있는데, 여기에는 학생들에게 자신의 작문 능력이 향상되었는지를 자각하게 해주는 자기 평가 방법이 바탕에 깔려 있다. 작문 포트폴리오에는 학생들이 여러 작문 활동에 참여하면서 경험한 만족감이나 좌절감에 대한 기록도 포함되어 있어 작문 능력 발달의 단서뿐만 아니라 작문 동기 발달의 단서도 포함되어 있다(Calfee, 2000). 그러므로 이러한 방법의 활용을 고민해 볼 필요가 있다.

학생들이 작문을 의미 있는 활동으로 인식하려면 학생들은 교사의 지도와 안내를 받으면서 작문의 복합적 특성을 인지하고 이에 극복해 가야 한다. 학생들이 작문 동기를 갖게 된다는 것은 작문이 본질적으로 가지고 있는 어려움을 잘 다룰 수 있게 되었음을 의미하기도 한다. 이를 위해서 교사들은 작문 능력에 대한 학생들의 자기 인식은 어떠한지, 작문 과제의 난도는 어떠한지, 작문 활동에 참여하는 학생들의 실제적인 능력 수준은 어떠한지를 주의 깊게 분석해야 한다.

결론

이 장은 두 가지 가설을 기반으로 하고 있다. 첫 번째 가설은 어린 학생들은 본능적으로 작문에 동기화되어 있지만 학교에서 작문 활동에 참여하면서 점점 작문에 대해서, 그리고 필자로서 자기 자신에 대해서 부정적인 태도를 갖게 된다는 것이다. 두 번째 가설은 교육 활동은 긍정적이든 부정적이든 학생들의 태도에 영향을 미친다는 점이다. 작문 동기를 유발한다는 것은 작문이 의미 있는 활동이라는 사실을 인식하게 하는 활동으로 학생들의 작문 태도를 재구조화한다는 것을 뜻한다. 다시 말하면 학생들을 작문 수행을 하도록 동기화하는 것은 작문에 대한 긍정적인 믿음을 세우고 부정적인 믿음은 바꾸도록 돕는 것을 의미한다. 그러나 이러한 일은 빨리 일어나지도 않거니와 쉽지도 않다. 오히려 작문을 배우는 동안 학생들은 (물론 교사도 그렇다) 실망에 빠지는 경우가 많다.

작문 동기와 관련하여, 교사들은 작문 동기의 발달이 굴곡이 있을 수 있다는 점, 그리고 학생들이 유능한 필자로 성장하려면 전문가의 지도를 받아야 한다는 점을 분명하게 인식해야 한다. 지난 수십 년 동안 작문 지도에서 교육적 비계의 중요성에 대해서 지적해 왔다. 우리가 이 장에서 강조한 사항을 한 마디로 정리하자면 교육적 비계를 활용한 작문 동기의 유발이라고 할 수 있다(Renninger, 1992). 학생들의 학습에만 비계가 필요한 것이 아니라 흥미에도 교육적 비계가 필요하다. 교사가 학생들의 작문 동기를 자극하려는 목적으로 구성한 의미 있는 작문 활동이 순간순간 학생들에게 흥미롭고 즐거울 수는 있지만 학생들이 작문에 대한 태도를 지속하게 하는 데에는 충분하지 않을 수도 있다. 이러한 순간들을 연속성 있게 만들어가는 것은 오로지 교사에게 달려 있다. 학생들에게 개개인이 기여한 바를 짚어주고, 달성한 결과의 가치를 설명해 주고, 새롭고 도전적인 작문 과제의 수행을 시도해 보도록 권유하는 교사의 전략은 이러한 연속성을 만들어내는 데 기여할 수 있을 것이다.

참고문헌

Boscolo, P., & Carotti, L. (2003). Does writing contribute to improving high school students' approach to literature? *LI—Educational Studies in Language and Literature*, 3, 197~224.

Boscolo, P., & Cisotto, L. (1997, August 26~30). Making writing interesting in elementary school. Paper presented at the 7th biannual meeting of the European Association for Research on Learning and Instruction, Athens, Greece.

Boscolo, P., & Gelati, C. (2008). Motivating reluctant students to write: Suggestions and caveats. *Insights on Learning Disabilities: From Prevailing Theories to Validated Practices*, 5(2), 61~74.

Boscolo, P., Gelati, C., & Galvan, N. (2012). Teaching elementary school students to play with meanings and genre. *Reading and Writing Quarterly: Overcoming Learning Difficulties*, 28, 29~50.

Boscolo, P., & Mason, L. (2001). Writing to learn, writing to transfer. In P. Tynjala, L. Mason, & K. Lonka (Eds.), *Writing as a learning tool: Integrating theory and practice* (pp. 83~104). Dordrecht, The Netherlands: Kluwer.

Brophy, G. (2008). Developing students' appreciation for what is taught in school. *Educational Psychologist*, 43, 132~141.

Bruning, R., & Horn, C. (2000). Developing motivation to write. *Educational Psychologist*, 35,25~37.

Calfee, R. C. (2000). Writing portfolios: Activity, assessment, authenticity. In R. Indrisano &c J. R. Squire (Eds.), *Perspectives on writing* (pp. 278~304). Newark, DE: International Reading Association.

Deci, E. L., &; Ryan, R. M. (1985). *Intrinsic motivation and self-determination in human behaviour*. New York: Plenum Press.

Elbow, P. (1981). *Writing with power: Techniques for mastering the writing process*. New York: Oxford University Press.

Gelati, C. (2012). Female superiority and gender similarity effects and interest factors in writing. In V. W. Berninger (Ed.), *Past, present, and future contributions of cognitive writing research to cognitive psychology* (pp. 153~174). New York: Psychology Press.

Graves, D. H. (2003). Writing: *Teachers and children at work* (2nd ed.). Portsmouth, NH: Heinemann.

Harris, K. R., Graham, S., & Mason, L. H. (2006). Improving the writing, knowledge, and motivation of struggling young writers: Effects of self-regulated strategy development with and without peer support. *American Educational Research Journal, 43*, 295~340.

Hidi, S. (1990). Interest and its contribution as a mental resource for learning. *Review of Educational Research, 60*, 549~571.

Hidi, S., & Boscolo, P. (2006). Motivation and writing. In C. A. MacArthur, S. Graham, & J. Fitzgerald (Eds.), *Handbook of writing research* (pp. 144~157). New York: Guilford Press.

Hidi, S., & Boscolo, P. (Eds.). (2007). *Writing and motivation*. Oxford, UK: Elsevier.

Hiebert, E. H. (1994). Becoming literate through authentic tasks: Evidence and adaptations. In R. B. Ruddell, M. R. Ruddell, & H. Singer (Eds.), *Theoretical models and processes of reading* (pp. 391~413). Newark, DE: International Reading Association.

Miller, S. D. (2003). How high- and low-challenge tasks affect motivation and learning: Implications for struggling learners. *Reading and Writing Quarterly, 19*, 39~57.

Miller, S. D., & Meece, J. L. (1999). Third graders' motivational preferences for reading and writing tasks. *Elementary School Journal, 100*, 19~35.

Nolen, S. (2007). The role of literate communities in the development of children's interest in writing. In S. Hidi & P. Boscolo (Eds.), *Writing and motivation* (pp. 241~255). Oxford, UK: Elsevier.

Oldfather, P. (2002). Students' experiences when not initially motivated for literacy learning. *Reading and Writing Quarterly, 18*, 231~256.

Oldfather, P., & Shanahan, C. (2007). A cross-case study of writing motivation as empowerment. In S. Hidi & P. Boscolo (Eds.), *Writing and motivation* (pp. 257~279). Oxford, UK: Elsevier.

Pajares, F., & Valiante, G. (2006). Self-efficacy beliefs and motivation in writing development. In C. A. MacArthur, S. Graham, & J. Fitzgerald (Eds.), *Hand book of writing research* (pp. 158~170). New York: Guilford Press.

Renninger, A. (1992). Individual interest and development: Implications for theory and practice. In K. A. Renninger, S. Hidi, & A. Krapp (Eds.), *The role of interest in learning and development* (pp. 361~395). Hillsdale, NJ: Erlbaum.

Tolchinsky, L. (2006). The emergence of writing. In C. A. MacArthur, S. Graham, & J. Fitzgerald (Eds.), *Handbook of writing research* (pp. 83~95). New York: Guilford Press.

13장
전자기술을 활용한 작문 지도

RACHEL KARCHMER-KLEIN

만약 학교가 문해 교육을 전통적인 종이 텍스트에만 한정한다면 우리 학생들은
1950년은 몰라도 2050년을 대비하기는 어려울 것이다.
-BAKER, PEARSON, & ROZENDAL(2002, p.2)

나는 교사를 가르치는 사람으로서 지역 학교에서 오랫동안 근무하
였다. 15년이라는 시간 동안 나는 학교에서 전자기술[1]이 매우 중요
한 역할을 하는 것을 보아왔다. 컴퓨터실, 디지털 카메라, 전자칠판,
모바일 학습 기자재는 많은 학교에 구비되어 있다. 교사의 약 69%는
수업을 위한 자료 텍스트 준비(61%), 그래픽 같은 시각 자료 제작
(53%), 블로그나 위키를 활용한 정보 공유(9%), 다른 사람들과의 소
통(31%) 등 교육 목적 실현을 위해 전자기술을 활용한다고 보고했다
(National Center for Education Statistics, 2010).

그럼에도 불구하고 나는 전자기술을 활용하는 수업에서 이전과 구
별되는 문해 지도를 본 적이 거의 없다. 지금까지도 대부분의 교사가
전통적인 문해 교육을 강조하고 있다. 학생들에게 여전히 정적이고
일방향적인 텍스트를 제공하고 있으며, 왼쪽에서 오른쪽으로, 위에

---

1) [역주] 이 장에서 '전자기술'은 컴퓨터, 스마트패드, 전자칠판 같은 하드웨어뿐만 아니라,
   컴퓨터 프로그램이나 스마트패드의 앱 같은 소프트웨어, 사회관계망 서비스와 같은 플
   랫폼 등등을 통칭하는 용어로 사용하였다.

서 아래로 읽고 쓰도록 지도하고 있다(Davis, 2006; Karchmer-Klein & Shinas, 2012a)다. 아동낙오방지법안과 'Race to the Top'[2] 같은 교육 정책의 압력이 존재한다는 점에서 보면, 그다지 놀라운 일이 아닐 수도 있다. 실제로 내가 교사들에게 이러한 상황에 대해 물어보면 교사들도 고민을 토로한다. 도심에 있는, 학업 성취 수준이 낮은 학교에서 3학년을 지도하고 있는 교사 Susan은 이렇게 말한 적이 있다.

> "전자기술이 어떻게 문해 활동을 변화시켰는지에 대해 깊이 생각해 본 뒤에 이 수업을 어떻게 할지를 고민하고 싶어요. 그런데 지금 제가 근무하는 학교에서는 무엇을 가르쳐야 하는지, 어떻게 가르쳐야 하는지를 지정해 주고 있어요. 만약 학교 관리자가 수업을 바꾸라고 하면 그냥 그렇게 할 수밖에 없어요."

나는 전통적인 종이 텍스트를 읽고 쓰는 방법을 가르치지 말라고 말하는 것이 아니다. 내가 강조하는 것은, 학생들이 동적이면서도 복합양식적인 전자 텍스트를 읽고 쓸 수 있도록 지도해야 한다는 점이다. 왜냐하면 전자 텍스트는 이제 학생들이 학교 밖에서 항상 접하고 있는 유형의 텍스트이기 때문이다(Lenhart, Arafeh, Smith, & MacGill, 2008). 그리고 이는 공통 핵심 성취기준(NGA & CCSSO, 2010)의 요구에 부합하는 교육적 변화기도 하다. 성취기준에서는 학생들이 학교에서 전자기술에 자유롭게 접근할 수 있어야 21세기가 요구하는 문해 능력을 올바로 준비할 수 있다고 규정하고 있다.

이 장의 목적은 교사들에게 작문의 특성에 대해서, 그리고 작문과 전자기술의 관계에 대해서 다양한 관점에서 생각해 볼 수 있는 기회를 제공하는 데 있다. 일반적 관점에서 보면 전자기술은 과학적 연구

---

2) [역주] 'R2T, RTT'로도 불리며, 오바마 정부가 추진했다. 이는 학생들의 학업 능력 향상을 독려하기 위해 연방 정부가 주 정부에 예산을 지원하는 정책이다.

를 기반으로 한3), 교사의 학생 지도를 지원하는 도구이다(Harris & Hofer, 2009; Yancey, 2005). 그러나 나는 이 장을 읽는 독자 여러분이 전자기술은 단순한 도구가 아니라 변화의 주체라는 사실을 인식해 주기를 바라고 있다. 이를 위해서는 어쩌면 작문을 재개념화할 필요가 있을지도 모르겠다(Herrington, Hodegson, & Moran, 2009; Karchmenr-Klein, 2007a). 나는 작문 활동 지원 도구로 전자기술을 사용하기 전에, 어떻게 전자기술이 작문을 변화시켰는지에 대해 반드시 먼저 이해할 필요가 있다고 생각한다.

이 장은 크게 세 부분으로 구성되어 있다 먼저, 나는 21세기에 작문을 어떻게 재개념화해야 하는지를 논의하였고, 다음으로 유치원생부터 고등학생에까지 적용할 수 있는 전자기술을 설명하였다. 마지막으로는 교육과정 성취기준과 전문성 신장에 대해 논의하였다.

작문의 재개념화

유치원부터 고등학교까지(이하, K-12로 표기) 작문 지도를 전자기술로 지원할 수 있다는 인식은 점점 커지고 있다. 전문가들이 수행한 여러 연구를 통해서 워드프로세서(Goldberg, Russell, & Cook, 2003), 맞춤법 검사기(MacArthur, Graham, Hayes, & De La Paz, 1996), 글자를 입력하면 음성으로 소리는 내어주는 음성 합성 프로그램(Kelly, Kratcoski, & McLain, 2009), 멀티미디어 소프트웨어(Dalton, Smith, & Alvey, 2010)가 긍정적인 효과가 있다는 속속 밝혀지고 있다.

---

3) [역주] 최근 북미 지역에서는 과학적으로 이루어진 경험적 연구의 결과를 바탕으로 문해 수업을 설계해야 한다는 주장이 힘을 얻고 있다. 이러한 경향은 '증거 기반의 지도/수업', '연구 기반의 지도/수업' 등으로 불리기도 한다. 이를 주장하는 전문가들은 교사의 추측이나 경험, 또는 개인적인 '감'에 의존하는 지도나 수업을, 근거가 없는 지도/수업이라고 비판한다.

최근까지 컴퓨터는 전자기술과 작문의 쟁점을 다루는 연구의 도구로 인식되어 왔다. 이러한 인식은 K-12에서 컴퓨터 활용 가능성이 지난 20년 동안 높아져 왔다는 점에서 타당하다고 볼 수 있다(NCES, 2010). 그러나 예를 들어, 스마트패드, e-reader, 전자칠판과 같은 새로운 전자기술의 발전은 지금까지의 교육적 초점에 변화를 가져왔다. 2012년 1월 현재, 150만 개의 iPad가 교실에서 쓰이고 있으며(Apple, 2012), 전 세계 약 300만 명의 학생들이 전자칠판으로 수업을 받고 있다(SMART Technologies, 2012).

공통 핵심 성취기준에서는 학교 관리자나 교사들에게 컴퓨터 이외의 다른 전자기술 활용을 권하고 있다. 성취기준에서는 유치원 초기 단계의 학생은 여러 가지 전자기술을 활용하여 글을 쓰도록 요구하고 있다. 이는 매우 흥미로운 대목이다. K-12에서 작문과 관련된 다양한 전자기술의 중요성이 강조되고 있을 뿐만 아니라, 이렇게나 어린 학생들에게도 전자기술을 활용하도록 학교가 권장해야 한다고 요구하고 있기 때문이다(Karchmer, Mallette, & Leu, 2002; Larson, 2010; March, 2011).

비록 컴퓨터, 태블릿, e-reader, 전자칠판이 서로 다른 장치이기는 하지만 모두 전자 텍스트를 다룬다는 점에서는 유사하다. 전자 텍스트는 교육적 함의를 지닌, 몇 가지 독특한 특성을 지니고 있다.

첫째, 전자 텍스트는 매우 다양한 표현 양식을 포함할 수 있다. 글자, 소리, 이미지, 동영상, 하이퍼링크는 모두 의미를 전달하는 부호이다(Bezemer & Kress, 2008). 만약 글쓴이가 이러한 양식을 효과적으로 통합한다면 이는 복합적 양식의 총체로서 조화를 이루면서 통일된 메시지를 전달할 수 있다(Jewitt, 2011).

사실 그림책 같은 전통적인 인쇄 텍스트도 그림과 글자라는 복합 양식을 포함하고 있다. 실제로도 어린이가 글자로 그림책의 의미를 파악하지 못할 때에는 그림을 단서하려 의미를 파악하도록 지도한다. 그런데 초등학교에 들어서면 안타깝게도 이러한 복합 양식의 텍스트가 사라지고 정적인 단어에만 초점을 두는 수업으로 변화한다 (Daiute, 1992). 디지털 환경에서 복합 양식적 전자 텍스트와의 상호 작용이 중요해지는 현실에 비추어 보면, 이는 매우 근시안적인 접근 이 아닐 수 없다.

둘째, 전자 텍스트는 비선형적이다. 하이퍼링크는 독자들에게 텍 스트를 읽는 다양한 길을 안내해 준다. 독자는 하이퍼링크를 활용하 여 자신만의 독서 과정, 즉 자신만의 독서 방법을 개발할 수도 있다. 이로 인해 독자들은 필자의 의도와는 다른, 텍스트 이해에 도달하기 도 한다. 나는 복합양식 텍스트(전자 포스터를 활용하여 설계한)의 효과를 검증한 연구에서 이러한 현상을 직접 발견했다(Karchmer- Klein & Shinas, 2012a). 이 연구에서 실험 조건의 교사들은 학생들이 텍스트의 글자와 사진을 어떤 순서로 읽어야 하는지를 '화살표'로 전 자 포스터에 표시했고(〈참고 13.1〉), 통제 조건의 교사들은 이 비계 (화살표)를 포함하지 않고 학생들에게 스스로 어떤 순서로 읽어야 하는지를 정하도록 했다. 학생들이 읽어야 할 텍스트 중에는 필자가 의도한 의미가 잘 드러나지 않는 것도 있었다. 21세기에 적응할 수 있는 독자와 필자를 길러내려면 우리는 반드시 학생이 비선형적인 작문의 특성에 적응할 수 있도록 준비시켜야 한다. 다시 말하면 학생 이 동적 텍스트가 이해에 어떠한 영향을 미치는지를 이해하도록 지 도해야 한다.

셋째, 전자 텍스트는 내용 수정이 언제든지 가능하므로 매우 가변 적이다. 전달 효과를 고려하여 배경색, 글자체, 사진 자료의 위치를 바꾸는 것도 가능하다. 이는 전통적인 인쇄 텍스트와 구별되는, 매우 중요한 특징이다. 전통적인 텍스트에서는 편집 수준에서 약간의 변 화만 가능했을 뿐이다. 전자 텍스트는 매우 가변적이어서 어떤 독자 가 디지털 환경에서 월요일에 읽은 텍스트가 화요일에 달라져 있을 수도 있다.

〈참고 13.1〉 읽기 순서를 화살표로 표시한 포스터의 예

　넷째, 전자 텍스트는 인터넷이라는 의사소통의 장치의 매개물이다. 인터넷은 세계의 몇 십억 인구가 접속하여 의사소통하는, 광대역 컴퓨터 네트워크이다. 인터넷은 작문에 엄청난 영향을 미쳤다(Leu, Kinzer, Coiro, & Cammack, 2004). 인터넷은 글쓴이가 실제적 예상독자를 경험하도록 만들어 준다. 인터넷은 다수의 독자에게 자신의 글을 공개하고 싶어 하는 글쓴이나, 외부 독자에게 직접 보여주기를 꺼려하는 글쓴이에게 매우 효과적이다. 실제로, 학생이 자신의 글이 인터넷으로 출판되어 다른 사람들이 읽게 된다는 것을 알 때 작문 동기가 높아진다는 점을 보고한 교사도 있었다(Karchmer, 2001). 인터넷을 통한 공개는 학생이 최종본의 맞춤법이나 전체적인 모습에

더욱 주의를 기울이게 만든다. 그리고 학생에게 예상독자와 상호작용할 수 있는 기회도 제공한다.

학생의 작문을 분석한 한 연구에 따르면, 교사는 '교정'에 초점을 맞추어 피드백을 하는 경우가 많은데, 교사의 이러한 피드백은 학생들에게 텍스트의 내용보다는 맞춤법 같은 형식적인 부분에 집중하게 하는 만든다. 그 결과, 학생들은 텍스트의 실질적인 부분보다는 주변적인 부분을 수정하는 데 노력을 기울인다(Matsumura, Patthey-Chavea, Valdés, & Garnier, 2002). 그러나 인터넷을 활용하면 이러한 문제를 해소할 수 있다. 인터넷을 통해 외부의 예상독자에게 비평을 받아보게 하면, 학생들로 하여금 작문의 사회적 맥락을 매우 효과적으로 경험하게 할 수 있다. 이러한 경험을 통해서 학생들은 자신의 글에 대한 다양한 관점을 고려할 수도 있고, 글 수정의 가장 좋은 방법에 대해서도 생각해 볼 수 있다(Beach & Friedrich, 2006).

다음에는 K-12 학생들이 작문 활동을 할 때 활용할 수 있는 전자기술에 대해서 살펴보고자 한다. 인터넷 기반의 애플리케이션, 교육적 모바일 애플리케이션의 순으로 살펴보고, 회귀적인 작문 과정에 이러한 애플리케이션을 어떻게 결합할 수 있는지에 대해 살펴보기로 하자.

작문 활동을 지원하는 인터넷 애플리케이션

인터넷에서 쓰이는 애플리케이션은 두 가지 유형으로 구분할 수 있다. 이른바 '웹 1.0'은 일방향적 전달을 특징으로 한다. 웹 1.0에서는 html 코드로 웹사이트에서 읽는 것만 가능한 글을 작성할 수 있다. 누구나 읽을 수는 있으나 글쓴이와의 소통은 불가능하다. 이와 달리, 블로그와 같은 '웹 2.0'은 독자와 필자의 교류를 가능하게 해 준다. 이러한 양방향적 특성으로 인해 독자는 공저자로서 글을 쓰는 데 기여할 수 있다. 독자도 능동적인 참여자가 될 수 있다.

인터넷 기반의 작문 활동으로 가장 좋은 방법은 학생들로 하여금 공동으로 글을 작성하게 하는 것이다. 여러 가지 전자기술을 활용하여 협력적 활동을 촉진할 수 있다. 새로운 전자기술이 계속 등장하고 있으므로 이를 수업 상황에서 어떻게 활용할 수 있을지를 고려해 보아야 할 것이다. 아래에서 나는 학생들의 작문 활동을 돕는, 현재 유명한 전자기술 몇 가지를 소개하고자 한다.

블로그

　'블로그'라는 이름으로 잘 알려진 '웹 블로그'는 Web 2.0를 기반으로 제작된 전자 저널이다. 사람들은 이 가상공간에 단어, 이미지, 비디오, 동영상을 활용하여 자신의 생각을 펼치고 다른 사람과 공유한다. 이와 같은 형식의 디지털 작문에는 두 가지 특징이 있다. 첫째, 블로그에 글을 올리는 사람은 전자 텍스트의 내용을 직접 작성할 뿐만 아니라, 글자크기나 배치, 이미지의 크기, 배치와 같은 편집 양식도 결정한다는 점에서 필자와 편집자 두 역할을 수행한다. 이는 편집자가 편집 양식을 지시하는 전통적인 출판과 매우 다르다. 둘째, 블로그에서는 독자와 필자가 관계를 형성할 수 있어 독자가 글의 내용에 대해 논평하는 것이 가능하다. 이는 광범위한 예상독자와의 상호작용을 가능하게 함으로써 교육적인 관점에서 매우 강한 행동 유도성을 지닌다.

　블로그(영어로 작성된)는 약 4억 5천개가 넘는 것으로 추정된다(Technorati, 2011). 블로그의 운영 목적과 내용은 매우 다양하다. 그러나 교육 관련 블로그는 대체로 3가지의 유형으로 정리할 수 있다(MacArthur & Karchmer-Klein, 2010).

　첫째, 초·중·고등학교 교사가 운영하는 블로그이다. 이의 좋은 예로 2010년 'Edublog' 경진 대회에서 최우수상을 받은 'teacher tom(http://teachertomsblog.blogspot.com)'을 들 수 있다. 워싱턴 주 시애틀의 유치원 교사인 Tom은 유치원 간 협업에 대한 자신의 경험이나 교육적 관점을 블로그를 통해 다른 사람들과 공유하고 있다. 학교 관리자인 Michael Smith는 자신의 블로그인 'Principal's Page(www.principalspage.com/theblog)'를 통해서 자신의 관점을 공유하고 있다. 그는 소도시의 우수 교육부터 이류로 취급받는 교육 활동에 이르기까지 광범위한 교육 쟁점에 대해 논의한 자신의 경험을 날짜순으로 기록하고 있다. 블로그 운영자들 중에는 개인 정보 보호를 위해 익명으로 활동하기도 한다. 초등학교 교사로서 실제 경험 사례나 삶에서의 실패를 공유하고 있는 Mimi's blog, It's Not All Flowers and Sausages (http://itsnotallflowersandsausages.blogspot.com), Edna Lee's blog, Regurgitated Alpha Bits (http://regurgitatedalphabits.blogspot.com)를 예로 들 수 있다. 이 블로그에 올린 글은 교육에 대한 개인적 경험을 다루고 있지만 누구나 공감할 수 있는 내용이어서 그 이야기는 모든 교사와 관련될 수 있다.

둘째, 교사와 학생이 함께 작업한 내용을 공유하는 블로그이다. 이에 대한 대표적인 예로 Ms. Mac's Website(http://kmcfadzen.wordpress.com)를 꼽을 수 있다. 이 블로그에는 학생들이 과제로 수행한 미술 작품을 비디오로 찍어 올렸다. 학생들이 수행한 과제에 확인할 수 있으며, Ms. Mac의 미술 수업에 어떤 활동을 하는지도 볼 수 있다. 특히 흥미로운 부분은 학생들이 미술 관련 주제로 쓴 글을 게시하는 'Art Talk'이다. 이 블로그를 방문한 독자는 누구라도 학생들이 작성한 글에 논평을 남길 수 있다. Mr. Avery의 블로그에서는 학생이 'Storybirds(http://storybird.com)'를 활용하여 창작한 이야기를 공유한다. 'Storybirds'는 웹 2.0 출판 도구로서, 학생들은 이 애플리케이션이 제공하는 이미지와 탬플릿을 활용하여 이야기를 공동으로 쓸 수 있다. 한 학생이 이야기를 이어 쓰도록 다른 학생을 사람을 초대할 수 있다. 이렇게 계속 이어 써서 한 편의 공동 창작물을 완성할 수 있다. 관심이 있다면 'Mr. Avery's blog(http://mravery.ed ublog s.org/progjects/storybirds)'에서 다양한 예를 확인해 보기를 권한다.

블로그의 장점 중 하나가 독자와 필자의 상호작용이다. 그런데 블로그에 글을 올린 많은 사람들이 방문객이 남긴 논평이 너무 적어 실망하기도 한다. 영국 Heathfield Primary School의 교장인 David Mitchell은 이러한 사실을 학생의 블로그를 운영하면서 알게 되었다. 학교 내에서의 논평 수는 많았지만, 학교 외에서의 논평 수는 매우 적었다. 이러한 현상을 해소하기 위한 그는 'Quadblogging(http://quadblogging.net)'를 새롭게 만들었다. 'Quadblogging'은 전 세계의 교실 4곳을 연결하는 블로그이다. 교실 4곳 중 한 곳이 매주 중점 교실을 맡고, 나머지 3개 교실의 학생들은 그 중점 교실 학생들이 작성한 글을 읽고 '건전한 논평'을 올린다. 학생들은 서로를 알아가면서 친구가 되고, 다른 나라의 관습이나 문화에 대해서 학습할 수 있는 기회도 얻는다. 2011년 9월 이후, 50,000명의 학생이 이에 참여하고 있다. 이와 같은 혁신적인 협업에 여러분의 교실도 참여시키고 싶으면 Quadblogging에 가입하면 된다.

셋째, 최근 나타난 형식으로 교사끼리 공유하는 블로그이다. 이러한 형태의 블로그에서는 서로에 대한 교육적 조언이나 교육 자료에 대한 의견을 나누는 경우가 많다. 스마트패드나 e-book 같은 새로운 전자기술을 수업에 활용하는 방안을 논의하기도 하고 여러 가지 애플리케이션에 대한 비평을 공유하기도 한다. 예를 들어 'the Collegiate iPad User Group (http://blogscollegiateschool.org/ipad/about)'에서는 새로운 iPad 활용 방안에 대한 정보를 나눈다. 학생들이나 교사들은 이 블로그에 독자로 참여하여 전자기술을 시행해 보고 올린 글에 대해 자유롭게 의견을 올릴 수 있다. 이 블로그에는 Bluetooth Keyboard의 기능을 활용하는 방법이나 PDF book을 내려받는 방법 같은 안내도 올라와 있다. 고등학교 교사인 Katherine McNight는 작문 수업에 전자기술을 사용하는 방법, 전자기술을 적용한 작문 수업의 사례 등을 블로그를 통해 공유하고 있다(http://katherinemcknight.com). 그리고 2명의 교사가 운영하는 'teacherwithapps (http://teac

herswithapps.com)'는 '학생들의 부모, 할아버지/할머니, 교사, 관리자, 그 외 어떤 사람이라도 새롭게 등장하는 '교육적 목적의' 전자기술을 사용할 수 있도록 돕기 위해서' 개설·운영되고 있다.

전자기술 통합에 대한 교사의 관점은 과소평가되어서는 안 된다. 전자기술을 교실에서 규칙적으로 활용하고 있는 교사의 노력 덕분에 전자기술을 독서와 작문에 활용할 수 있는 좋은 방법들을 알 수 있게 되었기 때문이다(Karchmer, Mallette, Kara-Soteriou, & Leu, 2005). 전자기술에 관심을 기울이고 있는 교사들은 학생들과 매일매일 상호작용하면서 인터넷을 작문이나 다른 교과 수업에 도입하고자 할 때 과연 어떠한 방법이 적절한지를 살피고 이를 공유하기 위해 노력하고 있다.

위키

위키는 디지털 협업이 가능한 글쓰기 공간이다. 블로그처럼 위키에서도 복합적인 양식을 활용하여 어떤 주제에 대한 아이디어를 다른 사람들과 공유한다. 아마도 위키피디아는 가장 널리 알려진 위키 중 하나일 것이다. 2001년에 개발된 온라인 백과사전으로 독자들이 참여하여 수정하면서고 만들어간다는 특징이 있다. 예를 들어 DAVISWiki(http://daviswiki.org)와 RokWiki(http://rocwiki.org)는 각각의 거점 도시에 중점을 두고 있는데, 관심 있는 사람 누구나 Davis, California, Rochester, New York에 대한 중요한 정보를 추가할 수 있다.

위키의 특별함은 협업적이라는 데 있다. 즉, 네트워크로 구축된 가상공간에 전 세계의 누구라도 내용을 작성하고 수정하고 편집할 수 있다. 교육적 관점에서 보면, 이는 매우 유용한 도구라고 할 수 있다. 왜냐하면 학생이 문서 작성에 참여하여 문서를 수정하고 편집하면 그 기록이 저장되어 남기 때문이다.

혁신적인 수업을 추구하는 교사들은 다양한 방법으로 위키를 통합시킨 수업을 진행한다. 싱가포르 4학년 교사인 Craig Kemp를 예로 들어보자. 그는 한 주에 3번씩 학생들에게 'Mind Create'에 참여하게 하여 위키를 수업에 연결한다(http://weare4k.wikispaces.com/home). 그는 그림 혹은 동영상을 탑재한 후 학생들에게 자신이 선호하는 장르를 선택하여 그에 대한 의견을 작성한다. 이때 학생들은 그 글을 다른 학생들이 읽을 수 있도록 위키에 써야 한다.

Greetings from the World(http://greetingsfromtheworld.wikispaces.com)은 협업적 작문 프로젝트로 내용 공유를 위해 위키와 전자 포스터를 이용한다. 이를 설계한 교사 Arjana Blazic은 자기 반 학생들이 겪은 경험(크로아티아에서의 경험)을 다른 나라 학생과 공유하기를 원했다. 이에 따라 학생들은 텍스트, 동영상, 이미지, 음악을 결합하여 전자 포스터를 만든 후 'glogs'를 개설했다(Karchmer-Klein & Shinas, 2012a). 전자 포스터를 만들 때에는 Web 2.0인 Glogster를 저작 도구로 활용했다. Arjana Blazic은 glogs를 수업에 연결하였으며 다른 학교에서도 이를 볼 수 있도록 했다.

그리고 Arjana Blazic는 다른 지역의 여러 교사들과 학생들을 초대하여 자신의 나라, 주, 도시, 문화 등을 위키에 올리도록 하였다. 이를 통해서 Arjana Blazic 학급 학생들은 다른 장소와 문화에 대해서 배울 수 있었다. 2012년 3월 현재 19개국 520명의 학생들이 자신의 나라는 소개하는 300개의 glogs를 만들어 소통하고 있다. 이와 함께 학생은 다른 학생의 글로부터 얻은 자료를 다양하게 편집할 수 있다. 이러한 활동을 한 결과, 학생들은 다른 학생들이 알려준 정보를 모아 자신의 글을 더 발전시킬 수 있었다.

Wikijunior(http://en.wikibooks.org/wiki/Wikijunior)는 협업적 작문의 본질을 보여준다. 이는 유아부터 12세 어린이들이 수행한 작문 프로젝트를 바탕으로 한 것이다. 이 사이트에는 작문 과정의 각 단계에 해당하는, 많은 책을 찾아볼 수 있다. 학생들은 여기에 탑재되어 있는 글 하나를 선택하여 내용을 추가, 삭제, 수정하면서 그 글을 발전시킬 수 있다. 이 사이트는 학생들로 하여금 사실을 확인하거나 수정하도록 안내하며, 더 나아가 책을 직접 써 보도록 권장하기도 한다. 학생들은 이 사이트의 Wikijunior talk page에서 친구들과 글의 내용이나 수정 사항에 대해서 토의하는 것도 가능하다.

위키를 수업에 통합하는 것이 가장 좋은 방법은 아니지만 위에 예시한 방법은 작문 수업에서 위키를 어떻게 활용하면 좋은지에 대한 아이디어를 제공한다. 이와 관련하여 교사들은 협업 도구의 활용이 제기하는 쟁점에 대해서 생각해 보는 것도 중요하다고 생각한다. 나는 동료인 Skip MacArthur와 함께 이를 살펴본 바 있는데, 그 내용을 여기에서 간략하게 언급하고자 한다(MacArthur & Karchmer-Klein, 2010).

첫째, 교사는 작문 수업에서 협업의 의미가 무엇인지를 신중히 생각해 볼 필요가 있다. 그리고 작문 과제와 관련된 책무를 학생에게 어떻게 나누어 줄 것인가에 대해서도 생각해 보아야 한다. 둘째, 위키를 활용할 때에는 작문의 과정이 개방되어 있으므로 교사는 학생들로 하여금 어떻게 동료 학생의 작업 결과에 정중하게 반응하게 할 것인지에 대해서 생각해 보아야 한다. 학생들은 동료 학생의 작업 결과에 반응하는 방법을 꼭 학습할 필요가 있다. 그래야 협업의 가치를 실현할 수 있다. 셋째, 교사는 학생들이 협업으로 완성한 결과를 어떻게 평가할 것인지에 대해서도 고민해 보아야 한다. 물론 모든 수업에서 이를 명확하게 결정해야 하는 것은 아니다. 그러나 만약 위키를 활용하여 작문 수업을 하고자 한다면 그 전에 반드시 이에 대한 계획을 미리 세워야 한다. 꼭 그렇게 하기를 권한다.

이외의 다른 협업적 도구

이 책의 첫 판에서 나는 학생을 협업적 인터넷 프로젝트(CIPs, collaborative internet projects)에 참여시키는 것이 좋겠다고 권했었다. CIPs는 두 개 이상의 학급에서 동일한 과제로 작문 활동을 수행한 후, 그 결과를 인터넷으로 공유하는 방법이다(Leu, Leu, & Coiro, 2004). 나는 CIPs를 정기적으로 시행하면 좋은 이유 세 가지를 제시했었다. 첫째, CIPs에서는 교과 학습에서 다루는 내용과 학생들의 배경지식의 관련성에 초점을 두고 있다. 이는 학생들의 학습을 구체화하는 데 기여한다. 둘째, CIPs는 학생으로 하여금 학습에 적극적으로 참여하게 한다. 셋째, CIPs는 학생이 동료와 어떤 차이가 있는지를 이해할 수 있도록 만들어 준다(Karchmer-Klein & Layton, 2006).

이러한 이유는 여전히 타당하다. 그러나 교실에서 협업이 이루어지는 방식은 지난 5년 간 극적으로 변했다. 그 전에는 대부분의 협업이 이메일을 통해 이루어졌으나, 이제는 마이크로 블로그, 사회 관계망 서비스 등을 활용하여 협업 활동을 하고 있다. 비록 교육적 환경에서 이러한 도구를 어떻게 활용해야 하는가에 대한 연구는 아직 미흡하지만, 그럼에도 불구하고 이러한 도구를 K-12 교실에서 사용하는 것은 중요한 의미가 있다. 이제는 전자기술을 바탕으로 한 의사소통 능력이 필수적인 능력으로 떠올랐기 때문이다.

마이크로 블로그

마이크로 블로그는 인터넷 애플리케이션으로서, 짧은 글이나 그림, 동영상 등을 올릴 수 있는 전자기술을 말한다(예를 들면, Twitter, Plurk, Tumblr). 전국의 많은 학교에서 교사들끼리, 또는 부모나 학생과 직접적으로 소통하기 위해 이를 활용하고 있다(예, Thorpe, 2012). 2011년 현재 12~17세의 16%가 트위터를 사용하고 있다. 2009년 조사에서는 사용자가 8%에 불과했었다(Irvine, 2012). 교사들은 마이크로 블로그를 교실에 도입했을 때 얻을 수 있는 여러 가지 이점에 대해서 눈을 뜨기 시작했다. 그리고 교사들은 다음 두 가지 방법으로 마이크로 블로그를 작문 수업에서 활용하고자 하였다.

먼저, 마이크로 블로그를 일방향적으로 활용하는 방법이다. 일반적으로 다른 사람과 글을 공유하고자 할 때 흔히 사용한다. 트위터는 가장 대중적으로 알려진 마이크로 블로그 서비스인데, 여기에서는 사용자들에게 "뭐하고 있어요?"라는 질문을 던지고 140글자 미만으로 답을 적도록 하고 있다. 교사들은 이러한 트위터의 방법이 핵심 내용만을 뽑아 전달하는 '간결한 메시지 작성하기'에 도움이 될 것이라고 보고 이를 수업에 적용했다. 대학 영어 교사인 Steve Rayburn은 문학 작품의 등장인물의 관점으로 내용을 표현하는 수업 활동에 트위터를 활용했다. Steve Rayburn은 학생들에게 〈Dante's Inferno〉를 읽고 'Dante'의 관점에서 'Beatrice'에 대한 애정과 관심을 트위터에 작성하도록 했다. 이 과제는 깊이 있는 의미를 간결하게 전달하는 '간결한 메시지 작성'의 기능을 요구한다(Ladd, 2009).

이와 유사한 다른 사례가 더 있다. San Francisco School of Arts의 학생들은 학교 프로그램에 따라 비영리 출판사인 Unstuck가 개최한 'Twitter Micro-Lit Contest'에 참여했다. 학생들을 포함한 모든 참가자는 12개의 트윗(한 트윗당 140자 미만으로 작성)으로 글(장르 무관)을 쓸 수 있었다. 이 대회 우승자의 글은 출판사의 트위터 공식 계정에 게재되었다. 이러한 유형의 활동은 학생이 단어 선택에 대해 깊게 생각할 수 있도록 하고 활동적인 언어 구성에 참여할 수 있게 해 준다는 점에서 의의가 있다.

다음으로, 마이크로 블로그를 양방향적으로 활용하는 방법이다. 이 방법을 활용하면 현재 교실에서 이루어지는 활동에 대해서 실시간으로 반응하는 것이 가능하다. 초·중·고등학교 교사는 학생들에게 교실 트위터 계정이나, 이외의 다른 양방향적인 도구(예, TodaysMeet, Google Moderator)를 사용하여 질문에 응답하거나 내용을 요약하도록 할 수 있다(Gabriel, 2011). 예를 들어, 교사 Chris Webb는 50분짜리 동영상을 6학년 학생들에게 보여주면서 양방향적 소통을 시도했다. Chris Webb은 학생들에게 내용 질문에 대한 답을 마이크로 블로그에 올리게 하거나, 비디오의 특정 부분을 지정하여 요약하게 하고 그 요약한 내용을 올리게 하였다.

나는 5학년 학생들을 지도하는 교사 Arenstad의 양방향적 소통을 시도한 수업을 관찰한 적이 있다. Lois Lowry의 〈Number the Stars〉를 읽는 수업이었다. Arenstad는 내게 양방향적 소통은 "학생들에게 동기 부여를 해 주고 동시에 내용에 대해 생각하고 보고하도록 함으로써 학생들을 수업에 직접적으로 참여하게 만들어 주는 장점이 있다."고 말했다. 내가 관찰한 날, 학생들은 'TodaysMeet'을 이용하여 양방향적 소통을 하는 데 이미 익숙했다. TodaysMeet은 학생들에게 내용 토의를 가능하게 해 주는 안전한 무료 애플리케이션이다.

수업의 목적은 학생들의 노트 작성 능력을 기르는 데 있었는데, 이를 위해서 Arenstad는 학생들로 하여금 서사문을 읽고 중심 사건을 요약하고 재진술하는 활동을 하도록 했다. 교사 Arenstad는 학생들에게 그 책의 두 장(章)을 소리 내어 읽어준 다음, 주요 내용을 시간 순으로 파악하여 TodaysMeet에 답을 올리도록 하였다. Arenstad는 이 수업을 시작할 때 학생들이 따라야 할 지침이 무엇인지를 안내했다. 학생들에게 준 지침은 다음과 같다.

1. 동료의 발언을 존중한다.
2. 화제에서 벗어나지 않는다.
3. 가능하면 맞춤법을 지킨다.
4. 여러 가지 활동을 동시에 수행한다. 예) 듣고, 요약하고, 쓰는 활동을 동시에 한다.
5. 책에 대해 궁금한 것이 있으면 질문한다.
6. 140글자 이하로 내용을 정리한다. 할 것.
7. 새로운 내용을 추가한다. 이미 다른 사람이 말한 것을 반복하지 않는다.

Arenstad가 1장을 책을 소리 내어 읽을 때, 나는 학생들이 주의 깊게 듣고, 곧 바로 노트북으로 무엇인가를 입력하는 것을 관찰할 수 있었다. 1장 읽기가 끝난 뒤 Arenstad는 칠판에 학생들이 입력한 글을 띄우고 검토하도록 했다. 학생들이 작성한 글을 예시하면 다음과 같다.

- Annemarie는 화가 나서 아무 것도 기억하지 못했다. -Joyce
- Annemarie는 화났지만 그게 어른이 되는 과정임을 알아차렸다. -Mike
- 나는 Annemarie가 이유를 아는지 잘 모르겠다. 나는 그녀가 삼촌의 말을 듣고 혼란스러워하는 것 같았다. -Lauren
- Annemarie는 아침부터 혼란스러웠으나 시간이 지난 후 올바른 결론을 이끌어내었다. -Kirsten
- 그녀는 어머니를 닮아가고 있었다. 어른이 되고 있었다. -Joyce
- Annemarie는 또한 돌아가신 분에게 어떻게 작별인사를 해야 하는지를 배웠다. 그들은 음식을 만들고 이를 거실에다 놓았다. -Nathan

학생들은 사건을 시간 순서대로 제시하기 위해 관련 있는 내용을 뽑았다. 그리고 답이 미진한 질문은 눈에 잘 띄도록 강조 표시를 해 두었다. Arenstad는 그 다음 장을 읽어주었고, 학생들은 계속 양방향적 소통을 했다. Annemarie는 이번에도 다 읽은 후에 빔 프로젝터로 학생들이 쓴 글을 보여주었다. 이 활동이 끝난 뒤, 학생들은 소집단 토의를 하면서 각 장의 내용을 요약했다. 양방향적 소통을 바탕으로 한 이러한 수업은 협업적 의미 구성이라는 교수 전략에 마이크로 블로그가 어떻게 쓰일 수 있는가를 잘 보여준다. 양방향적 소통은 최근 더욱 인기를 끌고 있다. 그 이유는 교사들이 교실 논의를 촉진하기 위한 방법으로서 전자기술을 어떻게 활용하면 좋은지를 잘 알고 있기 때문이다.

소셜 네트워킹 사이트[4]

소셜 네트워킹 사이트(SNS)는 '공통 관심사를 가진 개인이나 그룹 사이의 정보 공유를 지원하는 서비스'(dictionary.com)로 정의된다. 연구자들은 학습에서 SNS의 중요성에 대해 관심을 보이기 시작했다 (예를 들어 Coutts, Dawson, Boyer, & Ferdig, 2007; Fewkes &

---

4) [역주] 일반적으로는 '사회관계망 서비스'로 불리기도 한다.

McCabe, 2012). 이와 관련된 연구가 아직은 초기 단계이고 어떤 뚜렷한 실증적인 증거를 가지고 있는 것이 아님에도 불구하고 많은 교사들이 협력적인 학습 공동체를 만들기 위해 SNS를 받아들이고 있다.

Edmodo는 교사를 위한 SNS로 매우 대중적인 것 중 하나이다. 왜냐하면 Edmodo는 폐쇄적인 서비스 시스템이기 때문이다. Facebook과는 달리, 교사들은 암호화된 자신만의 Edmodo 계정을 만들 수 있고 교사가 원하는 참여자만 초대할 수 있다. 교사의 초대를 받은 학생들은 여기에 탑재되어 있는 많은 유용한 도구를 사용하여 협력적인 문해 활동에 참여할 수 있다. 사실, Edmodo는 계정을 가진 교사들에게 자료 저장 서비스도 제공하고 있어서 포털 사이트나 '교육용 허브'의 특징을 가지고 있다(Dobler, 2012).

나는 Edmodo를 활용하여 학생들의 수업 활동을 전개하는 7학년 교사들을 관찰한 적이 있다. 수업 주제는 '멕시코-미국 전쟁'이었다. 수업을 시작할 때 교사 Reilly는 학생들에게 빔 프로젝터로 Edmodo 사이트를 보여주면서 활동 안내를 했다. 학생들은 교사 안내에 따라 노트북을 열고 Edmodo에 접속했다. Reilly는 학생들에게 이 전쟁을 깊이 있게 공부하기 위해 여러 가지 활동을 하게 될 것이라고 설명했다. 수업은 전날 학습한 내용을 복습하고, 이 전쟁의 개요와 전쟁과 관련된 인물을 다루었다. 다음으로, Reilly는 Edmodo에 미리 링크를 걸어 두었던 노래 파일을 열었다.

학생들은 〈Saint Patrick's Battalion〉[5]이라는 노래를 들었다. 이는 그 전쟁 때 미군에 대항해 싸웠던 아일랜드 사람에 관한 노래였다. 노래가

---

5) [역주] 'Saint Patrick's Battalion'는 '성 패트릭의 대대'라는 뜻이다. 이 대대는 아일랜드인, 독일인, 스위스인, 스코틀랜드인, 일부 로마 카톨릭 신자 500여명으로 구성되어 있었는데 본래 미군 소속이었으나 인종 차별 및 종교 차별로 배척받았다. 그 결과 1846~1848년의 멕시코-미국 전쟁 때에 미군에 대항해서 싸웠다. 이들은 후에 미군의 포로가 되었는데, 미군은 이들을 반란군으로 규정하고 멕시코시티를 점령한 직후 모두 처형했다. 미국에서는 반란군 취급을 받았지만, 멕시코나 아일랜드 등에서는 전쟁 영웅으로 칭송하여 지금도 각지에 많은 기념비를 세웠다.

끝난 후, Reilly는 학생들에게 2분의 시간을 준 뒤 노래를 통해 알게 된 내용을 바탕으로 어느 쪽 편에 서서 싸울 것인지를 결정하도록 했다.

학생들은 Edmodo에 있는 투표 장치를 이용하여 자신의 결정을 올렸다. 학생들은 투표 결과를 검토하고, 다른 관점을 가진 학생들과 토론했다. 학생들은 이 수업이 끝나기 전에 자신의 결정과 그 결정을 지지하는 이유(한 가지)를 글로 써서 Edmodo에 올려야 했다. 이 수업에 참여했던 학생 Tyler는 다음과 같이 썼다.

나는 편을 바꾸지 않을 것이다. 나를 겁쟁이라고 할 수도 있겠지만, 미국은 매우 강한 군대를 가지고 있기 때문이다. 나는 더 약한 군대로 바꾸는 것은 너무 걱정스러운 일이라고 생각한다. 그리고 자기 나라를 버리는 것은 비겁한 일이다.

Edmodo에서는 문학 작품을 읽고 후에 원탁 토의를 하는 것도 가능하고, 동료 편집을 하거나 친구들과 펜팔을 맺는 것도 가능하다. 교사는 이러한 방법을 활용하여 작문 수업을 효과적으로 설계하고 시행할 수 있다. Edmodo를 활용하는, 이러한 방법은 교사가 직접 활동을 계획하고 안내하는 것만큼이나 각력하다. 이에 대해서는 다음 절에서 다루고자 한다.

작문을 지원하는 교육용 모바일 애플리케이션

스마트패드6)의 특이한 점은 이것이 교육용 모바일 애플리케이션(이하 앱)을 이용한다는 것이다. 앱은 사용자로 하여금 콘텐츠를 생산하거나 활용하도록 설계된 소프트웨어이다. 게임을 실행할 수 있

---

6) [역주] 스마트패드는 태블릿이나 태블릿 PC라고 불린다.

도록 제작된 앱도 있다. iPad에서 사용할 수 있는 교육용 앱은 현재 20,000개 이상이며(Apple, 2012) 대략 800개가 작문에 특화되어 있다.

이 장을 쓸 때 나는 학교 전체가 iPad를 활용하고 있었던 두 학교(한 초등학교와 한 중학교)에서 일하고 있었다. 이 두 학교에서 맡았던 내 역할은 교사들이 자신이 맡고 있는 교과의 수업에 유용한 앱을 찾고 활용하도록 돕는 것이다. 이 일을 시작하던 초기에 나는 앱 일지를 기록했다. 나는 이 일지에 여러 가지 유형의 앱의 목록과 가격을 기록해 두었으며, 앱을 사용하는 방법 및 앱을 평가하는 방법도 기록해 두었다. 그리고 내가 직접 써 보고 정리한, 각 앱의 효과 분석 및 평가도 담았다. 이를 바탕으로 나는 교육용 앱을 두 가지 범주의 유형으로 분류하였다.

범주 1

이 범주에 속하는 교육용 앱은 콘텐츠를 강화하거나 콘텐츠의 학습을 돕는 독립적 프로그램이다. 게임 환경을 채택하고 있는 이러한 앱은 보통 학생들이 난도가 다른 과제를 해결할 때 학생들의 기능이 어떠한지를 평가한다. 예를 들어 공통 핵심 성취기준에 기반을 두고 제작된 iTooch-English라는 앱은 상호작용이 가능한 화면 구성을 가지고 있는데, 학년에 따라 구분한, 자체 탑재 콘텐츠 기반의 선택형 문항을 가지고 있다. 가령 3학년에는 단어 및 효과적인 어구, 주제, 자신의 의견을 말하고 지지하기 등에 관한 문항이 포함되어 있다. 학생들은 이 앱을 연습 모드나 시험 모드로 선택하여 작동할 수 있는데, 학생들이 실행한 실적은 모두 저장된다. 이 앱은 문항 풀이를 어려워하는 학생들에게 교육적 지원도 제공한다. 이 앱을 다룬 최근 연구에 따르면, 학생들이 이 앱을 실행하기 전이나 앱을 실행하는 도중에 비계를 활용할 때 학생들의 학습 효과가 가장 컸다(Tsai, Kinzer, Hung, Chen, & Hsu, 2011). 이 앱은 특히 사용자를 위한 화면 구성, 성취기준과의 직접적인 관련성, 학생에게 유용한 콘텐츠 지원을 고려할 때 매우 유망하다고 할 수 있다.

나는 많은 교실에서 이러한 범주의 앱들이 널리 쓰이는 것을 직접 목격했다. 이에 대한 학생들의 반응은 긍정적이었다. 게임 환경이 학생들에게 동기를 부여한다는 연구 결과를 볼 때, 이러한 학생들의 반응은 그리 놀라운 일은 아니다(예, Aliya, 2002; Boyle, 1997). 교사들과 대화하면서 알게 된 사실 하나가 있다. 그것은 전자기술을 처음 쓰는 교사들이 경험이 많은 교사들보다 이러한 앱에 더 많이 의존한다는 점이었다. 이 범주에 속하는 앱들은 수업에 활용하기가 매우 쉬운 것으로 보인다. 왜냐하면 이 범주의 앱들은 본질적으로 연습용이기 때문이다. 7학년 교사는 다음과 같이 말했다.

"저는 이제 막 개인별로 수행하는 과학기술 활용법을 배운 터라 학생들에게 iPad 활용 방법을 알려주는 것이 쉽지 않아요. 그래서 지금 저는 교과 내용을 가르치는 데에만 앱을 사용하고 있고 콘텐츠를 만드는 데에는 아직 사용하지 않고 있어요."

교사들은 이러한 유형의 앱에 흥미를 보였는데, 이 앱들은 학습을 어려워하는 학생들에게는 추가적인 연습 기회를 제공하고, 다음 단계 학습이 필요한 학생들에게는 복잡한 과제를 제공하는 등 수준별 지도를 돕기 때문이다. 예를 들어, 1학년 교사인 Kirstin은 'Drag and Tag (Nouns at Home)'이라는 앱을 수업에 적용했는데, 학생들은 게임과 유사한 환경에서 명사를 찾는 연습을 했다. 이 앱은 학생들이 단어 찾기에 성공하면 다음 단계로 넘어가는 방식으로 진행되었다. 교사 Kirstin은 이 앱을 활용한 수업에 대해 다음과 같이 설명했다.

"이런 앱들 덕분에 학생들이 자기의 진행 속도에 따라 활동을 하는 동안 소집단의 학생들과 활동하는 것이 가능해졌어요. 이것은 내가 교실을 관리할 수 있도록 도와주는 일종의 획기적인 프로그램이 아닐까 생각합니다."

이 범주에 속하는 앱 중에서 주목해 볼 만한 것을 정리하면 〈표 13.1〉과 같다.

〈표 13.1〉 범주 1의 주목할 만한 애플리케이션

이름	학년	가격	특징
iTooch English	초등	$5.99	성취기준에 기반을 두고 영어 기능을 강화하는 특징이 있다. 게임 환경에서 선다형 문항으로 연습 모드와 시험 모드를 사용할 수 있다.
Word BINGO	초등	$0.99	다양한 상호작용 형태의 게임을 사용하여 DOLCH의 시각 어휘[7]를 연습할 수 있다.
Drag and Tag	초등	무료	연습 모드와 게임 모드를 사용하여 명사에 대한 지식을 강화할 수 있다.
Shake-a-Phrase	초등	$1.99	8세 이상의 어린이에게 단어와 품사를 가르치는 데 유용하다. 학생들이 iPad를 흔들 때마다 새로운 무작위의 문장을 만들어 낸다. 학생들은 단어의 정의를 확인할 수 있고 품사 퀴즈를 풀 수도 있다.
SAT Vocab Cards	중·고등	무료	플래시 카드 활동으로 다양한 어휘를 익힐 수 있다.
Basic English	전체	무료	그림과 소리를 바탕으로 단어를 익힐 수 있다.

범주 2

교육용 앱의 두 번째 범주는 지도 활동에 통합하여 운영할 수 있도록 설계된 것이다. 이 범주에 속하는 앱들은 스스로 콘텐츠를 제공하거나 지도하는 기능을 제공하지 않는다. 대신에 별도의 콘텐츠를 경험하고, 개념화하고, 분석하고, 적용하는 데 활용할 수 있다(Kalantzis, Cope, & Cloonan, 2010). 여기에서의 '경험'이란 새로운 아이디어 및 상황에 노출되는 것뿐 아니라, 학생들이 자신의 지식을 반성적으로 성찰하는 것

---

7) [역주] 미국의 Edward Dolch(1889~1961)는 1936년 당시의 어린이 책을 바탕으로 하여 어휘 목록을 작성하였는데 이때 보는 즉시 소리와 의미를 알아야하는 단어를 '시각 단어 (sight word)라고 불렀다.

을 말한다. '개념화'는 사고의 활성화, 즉 개념과 개념 사이의 심리적 관계나 이론적 관계를 구성하는 것을 말한다. '분석'은 추론을 이끌어 내고 원인-결과 같은 기능적 관계를 구성해 내는 비판적 사고를 뜻하며, '적용'은 실제적인 상황에서 예측가능하면서도 창조적인 방법으로 지식을 적용하는 것을 뜻한다. 이러한 네 가지 요소는 모바일 앱이 콘텐츠를 만드는 데 어떻게 기여할 수 있는지, 교실에서 학생들의 작문 활동을 어떻게 지원할 수 있는지를 판단해 볼 수 있는 틀을 제공한다.

이 범주에 속한 앱들 중에서 주목할 만한 것을 정리하면 〈표 13. 2〉와 같다.

〈표 13.2〉 범주 2의 주목할 만한 애플리케이션

이름	학년	가격	특징
Build a Story	초등	$3.99	미리 설정된 주제와 인물 범주를 사용하여 학생들이 개별적인 이야기책을 만들 수 있도록 지원한다.
Puppet Pals HD	초등	무료	앱에 저장된 사진이나 학생들이 입력한 사진을 이용하여 스토리텔링을 할 수 있다. 이때 학생들은 자신의 목소리를 녹음하고 저장할 수도 있다.
Toontastic	초등	무료	미리 설정된 인물과 배경으로 카툰을 만들 수 있으며 오디오 기능도 포함되어 있다.
SundryNotes Pro	중·고등	$7.99	목소리를 녹음할 수 있고 목소리로 메모할 수 있는 기능도 있다. 이미지와 pdf를 전송하는 것도 가능하다. 메모 기능뿐만 아니라 표 그리기 기능도 있으며 배경과 선의 색을 바꿀 수도 있다.
Writing Prompts	중·고등	$1.99	현재 사건, 장면 요소, 단어, 개요, 색, 장르 등을 제시하여 와 글 형식을 이용하여 학생들의 작문을 돕는다. 학생들에게 작문 동기를 부여하는 데에도 효과적이다.
Evernote	중·고등	무료	목소리를 녹음할 수 있고 오디오 노트기능이 있으며 이미지를 전송할 수 있는 노트 앱이다. 작성한 노트를 다른 앱이나 이메일로 전송할 수 있다.
Popplet Lite	전체	무료	학생이 내용을 조직하거나 글을 쓸 때 이미지를 넣을 수 있는 의미 지도 앱이다.

StoryKit	전체	무료	소리, 이미지, 텍스트를 넣을 수 있는 디지털 책 제작 앱이다. 자신만의 책을 쓸 수 있고 '아기돼지 삼형제'와 같이 앱에 미리 저장되어 있는 글을 수정하여 작성하는 것도 가능하다.
Show Me	전체	무료	화이트보드 형태로 개별적인 상호작용을 지원하는 앱이다. 화이트보드로 이루어지는 개별 지도에 대한 해설을 녹음할 수 있고, 녹음한 것을 온라인으로 공유할 수 있다. 이미지를 넣고 글을 쓰고, 선을 그릴 수 있다.
Book Creator	전체	$4.99	디지털 책 제작 앱으로 텍스트, 이미지, 비디오, 소리 기능을 사용할 수 있다. 만든 책을 pdf으로 변환하는 것도 가능하며, iBooks에서 읽을 수도 있다. 책의 형식은 학생들이 자유롭게 선택할 수 있다.

프레젠테이션 앱

프레젠테이션 앱들도 범주에 속한다. 예를 들면, 'Show Me'는 학생들이 그림을 그리고 색칠하고 이미지나 소리를 넣어 내용을 표현하는 화이트보드와 유사하다. 나는 교실에서 사용되는 Show Me를 본적이 있는데 지식을 발표하는 아주 간략한 수준이었다. 개념을 분석하고 추론을 분석하는, 좀 더 복잡하게 구성한 경우도 있었다.

4학년 작문 수업에서 Show Me를 간단하게 활용한 예를 살펴보기로 하자. 이 수업에서 학생들은 문법 규칙을 복습하고 있었다. 교사는 화이트보드에 몇 개의 문장을 쓰고 학생들에게 각 단어의 품사를 'Show Me'로 표시하도록 안내했다. 교사가 단어 하나를 큰소리로 말하면 학생들은 그 단어의 동사, 명사, 형용사, 대명사, 부사를 iPad에 썼다. 교사는 Show me를 통해서 문법 규칙에 대한 학생들의 지식을 한 번에 평가할 수 있었다. 학생들이 각각 답을 입력했기 때문이다.

이보다 좀 더 복잡한 방식으로 활용한 7학년의 수업 사례도 있다. 학생들은 최근 미국의 변화를 Suzanne Collins의 〈The Hunger Game〉에 등장하는 'Panem'[8]에 대응시켜 설명하였으며, 이 책에서 묘사한

8) [역주] 〈The Hunger Games〉은 Suzanne Collins가 쓴 공상과학 소설이다. 종말론적 관점에

'12구역(the 12 districts)'의 지리적 특징에 대해서도 탐구했다. 학생들은 그 결과를 Show Me를 사용하여 두 가지 방식으로 교실에서 발표했다. 첫째, 학생들은 개념도를 그려 이 책의 작가가 각 지역을 묘사한 내용과 현재 미국 지역 특성의 관계를 시각적으로 발표했다. 둘째, 학생들은 미국의 지도를 빔 프로젝터로 보여주면서 각 지역의 지형을 그림으로 표현하거나 지역의 경계를 선으로 그려 표시했다. 이 예에서 Show Me는 학생들이 탐구한 내용과 이해한 내용을 의미 있는 방식, 즉 개념화하여 시각적으로 표현할 수 있도록 만들어 주었다. Show Me를 활용한 다양 수업 사례는 'Show me Open Community' (https://www.showme.com)에서 찾아볼 수 있다.

글쓰기 앱

이 범주에 속하는 작문에 초점을 둔 교육용 앱도 많다. 예를 들어, 나는 'Rory's Story Cubes'를 사용한 1학년 수업을 관찰했다. 이 앱에는 각각 다른 그림으로 덮인 정육면체가 있다. iPad를 흔들면 이 정육면체가 구르면서 이미지가 나타나는데, 학생들은 정육면체를 굴려 얻은 이미지를 조합하여 이야기를 구성한다. 이야기를 구성할 때 학생들은 자신이 알고 있는 작문 지식을 활용한다. 이야기 시작 부분의 조합은 천만 개 이상일 정도로 다양하다.

이와 유사한 'Writing Prompts'도 있다. 이 앱은 고학년 학생들을 겨냥한 것으로, Rory's Story Cubes와는 다른 방식으로 이야기의 시작 부분을 구성할 수 있다. 예를 들어, '장면' 탭에는 장소, 등장인물, 대상 같은 사건 구성 요소, 냄새, 분위기, 날씨, 시간 같은 배경 구성 요소가 나타나 있다. 학생들이 iPad를 흔들면 다음 예와 같은, 매우 다양한 조합이 나타난다.

서 인류의 암울한 미래를 그려 많은 관심을 끌었다. 'Panem'은 현재의 미국 지역에 있는 가상의 국가이며 12개의 구역으로 나뉘어 있다.

- 장소: 우주의 다른 은하
- 인물: 어리둥절한 유령
- 대상: 두 개의 새 전구
- 냄새: 신선한 장미향

학생들이 글에 반드시 넣어야 하는 5~6개의 단어를 보여주는 '단어' 탭도 있다. 그리고 '텍스트'[9] 탭이 있는데 여기에서는 '여러분은 현관 앞에서 내용물은 없고 여러분의 이름만 적혀 있는 택배 상자 하나를 발견했다.'와 같은 시나리오를 제시한다. '뉴스' 탭에서는 학생들에게 전국 신문의 현재 헤드라인과 신문기사 링크를 제시한다. 학생들은 이러한 자료를 활용하여 새로운 관점에서 이야기를 구성할 수 있다.

나는 8학년 학생들의 수업을 관찰했다. 학생들은 작문 수업에서 이 앱의 '뉴스' 탭을 사용하였다. 이 학생들은 비판적인 독서에 대해 공부해 왔으며, 인터넷에서 간결한 제목으로 메시지를 효과적으로 전달하려면 필자가 무엇을 알아야 하는지에 대해서도 공부해 왔다. 학생들은 각각 글을 작성하기 위해 Writing Prompts을 사용하여 뉴스의 헤드라인을 확인했다. 그리고 iPad를 흔들어 새로운 헤드라인을 생성했다. 다음은 이에 대한 예이다.

우주선이 멀리 떨어진 장소에 착륙하다.
호박씨 기름은 위스콘신의 가치 있는 생산물이다.
가게의 알 수 없는 미래

그 후 학생들은 리포터의 역할을 맡았다. 학생들은 헤드라인에서

---

9) [역주] 원문에는 'scene section'으로 표기하고 있으나 실제 이 앱에서는 'text section'에서 이와 같은 시나리오를 제시하고 있다.

추론을 해 나가면서 각자의 주제에 관한 1페이지짜리 기사를 썼다. 그리고 학생들은 앱의 링크를 통해 실제 신문기사를 찾아보았다. 실제 기사를 읽은 후, 학생들은 실제 자료와 자신이 쓴 것을 비교하고, 어떤 점에서 차이가 있는지를 확인했다. 그 뒤에 학생들은 이를 교실에서 발표했다. 학생 발표가 끝이 난 후, 교사는 '깊이 읽기'의 중요성에 대해 설명하면서 실제로 이야기를 잘 이해하려면 인터넷 헤드라인 너머를 보는 것이 중요하다는 점을 안내했다.

디지털 스토리텔링

이 범주의 세 번째 앱은 디지털 스토리텔링이다. 디지털 스토리텔링이란 복합양식으로 서사문(이야기)을 구성하는 방법을 말한다. 이를 지원하는 앱은 복합양식 텍스트를 공유하는 기능도 가지고 있다. 복합양식으로 구성한 서사문은 개인적인 이야기일 수도 있고, 전문적이거나 상호작용적인 이야기일 수도 있다. 서사문을 복합양식으로 구성하려면 학생들은 서사문의 내용을 개념화해야 하고 서사 장르에 대해 지금까지 배운 것을 모두 적용해야 한다. 전자기술의 발전에 따라 소리, 비디오, 그림, 텍스트를 통합하는 것이 손쉬워지면서 디지털 스토리텔링은 최근 작문 수업의 필수 요소로 자리를 잡아가고 있다. 흥미로운 점은 모든 학년의 학생들이 사용할 수 있는 앱이 있다는 사실이다. 매우 나이가 어린 학생도 복합양식을 써서 이야기를 만들 수 있다.

만일 여러분이 나이가 어린 학생들을 지도하는 중이거나, 수업에 디지털 스토리텔링을 적용하는 것이 불안한 상황이라면, 구조화된 틀을 제공하는 앱으로 먼저 시작해 볼 것을 권한다. 이러한 앱은 미리 설정되어 있는 주제, 이미지, 인물을 제공한다. 이런 앱들은 학생들에게 이미지, 소리 등의 모드를 사용하여 서사문을 구성 방법을 알려주면서 그 방법을 따라 서사문을 완성해 보도록 안내한다.

'Build a Story' 같은 앱이 이러한 특징을 잘 보여준다. 학생들은 먼저 밀림, 서커스 공연장, 농장과 같은 배경을 선택한 후, 주제를 발전시키는 데 필요한 '페이지'도 선택한다. 학생들은 이 페이지 옵션에서 음식 페이지, 동물 페이지, 날씨 페이지, 등장인물 페이지 등을 선택할 수 있는데, 선택한 페이지에서 원하는 이미지를 고를 수 있다. 인물 사이의 대화를 나타내기 위해 글자를 넣을 수 있는 말풍선도 추가할 수 있다. 완성된 이야기는 출력할 수도 있으며 교사에게 이메일로 제출할 수도 있다.

스탠포드 교육대학원과 협력하여 개발한 'Toontastic'도 좋은 예로 꼽을 수 있다. 이 앱은 카툰 제작을 지원하는 앱으로 '이야기 문법'을 바탕으로 삼고 있다. 글을 쓰는 과정에서 학생들은 음성으로 안내를 받는다. 음성 안내로 갈등, 절정, 해결과 같은 개념을 정의해 주고 사이트를 탐색하는 방법도 설명해 준다. 특히 Toontastic은 등장인물의 움직임, 음성 대화, 배경 음악 등을 추가하여 학생들이 만든 각 장면을 애니메이션처럼 만들 수 있게 해 준다는 점이 큰 특징이다.

일단 학생과 교사가 다른 모드(예를 들어 오디오, 비디오, 이미지 등)를 활용하여 이야기를 구성하는 것에 익숙해지면 구조화의 정도가 낮은 스토리텔링 앱으로 옮겨갈 수 있다.

이러한 앱을 사용하면 학생들은 앱이 제공하는 틀에 얽매일 필요 없이 이야기를 스스로 발전시킬 수 있다. 최근에 발표된 'iBook Author'은 이러한 특징을 잘 보여주는 앱이다. 이 앱은 기본적인 페이지의 틀을 제공한다. 물론 학생들이 몇 가지 유형 중에서 선택할 수 있게 했다. 페이지 틀 이외의 것은 모두 학생들이 결정해서 진행해야 한다. 학생들은 상호작용적인 그래픽, 텍스트, 비디오, 더 나아가 3차원 이미지도 쉽게 끼워 넣을 수 있다. 특히 흥미로운 점은 워드프로세서인 Microsoft Word나 Pages로 한 텍스트도 삽입할 수 있다는 것이다.

나도 이 기능을 사용해 보았다. 나는 이 앱을 이용하여 '새 책'을 생성한 후, 지금 워드프로세서로 작성하고 있는 이 장을 끼워 넣었다. 그러자 곧바로 iPad로 읽을 수 있는 형태로 변환된 텍스트를 얻을 수 있었다. 'Story Kit, SonicPics, StoryRobe'도 이 범주에 속하는 앱들이다. '애플 교사 모임'10)에서는 이러한 앱들을 수업에서 활용하는 방법에 대한 훌륭한 안내서를 만들었다. 이 지침서는 Digital Storytelling with the iPad (https://sites.google.com/site/digitalstorytell-ingwiththeipad/resources)에서 찾아볼 수 있다.

이러한 앱들이 매우 강력한 도구인 것은 맞지만 유의점도 덧붙여 두어야 할 것 같다. 당연히 교사들은 유의점을 아는 것도 매우 중요하다. 학생들이 효과적으로 복합양식의 조화를 이루어내려면 각각의 모드들이 어떤 의미를 전달한다는 사실을 이해하고 있어야 한다 (Kress, 2003). 학생들은 예상독자를 인식해야 하며, 독자들이 기대와 달리 다른 경로로 읽을 수 있다는 점도 고려해야 한다. 그래서 어떤 방식으로 읽든 메시지가 통합적으로 전달될 수 있도록 해야 한다 (Karchmer-Klein & Shinas, 2012a). PowerPoint에서도 있었던 문제인데, 학생들은 이러한 도구를 사용하면, 있으면 좋으나 꼭 필요하지는 않은 기능에 매몰되는 경향이 있다(Baker 등, 2000). 교육용 앱을 수업에 활용하려는 교사는 이러한 본말전도가 일어나지 않도록 주의해야 한다. 그리고 자신의 메시지를 통합적으로 전달하기 위해 모드를 목적을 고려하여 선정하도록 안내해 주어야 한다. 도구의 화려한 기능을 보여주기 위해서 모드를 선택하게 방치해서는 안 된다.

범주 2를 통합한 앱

여기에 속하는 앱들은 좀 더 복잡하다. 왜냐하면 교육 상황에서 효과적으로 앱을 통합하려면 교사의 능력이 필요하기 때문이다. 만일 여러분이 이 단계로 나아가는 데 주저함이 있다면 Harris & Hofer(2009)에서 제안한 방법으로 여러분의 수업을 조직해 볼 것을

---

10) [역주] Apple에서는 자사 제품으로 수업 방법의 혁신을 이끄는 교사들을 ADE(Apple Distinguished Educator)로 인정하고 커뮤니티에 참여시키는 사업을 시행하고 있다.

권한다. 이 접근법에 따르면, 우선 교사들은 교육 내용과 수업 목표를 확인한다. 이를 토대로 교사들은 몇 가지 중요한 교육적 의사결정을 내린다. 즉, 교사 중심의 수업을 할지 아니면 학생 중심의 수업을 할지, 이전의 경험이 조금 필요한지 아니면 많이 필요한지, 수업 목표를 학생 개별적으로 성취하도록 해야 하는지, 아니면 소집단이나 전체 학급이 성취하도록 해야 하는지를 결정해야 한다. 이에 대한 결정이 내려지면, 이러한 결정에 가장 잘 부합하는 교육용 앱을 선택할 수 있다. 이러한 수업 설계의 과정을 따른다면, 교육용 앱 활용의 초점을 교육 내용의 '경험, 개념화, 분석, 적용'에 올바로 묶어두는 것이 가능하다.

전자기술을 활용한 회귀적 글쓰기

iPad와 같은 스마트패드는 데스크탑이나 노트북을 대신하고자 만들어진 것이 아니다. 오히려 스마트패드는 '웹을 둘러보고, 이메일을 읽고 보내고, 사진을 보고, 비디오를 감상하며, 음악을 듣고, 게임을 실행하고, e-book을 읽기 위해서' 개발되었다(Apple, 2010). 하지만 iPad가 제공하는 작문 과정의 유연성으로 인해 이제는 iPad에 직접 글쓰기를 하는 경우가 많아졌다. 다음 8학년 교실의 예를 살펴보자.

교사는 학생들에게 시인을 선정한 후 그 시인이 쓴 시 중에서 가장 좋아하는 시 한 편을 선정하고 이를 해석하는 과제를 부여했다. 시의 해석에는 선정한 그 시가 어떤 점에서 감각적인지에 대한 것도 포함하도록 했다. 그리고 교사는 학생들에게 완성한 글을 다른 친구들 앞에서 프레젠테이션 형식으로 발표하도록 안내했다. 교사는 학생들에게 다중양식으로 텍스트를 완성하도록 권장했지만, 전통적 방식에 따라 종이에 글을 써서 제출하는 방법도 허용했다. 그러나 학생들은 모두 전자의 방식을 택했다.

Edward는 다른 학생들보다 전자기술을 잘 다루었다. Edward는 과제 수행을 위해 교육용 앱을 활용했다. 우선 iPad로 인터넷에 접속한 다음, 자신이 선택한 '시인 A'와 관련된 웹사이트 두 곳을 찾았다. 첫 번째는 시인 A가 운영하는 개인적인 웹사이트였고, 두 번째는 다른 시인들이 시인 A의 시에 대해 의견이나 감상을 적은 블로그였다. Edward는 시인 A가 운영하는 웹사이트를 살펴보고 과제를 완성하는 데 필요한 정보를 확인했다. Edward는 웹브라우저와 무료 전자노트 앱인 'Evernote'를 빈번하게 오가면서 Evernote에 시인 A의 생일, 고향, 시와 관련된 뒷이야기 등을 메모했다.

그 후에는 블로그로 이동하여 다른 시인이 쓴 시를 살펴보았다. 이 블로그에는 다른 시인들이 자기가 쓴 시를 낭독한 오디오 클립이 링크되어 있었다. Edward는 헤드폰을 iPad에 꽂고 이 시 낭송을 여러 번 들었다. Edward는 다시 Evernote를 열고 시 해석을 전자노트에 메모했다. 교사가 안내했던 것처럼, 시가 불러일으키는 감정에 유의하여 기록했다.

다음으로, Edward는 자신의 해석을 시각적 효과를 담은 프레젠테이션으로 만들기 위해 무료 마인드맵 앱인 'Popplet Lite'를 열었다. Edward는 이 앱으로 도해 조직자를 만들어서 프레젠테이션의 스토리보드를 작성했다. 아직은 브레인스토밍이 더 필요한 부분이 있었지만 Edward는 무료 프레젠테이션 제작 도구인 'Wix'를 사용하여 프레젠테이션을 만들기 시작했다. 웹사이트를 열고 지금까지 미리 준비해 온 내용을 삽입하기 시작했다. 프레젠테이션의 완성은 3일이 걸렸다. 물론 프레젠테이션을 제작하는 동안에도 Edward는 다른 여러 앱들을 왕래하면서 필요한 내용을 보충하고 수정했다. Edward가 보여준 이러한 활동의 모습은 21세기의 특성이 반영되어 있는, 디지털 회귀적 글쓰기의 예라고 할 수 있다.

이러한 형태로 이루어지는, 디지털 회귀적 글쓰기는 고학년 학생들에게만 국한되어 있는 것은 아니다. 미국 플로리다 주의 Martin J. Gottlieb Day 학교 교사들은 1학년 학생들이 입학하여 새로 수업을 시작할 때 학교 전체에 iPad 통합을 실행했다. 이러한 실행의 주요 목표는 학생들에게 '앱 사이를 능숙하게 오갈 수 있고, 자신이 만든 결과를 삽입하고 공유하며 확산하는 방법'을 가르치는 데 있었다. 이를 위해 교사들은 학생들이 각각 앱을 사용하는 방법을 익히도록 지도했다. 예를 들어, 교사들은 학생들이 프레젠테이션 앱 'Doodle Buddy'를 사용하여 히브리어 편지 쓰기를 연습하게 했으며, iPad의 내장 카메라로 자기 자신을 잘 찍을 수 있도록 연습하게 했다. 교사들은 학생들에게 사진을 저장하고, 포토 갤러리에서 필요한 사진을 찾아내며, 찾은 사진을 목적에 맞게 편집하는 방법도 지도했다. 교사들은 앱이 두 가지 특징을 결합하여 학생들에게 Doodle Buddy에 사진을 넣는 방법과, 앱의 색깔 펜을 사용하여 히브루어로 이름을 쓰는 활동을 시범 보였다.

학생들은 교사들의 이러한 지도 덕분에 과학기술 도구를 사용하는 절차적 지식을 충분히 쌓을 수 있었다. 이를 통해서 학생들은 앱을 사용하기 전에 전자 텍스트의 특성을 이해할 수 있었다. 이 전자기술의 전문가인 Ms. Tolisano는 스마트패드를 활용하는 수업에 대해 자신의 블로그에서 다음과 같이 설명했다.

iPad 활용한 수업은 학생들 서로 서로를 기반으로 만들어진다. 지금까지 관찰했던 것 중 가장 훌륭했던 부분은, 학생들이 한 수업에서 어떤 앱의 사용법을 배우면, 다른 수업에서는 그 앱을 활용하여 결과를 완성해 낸다는 점이다. 이것이 결국에는 작문 과제 프로젝트를 수행할 대 여러 가지 앱을 이용하여 학생들이 서로 협력하고 공유하고 협력한다는 점이다.

디지털 회귀적 글쓰기를 익히는 것은 쉽지 않다. 꼼꼼하게 계획을 세워야 하고 시간도 많이 걸린다. 그리고 무엇보다도 작문 기능도 익혀야 하고 전자기술도 숙달해야 한다. 그러나 디지털 회귀적 글쓰기는 전자기술을 작문 과정에 통합함으로써 도구를 의미 있게 만들어준다. 이제 전자기술과 이를 활용하는 능력은 주변적인 도구가 아니라 작문 과정의 필수적 요소가 되었다.

결론

교사는 전자기술 기반의 활동과 성취기준의 연관성이 명확할 때 전자기술을 활용하려는 경향이 있다(Karchmer-Klein, 2007b). 다행스럽게도 전자기술은 작문 성취기준에 포함되어 있다. 이 장을 집필해 달라는 편집자들의 요청을 받았을 때, 나는 그 성취기준을 좀 더 면밀히 살펴보았다. 각 학년의 성취기준이 요구하는 전자기술의 정도와 복잡성은 차이가 있지만, 공통적으로 학생들이 다음 4가지를 할 수 있어야 한다고 규정하고 있다. 즉, 학생들은 (1) 다양한 디지털 도구를 사용할 수 있어야 하고, (2) 전자 텍스트를 생산하고 출판할 수 있어야 하며, (3) 자신이 작성한 글을 바탕으로 다른 사람들과 협업 및 상호작용할 수 있어야 하고, (4) 자신이 작성한 글을 독자들이 잘 이해하도록 멀티미디어(예를 들어, 여러 가지 모드)를 사용할 수 있어야 한다. 이 장에 소개된 애플리케이션과 수업의 사례는 이러한 목적을 위해 전자기술을 어떻게 활용할 수 있는지를 잘 보여준다.

결론적으로, 작문 지도는 21세기가 요구하는, 효과적인 방식으로 의사소통할 수 있도록 학생들을 준비시켜야 한다. 전자기술이 연구 기반의 지도를 지원하는 도구로 쓰여 온 것처럼, 교사들은 인터넷 기반의 프로그램이나 교육용 모바일 앱을 통해서 전자기술이 작문을 어떻게 변화시켰는지를 알 수 있을 것이다. 아마도 이 장에서 얻은 가장 중요한 교훈은 작문 수업에 전자기술을 통합할 때 가장 크게 영향을 미치는 요소는 바로 교사라는 사실을 알 수 있었다는 점이다. 전자기술과 수업의 통합은 교사가 직접 구성하는 수업일 때에만 효과적이라는 것이다. 그러므로 교사들은 이제 새로운 전자기술에 대해서, 그리고 그것을 작문 수업에 연결하는 방법에 대해서 직무 연수를 받아야 한다(Karchmer-Klein & Shinas, 2012b). 교사의 전문성 신장이 뒷받침 되어야 학생들 효과적으로 지도할 수 있다. 나는 이 장에서 논의한 전자기술과 수업 사례가 교사들이 이러한 방법을 적극적으로 받아들이는 데에, 나아가 더 좋은 방법을 적극적으로 모색하는 데에 힘이 될 수 있기를 희망한다.

참고문헌

Aliya, S. K. (2002). The role of computer games in the development of theoretical analysis, flexibility and reflective thinking in children; A longitudinal study. *International Journal of Psychophysiology,* 45, 149.

Apple. (2012). Apple reinvents textbooks with iBooks 2 for iPad [Press release]. Retrieved from www.apple.comfprllibraryf2012101119Apple- Rein vents-Textbooks-with-iBooks-2-for-iPad.html.

Baker, E. A., Pearson, P. D., & Rozendal, M. S. (2010). Theoretical perspectives and literacy studies: An exploration of roles and insight. In E. A. Baker (Ed.), The new literacies: *Multiple perspectives on research and practice* (pp. 1~22). New York: Guilford Press.

Beach, R., & Friedrich, T. (2006). Response to writing. In C. A. MacArthur, S. Graham, &J. Fitzgerald (Eds.), *Handbook of writing research* (pp. 222~234). New York: Guilford Press.

Bezemer, J., & Kress, G. (2008). Writing in multimodal texts: A social semiotic account of designs for learning. *Written Communication,* 25, 166~195.

Boyle, T. (1997). *Design for multimedia learning.* London: Prentice Hall.

Coiro, J., Knobel, M., Lankshear, C., & Leu, D. J. (Eds.). (2008). *Handbook of research in new literacies.* Mahwah, NJ: Erlbaum.

Coutts, J., Dawson, K., Boyer, J., & Eerdig, R. (2007). Will you be my friend?: Prospective teachers' use of Facebook and implications for teacher education. In C. Crawford et al. (Eds.), *Proceedings of Society for Information Technology and Teacher Education International Conference 2007* (pp. 1937~1941). Chesapeake, VA: Association for the Advancement of Computing in Education.

Daiute, C. (1992). Multimedia composing: Extending the resources of the kinder garten to writers across the grades. *Language Arts,* 69, 250~260.

Dalton, B., Smith, B. E., & Alvey, T. L. (2010, December). 5th grade students compose and reflect on their multimodal stories. Paper presented at the annual meeting of the National Reading Conference, Fort Worth, TX.

Davies, J. (2006). Nomads and tribes: Online meaning-making and the development of new literacies. In J. Marsh E. Millard (Eds.), *Popular literacies, childhood and schooling* (pp. 161~173). London: Routledge.

Dobler, E. (2012). Flattening classroom walls: Edmodo takes teaching and learning across the globe. *Reading Today, 29,* 12~13.

Fewkes, A. M., & McCabe, M. (2012). Facebook: Learning tool or distraction? *Journal of Digital Learning in Teacher Education,* 28(3), 92~98.

Gabriel, T. (2011). Speaking up in class, silently, using social media. New York Times. Retrieved from: www.nytimes.eom/2011/05/13/education/13 social. htmDpagewanted-2 &_r=1.

Goldberg, A., Russell, M., & Cook, A. (2003). The effect of computers on student writing; A meta-analysis of studies from 1992~2002, Journal of Technology, *Learning and Assessment,* 2(1), 3~51.

Harris, J., & Hofer, M. (2009). Grounded tech integration. Learning and Leading With Technology, September/October, 22~25.

Herrington, A., Hodgson, K., & Moran, C. (2009). *Teaching the new writing: Technology, change, and assessment in the 21st century classroom.* New York: Teachers College Press.

Irvine, M. (2012). Teens on twitter: They're migrating sometimes for privacy. Huffington Post. Retrieved from www.huffingtonpost.com/2012/01/30/teens-on-twitter_n_1241109.html.

Jewitt, C. (2011). An introduction to multimodality. In C. Jewitt (Ed.), *The Routledge handbook of multimodal analysis* (pp. 14~27). New York: Routledge.

Kalantzis, M., Cope, B., & Cloonan, A. (2010). A multiliteracies perspective on the new literacies. In E. A. Baker (Ed.), *The new literacies: Multiple perspectives on research and practice* (pp. 61~87). New York: Guilford Press.

Karchmer, R. A. (2001). The journey ahead: Thirteen teachers report how the Internet influences literacy and literacy instruction in their K-12 classrooms. *Reading Research Quarterly*, 36, 442~466.

Karchmer, R. A., Mallette, M. H., & Kara-Soteriou, J., & Leu, D. J. Jr. (Eds., 2005). *New literacies for new times: Innovative models of literacy education using the Internet.* Newark, DE: International Reading Association.

Karchmer, R. A., Mallette, M. H., & Leu, D. J. Jr. (2002). Early literacy in a digital age: Moving from a singular book literacy to the multiple literacies of networked information and communication technologies. In D. M. Barone & L. M. Morrow (Eds.), *Literacy and young children: Research-based practices* (pp. 175~194). New York: Guilford Press.

Karchmer-Klein, R. A. (2007a). Audience awareness and Internet publishing: Factors influencing how fourth graders write electronic text. *Action in Teacher Education*, 29(2), 39~50.

Karchmer-Klein, R. A. (2007b). Re-examining the practicum placement: How to leverage technology to prepare preservice teachers for the demands of the 21st century. *Journal of Computing in Teacher Education*, 23(4), 121~129.

Karchmer-Klein, R. A., & Layton, V. (2006). Literature-based collaborative Internet projects in elementary classrooms. *Reading Research and Instruction*, 45(4), 261~294.

Karchmer-Klein, R. A., & Shinas, V. H. (2012a). 21st-century literacies in teacher education: Investigating multimodal texts in the context of an online graduate-level literacy and technology course. *Research in the Schools,* 19(1), 60~74,

Karchmer-Klein, R. A., & Shinas, V. H. (2012b). Guiding principles for supporting new literacies in your classroom. *The Reading Teacher*, 65(5), 285~290.

Kelly, J., Kratcoski, A., & McClain, K. (2009). The effects of word processing software on the writing of students with special needs. *Journal of the Research Center for Educational Technology*, 2(2), 32~43.

Kress, G. (2003). *Literacy in the new media age.* London: Routledge.

Ladd, D. (2009). Anonymous fame: Steve Rayburn's "Twitter in Hell" project gets national attention. The Online Gargoyle. Retrieved from www.unUllinois.edulloglnewsl2009l04fanonymous-fame-steve-rayhur ns-twitter.

Larson, L. (2010). Digital readers: The next chapter in e-book reading and response. *The Reading Teacher*, 64(1), 15~22.

Lenhart, A., Arafeh, S., Smith, A., & MacGill, A. R. (2008, April). Writing, technology and teens. Pew/Internet and American Life Project. Retrieved from http:flpewinternet.orglpdfslPlF_Writing_Report_FIN AL3.pdf.

Leu, D. J. Jr., Kinzer, C. K., Coiro, J., & Cammack, D. W. (2004). Toward a theory of new literacies emerging from the Internet and other information and communication technologies. In R. B. Ruddell & N. Unrau (Eds.), Theoretical models and processes of reading (5th ed., pp. 1570~1613). Newark, DE: International Reading Association. Retrieved from www.readingonline.org/newliteracies/lit_index.asp^H REF=leu.

Leu, D. J. Jr., Leu, D. D., & Coiro, J, (2004). *Teaching with the Internet: Lessons from the classroom* (4th ed.). Norwood, MA: Christopher -Gordon.

MacArthur, C. A., Graham, S., Hayes, J. B., & De La Paz, S. (1996). Spelling checkers and students with learning disabilities: Performance comparisons and impact on spelling. *Journal of Special Education*, 30, 35~57.

MacArthur, C. A., & Karchmer-Klein, R. A. (2010). Web 2.0: New opportunities for writing. In G. A. Troia, R. K. Shankland, & A. Heintz (Eds.), *Writing research in classroom practice* (pp. 45~69). New York: Guilford Press.

Marsh, J. (2011). Young children's literacy practices in a virtual world: Establishing an online interaction order. *Reading Research Quarterly*, 46(2), 101~118.

Matsumura, L. C., Patthey-Chavez, G. G., Valdes, R., & Gamier, H. (2002). Teacher feedback, writing assignment quality, and third-grade students' revision in lower-and higher-achieving urban schools. Elementary School Journal, 103(1), 3~25.

National Center for Education Statistics. (2010). Teachers' use of educational technology in U.S. Public Schools: 2009. Washington, DC: Author. Retrieved from http://nces.ed.gov/pubsearch/pubsinfo.aspfpubid= 2010040.

National Governors Association & Council of Chief State School Officers. (2010). Common Core State Standards for English language arts & literacy in his tory/social studies, science, and technical subjects. Washington, DC: Authors. Retrieved from www.corestandards.org.

SMART Technologies. (2012). SMART board interactive whiteboard reaches 20-year milestone. [Press Release]. Retrieved from www.smarttech. com/us/About+SMART/About+SMART/Newsroom/Media+releases/En glish+US/Releases+by+y ear/2011+rnedia+releases/201 l/SAlART+Bo ard+Interactwe+Whiteboard+Reaches+20-Year+Milestone.

Technorati. (2011). State of the blogosphere. Retrieved from http://technorati. com/state-of-the-blogosph ere.

Thorpe, B. (2012). More K-12 schools embrace texting, social media to share information. MLive. Retrieved from www.mlive.com/news/flint/index. ssf/2012/02/more_k-12 schools_embrace_text.html.

Tsai, F., Kinzer, C., Hung, K., Chen, C. A., & Hsu, I. (2011). The importance and use of targeted content knowledge in educational simulation games. In M. Chang, W. Hwang, M. Chen, Sc W. Muller (Eds.), Sixth International Conference on e-learning and games (pp. 245~247). Berlin: Springer.

Yancey, K. B. (2005). Using multiple technologies to teach writing. Educational Leadershipy 62, 38~40.

14장
자료 기반 작문의 지도

TIMOTHY SHANAHAN

독서와 작문을 연구해 온 연구자들은 오랫동안 독서 학습과 작문 학습이 서로 밀접한 관련이 있다는 사실을 오래 전부터 알고 있었다 (Tierney & Shanahan, 1991). 독서와 작문은 동일한 언어 자원과 인지 자원을 조금 다른 형태로 학습하는 것이라는 사실도 이미 알고 있었 다(Fitzgerald & Shanahan, 2000). 여기에서 말하는 언어 자원과 인지 자원에는 메타지식(예, 독서와 작문의 기능이나 목적에 대한 이해, 이해 및 생산의 점검), 본질과 내용에 대한 지식(예, 세상에 관한 지 식, 특정 분야의 지식, 내용 지식), 텍스트와 관련한 보편적인 지식 (예, 음성과 글자의 대응, 문장 구조, 텍스트의 구조), 독서와 작문의 협상에 필요한 지식이나 기능(예, 절차 지식, 의사소통 전략)이 포함 된다. 이런 점에서 독서와 작문은 모두 음성과 문자의 대응 관계(독 서의 글자 해독이나 작문의 단어 철자), 단어, 문법이나 문장 구조, 텍스트 구조 등)에 의존하고 있다고 볼 수 있다. 독서와 작문은 모두 세상에 대한 지식, 즉 우리가 독서의 내용과 작문의 내용을 요구한다. 그리고 필자는 글을 쓸 때 정보에 대한 독자의 요구를 예상해 봄으로 써, 독자는 글을 읽을 때 필자가 왜 이런 내용과 형식을 선택했을까를 생각해 봄으로써, 더 나아가 독자와 필자가 자신의 행동과 그 행동이 이끄는 효과를 점검함으로써 독자와 필자 모두 서로가 의사소통 관계에 놓여 있다는 사실을 인식해야 한다.

한편 독서와 작문이 비슷한 것만큼이나 다르다는 사실도 알고 있을 필요가 있다. 독서와 작문 '동일한' 정보가 아니라 '매우 유사한' 정보에 의존한다. 이는 독서를 잘 한다고 해서 작문도 잘한다는 것을 보장하지는 않음을 뜻한다. 어떤 사람은 능숙한 독자이기는 하지만 능숙한 필자는 아닐 수 있다. 물론 그 반대도 얼마든지 가능하다.(Stotsky, 1983). 예를 들어 보자. 독서와 작문은 모두 세상에 대한 지식을 필요로 한다. 그러나 독서에서는 그 지식은 필자가 설명하는 정보를 이해하는 도구로 쓰이지만 작문에서는 필자가 쓰고자 하는 내용의 토대를 이룬다. 세상에 대한 지식이 관련되어 있다는 점에서는 독서와 작문이 공통적이지만, 그 지식의 기능이 어떠한가는 차이가 있다. 독자와 필자가 동일한 지식을 활용하더라도 출발하는 지점은 다를 수밖에 없다.

독자는 자신이 가지고 있는 화제 지식을 활용하여 필자가 남겨 놓은 빈틈을 추론으로 채워 읽으면 되지만, 필자는 그 지식을 매우 정확하게 알고 있는 상태에서 독자와의 '대화'에 나서야 한다. (이것을 시험에 비유하자면, 선택형 문장에서 어떤 답지가 옳은지를 아는 것과 질문에 대해 설득력 있는 완벽한 진술로 답하는 것의 차이와 같다.) 독해에 충분할 정도로 어느 화제를 잘 안다고 해도 그 정도의 지식은 작문의 부담스러운 요구 앞에서는 너무나도 무색하다. 어떤 화제로 글을 쓰려면, 독해할 때와는 비교하기 어려울 정도로 훨씬 광범위하면서도 깊이 있고 체계적으로 정리된 지식이 필요하다. 이런 점에서 보면 독서와 작문이 유사한 듯 겹치는 부분이 있지만, 문자에서 음성으로 이어지는 인지 과정(독서의 과정)과, 소리에서 문자로 이어지는 인지 과정(작문의 과정)은 다르다. 즉, 작문의 철자 쓰기와 독서의 글자 해독은 서로의 단순한 거울 이미지가 아니다

(Fitzgerald & Shanahan, 2000).

독서 작문 분리주의자들은 독서와 작문을 모두 가르치는 것이 두 가지를 모두 배울 수 있는 유일한 길이라고 주장한다. 그러나 독서와 작문의 분리 가능성은 교과 학습의 효과적인 지원을 위해 독서와 작문이 결합될 수 있다는 이유로 작동하기도 한다(Tierney, Soter, O'Flahavan, & McGinley, 1989). 독서와 작문이 분리되어야 할 만큼 다르다면 결합해서 교과 학습을 지원하는 것이 더 타당하고 효과적일 것이기 때문이다. 교과 학습을 지원하는 독서와 작문의 결합은, 좀 더 정확하게 표현하자면 인지 과정의 통합이며, 이는 학생들에게 대안적인 관점을 제공한다. 어떤 화제의 텍스트를 읽는 것과 동일한 화제로 글을 쓰는 것은 그 화제의 '정보'에 대한, 조금은 다른 관점의 차이를 보여준다. 그러므로 독서와 작문을 통합하면 학생들에게 더 풍부한 학습 경험을 제공할 수 있다.

이는 언어의 작동 방식을 이해하는 데에도 동일하게 적용할 수 있다. 독서와 작문은 언어의 작동 방식, 예를 들면 음성과 소리의 관계, 어휘, 문장 구성, 텍스트의 구성, 장르에 초점을 두는 지점에서 차이가 있으므로, 독서와 작문을 통해 언어를 탐구하면 이를 좀 더 효과적으로 이해할 수 있다. 이처럼 동일한 정보에 대해 약간 다른 각도에서 살펴보는 것은 더 큰 통찰을 제공한다.

독서와 작문의 통합을 다룬 연구에서 밝혀진 중요한 사항 중의 하나는 이 둘의 통합은 하면 문해 학습의 경험이 강화한다는 점이다 (Graham & Hebert, 2010; Tierney & Shanahan, 1991). 지금까지의 연구에 따르면, 독서와 작문의 통합을 다룬 모든 교육적 접근법 중에서 '자료 기반의 작문'이 독서 성취의 가장 성공적인 방법일 뿐만 아니라, 작문의 질을 높은 수준으로 이끄는 방법이다. 이 장에서는 학생들의 문해 능력을 향상시키는 방법으로서 자료 기반의 작문 지도 방법을 논의하고자 한다.

예시문을 활용한 작문

자료 기반의 작문은 학생들의 독서 기능과 작문 기능의 학습을 목적으로 삼고 있다. 일반적으로 많이 쓰이는 자료 기반의 작문 방법은 모범문을 자료로 활용하는 것이다. 우선 학생들에게 모범을 읽게 한 후, 이 모범문의 특징 중 일부를 모방하여 쓰게 한다. 모범문을 활용하는 방법은 대학에서 작문을 지도할 때에도 매우 보편적으로 쓰인다. 76%의 강사가 정기적으로 이 방법을 사용한다고 보고했을 정도이다(Stolareck, 1994). 초등학생을 대상으로 한 연구(Cramer & Cramer, 1975), 중등학생을 대상으로 한 연구(Shields, 2007)에서도 모범문을 활용하는 방법이 효과가 있는 것으로 나타났다.

모범문을 활용하는 아이디어는 학생들이 어떤 장르나 어떤 특징을 반영한 글을 쓰기 위해서 모범문을 분석적으로 읽어야 한다는 생각을 바탕으로 삼고 있다. 모범문의 구조나 특징을 파악하려면 학생들은 모범문을 주의 깊게 읽어야 한다. 이러한 독서 활동은 학생 자신의 독서 기능과 작문 기능을 모두 발달하도록 돕는다.

모범문의 예시나 모방적 작문은 많이 연구되어 온 주제가 아니다. 그러나 모범문을 활용한 작문 지도를 다룬 연구에 따르면, 작은 정도이기는 하나 긍정적인 효과가 있는 것으로 나타났다. Graham & Perin(2007)의하면, 모범문을 활용한 작문 지도가 비록 강한 정도는 아니지만 학생 작문의 질을 향상시키는 효과적인 방법이다. 임을 확인했다. Graham & Perin(2007)은 4학년 학생부터 12학년 학생까지를 대상으로 한 6개의 연구를 메타분석의 방법으로 분석했다. 이때 분석 대상이었던 연구는 모범문을 예시 조건으로 한 작문 수행과 그렇지 않은 조건의 작문 수행을 비교했다. 여기에서 확인된 평균적인 효과크기는 0.25였다. 즉, 실험 조건의 학생들은 모범문 예시를 통해 표준편차의 4분의 1정도의 효과를 얻었다. 이는 통제 조건의 학생들이 상위 50%에 위치한다고 할 때, 실험 조건의 학생들은 상위 40%에 위치함을 뜻한다. 인구통계학적인 변수, 실험 처치의 변수에 차이가 있어 연구 전체를 관통하는 모범문 예시 효과의 차이는 발견하기 어려웠다.

모범문을 바탕으로 한 작문 지도는 어떤 것인가? 기본적으로, 학생들에게 어떤 장르를 지도하려면, 예를 들어 학생들에게 동화 장르를 지도하고자 한다면 동화책을 읽고 쓰는 데 학생들을 참여하게 하는 것이 중요하다. 모범문을 바탕으로 한 작문 지도는 이러한 아이디어에 바탕을 두고 있다.

이 방법은 반드시 모방할 글, 즉 모범문을 읽는 활동(듣는 활동으로 대체하는 것도 가능하다)이 선행되어야 한다. 왜냐하면 예시되어 있는 모범문 없다면 학생들은 글을 쓸 때 어디에 초점을 맞추어야 하는지를 명확하게 알기 어렵기 때문이다. 이 방법을 적용하려면 교사는 의도하고 있는 핵심적 특징이 적절하게 드러나 있는 글을 모범문으로 선정해야 한다. 동화 장르의 모범문을 선정하고자 할 때 이 장르의 전형적인 특징을 잘 보여주어 금방 동화로 인식될 만한 텍스트라면, 잘 선택한 것이다.

복수로 모범문을 사용하는 경우, 모범문의 질이 특별히 중요하지 않다는 주장이 제기되기도 한다(Charney & Carlson, 1995). 그러나 이러한 예는 교사의 지원이 없더라도 모범문의 특징을 잘 식별할 수 있는 고학년에게만 해당한다. 저학년용이라면 모범문의 질에 관심을 기울이는 것이 좋다.

동화는 대체로 기사들의 탐험 이야기에 초점을 맞추고 있으며 선악의 대결인 경향이 강하다. 동화에는 항상 마법이 포함되어 있으며, 항상 그렇다고 하기는 어렵지만, 말하는 동물이나 '기괴한' 생물이 등장한다. 동화에서는 흔히 왕족이 등장인물로 나오고(왕, 왕자, 공주), 이국적 배경이나 어디인지 모를, 거리가 아주 먼 배경이 등장하며('어떤 어두운 숲의 끝자락에', '어떤 나라에', '일곱 바다를 건너 어떤 곳에'), 아주 오래 전의 일이 사건으로 전개된다('옛날 옛날에'). 어린이가 독자로 상정된 동화의 경우, 이러한 사건이 자신에게는 일어나지 않을 것이라는 확신을 주는, 안전한 거리에 있는 장소가 배경으로 제시된다. 동화에서는 다양한 사건들이 세 번에서 일곱 번 정도 반복적으로 일어난다.

교사는 학생들에게 동화 장르의 작문을 지도하기 위해 학생들에게 이러한 이야기를 담은 모범문을 읽게 한(듣게 할 수도 있다) 다음, 안내에 따라 이 이야기를 동화의 요소로 분석하게 한다. 교사가 모범문으로 선정한 〈Goldilocks and the Three Bears〉는 '옛날 옛날에'에 '아주 큰 숲'에서 벌어진 이야기이다. Goldilocks는 모험을 시작했다. Goldilocks는 세 마리의 곰 가족(놀랍게도 사람처럼 말하고 행동하는)이 사는 집으로 들어갔다. 이 이야기에는 '삼(또는 셋)'이라는 단어가 많이 등장한다. '곰 세 마리', '죽 세 그릇', '의자 세 개', '침대 세 개'가 그 예인데, '삼'이 쓰인, 가장 중요한 예는 Goldilocks가 '자신에게 딱 맞는 것'을 '세 번'이나 알아내려고 했다는 것이다.

학생들은 이 이야기를 읽고, 다시 읽고, 토론하고, 더 나아가 이야기의 요소를 도표화하여 반복되는 이 동화의 특징을 파악할 수 있다. 예를 들어, 〈Three Little Pigs〉의 늑대는 '세 번' 돼지를 잡으려고 하고, 〈Rumpletstiltskin〉의 여왕도 '세 번' 'Rumpletstiltskin'의 이름을 알아내려고 한다.

학생들이 동화의 본질적인 요소나 특성에 익숙해지면, 책에서 확인한 필수적인 동화 장르의 특징을 활용하여 자신만의 동화를 쓸 준비가 끝난 것이다. 처음에, 교사는 학생들에게 동화의 주요 특징들을 채우거나 완성하는 활동을 담은 학습지를 제공한다. 시간이 지나면서 이러한 비계는 점점 제거되고 학생들은 교사의 지지도 줄어들고 제약도 줄어든 상태에서 자신만의 이야기를 만들어 낸다.

위의 예는 장르에 초점을 맞춘 것이다. 이러한 방식으로 모방할 수 있는 텍스트의 특징은 매우 많다. 예를 들어 학생들은 자신이 구성한 이야기에 〈Brown Bear, Brown Bear〉에서 찾아낸, 예측을 돕는 문학적 패턴을 결합하여 이야기 글을 완성할 수 있다(Cramer & Cramer,

1975). 문학 작품만이 아니라, 정보를 전달하는 글의 특징도 모방하여 쓸 수 있다. 학생들은 미국에서 서식하는 악어(alligator)와 아프리카에 서식하는 대형 악어(crocodile)을 비교하는 설명문을 읽고 이 텍스트의 구조를 취한 다음, 그 구조를 모방하여 사자와 호랑이, 개구리와 두꺼비, 민주당원과 공화당원을 비교하는 글을 쓰는 것도 가능하다.

모범문의 모방은 고학년 성취 기준(NGA & CCSSO, 2010)에서도 강조하고 있다. 모범문의 모방을 강조하는 성취기준에서는 학생들로 하여금 Shakespeare가 어떻게 Ovid를 〈Romeo and Juliet〉의 자료로 사용했는지, 이후에 Jerome Robbins, Arthur Laurents, Stephen Sondheim은 어떻게 〈West Side Story〉의 기초 자료로 〈Romeo and Juliet〉을 사용했는지 탐구하도록 요구하고 있다. 텍스트 전부 또는 텍스트의 어떤 특징적인 부분을 주의 깊게 탐구하여 자신이 쓰는 글의 기초로 사용하는 학생은 그 누구나 원작 텍스트를 진정으로 이해하고 감사하게 생각할 것이다. 그리고 미래에는 그 학생이 성장하여 그의 글이 다시 누군가의 모범문으로 선택되는 상황이 오게 될 것이다. 모범문을 활용한 작문에서는 독자(학생들)는 예시한 모범문이 말하려는 내용은 무엇인지, 그리고 그 모범문이 어떠한 방식을 취하고 있지를 파악하는 눈을 가지고 필자처럼 읽어야 한다는 점을 다시 강조해 두고자 한다.

텍스트 요약

독서가 작문의 기초가 될 수 있는 또 다른 방법은 학생들에게 자료의 정보를 요약하도록 하는 것이다(Brown & Day, 1983). 학생들이 효과적으로 요약을 하려면 자료 원문에서 꼭 필요한 내용은 무엇인지, 삭제해도 좋은 내용은 무엇인지, 결합하여 일반화할 수 있는 내용은 무엇인지를 파악해야 한다. 자료를 요약하는 데에는 문장 재진술 전략을 포함한, 많은 독서 전략 및 작문 전략이 동원된다.

요약을 주제로 한 많은 연구에 따르면, 요약하기 지도는 모든 학년 학생의 독해력 향상을 도울 뿐만 아니라(Graham & Hebert, 2010; National Institute of Child Health and Human Development, 2000; Shanahan et al., 2010), 작문의 질적 향상에도 긍정적으로 기여한다. 요약하기는 학생들의 독서 수행 결과뿐만 아니라 작문 수행의 결과에도 긍정적인 영향을 미치는 것으로 나타났다. 영향의 정도는 일관성이 있으면서도 크기가 컸다. 3학년에서 12학년까지의 학생들을 대상으로 한 19개 연구에서 작문에 대한 요약하기 지도의 효과크기는 평균 0.52였다. 요약하기 지도를 받은 학생들은 상위 30%에, 그렇지 않은 통제 집단의 학생들은 상위 50%에 위치했다. 한편 요약하기가 여러 학년 수준에서 독서 수행과 작문 수행을 향상시킨다고 보고한 연구에 따르면, 그 효과는 중학생과 고등학생의 경우(0.33)보다 초등학생 같이 나이가 어린 학생(0.79)이 훨씬 더 큰 것으로 나타났다 (Graham & Hebert, 2010).

능숙한 독자는 정보 요약을 위해 독서를 잠시 멈추었을 때(청자라면 발표 상황에서의 멈춤) 내용 이해와 회상이 더 좋아진다는 것을 알고 있다(National Institute of Child Health and Human Development, 2000). 그러나 요약문 쓰기는 훨씬 더 강력하다. "자료를 요약하여 쓰는 것은 단순히 읽고, 다시 읽고, 읽고 공부하는 것보다 훨씬 더 나은 것으로 판명되었다."(Graham & Hebert, 2010, p.16). 이러한 맥락에서 복수 자료의 요약은 학술 연구 과정에서는 필수적인 단계로 간주된다.

효과적으로 요약하려면, 학생들은 주요 내용과 세부사항을 파악하고, 중요하지 않거나 반복적인 내용은 삭제하고, 주제 문장을 만들고, 다른 말로 바꾸어 쓰고, 나열이나 사건은 일반적인 진술로 축소하거나 결합할 필요가 있다. 예를 들어 만약 누군가가 〈Goldilocks and the Three Bears〉의 이야기를 다시 해야 한다면, 이야기 전체의 각 사건을 다시 말하기보다는 'Goldilocks는 곰들의 아침식사, 의자, 침대를 시험해 보았는데 결과는 항상 같았다. 아기 곰의 물건은 Goldilocks게 꼭 맞았다.'와 같이 쓰는 것이 좋다.

모범문 예시의 방법에서처럼, 요약하기 지도에서도 요약의 대상으로 삼을 자료 텍스트를 신중하게 선정해야 한다. 예를 들어 한 문단처럼 간단한 텍스트를 요약하는 것은 하나의 장이나 한 권의 책처럼 많은 분량의 텍스트를 요약하는 것과는 매우 다르다. 각각의 상황에 맞게 텍스트를 선정해야 한다. 일반적으로는 짧은 글로 요약하기 지도를 시작하는 것이 가장 좋다. 이후 학생들이 요약하기에 능숙해지면 더 긴 텍스트를 시도해 보는 것이 바람직하다.

텍스트의 내용도 분량과 비슷하게 고려하는 것이 좋다. 즉, 처음에는 비교적 이해하기 쉬운 텍스트로 시작하는 것이 가장 좋다. 이때에는 특히 문체가 얼마나 명확하고, 명시적이며, 잘 정리되어 있으며, 간단한지를 살펴야 한다. 다시 말하지만, 요약하기가 더 복잡한 텍스트에 적용해서는 안 된다는 것이 아니다. 학생들이 차근차근 성장한 이후에 더 높은 수준의 복잡함을 다룰 수 있다면 요약하기를 더 잘할 수 있을 것이다.

긴 텍스트의 요약하기를 다루는 다른 방법은 GIST 전략을 사용하는 것이다(Cunningham, 1982; Frey, Fisher & Fernandez, 2003). GIST 전략은 다음과 같이 진행된다. 학생들은 처음에는 두 문단 정도의 간단한 텍스트를 읽은 후, 핵심 내용을 한 문장으로 요약하여 쓴다. 이때 요약 문장은 20단어 이하로 작성한다. 학생들이 한 문장 요약에 익숙해지면, 교사는 '정지 지점'을 표시한 더 긴 텍스트를 학생들에게 제시한다. 학생들은 교사가 표시한 정지 지점까지 텍스트를 읽고, 지금까지 연습해 온 간단한 GIST 요약을 수행한다. 이후, 학생들은 텍스트의 여러 부분을 5~6개의 문장으로 요약하고, 최종적으로는 이러한 간단한 요약을 결합하여 전체적인 요약을 완성한다.

효과적인 요약하기 지도에서는 교사의 안내가 필수적이다. 이와 관련하여 성공적인 것으로 알려진 다음 두 가지 방법이 있다.

첫째, 도해 조직자를 활용하여 요약하기를 지도하는 방법이다. 교사는 부분적으로 완성된 요약 도해 조직자를 학생들에게 제시한 후 빈칸에 들어갈 내용을 찾아 채우게 한다. 이 방법에서 학생들이 수행해야 할 초기 임무는 도해 조직자의 누락된 정보를 채우는 것이다.

학생들이 부분적으로 완성되어 있는 요약 도해 조직자를 잘 완성하면 점차 부분 완성 내용을 삭제한다. 학생은 교사의 지원이 줄어든 상황에서 도해 조직자를 완성해 가는 연습을 하고, 스스로의 힘으로 도해 조직자를 완전히 채울 수 있게 되면 도해 조직자에 정리한 정보를 바탕으로 전체 요약문을 작성하는 단계로 넘어 간다(Chang, Sung, & Chen, 2002).

이러한 방법을 적용할 때 활용할 수 있는 도해 조직자의 예는 〈참고 14.1〉에서 볼 수 있다. 이 그림은 자료 텍스트가 하나의 중심 내용과 세 가지의 하위 내용으로 구성되어 있음을 보여주는 매우 간단한 예다. 이 예에서는 어떤 내용도 채워져 있지 않지만 이렇게 자료 텍스트가 간단할 때에는 이 예와 같은 도해 조직자만 제공해도 많은 학생들이 성공적으로 수행할 수 있다. 이 예와 같이 기본적인 도해 조직자가 있어도 연습을 통해 점차 교사의 도움이나 안내를 줄일 수 있다. 마지막으로, 교사는 학생들에게 요약문 쓰기의 시작 부분을 제공하는 것도 좋다. 예를 들면, "글쓴이의 중심 생각은 _____이고,

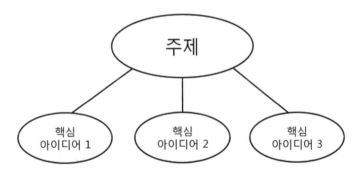

〈참고 14.1〉 요약하기 도표

글쓴이는 세 가지 주요 증거로 자신의 생각을 뒷받침했다.······"와 같은 미완성 문장을 제시할 수 있다.

둘째, 요약하기 지도의 다른 성공적인 방법으로, 학생들이 요약하기 과정 그 자체를 배우도록 하는 방법이 있다(Bean & Steenwyk, 1984; Brown & Day, 1983). 특히, 교사는 학생들로 하여금 요약의 단계를 거치게 함으로써 요약 과정의 비계를 제공할 수 있다. 이를 위해 자료 텍스트를 분석용으로 제시할 수 있다면 도움이 될 수 있다.

처음에, 교사는 학생들에게 텍스트의 주요 내용을 확인하도록 안내한다. 텍스트에 주요 내용이 명시적으로 드러나 있다면, 주요 내용을 진술하게 하거나 그 내용의 위치를 찾게 한다. 그 후, 자료 텍스트를 문장별로 검사하여 불필요하거나 반복적이거나 사소한 정보를 삭제한다. 사건, 과정, 목록을 요약 문장으로 대체하는 것은 이 과정의 또 다른 단계다. 마지막으로, 교사는 학생들에게 텍스트에 표시해 부분을 적절한 길이의 요약문으로 변환하는 방법을 보여준다. 이러한 활동은 학생이 주요 정보를 쉽게 파악할 수 있게 구조적 개요(도해 조직자)를 사용함으로써 강화할 수 있다(Taylor & Beach, 1984). 학생들에게 요약하기를 가르치는 방법에 대한 자세한 내용은 Shanahan et al.(2010)을 참조하기 바란다.

텍스트에 대한 작문

독서 능력 발달과 작문 능력 발달에 기여할 수 있는 텍스트 기반 작문 방법을 더 생각해 보자. 여기에서는 텍스트에 대한 작문, 즉 텍스트에 대해서 글을 쓰는 방법을 다루고자 한다. 텍스트에 대한 작문, 텍스트에 대한 몇 개의 질문을 학생들에게 제시한 후 이에 대한 답을 글로 쓰게 하는 방법이다. 이때 제시하는 질문은 자료 텍스트에 대한 폭넓은 분석과 비판적인 평가를 요구하는 것으로 이루어져 있다.

"질문에 대한 답은 말로 할 수도 있지만 글로 작성하면 더 큰 장점이 있다. 답을 작성하면서 자료 텍스트 읽기를 반복해야 하므로 더 오래 기억할 수 있다(Graham & Hebert, 2010)." 텍스트 관련 질문에 대한 답을 쓰는 것은 독해에 긍정적인 영향을 미친다(2~12학년 학생들). 효과크기는 작지만 영향의 정도는 일관성이 있다. Graham & Hebert(2010)는 6~12 학년 학생들을 대상으로 한 8개의 연구를 분석했는데, 그 결과 학생들이 자료 텍스트에 대해 질문을 하거나 그 질문에 대한 답을 쓰는 활동은 독해에 긍정적인 영향을 미치는 것으로 나타났다. 평균 효과크기는 0.40이었다. 이는 통제 조건의 학생들이 상위 50%에 위치한다고 할 때 실험 조건에 있었던 학생들은 상위 44%에 위치함을 의미한다.

그러나 개인적 반응, 자료 텍스트의 의미 해석, 자료 텍스트의 표현이나 내용 분석, 자료 텍스트에 대한 비판적 평가와 같은, 더 폭넓은 응답이 필요한 질문의 경우에는 효과크기가 커졌다(Graham & Hiebert, 2010; McGee & c Richgels, 1990). 9개 연구의 경우, 평균적인 효과크기는 0.77이었다. 이는 통제 조건 학생들이 상위 50%라고 할 때 실험 조건의 학생들은 상위 22%에 위치한다는 것을 뜻한다.

Graham & Hebert (2010)는 자료 텍스트에 대한 폭넓은 답변을 작성하는 것이 독서 성취도 향상에 특히 효과적이었으며, 읽고 다시 읽기, 자료 텍스트를 읽고 공부하기, 자료 텍스트를 읽고 토론하기(이 모든 것이 여러 연구에서 실험 조건으로 사용되었다.)도 효과적인 방법이라고 결론지었다. 다시 말하면, 작문이 필연적으로 요구하는 구체성과 명시성은 일관성 있는 긍정적 효과의 원천이므로, 학생들로 하여금 자료 텍스트에서 증거를 끌어내어 그 자료 텍스트에 대한 반응을 설명하고 뒷받침하도록 하는 것은 매우 중요하다. 특히 학생들이 학년이 올라갈 때에는 더욱 그렇다. 이러한 연구의 대부분은 사회나 과학 같은 내용교과 수업에서 수행되었는데, 이러한 방법으로 독서와 작문을 통합하는 것이 내용교과 수업에 매우 유용하다는 결론을 얻었다.

Sanahan(2004)에 따르면, 광범위한 분석적 쓰기는 자료 텍스트의 내용에 대한 지식뿐만 아니라, 독서 성취 및 작문 성취에도 긍정적인 영향을 미친다. 학생들에게 자료 텍스트의 정보를 단순히 요약하거나 반복하게 하는 질문은, 자료 텍스트를 광범위하면서도 가변적으로 다루어야 하는 질문만큼 독서 능력 및 작문 능력에 강력한 영향을 미치지 않는다(McGee & Richgels, 1990). 이러한 경향은 학생들의 학년이 올라갈수록 더욱 뚜렷하다. 요약과 메모에서도 비슷한 현상이 나타난다. 요약 및 메모 작성은 저학년의 독서에는 더 큰 영향을 미치지만, 학생들이 고학년이 되어 언어 유창성이 늘고 정교함이 더해지면 자료 텍스트에 대해 분석적이거나 평가적인 글을 길게 작성하게 하는 것이 독서나 작문에 더 큰 영향을 미친다.

이 방법의 핵심적인 아이디어는 학생들이 글쓴이의 접근 방식을 모방하거나 텍스트의 요점을 요약하는 것이 아니라, 학생들이 글쓴이의 생각에 반응하고 그 생각을 변형하는 것이다. 예를 들면, 학생들에게 자료 텍스트의 정보에 대해 개인적인 반응을 쓰게 하는 것도 좋고, 더 나아가 자료 텍스트의 정보와 자신의 인생 경험을 비교하게 하는 것도 좋다. 학생들로 하여금 등장인물의 행동을 분석하거나, 명확성이나 정확성, 치밀한 정도나 가치의 측면에서 글쓴이의 분석을 평가하는 작문 과제를 부여하는 것도 가능하다.

자료 텍스트에 대한 분석적이면서도 평가적인 쓰기는 그 텍스트에 대한 비판적 이해를 촉진할 뿐만 아니라 학생들이 그 자료 텍스트를 읽고 쓸 때 학생들의 이해를 수정하도록 요구한다는 점에서 가치가 있다. 자료 텍스트에 대한 작문은 학생들에게 자신의 지식을 이용하게 하고, 그 지식을 자료 텍스트로 오게 요구하므로, 글이 더 길어지는 경향이 있다. 이러한 방식으로 이루어지는 작문의 확대는 학생들의 작문 능력 향상에 중요한 역할을 할 것이다.

그렇다면 어떻게 높은 수준의 학생 반응을 이끌어 내는 질문을 만들 수 있을까? 한 가지 좋은 방법은 성취기준(NGA & CCSSO, 2010)을 질문의 바탕으로 사용하는 것이다. 예를 들면, 공통 핵심 성취기준은 K-5 학년이 수행해야 할 독서의 기준을 규정하고 있다. 이것이 비록 독서 성취기준이기는 하지만, 질문을 구성하는 데 유용한, 다음과 같은 지침을 제공한다.

- 〈The Big Orange Splot〉에서 자유에 관한 Plumbean의 관점은 여러분의 관점과 어떻게 다른가요? Plumbean의 견해에 대한 당신의 주장을 이 글의 내용을 근거로 하여 뒷받침해 보세요(3학년).
- 〈A Special Place for Charlee〉와 〈The Tenth Good Thing about Barney〉 사이의 유사점과 차이점은 무엇인가요? 두 이야기의 내용을 찾아 유사점과 차이점을 설명하세요(4학년).
- 〈Point Blanc〉의 시각적 이미지는 이 글의 의미와 어조에 어떻게 기여하나요? 이 글에서 구체적인 예를 찾아 답하세요(5학년).

위에 예시한 질문은 학생들에 자료 텍스트에 대해 깊이 생각할 것을 요구하고 있다. 따라서 적절한 정도의 독해 능력을 요구하는 질문이라고 할 수 있다. 그러나 학생들에게 이러한 질문에 대한 답을 쓰게 하고 답을 뒷받침하는 근거를 자료 텍스트에서 찾게 하면, 학생 학습에 대한 질문의 영향이 그러하듯 인지적 요구가 증가한다.

학생들이 이러한 인지적 부담을 잘 극복하도록 하려면 답하는 데에 충분한 시간과 공간을 제공해 주어야 한다. 학생들이 이 질문에 답하려면 적어도 절반 정도의 페이지가 필요할 것이다. 그러므로 질문과 질문 사이에는 충분히 쓸 수 있는 물리적인 공간을 마련해 두는 것이 중요하다. 한편 학생들은 깊이 생각하고 답하기보다는 신속하게 답하고 끝내려는 경향이 있다. 그래서 답이 불완전한 경우도 많다. 이때에는 시간의 관점에서 학생들의 답에 무엇이 더 필요한지를 알려주는 것이 좋다.

교사들은 학생들에게 모범적인 답안을 비계로 제공할 수도 있다. 그리고 자료 텍스트의 정보를 얼마나 구체적으로 검토해야 하는지, 답안의 길이는 얼마나 길게 해야 하는지를 시범을 보여주는 것도 가능하다. 어떤 교사들은 교사들 스스로가 그러한 질문에 대한 답을 써 보아야 한다고 주장하기도 한다. 그래야 학생들이 답을 쓸 수 있기는 한 질문인 것인지, 어느 정도의 수준으로 답할 수 있겠는지, 학생이 적절한 수준의 답안을 쓰도록 하려면 무엇을 조치하면 좋을지를 알 수 있기 때문이다. 그러한 정보로 무장한 교사는 학생들에게 가장 적절한 지원이 무엇인지를 효과적으로 결정할 수 있다.

텍스트의 통합

자료 텍스트를 통합하여 글을 완성하는 작문 활동, 즉 자료 통합적 글쓰기는 독서와 통합한 작문 중에서 매우 정교하면서도 까다로운 방법이다. 이 방법은 의사소통과 학습에 중요한 역할을 하며, 이 방법도 앞에서 언급했던 다른 방법처럼 큰 학습 성과를 거둘 수 있다 (Spivey, 1991; Spivey & King, 1989). 자료 통합이라고 할 때의 '통합'은 여러 출처의 내용을 하나의 글(화법이라면 프리젠테이션)로 결합하는 것을 의미한다. 여러 기사를 읽거나 여러 비디오를 보거나 여러 실험을 관찰한 후, 학생들은 원본 자료 텍스트에서 추출한 정보를 기반으로 글을 작성한다. 자료 통합적 글쓰기에서도 원본 자료에서 정보를 이끌어내지만, 이는 요약 이상의 것이다. 자료 통합적 글쓰기에서는 학생으로 하여금 자신만의 논증을 꾸미고 난 후, 자료 텍스트를 자신의 주장을 뒷받침하는 근거나, 반대 주장을 반박하기 위한 근거로 사용하도록 요구한다.

자료 텍스트를 효과적으로 통합하려면 학생은 일반적인 독자가 아니라 연구자가 되어야 한다. 연구자처럼 연구를 수행하면서, 필요한 정보를 검색하고, 자료 텍스트의 정보 간에 어떤 유사점과 차이점이 있는지를 파악해야 한다(나이가 어린 학생들은 내용의 반복이 중요성을 알려주는 단서라는 것을 쉽게 파악하지 못한다).

자료 텍스트에는 서로 보완하는 내용이 포함되어 있을 수도 있지만, 서로 모순되거나 단순한 중복이라고 보기 어려운 정보를 담고 있을 수도 있다. 그러므로 여러 자료 텍스트에서 잘라낸 정보는 주의가 필요하다. 정보 사이에 충돌이 있을 경우 이를 올바로 파악해야 한다. 따라서 학생들은 정보의 모순을 이해하는 가운데 핵심 정보를 파악·변형하면서 글을 작성해야 한다.

학생들은 불일치나 모순이 있을 때 어떤 자료 텍스트가 정확한지 확인해야 한다고 생각하곤 하는데, 이는 흥미로운 판단 과정이 될 수 있다. 학생들이 정보의 모순에 대해서, 의견이나 관점의 불일치에 대해서 글을 쓰는 것은 매우 도전적이면서도 흥미로운 활동이 아닐 수 없다. 학생들이 이에 대해서 쓴 글을 살펴보면 생각보다 차이가 크다. 그 이유는 학생들의 독서 능력의 편차 때문이다(Spivey & King, 1989). 독서 능력의 차이가 작문 수행의 차이로 그대로 전이되어 나타난다. 그러므로 처음 이 방법을 교실에 도입할 때에는 자료 텍스트의 난도, 수, 길이를 제한하는 것이 좋다. 그리고 학생들이 자료 텍스트를 잘 이해하도록 비계를 제공하는 것이 좋다. 이 방법을 교실에 끌어들일 때 교사들은 독서 수업에서 제공하는 수준의 도움을 학생들에게 제공하지 않은 경우가 많다. 이 점을 주의할 필요가 있다.

자료 텍스트의 통합이 왜 그렇게 강력한 방법일까? 이에 대한 답으로 Wiley & Voss (1995)의 결과를 살펴보는 것이 좋겠다. Wiley & Voss(1995)는 대학생을 두 집단으로 구분한 후, 한 집단에는 한 역사적 사건을 다룬 장(章)을 읽고 보고서를 쓰는 과제를 부여하고, 다른 한 집단에는 그 장을 여러 조각으로 나누어 '자료 세트'로 구성한 글을 읽고 보고서를 쓰는 과제를 부여했다. 두 집단의 학생들이 쓴 글의 질적 수준은 유사했지만 (이들은 대학생으로서 독서 능력과 작문 능력이 우수하다.) 후자의 학생들이 그 역사적 사건을 더 잘 이해하는 차이가 나타났다. 한 장의 글을 요약해야 하는 학생들보다는, 여러 개로 나뉜 텍스트에서 정보를 통합해야 했던 학생들이 그 역사적 사건의 인과 관계나 정보 사이의 연결 관계를 더 잘 파악했다. 정보 요약 과제와 달리, 자료 텍스트의 통합을 요구하는 과제가 더 효과적이었던 이유는, 이 과제가 정보의 나열이 아니라 정보와 정보의 관계를 구축하도록 자극하였기 때문이다. 정보와 정보의 관계를 구축하면 내용을 훨씬 더 잘 기억할 수 있고 내용도 훨씬 더 잘 이해할 수 있다.

자료 통합적 작문은 학생의 눈을 예리하게 하고 자신의 생각과 아이디어를 펼칠 수 있는 기회를 제공한다는 점에서 유익하다(Graham & Hebert, 2010). 교사는 학생들이 자료 통합적 작문을 성공적으로 수행할 수 있도록 '도구'를 제공해 주면 좋다. 이러한 도구에는 정보의 조직을 효과적으로 파악할 수 있도록 해 주는 노트 같은 것도 포함된다. 가령, 사회 과목 시간에 학생들이 여러 나라의 특징을 배우고 있다고 해 보자. 이때 각 나라의 경제, 문화, 언어, 종교 등을 기록할 수 있는 칸이 있는 표를 학생들에게 제시할 수 있다(〈참고 14.2〉 참조). 이러한 표는 학생들의 자료 텍스트를 통합하여 정보를 정리할 때 매우 유용하다. 이러한 안내를 통해서 학생들은 정보를 쉽게 비교할 수 있고, 이를 토대로 정보의 모순이 있는지, 반복적으로 나타는 정보가 있는지를 쉽게 파악할 수 있다. 이를 통해서 학생들의 정보의 출처를 추적하는 방법도 배울 수 있다.

	자료1	자료2	자료3
지리			
경제			
정부			
언어			
종교			
문화			

〈참고 14.2〉 자료 통합 안내표

교사는 학생들에게 자료 텍스트의 정보를 글로 변형시키는 데 도움이 되는 템플릿을 제공할 수도 있는데(De La Paz, 2005), 이것도 학생에게 제공하는 도구로 볼 수 있다. 이러한 템플릿을 통해서 학생들은 보고서나 에세이를 작성하기 위해 주요 정보를 정리하는 방법, 주제 문장을 적는 위치, 정보의 변환 및 연결 방법, 제공할 정보의 범위와 배치 등을 배울 수 있다.

자료 텍스트를 바탕으로 글을 쓰는 것은 많은 정교한 읽기, 쓰기, 사고력을 필요로 한다. 예를 들어, 그러한 이러한 방법의 글쓰기에 성공하려면 학생들은 자신의 전제, 신념, 의견을 간결하게 진술할 수 있어야 하고, 이를 뒷받침하는 증거도 잘 찾아 제시할 수 있어야 한다.

교사가 만약 학생들에게 '입장, 주제, 논증'으로 글을 쓰게 하지 않고 '화제'에 대해 글을 쓰게 하면 통합 작업의 질을 떨어뜨릴 수 있다. 학생들에게 뉴욕이라는 도시에 대해서, 야구 선수 베이브 루스나 멸종 위기에 놓인 생물에 대해서, 또는 학생의 개인적인 관심사에 대해서 여러 자료 텍스트를 찾아 글을 쓰도록 하는 것이 적절해 보일 수도 있지만, 보통은 학생들에게 자신의 '입장'을 뒷받침하는 '증거'를 찾도록 하는 것이 더 효과적이다. 학생들이 정보를 찾는 데 어려움을 겪기 때문에 자료 통합적 작문에 실패하기도 하지만 ("선생님, 돌고래에 대해 어떤 것도 찾을 수가 없어요.") 명확한 입장을 취하거나 반론을 예상하는 것이 어려워서 실패하는 경우가 훨씬 더 많다.

명확하고 의미 있는 주장이나 의견, 입장 등이 없으면 자료 통합적 작문의 다른 모든 측면이 문제가 된다. 예를 들어, 학생이 명확하게 진술할 수 있는 '입장'을 가지고 있지 않다면, 보고서에 어떤 증거를 포함시켜야 하는지를 판단할 수 없을 것이다. 그래서 학생들에게 논증을 써 보게 하거나 예상되는 반론을 말해 보게 하는 연습은 매우 유용하다. 다음은 이에 대한 몇 가지 예이다.

- 주장: 사람들이 생물 서식지를 파괴하기 때문에 환경이 악화된다.
- 반론: 경제적 이유로 환경을 훼손하는 것이 필요할 때도 있다.
- 주장: 축구는 뇌진탕을 일으키기 때문에 금지되어야 한다.
- 반론: 축구는 위험할 수 있지만 안전하게 하는 것이 가능하다.
- 주장: 교복은 학생들을 더 안전하게 하고 학습을 향상시킨다.
- 반론: 교복은 학교 안전이나 학습 개선을 개선하는 데 필요하지 않다.

위 사례에서 알 수 있듯이, '반론'이 반드시 원래의 '주장'을 부정적으로 진술하고 있는 것은 아니다. 교사는 소집단을 구성하여 학생들로 하여금 '화제'를 '입장'으로 바꾸어 보게 하고, 그 입장에 반대하는 '반론'을 만들어 보게 할 수 있다. 여러분의 학생들에게도 한번 적용해 보기를 권한다.

많은 학생들이 독서 수업에서 아주 흔하게 나타나는 '읽기—회상'에 익숙해져 있다. 그러나 학생들이 자료 텍스트를 실제적인 목적(예를 들어, 입장을 명료하게 진술하기 위하여)으로 읽는 경우라면, 그리고 하나의 자료 텍스트가 아니라 복수의 자료 텍스트를 참조해야 하는 경우라면, 특히 그 자료 텍스트가 서로 불일치할 때에는 자료 텍스트의 내용을 단순히 반복해서 되뇌기는 어렵다.

자료 통합적 작문에는 작문의 다른 기능도 관련되어 있다. 이 방법의 작문에서 학생들에게 어려운 것 중 하나는 표절하지 않고 원래 출처의 정보를 사용하는 것이다. 자료 텍스트의 정보를 이용하고 확인하는 인용 체계는 미묘하고 복잡하다. 학생들은 주의를 기울여야 하며, 올바른 방법을 연습하여 익힐 필요가 있다.

학생들은 자료 텍스트의 정보를 베끼지 않으면서 기록하는 데에 어려움을 겪는다. 표절하지 않고 정보를 활용하는 방법은 학생들에게 원본 자료를 보지 않은 채 정보를 기록하게 하는 연습을 통해서 훈련을 시킬 수 있다. 학생들은 자료 텍스트에서 정보를 기록할 때 한 단어씩 복사하는 경향이 있다. 학생들에게 원본 자료를 읽고 나서 덮게 한 후 정보를 기록하게 하면 학생들은 자신의 단어로 표현하지 않을 수 없다(매우 훌륭한 독서 기능이다). 만약 학생들이 원본 자료를 덮은 후에 써야 할 내용을 기억하지 못한다면 학생들에게 연필을 내려놓고 원본 자료를 다시 읽게 한다. 그리고 다시 기록할 준비가 되었을 때 원본 자료를 치워 놓고 연필을 들어 기록하게 한다.

물론 학생들이 원본 자료에서 정보를 인용하기를 원하기도 한다(이러한 요구는 5학년 때부터 흔히 나타난다). 실제로 인용하려면 학생은 원래 자료에서 인용 부분을 정확히 복사해야 한다. 하지만 어느 정도를 인용하는 것이 적절한지, 어떻게 인용문을 현재 작성하고 있는 글에 반영할 것인지에 대해서는 교사의 지도가 필요하고 학생의 연습도 필요하다.

자료 텍스트에서 정보를 이용하고자 할 때 학생들은 자료 텍스트에 중요한 내용을 표시하고 모순이 있는 내용이나 유용한 내용은 메모들 할 수 있어야 한다. 학생들에게는 밑줄, 동그라미, 메모, 화살표 등을 할 수 있는 형태의 자료가 유용하다. 학교 상황에서 항상 가능한 것은 아니지만, 포스트잇 노트가 좋다. 포스트잇은 학생들이 교과서나 참고 자료를 훼손하지 않으면서도 많은 비용을 들이지 않고 메모를 하거나 화살표 등을 표시할 수 있다.

물론 학생들이 사용하는 모든 정보가 자료 텍스트에서만 나오는 것은 아니다. 학생이 필요로 하는 핵심적인 정보는 관찰이나 실험, 현장 답사, 비디오, 인터넷 등에서, 또는 개인적인 경험에서 오는 것일 수도 있다. 정보를 이용하고자할 때 각 자료 텍스트마다 고유한 특징에서 비롯된 문제가 있지만, 그 자료 텍스트가 무엇이든 학생들은 적극적인 요약, 적절한 문장의 재진술 같은 전략을 사용하여 필요한 정보를 선별해야 한다. 그리고 이러한 출처로부터 도출된 정보는 다른 정보 출처와 일치되도록 정확하게 기록되고 정리되어야 한다.

결론

자료 기반의 작문은 학습에 강력하고 긍정적인 영향을 미치는 것으로 알려져 있다. 이러한 작문 활동은 내용에 대한 지식을 쌓고 독서 능력과 작문 능력을 기르는 데 매우 효과적이다. 따라서 학생들을 적극적으로 이러한 활동에 참여하게 할 필요가 있다. 학생들에게 모범문을 기반으로 글을 작성하거나, 읽은 내용을 요약하거나, 자료 텍스트와 관련된 질문에 분석적이고 평가적인 답을 작성하거나, 여러 자료 텍스트의 정보를 통합하여 글을 쓰게 함으로써 학생들을 자료 기반의 작문 활동을 참여시킬 수 있다. 이 모든 활동이 학생들의 독서와 작문에 강력한 영향을 미친다.

교사들은 학생들이 성공적으로 이 과제를 협업하여 해결할 수 있도록 지원해야 한다. 이를 위해서 자료로 사용하는 텍스트의 난도를 천천히 증가하도록 설계해야 하고, 독서 활동을 안내하여 자료 텍스트에 대한 이해를 바탕으로 글을 쓸 수 있도록 조치해야 하며, 과제 수행의 단계를 설명하고 시범을 보여주어야 하고, 초기 단계의 성공을 도울 수 있도록 탬플릿(활동을 위한 도구)이나 안내를 제공해 주어야 한다.

이 장에서는 작문 지도에서 흔히 언급되어 온 자료나 이 책의 다른 장에서 소개하고 있는 자료는 다루지 않았다. 예를 들면, '수정'이 그렇다. 수정하기 전략은 자료 기반 작문의 모든 국면에서 중요하게 작동한다. 학생들은 초고를 쓰면서 이야기 구성, 체계적인 요약, 자료 텍스트의 통합 등을 매우 완벽하게 해 내기는 어려울 것이다. 교사는 그러한 기대를 하지 않는다. 학생들은 고치고 다시 또 고치는 수정 과정을 거치면서 실제적인 능력을 기르게 될 것이다. 자료 기반의 작문에서는 학생들로 하여금 수정 활동을 하도록 요구하고 있다.

학생들이 자료 기반 작문에 적극적으로 참여하게 하려면 어떻게 해야 할까? 그 방법 중 하나는 학생들에게 자신이 완성한 글에 대해 독자가 어떻게 반응하는지를 경험할 수 있도록 하는 것이다. "내용이 자연스럽게 전환되지 않은 것을 보니 글이 너무 거친 것은 아닌가, 원작과 비교해 볼 때 글이 너무 모방적이거나 반복적이지는 않은가, 목적을 달성하기에는 요약이 너무 광범위하거나 너무 간략한 것은 아닌가."와 같은, 정직하면서도 깊이 있는 반응이 학생들에게 전달된다면, 훨씬 더 개선된 학생 글이 나올 가능성이 높다.

이 장에서 언급한 모든 방법들은 컴퓨터 기술을 활용하면 좀 더 복합적이면서도 풍성하게 진행될 수 있다. 예를 들어 인터넷을 이용하면 학생들에게 자료 텍스트를 훨씬 더 다양하게 제공할 수 있다. 그러나 자료 텍스트의 범위가 지나치게 확대되어 관리가 어렵다는 문제, 신뢰성이 의심 받을 수 있다는 문제가 발생할 수 있으므로 주의가 필요하다.

컴퓨터는 정보를 추적하는 데 용이하다는 장점도 있다. 그러나 프로그램을 자유롭게 사용하려면 그것을 사용할 수 있는 기술을 익혀야 한다는 단점이 있다. 연구 결과에 따르면, 컴퓨터로 글을 쓰면 초고 작성과 수정 작업이 자유로워져 컴퓨터 없이 글을 쓰는 것보다 훨씬 더 작문의 질이 좋아진다. 그러나 대부분의 학교에서는 컴퓨터로 글을 쓰려면 컴퓨터실을 이용해야 해서 작문 활동의 원자료를 활용하기 어렵다는 문제가 있다. 자료 텍스트와 컴퓨터를 동시에 사용할 수 있도록 교사들이 노력을 기울일 필요가 있어 보인다.

이 장에서 설명한 방법들은 수행하는 데 다소 어려움이 따른다. 따라서 성공적으로 진행되려면 학생들이 많은 노력을 기울여야 한다. 이 장에서 설명한 그 어떤 것도 처음부터 잘 하기는 어렵다. 학생들이 노력(그리고 좌절에 대처하는 것)을 기울이려면 동기 부여가 필요하다. 교사들은 학생들을 격려하고 그들이 적극적으로 참여하도록 안내할 필요가 있다. 이런 활동의 중요성을 설명하고, 학생들에게 대학 진학(학습)과 직업 준비(일)에서 이러한 활동이 어떠한 가치를 지니는지를 안내해 줄 필요가 있다. 이는 인지 과정이 어떻게 작용하는지를 탐구하는 메타 인지적 토론에 학생들을 참여시키는 것과 유사하다.

학생들이 자신이 궁금해 하는 내용을 탐구하기 위해 여러 가지 자료 텍스트를 활용하는 방법을 익히는 것은 유익하다(어떤 학생이 펭귄에게 매료되었을 때, 펭귄을 다룬 자료 텍스트의 요약을 허용하는 것은 합리적인 지원이다). 그리고 학생들을 소집단으로 구성하여 다양한 활동에 협력적으로 임하도록 하는 것도 좋다(자료 통합적 글쓰기나 질문에 대한 비판적 대답을 학생 혼자서 작성해야만 하는 이유는 없다). 자료 기반 작문의 난도를 고려할 때 학생들에게 이 활동이 얼마나 어려운지를 인정하고, 학생들이 이 활동을 충족해 가는 과정을 문서화하는 방법을 찾는 것이 현명할지도 모른다. 자료 기반의 작문은 가치 있는 활동이기는 하지만, 학생들이 능동적으로 독서 활동과 작문 활동에 참여하지 않으면 학습으로 이어지지 않는다. 그러므로 학생들은 이 활동의 가치를 인식하는 가운데 결단력과 자기 인식을 가지고 이 활동에 참여해야 한다.

참고문헌

Bean, T. W., & Steenwyk, F. L. (1984). The effect of three forms of summarization instruction on sixth graders' summary writing and comprehension. *Journal of Reading Behavior,* 16, 297~306.

Brown, A. L., & Day, J. D. (1983). Macro-rules for summarizing text: The development of expertise. Journal of Verbal Learning and Verbal Behavior, 22,1~14.

Chang, K. E., Sung, Y. T, & Chen, I. D. (2002). The effect of concept mapping to enhance text comprehension and summarization. Journal of Experimental Education, 71, 5~23.

Charney, D. H., & Carlson, R. A. (1995). Learning to write in a genre: What student writers take from model texts. Research in the Teaching of English, 29, 88~125.

Cramer, R. L., & Cramer, B. B. (1975). Writing by imitating language models. Language Arts, 52, 1011~1015.

Cunningham, J. (1982). Generating interactions between schemata and text. In J. A. Niles & L. A. Harris (Eds.), New inquiries in reading research and instruction (pp. 42~47). Washington, DC: National Reading Conference.

De La Paz, S. (2005). Effects of historical reasoning instruction and writing strategy mastery in culturally and academically diverse middle school classrooms. Journal of Educational Psychology, 97, 137~156.

Eitzgerald, J., & Shanahan, T. (2000). Reading and writing relations and their development. Educational Psychologist, 35, 39~50.

Frey, N., Fisher, D., & Hernandez, T. (2003). "What's the gist?": Summary writing for struggling adolescent writers. Voices in the Middle, 11(2), 43~49.

Graham, S., & Hebert, M. (2010). Writing to read: Evidence for how writing can improve reading. New York: Carnegie Corporation. Retrieved from www.all4ed.org/files/WritingToRead.pdf.

Graham, S., & Perin, D. (2007). A meta-analysis of writing instruction for adolescent students. Journal of Educational Psychology, 99, 445~476.

McGee, L. M., & Richgels, D. J. (1990). Learning from text using reading and writing. In T. Shanahan (Ed.), Reading and writing together: New perspectives for the classroom (pp.145~169). Norwood, MA: Christopher-Gordon.

National Governors Association & Council of Chief State School Officers. (2010). Common Core State Standards for English language arts & literacy in his tory/social studies, science, and technical subjects. Washington, DC: Authors. Retrieved from www.corestandards.org.

National Institute of Child Health and Human Development. (2000). National Reading Panel-Teaching children to read: Reports of the subgroups (NIH Pub. No. 00-4754). Washington, DC: U.S. Department of Health and Human Services. Retrieved from www.nationalreadingp anel.org/publi cations/subgroups.htm.

Shanahan, T. (2004). Overcoming the dominance of communication: Writing to think and to learn. In T. L. Jetton Sc J. A. Dole (Eds.), Adolescent literacy research and practice (pp.59~174). New York: Guilford Press.

Shanahan, T., Callison, K., Carriere, C., Duke, N. K., Pearson, p.D., Schatschneider, C., et al. (2010). Improving reading comprehension in kindergarten through 3rd grade. Washington, DC: National Center for Education Evaluation and Regional Assistance, Institute of Education Sciences, U.S. Department of Education. Retrieved from http://ies.ed.gov/ncee/wwc/pdf/practice_guides /readingcomp pg_092 810.pdf.

Shields, J. S. (2007). The art of imitation. English Journal, 96, 56~60.

Spivey, N. N. (1991). Transforming texts: Constructive processes in reading and writing. Written Communication, 7, 256~287.

Spivey, N. N., & King, J. R. (1989). Readers as writers composing from sources. Reading Research Quarterly, 24, 7~26.

Stolarek, E. (1994). Prose modeling and metacognition: The effect of modeling on developing a metacognitive stance toward writing. Research in the

Teaching of English, 28, 154~174.

Stotsky, S. (1983). Research on reading/writing relationships: A synthesis and suggested directions. Language Arts, 60, 627~643.

Taylor, B. M., & Beach, R. W. (1984). The effects of text structure instruction on middle-grade students' comprehension and production of expository text. Reading Research Quarterly, 19, 134~146.

Tierney, R. J., & Pearson, P. D. (1983). Toward a composing model of reading. Language Arts, 60, 568~580.

Tierney, R. J., & Shanahan, T. (1991). Research on the reading-writing relationship: Interactions, transactions, and outcomes. In R. Barr, M. L. Kamil, P. Mosenthal, & P. D. Pearson (Eds.), Handbook of reading research (Vol. 2, pp. 246~280). New York: Longman.

Tierney, R. J., Soter, A., O'Flahavan, J. P., & McGinley, W. (1989). The effects of reading and writing about thinking critically. Reading Research Quarterly, 24, 134~173.

Wiley, J., & Voss, J. F. (1995). The effects of "playing historian" on learning in history. Applied Cognitive Psychology, 10, 1~10.

15장
작문 평가의 방법

Robert C. Calfee and Roxanne Greitz Miller

우리는 몇 해 전 이 책 초판에서 다음과 같은 사항을 강조한 바 있다. 첫째, 교사들은 학교 문해 교육의 핵심적 분야로서 작문을 최우선 순위에 두어야 하고, 둘째, '사고의 시각화'를 위해 작문을 내용 교과에서 통합해야 하며(Miller & Calfee, 2004; Richart, Church, & Morrison, 2011), 셋째, 교실 환경에 부합하면서도 학생들의 상황이나 학습 요구에 부합하는 '교실 기반 작문 평가'를 개발해야 한다는 점이 그것이다.

우리는 이 장에 수업을 관찰하여 얻은 장면을 포함하였는데, 유치원부터 고등학교까지를 아우르는 이 장면에는 작문 평성 평가의 양상이 잘 드러나 있다. 수업 장면을 바탕으로 작문 평성 평가의 특징을 논의한 후에는 우리의 제안을 어떻게 실현할 것인가에 대해 논의하였다. 우리의 제안을 실현하는 데에는 이른바 아동낙오방지법안(No Child Left Back)[1]에서 강조하는 교육 책무성과 표준화 시험이

---

1) [역주] 미국에서 2001년에 제정한 연방 법안인데, 학업 부진을 겪는 초·중등 학생을 지원하여 기초 학력 미달 상황을 타개하는 데 목적이 있다.

걸림돌이 아닐 수 없다. 따라서 우리는 이것이 우리의 노력에 어떻게 부정적인 영향을 미치는지에 대해서도 언급하고자 한다.

우리가 2판, 그러니까 이 책의 개정 작업을 마쳤을 무렵에 학교 교육에 큰 변화가 몰려오는 전조가 보였다. 그것은 바로 공통 핵심 성취기준 때문이었다. 공통 핵심 성취기준의 요구에 따르면, 지금까지 해 오던 독서 교육과 작문 교육은 상당한 수정이 필요하다. 공통 핵심 성취기준의 전체 제목 자체가 이를 강하게 암시하고 있다. 성취 기준은 독서와 작문의 통합을 요구하고 있을 뿐만 아니라, 내용교과 와의 통합도 요구하고 있다. 매우 급진적인 요구가 아닐 수 없다!

이 책의 편집자들은 우리에게 공통 핵심 성취기준을 논의하면서 이 기준이 어떻게 확장될 수 있는지도 같이 다루어달라고 요청해 왔다. 간단한 요청은 아니었지만, 우리는 이 요청을 우리의 제안을 구체적으로 설명하는 기회로 삼으려고 노력했다. 그러면서 교사들이 교실에서 전문가로서의 자유와 책임이라는, 조금은 모순적인 가치를 누리는 이상적인 상황을 마음에 그려보았다.

이 장의 앞쪽에서는 무엇이 좋은 교수법이 될 수 있는지에 관한 내용을 일부 다루었다. 이 장은 공통 핵심 성취기준에서 작문 평가를 다루는 방식, 그리고 PARCC(the Partnership for Assessment of Readiness for College and Careers)[2]와 SBAC(the SMARTER Balanced Assessment Consortium)[3]의 협력 작업을 검토하는 내용으로 시작하고자 한다. PARCC와 SBAC는 공통 핵심 성취기준을 적용하는 데 필요한 평가 체계(Educational Test Service[4], 2012)를 구축하고 있는 단체이다.

---

2) [역주] 공통 핵심 성취기준의 요구에 학생들이 얼마나 도달했는지를 컴퓨터를 기반으로 하여 평가하는 단체이다. 미국 22개주가 공동으로 참여하여 구성하였으며, 2010년에 시작해서 2012, 2013년에 사전 조사를 바탕으로 평가 체계를 구축하고 2015년부터 전체적인 평가 시스템을 제공하고 있다.

3) [역주] 공통 핵심 성취기준에 기반하여 온라인 표준화 시험을 실시하는 단체이다.

4) 1947년에 설립된 세계 최대 규모의 교육 평가 회사이다. TOEFL, TOEIC, GRE 등을 시행하는 기관으로 잘 알려져 있다.

그 다음에는, 이 장의 핵심적인 내용인, 학습을 위한 문해 활동, 텍스트 기반 작문, 교사 중심 작문 평가를 다루었다. 이 장을 관통하는 내용은 형성 평가이다. 잘 알려져 있다시피, 형성 평가의 목적은 교실에서 이루어지는 수업을 점검하고 개선 방안을 안내하는 데 있다. 외부 기관이 주도하는, 표준화 검사 방식의 대규모 평가는 아마도 계속될 것이다. 그럼에도 불구하고 교사들이 학생의 학습을 평가하는 기회는 여전히 열려 있다. 이 장을 집필한 우리의 목표는 이를 격려하고 지원하는 데 있다.

새로운 성취기준 시대에서의 작문

공통 핵심 성취기준은 국가 수준에서 학생들의 학업 성취 수준을 확립하기 위해 도입되었다. 공통 핵심 성취기준에 관한 내용은 거의 매일 새롭게 개발 보고가 이루어지고 있으며(ETS, 2010) 수백 혹은 수천 쪽짜리의 두툼한 문서를 통해서도 그 내용이 전달되고 있다. 공통 핵심 성취기준의 '내용 기대치'에서는 독서 및 작문(그리고 수학)에서 어떤 영역이나 요소를 필수로 다루어야 하는지를 명료하게 제시하였다.

평가 협력단에서는 현재 성취기준의 '수행 기대치'의 세부사항을 개발하고 있는 중이다. 수행 기대치에 대해서는 이렇게 설명할 수 있다. 가령 어떤 성취기준에서 학생들에게 '점프' 학습을 요구한다고 할 때, 단순히 '점프'할 수 있는가가 아니라, '얼마나 높이' 점프할 수 있는가를 평가하는 데 필요한 기대치를 말한다. 이 기대치는 학생들이 도달해야 할 지점이기도 하지만 교사들이 채점의 기준으로 삼는 지점이기도 하다.

평가 협력단뿐만 아니라 Achieve Group 같은 단체에서도 이를 지원하고 있다. 특히 Achieve Group은 학교에서 수행 평가를 시행하는 데 적용할 수 있는 패키지를 개발하고 있다. 교과서 출판사, 주 정부의 교육 당국, 지역 교육청은 새로운 핵심 성취기준의 요구에 어떻게 대응해야 하는지를 결정하는 데 난항을 겪고 있다. 이들이 계획하고 있는 전체적인 프로그램은 2015년이나 되어야 학교에 도입될 예정이지만 교사들은 이미 성취기준을 반영하여 수업을 진행하고 있는 중이다.

공통 핵심 성취기준의 특징을 살펴 보건대, 성취기준의 도입은 학교 문해 활동의 여러 국면, 다시 말해 독서와 작문의 통합, 교육과정—수업—평가의 관계, 독서 작문과 내용교과의 연계 등에서 큰 변화를 몰고 올 것으로 예상된다. 이와 관련하여 공통 핵심 성취기준의 특징을 좀 더 구체적으로 살펴보기로 하자.

- 공통 핵심 성취기준은 '대학 진학과 직업 준비'에 기반을 두고 있다. 다시 말하면, 공통 핵심 성취기준은 학생들이 "대학에서의 학업과 직업 훈련 프로그램에서 요구하는 보편적이면서도 일반적인 문해 능력의 기대치를 규정하고 있다.······"(p.4)

- 공통 핵심 성취기준은 통합적인 문해 활동 모형을 제시한다. "성취기준은 독서, 작문, 화법, 언어로 구분되어 있다. 이 언어활동의 개념적 차이가 매우 분명하기 때문이다. (그러나) 의사소통 과정은 밀접하게 연결되어 있다. ······"(p.4) 지난 25년 동안 독서가 모든 관심을 독점해 왔으나 성취기준의 이러한 특성에 따라 작문도 관심의 대상으로 떠오르게 되었다.

- 공통 핵심 성취기준에서는 문해 활동을 매우 광범위하게 서술하고 있다. 가령 독서 관련 성취기준에서는 이렇게 되어 있다. "성취기준을 충족한 학생들은 '꼼꼼히 읽기'를 하면서 구성이 복잡하게 짜인 문학 작품을 읽는 것도 가능하다. '비판적 읽기'를 하면서 엄청나게 쏟아지는 인쇄 매체나 디지털 매체의 정보를 판단해 보는 활동을 하는 것도 가능하다. 성취기준을 충족한 학생들은 지식의 구성, 경험의 확장, 세계관의 확대를 이끌어주는 높은 수준의 설명적인 텍스트나 문학적 텍스를 깊이, 폭넓게, 신중하게 읽어볼 수도 있다. ······ 학생들은 이러한 활동을 수행하면서

목적 지향적 언어사용과 창의적 언어사용의 바탕을 이루는 독서, 작문, 화법의 기능을 숙달하게 된다. ……"(p.4)

- 성취기준에서는 학생들이 늘 스스로 동기를 부여하고 독서 활동이나 작문 활동을 수행하여 문해 능력을 숙달할 수 있어야 한다고 규정하고 있다.

- 성취기준에서 요구하고 있는 기본 기능은 좀 더 높은 수준의 활동을 돕는다. 예를 들면 유치원에서 초등 5학년 학생들이 학습해야 할 기초적인 독서 기능들은 국립 독서 전문가 위원회(NRP, National Reading Panel)에서 요구하는 독서 활동(예를 들면, 음운 인식, 어휘 등)과 깊은 관련이 있다(NICHD, 2000).5)

- 독서 및 작문 관련 성취기준은 초등 및 중등 학생들이 모두 학습해야 할 내용교과와 관련되어 있다. 다시 말하면, 학생들은 '대학 진학과 직업 준비에서 매우, 매우 중요하게 다루어지는 내용'을 어떻게 읽고 어떻게 써야 하는지를 배우도록 되어 있다.

- 성취기준에서는 지식 전달의 텍스트와 문학적 텍스트의 균형, 보고서와 이야기의 균형, 사실과 허구의 균형을 강조한다.

- 성취기준에서는 독서 및 작문 활동을 현대적인 관점, 즉 인쇄물의 형태가 아닌 동영상과 같은 멀티미디어 자료까지 다룬다.

그러나 공통 핵심 성취기준은 이러한 특징 또는 장점에도 불구하고 우리에게 중요해 보이는 몇 가지 문제는 다루지 않고 있다. 이 내용은 다음과 같다.

- 성취기준은 단어, 문단, 한 페이지 정도의 글을 읽는 방법에 대해서는 설명하고 있지만(Richards, 1942), 이보다 더 단위인 '책을 읽는 방법'에 대해서는 그다지 많은 설명을 제공하지 않는다(Adler & van Doren, 1967).

---

5) [역주] 어린이 건강과 인적 개발을 위한 국가 위원회(National Institute of Child Health and Human Development)

- 성취기준은 수행 수준에 대한 기준이 아니라 내용에 관한 기준이다. 그래서 성취기준은 학생들이 무엇을 알아야 하는지, 무엇을 할 수 있어야 하는지는 안내하고 있지만, 얼마나 잘 알아야 하는지, 얼마나 잘 수행할 수 있어야 하는지는 안내하고 있지 않다.
- 성취기준은 정작 학생들이 성취기준을 달성하기 위해 어떻게 도움을 받아야 하는지는 안내해 주지 않는다. "교사들은 전문적 판단에 따라, 그리고 경험에 따라 성취기준이 요구하는 목표를 학생들이 충족하는 데 필요한 것이라면 무엇이든지 자유롭게 제공할 수 있다.……"(p.4) 교사들의 전문적인 판단과 경험은 성취기준을 지탱하는 데 매우 중요하다. 문제는 연극 대본처럼 형식적인 절차를 따르고 도표 주위를 맴도느라 수년간을 허비했던 많은 교사들에게 다시 권한을 부여하는 일이다. 우리는 '전문적인 판단과 경험'의 보고인 교사들이 준비를 모두 마친 상태에 있다고 생각한다. 우리가 보건대 언제 시작해도 좋다.

성취기준에 따른 학교 교육과정이 시행되면 이에 따라 많은 쟁점이 떠오르게 될 것이다. 그 중에서 우리가 이 장에서 다루지 못한, 어쩌면 좀 혼란스러워 보일 수도 있는 쟁점 3가지가 있다. 구체적인 내용은 다음과 같다.

- 지도한 내용과 평가하는 내용의 불일치이다. 이는 무엇을 중요하게 볼 것인가와 관련이 있다. 성취기준의 달성 여부는 표준화 시험으로 이루어지는데, 이 시험의 평가 내용은 학생들의 학교 수업 활동과는 거리가 멀어 보인다. 내용교과 수업에 참여하는 학생들은 수업 과제를 몇 주 동안에 걸쳐 동료들과 협력적으로 해결해 가기 때문이다.
- 성취기준이 '정보 중심의 텍스트'를 강조하다 보니 통합적이지 않은, 단편적인 텍스트의 나열에만 그치는 경우가 많다. 이러한 예를 성취기준을 담은 문서의 33쪽에서 발견할 수 있다. 여기에서는 한 학년 동안이나 여러 학년에 걸쳐 다룰 수 있는 내용교과 관련 주제를 다루면서 '인간의

몸'이라는 주제로 유치원 시기부터 5학년 시기의 학생들이 읽을 만한 책 40권을 열거하고 있다. 이 책들은 시판용으로 짧은 글로 구성되어 있다. 이러한 방식이 해당 주제인 '인간 생물학'을 다루는 출발점을 제공하기는 하지만, 사실 제목 모음 이상의 것이 필요하다.

■ '꼼꼼히 읽기' 또는 '자세히 읽기'는 아마도 일시적 유행이겠지만, 이로 인해 작문이 공통 핵심 성취기준의 실행에 핵심적인 요소로 제시되어 있다. 꼼꼼히 읽기나 자세히 읽기에 깔린 아이디어는 이러한 방법이 짧은 구절(또는 한 단락이나 한 페이지의 분량)에 대한 자세한 공부를 의미하는 것인데, 이때의 독자는 이전 경험은 무시한 채 오직 그 텍스트에만 주의를 기울인다는 것이다. 성취기준에서는 꼼꼼히 읽기나 자세히 읽기를 텍스트를 다루는 전략 중 하나로 보고 있다. 여러분이 이 장을 읽을 무렵에는 이 발상이 올바른 견해로 자리를 잡게 될 수도 있을 것이다.

이러한 내용을 한 데 모으고, 여기에 우리의 희망 사항을 함께 담아 현재 상황을 요약하면 다음과 같다. 첫째, 성취기준 도달 여부를 평가하는 시험은 한 주 이상의 학생 활동이 필요한 수행 과제를 포함해야 할 것이다(ETS, 2010). 학생들에게 먼저 학습 주제가 제시된 후 작문 과제가 부여되어야 하며, 학생들은 작문의 최종적인결과를 검토하고 다듬을 수 있어야 할 것이다. 우리는 이러한 수행 과제가 성취기준 도달을 재는 총괄 시험에서 '정말로 중요하게' 다루어지기를 희망한다. 물론 총괄 시험에는 선택형 문항도 포함될 것이다. 그러나 만일 이러한 문항에 무게가 실린다면 내용 범위가 계속 논쟁을 불러일으킬지 모른다. 우리가 바라는 사항은 학생의 작문(그리고 사고)이 최종적인 성적의 핵심이 되어야 하고, 교사들이 성취기준의 도달이라는 목표를 위해 학생 지도에 헌신하는 것이 매우 가치 있는 일로 평가되어야 한다는 것이다.

둘째, 평가 협력단에서는 교사들이 형성 평가를 계획하고 시행하는 것을 지원하기 위해 '디지털 도서관'을 구축하고 있는 중이다. 이

도서관에는 공개된 예시 시험 문항 및 형성 평가, 교육 내용 체제의 예시, 지도용 자료 및 형성 평가용 자료, 교사용 지침서와 연습용 평가 문항, 채점 훈련 자료, 전문성 신장 교재, 쌍방향적 의사소통 장치 등이 포함될 예정이다(ETS, 2010). 우리는 그 도서관이 시험 문항보다는 교사의 전문성 신장과 협력에 관련된 사항에 더 관심을 가져주기를 희망한다. 역동적 과정으로서 형성 평가는 지도 과정을 관리기 위한 중간 단계로 볼 수 있다. Cizek(2010)에 따르면 형성 평가의 목적은 다음 4가지로 정리할 수 있다. (1) 교사들에게는 학생의 강점과 약점을 확인할 수 있도록, (2) 이후 수업을 효과적으로 계획할 수 있도록 도와주며, (3) 학생들에게는 학습을 안내하고 개선하며, 학생들이 자기 평가 기능을 획득하도록 지원하고, (4) 학습에 대해 자주성과 책임감이 가질 수 있도록 돕는다."(p.4)

교사가 '시험'을 실시할 수도 있겠지만 아마도 이는 드물 것이다. 그러므로 교사들에게 가장 필요한 것은 학생의 반응을 단서로 삼아 어떻게 학생들의 지식과 이해를 자극할 것인가에 관한 예시이다. 디지털 도서관이 제공하는 형성 평가 자료를 이어받은 '지역 도서관'을 상상해 보자. 이 지역 도서관은 각 지역의 상황이나 특색을 반영하는 트위터나 블로그가 축제처럼 붐비게 될 것이다. 이러한 도서관은 적어도 시험 예시 자료를 박제해 둔 저장소가 되지는 않을 것이다. 바라건대 역동적 형성 평가의 방법들이 살아 움직이는 박물관이 될 것이다(Popham, 2008; Chappuis, Stiggins, & Arter, 2012).

셋째, 주 정부, 지역 교육청, 교사들은 '학생들의 성취기준 충족'을 효과적으로 지원하기 위해 '교육과정 및 지도 자료를 묶은 패키지'를 개발해 줄 전문 출판사를 찾고 있는 중이다. 만일 시험이 그럴만한 가치가 있다면 '시험을 위한 준비'라고 생각해도 그리 나쁘지는 않다. 대형 출판사들은 현재 자신들이 가지고 있는 독해 교재 시리즈에 정보 전달의 텍스트를 보강하면서 좀 더 높은 수준의 독해 전략을 강화하고 있는 중이다. 그러므로 중견 출판사의 입장에서 보면, 학생용 기초 수업 자료를 보강하는 수업용 패키지, 특히 공통 핵심 성취기준에서 강조하는 독서와 작문의 통합, 내용교과와 문해 활동의 통합을 담고 있는 수업 자료의 개발은 새로운 사업 영역이 될 수도 있을 것이다.

일반적으로 최근 개발·유통되는 기초 독해 교재에는 학생들의 학습을 확인하기 위한 평가가 가장 끝 부분에 수록되어 있다. 이는 앞에서 언급한 총괄 평가의 시험과 유사하다. 여기에 형성 평가의 관점을 도입하면, 독해의 결과를 확인하는 시험 형태의 평가가 아니라 텍스트에 기반한 작문 활동 중심의 형성 평가를 마련할 수 있다. 우리는 성취기준 달성에 좀 더 효과적인, 이러한 교재가 더 많이 개발되기를 희망한다. 또한 우리는 새롭게 개발되는 교재들이 다양한 수준의 '출발점'을 담은 형성 평가 자료를 포함하기를 희망한다. 이러한 형성 평가 자료는 학생들의 사전 지식(수업 전)과 학습 과정을 점검하고(수업 중) 단원 말미에 성취수준을 확인하는(수업 후) 데 도움을 준다. 더 나아가 학년 말에 학습한 내용을 다른 상황에 적용할 수 있는지를 평가하는 데에도 도움을 준다. 이러한 자료야말로 교사들에게 꼭 필요한 것이 아닐 수 없다.

마지막으로, 평가 협력단은 교사의 전문성 신장 프로그램을 개발하기 위해 예산을 편성해 두었다. 아직 세부사항이 발표되지는 않았지만, 우리는 이 프로그램이 학교와 지역을 기반으로 하여 개발되기를 희망한다. 그리고 교사 개인이 인터넷으로 접근할 수 있도록 해주기를 바란다. 우리는 이제는 열리지 않고 있는 교사 연수 프로그램을 되살리거나, 전문 단체의 행사, 예를 들면 국제 독서 협의회와 전국 과학교사 협의회가 공동으로 후원하는 연구 대회에 교사가 참여하는 것을 지원하는 방안도 좋다고 생각한다. 공통 핵심 성취기준은 교사들이 '대학 준비 및 직업 준비'라는 목표를 위해 교육과정—수업—평가를 지역 상황과 강력히 연계하도록 함으로써 학교 교육을 개혁할 잠재력을 가지고 있다.

이러한 우리의 희망이 이루어지기를 바라면서 이제 이 장에서 관심을 두고 있는 작문 평가로 눈을 돌리기로 하자. 공통 핵심 성취기준은 유치원부터 고등학교에 이르기까지 모든 학교의 수업에 작문 활동을 반영하도록 요구하고 있다. 이 장에서 관심을 두고 있는 작문 평가는 바로 이러한 상황 아래 이루어지는 형성 평가이다. 우리는 공통 핵심 성취기준의 의도가 실현되기를, 그리고 새로운 프로그램이 교사들이 필요로 하는 새로운 도구를 제공해 줄 수 있기를 기대한다.

세 개의 장면

여기에서는 형성 평가를 도입한 교실 수업의 짧은 장면 세 개를 제시하고자 한다. 여기에서 제시한 세 개의 장면은 여러 수업에서 나누어 관찰한 내용을 이어 붙여 하나의 수업처럼 묶은 것이다.

오전 수업에서 첫 주제 보고서 발표를 한 유치원생 Samuel로 이야기를 시작해 보자. Samuel은 기록을 검토하고 있는 교사 Hancock 옆에 앉아 있다. Samuel은 나이에 비해 작고 수줍음을 잘 타는 아이이다. 학급 전체 학생들 앞에서 발표하는 것은 매우 어려운 일이었지만, 아무튼 Samuel은 그 일을 해냈다. Samuel이 선택한 주제는 갓 태어난 여동생이었다. 동생이 병원에서 집으로 온 것을 말한 이후에 Samuel은 무슨 말을 이어가야 할지를 잊어 버렸다. Hancock은 Samuel이 말하기를 이어갈 수 있도록 이끌었다. "동생의 머리는 어땠어? 동생이 어떤 소리를 내었는지 기억이 나니? 뭘 했어?" Samuel은 각각의 질문에 답을 했다. 발표가 진행되는 동안 Hancock은 Samuel가 사용한 단어를 인용하여 다음 네 문장을 썼다. "Martha는 갓 태어난 제 여동생이에요. 머리카락이 없어요. 까르륵거렸어요. 거의 잠만 자요." Samuel은 첫 과제를 마쳤고, 그 내용은 주간 학부모 통신에 실린 것이다. Samuel의 부모는 Samuel이 그 보고서를 읽을 때 기뻐하게 될 것이다. Samuel이 작성한 보고서는 나중에 학부모-교사 협의회에서 중심 소재의 역할을 할 것이다.

5학년생 Samantha는 유치원 시절부터 독서를 좋아했다. Samantha는 2학년 때 개인 저널 쓰기를 시작하면서 '진짜 작가'가 되었다. 저학년 때에는 간단한 글을 썼지만 이제는 새로운 도전을 시도해 보고 있다. 교사 Buchers는 학생들에게 중학교 진학 준비를 해야 한다고 발표하고 조사 보고서 쓰기가 3월 과제로 내주었다. 학생들은 우선 '시사적인 주제'를 고른 후 이와 관련된 자료를 읽는 활동을 했다. 역사광인 Buchers는 지난 가을에 학생들에게 역사적 분석을 소개한 적이 있었다. 이제 학생들은 수업 진행 과정 중에 역사를 공부하게 될 것이다!

Buchers는 자신이 학생들을 밀어붙이고 있다는 점, 이런 글쓰기 장르는 주로 중학교에서 다루어진다는 점을 알고 있었지만, 학생들이 이를 해낼 수 있을 것이라고 생각했다. 초등학교 때에 이런 장르의 글쓰기를 미리 시작해 두면 얻는 이득도 클 것이라고 믿었다. 학생들은 소집단을 만들어 과제 활동을 하는데 완성까지는 2주 내지 3주가 걸린다. Buchers는 도서관이나 컴퓨터로 자료 찾기, 보고서 작성을 위한 노트 작성하기, 도해 조직자를 활용하여 개요 작성하기와 같은 기초 사항을 다시 안내했다. Samantha는 '여성이 대통령이 될 때가 왔다'를 선택했다. Samantha의 아버지는 그 주제를 좋다고 생각했으나 어머니는 그렇지 않았다. Samantha는 아버지의 의견에 동의하면서도 그 주제의 양면을 모두 고려해야 한다는 것을 깨달았다. Samantha는 이 과제에 꽤 신나 있다.

Tom과 Chizuko는 9학년 수학 수업 이후로 가까운 친구가 되었다. 졸업반이 되자 SAT 작문 시험이 닥쳐왔다. 둘은 모두 수학이나 과학은 좋아했지만 작문은 그렇지 않았다. 예비 시험인 PSAT(Preliminary Scholastic Aptitude Test)의 작문 시험도 특별히 잘 보지 못했다. Tom과 Chizuko는 대학 입학시험을 관리하는 College Board 홈페이지에서 찾은 교재로 함께 작문을 공부하는 중인데, 그 교재에는 "브레인스토밍을 하고, 자료를 모으고, 조직을 하고, 초고를 쓰고, 개정과 수정을 하고, 다시 읽고, 그리고 좀 더 쓰라"고 되어 있다(College Board, 2006) 매우 중요한 조언이기는 하지만 제한된 시간 내에 그 자리에서 글을 써 내야 하는 시험에 어떻게 그것을 적용할 수 있다는 말인가? 수학은 작문보다 훨씬 간단했다. 문제를 분석해서 풀고 답을 찾아내면 그게 끝이었다. 그러나 작문은 정확하게 좋은 글로 쓸 만한 충분한 시간이 결코 주어지지 않았다. 게다가 그 누구도 작문을 가르쳐 주지 않았다! 영어 수업은 소설이나 희곡을 다룰 뿐이었고, 다른 교사들은 학생들이 이미 글을 쓰는 방법을 알고 있기를 바랐다. 부모님들도 아무 도움도 되지 않았다.

여기에 제시한 수업 장면은 짧기는 하지만 현재 학생들이 경험하는 상황을 정확히 보여준다. 작문에 관한 성취기준이 존재하지만 그 기능을 익히는 책임은 학생들에게 있었다. 초등학교에서 최우선으로 강조하는 활동은 독서이다. 학교 일과의 절반가량이 기초 독서 기능 학습에 할애되고 있다. 중학교와 고등학교에서 교사들은 수업에서 매일 100명 이상의 학생을 만나고 있다. 이는 사실 작문을 평가할 기회가 거의 없다는 것을 의미한다. 아마도 공통 핵심 성취기준이 시행된다면 이러한 상황은 상당히 변화할 것이다.

학습을 위한 문해 활동

학생들은 왜, 언제, 그리고 어떻게 작문을 배워야 할까? 독서의 경우, 독서 학습과 학습 독서는 분명한 차이가 있다(Chall, 1995). 이러한 구분을 작문에서도 마련할 수 있다. 그러나 이러한 구분하는 방법에는 의문의 여지가 있다고 생각한다. 최초 단계 때부터 독서와 작문은 사고와 의사소통이라고 하는 문해 활동의 목적에 근거를 두고 있어야 한다.

학생들은 텍스트를 다루는 데 필요한 기능이나 전략을 습득해야 하는데, 이는 교사와 학생 모두에게 시간(그리고 인내)을 요구한다. 학습이 시간(과 인내)를 요구하는 것도 맞지만 '분명한 목적'이 더 긴요하다. 바로 이 '분명한 목적'이 학습을 더 효과적으로 만들어주기 때문이다. 그래서 학습은 목적으로 동기화 되었을 때 더욱 효과적이다. 이에 비추어 보면, 작문 학습은 학생이 학습을 목적으로 글을 쓸 때 가장 효과적이라고 할 수 있다(Zinsser, 1988). 학습 목적의 글쓰기, 즉 학습 작문은 작문 및 작문 평가가 학교 학습의 결과와 관련되어 있음을 뜻한다. 작문 지도는 단순히 쓰기 위한 쓰기가 되어서는 안 된다. 장기적으로 이득이 있는 내용교과의 주제와 작문 활동이 연관되도록 해야 한다. 그 방법 중의 하나가 학습 작문이다.

Samuel의 경우, 주제 보고서 발표라는 방법은 여동생이라는 주제에 집중하도록 하는 데에, 그리고 몇 개의 문장으로 그 주제를 구체화하는 데에 도움을 준다. Samuel은 여기에서 배운 전략을 주머니에 가지고 있는 돌이라든가, 유리병에 들어 있는 뱀이라든가, (물론 더 이후이겠지만) 남북전쟁의 원인이라든가 하는 주제에도 적용할 수 있다. Samantha와 다른 학생들은 다섯 문단으로 에세이를 작성하면서 맞춤법, 작문의 기능이나 전략을 학습하고 있다. 그러나 이를 독립적으로 배우는 것이 아니라, 작문 과제로 부여된 어떤 주제를 글로 완성해 가면서 배우고 있다.

Tom과 Chizuko는 대학 위원회에서 제공하는 안내를 따라 작문을 학습했다. SAT의 상황은 무척 다를 것이다. Tom과 Chizuko는 이렇게 배운 것을 SAT의 시험 상황에서 잘 적용할 수 있을 것이라는 자신감을 느끼기 보다는 고부담 과제에 갑자기 노출됨으로써 준비가 충분하지 못하다고 느낄 가능성이 더 크다. 만일 운이 좋다면, 교사(혹은 과외 교사일지라도)가 SAT에 잘 대처할 수 있도록 도움을 줄 수도 있을 것이다. 사실 Tom이나 Chizuko는 인생을 살아가면서 이와 비슷한 상황을 맞이하게 될 것이므로 이러한 문제를 어떻게 해결하는가는 중요한 문제라고 할 수 있다.

각각의 수업 장면을 살펴보면, 학생의 작문은 각각 특정한 방식으로 평가가 이루어지고 있다. Samuel은 교사 Hancock이 자신의 보고서를 평가하고 있다는 사실을 눈치 챘다. 사실 그 수업에 참여했던 모두가 Samuel이 주제 보고서 발표의 기준이었던 '세 가지 사항'을 포함하여 말하지 않았다는 것을 알고 있었다. 그러나 갑자기 상황이 바뀌면서 Samuel은 성공적으로 주제 보고서를 발표했다.

Samantha가 작성한 글도 제 역시 평가가 이루어질 것이다. 교사 Buchers는 작문 과제의 채점 기준을 교실 벽에 붙여두었다. Samantha는 지난 9월부터 그 과정을 거쳐 왔다. 예를 들어 (1) 초고를 준비할 때 채점 기준에 대해 생각하기, (2) 다른 친구들에게 초고 검토받기, (3) 최종 수정에 앞서 교사 Buchers에게 보여주기를 계획대로 수행했다. Samantha의 학교에서는 성적표에 등급이나 점수가 아니라 채점 기준에 따라 학생의 수행 내용을 기록한다. 부모들도 이러한 방식에 친숙하다.

Tom과 Chizuko는 좀 다른 어려움에 직면해 있는 상황이다. Tom, Chizuko는 학교에서 요구하는 사항을 반영하여 글을 어떻게 써야 하는지를 알고 있었으며, 자기들이 작성한 글이 학교 기준에 비추어 얼마나 적절한지도 판단할 수 있었다. 그러나 SAT에서는 자신이 경험하지 못한 전혀 다른 상황에 처하게 되었다. 그것은 바로 자신들이 시험을 치르고 있다는 것이고, 잘 알지 못하는 주제에 대해 정해진 시간 내에 글을 써야 한다는 것이며, 이렇게 쓴 글을 누구인지 모를 낯선 사람들이 채점하게 될 것이라는 사실이었다. 게다가 그 성적은 '너무나도 중요하다.' 즉 그 성적은 원하는 대학에 입학할 수 있는가 없는가를 결정짓는 데 영향을 미칠 것이다. Tom과 Chizuko은 이전의 경험을 활용하여 최선을 다하겠지만 매우 낯선 상황에 놓여 있는 것은 분명하다. 그래서 이 둘은 불안한 상태이다.

앞에서 제시했단 세 가지 수업 장면에는 형성 평가에서부터 총괄 평가에 이르기까지 여러 가지 평가 방법이 포함되어 있다(Andrade & Cizek, 2010). 만일 여러분이 표준화 시험을 치러본 적이 있다면 총괄 평가에 익숙할 것이다. 그것은 '현실적인' 경험이다. 여러분은 시간 압박과 초조한 상황에서도 어떻게 선택형 문항 풀기를 잘 할 수 있었을까? 선택형 시험이 표방하는 명시적인 목적은 학습 종료 시점에서 학생들이 무엇을 배웠는지를 찾아내는 것이지만, 진정한 목적은 학생들을 비교하고 순위를 매기는 것이다. 형성 평가는 일반적으로 '수업을 안내하는 평가'로 기술된다(Popham, 2008).

학년 초에 이루어지는 기능이나 지식의 진단, 개인별 성장에 대한 점검, 더 나아가 수업에 대한 평가도 모두 형성 평가에 속한다. 우리는 학생 수행 능력 향상에 초점을 맞춘 교사 중심의 형성 평가에 중점을 두고자 한다. 이러한 형성 평가는 학생의 성적이나 순위를 매기는 데에는 관심을 두지 않는다. 형성 평가는, 비유하자면 짧은 한 장면을 촬영하는 것이라기보다는 영화 전체를 찍으면서 '성취'보다는 '성장'의 추적에 초점을 두는 평가 방법이다(Calfee, 1997; Kellogg, 2008).

위에 정의한 작문의 형성 평가의 실행 방법은 진정한 과제와 함께 시작된다. 진정한 과제란, 목적과 독자가 분명하고 유의미한 과제이고, 지원과 피드백이 잘 이루어지는 과제이며, 최종 결과물이 학생에게 개인적인 측면에서든 교과 공부의 측면에서든 가치 있는 과제이다. 작문 평가에 대한 현대적 접근법(Black, Harris, Lee, Marshall, & William, 2003; Chappuis, Stiggins, Arter, & Chappuis, 2005; Chappuis et al., 2012; Harp, 2006; Stiggins, 2004)은 전형적으로 〈참고 15.1〉과 유사한 개념적 구조를 채택하고 있는데, 이는 교사가 평가를 어떻게 실행 연구(action research) 같은 '탐구'(inquiry)로 간주하는지를 잘 보여 준다.

이 그림에서는 형성 평가를 일상적 활동보다는 역동적인 과정으로 묘사한다. 탐구란 '자세히 들여다보고, 찾고, 검색하고, 조사하는 것'을 의미한다. 탐구는 어떤 문제를 인식하고 분석하는 것으로 시작된다. Samuel의 경우, 교사 Hancock의 문제는 Samuel이 유치원의 성취기준, 즉 주제에 관한 세 가지 요소를 포함하여 발표하기를 달성했는지를 어떤 조건에서 판단할 것인지를 결정하는 것이었다. Samuel이 발표를 멈췄을 때 무슨 일이 일어날 수 있었을까? Samuel은 어쩌면 동생에 대해 말해야 하는 세 가지 요소를 가지고 있지는 않았을 것이다. 아마도 그랬을 것이다. Samuel은 당황했을 것이고 아무 말도 하고 싶지 않았을 것이다. 아마도 Samuel은 그 상황에 압도되었을 것이다.

이 문제를 충분히 검토해 봄으로써 교사는 가설, 어떤 일이 벌어질지에 대한 예감, 그리고 행동을 실행할 수 있다. 그 후의 단계에서 교사는 실험을 실시하고 자료를 수집한다. 만일 Samuel이 그 주제에 대해 아무 할 말이 없었다면, 혹은 아무 말도 하고 싶어 하지 않았다

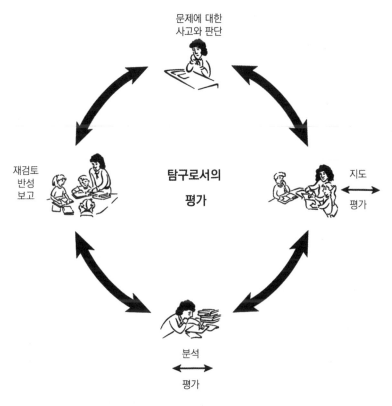

〈참고 15.1〉 교사탐구 과정으로서의 작문 평가

면, 그대로 끝을 맺으면 되었을 것이다. 그러나 만일 Samuel이 상황에 압도되었거나 당황했던 것이라면, 비계를 제공하여 도왔어야 했다. 앞의 수업 장면에서 보았듯이 Samuel이 계속 말하도록 하는 데 몇 개의 제안이면 충분했다.

그림에서 '지도'와 '평가'를 결합한 것은 의도적이다. 어떤 문제가 발생하면, 가령 Samuel처럼 어떤 학생이 좌절했을 때, 목표는 그저 실패한 채로 끝내기보다는 어떤 조건하에서 그 학생이 계속 해 나갈 수 있을지, 즉 그 조건을 결정하는 것이다. 그러한 평가는 눈 깜빡할 사이에 벌어졌다. 교사의 '중재', 즉 Hancock이 Samuel의 말하기를 유도하기 위해 던지 세 가지 질문은 즉각적이었다. 증거는 분명했다. Hancock은 Samuel의 반응을 정확하게 평가했을 뿐만 아니라 Samuel의 말을 이끌어내는 데 무엇이 필요한지를 정확하게 찾아냈다. 주간 통신문에서는 교사 Hencock의 사례를 다루었다.

이 그림에서 실행 연구의 '실험'은 '지도'가 대응한다. 지도(instruct)라는 단어는 건축, 설계, 구조화, 완성 등의 의미를 지니고 있는 조직(structure)이라는 단어와 어근이 같다. 두 단어 모두 무엇인가를 구축한다는 점에서 보면 유사성을 쉽게 발견할 수 있다. 즉, 교사들은 학생들이 학교를 다니는 동안 교과 공부의 체계를 정교화하면서 학생들을 안내한다. 이 과정에서 교사들은 수업의 복잡한 구조를 설계하고, 학생들이 다양한 지식의 체계를 세우는 데 참여하도록 하고, 학생들의 수행 과정과 결과를 점검한다.

우리는 교사들이 '공사 구역'에서 일하고 있는 모습으로 상상해 볼 수도 있다(Newman, Griffin, & Cole, 1989). 문해 활동은 건축 과정에서 필수적인 도구 세트(또는 도구 세트를 구비하고 있는 장비 전문 상점)를 제공한다. 작문 형성 평가는 그 도구 세트의 현황 점검에 대응한다. 공사용 도구들은 상태가 좋은지, 사용자들은 효과적인 사용법을 잘 알고 있는지를 점검한다. 그러나 진정한 교육과정상의 목표는 중요하다. 즉 건물의 건축은 망치질이나 톱질을 배우는 것 이상이기 때문이다. '평가'는 마치 건축이 진행될 때 건축업자와 '감독관' 모두의 지속적인 점검이 있다는 점에서 '지도'와 짝을 이룬다. 형성 평가는 지속적이고 상호적이다. 그 이유는 학생, 즉 작업자들은 과정이 진행되는 동안 진행 정도에 대한 점검을 받아야 하며, 자신이 무엇을 하고 있는지, 왜 하고 있는지를 설명할 수 있어야 하기 때문이다.

〈참고 15.1〉의 '분석'과 '평가'는 학습에 대한 판정의 근거를 검토하는 과정을 보여준다. Hancock은 Samuel이 발표하는 동안 그 내용을 기록했는데 이 기록은 판단의 증거 역할을 한다. Hancock은 이에 따라 Samuel에게 비계를 제공했다. Samuel은 분명히 다른 친구들 앞에서 동생에 대해 말하고 싶었을 것이다. 그러나 Samuel이 계속 말하려면 유도 질문이 필수적이었다. Samuel은 여전히 알파벳을 배우는 중이었으니 어떤 점에서 보면 '글을 읽지 못하는 학생'이었다. 하지만 Hancock이 통신문에 Samuel의 발표한 문장을 실었을 때에는 스스로 자신이 발표했던 보고서를 읽을 수 있었다.

이러한 관찰은 이야기로서의 평가에 대해 증거를 제공해 준다. 이 이야기는 Samuel이 알고 있는 것과 할 수 있는 것에 대해 무엇을 말해 주는가? 다음에는 어떻게 지도하는 것이 가장 교육적인 것인가? 이러한 질문은 평가 과정을 예증해 주지만, 이에 대해서는 반성과 토론이 필요하다. 그러나 핵심은 Samuel의 과제 수행이 좋은지 나쁜지를 결정하는 것이 아니라, 다양한 교육적 반응을 제시하는 대안적 해석을 고려해 보는 것이다(Calfee & Hieber, 1990). 'Samuel이 주제 발표 보고서를 쓸 수 있을까?'처럼 예 또는 아니요 같은 반응을 암시하는 질문이 되어서는 안 된다. 이보다는 '어떤 조건 아래에서 Samuel이 특징을 가진 주제 발표 보고서를 작성할 수 있을까?'와 같은 질문이어야 한다(예를 들어, 중심 주제와 관련된 세 가지 발상들). 이 경우에 증거에 따르면 Samuel은 아직 자신이 해야 할 것을 자동으로 할 수 있을 만큼 학습이 되어 있지는 않았다. 그러나 약간의 안내를 받자 Samuel은 과제를 완수할 수 있었고 자신의 성취에 대해 감격했다. Samuel은 활동에 참여했고, 활동 결과에 대해 말할 수 있었다. 이 사건은 Samuel이 자기 자신에게 앞으로 있을 학습 활동을 위한 무대를 마련해 준 셈이 되었다. 다른 학생들에게는 모범적인 예시를 제공해 주었다.

작문 형성 평가에서는 수업 과정에서 있었던 '사건'에 대한 검토와 성찰이 요구된다. 검토와 성찰을 마친 후에는 그 사건에 대한 보고서를 준비해야 한다. 즉, 작문 형성 평가의 활동을 문서로 남기는 것이다. 수업 중에 이어지는 형성 평가는 너무나도 빨리 진행되어 자연적인 상황에서는 마음에 기록하는 것밖에는 방법이 없다. 그래서 이에 대한 근거는 오직 '말'과 '기억'뿐이다. 그러나 문서로 만들어 두면 구체적인 기록이 있으니 기억에 의존할 이유가 없다. 질문은 기록해 둔 정보를 효과적으로 이용하는 방법이다.

형성 평가에서 가장 중요한 기록은 교사가 학생의 학습에 관한 것과, 지도 전략을 어떻게 결정했는지에 관한 것이다. 학생들은 이러한 정보를 필요로 하는 '청중'이라고 비유할 수 있다. 이 정보에는 피드백, 격려, 안내, 때로는 성적이 포함되어 있다. 부모, 학교 관리자, 다른 교사들도 이 청중에 포함된다. 공식적 필수 문서인 성적 통지표는 익숙하지만 보고서는 낯설 것이다. 그래서 교육계에서도 큰 관심을 기울이지 않는 듯하다. 이렇게 비유해 보자. 만일 여러분이 질병이 있어 병원에서 진료를 받거나 자동차에 이상이 있어 정비소를 방문했을 때 이후에 어떤 행동을 해야 하는지를 결정하기 위해서 평가와 심사가 기본적으로 이루어지기를 바랄 것이다. 그리고 무엇을 검사했는지, 그 과정에서 발견된 무엇이 있었는지, 조치가 되었는지 등을 문서로 받아보기를 원할 것이다. 말로 듣는 것은 금방 잊을 테니. 우리는 작문 형성 평가도 이 상황과 같아야 한다고 보는 것이다. 형성 평가는 의사가 환자를 관찰하고 정비사가 자동차를 검사하듯 학생의 학습 과정을 관찰하고, 학습이 잘 이루어지도록 만들어주고, '교육과정이 실제적으로' 개선될 수 있도록 이루어져야 한다.

Samantha를 지도하는 교사 Buchers는 이러한 원칙을 잘 따르고 있었다. 과제는 성취기준에서 중요하게 다루고 있는 조사 보고서, 즉 역사적 사건을 선택하여 분석하는 글을 쓰는 것이었다. 그 과제는 독서와 작문을 모두 요구하지만, 가장 중요한 것은 사고하지 않으면 안 된다는 점이다. Samantha는 수업 시간에 자신의 계획을 정기적으로 보고할 것이다. Buchers는 이 보고를 듣고 친절하지만 예리하게 질문을 던질 것이다. Samantha는 여성 대통령에 대한 자신의 의견을 내세우기 위해 어떤 근거를 제시하는가? 다른 해석은 어떠한가? 이전의 역대 대통령을 통해서 얻은 교훈은? 미래 가능성은? Samantha의 글은 Samantha가 이러한 질문을 다루는 데 발전적인 모습이 있는지에 대한 정보를 Buchers에게 제공해 준다.

이와 대조적으로, Tom과 Chizuko는 자신들이 어둠 속에서 놓여 있다고 느끼고 있다. Tom과 Chizuko를 지도하는 영어교사는 2주마다 실기 시험을 관리해 주고 자기평가에 필요한 제안을 제공해 주고 있다. 연습할 기회가 있어 도움이 되기는 하지만, 자신들이 얼마나 발전했는지를 점검하고 어떤 점을 개선해야 할지를 결정하는 일은 영어교사의 도움이 전혀 없는 실정이다. 자신들이 알아서 해야 하는 상황이다. Tom과 Chizuko의 경우, 탐구의 순환적 고리가 고장 나 있다.

텍스트 기반의 작문

작문 초보자가 글을 쓰려면 무엇을 적어야 할까? 하나의 '명확한' 답변은 자신이 잘 알고 있는 내용을 쓰는 것이다. 교사들은 이러한 과제를 종종 활용하곤 한다. 그러나 이 '명확한' 답변은 몇 가지 문제가 있다.

첫째, 학생들의 경험, 즉 자신이 잘 아는 것을 쓰라는 과제를 내주기에는 학생들 간의 편차가 심하다는 점이다. 학생들에게 자신이 가장 좋아하는 동물에 대해 글을 쓰라고 하는 것은 얼핏 보기에는 적절한 듯하지만, 이는 학생들 중에는 잘 알고 있는 동물이 없을 수도 있다는 점을 간과하고 있다. 다른 학생들 중에는 집에서 반려 동물을 기를 수도 있고, 어떤 학생들은 동물원이나 박물관에서 동물을 본 경험을 가지고 있을 수도 있다. 인터넷을 통해서 'Dr. Seuss'의 이야기를 아는 학생도 있을 것이다.

둘째, 잘 아는 내용을 쓰라는 것은 학생들에게 그 내용이 글로 쓸 만한 가치가 없어 보이게 하거나, 모두 잘 알고 있는 내용이니 잘 쓰지 않아도 무방한, 비공식적인 작문 활동을 생각하게 할 가능성이 있다. 학생들은 작문 활동을 통해서 작문 기능을 익히므로 작문 과제 하나하나가 모두 중요하다.

셋째, 학생들은 다양한 장르, 다양한 표현 방법을 익혀야 하는데, 잘 아는 내용을 쓰라는 과제는 이 중 일부분만 적합할 가능성이 있다. 이러한 작문 과제는 학생들의 작문 학습을 오히려 특정한 틀에 가두게 될 가능성이 있다.

작문 관련 공통 핵심 성취기준은 텍스트 기반의 작문에 대해서 명확한 사항을 요구하고 있다. 처음에 성취기준은 학생들이 "글을 분석하여 주장을 지지하는 근거를 찾아 쓰도록 요구하고, 그 후 내용(일반적으로 텍스트에서 가져온 내용)을 선정하고 조직하여 정보를 전달하는 글을 쓰도록 요구하며, 실제적인 경험이나 가상적 사건을 다룬 글을 쓰도록"(p.18) 요구한다. 이러한 과제는 유치원 때부터 시작된다. 유치원 때에 학생들은 "그림, 받아쓰기, 글을 복합적으로 결합하여 자신의 생각, 가령 자신이 읽은 책의 제목이나 내용을 표현하는 교육"(p.19)을 이미 받고 있다. 유치원 학생들은 이와 비슷한 방식으로 정보를 전달하는 글이나 이야기를 구성한 글을 쓰는 교육도 받고 있다.

이렇게 하려면 작문에 많은 시간과 노력을 투자해야 한다. 바로 작문을 학습하는 학생들이 해야 할 일이다. 성취기준에 따르면, "대학 진학과 사회 진출의 기초를 마련하려면 학생들은 글을 쓰는 방법을 배워야 한다. 작문은 의견을 피력하거나 지지하는 수단이고, 자신이 공부하고 있는 내용을 이해하고 있음을 보여주는 수단이며, 실제 경험이나 가상의 사건을 효과적으로 전달하는 수단이기 때문이다. 학생들은 작문의 주요 목적이 다른 사람들에게 자신의 생각을 명확히 전달하는 데 있으며, 글의 형식과 내용을 조합하여 글을 완성하는 과정이 곧 특정 과업 및 목적을 달성하는 것임을 분명하게 인식할 필요가 있다. 그러므로 학생들은 시간과 노력을 작문을 익히는 데 투입해야 한다." 성취기준을 마련한 전문가들은 이러한 성취기준의 요구가 얼마나 충족되었는지, 교사의 학생 지도를 개선하는 데 어떤 지침이 필요한지를 결정하기 위해 총괄 평가나 형성 평가를 시행하고 싶어 할 것이다.

텍스트 기반의 작문에서 학생들은 과제 지시에 따라 글을 쓰기 위해 글을 읽는다. 과제 지시문은 학생들이 읽어야 할 글, 즉 해당 텍스트를 기반으로 작성된 것이다. 학생들이 읽어야 하는 텍스트는 한 문단이거나 그 이상일 수도 있다.

"여러분은 이제는 〈나의 애완동물, 보아 뱀〉이라는 책을 읽게 될 것입니다. 이 책은 Susan이라는 이름의 소녀에 관한 이야기입니다. Susan의 애완동물은 보아 뱀입니다. 이 책은 뱀을 애완동물로 기르면 어떤 일이 일어나는지, 어떤 흥미로운 일이 생기는지를 알려줍니다. 부모님께서 여러분에게 애완동물로 뱀을 사 주셨다고 상상해 보세요. Susan의 이야기를 바탕으로, 뱀을 돌보게 된다면 어떨지, 애완동물로 뱀을 가지게 된다면 흥미로울지 적어 보세요."

이러한 글은 학생들에게 자신의 개성을 표현하도록 해 주며, 책을 바탕으로 과제를 수행하게 해 준다. 이때 근거가 되는 텍스트는 글 써야 하는 학생의 주의를 다소 적게 끄는 경우도 있다. 다음 작문 과제는 이러한 예이다.

"Rachel Carson이 1962년에 〈침묵의 봄〉이라는 책을 통해서 환경오염의 위험을 경고했다(요약). 다음 아래의 두 글은 Rachel Carson의 이러한 경고에 대한 의견을 담고 있는데, 첫 번째 글에서는 그러한 위험은 이제는 없어졌다고 주장하고 있으며, 두 번째 글에서는 그 경고처럼 상황이 안 좋아졌다고 주장하고 있다. 여러분은 이 두 가지 의견의 장점과 단점은 무엇이라고 생각하는가?"

새롭게 등장한 성취기준의 요구에 따라 작문은 교실에서 많이 쓰이게 되었다. 그러나 이로 인해 교사들은 기회와 도전에 모두 직면하게 되었다. 학생들이 작문을 학습했다는 증거는 어디에서나 구할 수 있다. 책의 각 장 말미에, 또는 단편 이야기의 말미에 달린 보고서 쓰기, 과학 기사문에 딸린 요약문 쓰기, 역사 사건에 대한 의견서 쓰기, 시사 사건에 대한 에세이 쓰기 등이 그렇다. 이러한 증거는 학생이 글을 쓸 때 내용과 형식을 얼마나 잘 다룰 수 있는지를 보여준다.

그런데 교사가 학생들의 모든 글을 보고 점수를 매기기는 거의 불가능하다. 그렇다고 교사가 학생들의 노력을 무시할 수도 없다. 이러한 문제를 해결하는 좋은 방법은, 학생들에게 지시 사항을 안내하거나 학생의 발달 정도를 문서화하는 데에 가장 유용한 학생 글을 선택한 후 형성 평가의 방법을 적용하여 평가하는 것이다. 이 과정에서 학생들도 진정한 쓰기의 조건을 이해하게 될 것이다. 결국에는 교사와 다른 학생들로부터 지지를 받을 수 있을 것이다. 학생들은 SAT와 같은 표준화 시험의 일반적 요구형 작문의 현실에 대해서도 배워야 할 필요가 있다. 각각의 상황은 형성 평가 시행 방법들이 가지고 있는 특징을 검토할 수 있게 해 준다.

텍스트 기반의 작문은 학생이 텍스트를 읽고 알게 된 것이 '무엇'인지에 대한 정보와, 학생이 그 무엇을 '얼마나 잘' 전달하는지와 관련된 '질'의 정보를 담고 있다. 성취기준의 요구 사항 중 하나는 모든 교과 학습을 통합하는 방법으로서 작문의 역할이 매우 중요하다는 점을 교사들이 인식할 수 있게 하는 것이다. 교과 학습에서는 특히 내용으로서의 '무엇'이 중요하다. 그러나 우리가 이 장에서 주목하는 것은 효과적인 의사소통 방법과 관련된 '어떻게 잘'과 관련된 문제이다.

학생들은 자신이 알고 있는 '내용'(주제)을 '얼마나 잘' 전달하는가? 이에 대한 답은 교실 토론과 교사 질문을 통해서 마련할 수 있다. 그러나 이러한 방식에도 몇 가지 문제가 있는데, 종종 그 과정이 일방적으로 되어버린다는 것이다. 즉, 교사가 발화를 주도하고 학생은 말을 별로 하지 않으며, 학생들이 글을 쓸 수 있는 기회는 거의 주어지지 않는다. 소집단 운영이 대안이 될 수도 있지만 관리 부담이라는 문제가 발생한다. 증거 수집을 위해 문서화하는 것도 간단하지 않다.

작문은 이러한 문제에 대해 실제적인 답을 제공한다. 모든 학생이 동시에 말하는 것을 불가능하지만 글은 모두 동시에 쓸 수 있다. 글은 학생들의 발화처럼 공중으로 사라지지도 않는다. 물론 전제가 필요하다. 첫째, 학생들은 자신이 쓰려는 내용을 잘 포착해서 써야 하며, 둘째, 누군가는 평가 업무를 해야 한다는 것이다. 우리는 이를 충족할 수 있는 작문 과제 전반을 다룰 여유는 없다. 다만 대안으로 간단한 노트 필기(현재는 거의 사용하지 않는 방식), 독서 노트(학생들은 자신이 읽은 글이나 책 중에서 재미있거나 중요한 내용에 자신의 생각을 반응을 적는다), 빨리 쓰기, 다른 친구들과 협력하는 집단 프로젝트 등을 생각해볼 수 있다.

이러한 과제에서 알 수 있든 학생들은 저학년 때부터 지속적으로 '많은 시간과 노력을 작문에 쏟아야' 한다. 이것이 공통 핵심 성취기준이 요구하는 사항이다. 이러한 과제들은 교사의 평가와 피드백을 요구하는 것이어서 이 업무가 교사를 압도할 수도 있다. 이에 우리는 교사에게 모든 책임을 지우는 관점을 전환하여 이러한 방법이 학생들이 책임감을 배우는 기회로 쓰일 수 있기를 기대한다.

작문의 질과 내용의 분리는 텍스트 기반의 작문 평가에서 중요한 첫 단계이다. 어떤 학생은 글은 잘 썼지만 글의 내용이 주제에 벗어날 수 있다. 어떤 학생은 구성이 엉성하고 단어 철자나 문법이 틀린 글을 제출할 수도 있다. 그러나 그 학생들은 열심히 노력하고 있으며, 글에서 무엇인가를 말하고자 하는 것이 적절하게 느껴질 수 있다. 여기에서 중요한 문제는 학생 글에 형식상의 문제점이 있음에도 불구하고 글의 실체를 중요하게 생각해야 한다는 것이다.

성취기준에서 요구하는 문해 활동과 내용의 통합은 작문 평가에 새로운 문제를 제기한다. 과거에 학생들은 작문 시험을 치러야 했으며, 작문의 질은 중요했다. 아래에 정리한, 글의 주요 특성을 바탕으로 한 채점 기준은 이를 위해 개발된 것이다.

학생들은 중요하다고 판단되는 여러 가지 주제에 대해 알고 있는 내용을 드러내 보이라는 요구를 받았다. 어떤 때에는 작문으로, 어떤 때에는 선택형 시험으로. 공통 핵심 성취기준은 학생들에게 학교에서 배운 교과의 내용을 잘 갖추어진 에세이를 써서 보여 보라고 요구하고 있는 것이다. 교실에서 이루어지는 형성 평가의 관점에서 보면, 교사는 정교하게 다듬은 '질문'도 준비해야 하고, 내용과 작문의 질을 어떤 관점에서 볼 것인가에 대한 답도 준비해야 한다.

교사가 내용과 작문의 질을 어떻게 다루어야 하는가와 관련하여 다음 2가지의 실제적인 아이디어를 참고할 필요가 있다. 첫째, 총체적 채점은 비록 가장 쉽고 빠르기는 해도 최선의 방법이라고 하기 어렵다. 총체적 채점에서는 10점미만의 단 단위 점수, 등급이나 판정을 주로 사용하는데, 이를 통해서는 학생 작문의 질도 내용도 잘 알기 어렵다. 이를 극복하는 대안적 방법 중 하나는 한 편의 글에 대하여 '내용'으로 한 번 채점하고, '작문의 질'을 분리하여 한 번 더 채점하는 것이다. 글이 너무 형편없어서 내용을 판단하기 어려운 경우, 이렇게 분리해서 채점하는 방법은 최고의 피드백이 될 수도 있다. '작문의 질'은 점수를 받아도 '내용'은 점수를 받을 수 없을 테니.

둘째, 과제 지시문에 내용에 대한 기대 사항을 명확히 표시하면 작문 평가가 그만큼 더 쉬워진다. 텍스트 기반의 작문 평가에서는 학생들이 글을 쓸 때 텍스트를 어떻게 활용해야 하는지를 명확하게 밝히는 것이 가능하다. 예를 들면, '글의 중심 내용을 요약하시오, 글의 정보를 당신의 경험과 관련지어 쓰시오, 글의 주장을 비판하시오, 장단점을 쓰시오.' 등을 들 수 있다. 이러한 지시 사항은 학생들에게 지침의 역할을 하므로 교사는 이 기준에 맞춰 채점하면 된다.

이제는 작문의 질을 평가하기 위한 방법으로서 분석적 채점, 즉 주요 특성 평가를 다루어 보기로 하자. 이 방법은 현재 매우 널리 쓰이고 있는데, 가장 널리 쓰이는 것은 글의 주요 특성을 6가지로 정리한 방법이다(기존의 5가지에 1가지를 추가).

- 아이디어: 글에는 핵심적인 내용이나 주제가 포함되어 있다. 이는 세부 내용, 일화, 유사한 하위 내용으로 구체화된다.
- 구성: 글 내용의 순서나 배치는 일관성이 있다. 여기에는 글의 핵심이나 주제를 전달하는 명확한 방향이 드러난다.
- 목소리: 글쓴이는 직접적으로 독자에게 말을 하고, 글의 목적과 예상독자에 대한 인식이 잘 드러난다.
- 단어 선택: 단어는 간결하고 적합하며 풍부해야 한다.
- 문장 유창성: 문장이 매끄럽고 다양하며, 문장과 문장이 긴밀하게 이어진다. (문장의 관습과 관련된 사항은 '관습' 항목에서 다룬다.)
- 관습: 철자법, 문법, 구두점, 문단 구성 및 구분이 적절하다.
- 표현: 손글씨, 효과적인 배치, 적절한 그림과 같은 글의 외적 요소가 잘 이루어져 있다. 컴퓨터를 이용한 글의 편집도 여기에 포함된다.

주요 특성 평가를 적용할 때 여러 가지 자원을 활용하는 것이 가능하다. 예를 들면, 각 특성별로 다양한 성취 수준을 보여주는 학생 글의 예시 자료를 활용할 수 있다(Northwest Regional Educational Laboratory, 2012). 작문 평가를 적용할 때에는 이러한 자원을 잘 이용하는 것이 중요하다. 이러한 자원을 활용하는 작문 평가는, 학생들이 초등학교에서 고등학교를 거쳐 글쓰기를 업으로 하는 직업(신문

기자, 잡지·책 편집자)이나 글쓰기가 중요한 직업(업무로 메모나 문서를 작성하는 사람)을 준비하는 데 도움을 준다. 성취기준에서는 이처럼 대학 진학 및 취업 준비로서 작문을 강조하고 있다는 사실을 기억해 둘 필요가 있다.

글 주요 특성 평가 방법은 효과가 좋으며 비교적 사용하기도 쉽다. 컴퓨터를 활용한 채점에도 활용할 수 있으며 특정 용도에 맞추게 수정하여 사용하는 것도 가능하다. 주요 특성 평가 방법의 이러한 특징은 큰 도움이 된다(예, CTB, 2012).

그러나 몇 가지 주의점도 있다. 첫째, 목소리(voice)는 학생 작문에서 중요하기도 하지만 문제를 초래하기도 한다. 고등학교 수준 이상에서 이루어지는 깊이 있는 작문의 경우, 명확한 목적이나 예상독자 인식이 중요하다. 그러나 안타깝게도 작문 과제의 지시문에서는 이러한 특성을 적절하게 규정하지 못하고 있다. 예상독자는 교사이거나(암묵적으로) 혹은 인위적인 대상(부모님께 편지를 쓰라는 방식)일 수 있는데, 이때에는 글의 목적이 상실되거나 인위적으로 느껴질 수 있다. 그 결과, 학생의 글에는 실제적인 학생의 목소리가 나타나기 어렵다. 그러므로 문제의 원인은 학생이 아니라 지시문 그 자체에 있다고 할 수 있다.

작문 과제는 작문 과제 일뿐이다. 이러한 조건 아래에서 학생들이 자신의 글에 진실성 있는 목적에 바탕으로 하여 예상독자를 염두에 둔 개인적인 목소리를 내도록 기대하는 것은 비현실적이다. 오히려 학생의 진심을 추론하면 다음과 같을 것이다. '나는 이 글을 Martin 선생님이 쓰라고 하시니 억지로 쓸 뿐이다. 나는 그래야만하기 때문이다. 나는 B 정도만 받으면 된다. 최선을 다할 필요 따위는 없다! 그러나 낙제는 하지 않기를 원한다.' 이러한 문제는 두 가지 방식으로 다룰 수 있다. 첫째, 교실 내에서 가능하면 진실성을 갖춘 사실적인 상황을 설정하는 것이다(어떤 주제는 다른 것보다 더욱 재미있고 학생 본인에게 더욱 적합하다). 둘째, 교실 밖에서 기회를 찾는 것이다. 학교에서 인터넷 접속이 자유롭지 않을 수 있지만 인터넷을 활용하면 학생들이 세계의 다른 나라 사람들과 진실성 있는 대화를 할 수 있는 여지가 있다.

둘째, 글의 길이도 쟁점 중의 하나이다. 작문 전문가들은 글의 길이에 대해 의견이 갈린다. 어떤 전문가들은 이를 언급하는 것조차 잘못이라고 생각하기도 한다. 많이 쓰는 것이 항상 좋은 것은 아니지만 양이 충분하지 않으면 위험하다는 것을 학생들이 알 필요가 있다. 물론 양이 너무 많은 것도 위험하다. 교사들은 일반적으로 작문 과제를 부여할 때 길이를 지정한다(4문장, 2페이지 등). 길이를 규정하지 않은 경우에도 글의 길이가 중요할 때가 있다. 다른 모든 학생이 한 페이지를 써서 제출할 때 단지 세 문장만을 써서 제출한 5학년 학생의 성적은 더 낮을 것이다. 비록 문장이 좋고 주제에 잘 부합하는 경우라도 그렇다. 초등학교에서는 길게 써야 좋은 성적을 받을 가능성이 높다. 초고의 경우에도 그렇다. 학년이 올라가면 과제의 성격이 중요해질지도 모른다. 그러나 여기에서 기억해야 할 것은, 대학 입학을 위한 작문 시험에서는 중요한 것은 내용도 형식도 아닌 길이라는 점이다.

셋째, 작문 과제에서 요구하는 장르도 짚어볼 필요가 있다. 장르는 작문 과제가 요구하는 글의 유형과 관련되어 있다(Schleppegrel, 2004). 서사문과 설명문의 구분, 이야기와 보고서의 구분은 중요한 작문 활동의 첫걸음이며, 학생들은 이들의 차이를 변별함으로써 많은 것을 얻을 수가 있다. 성취기준에서 이를 강조하는 것도 이 때문일 것이다. 우리의 생각으로는, 학생들이 정보 전달의 장르 내에서 세부적인 장르를 변별이 점차 중요해질 것이다. 예를 들어 서사문 평가 기준에 화제의 초점, 도입, 결론과 항목이 있다고 해 보자. 그런데 이러한 항목은 서사문 형식과는 어울리지 않는다. 서사문은 주제, 배경, 갈등 해결과 같은 항목으로 구성되어 있기 때문이다(Lukens, 2002). 정보 텍스트의 경우, 5문단의 단순 설명문을 계획하는 것은 비교와 대조로 분석하는 글, 과정을 설명하는 글, 설득적인 글의 계획과는 매우 다르다(Chambliss & Calfee, 1998).

넷째, 내용과 관련한 쟁점도 있다. 내용은 글의 본질과 관련이 있다. 내용에 대해서는 앞에서 다루었지만 6개의 주요 특성 평가에는 포함되어 있지는 않다. 내용을 평가하려면 어떠한 채점 기준을 사용할 수 있는가? 이에 대한 답변 중 하나는 채점 기준으로 주제의 범위를 사용하는 것이다. 과제가 지진에 관한 것일 때, 학생은 지진에 관한 내용만을 다루어야할까?

이 문제가 단순한 듯 보이지만 사실 의견이 분분하다. 학생들은 다양한 자료를 바탕으로 글을 작성할 수도 있고, 복사하여 붙여넣기를 하는 수준으로 작성할 수도 있다. 어떤 학생은 그 주제를 이야기로 발전시켜 San Francisco의 Loma Prieta 지진에 관련된 자신의 경험을 풀어놓을 수 있고, 어떤 학생은 참고 자료의 내용과 자신의 경험을 결합하여 새로운 글로 만들어냄으로써 지진에 대한 자신의 이해를 보여줄 수도 있다. 내용 변주의 폭이 큰 상황이므로 어떻게 채점할 것인가가 쟁점이 되지 않을 수 없다.

이를 해결하는 좋은 방법 중의 하나는 이러한 활동을 구분하는 것이다. 요약하기와 노트 기록하기는 글의 핵심을 배울 수 있고 관습을 연습할 수 있는 맥락을 제공한다는 점에서 학생들에게 중요한 기능이라고 할 수 있다. 스토리텔링 중심의 작문 활동도 중요한데, 이러한 활동은 설명문 쓰기와는 다른, 새로운 작문 기능을 익힐 수 있는 기회를 제공하기 때문이다. 물론 대학교 졸업 시험을 위한 스토리텔링 기반의 작문은 거의 없으나, 교육의 국면에서는 시험의 국면보다 장르의 범위를 더 넓게 유지하는 것이 바람직하다.

실제적 관점에서 볼 때, 텍스트 기반의 작문 평가에는 작문 과제가 요구하는 내용을 학생이 '변형'하여 서술하는지를 측정하는 채점 기준도 포함되어야 한다(Bereiter & Scardamalia, 1987). 이때의 난점은 교실에서 이를 올바로 평가할 수 있을지의 여부이다. 이상적으로는 교사가 학생들에게 지진(혹은 지각판과 같은 더욱 일반적인 내용)

같은 내용교과의 주제를 지도하고, 개인별로 또는 소집단별로 추가 자료를 읽고 탐구하는 활동을 수행하도록 하는 것이다. 이 과정에서 교사도 낯선 영역을 탐구할 수 있다면 가장 바람직한 수업이 펼쳐질 것이다. 그러나 교사가 모든 영역의 전문가가 될 수는 없다. 그럴 필요도 없다. 그럼에도 불구하고 교사 자신도 잘 알지 못하는 영역에서 길을 잃지 않고 학생들에게는 탐구의 자유를 제공하면서도, 내용의 다양한 변주를 보이는 학생들 보고서의 질과 정확성을 어떻게 판단할 수 있을까?

과학에 관한 독서 작문 프로젝트에서(Miller & Calfee, 2004), 우리는 동료들과 함께 이러한 문제의 해결책을 찾기 위해 많은 노력을 기울였다. 그 결과, 학생들은 자신의 글에 기본 개념이나 관계를 포함하거나, 스키마라고 알려진 지식의 체계를 드러내거나(Anderson, Spiro, & Anderson, 1978), 아니면 특정한 방식으로 연결된 내용이나 단어를 사용하는 것이 중요하다는 것을 알게 되었다. 이는 발표를 평가하는 틀로 활용하는 것도 가능하다.

예를 들어 학년 전체 학생들에게 '화산'을 주제로 제시하였을 때 학생들의 글은 두 가지의 형태로 나타날 것이다. 첫 번째 형태는 식초 소다 설명 모형으로, 이러한 성분을 적색 색소와 섞어 점토로 만든 모형 화산에 부은 다음, 화산의 마그마 분출을 설명하는 것이다. 두 번째의 다른 형태는 판구조론 설명으로 지구는 마그마의 움직임으로 인하여 큰 판으로 나뉘며, 여기에서 완두 수프를 끓일 때처럼 화산이 분출된다고 설명하는 방식이다. 학생이 화산 주제를 선택했다면, 이 내용을 담는 글에는 어떤 형식으로든 완두 수프 설명 모형을 포함해야 한다.

이와 관련된 좋은 예는 하와이 호놀룰루 근처 학교 학생들의 소집단 프로젝트를 관찰하면서 얻을 수가 있다. 학생들은 교실에서 실험해 본 식초 소다 설명 모형과, 자신들이 직접 경험하는 화산 지역에 대해 독서 자료를 통해 배운 내용 사이에 존재하는 차이점을 비교한

장문의 글을 주간 신문에 실은 바 있다. 이 학생들이 작성한 보고서
는 깊이 있는, 내용 변형의 학습을 잘 보여 준다.

교실 기반 작문 평가의 구축

앞에서 언급했듯이, 공통 핵심 성취기준은 교사들에게 학생들이
경험하는 유치원에서 고등학교 때까지의 독서 학습 및 작문 학습,
교과 내용 학습을 추적할 수 있도록 해 준다는 점에서, 그리고 그
과정에서 학생들을 파트너로 참여할 수 있도록 해 준다는 점에서 중
요한 의의가 있다.

평가 협력단은 형성 평가 패키지를 개발하고 있는 중인데 여기에
는 교사를 지원하기 위한 여러 가지 실행 모형이 담길 예정이다. 그
러나 실제 진행은 이를 담당하는 교사에 따라 달라진다. 이는 작문
수행 평가가 개별 교실의 상황에 맞게 만들어져야 함을 의미한다.
이것이 충분히 '가능하다'는 사실은 1980~1990년대 부흥했던 수행
평가(Finch, 1991), 작문 포트폴리오 평가(Calfee & Perfumo, 1996),
미국 캘리포니아 학습 평가 시스템(CLAS; Ormsby, 1994) 등을 보면
알 수가 있다. 성취기준이 요구하는 대로 모든 학생이 고등학교를
졸업할 때 작문 중심의 대학 수학 능력과 직장 직무 능력을 갖추도록
하려면 이러한 체제를 다시 살릴 필요가 있다.

이제 이 장의 마지막에 왔으니 교육과정에 결합된 작문을 위한 역동
적 평가 시스템의 구축 방법에 대해 설명하고자 한다(Calfee & Miller,
2005). 여기에서 설명하는 내용은 어떤 작문 평가에서든 중요하다. 작
문을 지도하는 교사는 매일매일 범교과적 내용을 다루고 있는데, 여기
에서 작문의 역동적 평가 시스템을 설명하는 목적은 이런 교사가 담당
하는 교실 수업의 맥락과 작문 평가를 결합하려는 데 있다.

대단위 작문 평가를 개발하는 기관은 그 기관이 어느 곳이든 전문

가로 팀을 꾸리고, 예비 검사를 반복적으로 시행해 보고, 그 결과를 어떻게 통계적으로 처리할 것인지를 계획한다. 이러한 장면은 학생을 지도하는 교사의 작문 평가 계획과는 사뭇 다르다. 교사가 계획하는 작문 평가는 비교적 자발적으로 부담이 크지 않은 형성 평가의 방식으로 한 번만 시행하기 때문이다. 학습을 고려하면 교사가 시행하는 평가가 더 중요하다. 물론 이는 교사가 학생의 학습에 대한 자신의 판단을 알리기 위한 목적으로 사용한다는 가정을 전제로 한 것이다. 평가 시행에 대한 부담은 크지 않지만 교사의 판단은 매우 중요하다.

교실 기반 평가에 대한 우리의 생각을 펼치기 전에 표면적으로 비슷하게 보이는 다른 프로그램과의 차이점을 다루기로 하자.

지역의 많은 학교가 '중간 벤치마크(interim benchmark)'를 채택하여 학생들의 학습 진행 상황을 점검하고 있으며, 이에 따른 결과를 지시할 때에 사용하기도 한다. 이러한 '중간 벤치마크'는 공통 핵심 성취기준 평가 일부가 될 수도 있다. 그러나 '중간 벤치마크'는 사실상 표준화 시험과 유사하며, 실제적인 목적에 비추어 보면 표준화 시험과 동일하다고 볼 수 있다. '중간 벤치마크'는 미리 수립되어 있는 계획에 따라 실시되고, 결과는 표준화 처리 방식을 따르며, 결과 보고서는 너무 일반적이어서 지도 방법을 개선하는 데 활용하기가 어렵다.

교과서 패키지에는 말미에 단원 평가가 포함되어 있는데, 이는 실제적으로 '중간 벤치마크' 시험과 동일하다. 마지막으로 중재 반응(RTI, Lipson & Wixson, 2010)을 살펴보자. 중재 반응은 비유컨대 주문대로 한다는 것처럼 들린다. 먼저 개입하여 중재 프로그램을 투입하고, 그 후 학생들의 요구 사항에 어떻게 반응할지를 결정하는 것이기 때문이다. 전형적인 중재가 그러하듯 시험은 일반적인 속성을 지니고 있다. 그러나 교실 기반 작문 평가는 일반적이지 않다. 교실을 기반으로 하는 작문 평가는 교실의 특정 상황에 맞게 이루어진다. 교사가 설계한 학습 활동을 기반으로 하거나 기존 수업 모형을 변경하여 사용한다.

(교실에서 업무를 보기에도 바쁜) 교사가 이러한 작문 평가 과제에 접근할 수 있는 방법에는 어떤 것이 있을까? 작문 평가에서 요구되는 기본 사항은 작문 과제의 지시문(prompts), 절차(procedures), 채점 기준(rubrics)인데, 이것은 형성 평가이든 총괄 평가이든 모두 비슷하다. 우리가 이 장에서 다루고 있는 것은 텍스트에 기반한 작문 평가인데, 개방적인 상황에서 쓰이는 이 텍스트 기반의 작문 평가도 지시문, 절차, 채점 기준표라는 기본 사항은 동일하게 적용된다. 이 세 가지 요소는 형성 평가에도 적용된다는 점을 염두에 두고 각각의 요소를 검토해 보기로 하자.

첫째, 작문 과제의 '지시문'이다. 작문 과제의 지시문은 작문의 질에 미치는 영향이 큼에도 불구하고 이를 검증한 과학적 연구는 찾아보기 어렵다. 지시문의 중요성에 비추어 볼 때 이는 매우 흥미로운 대목이다. 작문 과제의 지시문은 통상 한 문단 정도의 분량으로 작성한다. 짧은 지면 안에 교사는 다음 사항을 모두 포함해서 지시문을 작성해야 한다.

- 학생들이 글의 핵심적인 화제에 주의를 기울이고 사전 지식(목표로 삼는 텍스트의 사전 지식을 포함하여)을 활성화할 수 있도록 중심 문장을 작성한다. 중심 문장은 작문 과제에 대한 사고를 안내하는 역할도 할 수 있어야 한다.
- 가능하면 명확하게 작문의 목적을 제시한다. '이야기하시오, 기술하시오, 설명하시오, 확인하시오, 예시하시오' 같은 단어는 이러한 목적에 부합한다. 특히 학생들이 이러한 단어에 대해 배웠다면 더욱 그렇다.
- 예상독자가 누구인지를 파악한다. 학교 작문에서는 이것이 문제적이다. 모든 학생들은 교사를 실제적인 독자라고 알고 있기 때문이다. 그럼에도 불구하고 학생들은 다양한 예상독자를 가정하고 이에 따라 글을 쓰는 방법을 배워야 한다. 사실 글 쓰는 사람들은 상상에 의지하기도 한다. Freedman(1997)은 San Francisco와 London의 고등학생들이 서로를 독자로 가정하여 쓴 글을 분석하여 이러한 방법의 가능성을 다룬 바 있다.

힘 안 들이고도 교장, 시장, 신문 편집자 등과 같이 지역의 독자를 상상할 수 있다. 독자가 없는 글을 쓴다는 것은 맥 빠지는 일이다.

- 가능하면 학생들이 완성해야 할 글의 형식을 안내한다. 글의 형식은 한 문단(또는 그 이상)으로 쓰라거나, 편지글(문체적으로 학생들이 선호하는 글)로 쓰라거나 하는 형태로 서술할 수 있다.

- 학생들이 제출한 글을 채점할 때 적용할 기준을 가능한 한 많이 안내한다. 만약 책이 제공되는 경우에는 이를 어떻게 사용해야 하는지, 제출해야 할 글이 초고여도 되는지, 아니면 최종적으로 완성본이어야 하는지도 알려 준다. 교실 평가에서는 채점 기준을 학기 초에 알리고 정기적으로 (피드백을 통해서) 이 기준에 따라 연습을 한다. 주요 특성 평가를 적용하는 경우에는 글의 특성과 채점 기준에 대해서 학생들과 토의하여 정한다. 글에서 다루어야 하는 내용이 중요할 때에는(중요해야 할 때에는), 교실에서 학생들과 함께 내용의 주요 사항을 점검한다.

- 지시문의 지시 조건이 요구하는 사항에 대한 가능한 답변을 생각해 보고, 학생들은 어떻게 답할 수 있을지를 생각해 본다. 학생들이 어떠한 경로로 답에 접근해 갈 것인지, 학생들이 어떤 어려움에 직면하게 될지, 어떤 지점에서 혼란을 겪을 수 있을지를 생각한다. 예를 들어 다음과 같은 지시문을 고려한다.

"상록수와 낙엽수의 차이점을 기술하시오. 여러분의 개인적 경험에 비추어 볼 때, 여러분이 좋아하는 나무는 무엇인가요?"

학생들에게 개인적인 경험을 바탕으로 글을 쓰라고 하면(작문 과제의 지시문에 종종 쓰인다) 학생들은 주제와 관련된 경험을 자유롭게 선택하여 잘 쓰기도 하지만 어떻게 해야 할지를 모르는 경우도 발생한다. 따라서 지시문에서 학생들에게 개인 경험을 적지 말라고 하지는 않은 채 이의 사용을 허용할 때에는 세심한 주의가 필요하다.

둘째, 작문 평가의 절차이다. 작문 평가의 절차는, 이상적인 상황에서는 쓰기 과정에 대해 알고 있는 사항에 기반하여 이루어진다(Gray, 2000). 절차에서 가장 먼저 생각해 보아야 할 것은 '시간'이다. 학생들은 시간이 필요하고, 주제에 대한 정보가 필요하고, 메모 용지도 필요하고, 지지와 조언도 필요하고 작문 전략도 필요하다. 시간은 교실에서 가장 귀중한 자원이다. 그러나 보통은 기본적인 작문 과제일 경우일지라도 충분한 시간은 주어지지 않는다. 시간은 독서와 채점에도 필요하고, 토의와 검토에도 필요하며, 개별 학생의 요구 사항을 다루는 데 필요하다. 이러한 상황이니 많은 교사들이 작문 활동에 우선순위를 두고 시간을 배정하지 않는 것은 하나도 이상할 게 없다. 우리는 이 문제와 관련하여 두 가지 제안을 하고자 한다.

하나는 학생들에게 주제 없이 글을 쓰게 요구해서는 안 된다는 것이고, 다른 하나는 학생들을 평가 과정에 참여하도록 하는 것이다. 주제 없는 글쓰기란 쓰기만을 위한 연습(지역에서 이루어지는 평가를 포함하여)을 뜻한다. 이것은 비유하자면 운전면허 시험을 보는 것과 같다. 여러분은 여러분이 자동차를 운전할 수 있을 만큼 기능을 숙달했다는 것을 보여주기 위해 운전을 하지만, 어떤 목적지로 향하는 것은 아니다. 그냥 운전을 해야 하니 운전을 하는 것이다. 학교 교과목에서 화법과 작문은 학생들이 지식, 추론 능력, 의사소통 능력을 보여주는 통로를 제공한다. 특히 중요도 높은 작문 과제는 학생들의 상상과 열정을 불러일으킨다. 그러나 주제가 없으면 이것이 불가능하다.

다음은 '화제'와 관련된 문제인데, 이에 대해서는 텍스트 기반의 작문인가, 독립적인 작문인가를 구분하는 자리에서 이미 논의하였다. 여러분들 대부분은 지난 학창 시절에 책을 덮고 치른 시험을 기억할 것이다(이러한 것은 요즘도 실시되고 있다). 학교 졸업 후 사회에서 경험한 작문 상황과 비교하면 차이가 크다. 전문 필자들은 책을 보지 않고서는 좀처럼 문제에 접근하려(그에 대한 글을 쓰려) 하지 않는다. 여러분을 수술하는 의사가 "이번 수술은 (수술에 참고할 만한) 책을 무시한 상태로 한번 해 보자"라고 하면 몸을 그 의사에게 맡기겠는가?(아마도 끔찍한 일이 펼쳐지지 않겠는가?) 그래서 우리는 가능하면 정보를 공개해야 한다고 제안하는 것이다. 미래의 교실 벽에는 노트, 그래프, 사진 등이 가득 차 있어야 한다.

절차의 요소 중에서 '단어'도 중요한 문제이다. 글 쓰는 사람이 가장 원하는 것은 단어이다. 학생들이 고개를 들어 교실 벽을 바라보다가 새로운 단어나 및 문구를 발견한다면 나은 글을 쓸 수 있을 것이다. 글쓰기가 업인 전문 작가들도 이러한 방식에 의존하여 단어를 발견하곤 한다. 방 여기저기에 메모지를 붙여놓고 글 쓸 때 참고하기도 한다.

절차의 요소로서 '컴퓨터'도 검토해 보기로 하자. 첨단 기술자들은 학생들이 글을 쓸 때 컴퓨터를 어떻게 활용할 수 있을지에 대해 깊이 연구해 왔다. 이 전문가들은 초고 준비는 종이에 하고 초고 수정 및 출판은 컴퓨터를 활용하는 것을 제안하기도 하고, 자기들처럼 "처음부터 컴퓨터로 글을 쓰는 것은 어떻겠는가?"라고 제안하기도 한다. 사실 이러한 제안을 하는 전문가들도 시작할 때에는 종이에 기본 스케치를 하곤 한다. 인쇄한 종이를 이용하여 떠오르는 생각을 급히 휘갈겨 쓰거나 그림을 그려 메모해 두기도 한다. 처음부터 컴퓨터에 직접 쓰려면 연습이 많이 필요하다(Whitham, 2005; Herrington, Hodgson, & Moran, 2009; Huot & Neal, 2008).

절차 요소에서 빠뜨릴 수 없는 것은 '사회적 맥락'이다. 교사가 사회적 맥락(소집단 구성 같은)을 어떻게 조절하는가의 문제도 중요한 역할을 한다. 글을 쓴다는 것은 외로운 작업이다. 그렇지만 두 사람이 같이 하면 협력에서 오는 즐거움을 배울 수가 있다(물론 좌절을 겪을 수도 있다). 우리는 교사들이 학생들에게 소집단에서 글을 써야 하는 과제를 내 주어야 한다고 생각한다. 이때 교사는 학생들에게 소집단 활동을 할 때 어떻게 협력해야 하야 하는지를 안내해 주고 그 협력의 과정을 점검할 필요가 있다. 대학이나 직장에서 이루어지는 작문은 대부분 다른 사람과의 협력 과정에서 이루어진다. 이러한 협력은 장기적으로 이득이 된다. 성취기준에서도 작문 영역과 화법 영역에서는 협력적인 과제를 이용해야 한다고 규정하고 있다.

절차에서 마지막 요소는 '전략'이다. 전략은 학생들이 글을 쓰는 과정과 관련이 있다(Tompkins, 2011). 작문 과정은 매우 다양한 모습으로 변주되지만 핵심적인 국면을 추려 요약하면 (1) 내용 생성과 초고 작성, (2) 검토와 수정, (3) 퇴고와 출판의 단계로 정리할 수 있다. 모든 작문 평가가 이 세 단계를 반영하고 있는 것은 아니지만, 작문 평가를 계획하고 시행할 때에는 이 세 단계를 설계의 근간으로 삼는 것이 바람직하다. 표준화 시험에서조차 내용을 생성하고 초고를 작성하는 단계를 포함하고 있다.

셋째, 채점 기준에 대해서 살펴보기로 하자. 학생들은 작문 과제를 얼마나 잘 완성하였는가? 학생이 완성한 글에 어떤 성적을 부여해야 하는가? '성적'이라는 용어는 이제 '채점 기준'이라는 용어로 대체되고 있다. 우리는 독자 여러분이 이 용어에 익숙할 것으로 예상하고 앞에서 이미 사용했다. 이제 여기에서 좀 더 자세히 살펴보고자 한다.

학생들이 글쓰기를 완료하면 총체적 채점 기준을 나누어주는데 이는 적절한 방법이 아니다. 채점 기준을 미리 제시하여 학생들이 글쓰기를 계획할 때에도 참조하고 글쓰기를 진행할 때에도 참조할 수 있게 해 주는 것이 좋다. 계획할 때에는 글의 방향을 정하는 데에, 초고 쓰기가 이루어질 때에는 점검하는 데에 참조점의 역할을 한다. 그래야 글도 잘 쓸 수 있고, 최종 성적을 받고도 놀라지 않는다.

작문 평가에서 채점 기준을 어떻게 설정해야 하는가에 대한 논의는 여러 연구 자료에서 확인할 수 있다(예를 들면 Arter, McTighe, & Guskey, 2001). 채점 기준은 1차적으로는 총체적 기준과 분석적 기준으로 분류할 수 있다.

총체적 채점은 대규모의 작문 평가에서 주로 쓰인다. 총체적 채점을 적용하면 채점자는 학생 글을 간단하게 한번 읽어보고(대부분 몇 분 동안), 10점미만의 단 단위 점수를 부여한다. 총체적 채점을 적용하려면 채점자들은 훈련을 받아야 한다. 훈련을 받을 때 채점자들은 각 채점 항목에 맞추어 선정해 놓은 '예시문'을 검토한다. 이 예시문은 채점의 기준점 역할을 한다. 채점의 일관성을 점검하기 위해 '점검문'을 채점해야 할 글 사이에 끼워 넣는다. 채점자들이 이 점검문을 어떻게 채점했는지를 점검해 본 후, 일관성이 떨어지면 점수와 글의 대응을 다시 조정한다. 필요에 따라 채점 훈련을 반복하는 것도 가능하다. 이러한 과정을 통해 높은 수준의 채점자 간 신뢰도를 확보할 수 있다. 채점자 간 신뢰도란 한 채점자의 채점 결과에 대해 다른 채점자들이 동의한다는 의미이다. 이 채점 방법의 문제는 채점 점수가 의미하는 바가 무엇인지, 이 정보를 가지고 무엇을 할 수 있는지를 알기가 어렵다는 점이다. 실제적인 활용의 측면을 살펴보더라도 총체적 채점 기준은 성적, 즉 총괄 평가의 점수로 쓰인다. 이러한 이유로 인해 총체적 채점 방법은 교실 기반의 작문 평가에는 부합하지 않는다.

이에 비해 분석적 채점 기준은 학생 글의 장단점을 구체적으로 알려준다는 점에서 교사에게나 학생에게도 유용하다. 그러나 이 방법은 적용 방법이 좀 더 복잡하고 시간이 오래 걸린다. 이러한 부담을 어떻게 줄일 수 있는가? 이에 대한 한 가지 답은 '기술'을 활용해야 한다는 것이다. 즉, 컴퓨터의 텍스트 분석 시스템을 활용하면 이 부담을 크게 줄일 수 있다. Intelligent Essay Assessor, E-Rater, CohMetrix 같은 컴퓨터 프로그램(Ericsson & Haswell, 2006; Graesser, McNamara, & Kulikovich, 2011; Hagerman, 2011; Shermis & Daniels, 2003)은 교사나 학생이 작문의 질을 빠르게 평가할 수 있도록 도와준다. 어떤 프로그램은 교과의 내용 스키마에 글이 얼마나 부합하는지를 분석해 주기도 한다. 이 프로그램을 활용하면 어떤 중요한 개념이 있는지 없는지, 화제와 관련된 내용이 있는지 없는지도 쉽게 알 수 있다(예, Pearson Publishing, 2012).

작문 평가에 컴퓨터 프로그램을 활용하자는 우리의 주장이 너무 나간 것 아니냐고 생각하는 독자가 있을지도 모르겠다. 만약 그런 생각이 든다면 얼마 전까지만 해도 글의 이독성을 계산하는 데 꽤 오랜 시간이 걸렸다는 점을 기억해 보기 바란다. 이제는 여러분도 여러분이 사용하고 있는 워드프로세서 프로그램에서 클릭 몇 번만으로 이독성 점수를 쉽게 구할 수 있다. 우리가 쓰고 있는 이 장의 이독성 점수는, Flesch-Kincaid의 이독성 공식에 따르면 우리의 의도보다는 약간 높은 10.5이다.

작문 평가에서 성적이라는 난해한 문제를 다루는 다른 방법은 작문 과제 구성의 권한을 학생들에게 넘겨주는 것이다. 일부를 넘겨줄 수도 있고 전부를 넘겨줄 수도 있다.6) 이 방법은 작문 평가의 전체적인 국면에 적용하는 것도 가능하다. 교사는 여러 가지 방식, 가령 소집단을 구성하여 협력 학습을 하게 하거나 동료 학생의 검토 과정을 도입하는 방식으로 이를 달성할 수 있다. 학생들로 하여금 작문 과제를 위해 서로 협력하게 하고, 자신의 수행 과정 및 결과를 스스로 평가할 수 있도록 가르치는 것보다 그 무엇이 더 유익할 수 있겠는가? 이때 주의할 점은 학생들에게 작문 과제 구성의 권한을 넘겨주더라도 장르의 개념, 글의 특성, 채점 기준에 대해서는 지도해야 한다는 것이다.

학생들에게 작문 과제 구성의 권한을 넘기는 방법은 최소한 두 가지 장점이 있다. 첫째, 학생들이 전적으로 독립적인 학습자가 되고, 학생들이 책임감을 가지고 의사소통의 모든 국면을 다루게 된다는 점이다. 둘째, 교사들이 이제는 더 이상 학생들의 학습에 대한 책임과 부담을 혼자 질 필요가 없다는 점이다. 이 방법을 도입하면 특히 교사는 학생들의 모든 글을 꼼꼼히 읽고 검토해야 할 필요가 없다. 그 대신 교사의 업무는 이제 학생들이 자신이 쓴 글을 읽는 것을 '점검'하고 그에 대해 함께 '토의'하는 것으로 수정된다. 초등학교에서 학생들이 주도하는 학부모 회의는 학부모도 대화에 참석하도록 함으로써 이러한 원칙을 확장하는 데 도움을 준다.

---

6) [역주] 작문 과제 구성의 권한을 학생들에게 넘겨준다고 표현하였지만, 달리 생각하면 작문 과제 구성에 학생들을 참여하게 한다고 보아도 무방하다.

그러나 이 방법에는 다소 번거로운 두 가지 문제가 있다. 첫째, 학생이 자신의 글을 평가해야 하는데, 이를 잘 못하는 경우에는 어떻게 해야 할까? 만약 학생들이 속이려는 의도를 가진 경우에는 어떻게 해야 할까? 둘째, 학생들이 이 방법에 익숙해지려면 작문 과제를 어떻게 다루어야 하는지, 글을 어떻게 검토하고 평가해야 하는지를 알려주어야 하는데, 이 에너지를 교사가 직접 작문 과제를 구성하고 평가하는 데 쓰는 것이 더 낫지 않을까?

이 두 가지 문제에 대한 답은 동일하다. 즉, 학생들이 독립적이고 책임감 있는 학습자가 되도록 교육을 하는 것은 힘들지만, 이러한 도전을 하는 것 자체가 우리나라에서 학교 교육 개혁의 중요한 부분이 될 수 있다는 점이다. 이에 대한 명확한 예는 내용교과 작문, 즉 학습 작문에서 찾아볼 수 있다. 조건이 적절하다면, 작문은 학생들의 사고를 명확하게 보여주는 통로가 된다. 그 결과는 부분적으로는 점수나 등급으로 표현되기도 한다. 그런데 그보다 더욱 중요한 것은 학생들이 작문을 통해서 내용교과의 화제와 과제에 대한 자신의 이해를 드러내어 보여준다는 점이고, '제시된 정보 이상'(Bruner, 1973)으로 나아갈 수 있음을 보여준다는 점이다.

도전과 기회

낙오아동방지법안이 시행된 이후 독서의 기본 기능과 수학의 기본 기능의 중요성은 더 커졌다. 이러한 기본 기능을 학생들이 익히려면 교사들은 학생들이 내용교과에서도 작문을 능숙하게 할 수 있도록 지도해야 한다. 이때 교사들이 잊지 말아야 할 주요 원리는, 작문은 학생들 자신이 이해한 내용을 명료하면서도 체계적으로 제시하는 능력과 관련되어 있는데, 바로 이 점으로 인해 작문이 사고와 의사소통의 핵심적인 도구로 기능한다는 점이다.

교사들이 학생들로 하여금 이를 성취하도록 하는 데에는 형성 평가가 중요 조건으로 작동한다. 전문적이면서도 교육적인 피드백이 작문 과정 및 내용 모두에 제시되지 않으면 작문 과제의 가치를 올바로 실현하기 어렵다. 사실 작문 지도 과정에서 형성 평가를 계획하고 시행하는 것은 그리 어려운 일은 아니다. 연구와 실제 경험을 통하여 형성 평가에 대해서 많은 것을 알고 있기 때문이다. 공통 핵심 성취기준의 지적처럼, 형성 평가를 시행하는 데에는 병원에서 의사들이 그러하듯, 형성 평가에 관한 지식과 기능, 전문적인 능력을 갖춘 교사의 역할이 매우 중요하다. 그리고 형성 평가가 성공적으로 운영되려면 교사가 주도하는 형성 평가의 타당성을 제도적으로 인정할 필요가 있다. 이러한 사항이 선결되어야 형성 평가를 시행할 때 얻을 수 있는 장점을 학생들이 누리도록 할 수 있다.

우리는 독자 여러분이 이 장을 읽는 동안 작문 평가의 계획과 관리에 대해서 어떤 전망을 가지게 되었기를 바란다. 이는 작문 평가의 설계를 시작하게 한다는 점에서 매우 중요하다. 여러분이 오케스트라의 지휘자라고 가정해 보자. 이 장에서 기대하는 지휘자의 역할은 하프 연주자에게 몇 번째 줄을 튕기라거나 팀파니 연주자에게 언제 팀파니를 쳐야 하는지를 말해주는 것이 아니라, 모든 악기의 소리가 어우러진 전체 연주를 듣고 개인이 미처 알지 못하는 사항을 안내하는 것이다. 다음에 더 멋진 연주를 할 수 있도록.

공통 핵심 성취기준에 있는 비유를 인용하면서 이 장을 마무리하고자 한다. 이 장에서 논의한 여러 가지 내용은 바로 이 한 문장에 응축되어 있다. "학생들에게 작문이란 자신이 알고 있거나 경험한 내용, 상상하고 생각하고 느낀 내용을 드러내면서 자신의 주장을 내세우고 방어하는 핵심적인 수단이다."

참고문헌

Adler, M. J., & van Doren, C. (1967). *How to read a book*. New York: Touchstone Books.

Anderson, R. C., Spiro, R. J., & Anderson, M. C. (1978). Schemata as scaffolding for the representation of information in connected discourse. *American Educational Research Journal*, IS, 433~440.

Andrade, H. L., & Gizek, G. J. (Eds.). (2010). *Handbook of formative assessment*. New York: Routledge.

Arter, J. A., McTighe, J., & Guskey, T. R. (2001). *Scoring rubrics in the classroom: Using performance criteria for assessing and improving student performance*. Newbury Park, CA: Sage.

Bereiter, C., & Scardamalia, M. (1987). *The psychology of written composition*. Hillsdale, NJ: Erlbaum.

Black, P., Harris, C., Lee, C., Marshall, B., & William, D. (2003). Assessment for learning: Putting it into practice. Buckingham, UK: Open University Press.

Bruner, J. S. (1973). Beyond the information given: Studies in the psychology of knowing. Oxford, UK: Norton.

Calfee, R. C. (1997). Assessing development and learning over time. In J. Flood, S. B. Heath, & D. Lapp (Eds.), Handbook for literacy educators: Research on teaching the communicative and visual arts (pp. 144~166). New York: Macmillan.

Calfee, R. C., & Hiebert, E. H. (1990). Classroom assessment of reading. In R. Barr, M. Kamil, P. Mosenthal, & P. D. Pearson (Eds.), Handbook of research on reading (2nd ed., pp. 281~309). New York: Longman.

Calfee, R. C., & Miller, R. G. (2005). Breaking ground: Constructing authentic reading-writing assessments for middle and secondary students. In R. Indrisano & J. Paratore (Eds.), Learning to write, writing to learn:

Theory and research in practice (pp. 203~219). Newark, DE: International Reading Association.

Calfee, R. C., & Perfumo, P. (Eds.). (1996). *Writing portfolios in the classroom: Policy and practice, promise and peril*. Mahwah, NJ: Erlbaum.

Chall, J. S. (1995). *Stages of reading development*. New York: Harcourt College Publishers.

Chambliss, M. J., Calfee, R. C. (1998). *Textbooks for learning: Nurturing children's minds*. Oxford, UK: Blackwell.

Chappuis, S., Stiggins, R. J., Arter, J., & Chappuis, J. (2005). Assessment for learning: *An action guide for school leaders*. Portland, OR: Assessment Training Institute.

Chappuis, S., Stiggins, R. J., Chappuis, J., & Arter, J. (2012). Classroom assessment for student learning: Doing it right—using it well (2nd ed.). New York: Pearson.

Cizek, G. J. (2010). An introduction to formative assessment. In H. L. Andrade & G. J. Cizek (Eds.), Handbook of formative assessment (pp. 3~17), New York: Routledge.

College Board. (2006). The keys to effective writing. Retrieved March 13, 2006, from www.collegeboard.com.

Culham, R. (2005). 6+1 traits of writing: The complete guide. Portland OR: Northwest Regional Educational Laboratory.

Educational Testing Service. (2010). Center for K-12 assessment and performance management. Austin, TX: Author. Retrieved April 22, 2012, from www.kl2center.org.

Ericsson, P. F., & Haswell, R. (2006). Machine scoring of student essays: Truth and consequences. Logan: Utah State University Press.

Finch, F. L. (Ed.). (1991). Educational performance assessment. Chicago: River side.

Freedman, S. W. (1997). Exchanging writing, exchanging cultures. Cambridge, MA: Harvard University Press.

Graesser, A. C., McNamara, D. S., & Kulikovich, J. M. (2011). Coh-Metrix: Providing multilevel analyses of text characteristics. Educational Researcher, 40, 223~234.

Gray, J. R. (2000). Teachers at the center. Berkeley, CA: National Writing

Project.

Hagerman, C. (2011). An evaluation of automated writing assessment. JALTCall Journal, 7(3), 271~292.

Harp, B. (2006). The handbook of literacy assessment and evaluation. Norwood, MA: Christopher-Gordon.

Herrington, A., Hodgson, K., & Moran, C. (Eds.). (2009). Teaching the new writing: Technology, change, and assessment in the 21st-century classroom. New York: Teachers College Press.

Huot, B., & Neal, M. (2008). Writing assessment: A techohistory. In C. A. MacArthur, S. Graham, & J. Fitzgerald (Eds.), The handbook of writing research (pp. 417~432). New York: Guilford Press.

Kellogg, R. T. (2008). Training writing skills: A cognitive developmental perspective. Journal of writing research, 1(1), 27~52.

Lipson, M. Y., & Wixson, K. K. (Eds,). (2010). Successful approaches to RTI: Collaborative practices for improving K-12 literacy. Newark, DE: International Reading Association.

Lukens, R. J. (2002). Critical handbook of children's literature. Boston: Allyn & Bacon.

Miller, R. G., & Calfee, R. C. (2004). Making thinking visible: A method to encourage science writing in upper elementary grades. Science and Children, 42(3), 20~25.

National Governors Association & Council of Chief State School Officers. (2010). Common Core State Standards in English language arts/literacy for social studies/history, science, and technical subjects. Washington, DC: Authors. Retrieved from www.corestandards.org.

National Institute of Child Health and Human Development. (2000). Teaching children to read: An evidence-based assessment of the scientific research literature on reading and its implications for reading instruction. Washington, DC: Author.

Newman, D., Griffin, P., & Cole, M. (1989). The construction zone: Working for cognitive change in school. New York: Cambridge University Press.

Northwest Regional Educational Laboratory. (2012). 6+1 trait writing. Portland, OR: Education Northwest. Retrieved April 21, 2012, from http://

educationnorthwest.org/traits.

Ormsby, M. (1994). Preparing students for CLAS (California Learning Assess ment System). Forestville, CA: Catalysts for Learning.

Pearson Publishing. (2012). WriteToLearn. New York: Author. Retrieved April 21, 2012, from www.writetolearn.net.

Popham, W. J. (2008). Transformative assessment. Alexandria VA: Association for Supervision and Curriculum Development.

Richards, 1. A. (1942). How to read a page. Boston: Beacon Press.

Richart, R., Church, M., & Morrison, K. (2011). Making thinking visible. San Francisco: Jossey-Bass.

Schleppegrel, M. (2004). The language of schooling. Mahwah, NJ: Erlbaum.

Shermis, M., & Daniels, K. E. (Eds.). (2003). Automated essay scoring: A crossdisciplinary perspective. Mahwah, NJ: Erlbaum.

Spandel, V. (2004). Creating writers through 6-trait writing assessment and instruction. Upper Saddle River, NJ: Pearson Education.

Stiggins, R. J. (2004). Student-involved assessment for learning. Upper Saddle River, NJ: Prentice Hall.

Tompkins, G. E. (2011). Teaching writing: Balancing process and product (6th ed.). Upper Saddle River, NJ: Merrill.

Whitham, C. (2005). Teaching and evaluating writing in the age of computers and high-stakes testing. Mahwah, NJ: Erlbaum.

Zinsser, W. (1988). Writing to learn. New York: Harper

제4부

특별 요구가 있는 학생들을 위한 작문 지도

16장
제2언어 학생을 위한 작문 지도 방법

CAROL BOOTH OLSON, ROBIN SCARCELLA, and TINA MATUCHNIAK

공통 핵심 교육과정에서는 모든 학생들이 작문 성취기준을 충족해야 한다고 규정하고 있다(CCSSO, 2010). 여기에서 말하는 모든 학생들에는 영어를 제2언어[1]로 하는 영어 학습자도 포함된다. 성취기준에서는 영어 학습자가 제2언어인 영어에 익숙해지고 영어와 관련된 배경지식을 충분히 학습하기까지 시간이나 교사의 지원이 더 필요할 수 있다는 점을 인정하고 있다. 이에 따라 교사에게는 교사들에게 '전문적인 판단과 경험에 따라 공통 핵심 성취기준이 요구하는 목표를 달성하는 데 가장 효과적인 도구와 지식'을 영어 학습자들에게 제공해야 한다고 규정하고 있다.

이 장에서 우리는 영어 학습자의 작문 능력을 향상시키고 이러한 원대한 성취기준을 충족하는 데 기여할 수 있는 효과적인 작문 지도 방법과 학습 도구를 설명하고자 한다. 우선 영어 학습자의 특성을 살펴보고, 이들이 영어로 글을 쓸 때 직면하는 여러 가지 제약에 대해서 살펴보자.

---

1) [역주] 이 장에서는 '제2 언어 학습자'와 '영어 학습자'를 같은 의미로 사용하였다.

영어 학습자는 누구인가?

영어 학습자들은 누구를 말하는가? 영어 학습자는 여러 가지 명칭으로 불리기도 한다. 즉 (영어라는 세계에 새로 들어온) 신입자, 영어라는 언어의 학습자, 영어 능력 부족 학생, 제2언어 학습자 또는 제2언어 사용자, 이민 1.5세대 학생, 장기 영어 학습자, 다국어 학생 등의 명칭이 그 예이다. 30년 전만 해도 영어 학습자들은 교육적 요구가 유사한, 비교적 동질적인 집단의 특성을 보였다. 그러나 이민 형태가 크게 바뀌면서 현재 영어 학습자 집단의 특성은 매우 다양해졌다. 예를 들어, 영어 학습자는 영어가 모어가 아닌 가정의 출신이지만, 영어로만 의사소통을 할 수 있는 경우도 있고, 가정에서는 모어를 쓰고 밖에서는 영어를 쓰는 다국어 사용 능력을 가지고 있는 경우도 있다(Valdés, 2001). 이에 따라 어떤 학생들은 영어 능력이 우수한 상태에서 학교 학습 내용에 대해 폭넓은 배경지식을 갖춘 채 수업에 임하기도 하고, 어떤 학생들은 어떤 언어에도 능숙하지 못한 상태에서 수업에 참여하기도 한다.

영어 학습자들이 작문 과정에서 겪는 제약

영어 학습자들은 모어 외에 영어라는 제2언어를 추가하여 습득해야 한다는 요구, 학교에서 쓰이는 영어 단어나 영어 표현의 의미 차이를 배워야 한다는 요구, 학교 학습의 핵심 주제에 대해 배경지식을 쌓아야 한다는 요구를 즉각적으로 해결해야 하는 상황에 놓여있다. 영어 학습자들이 가지고 있는 여러 가지 집단적 요구와 관련하여 작문 학습과 관련된 요구를 효과적으로 파악하려면 이들이 작문 과정에서 필연적으로 직면하는 여러 가지 제약을 잘 이해하는 것이 중요하다. 이 장에서는 바로 이 내용을 살펴보고자 한다.

모든 학생들이 작문 과정에서 여러 가지 요구 사항을 동시에 처리해야 하는 도전적인 상황에 직면한다. 학생들에게는 이러한 도전적인 상황이 제약으로 작동한다. 그래서 작문이 미숙한 학생들에게는 작문 과정에서 떠오르는 제약이 인지적 과부하나 정서적 과부하를 초래하기도 한다(Flower & Hayes, 1980).

영어가 모어이자 제1언어인 학생들도 작문 과정의 제약으로 인한 과부하를 경험하는 상황이니 영어 학습자들에게는 이러한 제약의 부담이 몇 배나 더 커진다. 모든 학생들이 작문 과정에서 인식적, 언어적, 의사소통적, 문맥적, 문자적, 정서적 제약을 경험하지만(Frederiksen & Dominic, 1981), 영어 학습자들은 여기에 더하여 문화적 제약, 언어 발달적 제약의 부담을 더 져야 한다. 이러한 제약은 다른 학생들과 구별되는, 학생 개인의 특별한 요구를 만들어내기도 하고, 여러 학생이 공통으로 겪는 중복의 요구를 만들어내기도 한다. 물론 제약에 따른 요구의 중요도도 다양하다.

인지적 제약

영어 학습자는 인지적으로 과부하가 걸리는 경우가 많다. 특히 영어가 모어인 학생들과 동일한 수행 기준을 요구하는 교실에서는 더욱 그렇다(Short & Fitzsimmons, 2007). 능숙한 필자들은 작업 기억에서 작문의 여러 가지 요구를 처리하면서(작문 과정) 체계가 잘 갖추어진 글(작문 결과)을 효과적으로 완성해 낸다. 이때 머릿속에 표상한 의미를 표현하기 위해 적절한 단어를 찾아내고, 그렇게 찾아낸 단어를 체계적으로 배열하여 글을 완성한다(Flower & Hayes, 1980).

머릿속에 떠올린 어떤 복합적인 생각이 모두 이에 대응하는 복합적인 문장으로 표현되는 것은 아니다. 효과적인 작문을 위해서는 구술의 '발화'는 온전히 문맥화된 '텍스트'로 바꾸어야 하는데, 이것이 추가적인 인지적 제약을 초래한다(Olson, 1977). Graham & Perin(2007)에 따르면 학생들에게 작문을 계획, 수정, 편집하는 전략을 가르치는 것은 작문에 필요한 인지적 과제를 처리하고 관리하는 데 도움을 주어 '학생 작문의 질에 극적인 효과'를 미친다. 많은 지도 방법이 영어 학습자의 영어 발달을 촉진하기 위한 전략 지도를 지지하고 있다(Goldenberg, 2008; Schleppegrell, 2009). 이러한 지도 방법은 영어 학습자와 달리, 영어가 모어인 학생들이 텍스트를 읽고 의미를 구성하거나(독서 활동) 텍스트를 써서 의미를 구성할 때(작문 활동) 경험하는 내용을 분석한 연구에 토대를 두고 있다.

언어적 제약

영어 학습자에게는 인지적 제약 외에도 언어적 제약이 추가된다. 언어적 제약은 학교의 학습 활동을 성공적으로 수행하는 데 절대적으로 영향을 미치는 영어를 온전히 숙달해야 한다는 데에서 오는 압박감과 관련이 있다.

영어 학습자는 글을 쓸 때 자신이 경험한 언어의 전부를 사용한다. 가령 영어 학습자는 작문 과정에서 마주하는 제약, 이를테면 단어의 정확한 철자 기억, 마침표나 형용사를 넣을 위치 파악, 등장인물의 소개 방법 이해, 주제를 뒷받침하는 세부 내용의 구성 방법 같은 제약을 극복하기 위해서 언어가 사용되고 의미를 전달하는 방식에 의식적으로 주의를 기울이는 메타언어 인식을 활용한다. 그럼에도 불구하고 영어 학습자들이 작성한 글은 미숙한 수준을 벗어나지 못한다.

많은 영어 학습자들이 음성 언어 능력은 우수하지만 성공적인 학교 학습에 필요한 학습 언어 능력은 매우 부족하다(Biancarosa & Snow, 2006). 학문 분야와 관련된 학습 언어(또는 학문적 언어, Scarcella, 2003; Schleppegrell, 2009)는 초보자, 특히 영어 학습자에게는 매우 어려운 전문 지식의 유형이다. 영어가 모어인 학생들에게조차 어려운 학습 언어를 영어 학습자가 통달한다는 것은 특히나 버거운 일이다(Schleppegrell, 2009). 그러나 연구 결과에 따르면 이러한 학습 언어를 제어하는 것이야말로 학문적 글쓰기 능력의 향상을 이끄는 성공 요인이다(Christie & Macken-Horarik, 2007).

의사소통적 제약

인지적 제약과 언어적 제약 이외에도 영어 학습자들은 의사소통적 제약을 경험할 수 있다. 의사소통 제약은 특정한 예상독자나 작문의 목적과 관련하여 발생하는 제약이다. 다른 사람들과 대화할 때 다른 사람의 의사소통적 요구에 맞게 우리의 언어를 조정하는 것처럼, 유능한 필자는 예상독자의 요구를 충족하기 위해 자신의 언어를 조정하면서 글을 쓴다. 능숙한 필자는 예상독자의 기대를 예상하고 이에 부합하는 방식으로 구성과 표현을 조정한다. 하지만 미숙한 필자는 이와 달리 예상독자의 관점을 올바로 '예상'하지 못해 성공적인 작문에서 매우 중요하게 보는 '독자 기반의 텍스트'를 완성해 내지 못한다(Flower, 1981).

앞에서도 언급한 것처럼, 영어 학습자들은, 특정 목적을 위해 영어를 어떻게 사용해야 하는지, 특정 환경에서 사용할 수 있는 표현은 어디까지인지를 배우는 상황에 있으므로 의사소통적 제약은 부담이 크다. 영어 자체가 익숙하지 못한 상황에서 영어 학습자들이 예상독자의 특성, 기대나 요구 등을 올바로 파악하여 글을 쓴다는 것은 매우 어려운 일이다.

맥락적 제약

맥락적 제약은 작문이 이루어지는 상황과 관련이 있다. 작문 맥락에는 작문 과제, 주제 및 예상독자 등이 포함되는데 이는 작문 과정에 큰 영향을 미친다. 예를 들어, 영어 학습자가 익숙하지 않은 지시문에 대하여 높은 수준의 글을 요구하는 상황에 놓여있는가, 아니면 교사와 동료의 우호적인 피드백을 받으며 지속적으로 발전시켜온 초고를 계속 이어서 쓰고 있는 상황인가에 따라 작문 과정은 크게 다르다. 협력적인 상황에서 협동 작문의 형태로 글을 쓰고 있는가, 아니면 오로지 혼자서 글을 완성해야 하는 상황인가에 따라서도 다르고, 예상독자가 동료인지, 아니면 신뢰할 만한 성인인지, 교사인지, 미지의 불특정한 다수의 독자인지에 따라서도 다르다. 이러한 특정한 작문 맥락은, 어떤 정보가 주제와 관련이 있는지, 의미를 어떻게 구성할지, 어떤 어조나 단어를 선택할지를 결정하는 데 영향을 미친다(Gutiérrez, 1992).

텍스트적 제약

학생들은 글을 쓸 때 자신이 이전에 완성했던 텍스트의 내용과 형식을 현재 작성하고 있는 글로 가져온다. 능숙한 필자는 많은 배경지식을 보유하고 있을 뿐만 아니라, 지식이 매우 체계적이고 개념적으로 통합되어 있어서 가져올 수 있는 친숙한 텍스트 패턴의 정보를 신속하게 인식할 수 있다. 이러한 패턴은 자동적 조건-반응의 형태로 저장되어 있어서 작업 기억에 가해지는 부담을 어느 정도 완화한다는 점에서 유용하다(Glaser, 1992).

이와 대조적으로, 초보 필자(특히 영어 학습자)는 텍스트와 관련된, 이러한 영역 특수적인 지식이 없을 수도 있고, 이러한 지식을 처리 할 수 있는 작업 기억이 없을 수도 있다. 영어 학습자들은 영어를 모어로 하는 동료들보다 학습 목적의 글쓰기 연습이 부족하기 때문에 이러한 장르의 글을 쓰도록 과제를 받았을 때 좀 더 심각한 텍스트적 제약에 직면하게 된다. 특히 공통 핵심 교육과정(NGA & CCSSO, 2010)은 영어 학습자들을 비롯한 모든 학생들에게 논리를 잘 갖춘 텍스트 기반의 논쟁적 에세이 쓰기를 요구하고 있으므로 영어 학습자들은 다양한 장르의 작문 상황에 더 많이 경험해야 하고 더 많이 연습해야 한다.

정서적 제약

학생들이 능숙한 필자로 성장하려면 기능과 의지가 모두 필요하다(Gambrell, Malloy, & Mazzoni, 2007). 많은 연구자들이 문식성의 사회적 차원과 인지적 차원을 인정해 왔지만, 최근에는 정서적 차원도 점차 받아들이고 있는 상황이다(Greenleaf, Schoenbach, Cziko, & Mueller, 2001). Meltzer & Hamann(2005)은 청소년 문식성 연구, 특히 청소년 영어 학습자의 문식성에 관한 연구를 바탕으로, 영어 학습자의 정서적 제약을 줄이기 위한 세 가지의 방안을 제안했다. 첫째, 학생들의 배경지식과 학교에서 학습하는 내용을 관련지음으로써 학생의 삶과 연결하는 방법, 둘째, 학생들의 목소리를 인정하고, 학습 과제 선택권을 학생들에게 주며, 교실 분위기를 우호적으로 만들어 문식성 강화를 돕는 방법(Valdés, 2001), 셋째, 학생들이 읽고 쓰는 텍스트를 바탕으로 상호 협력할 수 있도록 만드는 방법이 그것이다.

자신감이 부족하고 자존심이 낮은 학생들의 작문 동기와 독서 동기는 교사가 그 학생을 포기할 것인지, 아니면 격려할 만하다고 생각하는지의 판단에 달려 있다(Guthrie & Wigfield, 2000). 특히 영어 학습자들은 영어가 완벽하지 않더라도 작문 활동이나 독서 활동에 참여하는 데 정서적으로 문제가 없는, 심리적으로 안심할 수 있는 우호적인 교실 공간에 있어야 한다(Meltzer & Haman, 2005). 교사는 이러한 교실에서 학생들의 영어 수준에 적합한 기대를 보여주고 우호적인 피드백을 제공해야 한다.

문화적 제약

학생들은 자신들이 가지고 있는 다양한 양상의 문화 지식을 작문 상황으로 가져온다. 교사로서 우리가 이러한 학생들의 문화를 무시한다면 학생들과 연결될 수 있는 소중한 기회, 학생들에게 동기를 부여할 수 있는 귀중한 기회를 놓쳐 버리게 된다(González, Moll, & Amanti, 2004). 그리고 영어 학습자들이 이곳 미국에서 영어로 글을 쓰는 데 필요한 문화 지식을 곧바로 새롭게 구축할 수 없다는 점도 고려해야 한다. 미국에 오랫동안 거주하지 않은 영어 학습자라면 할

로윈의 'trick or treat'과 같은 문화, 캠핑처럼 미국의 관습이 배어 있는 주제에 대해서는 글을 쓰기 매우 어려울 것이다. 영어 학습자들은 문화 지식과 관련된 주제의 글을 쓰는 데 필요한 어휘, 문법, 수사학적인 특징에 대한 지식과 이해도 부족할 수 있다.

영어 학습자의 작문 능력 향상을 위한 지도 방법

앞에서 설명한 제약은 영어 학습자들이 필자로서 성장할 때 직면하는 언어 관련 장벽이나 문해 활동 관련 장벽을 반영하고 있다. 이제 작문 교육을 강화하고 영어 학습자들이 작문 과정에서 직면하는 제약을 완화하는 데 도움을 주는, 오랫동안 검증된 연구를 기반으로 한 실제적인 수업 방법을 살펴보기로 하자. 우리는 지도 방법을 학년을 기준으로 정리했지만, (모두는 아니더라도) 대부분의 지도 방법은 영어 학습자의 영어 실력에 따라 상급 학년이나 하급 학년에도 동일하게 적용할 수 있다. 물론 여기에서 제시한 지도 방법은 영어가 모어인 학생들로만 구성된 교실에서도 적용할 수 있다.

인지적 제약의 완화 방법

앞에서도 언급한 것처럼 작문에 필요한 전략을 지도하면 학생들의 인지적 제약을 매우 효과적으로 완화할 수 있다. 아래에 제시하는 전략은 초등 영어 학습자를 대상으로 한 것과 중·고등 영어 학습자를 대상으로 한 것 두 가지이다. 이 두 전략도 학생들의 인지적 제약을 완화하는 데 큰 도움을 준다.

서사문 쓰기를 위한 POW 전략과 WWW, What=2, How=2 전략 계획 및 목표 설정은 매우 중요한 인지 전략이다. 이 두 가지 전략은 학생들이 작문의 목적을 수립할 수 있도록 해 주며 작문 과정에서 처리해야 할 과업의 우선순위를 결정할 수 있도록 해 준다. 초등학생이 서사문을 쓰고자 할 때 계획 수립 및 목표 설정을 이끌어주는 전략에는 'POW + WWW'와 'What=2, How=2'이 있다(Graham, Harris, & Mason, 2005). 이들은 계획 수립 및 목표 설정 활동의 단계 또는 절차를 나타내는 영어의 앞머리글자를 따서 만든 것이다. 그러므로 각각의 철자는 그 활동의 단계나 절차를 나타낸다. 따라서 'POW + WWW'와 'What=2, How=2'는 연상 기호처럼 생각해도 좋다.

학생들은 'POW'를 이용하여 계획을 세우고자 할 때 일반적으로 따를 수 있는 절차의 전략을 배울 수 있다. 'POW'는 다음과 같은 절차로 구성되어 있다. Pick my idea(무엇을 쓸지 결정한다), Organize my notes(메모한 내용을 조직한다), Write and say more(내용을 글로 쓰면서 계속 내용을 보강한다).

'WWW, What=2, How=2'는 서사문 작문 과제에 특화되어 있는 계획하기 전략이다. 도해 조직자를 사용하여 이야기의 아이디어를 적은 후에 학생들은 다음 질문에 대답하면서 서사문 쓰기를 계획한다. 주인공은 누구(Who)인가, 언제(When), 어디(Where)에서 일어난 일인가, 주인공은 무엇(What)을 하고 싶어 하는가, 주인공이 그것을 하려고 할 때 어떤 일(What)이 일어나는가, 이야기는 어떻게(How) 끝이 나는가, 주인공은 어떻게(How) 느끼는가의 질문이 그것이다. 일반적 글이든 특정 장르의 글이든 이처럼 계획하기 전략을 지도하는 것은 영어 학습자들에게는 매우 유익하다(Peregoy & Boyle, 2000).

에세이 수정을 위한 색채 코드 전략

6학년 학생들은, 그 이전 학년 학생들과는 달리 복잡한 텍스트를 꼼꼼히 읽고, 논리적 추론을 하고, 결론을 도출하고, 해석을 뒷받침하는 텍스트의 근거를 찾아 분석적 에세이를 쓸 수 있을 것으로 기대된다(NGA & CCSSO, 2010). 학생들이 이러한 글을 쓸 때 자신의 사고를 시각화하도록 돕고 텍스트를 베끼고 있는지 아니면 분석이나 해석을 하고 있는지를 파악하도록 돕는 인지 전략이 있다. 그것은 바로 학생들이 자신이 쓰고 있는 에세이를 코드처럼 색채로 표시하게 하는 방법이다. 예를 들면 다음과 같다. 이 예에서 교사는 학생들에게 분석적 에세이를 구성하는 3가지 요소가 설명하면서 각각의 요소에 색을 지정하여 표시하도록 안내하고 있다.

"플롯 요약은 글에서 명백하게 드러나 있는 내용을 반복해요. '반복'은 어떤 내용을 아주 분명하게 나타내기 위해 거듭해서 말한다는 뜻이에요. 플롯 요약은 태양과 비슷하므로 '노란색'입니다. 그 이유는 플롯 요약이 어떤 것을 대낮처럼 분명하게 볼 수 있게 만들어주기 때문이에요. 우리는 독자들이 사실에 주목하게 하려고 줄거리 요약을 쓰기도 하지만 이야기 전체를 모두 다시 말할 필요는 없어요. 해설은 '파란색'이에요. 해설은 글쓴이가 사물의 표면 아래에서 더 깊은 의미를 살펴보고 의견이나 해석, 통찰력, '아하!'와 같은 경험을 제공하기 때문이에요. 근거는 초록색이에요. 왜냐하면 근거는 플롯 요약 및 논평을 같이 붙이기 때문이에요. 이것은 여러분의 주장을 뒷받침하는 증거입니다."

교사는 학생들이 색채 코드를 내면화할 수 있도록 시범을 보여주는 것이 좋다. 이때 교사는 내용이 간략한 예시 자료를 선정하여 내용 요소에 따라 어떻게 색채를 달리해서 코드처럼 표시하는지를 구체적으로 안내해 주어야 한다. 시범을 보인 후에는 교사는 학생들로 하여금 짝과 함께 자신의 에세이 초고를 색채 코드로 표시해 보게 하고, 이 색채 코드를 활용하여 에세이에서 근거나 해설을 어디에 추가해야 할지를 눈으로 확인할 수 있도록 돕는다. 이렇게 하여 에세이 초고를 효과적으로 수정할 수 있도록 할 수 있다. 이 시각화 전략은 6학년에서 12학년의 영어 학습자 대부분의 분석적 에세이 쓰기 능력을 향상시키는 데 효과가 있었다(Olson, et al., 2012).

언어적 제약의 완화 방법

다음 두 가지 전략은 영어 학습자의 언어 제약을 줄이는 데 효과적이다. 하나는 초등학교 단계에서 특정 작문 과제를 완료하는 데 필요한 글 수정 전략이고, 다른 하나는 중등 수준에서 사용할 수 있는 글 수정 전략이다. 물론 이 전략은 중급 수준의 영어 능력을 가진 영어 학습자들을 지도할 때에도 유용하다.

초등학생용 단어 은행 및 단어 사전

많은 교육 전문가들은 단어 은행이 영어 학습자의 언어적 제약을 줄이는 동시에 영어라는 언어의 특징에 대한 지식을 향상시킨다고 강조해 왔다(Zwiers, 2008). 단어 은행은 작문 과제를 해결하는 데 필요한 단어의 목록을 학생들에게 제공한다. 이 단어들은 보통 알파벳 순으로 제시되며, 학생들에게 미리 지도한다(예를 들어, 현시적 수업으로, 합창하며 반복하는 방법, 또는 그룹이나 개인별 연습의 방법으로). 학생들은 작문 과제에 따라 글을 쓸 때 이 단어를 사용한다.

글쓰기를 위한 단어 은행에는 여러 유형의 단어가 포함된다. 정서를 표현하는 단어나 행동을 나타내는 단어, 화제 전환을 나태는 연결어, 범주제적인 학습 단어, 특정 내용과 관련된 단어, '무엇보다도 가정 먼저'와 같은 관용어구(특정 단어가 고정된 형식으로 같이 쓰인다는 점에 주목하여 연어(軟語)나 동시 출현 단어라고 부르기도 한다) 등이 포함된다. 관용어구를 정확하게 사용하는 것은 제2언어로 글을 쓸 때에도 중요하다. 관용어구는 '원어민이 쓴 글처럼 보이게 하는 표지'로 역할을 하기 때문이다.

특히 최근에 미국으로 이민을 온 영어 학습자들이 교사가 제공하는 단어 은행 외에 자기 스스로 단어 학습 노트를 작성하는 것은 유익하다. 단어 학습 노트에는 단어 은행에서 배운 단어도 포함할 수 있고, 글을 쓸 때 유용하다고 생각한 다른 단어도 포함할 수 있다. 단어 학습 노트에는 단어에 대한 개인적인 정의나 예문, 단어의 의미를 제1언어로 번역한 내용, 그 단어를 기억하거나 떠올리는 데 도움을 주는 그림이나 기호를 넣을 수도 있다. 이 단어 학습 노트는 영어 학습자가 자발적으로 스스로 구성한 단어 사전의 역할을 한다. 이러한 전략은 많은 선행 연구에서 효과가 입증된 바 있다(Fisher, Frey, & Rothenberg, 2008).

중등 학생용 수정 전략

작문을 마무리하기 위한 수정 전략은 모든 영어 학습자들에게 유용하지만, 영어 습득이 늦어 오랜 시간 동안 영어를 배워온 장기 영어 학습자들에게 특히 더 효과적이다. 이러한 전략으로 기호를 활용한 수정 전략이 있다. 이 전략은 다음과 같은 순서로 진행된다.

먼저, 교사는 글을 수정하는 활동을 시범을 보이면서 학생들로 하여금 학생들이 자신이 쓴 글을 비판적으로 읽을 수 있도록 돕는다. 이때 교사는 스스로 자신에게 질문을 던지면서 글을 수정해 가는 능숙한 필자의 모습을 시범으로 보여준다. 이는 숙련된 필자가 스스로에게 질문을 던지는 전략을 사용하여 글을 수정하는 모습을 직접 보여주는 데 목적이 있다. 교사가 시범을 통해서 보여주는, 능숙한 필자가 사용하는 질문의 예는 다음과 같다. 동사 시제를 올바로 바꾸었는가? 동사 시제를 수정한 데에는 타당한 이유가 있는가? 단정적인 표현을 피하기 위해 'might'와 같은 조동사를 사용했는가? 글에 쓴 대명사는 이전 문장의 특정 명사를 올바로 가리키는가?

이후, 교사는 학생들에게 미리 정해 놓은 기호를 사용하여 수정을 연습하게 한다(⟨참고 16.1⟩ 참조). 수정 활동 중에 교사는 학생들이 범하는 모든 오류 각각을 지적하는 것보다는 오류의 유형을 지적하는 것이 바람직하다. 교사는 학생들의 오류를 직접 바로 잡아 주는 것이 아니라, 학생들이 스스로 자신의 실수를 바로 잡는 방법을 안내해 주어야 한다. 이러한 전략은 영어 학습자들이 글을 쓸 때 효과적이라는 사실이 이미 입증된 바 있다(Ellis, 2000).

기호	의미	예
cs	Comma splice(콤마 실수)	I had a question, I asked the teacher.
frag	Fragment(문장 미완성)	If you were a scientist. ___
num	Number(수의 일치)	He finished his researches, but now he needs more equipments and times.
p	Punctuation(구두점)	Though odd this story is true.
ref	Unclear pronoun reference (지시 대상이 불확실한 대명사)	My essay and my keys are in my car. Will you please bring it?
ro	Run-on(장황한 표현)	No one knows the answer it is hard to solve each problem.
sp	spelling(철자)	Acheiving dreams is important. (Achieving dreams is important.)
s-v	Subject-verb agreement (주술 일치)	Everybody have traditions. (Everybody has traditions.)
t	Tense(시제)	I will be in class yesterday. (I was in class yesterday.)
wf	Word form(단어의 형태)	We will become independence thinkers and writers. (We will become independent thinkers and writers.)
ww	Wrong word(단어 오류)	He was very tired that he left. (He was so tires that he left)
id	Idioms/fixed expressions (관용어구/숙어 표현)	He was involved on the math projects. (He was involved in the math projects.)

〈참고 16.1〉 수정 기호의 예시

의사소통적 제약의 완화 방법

작문을 잘하려면, 영어 학습자는 예상독자와 목적에 맞게 글을 쓰는 방법을 알아야 한다.

초기에, 교사들은 의사소통적 맥락에 따라 학생들이 사용하는 언어적, 수사적 특징을 다양화해야 하므로 영어 학습자가 해당 개념에 익숙해지도록 해야 한다. 교사는 언어적, 수사적 특징을 현시적으로 가르치고, 학생들에게 반복적으로 노출하고, 학생들에게 그것을 사용하도록 하는 방법을 통해 학생들의 작문 발달을 지원할 수 있다.

여기에 제시하는 의사소통적 제약의 완화 방법은 두 가지이다. 하나는 영어를 처음 배우는 초등학생들을 위한 자서전 작성 방법이고, 다른 하나는 중급 및 상급 수준의 영어 실력을 갖춘 중·고등 영어 학습자들을 위한 텍스트 분석 활동 방법이다.

초등학생을 위한 개인적 역사 쓰기

교육 전문가들의 연구에 따르면, 개인적 역사를 글로 표현하는 활동은 영어 학습자들의 작문 능력 향상에 매우 효과적이다(Cummins et al., 2005). 가령 구술사 프로젝트(oral history project) 같은 예를 들 수 있다. 이 프로젝트에서 영어 학습자들은 자신의 삶에서 중요한 인물을 선정하여 그의 개인적 역사를 전기문으로 작성한다. 이를 위해 학생들은 먼저 자신의 가족을 인터뷰한 후, 그들이 구술한 개인의 서사 자료를 기록하고 분석하고 글을 쓴다. 구술사 프로젝트는 학생들로 하여금 다른 사람의 인생 이야기를 수집하고, 기록하고, 그 이야기를 글로 서술하며, 그 속에 담긴 의미를 해석해 보는 소중한 기회를 제공한다.

다른 개인적 역사 쓰기를 활동도 생각해 볼 수 있다. 학생들로 하여금 자신이 겪은 개인적 경험(예를 들어 미국에 이민을 오게 된 사연, 영어 공부에 관한 이야기)을 글로 작성해 보게 하는 것이다. 글 대신 시로 표현하게 하거나, 허구를 가미하여 허구적 서사문으로 완성해 보게 하는 것도 가능하다. 이러한 작문 활동이 효과가 있는 이유 중 하나는, 개인적 역사에는 영어 학습자들이 이미 배경지식으로 가지고 있는 신념이나 가치가 포함되어 있으며, 이것이 학생 자신의 정체성 확인에 긍정적으로 영향을 미치기 때문이다. 영어 학습자가 자신의 이야기를 담아 쓴 글을 학습의 친구들, 교사, 부모나 다른 가족들, 더 나아가 인터넷 상의 많은 독자들과 공유하는 활동을 하게 하는 것도 중요하다. 독자와 소통하게 하는 활동은 영어 학습자들이 다양한 예상독자의 기대나 요구에 맞게 글을 쓰는 방법을 익히는 데 큰 도움을 준다.

영어 능력이 없는 영어 학습자가 개인적 역사 쓰기 활동을 끝마칠 수 있도록 돕기 위해, 교사는 영어 학습자의 모어를 읽고 쓸 줄 아는 지역 봉사자, 부모, 고학년 학생에게 해당 영어 학습자의 이야기를 모어로 받아쓴 후, 나중에 그 학생이 모어로 작성된 글을 영어로 번역할 때 도움을 주도록 부탁할 수 있다. 이러한 방식으로, 영어 학습자들은 교사의 안내에 따라 이중적으로 글을 쓰는 것도 가능하다. 이것이 이루어지는 과정을 단계로 구분하여 살펴보자.

우선, 교사는 영어 학습자들이 자신이 구술하는 이야기를 모어로 써 줄 수 있는 파트너를 찾도록 돕는다. 파트너를 선정한 후에는 그 파트너에게는 미리 알고 있어야 할 사항이나 활동 지침, 작문 과제의 지시문 등을 제공한다. 그리고 교사는 가능하다면, 파트너에게 시범을 통해서 구술하는 학생에게서 친숙한 단어나 철자가 간단한 단어를 이끌어내는 방법을 안내한다.

과제를 수행하는 영어 학습자의 구술이 시작되면 Think-Pair-Share 방법(영어 학습자가 자신의 이야기를 구술하고, 파트너가 그것을 받아 적고, 둘이 함께 모어로 쓴 글을 영어로 번역하고 수정하고 개선하는 과정)을 사용한다. 영어 학습자와 파트너는 각자의 속도로 작업할 수 있다. 영어로 번역하는 과정을 마친 후에는 파트너에게 소리 내어 그 글을 읽게 하고, 영어 학습자에게는 그 글을 눈으로 따라 읽게 한다. 이 과정을 모두 마치면 완성된 글을 학급 전체 앞에서 읽거나 인터넷 사이트에 그 글을 탑재한다. 물론 학급 문집으로 엮어 책으로 내는 것도 가능하다. 다음은 이러한 활동의 예이다.

(모어: 스페인어) Cuando vine a los estados unidos, tuve mucho miedo porque no quise ir pero tuve que irme. Mi mamá me dijo, "Cuídate mi hija. Nos vemos pronto." Lloré y lloré y luego me dejó en la calle solita, sin familia. Vine caminando con una muchacha y unos señores con quien vivo hasta ahora. Todavía estoy esperando ver a mi mami

(영어 번역) Translation: When I came to the United States, I was afraid because I did not want to go. My mother told me, "Be careful, my daughter. We will soon see each other." I cried and cried and then she left me in the street alone, without family. I came walking with a girl and some men that I live with even today. I am still waiting to see my mother. (내가 미국에 왔을 때, 나는 오고 싶지 않았기 때문에 두려웠습니다. 엄마는 "딸아, 조심히 지내렴. 우리는 곧 서로 만나게 될 거야." 하고 말했습니다. 나는 계속해서 울었고, 엄마는 나를 가족도 없이 혼자 길에 남기고 떠났습니다. 나는 심지어 오늘도 함께 사는 여자 아이와 몇몇 남자 아이와 함께 걸어 왔습니다. 나는 아직도 어머니를 보기를 기다리고 있습니다.)

중등 학생을 위한 텍스트 분석 활동

영어 학습자들에게는 학교 학습 과정에서 사용하는 학습 언어에 대해서 명시적으로 설명을 해 줄 필요가 있다. 그래야 이 학생들에게 도움이 된다(August Shanahán, 2007). 학습 언어의 특징을 명시적으로 알려주는 방법 중의 하나는 영어 학습자에게 학습 목적의 텍스트(학술적 텍스트)과 비공식적 목적의 텍스트(비격식적 텍스트)가 어떤 차이가 있는지를 알려주는 것이다. 이를 위한 효과적인 방법이 바로 텍스트의 언어적 특징을 분석하는 활동이다(Scarcella, 2003).

중급이나 상급 수준의 영어 실력을 갖춘 영어 학습자에게 효과적인 텍스트 분석 활동은 바로 비격식적 영어를 사용하는 텍스트와 공식적 영어를 사용하는 학술적 텍스트를 비교하는 것이다. 교사는

〈참고 16.2〉과 같이 학생들에게 작문 과제와 관련된 두 개의 텍스트를 제시한다. 하나는 학술적인 텍스트이고 다른 하나는 비격식적인 텍스트이다. 교사는 학생들에게 두 텍스트를 자세히 읽고 소집단 토론을 하게 한 후, 비격식적 텍스트의 특징이 잘 드러나는 부분과 학술적 텍스트의 특징이 잘 드러나는 부분에 밑줄을 긋게 한다. 이를 바탕으로 학생들로 하여금 두 글의 특징에 대해서 토론하고 〈참고 16.2〉와 같이 도해조직자를 완성하게 한다.

학생 글 1: 비격식적 영어의 텍스트

주요 전제: 정부는 더 엄격한 총 규제를 도입해야한다.

Donald Brown은 정부가 총기 소유권을 개인에게 줘야 한다고 하지만 나는 그렇지 않다. 사람들은 정부가 개인의 총기 소유를 막으면 정부가 우리 권리를 짓밟는 거라고 말하는 Donald Brown을 좋아한다. 그들은 총을 소유하고 있는 대부분의 사람들이 좋은 사람이라고 생각하며 스포츠, 레크리에이션, 기타 등등의 일을 위해 총을 갖고 있다고 생각한다. 그들은 또한 경찰이 나쁜 범죄를 막을 수 없다고 생각하고 우리는 우리를 보호하는 데 총기가 필요하다고 생각한다. 그러나 나는 그가 틀렸다고 생각한다. 나는 마리아 라모스의 의견에 동의한다. 마리아는 총기가 범죄를 증가시킨다고 생각한다. 나 역시 주말에 사냥을 할 권리를 주는 것보다 인간의 목숨이 더 가치 있다고 생각한다. 그리고 나는 집 주변의 많은 총들이 깡패들의 싸움이나 자살에 사용된다고 생각한다.

학생 글 2: 학술적 영어

주요 전제: 정부는 더 엄격한 총 규제를 도입해야한다.

Donald Brown은 정부가 개인에게 총기 소유권을 허용해야 한다고 주장합니다. 이 입장은 정부가 총기 소유권을 규제할 때 우리의 민주주의 권리를 침해한다고 주장합니다. 논쟁이 벌어지기 때문에, 총을 소유한 대부분의 사람들은 스포츠나 레크리에이션을 위해 총을 소지하는 책임감 있는 시민입니다. 또한 경찰이 폭력 범죄를 막을 수 없다고 매우 강하게 주장하며, 따라서 우리는 우리 자신을 보호하기 위해 총을 필요로 한다고 강조합니다. 그러나 마리아 라모스(Maria Ramos)의 말처럼, 총기는 지역 사회에서 폭력 범죄를 증가시킵니다. 인간의 생명은 레크리에이션 목적으로 총을 소유할 권리 이상의 가치가 있습니다. 또한, 집 주변에 보관된 총기 중 많은 총기가 지역 내 폭력이나 십대의 자살에 쓰이고 있습니다.

비격식적 그리고 학술적 언어	
비격식적 언어	**학술적 언어**
'as sort of', 'kind of' 같은 모호한 표현을 자주 사용한다.	'might'(~일지도 모른다)와 같은 모호한 표현을 신중하게 사용한다.
'I'(나) 라는 단어를 사용한다.	'I'(나) 라는 단어를 사용하지 않는다.
'good guys'(좋은 사람)과 같은 비격식적 용어를 사용한다.	'responsible citizens'(책임감 있는 시민)과 같은 더 격식 있는 용어를 사용한다.
'and I also think(그리고 나도 그렇게 생각한다)' 같은 비격식적 표현을 사용한다.	'In addition(게다가)' 같은 더 격식 있는 전환을 사용한다.

〈참고 16.2〉 비공식적 영어와 학술적 영어의 특징

교사는 영어 학습자들이 비격식적 언어와 학술적 언어의 차이점을 인식할 수 있을 때까지 많은 텍스트로 연습을 반복할 수 있다. 이러한 텍스트 비교 분석을 하게 한 후에는 영어 학습자로 하여금 자신이 쓴 글을 더 공식적인 영어를 써서 수정해 보게 하는 활동을 적용하는 것도 가능하다.

학생들에게 비격식적인 텍스트를 학술적 텍스트로 수정하도록 요구할 때, 불필요한 단어(예, '일종의'와 같은 모호한 표현들)을 삭제하라는 것과 같은 지침을 주는 것이 좋다. 비격식적 단어를 공식적인 단어로 대체하라, 문법 오류를 찾아 수정하라, 필요한 경우 연결어나 글의 형식적 결속성을 높이는 표현을 추가하라, 필요하면 '그리고, 그래서, 그러나'와 같은 단순한 단어를 좀 더 정교한 단어로 교체하라, 단순한 문장을 결합하여 보다 복합적인 문장으로 서술하라, 텍스트의 길이를 줄이라 등도 영어 학습자들에게 유용한 지침이다. 텍스트를 분석하는 활동은 학교 학습의 목적으로 쓰이는 영어를 영어 학습자들에게 지도하는 데 매우 효과적이라는 사실이 많은 선행 연구를 통해 입증되었다(Snow, 2010).

맥락적 제약의 완화 방법

영어 학습자 학생들이 자신감이 넘치는 유능한 필자가 되려면 다양한 맥락의 작문 활동을 연습해야 한다. 가령 오랜 시간에 걸쳐 점차 글을 완성해 가는 작문 맥락도 연습해야 하지만, 정해진 시간 내에 작문 과제를 완성해야 하는 작문 맥락도 연습해야 한다. 다시 말해서 영어 학습자들에게는 다양한 맥락의 조건에 놓인 작문 활동의 경험이 필요하다.

다음 두 가지의 지도 사례를 살펴보자. 이 지도 사례는 영어 학습자들이 겪는 맥락적 제약을 완화하는 데 매우 효과적인 방법을 포함하고 있다. 하나는 초등 영어 학습자들을 대상으로 한 것이고, 다른 하나는 중등 영어 학습자들은 대상으로 한 것이다.

초등 영어 학습자를 위한 과정 접근

여기에 제시한 수업에서는 영어 학습자들을 구체적이고 실습 중심의 방법으로 과정 중심 작문에 참여하게 하는 접근 방식을 사용한다(Opfell, Simpson, & Wille 1992). 교사는 수업에서 가장 먼저 학생들에게 좋은 쿠키를 만드는 방법에 대해 글을 쓸 것이라는 점, 그리고 이를 통해서 작문 과정을 배울 것이라는 점을 설명한다.

쓰기 전 단계에서, 교사는 학생들에게 쿠키의 유형, 모양, 재료 등을 포함하여 자신이 좋아하는 쿠키의 특징을 브레인스토밍 하게 했다. 이는 주제에 대한 학생들의 관심을 이끌어내는 데에도 도움을 준다. 교사는 학생들에게 '초콜릿 칩, 바삭바삭한, 달콤한, 동물 모양의, 생강, 둥근' 등의 단어가 들어 있는 단어 은행을 제시한다. 수업을 진행하면서 학생들의 반응에 따라 단어 은행에 새로운 단어를 추가할 수 있다. 그 다음, 학생들에게 실제로 몇 개의 쿠키(예를 들어, 동물 모양의 쿠키, 오레오, Fig Newtons이라는 상표의 쿠키)를 맛보게 하고, 단어 은행에서 단어를 선택하여 맛, 향기, 질감 등을 묘사하게 한다. 이후 학생들에게 자신의 노트에 "나는＿＿＿을/를 좋아한다. 왜냐하면＿＿＿때문이다."와 같이 문장을 만든다.

작문의 계획 단계에서 학생들은 글로 쓰고 싶은 쿠키를 선택할 수 있고, 〈참고 16.3〉과 같이 쿠키의 그림을 그리거나 그것을 묘사하는 단어 목록을 만들 수 있다. 글을 작성하는 단계에서 학생들은 내용을 표현하는 적절한 단어를 찾기 위해 단어 은행을 사용할 수도 있고 그림을 이용할 수도 있다. 교사는 학생들의 영어 실력 수준이나 학년에 따라 친구에게 자신이 가장 좋아하는 쿠키를 소개하는 편지를 써 보라는 개방형(자유롭게 반응할 수 있는) 작문 과제를 부여할 수 있다. 교사의 도움이 더 필요한 학생들에게는 〈참고 16.3〉의 예처럼 매우 단순하게 구성한 틀이나 아주 약간 복잡하게 구성한 틀을 제공하는 것도 가능하다. 아래에 제시한 교사의 시범은 학생들에게 글쓰기의 좋은 출발점을 제공한다. 어떻게 글을 쓰면 좋은지를 구체적으로 보여주고 있기 때문이다.

"나는 오레오 쿠키가 매우 좋다고 생각해. 오레오는 겉이 바삭바삭하고 초콜릿 맛이나. 오레오는 둥근 모양이고, 안쪽에는 흰 크림이 채워져 있는데, 그것이 바로 내가 오레오를 가장 좋아하는 이유야. 너도 오레오를 떼어내서 크림을 먹어봐. 냠냠!"

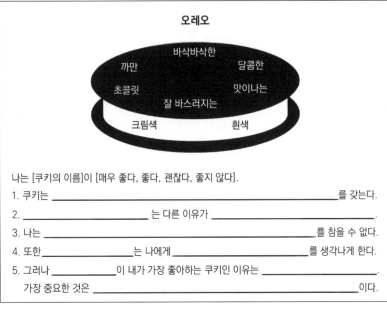

나는 [쿠키의 이름]이 [매우 좋다, 좋다, 괜찮다, 좋지 않다].

1. 쿠키는 _____를 갖는다.
2. _____ 는 다른 이유가 _____.
3. 나는 _____를 참을 수 없다.
4. 또한_____는 나에게 _____를 생각나게 한다.
5. 그러나 _____이 내가 가장 좋아하는 쿠키인 이유는 _____.
   가장 중요한 것은 _____이다.

〈참고 16.3〉 쿠키 그림과 작문 틀

학생들끼리 자신이 쓴 글을 돌려 읽게 하고 수정하게 하면, 'nice
(좋다)' 같은 평범한 단어를 'delicious(맛있는)', 'mouth-watering(군침
이 도는)', 'yummy(아주 맛있는)' 같은 백만 달러짜리 단어(Graham
et al., 2005)로 바꾸는 것도 가능하다. 교사는 학생과의 면담을 통해
학생들이 쓴 문장이 올바른지 확인하도록 도울 수 있다.

중등 영어 학습자들 위한 DO/WHAT 차트

시간제한 있는 작문 과제를 수행할 때 학생들은 작문 과제의 요구
를 올바로 처리하고 있는지 검토할 시간이 부족하므로 그 요구에 적
절히 대응하지 못하는 경우가 있다. 영어가 모어인 학생들도 이런
일을 종종 겪는다는 점을 생각해 보면, 영어 학습자들에게 이러한
제약을 극복하는 데 도움을 줄 수 있는 방법을 지도하는 것은 매우
중요하다.

어떤 작문 부진 학생이나 작문 연습이 부족한 영어 학습자가 시간

제한이 있는 작문 과제로 어려움을 겪고 있을 때 작문 과제의 지시문을 모어로 번역해 주는 것보다는 그 내용을 좀 더 쉬운 단어로 재진술하거나 요약해서 제시하는 방법이 더 적절하다. 이때 DO/WHAT 차트를 활용할 수 있다. DO/WHAT 차트는 학생들이 글을 쓸 때 로드맵의 역할을 하므로 시간제한이 있는 작문 과제의 수행에 따르는 맥락적 제약을 줄이는 데 효과적이다.

DO/WHAT 차트를 지도할 때 교사는 학생들이 혼자서도 이 차트를 구성할 수 있도록 DO/WHAT 차트의 작성 방법에 대해 먼저 시범을 보일 필요가 있다. 예를 들어, 교사는 〈참고 16.4〉에 제시한 Gerald Haslam의 〈The Horned Toad(뿔도마뱀)〉의 예처럼 주제를 분석하는 지시문을 학생들에게 제공할 수 있다. 교사는 이 지시문을 통해서 학생들을 안내할 수 있다. 학생들이 지시문에서 해야 하는 것을 설명하는 동사에는 녹색으로, 해야 하는 과제가 무엇인지 설명하는 단어에는 파란색으로 어떻게 밑줄을 긋는지 행동으로 보여줄 수 있다. 그런 다음 학생들은 지시문 아래에 있는 DO/WHAT 차트를 작성한다. 이러한 차트는 학생들에게 작문에 대한 로드맵을 제공한다.

지시문

〈The Horned Toad〉를 읽고, 에세이로 쓸 주제 하나를 골라 보세요. 글쓴이가 이 이야기에서 말하고자 하는 요점, 메시지, 교훈 등을 활용하여 주제문을 만들어 보세요.

글쓴이는 어떻게 이야기 속 인물의 관계를 통해서 이러한 주제를 말하고 있는지를 분석해 보세요. 특히 아래 사항에 주목해서 활동해 봅시다.

• 그의 증조모가 나타난 것에 대한 서술자의 반응은 어떠한가?
• 그가 바라보는 증조모에 대한 생각에 근거한 그와 증조모의 상호작용은 어떠한가?

- 글쓴이가 인물의 특성이나 가치관을 나타내기 위해 사용한 상징은 무엇이고, 인물 간 관계를 나타내기 위해 사용한 상징은 무엇인가?
- 이 이야기를 통해 서술자가 배운 것은 무엇인가?

글쓴이는 인물의 상호작용을 통해서 삶에서 매우 중요한 어떤 메시지를 전달하고 있습니다. 글쓴이가 말하고자 하는 주제가 왜 중요한지 설명해 보세요. 글을 쓸 때, 여러분의 생각을 뒷받침할 수 있는 책의 내용을 찾아 포함하고, 아래의 표준 영문법의 관습을 활용해 보세요. 주제는 하나가 아니므로 지시문에 '딱 맞는' 정답은 없습니다. 중요한 것은 책에서 여러분의 생각을 뒷받침할 수 있는 근거를 찾는 것입니다.

DO/WHAT 차트

행동(DO)	행위(WHAT)
선택하기	하나의 중요한 주제
쓰기	에세이
표현하기	글쓴이의 요점, 메시지, 또는 교훈
분석하기	작가가 이 주제를 어떻게 표현하는지(communicate)
주의 집중하기 :	
(토론하기)	• 서술자의 증조모에 대한 반응
(토론하기)	• 서술자와 증조모의 상호작용 양상
(해석하기)	• 인물 간 관계 변화를 나타내기 위한 상징
설명하기	• 서술자가 배운 것
설명하기	주제의 중요성

〈참고 16.4〉 'The Horned Toad'에 활용할 수 있는 지시문과 DO/WHAT 차트

텍스트적 제약의 완화 방법

여기에서는 텍스트 제약의 완화 방법으로 초등 영어 학습자를 대상으로 한 것과 중등 영어 학습자를 대상으로 한 것 두 가지를 살펴보기로 하자. 전자는 다양한 장르(예를 들어, 목적에 따른 장르와 구조에 따른 장르)와 관련이 있는 활동이고, 후자는 분석적 에세이의 도입 부분의 구조 이해와 관련된 활동이다.

초등 영어 학습자를 위한 장르 이해 활동

여기에서는 이른바 '로봇 프로젝트'를 중심으로 초등 영어 학습자를 겨냥한 텍스트 제약 완화 방법을 살펴보고자 한다. 교사는 학생들에게 앞으로 2주 동안 각자 로봇을 만들고, 이를 바탕으로 다양한 장르의 글쓰기를 할 예정이라고 안내했다. 그러면서 학생들의 흥미를 이끌어내고 배경지식을 쌓게 하기 위해 집에서 잡지의 로봇 그림, 광고, 장난감 로봇 등을 가져 오라고 안내했다. 그 후 학생들은 수업 시간에 텔레비전, 영화, 인터넷 등에서 본 로봇에 대해 토론하거나, 로봇에 어떤 일을 하게 할 수 있는지 자유롭게 아이디어를 떠올렸다 (가령, 청소하는 로봇). 이를 바탕으로 학생은 로봇을 만드는 데 필요한 준비물(신발 상자, 파이프 청소기, 알루미늄 호일, 화장지 등)을 준비했다. 특별한 로봇을 만들 생각이라면 그에 맞는 준비물을 준비했다. 이 과정에서 학생들은 아이디어를 공유하기도 했다.

이 뒤에 이어지는 작문 활동은 묘사, 서사, 설명, 논증의 네 가지 장르를 바탕으로 이루어진다. 첫째, 묘사문 쓰기 활동이다. 교사는 학생들에게 어떤 로봇을 묘사하는 글을 쓰게 한 후, 다른 동료 학생이 그 글을 읽은 다음 그 글이 묘사하고 있는 로봇을 테이블에서 고르게 한다. 교사는 직접 로봇을 만들면서 그 과정을 묘사하는 시범을 학생에게 보여줄 수도 있으며 묘사를 잘 한 예시문을 선정하여 학생들과 함께 읽을 수도 있다. 이를 통해 교사는 묘사 장르의 특성을 학생들에게 숙지하도록 할 수 있으며 학생이 로봇을 묘사할 때 활용할 수 있는, 색깔, 크기, 모양 등을 표현하는 단어를 담은 단어 은행을 만들 수도 있다.

둘째, 서사문 쓰기 활동이다. 학생들이 로봇을 묘사하는 글을 쓴 후에 교사는 학생들에게 로봇과 함께 하는 모험 이야기를 상상하게 하고 이를 서사문으로 쓰도록 안내한다. 교사는 학생들이 글을 쓰기 전에 서사 장르의 관습, 가령 인물, 플롯, 배경, 대화, 연결어 등에 대해 시범을 보여준다. 학생들은 교사의 시범을 바탕으로 로봇 이야기의 이야기 맵을 완성하고 이를 서사문으로 발전시켜 완성한다.

셋째, 설명문 쓰기 활동이다. 학생들이 서사문 쓰기를 완성하고 나면, 교사는 학생들에게 로봇을 관리하는 사람(학생 자신일 수도 있다)이 잠시 멀리 떠난다고 가정하게 하고, 다른 사람이 그 로봇을 관리하는 데 필요한 정보를 글로 써서 전하도록 안내한다. 다른 사람이 그 글을 보고 로봇을 관리해야 하므로 그 글에는 구체적이고 실제적인 정보가 담겨야 한다는 점을 강조한다. 물론 학생들이 그림을 포함하여 정보를 설명하는 것도 가능하다. 교사는 이 장르에서는 내용의 명확성과 구체성이 중요하다는 점을 강조할 필요가 있다. 학생들이 한 번에 완성하는 것을 힘들어 하면 단계로 구분하여 쓰도록 지도하는 것도 가능하다.

넷째, 논설문 쓰기 활동이다. 마지막으로, 교사는 근거를 바탕으로 학생 자신의 로봇이 이 세상에서 가장 좋은 로봇임을 주장하는 글을 쓰게 할 수 있다. 학생들의 수준을 고려하여 교사는 주장을 진술하는 방법, 이유나 근거를 제시하는 방법, 혹은 반론을 인정하거나 반박하면서 글을 전개하는 방법을 안내할 수도 있다(Gatlin & Krebs, 1992 재인용).

이 수업에 참여했던 초등 영어 학습자들은 네 가지의 작문 장르를 모두 배울 수 있었다. 브레인스토밍, 실제적인 글쓰기 활동, 작성한 글의 공유 및 평가와 같은 활동에 참여하면서 장르 관습과 공동체 의식도 익힐 수 있었는데, 이는 이 수업의 장점이기도 하다.

중등 영어 학습자 학생을 위한 분석적 에세이의 도입부 쓰기 활동

영어 학습자들이 교사에게 작문 과제를 받고 글을 쓰고자 할 때 직면하는 제약 중 하나가 바로 글을 어떻게 시작해야 할지를 모른다는 것이다. 학생들이 이러한 제약에 놓였을 때 Ho T-S-C Team(Hook/TAG/Story-Conflict/Thesis) 전략을 활용하면 매우 효과적이다. 이 전략은 〈참고 16.5〉와 같이 텍스트를 기반으로 하는 에세이 쓰기에서 도입부에 무엇을 포함하면 좋을지를 학생이 마음속으로 떠올려 보는 데 도움을 준다. 교사는 학생들에게 에세이 도입부의 예시를 주고 'Hook, TAG, Story-Conflict, Thesis'을 파악해 보라고 할 수 있다. 이때 제시하는 예시는 학생들이 작성해야 하는 에세이와 유사한 주제를 담은 글이다.

전문가들 중에는 이러한 방법이 정형화되어 있다고 비판하기도 한다. 그러나 영어 학습자에게는 자유로운 형식의 글쓰기 과제를 부여하기 전에 제약 조건이 명확한 작문 과제를 더 많이 부여하는 것이 좋다. 왜냐하면 이러한 경험이 영어 학습자들의 작문 능력을 향상하는 데 더 효과적이기 때문이다. 제약 조건이 있는 작문 과제를 연습한 후에 조건이 자유로운 작문 과제로 넘어가는 것이 영여 학습자들에게는 더 유익하다.

어떻게 시작해야 할까?
-분석적 에세이의 도입 부분-

4부분: HT S-C T

      (Ho T S-C Team) = (Hook/TAG/Story-Conflict/Thesis)

1. Hook: 흥미로운 내용을 활용하여 독자의 관심을 끌기 위한 도입 부분을 시작해 봅시다. 여기에는 아래 사항 중 하나를 포함하세요.

- 이야기의 흥미로운 순간으로 시작하기
- 재미있는 서술
- 대화

- 텍스트의 일부분을 인용
- 독자를 생각하게 만드는 문장
- 일화(짧은 이야기)
- 생각을 자극하는 질문(독자를 생각하게 만드는 질문)

2. TAG: Hook에 뒤이어 Title(제목), Author(글쓴이), Genre(장르, 즉 짧은 이야기, 서사문, 소설, 희곡, 시 등)가 잘 드러나도록 서술하세요.

3. Summary Statement-Conflict(이야기의 요약-갈등): TAG를 제시한 후, 이야기의 요약이나 이야기의 갈등을 제시하세요. 하나 또는 두 개의 문장이면 독자가 이야기의 내용과 갈등을 충분히 파악할 수 있어요.

4. Thesis Statement(주제 문장): 작문 과제에 따라 작성한 문장이 바로 주제를 나타내는 문장이에요. 주제 문장은 여러분의 에세이를 시작하는 '열쇠'입니다. 어디로 갈지에 정하지도 않은 채 여행을 떠날 수 있을까? 그렇지 않습니다. 사람들은 지도를 보고 여행지에 대한 정보를 확인할 겁니다. 여러분은 독자를 위해서 '지도'를 글에 나타냄으로써, 독자를 어디로 데리고 갈지를 미리 알려 주어야 합니다.

⟨참고 16.5⟩ Ho T S-C Team

정서적 제약의 완화 방법

여기에서 제시하고자 하는 두 가지 활동은 교사가 학생들과 우호적인 분위기에서 상호작용할 수 있는 방법과, 친숙한 내용을 바탕으로 한 작문 방법이다. 이러한 활동을 통해 완성한 글은 학급 게시판에 게시할 수 있다.

초등 영어 학습자에게 〈The Important Book〉의 활용

Margaret Wise Brown의 〈The Important Book〉은 숟가락, 데이지 꽃, 하늘, 바람, 신발 등과 같은 특정 주제를 선정하여 왜 그 주제(혹은 대상)가 중요한지를 2~3개 문장을 통해 설명한다. 〈The Important Book〉의 틀을 활용해서 학생들끼리 가장 좋아하는 동물, 취미, 운동, 방학 등에 대해 대화하는 활동을 할 수 있다. 이를 인터뷰의 형식으로 응용하면 '친구 알기' 활동으로 발전시킬 수도 있다. 활동을 마친 후에는 학급 게시판에 대화한 내용을 바탕으로 그린 그림이나 글을 게시할 수도 있고, 이를 모아서 학급 문집을 만들 수도 있다. 이 책의 틀은 〈참고 16.6〉과 같은 형태로 수정해서 사용할 수 있다. 간단하게 작성한 틀을 활용하면 학교에 온 지 얼마 지나지 않은 영어 학습자 학생의 활동 참여를 이끌어낼 수 있으며 자존감 향상 및 적극적인 학급 공동체 참여에도 자극할 수 있다.

_____(에)서 가장 중요한 것은_____(이)다.

그/그녀는_____을/를 좋아한다.

또한 그/그녀는_____을/를 즐긴다.

그러나 여기서 중요한 것은_____(이)다.

〈참고 16.6〉 'The Important Book'의 틀

학생 이름의 활용

초등학생들에게 자신의 이름에 대해서 글을 쓰게 하는 활동은 매우 효과적이다. 이는 "학생들에게 어렵지 않다는 생각을 심어 주고, 다른 학생들이 자신의 이름을 모르더라도 크게 신경 쓰지 않아도 되기" 때문이다(Tchudi & Mitchell, 1999:122). Sandra Cisneros의 〈The House on Mango Street〉에 수록된 'My Name'은 특히 영어를 배우는 학습자에게 효과적이다. 이 글을 쓴 Esperanza는 스페인어가 제1언어

인 영어 학습자인데, Esperanza는 스페인어로 자신의 이름을 발음하는 것은 매우 자연스러우나 영어로 발음하는 것은 마치 입천장에 상처가 나는 것처럼 어렵게 느낀다.

학생들은 'My Name'을 읽고, Esperanza가 자신의 이름에 대해 어떻게 느끼고 있는지 이야기하고, Esperanza가 자신의 이름과 노래, 물체, 색 등을 어떻게 비교하고 있는지 파악하는 활동을 수행했다. 이후, 학생들은 아래와 같이 문장의 빈칸을 채우면서 Esperanza의 이름을 비유할 수 있는 대상을 찾고 그 이유를 생각해 보는 활동을 수행했다.

- 만약 Esperanza가 동물이라면, Esperanza는 카멜레온일 것이다. 왜냐하면 Esperanza는 자기 기분에 맞는 이름을 찾기 때문이다.
- 만약 Esperanza가 식물이라면, Esperanza 민들레일 것이다. 왜냐하면 Esperanza는 자기 이름에서 벗어나 멀리 날아가고 싶어 하기 때문이다.

이 활동을 한 후라면 학생들은 〈참고 16.7〉에 제시된 6학년 영어 학습자 Henry Nunez가 작성한 것처럼 자신의 이름을 비유하여 표현하는 문장을 완성할 수 있다. 학생들은 방패 모양의 문장(紋章)을 계획하기 전략처럼 사용해서 자신의 이름에 대한 한 문단의 글을 쓸 수 있을 것이다. 글 말미에는 방패 모양의 문장(紋章) 그림을 같이 넣게 한다.

방패 모양으로 만든 나의 문장(紋章)

Henry Nunez

나와 가장 비슷한 동물은 **늑대**입니다.

왜냐하면 이 동물은 **내가 얼마나 사나운지를 나타내기** 때문입니다.

나와 가장 비슷한 식물은 **파리지옥**입니다.

왜냐하면 이 식물은 **말을 할 때 항상 벌리고 있는 내 입을 나타내기** 때문입니다.

나와 가장 비슷한 물건은 **화살촉**입니다.

왜냐하면 이 물건은 **내가 얼마나 뾰족한지를 나타내기** 때문입니다.

〈참고 16.7〉 6학년 학생 Henry Nunez의 문장(紋章)

결론

　모든 학생들이 작문 과정에서 제약을 경험한다. 그러나 영어를 제2 언어로 쓰는 학생들은 영어가 제1언어인 학생들보다 제약이 훨씬 더 크다. 더 나아가 영어가 제2언어인 학생들은 영어 능력 발달과 관련 된 제약도 극복해야 해서 부담이 훨씬 더 크다. 예를 들어, 영어 학습 자는 작문을 의사소통의 방법으로 활용하려면 제1언어의 언어적 특 징이나 수사적 특징을 영어로 바꾸어야 하는 부담이 있다. 문화도 역시 영어 학습자의 작문에 큰 영향을 미친다. 문화는 교육적 중재에 폭넓은 영향을 미치므로 '문화적 제약'이라는 별도의 항목을 두지 않 고 이 장 전체의 교육적 중재 활동에 문화적인 요소가 포함될 수 있 도록 하였다.

참고문헌

August, D., & Shanahan, T. (2007). *Developing literacy in second-language learners: report of the National Literacy Panel on Language Minority Children and Youth.* Mahwah, NJ: Erlbaum.

Biancarosa, C., & Snow, C. E. (2006). Reading Next—A vision for action and research in middle and high school literacy: A report to Carnegie Corporation of New York (2nd ed.). Washington, DC: Alliance for Excellent Education.

Brown, M. W. (1949). The important book. New York: HarperCollins.

Christie, E., & Macken-Horarik, M. (2007). Building verticality in subject English. In E. Christie & J. R. Martin (Eds.), Language, knowledge, and pedagogy: Functional, linguistic, and sociological perspectives (pp. 156~183). London: Continuum.

Cisneros, S. (1984). The house on Mango Street. Houston, TX: Arte.

Cummins, J., Bismilla, V., Chow, P., Cohen, S., Giampapa, F., Leoni, L., et al. (2005). ELL students speak for themselves: Identity texts and literacy engagement in multilingual classrooms. Retrieved April 26, 2012, from www.achievement seminars.com/seminar_series_2005_20 06/readings/ed. leadership.pdf

Ellis, R. (Ed.). (2000). Form-focused instruction and second language learning. Special issue of Language Learning. Oxford, UK: Blackwell.

Fisher, D., Frey, N., & Rothenberg, C., (2008). Content area conversations: Flow to plan discussion-based lessons for diverse language lear^ters. Alexandria, VA: Association for Supervision and Curriculum Development.

Flower, L. (1981). Revising writer-based prose. Journal of Basic Writing, 3, 62~74.

Flower, L. S., & Hayes, J. R. (1980). The dynamics of composing: Making plans and juggling constraints. In L. Gregg & E. Steinberg (Eds.), Cognitive processes in writing (pp. 31~50). Mahwah, NJ: Erlbaum.

Frederiksen, C. H., & Dominic, J. F. (1981). Writing: The nature, development and teaching of written communication (Vol. 2, pp. 17~20). Hillsdale, NJ: Erlbaum.

Gambrell, L. B., Malloy, J. A., & Mazzoni, S. A. (2007). Evidence-based best practices for comprehensive literacy instruction. In L. B. Gambrell, L. M. Morrow, M. Pressley (Eds.), Best practices in literacy instruction (3rd ed., pp. 1~29). New York: Guilford Press.

Gatlin, P., Krebs, E. (1992). Operation Robot: How we made thinking/writing our own. In C. B. Olson (Ed.), Thinking/writing: Fostering critical thinking through writing (pp. 411~417). New York: Harper Collins.

Glaser, R. (1992). Expert knowledge and the processes of thinking. In D. F. Halpern (Ed.), Enhancing thinking skills in the sciences and mathematics (pp. 63~75). Hillsdale, NJ: Erlbaum.

Goldenberg, C. (2008). Teaching English language learners: What the research does—and does not—say. American Educator, 32, 7~23, 42~44.

Gonzalez, N., Moll, L., & Amanti, C. (Eds.). (2004). Funds of knowledge: Theorizing practices in households, communities, and classrooms. Mahwah, NJ: Erlbaum.

Graham, S., Harris, K. R., & Mason, L. (2005). Improving the writing performance, knowledge and motivation of struggling young writers: The effects of self-regulated strategy development. Contemporary Educational Psychology, 30, 207~241.

Graham, S., & Perin, D. (2007). A meta-analysis of writing instruction for adolescent students. Journal of Educational Psychology, 99, 445~476.

Greenleaf, C. L., Schoenbach, R., Cziko, C., & Mueller, F. (2001). Apprenticing adolescent readers to academic literacy. Harvard Education Review, 71(1), 79~129.

Guthrie, J. T., & Wigfield, A. (2000). Engagement and motivation in reading. In M.L. Kamil, P.B. Mosenthal, P. D. Pearson, & R. Barr (Eds.), Handbook of reading research (3rd ed.). New York: Longman.

Gutierrez, K. (1992). A comparison of instructional contexts in writing process classrooms with Latino children. Education and Urban Society, 24(2),

244~262.

Haslam, G. (1995). The horned toad. Petaluma, CA: Thwack! Pow!

Meltzer, J., & Hamann, p. T. (2005). Meeting the literacy development needs of adolescent English language learners through content area learning, part two: Focus on classroom teaching and learning strategies. Brown University: Education Alliance. Retrieved June 17, 2010, from www.alliance.brown.edu/topics/curriculum.shtml#iteml2630702a.

National Governors Association & Chief Council of State School Officers. (2010). Common Core State Standards for English language arts & literacy in his tory/social studies, science, and technical subjects. Washington, DC: Authors. Retrieved from www.corestandards.org.

Olson, C. B. (2011). The reading/writing connection: Strategies for teaching and learning in the secondary classroom (3rd ed.). New York: Pearson.

Olson, C. B., Kim, J. S., Scarcella, R., Kramer, J., Pearson, M., Van Dyk, D., et al. (2012). Enhancing the interpretive reading and analytical writing of mainstreamed English learners in secondary school: Results from a randomized field trail using a cognitive strategies approach. American Educational Research Journal, 4(2), 323~355.

Olson, D. (1977). From utterance to text: The bias of language in speech and writing. Harvard Educational Review, 47, 257~281.

Opfell, L., Simpson, J., & Willett, S. R. (1992). How does your cookie crumble. In C. B. Olson (Ed.), Thinking/writing: Fostering critical thinking through writing (pp. 335~342). New York: Harper Collins.

Peregoy, S. F., & Boyle, O. F. (2000). EEs reading English: What we know, what we need to know. Theory into Practice, 39(4), 237~247.

Scarcella, R. (2003). Academic English: A conceptual framework (Tech. Rep. No. 2003-1). Irvine: University of California, Irvine, The University of California Linguistic Minority Research Institute.

Schleppegrell, M. J. (2009, October). Language in academic subject areas and classroom instruction: What is academic language and how can we teach it?, Paper presented at workshop on The role of language in school learning sponsored by the National Academy of Sciences, Menlo Park, CA. Retrieved August 18, 2010, from www7.nationalacademies.org/cfe/ Paper_Mary_Schleppegrell.pdf.

Short, D., & Fitzsimmons, S. (2007). Double the work: Challenges and solutions to acquiring language and academic literacy for adolescent English language learners: A report to Carnegie Corporation of New York. Washington, DC: Alliance for Excellent Education.

Snow, C. E. (2010). Academic language and the challenge of reading for learning. Science, 328(5977), 450~452.

Tchudi, S., & Mitchell, D. (1999). Exploring and teaching the English language arts (4th ed.). New York: Longman.

Valdes, G. (2001). Learning and not learning English: Latino students in American schools. New York: Teachers College Press.

Zwiers, J. (2008). Building academic language: Essential practices for content classrooms. San Francisco: Jossey-Bass.

17장
중재 반응 모형에 따른 작문 지도

-초등학교 교실에서의 전망과 과제-

GARY A. TROIA

2004년 장애 학생 교육 증진 법안(IDEA 2004)[1] 통과 이후, 학습 장애 학생 평가에서 과학적이고 실증적인 중재-반응 모형은 능력-성취 모형의 대안으로 떠올랐다. 이에 따라 학습 장애 여부를 진단하는 평가에서는 일반적인 교육을 받는 학생들에게 실험적 근거가 분명한 중재를 제공해야 하고, 이에 따라 학생들이 성장을 보였는지를 고려해야 한다. 중재-반응 모형을 도입함으로써 학교 관리자들은 일반적 교육을 받는 학생들의 문제 행동이나 학습 부진을 방지거나 이를 교육적으로 완화할 수 있는 여러 가지 방안을 활용할 수 있게 되었다. 학교 관리자들은 중재-반응 모형을 도입함으로써 특수 교육을 외부 기관에 의뢰할 필요가 없어졌고 특수 교육이 소수의 학생들에게 치우치는 문제도 해결할 수 있었다. 더 나아가 다양한 형태로 흩어져 있던 학습 부진 학생들의 지원 체제를 통합할 수 있었다.

보편적으로 존재하는 명확한 중재-반응 모형은 찾아보기 어렵지

---

1) [역주] The Individuals with Disabilities Education Improvement Act of 2004

만 다음과 같은 몇 가지의 공통적인 특징을 가지고 있는 것으로 알려져 있다(Johnson, Mellard, Fuchs, & McKnight, 2006).

- 저성취군 및 위험군 학생들을 우선적으로 변별해 내기 위해 분할 점수를 사용하는 선별 검사가 정기적으로 이루어진다. 선별 검사는 검사 도구를 활용하여 1년에 1번 이상 시행한다. 이러한 검사는 간단하고 신뢰할 만하며 반복적인 측정이 가능하다. 측정 결과는 표준화된 조건에 따라 수집되며 다른 평가의 결과를 예측하는 데 도움을 준다. (즉, 비슷한 상황에서 동일한 방법을 사용하여 측정 정보를 수집하고 동일한 절차를 거쳐 점수가 도출된다.)
- 위험군에 속한 학생에 대해서는 일반적인 학생보다 성장 정도를 더 자주 점검한다. 자주 점검하다 보면 어떤 경우에는 중재 투입 없이 점검만 이루어지기도 한다. 하지만 성장 정도의 점검은 대부분 특정 처치에 대한 개별 학생의 반응을 파악하는 데 사용된다. 성장 정도를 점검할 때 더 많은 진단적 정보를 제공하는 평가 방법이나 평가 도구를 결합하여 사용하는 것도 가능하다.
- 중재-반응 모형의 단계는 세 가지로 요약할 수 있다. (1) 첫 번째 단계에서는 모든 학생들에게 핵심적인 일반적 교육 프로그램이 제공된다. (2) 두 번째 단계에서는 위험군에 속한 학생들(이 단계에 속한 학생들의 수준은 다양할 수 있음)에게 지도하기로 계획한 목표 지향적 중재를 제공하여 학생들의 요구를 충족하게 한다. (3) 세 번째 단계에서는 두 번째 단계의 중재에 적절히 반응하지 않는 학생들이나, 전문적인 도움이 필요한 고위험군 학생들에게 특별히 제작한 개별적 처치를 집중적으로 제공한다(고위험군 학생들은 특수 교육 대상자에 해당한다).
- 일반적 교육 핵심 프로그램, 투입하기로 계획한 목표 지향적 중재, 그리고 각 단계에 적용되는 전문적인 처치에는 효과에 대한 과학적 증거, 임상 전문가 및 권위자의 의견, 검사 의뢰 학생 및 그 가족의 의견을 통합한 증거 기반의 실제적 활동이 포함되어 있다(Sackett, Rosenberg, Gray,

Haynes, & Richardson, 1996). 효과에 대한 과학적 증거가 미약하거나 존재하지 않을 수도 있고, 연구 결과가 사회적, 정치적, 구조적으로 시급한 사안과 통합될 수도 있으므로 증거 기반의 실제적 활동에 대한 이러한 견해는 매우 중요하다.

■ 중재-반응의 과정도 그렇지만 평가와 중재는 어떤 수준의 학생들에게 적용되든 항상 충실하게 이루어져야 한다. 이는 평가와 중재가 적절한 수준의 일관성, 집중성, 통합성을 갖출 수 있도록(즉, 필수 요소가 존재함) 설계되어야 함을 뜻한다. 충실성은 매우 중요하다. 충실성이 부족하면 잘못된 진단과 처치를 내릴 수 있으며 엉뚱한 결론을 내릴 수 있기 때문이다. 충실한 적용을 위해서 중재-반응 과정을 자주 점검해야 한다.

초등학생의 학습 독서를 지원하는 중재-반응 모형은 존재하지만, 작문을 지원하는 중재-반응 모형은 안타깝게도 아직 마련되어 있지 않다. 이는 작문 지원을 위한 중재-반응 모형을 설계하는 데 필요한 지식이 부족하기 때문이다. 이러한 지식이 부족한 이유는 다음 두 가지 때문이다. 첫째, 작문 평가 방법이 잘 개발되어 있지 않다보니 중재-반응 모형(선별 검사, 발달 정도 점검 및 진단)에서 평가에 필요한 필수 기능을 충족하기가 어려웠기 때문이다. 둘째, 중재-반응 모형과 관련된 연구가 대부분 독서 지도에 편중되어 있기 때문이다. 미국에서는 연구 자금 지원을 독서 지도에 우선순위를 두고 있는 실정이며, 미국 연방 정부나 주 정부에서도 독서 우선 정책(Reading First, Early Reading First)을 강조하고 있다. 작문에 대한 관심이 상대적으로 적은 실정이다. 사실 중재-반응 모형이 학교 조직, 학생의 성취, 장애 식별 절차 등에 폭넓게 쓰이려면 작문뿐만이 아니라 모든 학습 영역에 적용되어야 한다.

이 장에서는 작문 중재-반응 모형의 시행 방법을 설명하되 특히 평가와 관련된 권장 사항이 추상적이고 사변적이라는 관점을 비판하고자 한다. 더 나아가 쓰기 중재-반응 모형을 개발하고자 할 때 고려해야 할 대단위 평가, 공통 핵심 성취기준의 맥락에 대해서도 설명하고자 한다. 왜냐하면 교사나 학교 관리자는 이러한 교육 정책 요소를 고려하여 교실에서 이루어질 학생 지도의 방법 및 평가 방법을 결정하기 때문이다.

작문 반응-중재 1단계: 핵심 지도, 선별 검사 및 성장의 점검

학생이 공통 핵심 성취기준에 도달한 능숙한 필자로 성장하려면 교사가 매우 조직적인 방식으로 작문을 지도해야 한다. 학생들은 능숙한 필자가 되기까지 점진적인 성장을 보이므로 학생들에 대한 작문 지도는 지속적으로 이루어져야 한다. 작문 워크숍은 결과보다 과정을 더 중시할 뿐만 아니라, 학생들의 흥미, 자율성 등에 초점을 두고 있는, 널리 알려진 작문 지도 모형이다. 작문 워크숍의 주요 특징으로는 기능, 전략, 작문 과정에 대한 현시적 시범, 학생과 가족이 함께 참여하는 정기적인 협의, 적절한 비계 제공을 통한 성취에 대한 기대, 진정한 예상 독자와 진정한 쓰기 목적, 충분한 수준의 격려와 구체적인 피드백, 글을 쓰는 속도 및 제출 기한의 유연성, 협력적인 학습 준비, 자기 조절 능력 향상을 위한 충분한 기회 등을 꼽을 수 있다(Cutler & Graham, 2008; Gersten & Baker, 2001; Graham & Perin, 2007; Rogers & Graham, 2008).

초등학생을 위한 핵심 작문 지도 방법은 'The What Works Clearinghouse(Graham et al., 2012)'에서 개발한 교사용 지도서에서 단서를 얻는 것도 가능하다. 이 지도서를 작성한 전문가들의 연구에 따르면 다음의 네 가지 지도 전략이 권장되는 것으로 나타났다. 첫째, 학생들에게 매일 글을 쓰는 시간을 제공할 것(낮은 수준의 증거), 둘째, 다양한 목적에 따른 작문 과정을 지도할 것(강력한 수준의 증거), 셋째, 손글씨 쓰기, 철자 쓰기, 문장 구조, 타이핑, 워드프로세서 등에 학생이 익숙해지도록 지도할 것(중간 수준의 증거), 넷째, 글을 쓰는 학생들 간의 공동체를 형성하도록 할 것(낮은 수준의 증거)이 그것이다. 이 지도서는 이 네 가지 전략을 시행할 때 요구되는 유용한 제안을 포함하고 있다. 뿐만 아니라, 이 지도서에는 작문 기능, 문장 구성, 다양한 장르, 작문 과정을 지원하는 전략과 같은 효과적인 작문 지도 방법을 포함하고 있다. 일반적인 교육을 담당하는 교사, 이들과 협력하는 교사에게 가장 필요한 것은 반응-중재 모형의 틀 내에서 학생의 작문 활동을 평가하는 가장 효과적인 실천적 방법을 이해하는 것이다.

교실 내 작문 평가

작문 평가는 교사에게 종종 성가신 문제이다. 좋은 글이 무엇인지를 정의하는 것도 어렵지만 이를 적절하게 평가하는 것은 더 어렵다. 교실에 적용할 수 있는 다양한 평가 방법(즉, 대단위 평가 이외의 평가)이 존재하지만, 안정적으로 학생의 작문 활동을 판단하는 작문 평가, 작문 지도에 따른 학생의 작문 발달을 점검하는 작문 평가는 찾아보기 어렵다.

작문 평가 방법에는 다음과 같은 것들이 있다. 첫째, 직접 평가 또는 요구형 평가2)는 글을 작성하라는 지시문에 따라 작성한 학생들의 글을 채점 기준을 적용하여 평가하는 방법을 말한다. 둘째, 간접 평가는 학생들의 작문 능력을 파악하기 위해 학생들로 하여금 선택형 문항이나 OX형 문항, 오류 수정 문항에 답하도록 하는 평가 방법을 말한다(Benson & Campbell, 2009).

셋째, 포트폴리오는 학생이 완성한 글뿐만 아니라 그 과정에서 참고하거나 생산해 낸 활동의 결과를 집적하여 평가하는 방법이다. 포트폴리오에는 동료나 교사의 의견, 계획하면서 작성한 노트, 완성된

---

2) [역주] 작문 과제의 요구에 따라 학생들이 지시문을 읽고 제한 시간 내에 글을 완성하게 하는 평가 방법을 뜻한다.

수정 및 편집 점검표, 자기반성이나 자기 평가, 설문에 대한 응답, 교사와 부모의 관찰 결과 등 작문 과정을 보여주는 활동 결과 포함되는데, 상황에 따라 어떤 것은 포함하지 않을 수도 있다. 학생 글을 평가할 때에는 채점 기준표를 따른다. 이 채점 기준표는 표준적인 형태로 교사가 미리 마련해 둘 수도 있지만 학생들과 함께 개발하여 적용하는 것도 가능하다(Gearhart, 2009).

넷째, 교육과정 중심 평가(CBM, a curriculum-based measurement of writing)는 작문 지도 프로그램이 적용되는 동안 학생들이 작성한 글이 어느 정도 발달했는지를 평가하는 방법이다. 이 평가에서 학생들이 완성한 글은 일반적으로 전체적인 작문의 질을 예언하는 방향으로 평가된다. 학생 글은 일정한 간격으로 수집하여 평가하는데, 그 결과는 학생들의 성장 추적 결과와 비교된다(Benson & Campbell, 2009; McMaster & Espin, 2007). 다섯째, 자동 채점은 기계 장비를 활용하여 학생 글을 평가하는 방법이다.

위의 다섯 가지 평가 방법은 각각 장단점이 있는데, 이를 요약하면 〈표 17.1〉과 같다. 작문의 직접 평가 방법이나 간접 평가 방법은 교육의 책무성을 강조하는 환경에서 자주 쓰이지만, 교실 상황에서 쓰일 때에는 평가 결과를 바탕으로 한 피드백 제공, 교육적 중점 및 지원 조정, 더 높은 수준의 지원을 필요로 하는 학생의 변별에 중점을 둔다.

〈표 17.1〉 작문 평가

평가 방법	장점	단점
포트폴리오	• 독자의 해석을 고려하기 위한 평가 대화의 기회를 제공한다.	• 작문 수행에 대한 판단이 포트폴리오 전체보다는 몇 편의 질 높은 글에 의해 내려질 수 있다.
	• 평가를 위한 작문이 아니라 진정한 목적의 작문이 가능하다.	• 포트폴리오에 포함된 글은 조건과 지원 수준이 다르므로 학생의 작문 수행을 해석하기 어렵다.

평가 방법	장점	단점
	• 작문 결과뿐만 아니라, 작문 지식, 기능, 작문 과정 평가도 가능하다.	• 포트폴리오의 유형을 다양하게 하면 포트폴리오의 설계, 자료 수집 및 분석과 평가 목적 간의 연결에 혼란을 뒤따를 수 있다.
	• 구술 자료나 시각 자료도 포함할 수 있어 의사소통 능력을 균형적 관점으로 드러낼 수 있다.	• 평가 포트폴리오와 학습 포트폴리오의 구분이 증거의 신뢰도나 타당도에 부정적인 영향을 미칠 수 있다.
간접 평가	• 채점이 용이하고 검사 문항 간 일관성이 높다.	• 과제가 작문 지식, 작문 기능, 작문 과정을 평가하지 않으므로 내용 타당도와 표면적 타당도가 낮다.
	• 일회성으로 대규모 평가에서 활용하는 것이 가능하다.	• 실세계에서 요구되는 작문 활동을 반영하지 못한다.
직접 평가 또는 요구형 평가	• 평가 상황과 평가 방법의 표준화가 가능하다.	• 지시문이 제대로 작성되지 않으면 측정 오류가 발생할 수 있다. 가령 지시문에 쓰인 표현의 영향(예, 가독성, 철자 오류)이 있을 수 있으며, 필자 정보가 평가에 영향을 미칠 수 있다.
	• 총체적, 분석적, 주요 특성 평가를 활용하여 다양한 목적에 따라, 다양한 장르로 작성된 글을 평가할 수 있다.	• 채점 기준은 학생 글의 변화에 민감하지 않아 신뢰도가 떨어진다. 분석적 특성 평가는 차별화된 점수를 부여하기 어렵다(즉, 일부 특성에서는 낮은 점수를 받고 다른 특성에서는 높은 점수를 얻는 학생이 거의 없다).

평가 방법	장점	단점
교육과정 중심 평가	• 요구형 과제에 맞추어 측정한 정보를 간략하면서도 반복적으로 수집하는 것이 가능하다(저학년 학생의 경우에는 자료 글을 베끼는 것도 허용). 작문 활동과 채점 절차가 표준화되어 있다.	• 학생 글이 짧으면 작문 수행과 관련된 추론의 타당성에 영향을 미친다. 고학년 학생일수록 더 긴 수집 기간이 필요하다.
	• 글에 나타난 전체 단어 수, 철자를 바르게 쓴 단어 수, 철자 순서가 올바른 글자 수, 바르게 이어진 단어 수 등의 채점 기준을 학생 글에 적용할 수 있다.	• 모든 학년, 모든 학생에게 적합하면서도 타당성과 신뢰성을 갖춘 채점 기준은 존재하지 않는다. 채점 기준이 복잡할수록 작문 능력의 예측 가능성이 더 높아지는 것처럼 보인다.
	• 중재에 대한 반응을 평가하기 위해 개별 학생의 성장 정도를 점검하는 것이 가능하다.	• 장기적인 관점에서 평가에 대한 장점이 있을 수도 있으나, 현재의 평가를 위해 얼마나 자주 글을 수집해야 하는지, 기대되는 성장률은 얼마인지, 지도가 해당 평가에 어떠한 영향을 미치는지에 대해 확실하게 밝혀진 것이 없다.
자동 채점	• 인간 채점에 비해 채점에 드는 시간과 노력을 크게 줄일 수 있다. 인간 채점 결과와 자동 채점 결과는 유사하다.	• 자동 채점 프로그램을 적용하려면 해당 화제(대부분의 경우 최대 500개)로 작성된 말뭉치를 토대로 기계 학습이 이루어져야 한다. 일반적으로 자동 채점 프로그램은 설명문에만 적합하게 설계되어 있다.
	• 자동 채점 프로그램은 모어로 진단적 피드백을 제공하는 것이 가능하다.	• 모든 자동 채점 프로그램이 의미 있는 진단적 피드백을 제공하는 것은 아니다.

작문 중재-반응 모형을 지원하기 위해 이러한 여러 가지 작문 평가 방법을 어떻게 활용할 수 있을까? 이 장으로 필자로서 나는 〈참고 17.1〉과 같은 평가 방안을 제안하고자 한다. 이 방안은 앞에서 설명한 평가 방법의 조합을 사용하여 선별 검사 및 성장 정도 점검을 처리한다. 이때 중요한 것은 중재-반응 모형에서 어떤 단일한 정보 하나로 학생 배치를 결정하지 않는다는 점이다.

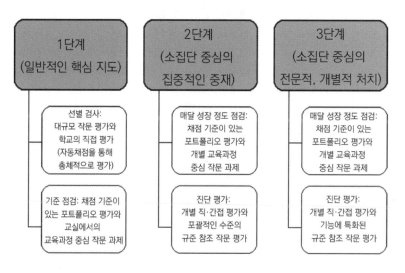

〈참고 17.1〉 작문 중재-반응 모형의 평가 방안

초등학교와 중등학교 간에는 정확히 어떤 부분이 평가되어야 하는지, 과제에서 무엇을 요구해야 하는지와 같은 측면에서 차이가 있다. 학년이 올라갈수록 글의 표현이 정교해지므로 이를 반영하려면 과제의 요구 사항 그에 따른 결과가 더 복잡해질 수밖에 없다. 특히 교육과정 중심 평가에서는 더 긴 시간(3~5분과 달리 7~10분) 동안 글을 써야 하므로 고학년 학생들은 기술적으로 좀 더 적절한 (즉, 유효하면서도 신뢰할 수 있는) 결과를 완성할 수 있고, 그 결과 학생 글에서 간단하면서도 계산 가능한 요소를 측정하는 것은 부적절한 면이 있다(McMaster & Espin, 2007). 그러나 초등학생이 작성한 글은 이러한 요소를 측정하여 능숙한 필자와 미숙한 필자로 구별하더라도 문제가 되지 않는다. 여기서 말하는 간단하면서도 계산 가능한 요소란 전체 단어 수, 철자가 올바른 단어 수 등을 의미한다.

얼핏 생각하기에 중등 학생들의 글에서 올바르게 이어진 단어 수 등을 측정하는 것도 올바른 작문 평가인 것처럼 보인다. 그러나 교육 과정 중심 평가에서 이러한 요소의 측정은 작문의 성장 정도를 점검하기에는 적합하지 않다. 왜냐하면 이러한 요소의 측정은 학생 글에서 일어나는 작은 변화를 포착하기 어렵기 때문이다. 또한 교육과정 중심 평가에서 이러한 요소의 측정은 타당도보다는 신뢰도를 지지하는 경향이 있다. 이는 단어 수를 세는 이러한 측정이 반복적으로 일관성 있는 결과는 보여주기는 하지만 작문 수행을 예측하는 데에는 도움을 주지 못한다는 것을 의미한다.

중재-반응 평가 방안이 어떻게 작동하는지를 설명하기 위해 Clarksville 초등학교에서 6학년을 가르치는 교사 Hammond의 사례를 가상으로 설정하였다. Clarksville 초등학교가 속한 주에서는 매년 봄에 3~8학년 학생들을 대상으로 요구형 작문 평가를 시행해 왔다. 이 평가에서 학생들은 지시문에 따라 서사문과 설명문을 모두 써야 하며, 학생들이 작성한 글은 6점 만점의 총체적 채점 기준에 따라 평가가 이루어졌다. Hammond는 학년 초에 전년도 6학년 학생의 채점 결과를 제공받는다. Hammond가 담당하는 학급 학생의 4분의 1은 그 학년에서 기대하는 수준 이하의 점수를 받는다.

대규모 검사의 한계(이후에 논의할 예정이다)를 고려하여 Clarksville 초등학교에서는 다음의 평가 방법을 혼용하고 있다. 하나는 총체적으로 채점하는 직접 평가로, 교사의 채점 부담을 줄여주는 자동 채점 프로그램이다. 다른 하나는 학년 초에 교사가 수작업으로 채점하는 간접 평가로, 학생들의 작문 지식을 평가하는 간단한 선택형 문항이다. 작문 장르도 간접적으로 평가하여 등급별로 개별 학생의 정보를 보강한다. 주 정부가 제공하는 작문 수행 평가 정보와 함께 이 정보를 활용함으로써 Hammond는 (물론 이 학교에 재직하는 모든 교사) 위험군에 속하는 학생을 더욱 더 정확하게 파악할 수 있다.

이러한 자료를 바탕으로 Hammond는 학급의 3분의 1이 작문 부진에 놓여 있음을 파악할 수 있었다. Hammond가 위험군에 속한 학생 수를 줄이려면 추가 정보가 필요할 것이다. 그러나 추가 정보를 얻기 위해 평가를 진행할수록 더 많은 학생들이 위험군으로 분류되는 역설적인 상황이 나타났다. 학교에서의 작문 평가가 점점 더 엄밀해지는 경향이 있기 때문이었다.

그런데 학기 초에 이루어진 위험군 분류에서 잘못 분류된 학생들도 발견되었다. 이러한 학생들은 핵심 지도에 적절하게 반응할 가능성이 컸다. 그러므로 포트폴리오를 활용한 정기적인 작문 평가와 표준화된 교육과정 중심 작문 평가(이 결과는 포트폴리오에 포함할 수도 있다)는 Hammond의 증거 기반 작문 지도에 반응하지 않는 학생들을 가리는 데 기여할 수 있다. 이때 포트폴리오는 표준적인 절차에 따라 수집이 이루어지고 교사가 준비한 총체적 채점 기준에 의해 평가가 이루어진다. 성장 정도를 점검한 결과에 따르면, 첫 번째 검사 기간의 막바지에 다다르자 Hammond의 학급에서는 소수의 학생만이 위험군에 속하는 것으로 밝혀졌다. 이 학생들은 집중적인 중재를 사용하는 2단계 작문 지도를 받아야 한다.

Hammond의 학급에서 2단계 중재를 받는 소수의 고위험군 학생들은 핵심적인 작문 지도에 어떻게 반응하는지, 이 학생들에게 추가적인 중재 투입이 필요한지를 결정하기 위해 자주 (매월마다) 작문 활동의 진행 상황을 점검한다. 작문 활동의 진행 상황은 표준화된 여러 가지 글과 개별적으로 관리되는 교육과정 중심 작문 평가 과제를 통해 측정된다.

Hammond는 학생들에게 자신의 글과 교육과정 중심 작문 평가 과제에 대한 반응을 모두 포트폴리오에 모으도록 안내하지만, 2단계 중재를 제공하는 교사도 이를 수집하고 채점해야 한다. 학생 글을 채점할 때 사용하는 채점 기준은 내용, 문체, 관습을, 또는 장르별 기대 요소(예를 들면, 서사문을 채점할 때에는 이야기 문법의 구성 요소, 논설문에서는 설득력 있는 논증을 가능하게 하는 요소 등)를 포함하여 작문의 특정 측면에 대한 개별적 정보를 제공하는 데 초점을 둔다. 그러나 너무 많은 특성을 포함하려고 하면 오히려 각각의 특성이 잘 구별되지 않는 문제가 발생할 수 있으므로 주의해야 한다.

집중적 중재를 제공하는 교사는 작문 기능에 중점을 둔(가령 철자법) 직접 평가나 간접 평가의 결과를, 그리고 중재 제공 단계의 마지막에 시행하는 규준 참조 평가의 결과를 학생 글에 나타난 정보와 연결하려고 노력한다. 수집된 학생 글은 학생들의 작문 활동 진행 상황을 점검할 때 표준화된 조건 아래에서 작성한 것이다. (중재 제공 단계에서는, 예를 들면 작문의 성장 정도는 독서의 성장 정도보다 느리다는 점을 유의해야 한다.) 만약 어떤 학생이 규준 참조 평가의 평균보다 1 표준편차 이상의 낮은 점수를 얻은 경우, 분석적으로 채점된 여러 가지의 학생 글에서 얻은 정보와 작문 기능에 초점을 둔 직접 평가나 간접 평가에서 얻은 정보를 활용하면, 이 학생이 친구들에 비해 왜 그렇게 낮은 성적을 받았는지를 효과적으로 밝힐 수 있다. 만약 2단계 중재 기간 이후에도 평균 이하의 수행을 보인다면 3단계의 전문적인 처치가 필요하다.

2단계 중재를 받았음에도 불구하고 평균적인 수행 수준을 따라잡지 못하는 학생들에게는 3단계의 전문적인 중재가 이루어져야 한다. 3단계에서는 2단계에서 사용된 작문 평가가 동일하게 적용되지만, 학생들이 어려움을 겪고 있는 작문의 하위 구성 요소를 찾아내어 이에 맞는 적절한 처치를 제공하는 것이 더욱 더 중요하다. 따라서 3단계에서는 작문 전반적인 평가보다는 특정 작문 기능에 초점을 둔 규준 참조 평가가 이루어져야 한다.

작문 반응-중재 모형의 2단계: 집중적 중재

선별 검사 결과를 통해 위험군으로 분류된 학생에 대해서는 학생 지원팀이나 교사 지원팀에서 수준별 지도를 고려할 수 있다. 이를 위해 지도하는 학생 그룹의 재조정(가령 작문 협의를 전체 학급, 소집단 또는 개별로 구성), 학습 원리를 고려한 지도 방법의 설계 및 적용(표상, 표현, 참여의 여러 가지 방법 제공. 이에 대한 자세한 내용은 National Center on Universal Design for Learning의 인터넷 홈페이지 'ww.udlcenter.org' 참조), 학생 중심의 적용 및 개선을 바탕으로 삼는다.

작문 부진 학생들을 위한 적용 및 기술 개선 목록은 〈표 17.2〉에 제시하였다. 여기에는 과제에서 요구하는 사항의 고려, 의미 있는 작문 과제로의 수정뿐만 아니라, 학습 환경의 조정, 교육 자료 및 교수 전략의 조정도 포함된다.

작문 부진 학생들에게 효과적인 중재를 선택하고 실행하고 점검할 때에는 문해 지도사, 보충 학습 교사, 특수 교육 교사, 언어 치료 임상가, 학교 심리학자, 학생 지원팀 및 교사 지원팀에 조언을 제공하는 전문가 등 작문 부진 학생들을 지도하는 작문 교육 전문가의 도움을 받아야 한다. 수준별 지도는 일반적인 핵심 지도가 이루어지는 교실에서도 적용될 수 있지만 핵심 지도를 보완하는 2단계에서 학생들에게 집중적 중재를 제공할 때도 사용된다. 사실, 위험군에 속한 학생들에게는 일반적인 지도 상황에서 이루어지는 수준별 지도가 2단계 집중 중재처럼 쓰일 수도 있다. 2단계에는 수준별 지도와 집중적인 작문 전략 중재가 포함될 수 있다.

〈표 17.2〉 작문 부진 학생의 적응을 위한 방안

학습 환경 조정

- 작문 지도 시간 늘리기
- 학생들이 작문 활동을 할 수 있는 조용하고 편안한 공간 제공하기

- 작문 도구에 대해 자유로운 접근 제공하기
- 학생들이 작문 목표를 달성하는 데 도움을 주는 의미 있는 강화물을 확인하고 선택하게 하기(예, 강화물의 목록)

- 작문 학습 환경의 전문적 개선을 위해 작업 치료사와 상담하기(예, 의자나 책상의 높이)

학습 자료 조정

- 작문 과제 지시문의 언어를 단순화하기
- 핵심어나 어구를 강조하여 표시하기(예, 색상 코드)
- 간단한 도해 조직자를 정교한 도해 조직자나 절차적 체크리스트로 수정하기

- 전략, 도해 조직자, 체크리스트를 교실에 게시하고 학생들 모두에게 복사하여 제공하기
- 학생들이 어려워하는 단어, 자주 사용하는 어려운 철자의 단어를 개인 사전으로 만들게 하기

- 학생들에게 연필 보조 손잡이를 제공하기
- 철자를 올바로 쓸 수 있도록 보조선을 넣은 활동지 제공하기
- 학생들에게 알파벳 목록을 제공하기
- 학생들의 책상 위에 종이의 위치 표시하기
- 학생들 개인의 요구에 맞춘 철자법 목록 개발하기

교수 전략 조정

- 손글씨 연습 중 신체적 도움 제공하기
- 작문 기능 및 작문 전략 다시 지도하기
- 기능과 전략의 숙달을 기대하고 지원하기(예, 전략 단계 암기)
- 동료 학습 방법으로 작문 기능과 전략 강화하기
- 작문 지도 강화의 목적으로 제작한 과제 부여하기
- 학생들이 작문 과제를 성공적으로 수행하도록 긍정적 자기 지시 및 자기 질문을 개발하도록 돕기(자기 지시의 예, "나는 천천히 하면 이것을 처리할 수 있어." 자기 질문의 예, "나는 내 계획을 잘 따르고 있는가?")

- 학생들이 다소 어렵지만 달성 가능한 작문 수행의 목표를 설정하도록 안내하기(작문 과정 관련 목표 설정의 예, 초고 작성 전에 계획서 완성. 작문 결과 관련 목표 설정의 예, 서사문에 10개의 서술어를 포함하는 양적 목표. 이 목표는 분석적 채점 기준의 단어 선택 항목에서 2점 향상시키는 목표와 연관을 지을 수도 있다.)
- 학생들에게 작문 활동과 작문 전략 사용을 평가하고 조정하게 하여 작문 수행의 과정과 결과를 개선하도록 안내하기

- 다음 사항을 통해 작문 전략의 유지 및 일반화를 장려하기
  ○ 여러 상황에서 전략을 어떻게 사용하는지를 논의하기
  ○ 작문 수행과 전략 사용을 연결하기
  ○ 학생이 동료에게 전략 사용법을 가르치게 하기
  ○ 학생이 언제든지 참조 가능한 전략 노트를 만들도록 하기
  ○ 학생을 돕는 모든 사람이 전략을 잘 알고 신속하게 사용하는지 확인하기
  ○ 자주 작문 전략을 검토하기

과제 요구 수정

- 과제 완수를 위해 활동 시간을 늘리기
- 과제의 길이나 복잡성 줄이기
- 학생들에게 텍스트의 틀(즉, 부분적으로 완성된 텍스트)을 완성하게 하기
- 문장 베껴 쓰기와 관련된 지시 사항을 줄이거나 없애기(예, 학생들에게 노트 필기를 위한 약어를 가르치고 교과서의 수학 문제를 포함한 연습문제지 제공)
- 학생들이 임의 철자나 창안 철자 사용하는 것을 허락하기

- 과제와 관련된 철자법을 미리 지도하기
- 정확한 단어 수보다는 올바른 단어 배열에 초점을 두어 평가하고, 부분적으로 철자의 정확성이 이전보다 늘었는지를 확인하고 보상하기
- 학생들의 노트 필기를 허용하기
- 내용, 조직, 문체, 관습에 가중치를 두고 평가하기

- 절대적인 성과보다는 개선된 정도를 기준으로 과제 평가하기
- 개별 과제보다는 연속적으로 이루어진 과제 전체에 대해 평가하기(예, 포트폴리오 평가)
- 글 전체보다는 내용, 조직, 문체, 관습 등 요소별로 피드백 제공하기(이는 작문에 대한 학생들의 불안감을 감소시킨다.)
- 학생 수에 압도되지 않도록 목표로 삼은 특정 측면에 대해서만 피드백 제공하기

학습 과제 수정

- 학생들이 과제를 극화하여 제출하거나 구술 작문으로 제출하는 것을 허용하기

- 학생들에게 모둠 과제 해결에 필요한 적절한 역할(예, 브레인스토밍 관리자)을 부여하기

기술 향상

- 학생들이 워드프로세서로 과제를 작성하는 것을 허용하기
- 학생들이 계획을 쉽게 세울 수 있도록 개요 작성이나 의미 지도 작성을 돕는 컴퓨터 소프트웨어의 사용을 허용하기

- 학생들이 음성 인식 기술을 사용하여 텍스트 전사를 쉽게 하도록 허용하기
- 학생들의 철자 쓰기를 돕는 철자법 검사기나 단어 예측 소프트웨어의 사용을 허용하기

- 학생들이 음성 합성 기술을 활용하여 글의 수정과 편집을 할 수 있도록 허용하기

※ 참고. 여기에 정리한 방안은 표면적 타당도가 있지만, 모든 방안을 작문 부진 학생들에게 검증한 것은 아니다.

쓰기 부진 학생을 위한 집중적 중재는 일반적으로 학생들이 가장 어렵다고 느끼는 작문 과정의 두 측면, 즉 계획하기 및 수정하기 전략에 대한 현시적, 체계적, 포괄적 지도와 관련이 있다. 다행스럽게도 여러 수업 환경(예, 전체 학급, 소집단, 개별화 지도 등)에서 쓰기

부진을 겪는 학생들에게, 또는 쓰기 부진을 겪지 않는 학생들에게 계획하기 전략과 수정하기 전략을 지도했을 때의 효과를 검증한 연구가 매우 많다. 이 중에서 〈Writing Better: Effective strategies for Teaching Students with Learning Difficulties(Graham & Harris, 2005)〉 과 〈Making the Writing Process Work: Strategies for Composition and Self-Regulation(Harris & Graham, 1996)〉는 이 두 과정의 전략 지도 방법에 대한 매우 훌륭한 안내를 담고 있다.

이러한 전략을 도입하기에 앞서 작문에서 자기 조절의 역할을 고려하는 것이 중요하다. 능숙한 필자는 필자로서 자기 인식, 자신의 작문 수행에 영향을 미치는 요소, 여러 가지 전략을 사용하여 이러한 요소를 효과적으로 관리하는 방법을 잘 알고 있다. 작문에서 자기 조절의 구성 요소에는 적어도 목표 설정, 자기 대화, 자기 평가, 자기 강화가 포함되며, 이들은 상호 협력적으로 작동한다(Graham et al., 1992). 일반적으로 볼 때 작문 지도에서 자기 조절 구성 요소의 결합은 작문이 능숙한 학생과 미숙한 학생 모두에게 강력하면서도 긍정적인 영향을 미친다(Gersten & Baker, 2001; Graham & Perin, 2007). 그러나 대부분의 교실에서 구조적이고 현시적인 자기 조절의 기회를 발견할 확률은 사실 매우 낮다. 왜냐하면 자기 조절은 매우 개별화되어 있다는 특성이 있기 때문이다. 따라서 반응이 없는 작문 부진 학생에게 중재를 제공할 때 이러한 측면에 중점을 둔다면 소집단 활동을 하는 가운데 핵심적 지도를 보충할 수 있다.

작문에서의 자기 조절

목표를 설정하면 주의력, 동기, 노력이 향상되고 목표 달성에 대한 평가를 통해 전략적 행동(예, 글쓰기를 미리 계획하는 것)이 촉진된다. 다시 말해, 목표가 충분히 중요하다면 학생들은 목표 달성을 위해 가능한 모든 것을 다 하고자 할 것이다. 선행 연구에 따르면, 목표 설정은 작문 부진 학생들의 작문 기능도 향상시키는 것으로 나타났다(De La Paz, 2007; Graham, macArthur, & Schwartz, 1995; Graham et al., 1992; Page-Voth & Graham, 1999; Schunk & Warts, 1993).

작문 수행을 효과적으로 촉진하면서도 학생들의 노력을 이끌어 내려면 목표는 도전적이어야 하고(즉, 학생의 현재 작문 능력 수준을 조금 넘어서는 것이어야 하고) 학생의 작문 능력 수준에 근접해야 하며(즉, 짧은 시간 내에 달성할 수 있는 것이어야 하며) 구체적이어야 한다. 그리고 학생이 필자로서 목표를 스스로 선택하거나 협력적으로 설정해야 한다(실제적 목적이나 필요하다고 학생들이 스스로 인식한 목표가 성취동기를 높이기 때문이다). 목표는 작문 과정이나 작문 결과의 측면에 초점을 맞출 수 있다. 작문 결과의 목표를 위해 질적 목표나 양적 목표를 수립하고, 이 목표를 명시적으로 연결 지을 수도 있다. 작문 수행 시 달성해야 하는 과정 목표의 예는 다음과 같다.

1. 글을 쓰기 전에 단어나 짧은 어구를 사용하여 계획서나 도해 조직자를 완성한다. 계획 단계에서 아이디어를 전사하기 위해 한 단어나 한 어구를 사용하는 것이 글 전체의 초안이 되는 것은 아니므로 학생들로 하여금 초기 계획에 얽매이지 않도록 하는 데 도움을 준다.
2. 과제를 제출하기 전에 적어도 세 번은 수정한다. 점검표로 한 번, 동료와 한 번, 교사와 협의로 한 번. 한 편의 글에 대해 각기 다른 방법으로, 다른 사람과 함께 다양한 점검 과정을 거치는 것은 학생들 하여금 목표, 계획, 글에 의미 있는 변화가 이루어질 것이라는 기대를 가지게 하는 데 도움을 준다.
3. 컴퓨터의 철자법 검사기와 철자를 소리 내어 읽어는 장치를 함께 사용하여 철자 오류를 수정한 후 동료의 수정하기 과정을 거친다. 철자법 검사기는 작문 부진 학생들이 만들어 낸 철자 오류를 잘 잡아내지 못한다. 따라서 학생들이 작성한 글을 소리 내어 얽어주는 장치(이러한 장치는 언어 처리 과정에서 철자 인식을 분리해 내는 역할을 한다. 언어 처리 과정을 따라가면 철자 오류를 발견하기가 어렵다.)를 활용한 후 동료에게 오류 확인을 요청하면 수정하기 과정이 수월해진다.

작문 수행의 결과 목표의 예(질적 목표를 보다 구체화하기 위하여 양적 목표와 연계한 질적 목표)는 다음과 같다.

1. 조직 점수를 1점 더 올리기 → 도입 사건, 인물 목표, 그리고 이 목표를 달성하기 위한 2가지의 행동, 마지막으로 결말을 포함하라.
2. 내용 점수를 2점 더 올리기 → 설명문에 주요 아이디어를 5가지, 각 주요 아이디어를 지원하는 세부 사항을 적어도 2가지 포함하라.
3. 단어 선택 점수를 2점 더 올리기 → 페이지 당 적어도 15개의 행동 도움말, 설명 단어 또는 연결 단어를 포함하라.
4. 작문 관습 점수를 1점 더 올리기 → 최종본에서 페이지 당 3개 이상의 오류가 없도록 하라.

자기 대화(지시, 질문, 확인, 권고)는 관련 정보에 대한 주의의 방향을 정하고 생각을 정리하고 행동을 계획하고 실행하는 데 도움을 준다. 자기 대화는 작문 부진 학생뿐만 아니라, 작문이 능숙한 학생들을 괴롭히는 불안, 좌절, 자기 의심, 충동성에 대처하는 데에도 도움을 준다. 자기 대화는 스포츠, 상담, 심리 치료, 교육 등 심리학 분야의 많은 연구자들에 의해 수십 년 동안 광범위하게 연구되어 왔으며, 조절의 성격을 가진 자기 대화는 인간이 무언가를 수행할 때 강력한 중재 역할을 한다는 결과가 밝혀졌다(Hamilton, Scott, MacDougall, 2007; Manning & Payne, 1996).

작문 부진 학생들에게 자기 대화를 사용하도록 가르칠 때, 첫째, 내용이 과제의 요구와 개인의 필요에 부합할 때 가장 효과적이라는 점, 둘째, 자기 대화는 생각이나 감정, 행동을 통제하기 위한 '내적 언어'로 사용된다는 점, 셋째, 자기 대화를 충실하게 사용했는지를 교사가 점검해야 한다는 점에 유의할 필요가 있다. 자기 대화의 예로는 다음과 같은 것들이 있다.

"수정 점검표를 사용해서 내 작문 과정을 점검해 본 적이 있는가?"

"이건 어렵지만 최선을 다하면 할 수 있어."

"난 아이디어를 생각해 내는 데 능숙하니까 과제를 잘 완성할 수 있을 거야."

"산만해지지 않도록 집중해!"

자기 평가는 행동에 대한 자기 점검 및 자기 기록으로 구성되며, 자신의 관심, 전략 사용, 과제 수행을 평가하는 데 사용할 수 있다. 자기 평가는 목표와 관련된 행동의 발생을 시각적으로 표상함으로써 이루어진다(따라서 자기 조절의 이 두 측면은 기능적으로 상호의존적이다). 예를 들어, 최고 점수(목표)가 상위권이 되는 평가에서 학생들은 허구적 서사에서 이야기 문법 요소의 사용을 정량화할 수 있다. 학생들이 허구적 서사를 써 내려갈 때 기준점보다 25% 더 많이 쓰는 것을 목표로 하여 시간 간격 당 학생들이 쓴 단어 수를 추적할 수 있다. 자기 평가는 언어 및 학습에 문제가 있는 학생들의 행동이나 학업 성취에 긍정적인 영향을 미치는 것으로 나타났다(Harris, 1986; Lloyd, Bateman, Landrum, & Hallahan, 1989; Maag, Reid, & DiGangi, 1993). 자기 평가 과정에서 수집된 데이터는 외부 기준이나 개인 목표와 관련하여 자신의 상태에 대한 피드백을 제공하므로, 자기 평가는 학생들이 가치 있는 목표를 세우는 데 도움을 준다.

마지막으로 학생들이 자신의 작문 수행을 스스로 평가하면서 기준을 달성할 때 자기 강화가 이루어질 수 있다. 이러한 자기관리 요소는 행동에 동기를 부여하는 외부 보상만큼이나 강력해서 작문에서 자기 평가의 효능감을 높일 수 있다(Ballard & Glynn, 1975). 강화는 자신을 칭찬하는 발언을 하거나, 물적 보상을 제공하거나, 선호하는 활동을 할 수 있도록 하는 형태로 나타날 수 있다. 언어와 학습에 문제가 있는 학생들은 자신의 수행에 대해 정확한 판단을 내리고, 돌발적인 상황에 적용하기 위한 지침을 준수하며, 수용할 만한 강화를 선택할 수 있는 지도를 받을 필요가 있다.

수준별 지도와 집중적 작문 전략 지도가 작문 부진 학생들에게 어떤 모습일지를 설명하기 위해 스페인어(제1언어)와 영어(제2언어)를 쓰는 4학년 Emilio의 사례를 살펴보기로 하자. 성적표에 따르면 Emilio는 적어도 2년 동안 작문의 모든 측면(생산성, 정확성, 복잡성)에서 부진을 겪고 있다. Emilio는 작문 과제가 주어질 때마다 쓰는 것을 싫어하고, 자신을 '글쓰기가 능숙하지 못하다'고 생각한다. 글을 쓰기 전에 미리 계획을 세우는 일은 거의 없고, 초고의 수정을 요구하면 피상적인 변경(단어 대체나 수정, 작문 관습의 수정)에 그친다. 그리고 여러 가지 주제에 대한 배경지식이 풍부함에도 불구하고(Emilio는 인터넷 검색을 좋아하며 열렬한 독서광이다) 상세한 정보가 없는 반 페이지짜리의 짧은 글을 쓴다. Emilio가 쓴 글에는 철자법, 대문자 사용, 문법적 오류가 뒤섞여 있으며, 개념적 정교함이나 언어적 정교함이 부족하다. Emilio는 2학년처럼 글을 쓴다. 손글씨는 느리고 부자연스러우며 해독하기도 어렵다.

Emilio의 교사, 학교의 학생 지원팀과 교사 지원팀(재정 지원을 통해 제공되는 문해 지도사 및 특수 교육 교사 포함)은 핵심 작문 프로그램에서 다룰 적절한 방안을 찾기 위해 모였다. 지원팀은 Emilio가 글쓰기에서 정교함에 대해 어려움을 겪는 것은 부분적으로는 글의 내용을 연결하는 연결어 및 어구의 사용이 부족하기 때문이라는 점에 주목했다(예, 추가적으로, 따라서 등). 이에 따라 지원팀은 Emilio가 글을 쓸 때 다양한 연결어를 사용할 수 있도록 지원하는 다음 3가지 조정 방안을 마련했다.

1. 비슷한 요구(학습 환경의 조정, 가장 집약적이고 구현하기 쉬운 적응 방안)를 가진 소수의 학생들과 함께 서사적, 설명적, 설득적 장르의 글에서 자주 쓰이는 연결어 및 어구의 목록을 현시적으로 지도하는 시간을 늘린다.
2. 읽기 자료에서 필자가 사용한 연결어를 예로 활용하여 연결어의 사용 방법을 시각적, 언어적으로 강조한다. 시각적 또는 구두로 읽기 자료에

서의 연결을 강조하는 것과 같이, 학생들에게 연결어를 사용하는 방법에 대한 구체적인 예를 제공한다(읽기 자료를 활용한 적응 방안은 다소 시간이 더 걸린다).

3. Emilio가 각 문단에서 적어도 2개의 연결어나 어구를 정확하게 사용하는 목표를 설정한다. 단, 이 두 연결어나 어구는 서로 다른 것이어야 한다(교사와 Emilio가 이를 점검하려면 시간과 노력을 투자해야 한다).

지원팀은 Emilio의 미숙한 손글씨나 철자법이 글 표현에 방해가 되므로 모든 작문 과제를 수행할 때 철자법 검사기가 있는 워드프로세서를 사용하라고 권했다(Emilio는 이미 훌륭한 타이핑 기술을 가지고 있다). 지원팀은 Emilio가 매주 개인 맞춤형 철자법 어휘(읽기 자료를 바탕으로 한 적응 방안)를 학습하면 철자법 능력이 향상될 것이라는 점도 안내했다. 4학년 국가 수준 성취기준(state standards)에 따르면, 학생들은 보호자의 지도나 지원 아래 컴퓨터 기기를 사용하여 글을 쓰고 발표하고 다른 사람들과 협력함으로써 한 번에 최소한 한 페이지의 글을 쓰는 '키보드 작업 기능 능력'을 입증해야 한다. 이러한 성취기준의 규정을 바탕으로 지원팀은 Emilio가 워드프로세서를 사용하여 글의 분량을 최소 한 페이지로 늘리도록 제안했다. 그리고 지원팀은 Emilio가 계획하기 전략과 수정하기 전략을 효과적으로 사용하지 못하는 것에 대해 크게 우려했다. Emilio가 이러한 전략을 활용할 수 있어야 자신의 지식을 효과적으로 보여줄 수 있는, 더욱 더 정교한 글을 쓸 수 있기 때문이다. 이러한 상황을 고려하여 지원팀은 핵심 작문 지도를 보완하기 위해 소집단 중재(이 중재는 재정 지원으로 투입된 문해 지도사가 제공한다)가 적절하다고 결정했다.

이 중재는 일반적으로 1단계보다 더 집중적인 전략 지도(자기 조절의 측면을 통합하는 것보다)이 될 것이다. 지원팀은 도해 조직자, 수정 및 편집 점검표를 통해 장르별 계획하기 전략을 현시적으로 지도하는 데 초점을 맞춘 중재를 결정했다. 도해 조직자는 Emilio가 글을 쓰기 이전 단계에서 내용을 생성하고 조직하는 데 도움이 줄 것이다. 그리고 수정 및 편집 점검표는 Emilio가 자신의 오류나 실수를 감지하고 수정하는 능력을 한 단계 끌어올리는 데 도움을 줄 것이다. 이때의 점검표는 포괄적이면서도 역동적인 특징이 있는데, 그 이유는 Emilio가 작문 기능의 발전을 보여주면 이와 관련된 항목이 목록에 추가되기 때문이다.

2단계 중재는 작문 전략의 숙달을 작문 수행의 향상과 연결함으로써, 시간 기반이 아닌, 숙달 기반의 작문 과정 목표 및 작문 결과 목표가 목표 달성에 대한 자기 평가와 통합될 수 있도록 한다. 그리고 2단계 중재는 작문 전략의 일반화에 대한 기대, 작문 과제 및 교사에 의한 작문 전략의 지속적 유지(작문 전략 노트, 작문 전략이 작문 수행에 미치는 영향에 대한 논의를 바탕으로)에 대한 기대를 포함한다. 분명한 것은 2단계 중재가 〈표 17.2〉에 제시한 여러 가지 적응 방안을 통합하고 있다는 점이다. Emilio의 글에는 다른 문제도 많지만, 이러한 방안은 Emilio가 성취를 이루기 시작하는 데에, 그리고 작문 과제에 대한 거부감을 줄이는 데 도움을 준다.

작문 중재-반응 모형의 3단계: 전문적 처치

작문 중재-반응 모형의 1단계와 2단계에서 성공하지 못한 학생들은 전문적인 처치를 받을 필요가 있다. 이때 특수 교육 전문가의 투입이 이루어지며, 여러 수준의 언어 조직(단어 이하, 단어, 문장, 문단, 글 수준)에 대한 조절이 이루어진다.

이 단계의 소집단 수업이나 개별 수업에서는 기능 및 전략 중심 지도에 높은 가치를 부여하며, 작문 과제 분석에서 도출한 위계적 순서의 단계를 적용한다. 3단계에 있는 학생들은 일반적인 교육의 작문 활동에 참여할 수 없는, 중대한 작문 문제를 가지고 있으므로,

일반적인 작문 수업을 보충하기보다는 전문적인 작문 처치를 하고 대안적인 성취기준(예: 수준 아래 또는 좀 더 기능적으로 지향되는 기대치)을 적용하는 것이 더 적절하다. 어떤 경우에라도 3단계의 학생들은 작문 활동의 성공을 경험할 수 있도록 더 많은 수정과 조정이 필요하다(제안 사항은 〈표 17.2〉 참조).

Tanisha라는 한 고등학생의 사례를 통해서 '쓰기 장애'를 진단받은, 만성적인 미숙한 필자를 지원하기 위한 3단계의 전문적 처치가 어떻게 이루어지는지를 살펴보기로 하자.

Tanisha는 철자 실수를 저지르곤 한다. Tanisha는 단어의 철자를 소리 나는 대로 쓴다는 점에서 초등학생의 철자 쓰기와 매우 유사하다. Tanisha의 손글씨는 느리지만 판독이 어렵지는 않다. Tanisha는 손글씨보다는 타이핑을 더 좋아하고, 대문자 사용과 문장 부호의 관습에 대한 확실한 지식을 가지고 있다. Tanisha의 문장은 구조적으로 단순하고 다양성이 부족하다. 문단도 단순하고 세부 내용이 없으며, 때로는 순차적인 순서에서 벗어난다. Tanisha는 정확하고 흥미로운 단어를 선택하여 내용을 전달하는 데 어려움을 겪는다.

특수 교육 전문가들은 교사들과의 협의와, 기능 중심 평가에서 얻은 정보를 바탕으로 Tanisha의 주요 문제는 빈약한 구두 단어 지식(이는 작문의 표현도 제한한다), 철자법 인식 부족(즉, 철자 규칙에 대한 지식), 구어와 문어에서의 문법 및 구문 발달의 부족이라고 판단했다. 예상했던 대로, Tanisha는 계획하기 전략을 사용하지도 않았고 그 전략을 조정하지도 않았다. 왜냐하면 Tanisha는 작문을 능동적인 과정이 아니라 수동적인 활동으로 여겼으며 작문의 상위 인지적 인식이나 행동이 부족했기 때문이었다.

이러한 문제를 해결하기 위해 Tanisha를 지원하는 교육팀(Tanisha와 부모 포함)은 Tanisha가 특수 교육 교사로부터 일주일에 90분씩 작문에 관한 처치를 받아야 한다고 결정했다. 작문 부진 학생을 위한 증거 기반 처치에 대해 전문적인 지식을 가지고 있는 특수 교육 교사는 다음 사항을 바탕으로 전문적 처치를 내렸다.

1. 계획하기 및 수정하기를 위한 자기 조절 전략 개발(SRSD, 이 책의 1, 8, 9장 참조). 여기에는 현시적이고 집중적인 숙달 기반의 전략과 더불어 교사의 지도를 점진적으로 감소하는 자기 조절 지도가 포함된다.
2. 작문 표현에 도움을 주는 첨단 장치 사용 방안 및 사용 기능 향상(예, 올바른 철자 쓰기를 돕는 단어 예측 소프트웨어, 글을 유창하게 생산하면서도 대문자 및 구두점 규칙에 대해 지식을 제공해 주는 소프트웨어).
3. 교과와 관련된 문제(예, 그리스어와 라틴어의 뿌리에 대한 형태학적 패턴, 기본 단어, 교육과정에서 자주 사용되는 부사의 접사 등)에 관한 글을 쓸 수 있는 능력을 구축하기 위해 철자와 단어를 결합한, 매우 집중적인 지도
4. 자주 혼동을 일으키는 동형이의어와 동음이의어뿐만 아니라, 점점 더 길어지는 철자, 철자법적으로 난해한 단어(예, 겹자음 및 이중 글자 단어, 이중모음 단어 등)에 대한 순차적인 지도
5. 작문에서 더 복잡하고 다양한 문장을 작성하기 위한 내포문 결합 활동과 함께 4가지 기본 문장 유형(단문, 중문, 복문, 중복문)의 인식 및 작성에 대한 집중적인 지도.

작문 중재-반응 모형을 구성하는 교육 정책 요소

작문 중재-반응 모형의 구현 및 확장에서는 모형 자체의 특성뿐만 아니라, 시스템 수준의 정책 운영도 고려해야 한다. 교실 수업 및 평가 결정에 직접적으로 영향을 미치는 두 가지 중요한 정책 요소는 내용 성취기준과 대규모 평가다. 선행 연구에 따르면, 국가 수준의 작문 성취기준과 대규모 평가는 가르치는 것과 가르치는 방법 모두에 영향을 미친다. 여러 조사 연구에서는 국가 수준의 작문 성취기준과 작문 평가의 변화에 대응하여 다음과 같은 사항이 보고되었다.

(1) 교사들은 특정한 예상독자와 목적을 위한 작문을 교육적으로 더 강조한다(Stecher, Barron, Chun, & Ross, 2000). (2) 학교는 교육과정(수업)에 작문 활동을 더 많이 포함하고(Stecher, Barron, Kaganoff, 1998; Taylor, Shepard, Kinner, & Rosental, 2002), 학생들이 참여하는 일일 작문의 양도 늘렸다(Stecher et al., 2000). (3) 교사들은 포트폴리오를 활용한 작문 수업, 포트폴리오 기반의 작문 평가 같은 혁신적인 방법을 도입했다(Stecher et al., 2000).

그러나 이러한 변화가 실제 학생의 작문 수행에 미치는 영향은 미미했다. 이러한 현상에 대한 한 가지 가능한 설명은 작문 성취기준이 증거 기반 작문 활동을 반영하고 있기 때문이라는 것이다. 즉, 효과적인 작문 지도는 성취기준과 증거 기반 작문 활동이 통합되어 있는 주에서 일어났을 가능성이 크므로 영향이 미미했던 것처럼 보일 수 있다는 뜻이다. 물론 더 많은 모범 사례와 지도를 이끌어내기 충분한 세부 사항(따라서 구현의 충실도를 향상시킴)이 포함된 성취기준이 효과적인 작문 지도가 이루어질 확률을 높여 학생들의 작문 결과를 더 좋게 만들었을 가능성도 있다.

유감스럽게도 작문 지도의 근거로 삼는 증거가 현재의 국가 수준 성취기준과의 강력한 일치를 보여주는 것도 아니지만, 작문 성취기준이 연구 결과를 얼마나 반영하는지에 대해서도 알려진 바는 사실 거의 없다(Duke, 2001). Troia et al.(2012)가 실시한, 미국 7개 주에서 작문 성취기준에 따른 학생 글을 표본으로 뽑아 조사한 결과에 따르면, 각 주의 교육청에서 관심을 두는 작문 목적의 차이, 일반적으로 각 학년에서 요구되는 지식 및 기능과 관련된 전문성의 차이, 그리고 학생들이 작문 기술과 전략을 습득할 수 있도록 돕는 환경적 지원의 차이는 매우 큰 것으로 나타났다.

공통 핵심 성취기준

공통 핵심 성취기준은 이 글을 쓰는 현재 미국 46개 주와 콜롬비아구에서 공식적으로 채택했다. 공통 핵심 성취기준을 채택한 주는 시작 단계가 다양한 상황에 있으며 일부 주에서는 학년에 따라 차이를 두고 적용하기 시작했다. 사실상 이를 채택한 모든 주는 2014~2015 학년도까지 새로운 성취기준을 단계적으로 도입할 예정이며, 그때까지 연방 정부가 후원하는 평가 협력단인 PARCC(the Partnership for Assessment of Readiness for College and Careers, 24개 주 가입)와 SBAC(the SMARTER Balanced Assessment Consortium, 28개 주 가입)는 공통 핵심 성취기준에 맞춘 차세대 평가를 배치하여 운영할 계획이다.

공통 핵심 성취기준의 채택에 힘입어 앞에서 언급한 것과 같은 주별 차이는 크게 감소할 것으로 예상된다. 그러나 공통 핵심 성취기준은, 여러 관계자들이 조사했음에도 불구하고 내용의 명확성, 범위, 강조점, 엄격성 등에 대해 좀 더 면밀히 검토할 필요가 있다.

성취기준은 유기적으로 잘 연관되어 있고, 종합적이며, 오직 학습 내용과 관련된 학문적 이론에서 파생된 것이라야 교육과정과 교육을 효과적으로 안내할 수 있다.

내용 범위의 폭, 내용 참조의 빈도, 작문 및 언어 관련 공통 핵심 성취기준을 조사한 Troia et al.(2012)에 따르면 핵심 성취기준은 장점과 단점을 모두 가지고 있는 것으로 나타났다. 우선 꼽을 수 있는 장점은 성취기준에서 다루는 내용의 범위가 간결하다는 점이다. 이는 정확하면서도 일반 대중이 이해할 수 있는 기준을 마련하고자 했던 NGA(National Governors Association)와 CCSSO(Council of Chief State School Officers)의 의도와 일치한다. 성취기준이 간결하지 않으면 성취기준에 대한 교사나 학생 교육 관련 전문가의 해석이 방해를 받는다. 군더더기 표현을 걸러내지 않으면 학생들이 성취하기를 기대하는 핵심 지식과 능력의 요체가 잘 드러나지 않는다.

다음으로 성취기준에서 내용 다양성에 대한 상대적 강조점이 적절한 균형을 이루고 있는 점, 일단 작문의 한 측면이 도입되면, 성취기준은 한 학년에서 다음 학년까지 내용 범위에 대한 일관성을 유지한다는 점을 장점으로 꼽을 수 있다. 이러한 일관성은 지도와 평가 체계의 일관성을 제공하며, 학년에 따라 내용이 크게 바뀌지 않고 모든 목표가 상대적으로 동등하게 강조되므로 학생들에게 작문에서 요구하는 사항을 온전히 습득할 수 있는 기회를 제공한다.

예상대로 공통 핵심 성취기준은 학년에 따라 여러 영역에서 학생들에게 요구하는 목표 범위가 증가한다는 점에서 나선형 교육과정의 특징을 보인다. 예를 들어, 초등학교 저학년에서는 학생들에게 기대하는 작문 과정의 특징과 텍스트 구성 요소들이 많지 않으나, 고학년에서는 더 많은 사항, 더 높은 수준을 요구한다. 이에 비해 작문 관습은 반대의 패턴을 보여준다. 고학년보다 저학년에서 작문 관습을 더 많이 다루는데, 이는 초기 발달 단계에서 작문 관습을 완전히 익히는 것이 중요하기 때문이다(Berninger & Amtmann, 2003).

단점으로 꼽을 수 있는 사항은 성취기준이 작문의 일부 측면을 다루지 않거나 매우 한정적으로만 다룬다는 점이다. 공통 핵심 성취기준은 현재의 작문의 이론적 모형을 대표하기에 부족하며, 연구를 통해 밝혀진, 학생들의 작문 결과를 향상시키는 데 기여하는 요소를 온전하게 반영하고 있지도 않다. 예를 들어보자. Graham, Harris, & Hebert(2011)의 메타 분석 결과에 따르면, 학생 글에 대한 동료 피드백이나 교사 피드백은 학생 글의 질에 0.77의 효과크기(이 '큰' 효과크기이다)를 가지고 있다. 이 효과크기는 2학년에서 9학년까지의 학생들을 대상으로 한 8개 연구에서 도출된 것이다. 그럼에도 불구하고 공통 핵심 성취기준은 유치원과 1학년에서는 피드백을 다루지만 이후 학년에서는 전혀 다루지 않는다.

Graham & Perin(2007)에서는 청소년 학생들을 대상으로 한 6개 연구에서 텍스트 모형의 활용이 학생 글의 질적 수준에 대해 0.25의 효과크기가 있는 것으로 나타났다. 이는 작지만 유의한 효과크기이다. 이러한 연구 결과가 있음에도 불구하고 성취기준에서는 텍스트 모형의 활용을 거의 언급하지 않고 있다. 그리고 4학년부터 10학년까지의 학생들을 대상으로 한 20개 연구에서 작문 과정 전략 지도가 학생 글의 질에 대해 0.82라는 큰 효과크기가 있는 것으로 밝혀졌지만, 공통 핵심 성취기준에서는 작문 과정 전략을 전혀 반영하고 있지 않다.

선행 연구에 따르면, 전통적인 문법 교육은 학생들의 작문 수행에 부정적인 영향을 준다는 점이 반복적으로 입증되어 왔지만, 공통 핵심 성취기준에서는 유치원에서부터 4학년까지의 교육에서 문법에는 상당한 관심을 기울이고 있다(Graham, McKown, Kiuhara, 2012; Graham & Perin, 2007). 이에 비해 학생 작문 발달에 기여하는 것으로 입증된 철자 쓰기, 손글씨 쓰기, 타이핑(예, 텍스트의 전사 기능)은 거의 다루지 않는다(Graham, Beringer, Abbott, Abbott, Abbott, 1997; McCutchen, 1996). 전사 기능 교육은 작문의 질에 대해 중간 정도의 영향(효과크기 0.55)을 갖는다(Graham et al., in press).

마지막으로, 공통 핵심 성취기준은 작문 동기도 전혀 다루지 않는다는 점도 단점으로 지적할 수 있다. 작문 동기의 두 가지 측면, 즉 자기 효능감과 목표 설정은 작문 수행에 직접적인 영향을 미치는 요인인데, 이 요인은 지도가 가능한 것으로 알려져 있다(Graham & Perin, 2007; Pajares, 2003; Schunk & Swarts, 1993). 그럼에도 불구하고 성취기준에는 전혀 반영이 되어 있지 않다.

작문 성취기준과 언어 성취기준은 작문 중재-반응 모형 지도의 구조적인 역할을 한다. 어떤 단계에 속한 학생이든 (대규모 평가를 통해) 공통 핵심 성취기준을 충족해야 한다. 그러므로 교사들은 작문 부진 학생들이 이 기준을 충족할 수 있도록 지도하는 방법을 염두에 두어야 한다(그리고 교사는 사용 가능한, 증거로서의 과학적 연구 결과, 전문적 지식, 학생들의 요구와 가치를 바탕으로 작문 교육을 실시할 때 공통 핵심 성취기준에서 누락된 영역을 어떻게 보완할 것인지를 유념할 필요가 있다). 자격을 갖춘 전문적인 교사에 의한 선별된 중재 제공, 전문적인 처치뿐만 아니라 전략적 소집단 구성과 운영, 학습 기능에 대한 보편적 설계, 학생 점검 결과에 바탕을 둔 단계별,

수준별 지도는 주나 구, 학교 관리자의 지원과 협조가 필요하다. 왜 냐하면 이들 각각은 교사, 학생 및 학생 가족을 위한 정책 지시를 내리는 데 핵심적인 역할을 하기 때문이다.

대규모 작문 평가

학생들이 성취기준을 충족하는지는 대규모 작문 평가 도구(예, 선택형 평가 또는 간접 작문 평가, 지시문 또는 직접 평가에서 제한 시간 내에 응답하거나 시간제한 없이 응답)를 사용하여 이루어진다 (그리고 때로는 성적 승급 및 졸업 자격을 결정한다). 국가 수준의 작문 평가는 일종의 보편적 선별 검사 방법으로서 학년 요구 수준의 기대치를 달성하지 못하는 작문 부진 학생들을 변별하는 데 도움을 준다. 그러나 대규모 작문 평가는 다음과 같은 점에서 큰 제약이 있는 방법이라고 할 수 있다(따라서 대규모 작문 평가를 작문 중재-반응 모형의 구현을 위한, 교육적 의사결정의 유일한 정보원이나 기본 정보원으로 사용해서는 안 된다).

첫째, 국가 수준 작문 평가는 수업에 바람직하지 않은 방향으로 제약을 가할 수 있다. 선행 연구에 따르면, 작문 평가를 시행하면 내용교과를 다루는 작문 활동이 증가하고(Talyor et al., 2002), 시험에 나오는 장르를 다루는 작문 활동이 증가한다(Stecher & Chun, 2002), 국가 수준의 선택형 작문 평가는 문법 및 어법에 대한 강조를 증가하게 하고 실제적인 작문 활동은 떨어뜨린다(Murphy, 2003). 제한된 시간 내에 지시문에 따라 단일 장르의 글을 써야 하는 작문 평가는 작문 수업의 폭을 좁히고(Hilocks, 2002; O'Neill, Murphy, Murphy, Williamson, & Huot, 2006), 작문에 대한 공식적인 접근법만을 지도하는 결과를 초래한다(Johnson, Smagorinskey, & Thompson, 2003).

둘째, 국가 수준 작문 평가는 일반적으로 두 가지 문제로 인해 타당성이 떨어진다. 글에는 매우 다양한 특성이 반영되지만 국가 수준 작문 평가에서는 매우 제한적인 특성만을 다루며, 작문 능력을 구성하는 요인과 무관한 요인을 다룬다. 그래서 다양한 상황에서 볼 수 있는 학생들의 진정한 작문 능력을 포착해 내지 못할 가능성이 있다.

타당성에 대한 이러한 위협은 시험이 협소하고(작문의 중요한 측면을 무시함), 시험 개발로 인한 외부 요인이 각 학생들의 반응을 무력화할 때에도 발생한다. 객관식 시험과 같은 간접 평가는 신뢰도 높고 빠른 채점이 장점이지만 거의 전적으로 기계적 측면에 초점을 맞춤으로써 작문의 특성을 잘 드러내지 못한다(Witte, Flach, Greenword, & Wilson, 1995). 직접 평가에서는 작문 능력과 무관한 변수(variance)를 도입함으로써 학생의 작문 능력 이외의 요인에 영향을 받기도 한다. 예를 들어, 학생들이 독서 자료를 읽고 글을 써야 할 때, 읽기 능력이 변수로 개입한다(Allen, Holland, & Thayer, 2005; Weigle, 2002).

또한 직접 평가는 하나의 장르만을 다룸으로써 작문 특성을 잘 드러내지 못하기도 한다. 작문의 복잡성을 고려할 때 "글쓰기는 종합적인 능력이지 어떤 단 하나의 요소의 능력이 아니다"(Williamson, 1993, p.21). 그러므로 작문을 단일하게 평가하려는 시도는 학생의 작문 능력을 적절하게 평가하는 방법이 될 수 없다.

대규모 평가가 평가 점수의 일반화 가능성에 관한 추론에서 높은 수준의 타당성을 요구하는 보편적 선별 검사로 사용되어야 한다면, 지금까지 논의한 사항을 고려하여 작문 평가를 다음과 같이 재설계해야 한다. 첫째, 더 많은 예시문을 사용하여 학생의 글쓰기를 평가한다. 둘째, 작문 평가에서 '작문'의 의미를 명확하게 정의한다. 셋째, 작문 이론 및 작문 연구를 통해 그 정의를 명확히 기술한다. PARCC와 SBAC가 개발하고 있는 차세대 작문 평가가 이러한 우려를 해결할 수 있을 것으로 기대하지만, 이것 역시 교육적 책임과 보편적 선별과 같은 목적에 타당한지 면밀하게 점검해야 할 것이다. 현재의 시점에서 볼 때 대규모 작문 평가는 작문 반응-중재 모형의 구현에는 효용이 떨어진다.

참고문헌

Allen, N., Holland, P., & Thayer, D. (2005). Measuring the benefits of examinee-selected questions. *Journal of Educational Measurement, 42,* 27~34.

Ballard, K. D., & Glynn, T. (1975). Behavioral self-management in story writing with elementary school children. Journal of Applied Behavior Analysis, 8, 387~398.

Benson, B. J., & Campbell, H. M. (2009). Assessment of student writing with curriculum-based measurement. In G. A. Troia(Ed.), Instruction and assessment for struggling writers: Evidence-based practices (pp. 337~357). New York: Guilford Press.

Berninger, V. W., & Amtmann, D. (2003). Preventing written expression disabilities through early and continuing assessment and intervention for handwriting and/or spelling problems: Research into practice. In H. L. Swanson, K. R. Harris, & S. Graham (Eds.), Handbook of learning disabilities (pp. 345~363). New York: Guilford Press.

Cutler, L., & Graham, S. (2008). Primary grade writing instruction: A national survey. Journal of Educational Psychology, 100, 907~919.

De La Paz, S. (2007). Managing cognitive demands for writing: Comparing the effects of instructional components in strategy instruction. Reading and Writing Quarterly: Overcoming Learning Difficulties, 23, 249~266.

Duke, N. K. (2001, April). What do we expect young children to know and be able to do with different genres of text?: An analysis of state standards. In C. C. Pappas(Chair), Children, genre, and schooling. American Educational Research Association, Seattle, WA.

Gearhart, M. (2009). Classroom portfolio assessment for writing. In G. A.

Troia(Ed.), Instruction and assessment for struggling writers: Evidence-based practices (pp. 311~336). New York: Guilford Press.

Gersten, R., & Baker, S. (2001). Teaching expressive writing to students with learning disabilities: A meta-analysis. Elementary School Journal, 101, 251~272.

Graham, S., Berninger, V. W., Abbott, R. D., Abbott, S. P., & Whitaker, D. (1997). The role of mechanics in composing of elementary school students: A new methodological approach. Journal of Educational Psychology, 89, 170~182.

Graham, S., Bollinger, A., Booth Olson, C., D'Aoust, C., MacArthur, C. A., McCutchen, D., et al. (2012). Teaching elementary school students to be effective writers: A practice guide (NCEE 2012-4058). Washington, DC: National Center for Education Evaluation and Regional Assistance, Institute of Education Sciences, U.S. Department of Education. Retrieved from http:ll ies.ed.gov/ncee/wwc/publications_r eviews.aspxllpubsearch.

Graham, S., & Harris, K. R. (2005). Writing better: Effective strategies for teaching students with learning difficulties. Baltimore: Brookes.

Graham, S., Harris, K. R., & Hebert, M. A. (2011). Informing writing: The benefits of formative assessment: A Carnegie Corporation Time to Act report. Washington, DC: Alliance for Excellent Education.

Graham, S., McKeown, D., Kiuhara, S. A., & Harris, K. R. (2012). A meta-analysisof writing instruction for students in the elementary grades. Journal of Educational Psychology, 104, 879~896.

Graham, S., MacArthur, C. A., & Schwartz, S. S. (1995). Effects of goal setting and procedural facilitation on the revising behavior and writing performance of students with writing and learning problems. Journal of Educational Psychology, 87, 230~240.

Graham, S., MacArthur, C. A., Schwartz, S. S., & Page-Voth, V. (1992). Improving the compositions of students with learning disabilities using a strategy involving product and process goal setting. Exceptional Children, 58, 322~334.

Graham, S., & Perin, D. (2007). A meta-analysis of writing instruction for adolescent students. Journal of Educational Psychology, 99, 445~476.

Hamilton, R. A., Scott, D., & MacDougall, M. P. (2007). Assessing the effectiveness of self-talk interventions on endurance performance. Journal of Applied Sport Psychology, 19, 226~239.

Harris, K. R. (1986). Self-monitoring of attentional behavior versus self-monitoring of productivity: Effects on on-task behavior and academic response rate among learning disabled children. Journal of Applied Behavior Analysis, 19, 417~423.

Harris, K. R., & Graham, S. (1996). Making the writing process work: Strategies for composition and self-regulation. Cambridge, MA: Brookline Books.

Hillocks, G. (2002). The testing trap: How state writing assessments control learning. New York: Teachers College Press.

Johnson, E., Mellard, D. F., Fuchs, D., & McKnight, M. A. (2006). Responsiveness to intervention(RTI): How to do it. Lawrence, KS: National Research Center on Learning Disabilities.

Johnson, T. S., Smagorinsky, P., Thompson, L., & Fry, P. G. (2003). Learning to teach the five-paragraph theme. Research in the Teaching of English, 38, 136~176.

Lloyd, J. W., Bateman, D. F., Landrum, T. J., & Hallahan, D. P. (1989). Self-recording of attention versus productivity. Journal of Applied Behavior Analysis, 22, 315~323.

Maag, J. W., Reid, R., & DiCangi, S. A. (1993). Differential effects of self-monitoring attention, accuracy, and productivity. Journal of Applied Behavior Analysis, 26, 329~344.

Manning, B. H., & Payne, B. D. (1996). Self-talk for teachers and students: Metacognitive strategies for personal and classroom use. Boston: Allyn & Bacon.

McCutchen, D.(1996). A capacity theory of writing: Working memory in composition. Educational Psychology Review, 8, 299~325.

McMaster, K., & Fspin, C. (2007). Technical features of curriculum-based measurement in writing: A literature review. Journal of Special Education, 41, 68~84.

Messick, S. (1989). Meaning and values in test validation: The science and ethics of assessment. Educational Researcher, 18(2), 5~11.

Murphy, S. (2003). That was then, this is now: The impact of changing assessment policies on teachers and the teaching of writing in California. Journal of Writing Assessment, 1, 23~45.

O'Neill, P., Murphy, S., Williamson, M., & Huot, B. (2006). What teachers say about different kinds of mandated state tests. Journal of Writing Assessment, 2(2), 81~108.

Page-Voth, V., & Graham, S. (1999). Effects of goal setting and strategy use on the writing performance and self-efficacy of students with writing and learning problems. Journal of Educational Psychology, 91, 230~240.

Pajares, F. (2003). Self-efficacy beliefs, motivation, and achievement in writing: A review of the literature. Reading and Writing Quarterly: Overcoming Learn ing Difficulties, 19, 139~158.

Rogers, L. A., & Graham, S. (2008). A meta-analysis of single subject design writing intervention research. Journal of Educational Psychology, 100, 879~906.

Sackett, D. L., Rosenberg, W. M., Gray, J. A., Haynes, R. B., & Richardson, W. S. (1996). Evidence-based medicine: What it is and what it isn't. British Medical Journal, 312, 71~72.

Schunk, D. H., & Swartz, C. W. (1993). Goals and progress feedback: Effects on self-efficacy and writing achievement. Contemporary Educational Psychology, 18, 337~354.

Stecher, B. M., Barron, S. L., Chun, T., & Ross, K. (2000). The effects of the Washington state education reform on schools and classrooms (RAND Report DRU-2263). Santa Monica, CA: RAND Corporation.

Stecher, B. M., Barron, S. L., Kaganoff, T., & Goodwin, J. (1998). The effects of standards based assessment on classroom practices: Results of the 1996-1997 RAND survey of Kentucky teachers of mathematics and writing (CRESST Tech. Rep. No. 482). Los Angeles: University of California, National Center for Research on Evaluation, Standards, and Student Testing (CRESST).

Stecher, B. M., & Chun, T. (2002). School and classroom during two years of educational reform in Washington State (CSE Tech. Rep. No. 550). Los Angeles: University of California, National Center for Research on Evaluation, Standards, and Student Testing.

Taylor, G., Shepard, L., Kinner, F., & Rosenthal, J. (2002). A survey of teachers' perspectives on large-scale testing in Colorado: What gets taught, what gets lost (CSE Technical Report 588). Los Angeles: Center for Research on Evaluation, Standards Student Testing.

Troia, G. A., Olinghouse, N. G., Wilson, J., O'Shea, K., Mo, Y., Hawkins, L., et al. (2012, April). The Common Core writing standards and state adoption: Are we moving in the right direction? In C. F. Vanover (Chair), The question of coherence: Perspectives on curriculum coordination and alignment. American Educational Research Association, Vancouver, BC, Canada.

Weigle, S. C. (2002). Assessing writing. Cambridge, UK: Cambridge University Press.

Williamson, M. (1993). An introduction to holistic scoring. In M. Williamson & B. Huot(Eds.), Validating scoring for writing assessment: Theoretical and empirical foundations (pp. 206~232). Cresskill, NJ: Hampton.

Witte, S., Flach, J., Greenword, C., & Wilson, K. (1995). More notes toward an assessment of advanced ability to communicate. Assessing Writing, 2, 21~66.

효과적인 작문 지도 방법

Best practices in Writing Instruction(Second Edition)

ⓒ 글로벌콘텐츠, 2020

1판 1쇄 인쇄__2020년 04월 10일
1판 1쇄 발행__2020년 04월 20일

엮은이__Steve Graham, Charles A. MacArthur, Jill Fitzgerald
옮긴이__박영민·최숙기
펴낸이__홍정표
펴낸곳__글로벌콘텐츠
　　　　등록__제25100-2008-000024호

공급처__(주)글로벌콘텐츠출판그룹
　　　　대표_홍정표　이사_김미미　편집_권군오 김수아 이예진 이상민 홍명지　기획·마케팅__노경민 이종훈
　　　　주소__서울특별시 강동구 풍성로 87-6, 201호
　　　　전화__02) 488-3280　팩스__02) 488-3281
　　　　홈페이지__http://www.gcbook.co.kr
　　　　이메일__edit@gcbook.co.kr

값 38,000원
ISBN 979-11-5852-276-6 93370